上海：从开发走向开放

1368 — 1842

（修订版）

张忠民 著

上海社会科学院出版社
SHANGHAI ACADEMY OF SOCIAL SCIENCES PRESS

序

马伯煌

《论衡·实知篇》称:"揆端推类,原始见终。"王充此语,益源于《易经·系辞》"原始要终"之义,意为求学骛知者,既应追溯事物的端倪,"推原往验";又应类推事物的将来,"远见未然"。特别是对于治史者来说,王氏这两句话,的确是后学者应持的态度和应守的原则;因为其中不仅包涵"实知"的问题,并且包涵"往验"与"未然"的关系,也就是史为前鉴、古为今用的问题。

今人论上海的历史发展,一般都以19世纪中叶鸦片战争后100余年的过程为限,对鸦片战争前的1000余年的历史则薄而不顾。关于南宋季年,何以划嘉兴的华亭县地而置上海镇;元代至元末年,又何以由上海镇而置上海县;明代中叶,上海何以竟由松江的一县而发展成为"小苏州";到了清代中叶,上海又何以由"小苏州"而发展成为"小广东"。对于上海这些历史进程和经济地位的变化,避而不谈,而侈谈其近代发展的历史,容易贻人以"数典而忘其祖"之讥。

上海原为粳稻之乡,仅滨海处设有盐场。此外,地上无特产,地下无矿藏。但经济地理并非一个都市、一个地区甚至一个国家发展兴旺的唯一因素,古今中外,事例俱在。实际上,人们的经济开发思想与实践,及其所构成的地缘经济的格局能够适应于历史时代的要求者,才是决定某一地理方域兴衰隆替的主要根据。南宋以来上海地区的发展,正是这样。

上海的兴起,得益于黄浦诸水,黄浦古称东江,至上海与吴淞汇流而入海。以故元、明、清之际言三吴水利者,莫不重视其挟江出海之势。元代兴海运,一度以上海为中站。长江的航运则西通汉皋,连接荆楚。历代先民们以经济开发精神,兴修水利,沟通苏、松、嘉、秀,聚散江湖物产,纳外来的海舶,出中华的船队,立市舶司,设江海关,上海已逐步成为枢机所在。从5个半多世纪以来的上海历史发展来看,言居民,则五方杂处,行帮汇聚;言商货,则四处辐辏,水陆毕陈;益以生产技巧的集中,习俗同异的兼容,至鸦片战争前,已初步形成开拓性的经济活动,杂糅式的文化生活,外向的经济类型和开放的城市属性,反映中华民族的历史文化思想传统,也表现累代先民们对上海经济开发的实践,并为尔后的上海发展培植下内在的基因。

历史学界每每列举近百年来沿海对外开放口岸的发展过程,作为中国国民经济历史发展的论据。其实,近百年来对外开放口岸的经济发展变化,各有其内因和外因。以上海而论,其地缘经济上的方位和形势,开埠之前的经济开发布局和条件,有识之士的卓识远见和率先倡导,以及各地驻沪行帮的企业经营实践,构成为近代上海经济开发的前提因素;如果没有这些固有的开发实践和所创造的历史条件,那就很难想象上海在最早对外开放的5个口岸当中,能够后来居上。很明显,国人固有的经济开发思想和企业实践,实为上海尔后发展的内因。鸦片战争以后,外来资本主义以不平等条约为护符,开辟租界,倚仗领事裁判权,挟其雄厚的资本力量,兴办公用事业,发展交通运输,设立码头仓库,进行商品侵略;随后,运进其新式的机器设备,利用先进的科学技术,雇用中国的廉价劳动力,设厂制造,夺取中国的市场。但是外国资本主义的经济侵略扩张,在客观上也起了某种逆反作用:它们刺激了中国人民经济开发思想的实践,也推动了上海工商各业发展的现代化。"唯物辩证法认为,外因是变化的条件,内因是变化的根据,外因通过内因而起作用。"(毛泽东:《矛盾论》)这样,认识鸦片战争前1000年的上海,同认识鸦片战争后100年的上海,在历史意义上同等重要。

四明张忠民感于鸦片战争前的上海经济史,当属空白点,爰本"原始要终"之义,积五载的功力,寻绎资料400余种,写成《上海:从开发走向开放1368—1842》一书,考核精审,论点鲜明,新义迭出,堪称力作。其不蹈前人窠臼,独创新篇,补苴罅漏,张皇幽眇的精神,弥足钦佩。

此书出版刊行,其意义当不止于椎轮大辂、踵事增华已也。

是为序。

1988 年中秋

重 版 自 序

《上海:从开发走向开放 1368—1842》一书的研究和写作,缘起于 1982 年 9 月至 1985 年 7 月,作者在复旦大学经济系经济史专业研究生学习期间。在此期间,在导师朱伯康、伍丹戈、李民立教授的指导下,作者披阅史料数百种,写成了硕士学位论文《明清上海地区市场扩大和城镇发展的研究》。论文答辩中,承蒙上海社会科学院姜庆湘教授以及复旦大学宋海文、黄苇教授提出了不少有益的意见。

1985 年 8 月,作者从复旦大学经济系经济史专业硕士研究生毕业后,有幸进入了丁日初研究员主持的上海社会科学院经济研究所中国经济史研究室工作。良好且宽松的工作环境,使得作者得以有充裕的时间和良好的条件在硕士论文的基础上,进一步收集资料,潜心从事相关研究和写作。

1988 年书稿完成后,时逢国内学术著作出版甚为艰难之际。作者作为一名刚刚进入中国经济史研究领域的助理研究员,想要出版社接受一部 40 余万字的著作,可谓是难上加难。

就在作者遍寻上海各大出版社皆遭婉拒之时,一个十分偶然的机会,作者与时任经济研究所中国经济思想史研究室主任的马伯煌教授谈起了此书稿。马伯煌教授早年毕业于北京大学国学院,后又留学美国普林斯顿大学,学贯中西,为人敦厚,经济所的年青学子皆习惯地尊称其为"马老",其学识涵养、为人处世自在一般老师辈之上。马伯煌教授仔细阅看了书稿后,居然未有丝毫犹豫,即以超然提携之情,鼎力荐书稿于云南人民出版社。远在南疆边陲的云南人民出版社,总编程志芳,编辑张立、吴垠对马伯煌教授之学识、人品均极为仰重。素昧平生之程志芳总编,明知出版亏损,慨然允准出版。张立编辑鼎力相助,吴垠编辑辛勤编辑,本拙作方得以付梓刊行。时过 25 年,此景此情,没齿难忘,感激涕零,难以言表。

1988 年,书稿送至云南人民出版社,1990 年书稿正式出版。此时,正值中央正式宣布上海浦东实行开发开放。一时间"开发、开放"一词成为使用频率极高之新鲜词汇,乃至当时上海及全国发展战略之代名词。而在此之前,本书已定名《上海:从开发走向开放》,亦可谓一偶然之巧合。

是书出版后,海内外学术界似有好评。但时隔多年,初版之书早已难觅踪影。2015 年春,上海社会科学院出版社资深编辑方小芬友,再次热情相荐拙著在上海社会科学院出版社修订重版。蒙此盛情,作者又以大半年时间,对初版之书进行了较为全面的修订。为了既保持书稿原来的基本面貌,但同时又体现重版对原书稿的校订和增补,此次重版,除了对初版中一些写作及印刷的错讹之处进行了认真的校订之外,还在第六章中新增加了第四节鸦片战争前夕的上海口岸,在第九章中新增加了"支柱产业对社会经济发展的推动"一目。同时在第一章、第五章、第六章、第八章等章节中,补充和新增了作者近年来一些相关的研究内容,并在全书各章节中,恢复和增加了初版时由于篇幅等原因不得不删去的多达数万字的内容,增补了初版书稿未列有的图表目录、参考文献目录,等等。至于全书的框架结构以及章节安排基本上未作调整。初版之书所使用的基本研究方法、分析框架,以及一些基本的论述、估计,如对上海地区城镇人口的估计、农业生产总量的估计、商品流通规模的估计等,也未做大的变动。

在此拙作修订重版之际,作者特别怀念、感念已故先师朱伯康教授、伍丹戈教授,以及上海社会科学院经济研究所马伯煌教授;感谢本人硕士论文的指导教师李民立教授。先师朱伯康教授"道德学问皆高"之教诲,醍醐灌顶,尤可为作者终身之座右铭。伍丹戈教授的博学精深、循循善诱,使得作者有可能对明清史、上海史研究进门、登堂、入室。李民立教授的谦和、严谨,更使得作者能在严格的学术训练下,完成硕士学位论文。同时,作者也要深深感谢在 20 世纪 80 年代末十分困难的出版环境下,毅然决定出版本书的云南人民出版社程志芳总编以及本书初版的责任编辑吴垠编审,如果没有他们的鼎力相助,本书在 1990 年的初版几乎是不可能的。

在本书重版之际,作者还要特别感谢此次重版的编辑,以及上海社会科学院出版社的领导,感谢他们在 2015 年的今天,使得一本初版已然 25 年的著作,一本关于上海在鸦片战争前近 500 年间,如何从开发走向开放的著作,得以再次能与读者见面。

值此本书重版之际,作者还要谨向多年来帮助过本书写作、出版的诸位师长、好友致以最深切、最诚挚的谢意!

张忠民
2015 年 10 月于上海寓所

目　　录

图 表 目 录

导　言

　　上海作为中国最大的工商业城市，名扬中外的通商大都，无疑最终形成于鸦片战争五口通商之后。正因如此，以前曾有外国学者据此断言，在西方列强没有进入上海之前，上海只不过是一个荒凉的小渔村。如今，随着各种文物、资料的不断发现、利用，以及各项研究的深入，这种无视历史事实的见解几乎已无人理会。但是，平心而论，对于上海偌大一方宝地，近代之前社会经济的开发，虽然也有学者做过不少开创性的有益研究，但是对其系统的全方位考察，无论国内外至今几乎都无专论问世，这无疑与上海的历史地位极不相称。本书的宗旨是以现代的科学理论为指导，在尽可能充分掌握和利用各种史料的基础上，吸收前人的研究成果，力图对前近代上海地区社会经济的开发和成长作一全方位的考察。这不仅对于中国传统社会晚期社会经济史的研究，对于上海地区近古史的研究有直接的推动作用，而且对于我们今天的现代化建设也不无历史的借鉴意义。

　　本书研究的是前近代上海地区的社会经济开发，所指上海地区当有特定的地域含义。据笔者考察，上海作为地名最迟在距今千余年前的宋代已经出现。最早可能只是一条河浦的名称。以后舟楫往来，贸易渐兴，河旁兴起的市镇即随浦而名，称之为上海镇。元代时，现今上海地区境内设置最早的华亭县一分为二，分设的新县设治于上海镇，县亦称为上海县。以后直至晚清，人们通常所说的上海一般只是指上海县，更狭义地使用仅指上海县城及其四周近廓之地而已。明清时期，上海县都为松江府所辖。民国肇始，上海始建市，辖境时大时小，并且开始领有郊县，总的趋势是辖境越来越大。20 世纪 50 年代后，上海市辖境又屡有扩充，至 2014 年末，共辖 15 个市辖区和崇明县，大约

6000平方公里的范围。本书研究所指的上海地区，即以上述今上海市所辖范围为界。目的是探明现今上海市范围内近代之前社会经济的发展变化。在本书所研究的明清时期，它们分别属于松江府和苏州府、太仓州的一部分。

研究古代经济与研究近、现代经济不同，最大的困难首先在于系统资料的难得。明清时期的上海地区，虽然名士文人辈出，留下的文字资料也颇为可观。但是其中较为连贯、完整、清晰的经济史料并不可多得。本书的研究主要利用了现存上海地区各时期的地方志资料，在对这些零星、分散的历史资料的收集、分析、排比中，逐步确定以最能体现当时社会经济变化特质的商品经济的演变作为全书的论述主线，并且按经济过程的生产、流通、分配、消费安排全书的体系结构。全书除第一章概述明代以前社会经济发展概貌外，第二、第三两章阐述农业、手工业生产的发展变化，它们构成了当时整个社会经济发展变化的基础和出发点。从第四章商品流通的增长和市场的扩大至第七章城镇的繁兴和城镇经济功能的增长，全书的大部分篇幅都围绕着商品流通以及与此有关的诸问题展开。在商品流通的分析中，我们将流通区分为本地市场、国内大市场以及国外市场三个不同层次，依次分析了它们各自的流通内容和特点；与流通及市场相联系，还考察了商人和商人资本，航运和港口码头；并且，作为商品流通的枢纽和汇聚点，考察了当时的城镇盛衰变化以及城镇经济功能的消长。最后的八、九两章论述了经济发展过程中的分配和消费，并且归纳了明清上海地区社会经济发展的特点和历史地位。

本书研究的是历史上上海地区社会经济的总体发展。在具体的研究方法上，力图体现历史发展的阶段性和总体性的特点。在对当时的农业、手工业产量，商品流通、市场贸易额，以及市镇的增长等等问题上，只要资料许可，在具体论述中，都尽可能地勾画出它们在各个不同时期的变动轨迹。这样似乎可以避免以往研究中失之笼统，看不出几百年间发展变化的流弊。

最后，为了使研究更丰满、形象，本书较多地使用了以统计、估计为基础的数量分析，这特别集中地体现在书中的80多帧统计、估计图表以及正文后的附录中。这些数量分析，有些据史料直接记载，更多的则是根据直接、间接记载的估测、推算。我期望它们能对当时社会经济发展的诸方面提供一些大致的数量观念，并且热忱希望得到各方前辈、同仁的批评指教。

第一章

14 世纪下半叶前上海地区社会经济概述

第一节　上海地区自然地理状况及其历史沿革

（一）"上海"名称之由来

上海,古人往往又称之为"海上"。这一名称从何而来,在具体研究上海地区社会经济发展历史之前,有必要先对其进行一番考究。

征之于现存史籍,"上海"名称之由来大致有四种莫衷一是的说法。第一种说法认为"上海"得名是因其地濒大海,位居于"海之上",或者称为"地居上洋",故有上海其名。第二种说法认为东汉名士袁康有著作《越绝书》,其中有"娄东十里坑者,古名长人坑,从海上来"之句,后人附会其意,将书中所指之地即称之为上海。第三种说法的根据是唐宋以降,今上海南市十六铺以南一带渐成中外船只停泊之所,海船由此出发直驶浩瀚大海,遂有"上海"之称。第四种说法认为,今上海境内古吴淞江南岸历有上海、下海两浦,最早兴起的上海镇恰好位于上海浦近傍,镇以浦名,遂有"上海"这一地名。[1]

比较上述各说,现今学者一般认为以浦而名之说较为可信。现存北宋年间文献中不仅确有上海浦、下海浦之记载,而且上海浦的位置亦确位于以后兴

---

[1]　参见（明）正德《松江府志》卷1《沿革》,（清）嘉庆《松江府志》卷1《沿革》。

起的上海镇近旁,明初整治黄浦江时才没入黄浦;而下海浦直至清时尚存,民国年间今虹口一带还有原"下海庙"遗迹,近年并得以重修。[1] 由此观之,"上海"名称的由来及其含义的演变大致如是:上海名称的出现十分古老,最初只是古吴淞江南岸一条河浦之名;以后随着近浦某个小渔村逐渐成为海船停泊及商业贸易聚居之所,逐渐由村落演变成集镇,于是镇以浦名,即称之为上海镇。从此之后,上海这一名称即赋有崭新的地名含义。之后不久,元代以旧上海镇为县治所在设置上海县,上海这一地域概念遂扩充为一个县的范围而成为县名。明清时代,"上海"的广义使用是为松江府下辖的一个县,而狭义所指则仅为上海县城而已。近代以后上海特别市设立,"上海"才逐渐成为附有郊县,辖境广阔的近代城市。从河名—镇名—县名—市名,上海名称的由来及其涵义的演变本身就是上海地区社会经济发展的一个缩影。

（二）地理形成及其自然状况

现今的上海位于北纬 30.5°—31.6°,东经 121°—122° 的长江三角洲碟形洼地东缘。东临大海,北靠长江,南面杭州湾,西依太湖平原。境内河渠纵横,地势坦广。

现代地质研究表明,大约在距今五六亿年前,现今上海为古扬子准地台的一部分。以后历经海陆变迁,在 7000 万年前的中生代再次成为大陆的组成部分。当时地壳运动频繁,岩浆沿今松江区西北部东北—西南走向的断裂带涌出地面,形成后来的佘山、天马山等有名的"云间九峰"。新生代第四纪以后,地体不断下降,海面相对上升,江流、海潮的共同作用使长江泥沙堆积,形成三角洲冲积平原。此后,世界气候寒暖不常,海水进退频繁,在长江河口形成相互重叠的古三角洲。在距今 2 万年到 15000 年的大理冰期,古三角洲曾远居海面之上。冰期过后其大部分沦为浅海。大约从距今六七千年前开始,海平面上升缓慢,长江泥沙堆积速度超过海面上升和地体下降速度,现今上海地区的陆地渐次发育形成。[2]

---

[1] 重修后的下海庙位于今上海市虹口区昆明路 73 号。

[2] 参见上海社会科学院《上海经济手册》编辑部编印:《上海经济手册》,第一卷《上海概况》,1981 年。

现今上海地区中成陆最早的是今外冈、马桥以西的冈身内侧地带。所谓"冈身"是上海地区约 6000 年前的古海岸线,位于今娄塘、嘉定、马陆、诸翟、柘林一线(参见附录图 2),南北宽度不一。吴淞江故道以北并列有 5 条,宽约 7—8 公里;吴淞江故道以南并列有三条,宽约 2—3 公里。冈身形成之前,古太湖一带还是一个浅海湾,其中分布有一些沙洲和岛屿。以后,长江南岸的沙嘴自西北渐向东南伸展,到达杭州湾后,受强海潮影响,又折而向西南推进。时间一久,终于和钱塘江口发育的沙嘴连成一气,将太湖与大海隔开。当时沙嘴外侧海水较深,栖息有大量的介壳类海生动物,在数千年海浪的拍击下,近海泥沙与介壳动物残骸不断堆积,终于形成冈身这一原始海岸线。冈身形成之后,冈身内侧大部分地区渐由浅海而成泻湖,又从泻湖进而淤莳成陆,也有一部分地区则成为大小不等的淡水湖。[1]

大约从公元 4 世纪起,长江口外泥沙沉积加快,地球气候渐趋寒冷,海面下降,长期滞留于冈身地带的海岸线逐渐向东推进。至公元 8 世纪,岸线已东移约 20 公里,伸展至今月浦、周浦、下沙一带。现今上海市区除杨树浦东端及复兴岛等部分外,大部分已经涨露成陆。又过了 4 个世纪,海岸线再次东移到今川沙县城以及南汇大团一线。延至 18 世纪后叶,上海地区的海岸线已推进到今浦东沿海的中港、老港、黄沙、大潮一线,除了南汇等地东南部突出的海岸前伸地带外,现今的上海地区可以说已经基本成陆。

在上海地区大陆部分渐次发育形成的同时,大约自公元 7 世纪起,长江河口沙洲也渐渐涨露。现有研究表明,崇明岛雏形始见于唐代武德年间(618—626 年),最初大约由东沙、西沙两个沙洲构成。洪武《苏州府志》称:"崇明在东海间。……旧志云,唐武德间,海中涌出两洲,今东、西二沙是也。"万历《崇明县志》也说:"盖崇起于唐武德中也,……名东、西两沙,渐积渐阜,而利渔樵者土著焉。"顾炎武《读史方舆纪要·苏州府崇明县崇明旧城》亦认为:"唐武德间,吴郡城东三百余里忽涌二洲,谓之东、西二沙。渐积高广,渔樵者依之,遂成田庐。杨吴因置崇明镇于西沙。"[2]此后,姚刘沙、三沙、长沙等沙洲依

---

[1] 此为较普遍的看法,近年亦有学者提出太湖为冲积平原河道淤塞而成的新观点,详见《人民日报》1987 年 11 月 6 日,《冲积平原河道淤塞成太湖》。

[2] 参见张修桂:《崇明岛形成的历史过程》,《复旦大学学报(社会科学版)》,2005 年第 3 期。

次涨露。各沙洲时涨时塌，其中长沙范围不断扩大，并与其他沙洲渐次连接，大约在 17 世纪中叶形成了今日崇明岛的雏形。

漫长的地质、地理变化，使上海地区的自然状况呈现为诸种不同的地貌单元：[1]

古冈身以西的西部淀泖低地。其位置主要位于今青浦、枫泾一线以西的广大地区。包括今青浦、松江的大部，金山的北部和嘉定、闵行、奉贤等的西缘。它们皆为湖沼荟淤而成，成陆早，地势低，地面高程仅 2—3 米，湖沼分布集中，土壤多为沼泽土起源的青紫泥。

东部碟缘高地。此系古冈身以及冈身以东的广大滨海地区。包括今上海中心城区和宝山、浦东新区的全部，嘉定、闵行、奉贤、金山等的大部。地势较为高亢，地面高程 3—4 米，部分可达 5 米，相对西部低地犹如碟之边缘。土壤多为草甸土起源的黄泥土、沟干泥以及沙泥等。

北部的江口沙洲。主要为崇明、长兴以及其他一些岛屿，皆由江口沙洲逐渐发育而成。地面高程 3—4 米，东北部较高，西南部较低。土壤分布主要为夹沙泥、潮沙泥和滨海盐渍土。

这些不同的地理、地貌形成，不仅使得各区域的经济开发先后有序，并且还由此形成了各区域各自不同的经济发展特色。它们对于上海地区各时期的社会经济开发有着直接的关联和影响。

（三）历代建置沿革

公元前 21—前 16 世纪在我国历史上称为夏朝。据说当时天下分为九州，地处东南的古扬州即包括现今上海地区最古老的部分。妇孺皆知的大禹治水，疏通三江，解民于倒悬，其主要的活动区域也包括今上海地区的西部。今日横贯上海地区的吴淞江相传即是当年的古三江之一。夏传至六世，少康封其庶子于会稽（今浙江绍兴），称无余国，国境曾拓展到今金山境内，这大概是上海地区有郡国建置统辖的最早传述。

商朝末年，周太王之子太伯、仲雍兄弟因王位之争流落江南，在今长江中

---

[1] 参见程潞等：《上海农业地理》，上海科技出版社 1979 年版。

下游"自号勾吴",今上海地区西部亦为其辖境。勾吴传至五世周章,武王灭商,"吴"始正式受封。至19世寿梦,吴日益强大,寿梦自称"吴王"。春秋战国之际,吴与邻境越国屡战。公元前473年越灭吴,上海地区又入越国版图。

战国后期,长江中游的楚国变法自强,势力日益东进。公元前334年,楚灭越而一统江南,上海地区成陆较早的冈身以西又成楚国东境。公元前223年,秦始皇灭楚,统一中国,于吴越之境设会稽郡,下辖娄、由拳、海盐三县。娄县包括今昆山、嘉定及松江、青浦北境;由拳相当于今青浦西南及松江西境;海盐县包括今金山及松江南境。其中由拳、海盐两县县治都设于今上海地区西南境。

秦至二世,天下大乱。公元前206年,刘邦荡灭群雄建立汉朝,先后将故吴越之地封赐堂兄刘贾及侄刘濞,分称荆王、吴王。上海地区又从秦的郡县属地而成汉诸侯王之封疆。汉景帝三年(前154年),刘濞叛汉,事发国除,上海地区再入会稽郡辖境。公元9年,王莽篡汉,改秦所设娄县为娄县。在这前后,地体变动,陵谷变迁,海盐县城及由拳县城相继沦为柘湖、谷水(即今金山区柘山附近和青浦区泖湖)。

东汉顺帝永建四年(129年)会稽郡分设吴郡,辖境为太湖流域海盐、由拳、娄等12县及无锡侯国,上海地区大部分又为吴郡所辖。东汉末年群雄蜂起,公元222年孙权在江南建立东吴政权,上海地区又成东吴辖境,由拳亦被改称为嘉兴县。

两晋时,东南地区建置少有变动。入南朝,上海及其周围地区建置时兴时废,屡有变化,其中尤以梁朝最著。公元502年,梁分娄县设信义县;天监七年(508年)又在古金山城设置前京县治;大通六年(534年)再析海盐东北境设胥浦县;次年又分信义而设昆山县,这些新设县份辖境多少不等地包括了今上海地区的一部分。公元589年,隋朝平陈,天下一统。不久,隋即废前代所设前京、昆山、嘉兴等县;10年后,隋文帝开皇十八年又再设昆山县。

唐代伊始,上海地区建置沿革又有新的变化。唐武德年间,崇明沙洲涨起,渐次有人栖息。唐中宗神龙初年(705年)遂在岛上设崇明镇,隶江北海门县。此外,早在武德七年又曾复设隋时所废之嘉兴县,次年废后又在贞观八年(634年)再次复设。唐天宝十年(751年),吴郡太守奏准朝廷,移隋所复设昆山县县治于马鞍山,割昆山县南境、嘉兴县东境、海盐县北境而新设华亭县,建治于今松江区旧城附近。华亭县的设立是上海地区建置沿革中的一大里程碑。在此之前，上海地区虽然成陆面积已达三四千平方公里，但境内始终未有完整的县的建制，而长期分属辖境主要在今江浙境内的嘉兴、海盐、昆山等县。但华亭县境所至之处，基本皆为今上海地区已成陆部分，它的设立标志着上海地区自此将走上一条相对独立的发展道路。

唐至后期，唐昭宗景福二年（893年），钱镠出任镇海节度使，先后取苏州、无锡、常熟、华亭等地，建立吴越小王朝，上海地区从此又成吴越辖境。公元978年，钱氏纳土归宋，宋王朝在江南设两浙路，下辖杭、越等12州以及平江、镇江两府，华亭县归隶秀州。南宋嘉定十年（1217年），平江知府赵彦橚等奏请分昆山县东境5乡27都设置嘉定县。嘉定十五年，崇明又设天赐场，隶江北通州。元朝至元十二年（1275年）原横州知州薛文虎抚辖天赐场，疏请设州。两年以后遂改天赐场为崇明州，隶扬州路。同年，华亭县也因户口日增，升县为府，并应吴淞江之名，去"淞"之水，称松江府，领华亭一县，上属江浙行省嘉兴路。元贞二年（1296年）嘉定县也因户口日增，升县为州。至元二十九年（1292年）因华亭县地广人稠，赋税难理，元王朝分华亭县东部长人、高昌、北亭、新江、海隅五乡设立上海县，松江府遂辖华亭、上海两县。[1] 上海县的建立标志着上海地区东部的开发进入了一个新阶段。

明代建立以后，洪武二年（1369年）嘉定州又复降为县。崇明也从州改称县，并在洪武八年改属苏州府。弘治十年（1497年），嘉定县北境循义、乐智两乡大半之地及昆山、常熟部分县境析出而设太仓州，崇明又改属太仓。嘉靖年间，松江府西北隅青龙、大盈浦之间田荒赋逋，官府鞭长莫及，嘉靖二十一年（1542年），遂分华亭西北2乡，上海西部3乡设立青浦县，县治设于古青龙镇。嘉靖三十二年，因非议四起又再度撤销。万历元年（1573年）再次重设，并且移县治于唐行镇。6年之后应当时青浦知县屠隆之请，华亭县之集贤乡，上海县之新江乡又悉数并入青浦县。

入清以后，上海地区又有不少新县设立。顺治十三年（1656年）华亭县分出风泾、胥浦等6乡之地新设娄县。雍正三年（1725年），地方官以"苏松大县

---

[1] 上海建县年份，历有建于至元二十七、二十八、二十九年之三说。其差异在于，二十七年奏请朝廷，二十八年朝廷批复，二十九年知县到任。此取至元二十九年是因为该年县衙正式署理办公。可参见周维衍：《上海设县年代辩证》，《复旦大学学报（社会科学版）》1980年第2期。

繁剧难治"为由,分华亭之境而设奉贤县;析娄县之地建金山县;割上海县之地置南汇县;分嘉定县境设宝山县;分青浦县境而设福泉县。其中,除福泉县在乾隆八年仍并入青浦外,其他县份一直沿至近代。最后,嘉庆十年(1805年),两江总督又分上海、南汇两县部分县境设立川沙抚民厅,使之成为近代之前上海地区最后设立的一个县级地方政权。[1]

综上所述,不难看出上海地区的建置沿革具有由西向东推进的加速发展趋势。唐代之前,现今上海地区境内尚无完整县治;自唐设华亭县而至明末,先后已有华亭、上海、青浦、嘉定、崇明5县;清前期又增设娄、金山、宝山、奉贤、南汇、川沙5县1厅,而达大小10县1厅。上海地区建置沿革的历史实际上也正是上海地区社会经济不断开发的历史。

第二节　明代以前上海地区的社会经济

明代之前,上海地区社会经济的发展大致上经历了三个阶段。第一阶段是唐开元年间之前。当时社会经济的特征是农业生产主要还局限于西南隅,广阔的东部地区由于尚无海堤防御,还不能摆脱海潮的浸灌,许多地方还是未开发的滩涂。第二阶段从唐开元年间修筑捍海塘至南宋中叶。在这一时期中,农田水利明显发展并日趋成熟,东部地区渐次开发,农作物品种也日见丰富,商品交换和航运业渐有长进,并且形成了最早的贸易口岸和市镇。第三阶段是南宋末至元朝。棉花种植以及手工棉纺织技术的传入意味着当时的农业生产已经开始由单纯的粮食作物种植逐渐向粮食、经济作物兼种转变,农民小生产者的经济结构正面临重大的转变。另外,贸易和航运也饶有进展。

这一切都为上海地区以后社会经济的增长提供了可靠的历史前提。

(一)唐以前上海地区社会经济的缓慢进展

现代考古发掘证明,现今上海地区境内至少有20多处原始社会遗址。其

---

[1]　以上所述参见(明)正德《松江府志》;(清)嘉庆《松江府志》;(明)正德《崇明县志》;(清)乾隆《崇明县志》、(明)正德《练川图纪》;(清)乾隆《嘉定县志》等有关沿革部分。

中最早的是六七千年前位于冈身西侧属马家浜、崧泽文化类型的崧泽、福泉山和查山遗址。当时冈身以西荮淤成陆不久，一些干爽的高地上覆盖着繁密的乔木、林间、草丛、芦苇中鹿、獐、獾以及其他各种野禽出没无常，广阔的水域中有着种类繁多的鱼、蚌、龟、鳖、牡蛎、蟹等水生动物。生活于其间的上海先民除了采集植物籽实，狩猎动物野禽，捕捉鱼虾外，已经开始原始的谷物种植和家畜饲养。他们在生产劳动中使用通体磨光制作精细的石斧、石锛和石凿，以及用动物骨角制成的生产工具。手工业生产中陶器已成为不可或缺的部分。所制器物既有鼎、釜等夹砂陶炊煮用具，也有豆、罐、壶、杯、瓶、盆等泥质陶饮食贮藏器具。陶器制作已采用慢轮修正，器形规整，造型多样。[1]

公元前2500年左右，上海地区原始社会经济进入良渚文化阶段。[2] 此期的石器工具磨制更为精致实用。农业生产中出现的犁形器表明当时的农具不断进步，有可能已经进入犁耕阶段。收割中，人们已普遍使用专门农具石镰，农业已成为社会经济生活的主要内容。手工业生产中的陶器制作已从使用慢轮发展到快轮。所制陶器厚薄均匀，更为精美实用。其中的薄壁黑陶光泽细润，不亚于龙山文化的精品"蛋壳黑陶"。制陶以外，原始的手工纺织技术也已经出现，男女之间的劳动分工更加明确，妇女主要从事纺织等家内劳动和家畜饲养，男子则主要从事狩猎和农耕等户外劳动。

大约在公元前8世纪前后，上海地区社会经济的开发进入了一个新的阶段。上海地区冈身以西多为低洼之地，每逢洪水季节，太湖涨溢多为水患。传说中的夏禹治水，宣泄太湖自古三江分别入海，以致"三江既入，震泽致定"，为农业开发提供了必要的条件。以后，当地人民从本地自然条件出发，创造并推广了江南地区特有的火耕水耨，被称之为"畇"的农耕方法:阳春三月春耕前，人们先砍斫田中茅草杂树，在阳光下晒干后放火焚烧，既可灭虫又利松土;此后，又在火耕之田四周垒起土埂，或者开沟引水，或者待雨而蓄;田中蓄积之水经日光曝晒，温度升高，田中草根日益溃烂，既除去了杂草又增加了土地肥力。[3] 这些"畇

[1] 参见王仁湘:《崧泽文化初论》,《考古学集刊》第4集,中国社会科学出版社1984年版;陈杰:《实证上海史——考古视野下的古代上海》,上海古籍出版社2010年版。

[2] 参见黄宣佩:《关于良渚文化若干问题的认识》,《中国考古学会第一次年会论文集》,文物出版社1980年版。

[3]《小戴礼记·月令篇》。

田"大部分集中在今嘉定县西境以及华亭、上海等县北境,使那一带成为现今上海地区历史上最早的粮食产区。由于疁田集中,农业生产发展,秦始皇统一中国之后在那一带建立的县治即称为"疁县"。

除农业生产外,手工业也渐有发展。除传统的制陶、酿酒生产,比较重要的当数产盐业。西汉时,皇侄刘濞受封吴王,封域抵及今嘉定、金山一带,"濞招致天下亡命者益铸钱,煮海水为盐",[1] 名为散盐,优于他地所产。刘濞在今冈身内侧开浚河浦运送盐铁,称为"盐铁塘"。吴亦由此而日益富饶。

农业、手工业的开发增加了社会财富,也促进了剩余产品的交换。在秦时所设的海盐、由拳县城可能已有专门的市井交易之地。[2] 当时的由拳大概还有"水市"的交易形式。秦始皇巡游会稽经过当地时,就曾看到人们坐在小船中进行交易。[3]

秦汉时代上海地区社会经济虽较前代饶有进展,但与当时发展更为迅速的中原地区相比,似乎显得还较为落后。司马迁在《史记》中曾说,江南卑湿"地广人稀,饭稻羹鱼,或火耕水耨,果隋蠃蛤,不待贾而足。地埶饶食,无饥馑之患,以故呰窳偷生,无积聚而多贫。是故江淮以南,无冻饿之人,亦无千金之家"。还俨然是一幅开发未盛的自然经济画卷。

东汉末年,三国鼎立。孙氏在江南建立东吴政权后,为了争雄天下,大力奖励农耕。魏晋时期,北方烽火连天,在一个相当长的时期内促成北人不断南徙。当时中原人民南徙的路线主要有 3 条:一是关中难民初奔汉中,继往巴蜀;二是中州难民逾襄、樊流入荆州;三是河北、山东、河南及两淮难民,渡淮南逃,散居江南。三路移民大军中尤以流往江南者最多。史称"京洛倾覆,中州士、女避乱江左者十六七"。[4] 上海地区当时地属江左会稽郡,地广人稀,自然成为北人避乱栖居的理想之地。早在汉元狩四年(前 119 年)"关东贫民徙陇西、北地、西河、上郡、会稽,凡七十二万五千口"。据后人考证,"会稽生齿

---

[1] 《史记·吴王濞列传》;《史记·货殖列传》。

[2] 东汉《风俗通义》:汉代"俗言市井者,言至市鬻卖当须于井上洗濯,令鲜洁,然后市。案二十亩为一井,今因井为市"。近年在秦海盐县城遗址曾出土灰陶井圈九圈,即可印证当时交易市井。

[3] 参见吴贵芳:《古代上海述略》,上海教育出版社 1980 年版,第 14 页。

[4] 参见傅筑夫:《中国封建社会经济史》第 3 卷,人民出版社 1984 年版,第 37—38 页。

之繁当始于此,约增十四万五千口"。[1]

劳动人手的增加必然促成农业生产的加快开发。两晋南北朝时期,上海地区的海岸线已离开冈身向东推进,为农业开发提供了潜在的土地。当时的农业生产主要是使用农奴性质的大庄园经营。当时江南肥沃的山林园泽、田地荒野,大多为当地豪强世族以及渡江南来的王公达贵所占。北迁而来、无以聊生的穷民百姓只能投靠豪强,充当农奴性质的"奴客""佃客""部曲","流民多庇大姓以为客","豪侠多挟藏户口以为私属",[2]已是较为普遍的社会现象。那些豪强大族庄园"僮仆成军,闭门为市,牛羊掩原隰,田池布千里"。[3]三国孙吴以及两晋时,上海地区的望门大族孙氏、陆氏等,都在三泖沃野拥有那样的庄园、猎场和鱼池。

南朝刘宋大明年间,上海地区开发较早的冈身以西已是土地肥美,民户繁育。史称"自晋氏迁流,迄于太元之世,百许年中无风尘之警……以至大明之季(460年左右)年逾六纪,民户繁育,将襄时一矣。地广野丰,民勤本业,一岁或稔则数郡忘饥。会(稽)土带海傍湖,良畴亦数十万顷,膏腴上地,亩直一金,鄠杜之间不能比也。"[4]

农业以外,手工业生产也饶有进展。除了专门的手工工匠,广大小农在农耕之余也从事麻苎、桑蚕等各种家庭副业,既供家用,又应赋役。史书称之为,"扬部有全吴之沃,鱼盐杞梓之利,充仞八方,丝绵布帛之饶,覆衣天下"。[5]

农业、手工业的增长本应促进商品交换的发展。但当时包括上海在内的广大江南地区封建豪强庄园还占有统治地位,庄园内农奴基本上从事自给性生产,极少与外界交往。食之禾稼,衣之桑麻,居之房屋,直至日用器具,大多皆为"闭门而为为生之具"。这使得当时社会经济中的商品货币关系较为微弱,偶尔发生的一些交换大多可能也是采用较为原始的物物交换或者以谷、帛等实物货币作为等价物进行交换。这种自然经济色彩甚为浓厚的封建庄园经济到唐宋年间始有较大改观。

---

[1]《汉书》卷6《武帝纪》;王鸣盛:《十七史商榷》卷9;《汉书》卷3《徙民会稽》。

[2]《晋书》卷3《孙逃传》。

[3]《抱朴子·吴世》。

[4]《宋书》卷54《列传》。

[5]《宋书》卷54《列传》。

（二）唐宋时期上海地区社会经济的开发

1. 捍海塘的修筑及其农业开发

唐王朝的建立是中国封建社会发展的重要里程碑。而唐中叶开元元年（713年），上海地区捍海塘的修筑，则是上海地区经济开发史上的一件划时代大事。

捍海塘修筑之前，东部沿海大片的涨露土地虽然为农业生产的扩展提供了基础条件，但是也由于冲积成陆的滩地高程有限，一遇大潮台风，海潮侵袭，严重威胁沿海人民生命财产，阻挠了东部地区的开发。唐开元元年，在地方官员的规划主持下，上海以及临近地区人民以非凡的气概，在西起海盐、东至吴淞江南岸，长达一百三五十里的海岸线上连接、修筑起了一道捍海长堤，名曰"捍海塘"。

在当时的技术条件下，纯粹依靠人力修筑如此规模的防海大堤，所耗资财人力以及人民大众付出的汗血代价可想而知。但是，捍海塘的修筑对上海地区，特别是东部沿海地带的开发具有极为重要的意义。海堤的修筑不仅有效地阻遏了海潮侵灌，使堤内大片滩地在尚未自然堆积到最高潮位高程时，即脱离咸潮冲袭，以俟开发利用；而且还迫使以后的长江泥沙尽数积于堤外，加快了滩涂的扩展。

在捍海塘筑成后不到40年，唐王朝即正式设置华亭县，县境几乎全都坐落于今上海地区境内。华亭县的设立与捍海塘的修筑有着直接的联系。明人徐阶称之为："华亭县故有捍海塘。按志，塘筑于开元元年，县创于天宝十年，则塘固先县而筑矣。岂塘成之后，海水既不阑入，而江湖之水又借以停蓄，故耕者获其利。日富日藩，而县因以建与。"[1]可见，如果说华亭县的设立是上海地区社会经济相对独立发展的标志，那么捍海塘的修筑则是华亭县得以设立的自然保障。

以后，捍海塘自开元元年修筑之后，又不断得以修缮、加固。南宋时，开元海塘外又增长大片土地，民间围垦者自发筑起不少土塘，但势单力薄，不成一

---

[1]　曹家驹：《华亭海塘纪略》。

体,难御海潮侵袭。乾道八年(1172年)在地方官丘崈的规划下,上海人民在开元海塘外十几里处又筑起一条更为完善的海堤,后人将其称之为"里护塘"。海堤完工后,政府命令地方知县、县尉主管其事,并在当地募集50名军丁,巡逻堤堰、随时修补,务使海堤牢不可坏。

海塘修筑之外,农田水利建设也是农业开发的重要组成部分。

上海地处太湖水系入海处东端,境内吴淞江又为太湖泄水要津。早在南朝时,吴淞江入海口的沪渎地段因海岸线东移,江潮泥沙壅塞,一遇暴雨,波及上游"处处涌溢,浸渍成灾"。[1] 至唐宋时,每逢"松江积雨之时,湖溢而江壅,横没诸邑","自江至海诸港复多泥沙涨塞,茭芦丛生,是以三春霖雨,则苏、湖、常、秀,皆忧弥漫"。[2] 同时,东部沿海地带则又以地势高亢,泥沙壅塞,潮流难至,而时有干旱之苦。为了缓解这些问题,唐宋上海地区农田水利建设的重点是境内水道的宣泄和农田的排灌,其工程主要为河道疏浚以及圩田兴修。

河道疏浚早在五代吴越时就已兴起。公元915年,吴越王钱镠在今上海地区西部设立都水营使,专主水事,并且招募兵卒成立两路专职疏浚河道的工程兵"撩浅军"。一路负责疏浚吴淞江,一路负责治理淀山湖以及上下水道。[3] 宋代时,疏浚整治河道不但规模较大而且日渐频繁。整治疏浚河道还常和挑筑堤岸、修建堰闸以及兴造圩田和排灌渠道等互相结合,成为互有关联的整体工程。所谓"浚河港必深阔;筑围岸必高厚;置闸窦必多广","修围、浚河、置闸,三者如鼎足,缺一不可。三者备矣,水旱岂足忧哉!"[4] 整治的河道,除了干流吴淞江外,还有重要支河如盘龙江、顾汇浦、白鹤江、青龙江、大盈浦等等。所疏浚河道的河口还多建有闸门、堰堤以及修筑配套的灌溉沟渠,几者结合,形成了较为完整的河道宣泄网络。[5]

圩田修筑在唐、五代时已初具规模。北宋初,江南圩田一度堕废大半,以后历经能官干吏励精图治,以及劳动人民辛勤修筑才得以逐步恢复。北宋后

---

[1] 《宋书》卷99《始兴王濬传》。

[2] (明)正德《松江府志》卷3《水》。

[3] 《十国春秋》卷78《吴越二·世家》。

[4] 任都水:《水利议答》,载(明)姚文灏:《浙西水利书·元书》,农业出版社1984年版。

[5] 近年考古发现的元代"志丹苑"水闸,可谓宋元时期上海地区河道疏浚工程的明证。参见上海博物馆考古研究部:《上海市普陀区志丹苑元代水闸遗址发掘简报》,《文物》2007年第4期。

期,上海地区的圩田修筑技术已达到甚为完美的境地。"每一圩方数十里如大城,中有河渠,外有门闸。旱则开闸引江水之利,潦则闭闸拒江水之害,旱涝不及为农美利。"[1] 圩田之内因地势高低不同而筑有塍岸,将每一大圩又分成若干小圩,它们和圩内外的大小排灌水道相连,形成了抗灾能力较强的圩田水利网络。即使"大水之年,江湖之水高于民田五七尺,而堤岸尚出于塘浦之外三五尺至一丈,故虽大水不能入民田地。民田既不容水,则塘浦之水自高于江,而江之水亦高于海,不须决泄而水自湍流。"[2]

农田水利建设提高了农田抗灾能力,促进了农业生产的开发。南宋开庆年间华亭知县黄震曾说"考本县图志,南北东西各有放水之处,东以蒲汇通大海,西以大盈浦通吴淞江,南至通波塘,直至极北亦通吴淞江,亦华亭所以常熟"。[3] 相传吴越钱氏百年间,因重水利而农业生产岁岁丰稔,米一石不过钱数十文。宋代时上海西部的肥沃圩田,亩产稻谷已可达500—600斤,宋后期,华亭一县每年应负税粮已达42万余石。

农田水利建设的发展同时也促进了耕地的垦辟。大约从公元四世纪起,位于冈身外侧的海岸线不断东移,宋乾道年间已达今川沙、南汇、大团、奉城一线。其中早期涨露的滩涂在唐宋几百年间不断被垦辟开发。

北宋元祐年间,黄浦江前身东江下游入海口处菱芦丛生,沙泥涨塞,后被东徙居民渐次垦辟成田,聚为自然村落。"昔为湍流奔涌之处,今为民居民田,桑枣场圃"。[4] 西部浜泖地带在圩田修建、河道整治的同时,河道减少,湖泖缩小,浅沼、苇地亦纷纷被围垦成田。吴越时所置"营田卒数千人,以淞江辟土而耕。"[5] 两宋时,淀山湖及三泖四周,吴淞江两岸和各浦浜近旁,围垦湖沼、垦辟田地更为常见。宣和元年提举两浙常平赵霖奉命兴修华亭水利,其中一项内容即是"围裹华亭泖为田"。政和年间另一位提举常平官也曾试图"涸亭林湖为田"。政府组织之外,地方权势之家私人筑堤围田也日见频繁。过度的湖沼围垦会危及湖泊蓄水能力,加重水旱灾害,因此地方政府往往

---

[1] 范仲淹:《答手诏条陈十事》。
[2] 徐光启:《农政全书》卷13,引任仁发《水利集》。
[3] (明)正德《松江府志》卷3《水》。
[4] 单锷:《吴中水利书》。
[5] 《十国春秋》卷78《吴越世家》。

在自身组织围垦的同时又限制私家围垦。但由于围垦作为扩大耕地的主要手段，所反映的已是当时人口增加与已有耕地不足的尖锐矛盾，它已经无可奈何地成为当时农业开发中的一个重要方面。

唐宋时期，上海地区的农业开发还表现在农作物品种的变化上。

大约在唐代以前，上海地区主要的农作物品种还只是水稻。宋人范仲淹称"东南之田，所植惟稻"。五代时，封建王朝已有意识地在江南地区推广麦、豆等旱地作物。但直至北宋初，上海地区一般来讲还只是"专种粳稻"。北宋范成大《吴郡志》土物条中，还未著有豆、麦之属。宋端拱年间，宋太宗以"江北之民杂种诸谷，江南专种粳稻，虽风土各有所宜，至于参植以防水旱"为由，下令江南、两浙等地，劝民种植粟、麦、黍、豆等旱地作物，缺种者由淮北各郡供给。[1] 自此以后，豆、麦等旱地作物渐在上海地区推广发展。上海地区东部高亢斥卤地带，以及西部圩岸、堤堰附近，灌溉艰难，本为不宜植稻之地，豆麦等旱地作物的传入和推广及时地适应了上述高地的农业开发之需，对农业生产的增长无疑具有重要意义。唐宋时，豆类中的蚕豆、豌豆等也逐渐从四川等地传入上海。《松江府志》说："蚕豆，九月种，以蚕时熟，故名，一曰寒豆。（唐）陆龟蒙嗜之，移植松江甫里"；"豌豆，一名小寒。九月种，三月熟，宋以前松故未有，相传乡先辈宦游于蜀，得其种，植之，今遍吴越。"农作物品种的多样化增强了上海地区各类土地对适宜品种的选择程度，对当时农业资源的合理开发利用以及农业生产的增长有着不可忽略的作用。

2. 渔业生产的兴盛

上海地区临海滨江，境内河道纵横，水面广阔，鱼类"怪诡舛错，随时而有"，具有发展渔业生产的良好条件。唐宋时上海的渔业生产在当时的社会经济生活中占有重要地位。吴淞江入海口的沪渎又称沪海，唐时阔达 20 里，深广可敌千浦，水势浩瀚，是当时主要的渔业产区。渔民们在捕捞作业中创造了许多极妙的捕鱼具，其中最著名的是"沪"，又称为"簖"。唐人陆龟蒙隐居上海作《渔具诗》称，"列竹于海澨曰沪，吴之沪渎是也"，又说"沪，吴人今谓之为簖"。[2] "沪"的使用是巧妙地利用朝夕潮汐，退潮时先在水中涨沙上插上

---

[1] （明）正德《松江府志》卷3《水》；《宋书》卷82《周朗传》；《宋史》卷173《食货·上》。

[2] （明）正德《松江府志》卷4《风俗》。

用绳编列的竹栅,向两岸张开。潮水上涨,竹栅随潮倒伏,潮退仍立,并将随潮而入的鱼虾阻于竹栅之内,渔人即可随手拾之,甚为便易。"沪"的广泛使用使得这一带的水域也随之而被称为"沪渎",而"沪"后来又成为上海的一个别称。沪之外的其他捕鱼具也名目甚多,有罠、罾、罩、罟、筒、箄、叉、射、猎等等,总称网罟之流。当时的渔人多三五成群行船撒网于松江口。《吴郡志》载,唐贞元中"太湖松江之口有渔人为小网数船,与其徒十余人下网取鱼"。皮日休《吴中苦雨诗》形象地描述了沪渎的丰富渔产。"全吴临巨溟,百里到沪渎,海物竞骈罗,水怪争渗漉。"

渔业生产的兴盛使得当时市场上的鱼鲜供应甚为充沛。当时地方市场上鱼鲜的交易买卖既不论条、也不论斤,而是论斗卖鱼。"鱼斗者,吴俗以斗数鱼,今以二斤半为一斗,买鱼者多论斗,自唐至今如此。"[1] 这在今人看来真有些令人称羡不已。

3. 人口增长和商业贸易的兴起

唐宋时期上海地区社会经济的变化还突出表现在人口增长以及商业贸易的发展上。人口增长除了原有居民的自然繁衍,还有相当数量的北方人口迁徙。宋室南渡时,中原士大夫偕平民百姓移居上海地区者为数不少。如明人董宜阳先世原为汴人,宋室南渡时先徙吴汇,再迁沙冈;董大理先世原为大梁人氏,后徙松江之上海县;等等。见表1-1。

表1-1　唐宋年间上海地区部分人口徙入事例

年　代	姓　氏	身　份	迁出地	迁入地	资料来源
唐末	卫泾之祖		山东	华亭	《松风余韵》
宋靖康中	凌岩之祖		开封	华亭	《松风余韵》
宋宣和中	曹知白之祖	永嘉大族		华亭长谷之西	《松风余韵》
宋南渡时	董宜阳先世	汴人	开封	先徙吴汇,再至沙冈	《云间志略》
宋靖康间	严珍先世		杞县	黄姚镇	《盛桥里志》
宋南渡时	曹恕先世	官宦后裔	开封	吴淞	万历《青浦县志》

---

[1] 范成大:《吴郡志》卷2《风俗》。

年 代	姓 氏	身 份	迁出地	迁入地	资料来源
宋南渡时	张弼先世			华亭	《宝善编》
宋南渡时	赵默庵	宋宗室		嘉定	《石冈广福合志》
宋南渡时	陈子龙先世		颍川	华亭	《陈忠裕公全集》
宋南渡时	高氏	大族		松江上海	《南吴旧话录》
宋南渡时	董大理先世		大梁	松江上海	《南吴旧话录》
宋咸淳至元间	秦氏	著姓		川沙九团	《川沙县志》
宋高宗间	李氏	官宦		先徙嘉定,后居江湾	《世经堂集》
宋南渡时	李氏		洛阳	华亭	《世经堂集》
宋南渡时	张氏	著姓	开封	华亭	《东江家藏集》
宋建炎间	唐贵	望族	开封	华亭白砂里	《世经堂集》
南 宋	胡琬先世		开封	华亭秋港泾	《东江家藏集》
靖康中	过氏	郡马后裔		松江横泖	《东江家藏集》
宋南迁间	曹氏	官宦	开封	松江锦溪	《东江家藏集》
宋南迁间	谈氏	博士	开封	上海鹤坡里	《俨山文集》
宋南迁间	刘亨叔			先居华亭,后徙上海	《俨山文集》
宋南迁间	董氏		开封	松江之上海	《陈眉公先生全集》
宋南迁间	李澄川		洛阳	上海黄渡	《陈眉公先生全集》
宋南迁间	朱氏		婺源	上海	《上海朱氏族谱》
宋南迁间	黄氏		开封	嘉定清浦	《俨山文集》

北方迁民中的官宦后裔、世家大族合家甚至合族南奔,还一同带来了许多依附于他们的贫苦农民和其他人士。明人李延昰在为南迁高氏后裔撰写墓志铭时称,"高氏自有宋迁鼎,乃聚族从之,散处吴越,有存善者始徙松江之上

海,徙而占籍华亭。"[1]南徙人口的大量涌入,加上本地土著居民的生息繁衍,致使唐宋时期上海地区人口增长甚快。华亭县在唐代建县之初仅有民户12780 户,在当时吴郡七县中户口最少。而到宋初大中祥符年间,全县仅主户就已经达到 5 万余户。至北宋中叶元丰初年,更增至近 10 万户,而到南宋末,可能已达 20 万户左右,较唐建县之初几增近 20 倍。[2]

人口的增加促进了民居村落的不断形成。在一些财势显赫、生活豪侈的富家大族居住的聚落,农民、手工业者常来此兜售自己的剩余产品,小商小贩也以此为交易活动场所,于是在这些村落聚所近旁逐渐发展起了早期的草市、墟集,形成了上海地区早期的商业镇市。一些地理位置特别优越的则进一步成为上海地区最早的贸易口岸,其中最为著名的就是青龙镇。

唐代中国的东南沿海有两大重要口岸,北为扬州,南为广州。其中,扬州地处长江与大运河交汇处,既是当时富冠天下的商业大都市,也是中国与东南亚及西亚诸国通商的重要贸易口岸。以后,由于海岸线的逐渐东移,以及长江泥沙大量堆积导致航道淤浅,宋初已渐失长江三角洲口岸地位。在此同时,地处江南吴淞江下游青龙江的青龙镇开始兴起。

青龙镇位于今青浦区境内青龙江畔,南经吴淞江五大支浦之一的顾会浦与华亭县城相通,泛舟南下,可直达浙西诸境;溯吴淞江西行又可直抵苏南名城苏州;镇北之吴淞江为当时上海境内主要的通海大江。

青龙镇之得名,相传为三国孙吴政权曾在此建造青龙战舰,但何时建镇说法不一。有称唐天宝年间,亦有说宋淳化年间。[3] 但不管怎样,当唐代长江下游扬州的口岸地位开始发生变化时,位于吴淞江中游,时属秀州华亭县的青龙镇,唐宋年间,特别是宋代,开始成为江南地区最重要的出海口岸。

---

[1] 李延昰:《南吴旧话录》。

[2] 陆广微:《吴地记》,并参见本书附录5。

[3] (清)嘉庆《松江府志》及(清)光绪《青浦县志》皆称,"青龙镇在青龙江上,唐天宝五年(746年)置"。在此之前,开元初年(713 年),江南沿海之地已兴修起自杭州盐官县起,抵吴淞口长 150 里的捍海塘,并且在天宝年间正式设立了华亭县。很有可能唐时已成聚落,北宋正式在"淳化二年(991年)置青龙镇"。

从现有资料记载看,唐天宝二年(714 年)青龙镇南建起报德寺(宋改名为隆福寺,清为吉云禅寺);长庆年间又在报德寺北建立国清寺及七级宝塔(宋改名为隆平寺,明为城隍庙),应该说至少到中唐时青龙镇已经具有相当的聚落规模。唐天宝初,镇上已设有镇将、副将。唐大中年间已有日本、新罗海船航行至青龙镇的记载。[1] 唐中叶后,人称天下财赋,十九仰给东南。杜甫后出塞诗云:云帆转辽海,粳稻来东吴,越罗与楚练,照耀舆台躯。这些由海路运往北方的稻米极有可能是从青龙镇出发。《上海县竹枝词》称,"由来粳稻产苏松,安禄山偏责北供,口达津沽抵燕境,出江故道一吴淞。"

青龙镇的商业贸易到宋代发展至鼎盛。当时的青龙镇不仅已是上海地区,而且也是浙西、苏南重要的出海口。时人记载"吴郡东至于海,北至于江,傍青龙、福山皆海道也……自朝家承平,总一海内,闽粤之贾乘风航海不以为险,故珍货远物毕集于吴市。"[2] 北宋景祐中,青龙镇又设有文臣治理镇事。嘉祐七年(1062 年),镇上隆平寺造起 7 层高塔,成为进出口船只的导航标识。据是年所立《隆平寺灵鉴宝塔铭》记载,海船抵港,一改过去"与海相接,芥然无辨"之状,避免了船只触浅沉没之险。此后,港口日盛,商贾毕集。"自杭、苏、湖、常等州月日而至;福、建、漳、泉、明、越、温、台等州岁二、三至;广南、日本、新罗岁或一至。人乐斯土,地无空闲。"[3]

口岸贸易及商业之繁华,致使地方政府在此设立海关税收机构。北宋政和三年(1113 年),朝廷在"秀州华亭县兴置市舶务",即在青龙镇专设税务监官,商船到岸即依市舶法抽解博买。以后一段时间,青龙江一度淤浅不畅,进口商船减少,朝廷遂罢去青龙镇监官,令县官兼理。宣和元年(1119 年),青龙江开浚深广,番商舶船再度辐辏云集,政府又复设专职监官。

南宋初,青龙镇口岸地位更显重要。建炎四年(1130 年),华亭市舶务由华亭县城移至青龙镇;而总辖两浙各州市舶务的两浙提举市舶司也在绍兴二年(1132 年)移就华亭县治。[4] 市舶司、市舶务机构设置的变动极好地反映

---

[1] 〔日〕圆仁:《入唐求法巡礼行记》,上海古籍出版社 1986 年版,第 200—201 页。

[2] (宋)朱长文:《吴郡图经续记》卷上《海道》。

[3] (清)康熙《松江府志》卷 76《名迹志·寺观下》。

[4] 《宋会要辑稿》第 86 册《职官 44》,中华书局 1957 年影印本第 4 册,第 3369、3370、3376 页。

了华亭县以及青龙镇在当时两浙地区商业贸易中的地位变化。"控江而淮浙辐辏，连海而闽楚交通"的青龙镇进一步成为"岛夷蛮越交广之途，海商辐辏之所"。当时日本海船常乘东北信风至江南贸易，青龙镇与邻近的澉浦、杭州、宁波都是日本海船碇泊的主要口岸。[1]

此外，宋代的青龙镇还设有水陆巡检司，驻有镇将，负责地方治安、稽私巡逻。镇上设有官廨、镇学、税务、狱、仓、茶场、酒坊等，所设机构已超过一般镇治而接近县治。北宋熙宁十年（1077 年），青龙镇商税收入 15897 贯，在当时秀州所设 7 处商务中，仅次于州城、华亭城而位居第三。[2] 在当时秀州所列设的 17 处酒务中，青龙镇酒务仅位于秀州在城之后而居华亭县城之前，位列第二，可见其地位之重要。[3]

口岸贸易及其商业之繁华，致使富商巨贾、豪宗右姓纷纷汇聚其地。镇上寺院、街衢、廛肆鳞次栉比，市廛杂夷夏之人，宝货当东南之物，烟火万家，人号小杭州。[4] 宋人梅尧臣《青龙杂志》称青龙镇有三十六坊、二十二桥。应熙《青龙赋》称，青龙巨镇，控江而浙淮辐辏，连海而闽楚交通。光绪《青浦县志》载北宋时青龙镇，"海舶百货交集，梵宇亭台极其壮丽，龙舟嬉水冠松江南，论者比之杭州"。南宋嘉定年间，镇监赵彦在镇东北新建镇学学宫，中有聚星堂、勒书楼等；景定年间，镇监魏大年于镇治前修建拂云亭，四面植竹万竿，苍翠扶疏。淳祐年间，镇监林鉴大治坊巷、桥梁、道路等等，均可见镇之聚落规模。由此可见，唐宋时代青龙镇之繁盛，并不仅仅在于本地消费市场，也不仅仅只是一个州县范围内市镇聚落的繁盛，而是江南甚至更大范围内市场流通和贸易繁盛的体现。

除青龙镇外，唐宋时代上海地区另一主要商业中心是华亭县城。唐代规制，县治所在一般多不筑城，而华亭在天宝十年建县时，县治即筑有城墙，宋代重建后，城墙周长 160 丈，高 1.2 丈，规模虽不算宏丽，但城中除了公宇、廨舍、寺院、仓廒之外，已有石狮、仓桥等 27 条坊巷，聚居的城厢人口也逐渐增多，人称"生齿繁阜，里阎日辟"。[5] 县城所设税务机构每年征榷的商税已雄踞秀

［1］《宋史》卷 91《日本国》。

［2］《宋会要辑稿》第 129 册《食货 16》，中华书局 1957 年影印本第 6 册，第 5077 页。

［3］《宋会要辑稿》第 130 册《食货 19》，中华书局 1957 年影印本第 6 册，第 5129 页。

［4］（宋）绍熙《云间志》卷下《隆平寺藏经记》。

［5］（宋）绍熙《云间志》卷上《坊巷》。

州诸县城之首。

商业贸易的发展促进了上海地区早期镇市的形成。不过唐宋年间上海地区广大农村的农业作物构成基本上还是清一色的粮食作物,农民依赖市场的商品交换还较微弱。因此除青龙镇、华亭县城等少数大城镇之外,广大农村地区的镇市还寥若晨星。据现存史籍有较确切记载的仅为嘉定县的黄姚镇、练祁市、江湾镇、钱门塘市,以及华亭县的吴会镇、上海镇、下沙镇、乌泥泾镇等,它们构成了当时地方上次于县城一级的商品交换中心。

4. 唐宋时期上海地区在江南的经济地位

唐宋时期是我国古代经济重心南移的完成时期,以苏杭为中心的东南沿海地区在这一过程中已逐渐上升为全国首屈一指的富庶繁华之区。现今上海地区前身的华亭县位于这一首富之区的东缘,在当时的东南以及全国都占有一定的经济地位。

首先,唐宋时代的华亭已逐渐成为当时东南辖境辽阔,人口众多的"壮县"之一。绍熙《云间志》曾这样写道,"华亭为今壮县,生齿繁多,财赋浩穰,南距海,北濒江,四境延袤"。南宋时,华亭隶秀州,而当时的秀州"领邑四,号繁剧者,华亭居其首"。在当时政府的赋税征收中,华亭县也已经雄踞秀州第一。南宋《鸿庆居士集》对华亭县在东南沿海地区的地位有过很高的评价:"华亭居江瞰海,富家大室,蛮商舶贾,交错于水陆之道,为东南一大县。"

其次,随着农业生产的发展,华亭和毗邻的浙西诸郡一起,已经成为当时江南地区主要的粮食产区。宋代时,"苏湖熟、天下足"已广为人们所传颂。而地隶秀州的华亭负海枕江,原野衍沃,川陆之产兼而有之。加之旱地作物的推广,农业生产已是"田宜麦、禾,陆宜麻、豆",遂有"嘉禾(秀州)一穰,江淮为之康"之赞誉。其生产的稻米除满足本地需求外,还时有运往北方地区。前述唐人"云帆转辽海,粳稻来东吴"即为明证。故宋人范仲淹称,"姑苏岁纳苗米三十四万斛,官司之籴又不下数百万斛"。[1] 整个唐宋时期,"国家财赋,十九仰东南",华亭县在此无疑是有其一份贡献的。

---

[1] (明)正德《松江府志》卷3《水》。

再次,唐宋时期的华亭县城和青龙镇已为当时江南地区重要的国内外贸易口岸。当时江南社会经济的发展,两浙的传统手工业产品以及各种土特产品频繁地贩至国内外其他地区,而国内其他地方及海外方物亦频频输入。当时的苏州,商业贸易十分繁盛,其出海口岸,除福山之外,最主要的就是青龙镇。青龙镇背靠浙西腹地,具有便利的内河水运条件以及良好的海口位置,对当时浙西乃至整个江南商业贸易的发展起着十分重要的作用。

最后,唐宋时代的华亭县,社会经济各方面都较前代有了长足的进展,但从总体上看,当时社会生产的主体还是农业生产,而农业生产中又以粮食作物生产为主体。商业贸易尽管较以前有较大发展,但贩运商品中,奢侈品及土特产品尚居主流地位,一般的乡村居民与城镇市场的联系还十分微弱,而当时的华亭县虽然在秀州四邑中最称繁剧,但与南北两翼的苏州、杭州相比还远为逊色。另外,以上海地区整体而论,社会经济较为发展的还多限于西部地带。这一切,到了宋末元初又开始了一个新的转折和变化。

（三）宋末元代上海地区社会经济的转机

明代以前上海地区社会经济的发展中,宋末元代可谓是极为重要的转折时期,其中最具重要意义的是上海镇的兴起以及棉花种植与手工棉纺织技术的传入,它们不仅改变了传统经济的发展格局,而且对后世的经济发展也产生了极为深远的影响。

1. 上海镇商业贸易的兴起

沿海贸易是古代上海地区经济发展的一大特色。南宋中叶前,上海地区主要的贸易港口还是青龙镇,而青龙镇口岸地位的形成及繁盛与其自然地理条件及地理位置有着极大的关联。青龙镇位于吴淞江重要支流青龙江畔。当吴淞江水深江宽、青龙江通畅时,青龙镇自然就成为江南地区理想的贸易及最重要的出海口。但是当这一"地利"条件发生变化,即吴淞江及其水系不断淤塞时,其中落也就成为不可避免之事。

如前所述,唐宋时期上海地区海岸线日渐东移。北宋庆历年间,吴淞江上游又筑起淞江长堤和吴江大桥,吴淞江江源日弱,流水不畅,下游入海口又逢潮沙淤塞,河口宽度由唐时的 20 里渐减至宋初的 9 里,后又减为 5 里、3 里。

在吴淞江日益淤狭的同时，青龙江也渐趋淤塞。事实上，即使是在青龙镇繁盛之时，吴淞江及其水系的淤浅以及随之而来的疏浚就从来没有停止过。北宋元祐元年(1086年)重疏青龙江，但到政和年间青龙江又渐趋湮塞，以致"蕃舶鲜至"。虽然地方政府不断组织人力疏浚，但时浚时淤，终究难挽颓势。海船经吴淞江，上溯青龙镇发生极大困难。南宋时，因为海岸线东移、吴淞江、青龙江淤浅，已有更多的商舶不进青龙镇而在江湾镇[1]、黄姚镇贸易[2]，以致乾道二年(1166年)废市舶司。

元代时，吴淞江几度疏浚，青龙镇曾复通舟楫。但是由于长江三角洲冲积平原特有的自然条件，长江泥沙的不断堆积，造成三角洲海岸线不断东移，使得位于吴淞江中游的青龙镇作为海口离海岸线越来越远；同时在泥沙淤积作用下，昔日深广通畅的吴淞、青龙两水道也河床淤浅、河道渐窄，海船经吴淞江上溯青龙镇发生极大困难。到元朝至元年间，青龙镇虽然还是"镇治延袤，有学有狱"，但已"无复海商之往来"。[3] 元末战乱，青龙镇遭洗劫外又加之河道淤塞，青龙江"潮淤水涸，民业渐衰"，"市舶之区徙于太仓"。明嘉靖二十一年(1542年)，明政府析华亭、上海二县部分县域设置青浦县，县治一度设在青龙镇。但历时不久青浦县撤废。隆庆年间重设青浦县，青龙镇因地处偏僻终未能成县治之选。此后之青龙镇日趋废败，清初时昔日东南雄胜名区，所巍然存者惟一一座青龙塔而已。

就在青龙镇日渐中落之时，离吴淞江入海口更近的吴淞江支流黄浦以及下游上海浦却水深流畅，出入便利。往日收泊青龙镇的海船遂多在上海浦西岸今董家渡一带碇泊，这一带亦从以前不甚起眼的小聚落逐步发展成为上海镇并且大有取代青龙镇之势。

上海的口岸地位在宋元明时期已现雏形。关于上海成为聚落的记载始于北宋，至迟在北宋熙宁十年(1077年)，上海浦西岸已设有酒务，但还未成镇，其地位尚远不能与青龙镇相比。宋后期青龙镇日见衰落之时，现今上海地区范围内，能令海船进出的港湾有黄姚镇、江湾镇和上海镇三地。

[1] 《宋会要辑稿》第129册《食货17》，中华书局1957年影印本第6册，第5101页。
[2] 《宋会要辑稿》第130册《食货18》，中华书局1957年影印本第6册，第5122页。
[3] (元)至元《嘉禾志》卷3《乡里》。

黄姚镇位于今月浦东北长江口,南宋时曾设有黄姚买纳场。史料记载:"黄姚税场,系两广、福建、温、台、明、越等郡大商海船辐辏之地……每月南货关税动以万计"[1]。不过由于其地近长江口,受江潮冲刷,岸线不稳,加之又缺乏与内陆腹地相连、足以集散货流的广深河浦,不仅未能有长足发展,反而在明代以后完全坍陷入江。

江湾镇位于吴淞江北支流江湾浦近傍,宋代吴淞江淤浅时,商贾舟船赴青龙镇多有绕道江湾浦而行者,而江湾镇正系商贾经由冲要之地。绍兴年间,曾有地方官建议在江湾设税务机构收取商税。然而,江湾浦河道弯曲,素有十八湾之称,而且浦面并不开阔,一旦吴淞江下游淤浅,即难与外海相通,因此也无法发展成一个真正的通商口岸。

与之相比,位于吴淞江支流上海浦近傍的上海镇却由于离吴淞江近在咫尺,镇所依傍的上海浦、黄浦及宋家浜等河道又皆与吴淞江相通,既便海船进出,又利海船停泊交易。南宋咸淳五年(1269年),朝廷在这一带设立了专理航海贸易的市舶司,上海镇的名称也开始见之于文献。两年后,首任上海市舶提举官董楷动用节省官费,"市木于海舟,陶埴于江滨",大兴土木,在镇上修建酒库、桥坊,并将镇中昔日的旷土平野辟成"一市阛阓之所"[2]。

元至元十四年(1277年),元政府在江南设立四处市舶司,上海与庆元(宁波)、澉浦、泉州各居其一。"每岁召集舶商,于番邦博易珠翠、香货等物。及次年回帆,依例抽解,然后听其货卖"。初时市税不论国内国外,一律按货值而取,细货取十分之一,粗货十五分取一。以后应市舶提举官王楠所请,凡是国内泉州、福州等地土产之物贩至上海,税收减为国外蕃货一半[3]。以征榷的商税相计,当时松江府的税额在秀州路三县、一府、一在城中,已居首位。而松江府各税务的榷税中,设于上海镇的上海务所征的"税课"仅次于松江府城的在城务而位居第二,各项征榷之总额则仅次于在城务及设于朱泾的大盈务,而位居第三。见表1-2、1-3。

[1]《宋会要辑稿》第130册《食货18》,中华书局1957年影印本第6册,第5122页。

[2](明)嘉靖《上海县志》卷8《受福亭记》。

[3]《元史》卷94《食货二·市舶》。

表1-2　元至元年间嘉兴路征榷税额统计

单位:钞定

地　区	数　额	%	地　区	数　额	%
在城	3420	22	海盐县	1621	10
松江府	5443	35	崇德县	1944	13
嘉兴县	3047	20	合计	15475	100

说明:原载数额,足以下还有两、钱、分尾数,为求简便起见表中已略去。

资料来源:(元)至元《嘉禾志》卷6《征榷》。

表1-3　元至元年间松江府各税务征榷统计

单位:钞定

税务名称	所在地	酒课		醋课		税课		河泊课		总　计	
		数量	%	数量	%	数量	%	数量	%	数量	%
大盈务	朱泾	618	14.8	—	—	85	8.3	22	32.8	725	13
南桥务	南桥镇	104	2.5	—	—	51	5	3	4.4	158	3
北桥务	北桥镇	191	4.6	—	—	34	3.3	—	—	225	4
亭林务	亭林镇	143	3.4	—	—	24	2.4	24	35.8	191	4
青龙务	青龙镇	78	1.9	—	—	25	2.5	1	1.5	104	2
蟠龙务	盘龙镇	335	8	—	—	25	2.5	5	7.5	365	7
上海务	上海镇	472	11.3	—	—	179	17.5	6	9	657	12
风泾务	枫泾	324	7.8	—	—	—	—	—	—	324	6
在城务	松江府城	1910	45.7	180	100	597	58.5	6	9	2693	49
合　计	—	4175	100	180	100	1020	100	67	100	5442	100

说明:(1)原载数额,足以下尚有两、钱、分等尾数,为简便起见表中已略去。(2)北桥务原设于浦西北桥镇,后迁至浦东新场镇。

资料来源:(元)至元《嘉禾志》卷6《征榷》。

至元二十九年(1292年),上海县正式建县之时,县治所在的上海镇已是"有市舶,有榷场,有酒库,有军隘、官署、儒塾、佛仙宫馆,甿廛贾肆,鳞次而栉比,实华亭东北一巨镇。"[1]当时提举上海市舶兼镇守上海总管府事费窠搜罗沿海民船,已"得海船数千,梢水数万"。至正中,上海县共有入籍民户72500余户,其中船商、水手多达6675户。[2] 进出上海口岸的不仅有日本、朝鲜、东南亚等国,以及国内闽广等地的贸易商船,而且还有庞大的本地海商船队。其中最著名的就是朱清、张瑄的海上商船。

朱清、张瑄一为崇明人,一为嘉定人,宋末时皆为海盗,拥有众多海舶。后受招抚为元政府海运漕粮,同时又以"巨艘大舶,帆交蕃夷"。在他们的影响带动以及元政府的鼓励下,当时的沿海富家多自备人、船,或为政府运粮,或载私货出洋贸易。后人称"元朝禁网踈阔,江南数郡顽民率皆私造大船,出海交通琉球、日本、满剌、交趾诸蕃,往来贸易,悉繇上海出入,地方赖以富饶……彼时地方之人,半是海洋贩易之辈"。[3]

虽然元代的上海县治已成为长江三角洲重要的海上贸易口岸,但从整个江南地区而言,上海的港口地位还远在毗邻的北翼浏河镇之下。浏河在宋代时据说还潮汐不通,到元初忽然"不浚自深,潮汐两汛可容万斛之舟"。朱清、张瑄据此开创海路漕运,而海外诸番也纷纷赴此交通市易,人称"六国码头"。[4] 除此之外,当时上海南侧钱塘江北岸的澉浦港来往海船也东达泉潮,西通交广,南对会稽,北接江阴。上海位于浏河、澉浦南北两港之中,海船溯驶上海县治必经的吴淞江下游又淤浅之势不减,这些都抑制了当时上海海上贸易和港口的进一步发展。

元大德二年(1298年)在上海市舶司设立21年之后,元政府终于将上海、澉浦两市舶司并入庆元(宁波)市舶司。以后直到元末,虽然上海县治仍有"海贾自漳南来",[5]但作为贸易海口终未能有大的起色。不过,从上海地区本身的开发历史观之,青龙镇的衰落与上海镇的兴起以及上海县的设立,毕竟在一定程度上标志了上海地区商业贸易,特别是海上贸易重心由西向东的推进,这在上海地区的经济发展史上不能不说是一个重大的转折。

---

[1] （明）弘治《上海县志》卷5《建设志》。

[2] （明）万历《上海县志》卷4《户口》。

[3] （明）崇祯《松江府志》卷19《城池》。

[4] （明）弘治《太仓州志》卷1《沿革》。

[5] （明）万历《上海县志》卷5《公署·苏侯德政碑略》。

2. 盐业生产的兴盛

考察宋元时代上海地区的经济开发不能不谈及当时鼎盛一时的重要手工行业——沿海制盐业。

上海地区产盐历史悠久。宋代时，海岸线东移，沿海斥卤不宜稼禾，"煮水成盐，殖芦为薪"[1]已成沿海人民重要生计。南宋建炎年间，在南起今金山、柘林，北至吴淞江口的沿海地带已设有浦东、袁部、青村、下沙、南跄以及崇明天赐场共6个盐场。其中除天赐场属于淮盐系统外，其余5场皆归两浙盐司管辖。所产食盐，乾淳年间约为2100万斤，景定元年（1260年）上升到2500万斤。[2]

元代时，上海地区诸盐场产盐仍为两浙之首。当时元政府定两浙盐场每年办盐27万引（每引400斤），华亭县5场负担15.6万余引，占总数的58%。虽然实际的年产盐量较政府规定的要少些，但仍然超过宋代，也为以后的明清时代所不及。至正初，各盐场年产盐约为3000万斤左右，其中以位于前川沙、南汇县境的下沙盐场产量最富，所赋盐课号为"两浙之最"。见表1-4。

表1-4 元代华亭县五盐场产盐量统计

场名	年产量（斤）	%	场名	年产量（斤）	%
下沙场	13366079	44.6	青村场	4031095	13.5
浦东场	6665790	22.2	袁部场	1821874	6.1
横浦场	4082508	13.6	总　计	29967346	100

资料来源：(明)正德《松江府志》卷8《盐课》。

元代上海地区的盐业生产无论是机构设置还是生产技术都已经较为完备。各盐场下设"团"为基本生产单位。团内设有盐仓、房舍、卤池，外有围墙，设官军把守，内备煎盐锅盘、炉灶。"灶"为"团"之下辖，设于团内，专事盐卤煎熬。一团通常辖两至三灶。（现今浦东地区的大团、六灶等地名，即为当时灶、团遗存）。每团办盐多少不等，大团多至万引，小团约五七千引。团之上设有场署、场仓，多处于沿海镇市。团离场仓，近者七八十里，远则一二百

---

[1] （宋)绍熙《云间志》卷上《物产》。
[2] （明)正德《松江府志》卷8《盐课》。

里。团内盐仓积聚到一定数额便押运交赴场仓。

当时的产盐基本上都实行煎盐制。全部的生产流程大致上可以分为建造制卤、煎盐场地,置办煎盐器具,以及晒卤、煎盐两大部分。

煎盐之前,先要在近海之处选择适当地点修筑摊场、灰淋和卤井。方法是择傍海近团平展海滩,开挖通海河沟,并在河口作堰;随后将所择滩地,牛耕数遍,四周开沟作围,继而放入海水,整治平净,内分沟畦,即为摊场。每一摊场通常宽 24 步,长 80 步。灰淋、卤井修筑于摊场近旁高阜干燥之处。其方法是先掘土坑,再在土坑坑底及四周,严密排砌踏熟土砖,并拍打坚实,不使渗漏。卤井较深,通常方广 6 尺,深 6 尺。灰淋稍浅,通常深 1.2 尺,长宽 5—6 尺。灰淋、卤井之间以小竹管相通。卤井之旁,备筑更深广之卤池,用于储备所产卤水。

摊场之外,还要在团舍内铸锅盘、砌炉灶以及备办薪柴。锅盘为煎盐最重要之设备,为一巨型铁釜,皆为灶丁自行铸造,每盘耗铁多达万斤。锅盘铸成后即砌炉灶,每灶用砖数千块。盘、灶置妥后即须备办薪柴。薪柴皆为取之于沿海官荡所产芦苇。官荡设有专人看守,按时砍斫后收储团内备用。

场地、设备置办齐当后,即可引海水制盐。制盐过程分为摊晒曝灰、淋灰取卤、煎制成盐 3 个阶段。每日清晨,盐丁挑柴灰于摊场,将柴灰摊晒均匀,然后淋海水于上使成灰卤。夏时半日,冬天二三日,即成卤灰。每一摊场一次可收卤灰约 30 担。所收卤灰置于灰淋之中,上覆草束,用海水徐淋,卤水即从灰淋底部小竹管留至卤井,此即为煎盐咸卤。咸卤由专门运卤船运至团舍,置于盘内即可熬煎。煎盐时,灶下生火,灶盘之上须用竹帚、木扒不时搅动。夏季卤浓,边煎即可边捞漉湿盐。冬天卤淡,须待盘干火熄后才能一次性起盐。一次煎盐完毕,灶内柴灰未待烧透即扒出淋水,以备来日摊场之用。

盐煎熬成后,必须悉数交入团内便仓,由专职官员验收多寡后,发给工本、口粮。便仓食盐积储至一定数量,即由团仓官军押至盐场总仓上纳。[1]

丰富的盐产为朝廷提供了数额巨大的专卖性财赋收入。时有人说,两浙盐场赋以引计凡 48 万,而松江赋 10 万有奇。[2] 而盐场官吏也纷纷从产盐中

---

[1] 参见(元)陈椿:《熬波图》。
[2] (清)嘉庆《松江府志》卷 29《盐法》。

不断牟取私利,日富日奢。如下沙土豪瞿氏世为盐官,其最盛时家有当役民田2700余顷,连同所佃占官田共及万顷,浙西有田之家无出其右。而处于强制奴役下的盐丁率同家小老幼,夏季赤日行天,汗血淋漓;冬天朔风凛冽,履霜蹑冰,手足皲裂,苦不堪言。实为当时社会上地位最为低下、工作最为辛劳的劳动阶级。他们用汗血换来白花花的食盐,自身却陷入悲惨的境地而难以自拔。

3. 植棉技术与手工棉纺织的传入及其历史意义

棉花古称"吉贝",唐宋之前仅在岭南、福建及西北边地稍有种植,棉布亦是珍贵贡品。上海地区何时传入植棉,历来说法不一。宋人谢枋得在《谢刘纯父惠木棉》一诗中曾写道:"嘉树种木棉,天何厚八闽;厥土不宜桑,蚕事殊艰辛;木棉收千株,八口不忧贫;江东易此种,亦可致富殷……角齿不兼与,天道斯平均;所以木棉利,不畀江东人。"此诗作于南宋德祐年间,距宋亡仅四五年,如果所述确实,则当时上海当无植棉。然而,明代修成的正德《松江府志》又记载,"木棉本出闽广,可为布。宋时乡人始传其种于乌泥泾镇",又认为宋代时上海已有植棉。然而成书于南宋绍熙四年(1193年)的《云间志》称,"华亭稼穑之利,田宜禾、麦,陆宜麻、豆",又尚无棉花的记载。此外,在清代人的考证中也有人认为上海植棉始于元代元贞、至正年间。《一斑录》称:"考草棉之始,松江府东五十里有地曰乌泥泾,高仰不宜五谷,元至正间偶传草棉之,种植颇茂"。《沪城岁时衢歌》则更认为:"元贞间(黄道婆)附海舶归,携粤中木棉,教人播种,又倡为纺织之法,数百年利赖实自道婆开之。"但是上述两种说法都有明显漏洞。因为至正已是元末,即使元贞年间,在此之前的至元二十六年,元政府已设立浙东、江东、江西、湖广、福建5处木棉提举司,年征棉布10万匹。而紧接元贞之后的大德年间,已有北方商人慕名来上海地区收布的记载。[1]

据上所述,我们以为,上海植棉大致上肇始于宋末的景炎、祥兴到元初的至元年间。棉花传入上海地区,最初种植于黄浦西岸的乌泥泾一带。刚开始时,乌泥泾农民的棉纺织加工技术还十分原始落后。整棉、成纱尚"无踏车椎弓之制,率用手剖去子,线弦竹弧置按间,振掉成剂,厥功甚艰。"这一状况直

---

[1]　(元)高德基:《平江记事》。

到元元贞年间乌泥泾人黄道婆从海南带回纺织技术后才有所改变。黄道婆不仅带回"捍、弹、纺、织之具",而且还教习乡亲"错纱配色,综线挈花",织成美观实用的"番布"。元时上海泗泾人陶宗仪在其《南村辍耕录》中赞道:"棉之为用,可以御寒,可以生暖,盖老少贵贱,无不赖之。其衣被天下后世,为功殆过于蚕桑矣。"[1]乌泥泾原来土壤贫瘠,民多贫困,但没有多久,盛产的番布不仅能满足自用还能转售他方以牟利,当地乡民也由此而饶裕。当时的松江府也由此而博得"布,松江者佳"的美称。连远在北方京城的商贾也跋涉千里慕名前来收买。[2]

元至元二十六年,元政府一度设立浙江、江东等 5 处木棉提举司,年征棉布 10 万匹。但不到两年又下令罢废。[3] 不过在上海地区,官府征科棉布似乎始终未废,而且数量不少。元人沈梦麟《黄浦水》称:"黄浦水,潮来载木棉,潮去催官米,自从□□苦征徭,海上人家今有几? 黄浦之水不育蚕,什什伍伍种木棉。木棉花开海天白,晴云擘絮秋风颠。男丁采花如采茧,女媭织花如织绢。由来风土赖此物,祈寒庶免妻孥怨。府帖昨夜下县急,官科木棉四万匹。富家打户借新租,贫者沿村赊未得。吁嗟黄浦水,流恨何时枯,谁知木棉织成后,儿啼女泣寒无襦。"从诗中观之,黄浦沿岸乌泥泾一带正是当时上海地区主要的植棉地带。所谓"布出松江者佳",实际上,最早的松江布即是产于上海县乌泥泾一带的"乌泥泾布"。直到元末,上海地区的棉花种植似乎还只是主要局限于这一带。

元末明初上海人顾彧写有几首流传甚广的竹枝词,内曰:"平川多种木棉花,织布人家罢绩麻,昨日官租科正急,街头多卖木棉纱。"词中所说之"平川",据作者自己诠释,"太湖东来沧海面,四十二湾江渐低。源头受得浙间水,不放浑潮淤作泥。江流西岸尽平川",正是江浦交会的乌泥泾一带。[4]而当时黄浦以东辽阔的滨海地区开发未久,农作物还多为传统的春麦秋豆。元至元、泰定年间,上海县部分秋粮改科豆麦,在当时的《上海县苗粮改科豆

---

[1]　(元)陶宗仪:《南村辍耕录》卷 24《黄道婆》。
[2]　(元)至元《嘉禾志》卷 6《物产》;(元)高德基:《平江纪事》。
[3]　《元史》卷 15、16《世祖纪》。
[4]　(明)姚宏绪:《松风余韵》卷 44,《顾彧》。

麦记》中，还看不出浦东地区有普遍植棉的迹象。其他如上海地区东北隅的嘉定县，明清时产棉极盛，但元代时植棉还寥若晨星，"境内塘、浦、泾、港大小千余条，水道流通，犹可车戽，民间种稻者十分而九"。[1]

由于当时植棉还未繁盛，传统的麻苎种植以及蚕桑业还未完全为植棉以及手工棉纺织所排斥。[2] 明初华亭人董良史在描写当时农家经济的《系壤歌》中说"姑缉麻，妇纺花"，"布谷昨夜鸣，村村补桑麻"，"夫撒秧，妻采桑，农事已兴蚕事忙"。同时代人管纳在其诗文中也有不少类似诗句。[3] 这些都说明虽然元代时棉花已传入上海地区，并且又有"布产松江者佳"的美称，但从整个地区观察，植棉和手工棉纺织还未完全排挤传统纺织原料的生产和传统的农村家庭手工纺织，而在农家经济中占据优势地位。

尽管如此，宋元之际植棉的传入以及手工棉纺织的兴起对于上海地区的经济开发毕竟具有难以估量的历史意义。

首先，棉花作为手工棉纺织的原料，其种植的传入和推广意味着农村种植业内部粮食作物生产和经济作物生产分工的扩大。在较单纯的单一粮食作物结构下，农民除少数副业产品外，能进入市场交换的剩余产品主要只能是粮食产品，它们不仅制约着地方小市场商品交换的增长，而且也影响与外地区商品贸易的扩大以及城镇商业贸易的发展。而经济作物棉花的传入、推广，以及随之而兴起的家庭手工棉纺织，势必会加强棉农与稻农之间的交换，增强农民同市场的联系，改变农村的产业结构，并且刺激商人资本的活跃，促进国内大市场的长距离贩运等等。这一切在元代时还仅仅初见端倪，到以后的明清时期则越演越烈。

其次，植棉的传入对于上海地区特别是东部地带农业资源的重新配置和开发利用具有特别重要的意义。由于自然地理条件的局限，上海东部滨海沿浦高亢斥卤之地植稻艰难，棉花未传入推广之前，所种多为菽、麦而已。它们不仅产量低，价值亦不如稻米，从而形成东乡农民收益不如西乡，东部地区不

---

[1]　（清）乾隆《宝山县志》卷9《奏疏·永折民疏》。

[2]　历来研究者几乎一致认为，上海地区近代以前无蚕桑可言，这若指棉业大兴的明清时期无疑正确，若是指此之前，则蚕桑在一定程度上还是存在的。（明）正德《松江府志》说："松江自木棉之利兴，不甚力于蚕事。"说明在此以前同样有着蚕桑之利。

[3]　（明）杨枢：《淞故述》；（明）姚宏绪：《松风余韵》卷38《管纳》。

如西部地区富裕的地域差异。棉花种植的传入适合东部地区的自然地理条件，既较戽水日艰的水稻栽种省工省时，又比低产、低价的菽麦多有收益。因此以此为契机，东部地区的农业生产开发和社会经济增长将获得极为宝贵的转机。

综上所述，上海地区在14世纪中叶以前，社会经济已经经历了一个漫长的发展时期。唐代以前，社会经济进展缓慢，东部尚在形成，西部初有开发；唐宋时代，以水利兴修、农业开发以及港口贸易为主要内容，上海地区在长江三角洲沿海已具一定经济地位；宋末元代，上海镇商业贸易的兴起以及农业、手工业中植棉、手工棉纺织技术的传入为上海地区日后社会经济的加速开发提供了有利时机和可靠的历史前提。在以后各章中，我们将可以看到这一时机来临以后绚丽多彩的社会经济发展画卷。

第二章

农业经济结构的演变和农产品的商品化趋势

传统中国社会最基本的特征是以农立国。"民以食为天"历为万古不变之训条。明清时期的上海地区,手工业、商业、市场、城镇虽然都较前代有显著增长,但农业仍不失为社会经济中最主要的产业部门,并且构成手工业、商业发展的基础。因此,无论从历史还是逻辑的角度,我们的分析都必须先从农业开始。在本章的叙述中我们可以看到,近代以前上海地区的农业经济正发生着一种结构性的变化,这一变化首先表现为经济作物棉花种植的急速增长,以及由此而形成"东棉西稻"的新型作物结构格局;其次又表现为其他商品化经济作物生产的成长等。它们使得传统的农业经济与市场的联系加强,并使农业经营呈现不断上升的商品化趋势。

第一节 东棉西稻作物结构布局的形成和发展

(一) 棉花种植的勃兴

上海地区的植棉始于东部黄浦沿岸乌泥泾一带,直至明初一段时间内基本上还依然如故。大约从宣德年间(1426—1435年)开始,以乌泥泾为中心,棉花种植逐渐向东、东北和东南高亢斥卤地带推进。明初以前向来"止种黄豆"的浦东滨海地区也开始广种棉花。植棉向西部的推进也有一些,但大体上只是遇冈身而止。到明中叶弘治、正德年间,沿海高乡植棉已蔚然成风。弘治时有上海人张绂从县治迁至城北乡间,置田买宅,只要"家人多种棉花"。[1] 明中叶后,广大东部地带由于河道日淤,水稻种植灌溉甚艰,结果是水田缩减,旱地大增,进一步导致了棉田面积的扩大。以嘉定县为例,明初境内尚有大小河浦 3000 余条,水道流通,犹可车戽植稻。而到正德、嘉靖时,江湖壅塞,河渠"湮没者十之八九,其存在如衣带而已",沿海乡民不得不"独托命于木棉"。[2] 迨至明后期,上海地区东部、东北部的上海、嘉定、崇明等县,棉田皆占到当时耕地面积的一半以上。

上海县在万历年析出青浦县之前,"官、民、军、灶垦田几二百万亩,大半种棉,当不止百万亩"。[3]

嘉定县到明后期,"三面濒海,高阜亢瘠,下注流沙,贮水既难,车戽尤梗,版籍虽存田额,其实专种木棉。"万历年间,嘉定全县有个田地分类统计极能说明问题。见表 2-1。

表 2-1　明万历年间嘉定县田地分类统计

田地种类	数额(亩)	%
板荒田地	130190	10
宜稻田地	131160	10.1
堪种花、豆田地	1037250	79.9
合　计	1298600	100

说明:原载田地总数共 1298617 亩,与细数相加不合,表中总数系各细数相加而得。
资料来源:(明)万历《嘉定县志》卷 7《田赋》。

崇明县"田地高下,新旧不一,如高者宜麦、宜花、豆,下者宜稻","植棉十居六七"。[4]

以上三县之外,西部的华亭县以及万历元年最终从华亭、上海两县分出的青浦县植棉甚少。青浦县志称"兹乡农事惟赖秋禾",棉花仅在与东部诸县交界处近冈身地带稍有种植。《金泽小志》说西部诸县之"东乡种木棉者居十之三",估计全境棉田最多不会超过总耕地的 10%。

[1] (明)李延昰:《南吴旧话录》卷 5《张建昌》。
[2] (明)万历《嘉定县志》卷 19《永折漕粮碑记》;(清)乾隆《宝山县志》卷 9《永折民疏》。
[3] (明)徐光启:《农政全书》卷 35《木棉》。
[4] (明)万历《崇明县志》卷 1《风俗》;(清)雍正《崇明县志》卷 9《物产》。

综上所述以及结合其他史料记载,明后期上海地区的棉田及其棉花产量大致可以估算如表2-2。

表2-2　明后期上海地区棉田、棉产估计

县份	在册土地（亩）	耕地占在册额（%）	耕地面积（亩）	棉田面积		亩产估计（斤）		总产估计（斤）	
				占耕地（%）	亩数	籽棉	皮棉	籽棉	皮棉
上海县	1562081	92	1437115	70	1005980	60	21	60358800	21125580
嘉定县	1463055	92	1346011	70	942208	60	21	56532480	19786368
崇明县	1332217	60	799300	60	479598	60	21	28775880	10071558
华亭县	2195239	92	2019620	10	201962	60	21	12117720	4241202
青浦县	615360	92	566131	10	56613	60	21	28775880	10071558
合　计	7167952	86.5	6168207	43.6	2686361	60	21	161181660	56413581

说明:(1)在册土地额除嘉定县为弘治十五年,华亭县为万历二年数外,其余均为万历三十二年数额,参见附录4。(2)耕地折算,据正德《松江府志》、《华亭县志》所载,非耕地的山、池、涂、荡约占在册土地的7%—9%,此取其中数8%。崇明耕地数,据正德《崇明县志》记载,正统、正德年间荡涂要占到在册额的50%以上,但其荡涂额中难免会有一些久已耕垦而尚未升科为田地的,故在此将耕地数估为60%。(3)棉田面积占耕地百分比,前文已稍有论述。当时东部棉乡多盛行"三年植棉,一年种稻"的稻棉轮作。如《罗店镇志》所称,"久种棉花又苦蔓草难图,故三年种花必须一年种稻,所谓七分棉花三分稻也",可见已考虑进了轮种因素。(4)棉花亩产,据正德《松江府志》及《历年记》等书记载,正德时上海县沿海棉田亩产50—60斤。清初顺治时遇好年成有达80斤者。此外也有个别田块极丰之年亩收200斤的,那当然只能是个别的偶然情况。考虑到大范围的平均亩产必受多种因素影响,此估计为60斤可能较为合适。(5)籽棉出衣率,据徐光启《农政全书》:吴下所种多为浙花,其性"中纺织,棉稍重,二十而得七",折合出衣率为35%,60斤籽棉合皮棉21斤。

资料来源:据同时期上海地区各地方志有关记载分析综合而成。

从表2-2可见,自明中叶上海地区植棉勃兴之后,所谓植棉的发展实际上主要是在东部地带,它和我们后面将要论及的西部地带盛产稻米互相交融,形成了当时上海地区农业生产中东棉西稻的作物分布格局和农业地域分工。

明末清初的社会动乱一度使上海地区的植棉业受到很大影响。本来"松民贸利,半仰给纺织",战争使南北间阻,布商不至,每百斤棉花值银不过五六钱。不过这种萧条局面并未持续很久,顺治三至四年后棉布销路渐畅,棉花市价也逐步回升,上海地区的植棉业重整旗鼓又获新的发展。

雍正三年六月,江苏巡抚张楷巡视苏、松两府,从昆山到松江一路查看,沿海一带不种秧稻只种棉豆。当时的松江府辖有华亭、青浦、娄、金山、奉贤、南汇、上海7县,其中东部"奉、上、南三县地形较高,种棉、豆多于粳稻,而棉尤盛","种稻者最多不过十之三四"。[1] 如上海县法华乡田皆沙土,尤宜木棉,种者居七八;七宝镇种花居大半,豆次,种稻者十不得一。[2] 雍正年间从上海、华亭划出分设的奉贤、南汇两县,临海滨浦,地势高亢之处更是宜棉不宜稻。乾隆《奉贤县志》称本县地处"东乡,地高仰只宜花、豆,种稻殊鲜"。[3] 实际上,豆类多套种、间种于棉田沟旁,较少单种,所谓宜花、豆之田,大部分皆为棉田。南汇县也是同样的情况,傍浦之地"种粳稻者十之三,种棉者十之七"。[4]

除了上海、奉贤、南汇三县,当时分属太仓州的嘉定、宝山、崇明县植棉也甚可观。清初嘉定人汪三侬曾说:"疁土(嘉定)斥卤不宜稻,种棉花者十亩而九"。[5] "十亩而九"可能说得过分了些,但十之六七无疑是有的。如罗店,四乡土产,稻三棉七,农民生计惟赖木棉;外冈,地势高阜尤不宜植禾,往时皆种木棉;真如,土性沙瘠,不宜种稻,以植棉、豆为大宗;娄塘,岁栽棉花,三年之中,始一种稻,等等。整个嘉定县大约只有西北境的钱门塘乡才因地势低洼宜稻不宜棉。[6]

---

[1] (清)光绪《松江府志》卷5《疆域志·风俗》。

[2] (清)嘉庆《法华镇志》卷3《土产》;(清)董含:《三冈识略》;(清)道光《七宝镇志》卷1《风俗》。

[3] (清)乾隆《奉贤县志》卷2《风俗》。

[4] (清)光绪《南汇县志》卷20《风俗志》。

[5] (清)光绪《月浦志》卷7《艺文志》。

[6] (清)光绪《罗店镇志》卷1《风俗》、《物产》;(清)乾隆《续外冈志》卷1《风俗》;民国《真如志》卷3《实业志》;(清)乾隆《娄塘志》卷8《物产》;民国《钱门塘乡志》卷2《水利志》。

宝山原属嘉定,雍正四年分县时有田、荡、涂 62.92 万余亩,大半皆种棉花,棉田约占全县耕地十之六七。[1]

崇明地处江口沙洲,除中部西乡江水灌溉便利、种稻稍多外,产米极少,豆麦之外惟遍植棉花。清前期近二百年间棉田始终占耕地的 60%—70%;雍正年间,"植棉十居六七,惟借此产通商利用";乾隆年间,"县地卑斥卤,不宜五谷,但利木棉,种五谷者十之三,种木棉者十之七";嘉道年间,仍然是"境种棉者十之六七"。[2]

与东部植棉盛况相比,西部的华亭、娄、青浦、金山诸县植棉仍然不广,棉花只在毗邻冈身处和沿海附近稍有种植。如华亭县只是"东南、东北与奉(贤)、上(海)、昆(山)连之处亦多种棉";青浦县秋熟以稻、棉为大宗,稻十之七,棉十之三;金山县也仅仅在干巷、张堰以南的濒海地区才有少量种植。[3]总而计之,这些县份的棉田大致不会超过耕地的 20%。据此,清前期上海地区的棉田及棉花生产大致可以估算,如表 2-3 所示。

表 2-3　清前期上海地区棉花生产估计

县份	在册田土（亩）	耕地占在册额（%）	耕地面积（亩）	棉田面积		亩产估计（斤）		总产估计（斤）	
				占耕地（%）	亩数	籽棉	皮棉	籽棉	皮棉
上海县	770181	95	731672	65	475587	65	23	30913155	10938501
南汇县	707340	95	671973	70	470381	65	23	30574765	10818763
奉贤县	531185	95	504626	60	302776	65	23	19680440	6963848
嘉定县	645345	95	613078	70	429155	65	23	27895075	9870565
宝山县	575639	95	550057	65	357537	65	23	23239905	8223351
崇明县	1790803	80	1432642	65	931217	65	23	60529105	21417991

[1]　(清)乾隆《宝山县志》卷5《田赋志》。

[2]　(清)雍正《崇明县志》卷9《物产》;(清)乾隆《崇明县志》卷5《采买》;(清)光绪《崇明县志》卷4《风俗》。

[3]　(清)光绪《松江府续志》卷5《风俗》;民国《青浦县续志》卷2《土产》;(清)乾隆《金山县志》卷17;《重辑张堰志》卷1。

县份	在册田土（亩）	耕地占在册额（%）	耕地面积（亩）	棉田面积		亩产估计（斤）		总产估计（斤）	
				占耕地（%）	亩数	籽棉	皮棉	籽棉	皮棉
华亭、青浦、金山、娄县	2218506	95	2107581	20	421516	65	23	27398540	9694868
新垦土地	—	—	391765	60	235059	65	23	15278835	5406357
合计	7238999	96.7	7002294	51.7	3623228	65	23	235509820	82334244

说明:(1)在册田土据各县地方志所载。除嘉定县为乾隆十五年数,宝山县为乾隆六十年数外,其余皆为乾隆七年数。(2)耕地占在册田土比率,清前期因人口增加,对涂荡垦辟加快。在册土地中非耕地比例应相对下降,故表中大部分县耕地数为在册田土减去5%以后的修正数。崇明县清前期在册土地增加很快,其中涂荡比例也较高,故耕地修正为占在册额的80%。(3)新垦地现存方志中并无此项记载。但实际上清前期上海地区新涨滩涂、芦洲的增加和垦殖,昔日盐荡的开发利用确实扩大了耕地面积。但它们在在册田土额中却少有反映。表中新垦土地系据雍正时松江府及嘉定县芦洲109751亩以80%折算;再加上明中叶场灶草荡506608亩,清前期盐业中落,大约60%草荡转化为耕地两者相加而成。(4)亩产估算,从文献记载看,明清几百年上海地区植棉技术少有显著进步,产量提高极为缓慢。据《嘉定瞭东志》记载,民国晚期棉花亩产通常也只有70—80斤籽棉,而江苏省1919—1948年30年中平均棉产也只及每亩皮棉24斤,表中估为籽棉65斤,似乎还较为切合实际。(5)籽棉出衣率,清前期虽有文献说"有金底者,每斤收衣六、七两",出衣率为40%,但这些品种"不可多得",种植不广。故表中仍然按35%出衣率估算。

资料来源:同表2-2。

表2-3所列及上述分析仅是就当时棉花生产的一般趋势而论,东部地区棉田自明后期基本保持在耕地的60%—70%,也只是大体上的一般情况。具体的某地、某时,由于稻、棉比价以及各自供求关系等因素的变动,稻棉种植比例也会随之波动。典型的例子如清乾隆年间嘉定县外冈,上海县七宝等地由于稻米短缺,米价上涨,致使当地乡民纷纷改棉地为稻田,使得稻田面积一度有所上升。[1] 不过这似乎只是局部的暂时现象,一旦米价平复,或稻、棉比价

---

[1] （清）道光《七宝镇志》卷1《风俗》;（清）乾隆《续外冈志》卷1《风俗》。

均衡,植棉又会自然趋多。

与明后期相比,清前期上海地区的棉田面积以及棉花产量都有较大幅度增长。其中棉田占耕地比例可能已从 43.6% 上升到 51.9%;棉田面积实增约 34.9%;籽棉和皮棉年产量估计可以分别从 160 万担和 56 万担增加到 230 万担和 83 万担,约分别增长 43% 和 48%。若以明后期每百斤籽棉市价合银 1.7 两,清前期市价 2.5 两相计,年产值已经可以分别达到白银 270 余万两和 575 万两,它们在当时农业生产中的地位已不可低估。

明清时代上海地区种植的棉花品种按现代分类主要属于短纤维的"中棉"系统。宋末元初植棉传入伊始,品种还较少,直到明中叶时,在地方志关于棉花的记载中还无品种分类。明后期万历、崇祯年间,上海人,大科学家徐光启对当时的棉花品种进行了考察,据他的《农政全书》以及其他一些地方志的记载,当时上海地区棉花主要的栽培品种如表 2-4。

表 2-4　明后期上海地区棉花栽培品种

品　名	品　性	出衣率(%)	栽培情况
浙　花	中纺织,棉稍重	35	吴下种大都类是
黄蒂穰	絮稍强紧,棉重	45	不详
青　核	中纺织,核细于它种,棉重	45	其传不广
黑　核	中纺织,核黑细,棉重	45	其传不广
宽大衣	中纺织,核白穰浮,棉重	45	其传不广
紫　花	中纺织,核大浮细,棉轻	20	种植不广
金　底	不详	37—43	种植不广

资料来源:(明)徐光启:《农政全书》;(明)万历:《嘉定县志》;(明)崇祯《松江府志》等。

表 2-4 所列 7 个棉花栽培品种中,种植最广的是"浙花"。其他如"金底",地方志称"此种虽有然不可多得",而"青核"等几个品种大多刚从外地引进,徐光启曾费心推广,但大多数棉农仍然习惯"凡种植必用本地种"。究其原因也许是这些品种虽然出衣率较高,但可能产量较低或者是管理困难,费工费肥等。出衣率最低的"紫花"虽然产量也不高,但由于它的花絮带有天然淡

赭色,可以用来纺织成高雅名贵、价逾常布的紫花布,因此东部各县都有一定数量的种植。对当时的棉农来说,选择栽培品种所考虑的主要因素包括:一是单产量的高低,包括出衣率和籽棉单产水平;二是棉纤维的品性、质量,因为它将直接影响手工棉纺织;三是种植、管理的成本。三者相衡,其参数最高者自然就会成为棉农们选择的当家品种。

清前期上海地区的棉花品种较之明代并无多大变动。其最能说明问题的例证是乾隆年间上海人褚华在总结当时棉业生产经验撰写的《木棉谱》中,对于棉花品种的记载几乎是照录明代的《农政全书》而无所创新。清前期上海地区植棉选种较好的嘉定、宝山,最好的品种也仍然是明代已有的青核、金底等等,而且种植仍未见广。

由此可见,明清上海地区的棉业生产虽然蓬蓬勃勃,盛极一时,但是棉农对于棉花优良品种的选育、推广似乎并无特别的关注和获得大的进展。直到近代前夕,流传了几百年的传统"浙花"仍然是种植最广的当家品种。这说明对于作为小生产者的棉农来说,他们一般既缺乏经济条件又少有创新精神,既不愿冒风险也无力花工本去做引进或者培育新品种这种可能导致他们脆弱的小农经济功亏一篑的"傻事"。

田间管理是棉花生产技术中的一个重要组成部分。到明后期,上海地区的棉农已在生产实践中形成了一系列的田间种植管理方法。其内容包括整地、播种、锄草、施肥、间苗以及套种、轮种等等。其中最为著名的就是棉稻轮种制。它通过水旱轮作,能有效地改善土壤,有利养分转化以及灭草杀虫。[1]几百年来一直成为棉农们所遵循的原则。其他的种植技术和管理方法从明代形成之后也基本上再没有大的变化。如棉花播种,明代时盛行密植的作畦撒播法,到清代撒种密植仍然是"习俗相沿,不能骤返"。[2]又如棉田施肥,明代时已较讲究,"凡棉田于种前下壅,或粪,或灰,或豆饼,或生泥,多寡量田肥瘠"。[3]时隔百年之后,到清中叶乾隆年间,据《木棉谱》所载,仍然并无更高明的办法以及更高效的肥料问世,等等。

---

[1]　(明)徐光启:《农政全书》卷35《木棉》。
[2]　(清)褚华:《木棉谱》。
[3]　(明)徐光启:《农政全书》卷35《木棉》。

综上可知,明清几百年间上海地区植棉业中的技术进步是十分缓慢甚至停滞不前的。各项生产技术以及生产工具在明代趋于成熟后基本上是因循旧制而无大的变动。这就从根本上决定了同时期的棉花单产水平难以有较大幅度的提高,同时也决定了当时棉花产量的增加主要只能通过棉田面积的扩大来实现。它们不仅是当时棉花生产的重要特性,同时也是当时传统农业经济的显著特征之一。

（二）粮食生产布局的变化

明清时期上海地区棉花种植的勃兴使传统的粮食生产也发生了令人注目的变化。从明中叶起,上海地区东部地带主要的农作物已从传统的水稻逐渐演变成了棉花,但在冈身内侧的西乡地区,由于自然地理条件以及种稻的边际产出并不亚于植棉等原因,水稻种植仍在农业生产中占有压倒的优势。粮食生产布局的这一变化,使得明清时期上海地区的农业生产最终形成了东棉西稻的作物结构布局以及相应的农业地域分工。

西部地区稻作生产的优势首先表现在水稻栽培品种上。明清时期上海地区的稻米品种主要有籼稻、粳稻、糯稻三大类。糯稻主要用于酿酒、做糕,籼稻和粳稻则分别为当时人民的主食。每类水稻以其生长期、耐肥性能以及品性等等不同,而区别为许多不同品种。明中叶正德年间它们至少已有20多个品种。见表2-5。

表2-5　明代上海地区稻米品种

品　名	生长期	品　性	品　名	生长期	品　性
六十日稻	三月种五月熟	米色白小	早白稻	五月种八月熟	皮白米赤
八十日稻	—	—	早中秋	八月半熟	米大而白
百日赤	三月种六月熟	芒赤米白	中秋稻	四月种八月熟	皮白米赤
麦争场	三月种六月熟	—	晚白稻	九月熟	—
小籼	三月种七月熟	—	箭子稻	九月熟	粒长细,色白味甘
大籼	四月种八月熟	—	红莲稻	五月种九月熟	—
香粳	七月熟	米粒小,性柔	穰穆稻	五月种九月熟	—

续　表

品　名	生长期	品　性	品　名	生长期	品　性
早乌稻	五月种九月熟	皮赤米白	赶陈糯	四月种七月熟	米粒最长
紫芒稻	五月种九月熟	紫谷白粒	小娘糯	四月种八月熟	不耐风水
深水红	六月种九月熟	—	矮儿糯	四月种九月熟	粒白而大
一丈红	五月种八月收	绝耐水，须厚壅	芦黄糯	熟最晚	粒大色白，酿酒最佳
金城稻	—	高田所种，性硬	羊须糯	四月种九月熟	谷多芒长
乌口稻	晚熟	色黑耐水寒	羊脂糯	五月种十月熟	色白性糯
秋风糯	—	稃黄、米白、粒圆	鹅脂糯	—	—
金钗糯	三月种七月熟	米粒长，最宜酿酒			

资料来源：(明)正德《松江府志》卷5《土产》；(明)崇祯《松江府志》卷6《物产》。

水稻品种的多样化意味着当时的农民已经可以根据不同的茬口、土性以及其他条件，合理地安排最适宜的栽培品种。西部地带为主要的产粮区，土地肥沃，灌溉便利，选择的品种多半为生长期较长，对肥水条件要求较高，同时产量也较高而米质又较好的晚、中熟品种。东部地带由于棉多稻少，粮食不能自给，春夏之际往往青黄不接，农民一般多赖新米早早上市接济，再加上东部地区濒海临浦，入秋后作物易受风潮影响，[1]因此东乡为数有限的稻田多半选择生长期较短，产量也较低，米质又较差的早熟品种，其中尤以早熟低产的早籼居多。正德《华亭县志》称："吴俗以春分节后种，大暑节后刈者为早稻；芒种及夏至后种，白露节后刈者为中稻；夏至节后十日内种，至寒露节后刈者为晚稻；过夏至后十日，虽种不生矣。今吾松最早必交立夏节，其或雨水不时，大暑后种者亦生，但不盛耳。东乡迟种而早收，西乡早种而晚收，风土之不同如此。然稻之晚者必佳种也。"[2]

从上述记载中我们至少可以看出两点，一是在当时的稻米生产中，西

---

[1] (清)张春华：《沪城岁时衢歌》："农人最惧风潮。七八月间，木棉盈野，禾稼满目，有秋可望矣，猝遇风潮，田畴被淹，即无所措手足。"

[2] (明)正德《华亭县志》卷3《土产》。

乡地带不仅种植广而且生产水平和农艺技术似乎也相对较高；二是西乡稻米生产虽盛，但就栽培的品种而言，无论是早稻抑或中稻、晚稻，都还只是单季稻。有研究者认为明中叶江南已经推广种植双季稻，无疑是值得商榷的。

由于西部地区水土条件优越，栽培的品种也较好，因此其水稻产量通常均在东部地区之上。明后期，西部地带正常年景下的水稻亩产一般在2石米左右。少数肥沃上田，如青浦金泽镇一带可达3石或3石以上。东部地区由于多种早籼，耕作又较粗放，[1]常年亩产一般只有米1.5石左右。至于一些滨海薄田，若栽种水稻产量还会更低些。当时东、西地带各自的植稻面积，比照前节棉田比例以及据各地方志的有关记载，可以大致估计为西部地区大约占耕地的85%，东部地区约占25%。由此而论，上海地区明后期的稻米生产大致可以估算，如表2-6所示。

表2-6 明后期上海地区稻米生产估计

地　域		耕地面积（亩）	占耕地（%）	稻田面积		亩产米（石）	年产量	
				亩数	占全地区稻田（%）		米（石）	占全地区总产（%）
西部	华亭、青浦县	2585751	85	2197888	71	2	4395776	76.6
东部	上海、嘉定、崇明县	3582456	25	895614	29	1.5	1343421	23.4
合　计		6168207	50.2	3093502	100	1.86	5739197	100

资料来源：据同时期地方志有关记载综合分析而成。

从表2-6可见，明后期上海地区稻田在耕地中的比重可能还略高于棉田。其中西部两县的稻田面积以及稻米产量分别占到全区稻田以及稻产量的71%和76.6%，达1/3强。然而这还仅仅只是从生产的绝对数量而论，如果进一步分析按人平均的稻米生产占有量，西部地带稻米生产优势就越加明显。见表2-7。

---

[1] （明）嘉靖《上海县志》载："白稻最晚，籼稻最早。籼者，秧不分栽，遂为稻，其米赤，宜于海乡。"可见，是时还有撒种直播者。

表 2-7　明后期上海地区东、西地带人均稻米产量

地域	户	口	稻米年产量（石）	户均产量		人均产量	
				米（石）	与全区平均离差	米（石）	与全区平均离差
西部	164218	821090	4395776	26.77	+11.67	5.35	+2.33
东部	215875	1079375	1343421	6.22	-8.80	1.24	-1.78
合计	380093	1900465	5739197	15.1	0	3.02	0

说明：户数据同时期方志所载，口数为每户平均 5 口的估计数。稻米年产量据前表 2-6。

资料来源：据同时期上海地区各地方志有关记载综合分析而成。

表 2-7 表明，西部盛产稻米，以致年人均占有稻米产量大大高于东部，可谓自给有余；而东部地区年人均稻米产量仅 1.24 石，明显处于难以自给状态。稻米生产这一西盛于东的非均衡态势和前述棉花生产东盛于西的状况互相呼应，最终构成了我们在第四章中将要分析的东、西棉稻交换的基础。

入清以后，上海地区西部以产稻为主，东部以产棉为盛的作物结构格局以及生产方式仍无大的变化。如青浦县"农事惟赖秋禾，而之种类至繁，大约早稻出时米价稍昂而收成稍薄，故农人惟种晚禾"。[1] 东西地带各自的稻棉种植比例大体上仍如前明。水稻的品种、栽培、田间管理等等基本上也都是因袭前朝。农具的使用除牛耕外，贫穷下户仍以铁锸为主要耕具，"上农多以牛耕，无牛者用铁锸垦之"，其劳动生产率大体上仍然是"一日一人可锄一亩，大率十人当一牛"。[2] 与明代相比，清前期稻米生产的微弱进步主要表现在肥料使用量和使用的范围有所扩大。西部地区越冬作物中绿肥面积恒有增长，其数量已可以同冬小麦并驾齐驱。[3] 除红花草外，蚕豆、豌豆等富氮作物也常被作为绿肥栽种。此外，农民还充分利用广阔的水面优势，罱取河泥作为耕种基肥。追肥中除传统的人粪尿外，饼肥的使用已极为普遍，即使较贫穷的下农也多告贷购买后施之于田。综上所述，我们认为清前期上海地区的稻米生产较之明代还是稳定中稍有增长。见表 2-8。

---

[1]　（清）乾隆《青浦县志》卷 11《物产》。

[2]　（清）姜皋：《浦泖农咨》。

[3]　（清）嘉庆《直隶太仓州志》卷 17 称："田草，八九月种，春时摘食嫩草，谓之草头，亦名金花菜。小满后刘以壅田最肥。农人与二麦并重，故动称麦、草。"

表2-8 清乾隆年间上海地区稻米生产估计

地域	耕地面积（亩）	稻田面积			平均亩产（石）	年总产量	
		占耕地（%）	亩数	占全区稻田（%）		米（石）	占全区总产量（%）
西部华、青两县	2107581	75	1580686	51.8	2.2	3477509	58.2
东部诸县*	4894713	30	1468414	48.2	1.7	2496304	41.8
合计	7002294	43.5	3049090	100.0	1.96	5973813	100

说明：*东部诸县耕地中包括了表2-3所列的新垦土地391765亩，虽然其中有些新垦地会在西部地区，但在表2-3中已估其60%为棉田，因此稻田比例接近东部耕地，为求简便，故并入东部诸县计算。

资料来源：同时期上海地区各地方志有关记载综合分析而成。

　　分析表2-8可以看出，清前期上海地区的稻田在耕地中所占的比重较之明代已有所下降，同时稻田面积也略有缩减。只是微弱的技术进步勉强使亩产水平略有提高，从而使稻米年产量略有增长。这时的东部地区虽然稻、棉比例以及稻田绝对数额都有上升，但西部地带由于稻田比例甚高，因此无论是稻田的绝对数额还是稻米年产量都还居于东部之上。整个清前期上海地区稻米生产的重心仍然在西乡而没有变动。

　　清前期上海地区的稻米生产虽较明后期略有增长，但与同时期增长的人口相比，人均年占有稻米产量较之明代还是有较多的下降。见表2-9。

表2-9 清嘉庆年间上海地区人均稻米产量估计

地区	人口（人）	稻米年产量（石）	人均产量	
			米（石）	与全区平均离差
西部	1488859	3477509	2.36	+0.93
东部	2678550	2496304	0.93	-0.50
合计	4167409	5973813	1.43	0

资料来源：人口数据同时期各地方志有关记载。稻米年产量见表2-8。

　　表2-9表明，到清中叶嘉道年间，由于人口激增，不仅传统棉作区的东乡早已是食米远远不敷自给，即连产稻之地的西乡稻米供应似乎也已不那么充裕。人口增长引起食米的短缺，一方面刺激了当时国内粮食贸易的兴盛，另一

方面也促进了春熟作物中麦、豆等辅粮生产的发展。

麦属越冬春熟作物，明代时已有大麦、小麦、元麦、赤麦、荞麦等十数个品种。麦类喜干爽高地，适于东部地带种植。西部地带位于淀泖水乡，并不十分适宜麦类生长，加上西乡稻农为求秋稻丰产，春熟茬口一般多种绿肥，因此西部地区的麦类种植远不如东乡兴盛。

明代时东部地带植麦茬口一般多接水稻而非棉花。其原因在于由此可以使土地水旱相交，改良土性。如果种棉不仅地力不敷，并且还会推迟棉花播种期，影响棉花产量。徐光启在《农政全书》中写道，"凡田，来年种稻者可种麦，拟棉者，勿种也"。照此茬口安排，以及前述稻、棉的轮种比例，我们估计，明后期东部地区的种麦面积大致上可占到耕地的30%，约100万亩。以当时小麦一般亩产8斗相计，年产麦大约80万石。加上西部地带的种植，整个上海地区明后期年产麦大体上可以在100万石左右。

入清以后，随着粮食需求的扩大，上海地区的麦类生产又有一定进展。清前期上海地区产麦仍主要集中在东部地带。《上海县志》记载，"农家最勤苦，植木棉多于粳稻。秋冬种菜、麦，来岁始锃为春熟。贫老研麦作鋪，故他邑有东乡麦子之称"。[1] 至于西部地带一直到道光年间，春熟作物中还是以绿肥、油菜居多。因为在西乡植麦一来地力极耗，来年水稻必然歉薄，得此失彼并不合算；二来种麦边际产出低，收支相抵并无几多盈余，故西乡农民"多不为焉"。[2]

清前期上海东部地区麦地面积较明代有所增长，但也不会增长很多。因为除麦以外，油菜、绿肥、蚕豆等等在春熟作物中都占有一定地位。此外为养地力，每年冬季总还有一些耕地处于休闲状态。综合上述因素，我们估计清前期上海东部地带的麦播面积大致上可占到耕地的40%，约195.7万亩，加上西部地带的种植，总共估计在200万亩左右，以亩产小麦一石计算，年产量约为200万石。

豆类作物除蚕豆、豌豆，大部分都是秋熟作物。其品种名目不亚于麦类，有黄豆、水白豆、赤豆、绿豆等等。豆类除了用于榨油、磨豆腐等用途之外，贫苦农民有时也以此为食。所谓"磨麦穗以为面，杂以蚕豆，并名曰春熟"。[3]

[1]　（清）嘉庆《上海县志》卷1《风俗》。

[2]　（清）姜皋：《浦泖农咨》。

[3]　（清）乾隆《乌青镇志》卷2《农桑》。

作为秋熟作物的豆类种植大抵有两种方法:一种是播于大田,栽培品种以"黄豆"居多。所选土地一般多为初垦瘠地或水土条件甚差的薄田和边角地。明代时有一品种称为"茅柴赤",即使种于初垦的茅草之地同样能有收获。另一种方法是不占耕地,套种或间种于棉田沟畔以及田头地尾,此种方法无论是明代抑或清代都甚为盛行。《紫堤村志》称:"豆以黄色者为上,满田种之,有早晚等种。又有黑色、青色、紫色诸种,及芝麻、绿豆、赤豆,俱植于棉田沟中及岸旁或空隙处。"它们表明当时土地资源的利用已经达到了很高的程度。

由上可以看到,明清上海地区的农业种植已普遍实行稻、棉、麦、豆、绿肥等等的一年两熟或两年三熟的复种制。复种茬口的安排,西部地带主要是稻—绿肥—稻—豆、油菜等等;东部地区则多为棉—麦、油菜、豆—稻—绿肥、豆—棉,或者麦—稻—豆等等。农业生产中的复种指数明后期估计已可达到1.2—1.3,到清中叶可能已达1.5左右。这在双季稻尚未盛行的情况下,这样的复种指数应该说已经是对农业土地资源较高程度的开发利用了。

综上所述,明清上海地区的粮食生产在明中叶后已经逐步形成了西部盛产稻米,东部盛产麦、豆的生产布局。除了豆类产量因史料太缺无法相估外,稻麦粮食作物的年产量明后期大致上为米574万石,麦100万石,若以时价每石米合银0.7两,每石麦合银0.53两相计,年产值已可达454万两白银;清中叶嘉道年间米产量已可达597万石,麦产量为200万石,以时价每石米合银1.5两,每石麦合银1.1两相计,年产值已可达白银1110万两左右。[1]

第二节　粮棉以外其他商品性
农业经营的兴起和发展

（一）商品性种植业的发展

1. 靛青等纺织印染原料的种植

明清上海地区植棉的发展为手工棉纺织提供了充沛的原料,促进了棉布

---

[1]　关于粮、棉市价,可参见本书第四章第四节。

印染业,同时也带动了以蓝靛为主的印染原料的商品性种植。

　　蓝靛又称"青秧",上海地区何时始植,现在尚难确定。据史书记载,宋代安亭镇已有归姓者以靛染布,名曰药斑布,元代时药斑布已是上海地区有名特产。但在当时,上海地区棉业兴起未久,蓝靛即使有植,数量也必有限。入明后,随棉业之盛,上海地区蓝靛种植始有较大发展,并且逐步形成了青龙江、吴淞江沿岸以及崇明两个蓝靛产区。正德《松江府志》说:"蓝,即马蓝,《尔雅》曰箴,出青龙南北。刈其叶沤为淀,可以染青,俗谓青秧,岁凡三四刈"。又说:"嘉定纪王庙镇过(吴淞)江为扬林,与江湾、真如、南翔、娄塘诸镇接迹,地产萝卜、薯、芋、黄麻、蓝靛之类"。明中叶上海名士陆深赋诗咏叹青龙江一带产蓝盛景:"落日遥牵锦缆齐,青龙江水故通西,采蓝劚药多成市,飏网投竿尽绕堤。"[1]崇明地处长江口,土地高亢,甚宜植蓝。所产蓝有两种,一为"青蓝",叶如菘菜,"四月下子,五月剪叶。浸水缸三二日,去根,搅之成靛。已而复生,如是者岁四五度"。另一种为"靳青",茎秆红色,生长较快,只能收割一次,但出靛较多。[2]蓝靛之外还有用以染红的"红花"种植。它们多分布于太仓、嘉定一带。《太仓州志》称,"红花,即红蓝花,州人取花曝干,供染采,入药亦极效"。

　　清前期上海地区的植蓝区域较明代有所扩大。上海县在明代时植蓝还较稀少,民间用靛多从福建进口。清初顺康年间沿海多事,"福靛难致",当地有人觅种试栽,获利数倍。[3]到乾嘉年间,黄浦折弯处的闸港等地,所产蓝靛已"不减吴淞江南北"传统产蓝区。[4]而吴淞江沿岸传统产蓝区到乾嘉年间也逐渐向东扩展到嘉定外冈一带。《续外冈志》称,"蓝,俗名青秧,向出安亭、黄渡、纪王镇诸处。近因靛价昂贵,镇南边皆种焉"。另外,僻处西南隅的金山,乾隆年间也多有人种蓝。乾隆《金山县志》说,"蓝,即马蓝,刈其叶沤为靛,可以染青,今卫城人多种之,谓之青秧"。

　　明清上海地区的蓝靛种植已完全商品化。靛农在收获之后一般即自行加

---

[1]　(明)陆深:《俨山文集》卷13《泛青龙故江》。
[2]　(明)正德《崇明县志》卷3《风俗》,卷9《物产》。
[3]　(清)叶梦珠:《阅世编》卷7《食货六》。
[4]　(清)雍正《重修南汇县志》卷15《土产》。

工成染色用的靛青出售。加工方法是先将蓝叶浸于坑中，一夜后"去叶取水入灰搅之至千下，滗去清水，质厚而色青黑者曰靛"。[1] 明清时期南方主要的靛蓝产地是福建和湖广，所产靛蓝品质甚好，相当部分远销包括上海在内的江浙地区。上海地区植蓝业能在此情况下仍保持一定的规模，主要在于在合适的地块中种蓝，利倍花稻。如乾隆五十三年，紫堤村乡民种"青秧大获其利，明年遂广种"。[2] 但过快增长的供给又会使靛价下降，从而影响种靛的发展。典型的例子如清前期淞南地区，"乡民所持惟靛与棉布，然向年之靛独出纪镇一带，故其利数倍于花稻。今则栽种渐广兼多客靛，其利寝薄"。同时期的紫堤村也有同样情况，"村民好种靛青，向年种者犹少，故其利厚，今则种渐广而利寝薄"。[3] 虽然由于受供求关系影响，市场靛价时有起落，但一般来说，种靛收入毕竟高于稻棉，因此直到近代前夕，虽然福建、湖广客靛源源贩运来沪，但上海本地的植蓝业始终未衰。

2. 植草业和蒲苇业

黄草、灯草、席草以及蒲、芦苇等等都是手工编织业的原料。它们原先皆为野生纤维植物，长于荒废农田、江浦水浃、塘边田头以及沿海滩涂。明清上海地区手工编织业兴盛，对原料需求日增，人们在采斫野生草、苇的同时，亦因地制宜进行人工种植。

植草业中的主要品种是"黄草"。其主要产区是嘉定县东北部的新泾、徐家行一带。《嘉定县志》称："黄草产东北各乡。立夏节种植。先就锄松之土，取草种匀播其上，待其发芽，频频灌溉，略施肥料。及草长六七寸，再就犁松之酵土灌以水如稻田，取草秧分行栽插，间日灌水，勿使干燥，并随时加以肥料，则苗自萌发。经数十日，中茎挺秀，约高四五尺，茎方，其端有花成穗歧出。立秋成熟，拔而整之成束，力揉之使柔韧，曝之于日，待其半干半湿，再揉之曝之，以干为度。储而藏之，每斤值一百余文"。当地乡民多以此为原料编织草鞋和黄草布等等。[4]

---

[1] 民国《嘉定县续志》卷19《物产》。

[2] （清）康熙《紫堤村小志》卷2《土产》。

[3] （清）嘉庆《淞南志》。

[4] （清）乾隆《嘉定县志》卷1《市镇》，卷12《物产》；民国《嘉定县续志》卷19《物产》。

灯草原产浙江嘉兴、湖州一带,大约在明后期传入上海地区。华亭、青浦等西部诸县皆有种植,其中以松江府城四周种植最多。"灯草种于水田,茎如地粟。本昔惟产于浙江嘉湖之境,今松江城外往往种之".[1] 城西一带乡民多以此为生。

蒲为多年生草,多长于水涘,上海地区各县都有生长。明万历时松江府城以蒲草为原料的蒲鞋业甚为繁盛,所用原料无疑采之当地市场。除了编织蒲鞋,蒲草还大量用于编织蒲包、蒲席等等,粗者盛棉,细者装米。另外还经常用于搭篷盖厂等等,产量也甚可观。[2]

芦苇多产于河浦水涘和沿海滩涂,除了用作薪柴外还是编织芦苇、晒箔等的原料。上海地区芦苇出产以崇明为最。崇明四面滩涂年有涨露。所涨滩涂在达到一定高程,但还未能辟成耕地之前,人们往往先植上芦根使其成苇荡。《崇明县志》记载,沿水滩涂"土积渐阜,潮落滩出,则筛莞诸草生焉,取以偿课,其利甚微,名曰草滩;渐次高阜,取芦根遍植之,名曰种菁(草籽自生,芦须人力,故曰种)"。此类芦荡,面积甚大。荡内立有界墩,设有看守。明清时代种芦斫苇成为崇明周边地区乡民仅次于粮、棉种植的一项重要生计。县志称其为"崇明土瘠民贫,除本分农业外,惟赖渔樵为活。秋冬下荡取苇作柴,堆积发卖,名为'柴汛',小民赖此生活"。[3]

以上各种纤维性经济作物的种植、采斫提高了涂荡水涘资源的利用程度,从一个侧面反映了当时农业生产外延的拓展和商品性经营的扩大。

3. 油菜、甘蔗、烟草等经济作物的种植

上海地区的油菜种植至迟在明代已经开始。正德《松江府志》记载,"七八月下子分种,至冬而盛谓之冬旺菜。冬初分种,至春生薹,撷食,旁复生苗,作花,夏初取其子压油,谓之油菜"。同时期的《金山卫志》也在土产·蔬属项下单独列有油菜条目,诠释为"九月种,春生薹,撷食,其子压油"。入清以后,特别是到清中叶乾嘉年间,上海地区的油菜种植更为繁盛。《金泽小志》称当时的情况是,"油菜,取子作油,种之者多"。嘉庆时南汇、宝山、金山等沿海各

---

[1] (清)叶梦珠:《阅世编》卷7《种植》。
[2] (明)范濂:《云间据目抄》卷5《纪风俗》;(清)光绪《嘉定县志》卷9《物产》。
[3] (明)正德《崇明县志》卷2《沙段》;(清)雍正《崇明县志》卷9《物产》。

县的春熟作物中，油菜种植已有超过小麦的趋势。不少地方志在记载中已把油菜列于麦之前："油菜，春初生薹，摘啖极佳，摘后再发者曰二剪，至夏初结实，取以碾油，邑人重之。故言春熟者必曰菜麦。"[1] 油菜种植数量的增加，必然使得除满足生产者自身消费需要之外，有一部分已成为商品性的生产。《浦泖农咨》说得很明白，"吾乡春熟者，除红花草外，蚕豆、油菜为要"，"菜则收子打油，自用外并可粜卖之，作种田工本"。以此观之，当时农家油菜生产的部分商品化已不是罕见现象。

甘蔗为糖类作物，有作水果生啖和榨浆取糖两种。上海地区明代时已有植蔗，但所植多是"止可生啖，不堪作糖"之蔗。当时糖蔗仅产江西、岭南诸郡，尤以闽广所产为最。上海地区所需食糖皆赖闽广、江西输入。清康熙年间，闽广局势不稳，广糖借道江西运销上海颇有险阻。上海县濒临黄浦地方有人想法从广东带回蔗种，依法种植、轧浆、煎制成糖，大获其利。以后闽广局势平稳，食糖源源贩运来沪。但上海本地种蔗煎糖，据说只要经营得法"价犹贱于贩卖"，因此种者不辍。其中以浦东六里桥、周浦较为集中。[2] 不过闽广食糖贸易沪地，量多质好，销路甚畅，上海本地的甘蔗种植始终未能普遍推广。

烟草原产美洲，明万历时传入我国闽广。明代崇祯以前，上海地区既无嗜烟者也无烟草种植。崇祯末年，上海县城有个彭姓者从外觅得烟种栽于本地，收获加工后卖与商贩，但效法者寥寥。入清后，清军官兵嗜烟者甚多，烟叶市价一度上涨到每斤值白银 1.2—1.3 两。一时贩者辐辏，而本地求利种植者也渐渐增多，"种者复广，获利亦倍"。但好景不长，随着外省区烟叶的不断输入，至康熙中每斤烟叶仅值白银一钱几分。加上烟叶种植，工本、人力耗费甚巨，田间管理技术要求又高，而上海地区土壤条件又并不十分适宜栽烟，烟草种植也终未能得到推广。[3]

4. 蔬菜、瓜果、花卉的商品性生产

明清时期，上海地区社会经济变化的一个重要方面是非农业人口的增加和镇市的兴盛。由此而及，无论是官宦乡绅、地主商人，还是普通城厢居民，取

---

[1] （清）嘉庆《干巷志》卷4《艺文·田家杂事》。
[2] （清）叶梦珠：《阅世编》卷7《种植》。
[3] （清）叶梦珠：《阅世编》卷7《种植》。

之于地方小市场的日常菜蔬、瓜果等消费都有增长的趋势。它们必然刺激当时农业生产中蔬菜、瓜果以及花卉等商品性种植的发展。

明代时,上海地区城镇集市上常年供应的蔬菜至少已有 20 余个品种。蔬菜生产一般都集中在各邑城内外以及各镇市四周人口稠密的近廓之地。明末清初,松江府城东郊外已是一个有一定规模的商品性蔬菜产区。康熙《松江府志》记载,"蔬茹之属,松城东,潮流易淤,屡经开浚,两岸皆高阜,土松宜圃,乡人勤于种莳,其法最备,其品最饶,其候亦最早"。清前期上海县城东南隅人烟稠密,几无隙地,而西门、北门郊外近廓之地却大半皆为菜圃,所产蔬菜主要供应上海县城厢居民及各界人士。[1] 菜农们在不同时令栽种不同品种蔬菜,收获后肩担手提鬻于市。《枫溪竹枝词》写道:"乡农入市起中宵,瓜自篮提菜自挑,细雨船来箬帽荡,秋风人渡米筛桥"。除了供应地方市场的日常消费需要,有些地区还有一些大宗的蔬菜生产。如崇明大蒜,明中叶时已经小有名气,"八月下种,九、十月摘叶茎食,留根复生,腊月经霜不萎,辄胜他邑,土人贩卖四境"。[2] 再如七宝的萝卜、外冈的韭菜都为远贩他乡而广为种植。《七宝镇志》说,"萝卜亦于蒲汇两滩塘地所产独多,乡人小本营生者,载往他方贩卖"。《续外冈志》也说,"韭菜,乡人以利倍棉花,种者颇多,又以粪泥培壅,冬初即生芽,芽长,远鬻他邑"。

上海地区瓜果种植历史悠久。元代华亭干山有樱株湾,当地乡民已广植樱桃以出售觅利。[3] 明清时期,上海地区瓜果品种甚多,品质也有所改良。当时各地方志物产条下瓜果品种已有西瓜、梨、桃等等 20 余种,而且生产的商品化趋势也越来越明显。其中较为典型的当数西瓜和水蜜桃。西瓜多种于黄浦、吴淞江等河浦近旁高地。尤以周浦、栅桥、闵行、外冈等地所产"瓢红如珠,味甘如蜜",为本地市场上最受欢迎之佳品。[4] 水蜜桃原产上海县城顾氏露香园,明代时名闻遐迩,号称天下第一。每斤不过 2—3 枚,质佳者每枚竟售白银三四分。清前期露香园废落,栽种地区移至上海县城西南隅黄泥墙一

---

[1] 民国《法华乡志·序》;(清)张春华:《沪城岁事衢歌》。

[2] (明)正德《崇明县志》卷3《风俗》;(清)雍正《崇明县志》卷9《物产》。

[3] (明)崇祯《松江府志》卷6《物产》。

[4] (明)崇祯《外冈志》卷3《物产》;(明)崇祯《松江府志》卷6《物产》。

带。道光年间又渐渐延至城外小木桥及龙华一带，其中尤以龙华所产色味俱佳，最为上品。当时县城南门外数十里，乡民多以"种桃为业"。所产水蜜桃不仅供应本地市场，而且远销苏杭，被誉之为上海"佳果"。[1]

花卉种植，如牡丹自宋以来已"盛于吴下"。明清时，地主缙绅、士子文人多追求以花草点缀庭院，花圃和花农逐渐增多。清乾嘉年间，上海县城已"有艺菊待售者，花时呼之来，度庭宇之宽窄边供之"。[2] 同时期上海县法华镇四周已有不少专以种植花卉为业的花农。[3] 乾隆时，彭浦赵德嘉自建赵氏花园，种植出售花草"获利亦不薄"。此后附近乡民群起仿效，一时间"南北中三赵宅暨董家浜等处，田畴相望，丛翠娇红，疏密相间者，皆营业之花园也"。[4] 1843年，有个英国植物学家来上海考察，所见上海县城四郊有不少园圃，花农每天清晨自采花草，进城走镇售卖，生意颇为兴隆。[5]

以上叙述了明清时代上海地区农业生产中商品化经济作物生产的一般情况，虽然其中有些生产规模有限，又未能进一步发展起来，但它们点点点滴滴的互相汇合，却形成着一种不可忽视的农产品商品化经营趋势，标志着传统小农经济自给性生产成分的不断下降和商品性生产成分的扩大。

（二）商品性渔业生产的发展

1. 淡水捕捞业

上海地区淡水鱼资源极为丰富。江河湖汊所产鲈鱼、鲤鱼、白鱼、鳜鱼、银鱼、刀鱼等有几十种之多。其中产于吴淞江的四腮鲈肉质鲜美，历为脍炙人口的珍肴佳味。明代洪武初，吴淞江中游的黄渡镇设有掌管当时华亭等县渔业的河泊所。永乐年间所取渔课税合大明宝钞17000余匹，约占当时全部诸色课程钞的20%。[6] 隶属河泊所的渔民称为"渔户"，他们多半以船为家，常年

---

[1] （清）褚华：《水蜜桃谱》；（清）毛祥麟：《对山书屋墨余录》卷1《土产》，卷3《沪城火药局灾》。

[2] （清）张春华：《沪城岁时衢歌》。

[3] （清）毛祥麟：《对山书屋墨余录》卷1《土产》。

[4] 民国《宝山县续志》卷6《实业志·农业》。

[5] Robert Fortun：Three Year′s Wanderings in China, p224.

[6] （明）正德《松江府志》卷8《税课》。

流转泖淀江浦,世代以渔为业。当时的渔民捕鱼已从一般的垂钓、网捞发展到更为巧妙的捕捞。明人贝琼《观捕鱼记》生动地记载了当时一种称之为"为丛取鱼"的捕捞方法:

> 松江产鱼非一,取鱼者或以罩,或以叉,或以笱,或以罾。巨家则斫大树置水中为鱼丛,鱼大小必赴之,纵横盘亘,人亦无敢辄捕者,故萃而不去。天始寒,大合渔者编竹簖东西津口以防其佚,乃撤树而两涯鼓而殴之。鱼失其所依,或骇或跃,或怒而突,戢戢然已在釜中矣。于是驾百斛之舟,沉九囊之网,掩其左右,遮其前后,而盈车之族如针之属,脱此挂彼,损鳞折尾,无一纵者。[1]

这段史料不仅为我们生动地叙述了当时的捕鱼之术,而且还披露出在当时渔业生产中已出现了被称为"巨家"的富裕渔户。当时的西部地区,占有河港水面的土豪地主往往以出租称为"鱼簖"的水面为业。万历时"每鱼簖一节,常年包银有多至五六十两者,其寻常河港与人幸网亦取利一二十两"[2]。这些以很高的价格租得水面的渔户很可能就是前述称为"巨家"的富裕渔户。为丛取鱼的捕捞方法多盛行于淀山湖周围地区。正德《松江府志》载,"北曹港,自淀湖东北行……北岸有白瀼、南丛基浜,相传湖人于此为丛取鱼,则湖化为田多矣"[3]。

上述之外,驾船网捕仍为当时河泖捕鱼的主要作业方法。吴淞江畔黄渡镇一带"临水成村,居人以渔为主,造丝网船数十,向晚四出捕鱼"[4]。康熙丁亥年八月,黄浦江群鱼大上,皆长尺许,渔民用网捕捞,一天可得五六万条。平日里,滔滔黄浦、吴淞等大小河浦渔船常年不绝,网起网落甚为忙碌[5]。此外,当时西部湖泖地区的渔民还流行以鱼鹰捕鱼,"江边有水鸟曰捕鱼翁,喜食鱼故以命名。吴越人捕而畜之。舟行,列之两舷,至溪流深处,没而入,得鱼

---

[1] (明)贝琼:《清江贝先生文集》卷6《云间集》。
[2] (明)何良俊:《四友斋丛说》卷14。
[3] (明)正德《松江府志》卷2《水上》。
[4] (清)《黄渡镇志》卷2《风俗》。
[5] (清)董含:《三冈识略》卷1《补遗》;(明)姚宏绪:《松风余韵》卷11。

始出,有大二三尺者"。[1] 淀山湖畔的金泽镇,乡民多以此为业。《金泽竹枝词》云:"霉雨初晴晒网天,绿扬村外网牵连,家家浓望鱼舟利,估酒烹鸡赛□□。芦汀舴艋小如杯,野鹜浮来便放开,今日雪飘风亦急,鸭媒飞去又飞回。"渔民所获之鱼除及时供应市场外,还蓄于家中,待价而沽。"松陵傍湖,居民聚而居者数千家,大率以渔为业。庭中掘深池,捕鱼蓄之,取利最厚。"[2]这显然要比随捕随卖的生产方式更进了一步。

淡水鱼生产中人工养殖也已不鲜见。我国淡水鱼养殖历史悠久。明清时,上海地区淡水鱼人工养殖分为池养和塘养两种。池养如前所述,一般是在家居庭园中掘池养殖;塘养则是利用野外水面或人工水面放鱼养殖。明后期,东部地区农民为蓄水溉田常在田间开有水库性质的"积水河",它们同时又是最理想的养殖鱼塘。"鱼池则积水河之稍大者,以其稍宽可以养鱼。遂用工本银买鱼苗蓄之,若数年多雨,鱼或生息,亦有微利。"[3]人工养殖所用的本地鱼苗多来自嘉定、宝山两县。"鱼秧又名鱼苗,(两县)北乡人多蓄之。大抵青鱼、白鱼、鲢鱼、鲻鱼数种,鬻与人养之池塘,取以为利"[4]。外地渔种多来自湖广,《广志绎》称:"楚本泽国,最多称渔……其鬻种于吴越间为鲢鱼,最易长"。渔业生产从野生捕捞到野生捕捞与人工养殖并举,本身即意味着渔业生产中商品化程度的不断加强。

2. 海洋捕捞业

上海临江滨海,海岸线自嘉定近浏河口起至金山卫长达数百公里,海洋渔业资源甚为丰富。方志记载有鲟鳇鱼、黄鱼、鲥鱼、鲳鱼、鳖鱼、梅鱼、鳗鱼、马鲛以及白蟹、青虾、海蜇、蛏、牡蛎等几十个品种。明代时,上海地区"自吴淞之南破勒、五墩、四团、漴阙、曹泾、青村、高桥、柘林、大门、张堰、金山嘴等处,一带三百余里,沿海居民业靠渔樵。大户出船,小户航海,恃海养生,甚致巨富"。[5] 明中叶的金山卫及其青村一带,沿海居民"女绩男织,皆善为网,以

---

[1] (清)董含:《三冈识略》卷4《捕鱼翁记》。

[2] (清)董含:《莼乡赘笔》中《捕鱼报》。

[3] (明)何良俊:《四友斋丛说》卷14。

[4] (清)康熙《嘉定县志》卷4《物产》;(清)嘉庆《直隶太仓州志》卷17《物产》。

[5] (明)陈继儒:《陈眉公先生全集》卷60《备倭议》。

渔于海",[1]所捕海鲜多出售求利。所用渔网已有溜网、高网、拖网、门网、稀眼网、推网等十数种名目,并且已有专业的织网者。当时浦南沿海的青村、柘林、漕泾、漴阙等镇都是颇具规模的渔港。每当渔汛来临,云集港口的渔船成百上千。如漴阙"松人捕鱼,俱从漴阙出海。三月间百市凑集,村落若雄镇"。[2] 在诸渔港中规模最小的青村,明末清初时也有出海渔船五六十艘,"一日两潮,大鱼则数十斤计,小鱼亦以两计,无船者则肩挑贩卖"。[3] 在当时的海洋渔业生产中,也已出现了少数拥有海船、渔具,使用雇佣劳动者的势家大户。他们"以船为产,雇用熟悉航海之舵工网手,放洋寻捕",某种程度上已具早期渔业资本家的雏形。时有人称,沿海渔利"皆势力家专之,贫民不过得其受雇之值耳"。[4]

崇明地处长江口,海洋渔业素称发达。明代时已有"崇人生长海滨,尽得水族之性,故善渔矢"之称。清前期海禁开通后,崇明各沙大小渔船每逢春汛皆往南洋贩鳇鱼,北洋打鳓鱼,成为与稻棉生产等量齐观的"春熟"。[5] 舟山群岛附近的淡水门渔场是明清时期东南沿海渔船汇集之处。每年鱼汛季节,"势家以巨舰捕鱼海中,联千百为群",沿海"各郡渔船大小以万计",其中一些就来自上海地区。[6]《上海县志》说,"渔人日数千于海",数量概念虽然模糊了些,但由此亦可窥其规模于一斑。

出洋捕捞外,清前期上海地区沿海的川沙、金山等县舢舨渔船的近海捕捞也十分兴盛。嘉道年间仅川沙抚民厅领有执照的舢舨渔船就有35艘,每船一篙一橹,专事近海采捕。[7]《川沙竹枝词》称其是:"窄顽舢板捕鱼多,来往惊涛疾似梭,争及网船如舴艋,捞虾小港少风波。"这些舢舨小船若捕捞顺利,"一船所取,足供十余人肩贩",[8]也是当时海洋捕捞中不可忽视的一个方面。

---

[1] (明)正德《金山卫志》卷下《器用》。
[2] (清)嘉庆《松江府志》卷6《物产》。
[3] (清)曾羽王:《乙酉笔记》。
[4] (明)陆容:《菽园杂记》卷13;民国《宝山县续志》卷6《渔业》。
[5] (清)许惟枚:《瀛海掌录》卷6《春熟柴汛》。
[6] (明)李绍文:《云间人物志》卷2《曹定庵》;(明)郑若曾:《郑开阳杂著》卷2《论黄鱼船之利》;(清)道光《川沙抚民厅志》卷6《武备志》。
[7] (清)道光《川沙抚民厅志》卷11《风俗》。
[8] (清)光绪《金山县志》卷17《风俗》。

渔业生产的兴盛促使明清上海地区沿海城镇中出现了专门的"冰鲜业"以及鱼鲜交易牙行。所谓"冰鲜"是用冬天制成的天然冰块冷藏保存和贩运鲜鱼。明代官府贡船沿运河运送鲜鱼进京,皆用此法。清嘉道年间,万商云集的上海县城已是冰鲜业的最大市场。每逢鱼汛来临,出海渔船即装上冰块出洋,捕捞后又以冰块镇鱼,回棹贩卖。《淞南乐府》曰:"四五月之间,麦担横街争火信,渔旗冲浪贩冰鲜,水市日喧阗……黄鱼即石首,盛于淡水门洋面,沃以厂冰可支数日。四五月,渔艘市冰以往,满载进浦,小船插三角粉红旗,鸣锣往市,曰贩冰鲜。"

鱼行又称收鱼牙行。明末清初浦东高桥、新场以及浦南的柘林、漕圷等地都有。鱼行主人领有政府所颁牙帖,渔船捕得海鲜,均须通过牙行才能上市发卖。[1] 其中一些大渔行主往往同时又是大渔业主,他们拥有渔船及渔具,招徕渔民出海捕捞。虽然封建垄断性甚为浓厚,但其生产的商品性质却是不容置疑的。

综上所述,明清上海地区的渔业生产无论是淡水捕捞还是海洋捕捞都已具有一定规模,并且相当程度上已是商品性生产。不过这一商品性渔业生产一般来讲还只是面对上海地方的消费市场。即以较具规模的海洋捕捞而言,每年四五月间,崇明、金山等地渔船出海赶汛也主要只是"仅取以供时新耳",它们还没有发展到如浙东温、台、宁等地的海洋渔业,除供应本地海鲜,还制成各种海货如鱼鲞等供应全国各地市场。因此上海地区渔业生产的发展说到底还只是本地消费市场扩大的反映,并且受着本地市场消费水平的制约,它的发展毕竟还有一定的限度。

第三节　农业经济结构演变的原因及其意义

如前所述,明清上海地区农业经济结构演变最明显的特征是东棉西稻生产格局的形成和农产品商品化生产的发展。它们首先同上海地区的自然地理

---

[1] （清）光绪《南汇县志》卷20《风俗志》;民国《盛桥里志》卷3《实业志》。

条件有密切的关系。

前章已述,上海地区的地形特征大致是以古冈身为界,东高西低。元代时,已有人指出,上海地区"视其地形,东南隶上海(县),高仰瘦瘠,西北隶华亭(县),卑污积水,……所以华亭每罹水患,稍遇干旱,上海即有旱伤"。[1] 当时东部地区栽种水稻已是费工费力,稍遇干旱,日夜车水也难望有秋。一些实在难以灌溉的地块,一年两熟只能是春麦秋豆。所谓"谷不宜稻,稔岁农惟仰食豆麦,遇干旱则莽为不毛之墟"。[2] 宋元之际,棉花的传入和推广对高亢斥卤的东部地带开发带来了转机。棉花耐旱厌湿,适于沙壤,耐盐碱又过于水稻,这些都与东部地区的自然地理条件十分相宜。

由于东部地高易旱,西部地洼易涝,明清几百年间,两地人民因地制宜进行了不计其数的大小农田水利建设,东乡以河道疏浚为主,西乡以圩岸修筑为要。[3] 明末时已有人称,"农之耕种,全赖水利","松江之田高下悬绝,东乡最高,畏旱;西乡最低,畏水。但东乡每年开支流小河,西乡每年筑围岸,而水利之事尽矣"。[4] 整个明清时期,仅据现存地方志的不完全记载,规模较大的农田水利工程就有数百起之多。其中西部地区修筑圩岸工费较省,多由地方政府督励合圩业主、佃农各按受益大小,分工修筑。东部地区开浚河道工费事繁,多由地方政府筹费施工。

这些农田水利建设虽然在一定时空范围内改善了农业生产环境,但从根本上看并未能消除东、西部的自然地理差异,也未能从根本上阻遏东部地区灌溉条件的恶化。最明显的例子就是吴淞江的淤塞和疏浚。明清时期吴淞江大规模的疏浚至少有四五次,但屡浚屡淤,河道越来越狭,下游跄口日成平陆。明末人陈继儒曾一针见血地指出:"吾松泽国也。名曰泽国,似于虞潦而反虞旱则何也?潮泥淤之也!海潮浑浊,潮去泥留,留泥箸许,每日两潮,则一年七百二十箸矣。泥日积则河身日高,渐久渐淤,不数年而化为平陆者,此必至之势也。"[5] 因河道淤塞,灌溉日艰致使水田锐减,棉地激增,最典型的例子是

---

[1]　(明)正德《松江府志》卷6《田赋上》。

[2]　(明)正德《松江府志》卷6《田赋上》。

[3]　参见(明)何良俊:《四友斋丛说》卷14。

[4]　(明)何良俊:《四友斋丛说》卷14。

[5]　(明)陈继儒:《陈眉公先生全集》卷20《郡侯方公浚治上海十六保竹冈淤河记》。

嘉定县,这我们在前面已有论述。对整个东部地区来说,由于它的自然地理条件而定,弃水稻而就棉花已成为别无他择的必然之势,明人孙应崀说得十分明白:"松郡三面滨海,海边之地多系斥卤……其田亦未必尽种稻苗者何故? 盖以稻苗之田必用水接济,而此中之水,近海则惧潮汐之淹没,远海则又惧车戽之难支,故种稻未能,其势不得不种花、豆"。[1] 自然地理条件与农作物结构变化之间的内在联系已说得明白无疑。

同样,西部地区长期以产稻为主同样也与其自然地理条件有密切关联。西部地区多为濒泖低田,灌溉便易,到明清时期,西乡耕地不仅高度圩田化,而且修筑也更为精细、坚牢,进一步保证了水稻生产的稳定性和连续性。明人周鸣凤说:"治低田之法,则绕田四周筑防谓之圩。圩者围也,内以围田,外以围水。盖低乡支河之水容受众流,比田反高,若非圩岸以围之则荡然巨浸,遂不可田。故低田赖圩岸甚于都邑之赖汤池也"。[2] 在当时地方志的田赋项下,我们可以看到几乎所有的田块都立有圩名、圩号。如某某圩、某某号田亩。一圩之田,因地制宜,大则千亩,小则几十亩,几乎已无圩外之田。傍河塘的大圩岸,以杵坚筑,宽广如通衢,可行车马;大岸之内所筑子岸,称为抵水岸,既帮衬大岸,平时又可作旱地使用。圩之大小皆以地形而定,一般以小圩居多,既便于维修又利于排灌。[3]

自然地理条件以外,封建租赋征取和人口增长对农业结构的演变也具有重要影响。封建租赋征取分为地租收取及官府赋役征敛两个方面。其中对少有或无有田地的佃农来说,关系较大的是地租征收,而对自耕农阶级来说则主要是官府赋役敛派。

明清上海地区的地租不论分成租还是定额租,一般多在年总收获量的40%左右。"吴中之民,有田者什一,为人佃作者什九","私租之重者至一石二三斗,少亦八九斗"。[4] 佃农们辛苦一年,除去租米、工本以及来年种子等项,真正能用于自身消费的大概不会超过总收获量的1/3。

---

[1] (明)崇祯《松江府志》卷10《赋额》。

[2] (明)崇祯《松江府志》卷18《水利》。

[3] (明)崇祯《松江府志》卷17《水利中》;卷18《水利下》。

[4] (明)顾炎武:《日知录》卷10《苏松两府田赋之重》。

官府的赋役征敛主要是官田的重赋以及差徭敛派。上海地区的官田产生于南宋,元代时进一步增加。明初时除前朝官田外,又尽籍张士诚等人所占之田为官田。松江府400万顷土地中,官田竟占到80%以上。这些官田大多比照私租按一定折扣起征,结果仅松江一府年征秋粮即达130万石,远远超过宋元之时。见表2-10。

表2-10　松江府历年秋粮应征额

年份	绍熙四年	景定四年	南宋末	至元二十四年	至正十五年	洪武二十四年
数量(石)	112316	270516	422820	458903	680430	1310449
指　数	100.0	240.9	376.5	408.6	605.8	1166.8

资料来源:(明)正德《松江府志》卷6《田赋上》,卷7《田赋中》。

从表2-10可见,从南宋后期到明初不到200年中,仅松江府一地的田赋负担就增加了10倍以上。浩繁的税粮散于民间各家各户,其中除少部分留存本地,大多都要由纳赋者负责运送到南京、凤阳、淮安、通州等指定仓口交纳。因此,伴随田赋的催征、解运又产生了诸如粮长、总催、北运、布解等等一系列的重差重役。[1] 社会总产品中越来越多的部分日益为这些赋役所侵占。"科征之重,民力之竭"始终是当时一大严重的社会经济问题。

在此同时,自宋元以降上海地区的人口又持续上升。明洪武年间人口已达1625000之多,较宋元时增加了近一倍。以当时在册土地计算,每人平均只有4亩左右。到鸦片战争前夕的嘉庆年间,上海地区十县一厅人口总数已达400万以上,人均占地不到2亩。

一方面是私租、官赋征敛从生产者手中苛征取走越来越多的社会总产品,使得社会产品在总量不变的情况下归生产者自身支配和消费的部分日渐减少;另一方面又是有限耕地下人口的不断繁衍,即使不改善和提高生活质量,也要求归生产者支配、消费的社会总产品有不断的增长。尖锐的矛盾,严峻的生活现实,迫使上海地区的农民必须在可能的条件下突破收益较低、就业机会较少的单纯的粮食作物种植和单纯的农业生产模式,而寻找新的出路,向生产的深度和广度进军,以求在尽可能大的程度上弥补和冲销租赋征取以及人口

---

[1]　关于当时赋役的详细论述可见本书第八章。

压力对社会经济生活的巨大影响。在当时的条件下,这唯一可能的新的出路就是商品性农业生产的发展,特别是东部地区棉花种植的发展以及随之而来、蓬勃展开的农村家庭手工棉纺织生产。

实际上,上海地区的植棉一开始即同完租纳赋有着不解之缘。"嗟嗟木棉花,资我食口粮。种时一何苦,用时一何份。妇姑相对泣,经纬不上床,但知给赋税,不织成衣裳。"[1]明宣德年间,江南巡抚周忱在江南推行部分秋粮折征银、布,更把植棉、纺织同完税纳赋直接联系了起来。在以往的研究中,不少人对秋粮折布评价甚高,认为是刺激棉业、纺织业发展的主要因素。但事实上宣德年间以及以后的棉布折征,松江府加上嘉定县,总数也不足40万匹,这在当时的棉布产量中只是个微不足道的小数。如果植棉、纺织只是为了直接的折布纳赋输税,那么上海地区的棉田决计不会扩展到后来的300余万亩,年产棉花也不会达到数百万担的水平。因此考察明清封建赋役对棉、布业发展的刺激,不能过分强调棉布折征事例,而应该更深刻地认识到赋役压迫和人口增长对小农造成的巨大的双重压力,迫使他们不得不寻找出路以应办赋役,维持生计。即使是棉业、纺织业在应办赋役中的作用,其主要的也不是直接的以布纳赋,而是更为普遍的以布兑银,以银兑米,以米完赋,或者以布兑银,以银办差纳赋等等。当然要使这些成为现实,基本的条件还必须具备足够容量的棉、布消费市场,关于这些我们将在第四章中详论。

如果说自然地理因素仅仅只是为农业经济结构的演变提供了可能性,封建租赋征取和人口压力只是说明了农业经济结构演变的必要性,那么价值规律以及边际收益规律的作用则使农业经济结构的演变最终具有必然性。

以植棉为例,东部地区广种棉花的重要原因是植棉比种稻能有更大的经济收益。如崇明县"秋成收棉倍利,且以种稻工本倍费于木棉"。嘉定县"禾之费烦,顾不若木棉之利饶,贫民益甘心焉"。上海县棉田众多,同样不只是因为"邑土所宜",而更由于"其利视稻麦为薄"。[2]清乾隆年一位政府大员

<hr>

[1] (明)徐熥:《棉花词》,载章鸣鹤:《谷水旧闻》。
[2] (清)雍正《崇明县志》卷17《坛庙》;(清)乾隆《娄塘志》卷2《祠庙》;(清)嘉庆《上海县志》卷1《物产》。

在巡视了上海等地的农业生产后指出,数百年间东部地区稻少棉多"并非沙土不宜于稻,盖缘种棉费力少而获利多,种稻工本重而获利轻",[1]这真是一语中的。

本来,在灌溉便利、宜稻宜棉的地块上种植作物,一般来说植稻较之种棉更为省工省时。清人包世臣曾对此作过如下比较:"其水田种稻合计播种、拔秧、莳禾、耘草、收割、晒打,每亩不过八九工;旱田种棉花、豆、粟、高粱,每亩亦不过十二、三工。"[2]但在东部地区由于土地高阜,河港多淤,朝启夕涸,艰于车水,种稻工本远远过于西乡。《南汇县志》称之为"岸峻水下,水车陡立,非五六人不能运。夏日赤汗交流,邪许之声相闻,丁壮亦疲。故且水道鳞次,环错而浅涸;田多漏水,启水罔间昼夜。不若浦西启水一次可息三四日也"。[3] 正因为如此,东乡种稻,耗工多而经济收益明显低于西乡。明人何良俊早已指出:"东乡田高岸陡,车皆直竖,无异于汲水,稍不到,苗尽槁死。每遇旱岁,车声彻夜不休,夫妻二人极力耕种,止可五亩。若年岁丰熟,每亩收一石五斗"。而"西乡田低水平,易于车启,夫妻二人可种二十五亩,稍勤者可至三十亩。且土肥获多,每亩收三石者不论,只说二石五斗,每岁可得米七八十石。"[4]相比之下,如果东乡种植棉花,不仅省工省力,而且经济收益明显优于植稻。见表2-11。

表2-11 东部地区稻、棉经济收益比较

品种	亩产	单价（银两）	租额	扣除租额后剩余			亩耗工	每工平均毛收益	
				实物量	价值	%		银两	%
棉花	籽棉60斤	1.7	21斤	39斤	0.66两	118	13	0.051	182
水稻	米1.5石	0.7	0.7石	0.8石	0.56两	100	20	0.028	100

资料来源:亩产据表2-2、表2-6,单价见第四章第四节所述。租额及亩耗工据包世臣《安吴四种》、姜皋《浦泖农咨》、姚廷遴《历年记》,以及各时期地方志有关记载综合估计而成。若据前述《四友斋丛说》之记载,则东乡种稻耗工当为西乡5倍之巨。租额比率据当时流行的"斗米三斤花"折算。

---

[1] （清）高晋:《请海疆禾棉兼种疏》,《皇朝经世文编》卷37《户政》。
[2] （清）包世臣:《安吴四种》卷26《齐民四术·农二》。
[3] （清）雍正《南汇县志》卷15《杂志·风俗》。
[4] （明）何良俊:《四友斋丛说》卷14。

表2-11表明,东部地区特定的自然条件决定了植棉无论是每亩的实际收益还是平均每工的毛收益都高于种稻。这正如万历年间一位地方官员在作了一番调查研究后所指出,东乡植棉,"若风雨咸若,则其收且数倍于(稻)苗,即其所倍,买办米粮,尚有余力"。[1] 同样的劳动支出和投入有着如此高低悬殊的产出和收益,这就是为什么植棉能在东乡迅速普及而又长盛不衰的根本原因。而更进一步的分析,我们还可以发现,植棉的经济效益还不仅仅只在于它单纯地具有比植稻更高的收益,而且还在于棉花作为手工棉纺织的原料,与粮食主要用于最终消费不同,它作为生产资料消费的同时还能吸收农民大量的闲暇的活劳动凝结成交换价值,从而创造出新的国民收入。这对当时的广大农民来说是极为重要的。

与东部相比,西部由于地势低下,排灌便利,种稻不仅产量较高而且用工也省,其经济收益明显优于种棉。见表2-12。

表2-12 西部地区稻、棉经济收益比较

品种	亩产	单价（银两）	租额	扣除租额后剩余			亩耗工	每工平均毛收益	
				实物量	价值	%		银两	%
棉花	籽棉60斤	1.7	30斤	30斤	0.51两	72.9	13	0.04	55.7
水稻	米2石	0.7	1石	1石	0.70两	100	10	0.07	100

资料来源:同表2-11。

可见西乡地区种稻产量高,用工省,植棉的收益反而只及种稻的60%—70%。因此,几百年来尽管东乡植棉如火如荼,而西乡仍一如既往,水稻生产稳固地占据着首要地位。所有这些都充分表明,在东棉西稻作物结构布局的形成中,经济收益规律如同一只看不见的手在生产者背后起着巨大的调节作用。

棉花以外其他经济作物的种植,边际收益的高低也是促成其盛衰的重要因素。如蓝靛种植"利倍于花稻",一旦靛价昂贵,更是"遍地皆种"。再如蔬菜瓜果虽然种植费工费时,但收益之高往往为他业所不及。清代外冈盛产韭

---

[1] (清)崇祯《松江府志》卷10《赋额》。

菜,原因无非为"乡人以利倍棉花,种者颇多"。外冈农民秋种瓜,冬种萝卜,仅冬季一茬即可获"一二千(钱)之息",收入大大优于稻棉。[1] 在当时的历史条件下,只要有市场需求,多少已卷入商品经济洪流的农民总会自觉不自觉地选择收益较高的作物种植。《枫泾竹枝词》说得很形象,"郎贩西瓜要赚钱,种水不如仍种旱"。[2] 说明种稻收入不如种瓜,只要有可能,农民总会自然趋于后者。这些事例都从不同侧面表明在当时的农业生产中,价值规律已经有效地促进了经济作物种植的扩大和商品化倾向的增长。

明清上海地区农业经济结构的演变对当时社会经济的发展变化具有重要的意义。

首先,从社会生产力角度考察,它意味着农业生产资源更为合理的开发利用,体现了农业生产向深度、广度的发展和农业生产力的合理布局。如前所述,农业经济结构演变最主要的结果是东、西地带都各自形成了以种植最适宜本区条件,经济收益又相对较高的作物为主的格局。从投入产出的经济学观点观察,它们无疑是以较少的投入获得较多的产出,从而提高了整个地区的农业生产边际产出率,因此不能不视之为农业生产的一大进步。在当时的历史条件下,农业经济结构的这一演变既无什么事先规划,也没有谁人预期要达到什么目标,它们完全是在经济规律自身运动的作用下形成的自然历史过程。其中最重要的结果之一是东部地区的开发和经济增长。东部地区在普遍推广植棉以前,沿海之地春麦秋豆"收数甚薄,不过麦、豆五斗上下而已",而到植棉已较普及的明朝中叶,据称已是"虽濒海而广原腴壤,尽境皆然,极目万顷,莫有旷土。以十分计之,良田盖居其九"。[3]

其次,从农业生产经营方式和生产关系的角度考察,农业经济结构演变的另一直接后果是农产品商品化程度的增强和部分小农日益向小商品生产者的转化。其中如靛农、菜农之类,他们的产品几乎都是为市场而生产,产品的商品化程度最高,他们本人基本上也已经是完全的小商品生产者。其次是棉农,虽然他们所生产的棉花相当一部分是留作自己家庭手工棉纺织的原料,但东

---

[1] (清)乾隆《续外冈志》卷2《物产》。

[2] (清)光绪《重辑枫泾小志》附《枫泾竹枝词》。

[3] (清)弘治《上海县志》卷1《疆域志》。

部棉区棉农所产的棉花中大致上仍有将近半数的部分要向市场出售,因此,它们的生产也具有较高的商品化程度。最后是稻农,以西乡而言,由于产稻较丰,农民们生产的稻米除了自食以外,难免会有一定部分投入市场流通,所以他们也就多少具有一些小商品生产者的成分和色彩。总而言之,农业经济结构的演变不仅使得经济作物在全部农业生产中的比重急剧上升,使农产品的商品化程度越来越高,而且还使得各种类型的小农都更加具有小商品生产者的身份和地位,使得他们对市场的依赖程度逐渐加深。这时的小农,虽然作为"直接生产者仍然要继续亲自生产至少是他的生活资料的绝大部分,但是现在他的一部分产品必须转化为商品,当作商品来生产。因此,整个生产方式的性质就或多或少发生了变化"。[1] 这一变化最明显的标志就是农业生产中自给性生产的降低和商品性交换成份的扩大。

最后,农业经济结构的演变和小商品性农业生产的发展又为小农经济的持续繁衍提供了自给性生产和小商品生产互相结合,互相提携的双重基础,为小农经济从内部注入了新的生命活力,为它们不可思议的顽强生存提供了新的条件和滋润的土壤,在很大程度上强化了小农经济内部的凝聚力和生存能力,延缓了当时农村社会中传统经济成分的解体。同一的结果发生着双重的作用,历史的辩证法就是如此。

---

[1]　马克思:《资本论》第1卷,人民出版社1975年版,第898页。

第三章

手工业生产的变化和发展

　　明清上海地区的手工业生产大致上可以分为官府手工业和民间手工业两类。官府手工业主要是官办织造和专卖性质的盐业生产。民间手工业又可以区分为城镇手工作坊以及农村家庭手工业。城镇手工业作坊无论是手艺人性质的加工订货，还是前店后坊的生产形式，其实质都已经是为市场的商品化生产。农村家庭手工业中最主要的生产内容是手工棉纺织。它们在明代时已经超越自给性生产的范畴，而日益成为商品化程度较高的小手工业生产。

第一节　手工棉纺织生产的模式

　　明清上海地区手工业生产门类很多，其间举足轻重的当数手工棉纺织行业，而在手工棉纺织中，独占鳌头的又是农村家庭手工棉纺织。

（一）农村家庭手工业——手工棉纺织生产的主导模式

　　上海地区的农村家庭手工棉纺织同上海地区植棉的传入几乎同时开始。最早的纺织生产者即是最早种植棉花的乌泥泾一带农民。入明以后，上海地区植棉激增，国内棉布市场也逐渐形成，它们都使得仅仅依靠传统农业收入已难以维持租赋供应和起码温饱的上海地区农民，完全有可能从家庭手工棉纺织中为自己另觅生路。至迟到明正统、景泰年间（1436—1456年）上海地区的农家手工棉纺织已十分普遍。成化年间有人指出，上海地区"旧亦产布，但为数不多,然而近二三十年来,小民皆以织布为生"。[1] 此后几百年间,终明至清,纺织之利使方圆300里皆受其惠,并且使当时的农家手工棉纺织具有一系列鲜明的特点。

首先,农村家庭手工棉纺织具有广泛的地域分布。明清上海地区的植棉主要分布于东部地带,但农村家庭手工棉纺织却无论东乡农户抑或西乡农家皆习其事。东部棉区如嘉定、上海、崇明诸县,躬耕之家,无论丰稔,必资纺织以供衣食,种田之暇,唯以纺织为事。而西乡稻区如枫泾、金泽等地,同样是"女红自针黹外,以布为恒业"。[2] 所不同之处唯在于,东乡农家所用原棉多为自己所产,非特殊情况并不需要借助市场流通;而西乡农户所需棉、纱,一般多依赖市场供应。东乡棉农的自种、自纺、自织可以《南吴旧话录》一段记载为例,"陈守贞,年七十五,孑身事母,有田数弓,旱潦惟种棉花,所收常倍。手自纺织,精绝一时"。他们在收棉以后除出售外总要留一部分晒干后贮于高燥之处,留作日后纺织之用。王晦在《木棉歌》中所称,"归来索卖价苦贱,百计经营供妇织",说的就是这样一种情况。西乡农户由于不产棉或少产棉,纺织所需原料相当部分都有赖市场供应。因此每当年成欠佳或市场棉价上涨之时,西乡农户的手工棉纺织就容易首当其冲地陷入危机的境地。明华亭人周裩《悯农》诗称,荒歉之年"东家嗷嗷西家泣,何来花、线供机织",[3] 形象地描绘了西乡农家依赖市场供给原料,一旦市场波动或农家购买力下降,他们的家庭纺织较之东乡农户更易遭受波折的情景。

其次,农村家庭手工棉纺织生产内部一般都实行劳动的自然分工。农村手工棉纺织生产的基本单位是农民家庭,家庭与生产单位两者的双重叠合,决定了手工棉纺织生产绝不只是某些家庭成员,而必然是每个稍有劳动能力的家庭成员都有份的事。这就是地方志中常称的,"举家忙不已,一丝难上体","一家内助以济食力"。[4]《金泽小志》一段很有名的记载极能说明家庭成员参加棉纺织生产的普遍程度,"女生五六岁即教以纺棉花,十岁学织布,无间

---

[1] (明)崇祯《松江府志》卷10《田赋三》。
[2] (清)乾隆《金泽小志》卷1《风俗》。此类记载在现存地方志中保存极多,限于篇幅,此处不一一列举。
[3] (明)姚宏绪:《松风余韵》卷33《周裩》。
[4] (清)王有光:《吴下谚联》卷3《纺车头上出黄金》。

寒暑,自幼习劳"。明万历时,上海县城乡人口大约有 30 万左右,而其中从事手工棉纺织者竟达 20 万之多,[1] 如果不是妇孺老幼皆事纺织,生产者的数额决计不会达到如此众多的数额。

众多家庭成员的介入生产,为生产的自然分工提供了可能,这在东部地区表现最为突出。植棉、收获、整棉、纺纱、织布,整个生产过程都在家庭内部通过各成员之间的分工协作有条不紊地进行,历经数百年而少有变化。在家庭内部的分工中,劳动能力低拙的老人、儿童以及未成年男女一般多担任技术要求较低的整棉、纺纱等工作;作为主要生产成员的青壮妇女多从事棉纱上浆、络经、织布等项技术难度大、工艺要求高的工作;而男劳动力的家长多半负责成品销售或原料采购等事务。清人朱凤洲的《棉布谣》形象地描绘了这一分工:

> 海农不种桑麻苎,衣被事烦事丝缕。黄婆庙口木棉开,百里烟村翻白絮。青筐采归绿蒲裹,晴雪家家满场圃。秋阳初燥辗车经,剥得桑衣作新布。大妇弓弹中妇绩,绿鬟小妇当窗织。莫辞劳,吴中贾来价正高。经长迢迢纬不足,龟手辛苦连夜操。夜深霰栗如鬼啸,茅屋清荧一灯小。轧轧鸣梭那得成,荒鸡四起催天晓。织成良人出门卖,风雪五更暗沟浍。谁云岁暮好休闲,官粟未输私有债。

在这里,大妇、中妇、小妇、良人(即丈夫),或弹、或纺、或织、或售,分工井井有条又相当合理,俨然如一个秩序井然、有条不紊的手工棉纺织作坊。通常情况下,只有当家庭成员有限,辅助劳力不足时,从棉到布的整个生产过程才会由个别农妇独立完成。但这时的劳动生产率一般要低于实行家庭内部自然分工的生产率水平。如清初时一般五口之农家,分工合作每天可成布一匹;而若"匹妇晨理吉贝之事,由花而枲,由枲而纱,由纱而始为布,中间拣料、弹轧、以至纺织,每匹二丈,七日而始得告成焉"。[2]

---

[1]　China in the Sixteenth Century: the Journals of Mattew Ricci: 1583—1618, p549—550.

[2]　《官用布匹委官办解禁扰布行告示碑》,上海博物馆图书资料室编:《上海碑刻资料选辑》,上海人民出版社 1980 年版,第 89 页。

西部稻作区农户手工棉纺织的家庭内部分工相对弱于东部农家。这主要表现在他们的生产有时不是完整的从棉到布，而是从纱到布或者仅仅从棉到纱。史料记载表明，早在明中叶时，金山以及浙西嘉善等地农户就有专事纺纱而输往松江府城地区供人织布的事例。清代时，嘉定、宝山所在的太仓州多有棉纱出产，"松江织户咸来采贩，其价视粗细为贵贱"。[1] 其中还有经专门加工的经纱团。当然从总体上看，西乡农家从市场上买棉自纺自织并不是没有，而且可能比买纱织布还更普遍一些。因为这样毕竟可以更有效地利用每一家庭成员的潜在劳动，取得更多的经济收入。当时西部地区镇市上每每多设花布纱庄供乡民以布易花即说明了此。

农村家庭手工棉纺织的自然分工，从生产单位内部看来似乎既合理又有效，体现了生产要素的合理配置。但是从整个社会的宏观角度观察，它们却在很大程度上遏制了社会分工的发展，使手工棉纺织难以完全从农村家庭中独立和分离出来。其中的原因我们将在后面详析。

再次，农村家庭手工棉纺织已普遍具有小商品生产的性质。以往的研究常称农村家庭手工业为"农家副业"。言下之意务农为农家之本，故为"本业"，而其他皆居其次，故称"副业"。但对于明清上海地区的农村家庭棉纺织来说，问题恐怕并不如此。

实际上，农村家庭手工业只是一种极为笼统的说法，按它们的生产目的以及具体的生产内容和性质，至少可以区分为3个不同的层次：一是完全为满足家庭成员自身消费的自给性生产；二是生产以满足自身消费为主，但尚有少量剩余产品进入市场；三是以供应市场为生产主要目的，仅有少量产品供自身消费。处于前两个阶段的农家手工业，其生产规模及产出水平一般还不如农家本业，称之为"农家副业"或许尚名副其实。然而最后一种家庭手工业，它在农家经济中的地位不仅可能已同农业生产并驾齐驱，而且还可能有过之而无不及。这种农村家庭手工业实际上已经超越通常所说的农村家庭副业的范畴，而成为以市场为目的的小商品生产。明清上海地区的农村家庭手工棉纺织正是如此。正德《松江府志》有段常为人用的记载，很能说明这一点，"俗务纺织，清晨抱布入市，易

---

[1] （清）嘉庆《直隶太仓州志》卷17《物产》。

花、米而归,来旦复抱布出。田家收获,输官偿租外,未卒岁而室已空,其衣食全赖此出"。其他诸如"民业首藉棉布,纺织之勤,比户相属。家之租庸、服食、器用、交际、养生送葬之费胥自此出"[1]等,都说明了此。

农村家庭手工棉纺织生产的商品化使得当时的小农及其家庭普遍地具有双重的身份和地位:一方面他们仍从事农业生产,仍然是小农业生产者和农业生产的基本单位;另一方面他们从事手工棉纺织又成了小手工业者和小手工业的基本生产单位。此外,无论他们的农业生产还是手工业生产,都既有一部分满足自身消费,又有一部分为市场而生产。因此他们既是自给性的小生产者同时又是为市场的小商品生产者。这种双重身份和双重地位的合而为一,使得他们既有别于传统的男耕女织,但也不同于完全的小商品生产者。他们是在当时特定的历史条件下农业与手工业相结合的特殊形式。不仅带有中国传统社会晚期农村经济的一般特点,而且更具有本地区农村经济结构变化的特点,并明显地体现出他们本身所具有的双重性格。

无论是农业生产中农产品的部分商品化还是农村家庭手工业的商品性生产,它们都标志着当时的农家经济在商品货币关系刺激下,越来越具有为交换价值而生产的性质,潜移默化地侵蚀着自身的传统自给自足成分,促使农家经济逐渐地向半商品经济和商品经济转化。然而,在另一方面,由于两种生产在时间、空间上的合而为一,生产单位和消费单位的合二为一,使得无论何种生产的最终目的都不可避免地归结为纳赋完税,养家糊口,巩固农家经济。于是,这种本来应该瓦解传统农家经济的小商品生产及其发展趋势,到头来却始料未及地反过来强化了以家庭为基本生产单位的农家经济,增强了它们对整个社会经济环境的应变能力和承受能力,使这种把农业、手工业以特有方式结合起来的农家经济具有极为顽强的生存、竞争能力。所有这些,对于社会分工的扩大,经济的增长,以及新生产方式的破土而出无疑都具有明显的抑制作用。

(二) 城镇居民以及富家奴婢的手工棉纺织

农村家庭手工业并不是明清上海地区棉纺织生产唯一的模式。在当时的

---

[1]　(明)万历《嘉定县志》卷7《田赋考》。

棉纺织生产中还存在城镇居民以及富家奴婢的生产形式。

1. 城镇居民的手工棉纺织

正德《松江府志》有条甚为著称的记载:"纺织不止乡落,虽城中亦然。里媪晨抱纱入市,易木棉以归,明旦复抱纱出,无顷刻间。织者率日成一匹"。由是观之,至迟在明中叶,上海地区城镇居民中以纺织为生者已不乏其人。如崇明县"店铺居家勤于纺织,在城者兼工针黹"[1]等。这些勤于纺织的城镇从业人员中不仅有妇女,而且还有男性劳动者。嘉靖《上海县志》记载,"男耕女织,外内有事,田家妇女亦助农作,镇市男子亦晓女红"。万历年间青浦县令屠隆在给朋友的一封信中也说,"青浦故产布,然皆市民、里妇易钱米者"。[2] 这里的"市民"以及前述的"镇市男子"大概都是具有同样身份和职业的纺织生产者。与此相应,这里就有一个当时城镇中是否存在专业棉纺织工匠的问题。

专业纺织工匠多称之为"机户",能反映这方面情况的资料十分缺乏。明崇祯二年(1629年)郑友玄的《布解议》偶涉及此。其曰:

> 旧例解户四名,领解梭布一万六千一百八十五匹,棉布四万八千九百三十五匹,除价杠外,又有垫贴银两……今在城机户,惯织官布者原自有人,查布分别二线、三线,有每匹定价三钱八分或四钱者,各增二分,则机户不谓厉己也而任之矣。机户既定则分派里排,令各买二三十匹上纳,即算除白银比簿之额。且一二月之前以银交机户,报数在官,已免里排比责。一二月之后仍严限机户交布,其不如式者,止责之机户,则里排无受勒、受赔之累,亦不谓厉己而任之矣。[3]

综观上述记载,其所称"在城机户"究竟是否民间的专业棉纺织工匠,还是有甚多迷惑之处。如文中所说的"在城机户",究竟是身隶匠籍的匠户还是普通的民户;他们到底是以织布为业还是主营丝织、兼营棉织等等。对于上述

---

[1] (清)雍正《崇明县志》卷9《风俗》。
[2] (明)屠隆:《由拳集》卷16《与王百谷二首》。
[3] (明)崇祯《松江府志》卷11《役法》。

问题以及相关资料的不同理解,必然导致对当时城镇中是否存在专业棉纺织工匠具有不同的看法。

明代上海地区有世为工匠,专隶匠籍的匠户。元至正中,松江一府匠户数为 579 户。明初增至 3336 户。崇祯时,除逃亡、死绝外,隶于松江府织造局的内号匠户有 370 余户,其余各色 1496 名。[1] 此外尚有属地方有司管理,帮办岁造段匹的外号织造匠户(俗称机户),而未见有棉纺织匠户之记载。如上述《布解议》所称"在城机户"为隶籍匠户,他们就不大可能是专业的棉织匠而只能是以丝织为主,仅以织造官办棉布为兼业的丝织机匠;如郑氏所称"在城机户"是不隶匠籍的普通民户,那他们除了应官府临时派征外,大部分时间当得为市场生产,但这在现存史籍中又未见任何记载之踪迹。再说,既被官方称为"机户"又不隶匠籍,这与明代匠籍制度也颇不合。

在前人研究中,对当时上海地区城镇中是否已有专业棉纺织工匠有两种截然不同的看法。一种认为不仅已有专业机户而且已发展成手工作坊或手工工场;另一种则认为对此完全不可置信。[2] 但以上两种看法的论证似乎都有某种缺憾。如前者认定当时已有棉纺织作坊、工场,除了对某些史料有误解之处外,实在难以举出有力的证据。而后者为了否定"在城机户"并非城镇专业工匠,竟以"机户既定,分派里排"为据,轻率地认为里排只是农村的事,这不仅忽略了当时城镇中同样设有里甲、轮有排年的事实,而且也不顾文中所指"里排"仅仅是向机户预订布匹而并非自己生产布匹。当然,仅据上引《布解议》要较好地判定当时上海地区城镇中是否存在专业棉纺织工匠以及他们的数量、性质、生产状况等等,无疑还是有着较大的困难。

结合其他现在能见到的材料,笔者大致上可以认为:第一,当时城镇中已有以手工棉纺织为生的劳动者恐怕难以否认,但是,由于农村棉纺织的广泛存在以及巨大的竞争力量,他们是否已成长为一个较有影响的"机户"生产阶层却令人怀疑。第二,《布解议》中所称的"在城机户"似乎应理解为隶于匠籍的

---

[1]　(明)崇祯《松江府志》卷 15《织造》。

[2]　参见杜黎:《鸦片战争前苏松地区棉纺织生产中商品经济的发展》,《学术月刊》1963 年第 3 期;徐新吾:《鸦片战争前中国棉纺织手工业的商品生产与资本主义萌芽问题》,江苏人民出版社 1981 年版。

丝织机户,他们除丝织外,可能有时也会应官府之需织造上纳官布。第三,城镇纺织生产者中,数量较多而且得以绵绵延续的主要是"市媪""里妇"的纺纱生产,关于这点史料中不乏记载。

如明末松江人兵部侍郎沈犹龙之妻清初落魄后,居乡镇"纺纱为业,自持于市卖之"。[1] 康熙时嘉定县一碑文也称"若城市女红悉力纺纱,售之乡民"。[2] 明白地指出城镇居民的棉纺织主要是以纺纱为主,而且所纺之纱多半供应乡村,由此而成为农村家庭手工棉纺织的附庸并对其起着辅助的作用。清代时,东部产棉区嘉定等县市镇有专门收购、加工、售卖各式棉纱的"浆家饼肆",而为其提供棉纱的生产者大多是城镇的里媪贫妇。这其中最主要的原因就在于这些城厢居民多半体弱技低,其中不少还是家道式微的显贵家眷、后裔。技术要求低,劳动强度不大的纺纱工作对她们来说无疑较为合适。此外,从事纺纱生产只需一架简陋的纺车以及几斤棉花即可,与需要添置较为复杂的布机,以及备齐足够数量的经纬棉纱和其他辅助用品的织布工作相比所需工本极少,这对那些贫穷无本的城镇贫妇来说也是最合适不过的。最后,尽管与织布相比,纺纱收入较低,但据史料所载"有止卖纱者,夜以继日,得斤余即可糊口"。[3] 即使那些和土地没有任何联系的最贫穷的城镇居民,一旦以纺纱为业,照样可以维持最低限度的生存。当然,城镇贫妇的纺纱生产并不意味着当时上海地区的手工棉纺织已全面进入纺织分离的阶段。因为当时城镇居民的生产还只是农村家庭手工棉纺织的附庸,并对其起着辅助的作用,它们还远远不足以引起生产方式的革命性变化。这深刻地表明,对于明清上海地区的城镇棉纺织来说,问题的症结不只是是否存在专业生产者,而是在于为什么这些专业生产不能战胜农村家庭生产而成为主要的生产形式,以及为什么家庭生产难以向更高级的作坊、工场生产过渡。关于这个问题将在后面详细讨论。

2. 富家大户以奴婢为主体的手工棉纺织生产

明清上海地区的手工棉纺织还有一类富家大户的生产。所谓"吴下风

---

[1] (清)曾羽王:《乙酉笔记》。

[2] 《官用布匹委官办解禁扰布行告示碑》,上海博物馆图书资料室编:《上海碑刻资料选辑》,上海人民出版社1980年版,第89页。

[3] (清)褚华:《木棉谱》。

俗,大户小民皆勤纺织"。[1] 它们大致上可以分成两种形式:一种是某些地主、缙绅、官吏的夫人亲躬纺织。如嘉定县外冈镇"躬耕之家,无论丰稔必资纺织,以供衣食,即我镇所称大户亦不废焉"。青浦金泽镇"女红自针黹外,以布为恒业,金泽无论贫富妇女无不纺织"。[2] 不过她们的生产数量甚为有限,其产品也仅仅只是满足家内的消费需要。另一种是役使奴婢纺织。明代时富家大室蓄奴养婢甚为风行。嘉靖时大学士徐阶"家人多至数千",其中的女婢除侍奉主子外,多被驱使纺纱织布。再如同时期中丞张须野夫人,每日"督率诸女婢纺绩"。上海名士陆深生母吴氏"率群婢纺木棉",即使寒冬腊月也不放过。[3] 纺织奴婢若稍有懈怠,即会遭致非人折磨。《云间杂识》载明末华亭有一富豪,家中"一婢纺棉纱,怠于供职,乃令婢抱柱而拶,又用火烧其指,哀号之声至不忍闻"。

奴婢从事棉布生产的首要目的无疑是满足大家庭内部的自我消费,诸如家人的衣着以及其他日用消费等等。但对于纺织奴婢人数较多的缙绅豪户来说,其产品也有一部分投入市场。典型的例子如徐阶。徐阶官至内阁首辅,在松江老家有田几十万亩,家僮千余,自称"耕当问奴,织当问婢"。所役使婢女纺织,所成棉布相当部分投售市场。明人于慎行揭露,"吴人以织作为业,即士大夫家多以纺绩求利,其俗勤啬好殖,以故富庶。然而可议者,如华亭相(徐阶)在位,多蓄织妇,岁计所织,与市为贾"。[4] 类似例子清前期也有。嘉定名儒王鸣盛母家有田千顷,奴婢数百,婢女无间寒暑,日夜纺织,所织棉布质地优良,除自用外皆以"市价几倍售之"。[5]

明清上海地区手工棉纺织生产中富家大户以奴婢为主体的手工棉纺织从总体上看,生产数量不仅远远不如农家生产,而且一定也不及城镇居民的生产。它们是当时手工棉纺织生产中规模相对较小的生产模式。而且一般富家大户的生产多以大家庭内部的自给性消费为主要生产目的,前举徐阶的例子

---

[1] (明)陈龙正:《畿定全书》卷21《政书·家载上》。

[2] (清)乾隆《金泽小志》卷1《风俗》。

[3] (明)陆树声:《陆文定公集》卷5《封恭人杨氏墓志铭》;(明)陆深:《俨山文集》卷81《先儒人吴母行状》。

[4] (明)于慎行:《谷山笔麈》卷4《相鉴》。

[5] 《嘉定王氏世谱》卷6。

虽然典型,但看来并不普遍。因为即使在蓄奴较盛的明代,像徐阶这样的缙绅大户也为数不多。而且这类富家大户主要的敛财方式还是地租等收入,驱使奴婢纺织仅仅是为了实现最充分的血汗榨取。如果我们看到上述富家大户的手工棉纺织生产,就以为他们已经为了纺织赢利而购蓄奴婢,那等于是说他们已经从事具有作坊、工场色彩的经营,这就完全有悖情理了。富家大户的纺织生产,实际上只是当时普遍盛行的家庭手工业生产在上层社会的一种特殊反映和延展,它所体现的只是当时手工棉纺织的普及与广泛,但并不具有任何新的内容和意义。而且从流通角度看,它们的广泛存在更加完善了本地区各阶层家庭棉布的自给程度,在某种程度上遏制了地方棉布销售市场,深刻地反映了传统自然经济的惰性。

（三） 手工棉纺织生产模式分析

如前所述,明清上海地区手工棉纺织生产的主导模式是农村家庭手工业,此外还辅以城镇居民的家庭生产和富家大户的奴婢生产,它们都还未能从农村,或从家庭生产中分离出来,成为独立的手工业生产部门。在当时的棉纺织生产中既不存在商人控制小生产的包买商或包买主,也不存在小生产分化上升的作坊和手工工场。但在前人的某些研究中,有人认为不仅存在包买商,而且还有作坊和工场。认为手工棉纺织生产中存在包买商的论者,所据史料多为这样几条:

其一,《紫堤村小志》所载:"吾郡土产惟细白扣布,坚致耐久为上。向年各省大商辇重资来购,一时不能齐集,有发现镪于各户以徐收其货者,故布价贵。而贫民业在纺织者,竭一日之力赡八日而无虞。"

其二,《金泽小志》所载:"金泽无论贫富妇女,无不纺织。肆中收布之所曰花布纱庄。布成持以易花,或即以棉纱易,辗转相乘。"

由是认为上述的"各省大商"或"花布纱庄"商人皆为控制小生产的包买商。实际上,我们只要稍加分析就会发现,《紫堤村小志》记载中的"发现镪于各户"并不是指农民纺织户,而只是指代客商收布的"牙户"。它们反映的只是布商与牙行的预买关系,称其为包买商无疑有些滑稽。而《金泽小志》的记载,各地方志中屡见不鲜,它们所说的成品、半成品与原料之间的交换并不意味着商人资本已与小生产之间建立了固定的联系,更不意味着这就是商人资本预发原料、工本而后收回其成品。它们所反映的实际上只是省去了现钱找换以后的市场交易关系。农民小生产者可以自由地同任何一家"花布纱庄"成交，彼此之间根本不存在固定的商人支配生产的关系。

上述所引之外，据我们所见，史料中确也有富家贷棉给小民的记载。如《谷水旧闻》称，"明嘉靖庚辰，江南岁祲，斗米二钱。徐寿倡议减价出粜。……于是籍里中贫户，量口给粟，间有无钱者，则贷之以棉花，令织布易粟"。很显然文中所述只是地方富豪（其身份往往是地主）赈灾的临时义举，并不体现任何新的生产关系萌芽。崇祯《松江府志》有段记载很能说明问题："若花、米踊价，匹妇洗手而坐，则男子亦窘矣"，清楚地表明，作为小生产者的"匹妇"若是由包买商提供原料，那么原料价格的上涨还不至于使她们停工兴叹。

认为明清上海地区手工棉纺织生产已进入作坊或工场阶段的论者，一般并无很充分的论据。有的学者曾以《盘龙镇志》一条记载为据，认为当时已有"一类是少数使用雇佣工人的纺业作坊，借以致富"。[1] 但查《盘龙镇志》所载，意思并非如此。其曰"陈国载，居陈家宅，雍正时人，与妻陶氏佣工、纺线，积资独力改建徐亭桥，故亦名纺线挢"。很显然，文中"佣工、纺线"只是指陈为人帮工，而妻陶氏在家纺纱，积下资财独力建桥。如果把这理解为陈氏夫妻雇佣工人开设纺纱作坊实在是太有悖文意了。总而言之，仅据现在所能看到的史料和对这些史料实事求是的分析来看，明清上海地区的手工棉纺织生产中似乎还不存在任何新生产方式的迹象。这究竟是什么原因呢？

在以往研究中，对这一问题有种种不同的看法。有人认为主要是受封建生产关系的制约；有人认为是封建租赋的剥削；也有人认为是棉纺织技术的落后；等等。笔者认为，导致明清上海地区（实际上也是江南地区以至全国）手工棉纺织长期停留在家庭手工业阶段的各种因素，尽管可以列举出半打、一打甚至更多，但其内在的本质原因恐怕只能是在当时特定的时空条件下，广泛、普及而又与农业相结合的农村家庭小手工业具有极为低廉的边际生产成本，从而导致产品价格的巨大竞争能力，而使其他任何生产方式都难望其项背。

如前所述，农村家庭手工棉纺织最显著的特点是和农业的结合。对既是

---

[1]　杜黎：《鸦片战争前苏松地区棉纺织生产中商品经济的发展》，《学术月刊》1963 年第 3 期。

小农生产者又是家庭手工棉纺织者的农村家庭成员来说，他们从事手工棉纺织的时间主要是农耕之余的闲暇时间或牺牲应有的休息时间。从农家经济的观点看，这些时间如果不用于纺纱织布也只能是白白浪费。因此尽管他们在劳动投入上毫不吝惜，但是对于应该得到的边际产出却从来不是期望过高。一般来说，他们在这部分劳动时间内生产的产品，其出售价格只要大致上能够达到 c+v，即在收回原料成本外还能略有盈余，能补偿他们工作期间的一部分生活消费就已经是心满意足了。即使遇到市场不景气，商人压价等原因而使成品价格猛然下跌，只要产品出售价格还高于原料价格，其价格构成中还有一部分 v，他们就不仅能对价格弹性保持极强的承受力，而且还会在恶化了的价格条件下加倍努力生产以弥补价格下跌的收益损失。如据《一斑录》所载，清道光年间某些年份，市场上皮棉价格每斤为制钱 280 文，而每匹花费皮棉 12—13 两的棉布，农民出售价仅为 250 文，除去原料每匹仅余 20 余文，即使不算机具折旧等，每个工作日收入仅寥寥数文。如此恶劣的价格条件，再生产仍能维持不辍，惟有同农业紧密结合的家庭小生产才能做到。

如果是专业的作坊或手工工场，它们要使自身的生产得以成立和持续，在其产品的销售价格中，至少得包括原料成本，学徒、帮手等雇佣工人的食宿及工薪开支，生产场地、工具设备的折旧费用，以及与从事其他经营大致相等的利润。这样一来它们的产品价格就必须由 c+v+m 三部分组成。[1] 比较两种生产方式的产品价格构成，问题就可以看得更清楚。见表 3-1。

表 3-1　棉布价格构成比较

价格构成要素	Ⅰ. 家庭手工业产品价格 p_1	Ⅱ. 作坊、工场手工业产品价格 p_2	价格构成要素	Ⅰ. 家庭手工业产品价格 p_1	Ⅱ. 作坊、工场手工业产品价格 p_2
原料 c_1	△	△	工资支出 v	△	△
机具折旧 c_2	△	△	利润 m	×	△
场地费用 c_3	×	△	合计	$c_1+c_2+v=p_1$	$c_1+c_2+c_3+v+m=p_2$

说明：△＝有此项，×＝无此项。

[1]　这里的 c 指不变资本，v 指可变资本，m 为剩余价值。参见马克思：《资本论》第 1 卷上，人民出版社 1975 年版，第 238 页。

除了原料和机具折旧，Ⅰ、Ⅱ都不可或缺外，场地费用一项，在作坊、工场中必不可少；而在家庭生产中，工作场所即是生活场所，根本不存在额外的场地费用。工资支出一项，在Ⅱ中帮工、佣工惟以纺织为生，业主支付的工资一般来讲不仅要包括其本人的全部生活费用，而且也应包括一部分赡养家属的费用；而对Ⅰ来说，和农业生产的紧密联系决定了他们在手工业之外还有农业收入，即使价格中的 v 部分呈现为不完全支付，他们也能接受和忍受。最后是 m，对Ⅱ来说，如果没有接近其他经营平均水平的 m，它的整个生产就会失去存在的意义，但对Ⅰ来说，m 的不复存在倒是司空见惯之事。因此两者相比，显而易见，在同样的生产工具、工艺技术和生产力水平的条件下，Ⅰ、Ⅱ两种生产模式的产品价格，总是 $p_1 < p_2$，即 p_1 较之 p_2 具有优越得多的市场竞争力。

另外，在当时的现实生产中，普及而又广泛存在的农家手工业是生产的主导模式。按价值规律，市场产品的内在价值总是由占主导地位的生产方式的平均水平决定，因此市场的实际价格总是接近或等于 p_1 而不能是 p_2。但是，对 p_2 的生产模式来说，每一项价格构成要素又都是维持这一生产模式所不可或缺的。很明显，在价值规律和市场竞争的作用下，作坊或工场式的手工业生产根本就无法出现，更谈不上与农村家庭手工业鼎足而立了。

手工棉纺织生产中的这一状况，亦可以从同时期江南地区丝织业生产方式的变化中得到反证。与手工棉纺织不同，明清时期的丝织行业，在南京、苏州、杭州以及其他一些市镇中，已先后出现为数不少的作坊和工场，以及包买商的经营形式，其中有些已经颇具规模。与此相对，在广大的蚕桑产区农村，除了简单的缫丝加工外，一般来说并不存在一个与手工棉纺织类似的广泛、普及的农村家庭丝织手工业。丝织业从总体上看，基本上已经同农业分离，同农村分离，而相对集中于城镇的专业生产者之中。至此，我们似乎可以从中得出一个更具普遍意义的看法：即某一手工行业作坊、工场的发展水平同该行业农村家庭手工业的发达程度成反比。[1]

---

[1] 发达的农村家庭手工棉纺织阻碍了专业机匠的发展，还可以从湖北省相反的例证中得到佐证。《湖北通志》记载恩施县"乡村皆勤纺绩，惟不善织，村市皆有机坊，布均机匠织之"。道光《施南府志》也说："妇女居城市者，娴女工针黹，居乡者纺绩室中……惟不善织，各村市皆有机坊，机工织之"。可见，当时湖北之所以"织多专匠"，根本原因是"农不善织"。

农村家庭手工棉纺织产品价格的竞争优势,及其对其他生产方式的排斥,甚至使鸦片战争后来华的西方人士也甚感震惊。1844年,有位英国官员曾将各种质料的土布的一些样品送至英国,并且注明其价格。与他通信的人告诉他,他们不能在曼彻斯特依照他所开列的价格生产那种布匹,更不能将其运往中国。[1] 为什么当时世界上最先进的工厂制度生产的产品在价格上还竞争不过手工产品,原因就在于体现小农业与家庭手工业结合的家庭生产所耗成本几乎只有原料的价值,他们的产品除了原料成本外,简直可以不费分文。

手工棉纺织长期停留在农村家庭手工业阶段还同农村家庭手工业分布的广泛和普及有直接的联系。农村家庭手工业的广泛、普及使得棉布生产的长期供求趋势一般总是表现为供给大于需求。其最好的例证是现存史料中众多关于商人压价收购棉布的记载。小农“织作之苦,无间于昼夜、暑祁。至贸易之难,常任其低昂贵贱”。[2] 明清上海地区棉布主要销售国内市场。在当时的社会经济条件下棉布国内市场的张力有一定限度。有限的市场需求无法从外部对充裕的供给注入一种改进工具,提高劳动生产率,使生产技术和生产方式发生变革的动力。从供求均衡而言,使用简陋的手工技术,汪洋大海般的农村家庭生产已完全能做到供给有余。因此,如果说农村家庭手工业本身的广泛、普及以及巨大的产品价格竞争力是支持其本身长期延续,阻碍作坊、工场生产方式出现的内部根据,那么有限的市场需求难以有力地刺激家庭手工业更新技术,寻找新的生产方式则成了农村家庭手工业长期延续的外部条件。

农村家庭手工业的广泛、普及也抑制了商人或小生产者向包买商或包买主的转化,抑制了商人向生产领域的渗透。一般来说,促使商人资本向手工业生产领域转移的主要原因是通过对生产的控制,商人可以保证其贩运的顺利进行和获得稳定的商业、产业利润。但对明清时期上海地区广泛而又普及的家庭手工棉纺织来说,其分布之广,数量之多使得商人资本若采用预贷、发料加工等方式,必然耗费为数极巨的预付资本;而由于家庭手工业本身的生产特性和供求原因,棉布出售价格已被压到极低水平,即使实行预贷、放料,商人资本也未必能得到比自由收购更多的收益。这也就是说,一方面必须垫付足够

---

[1] 马克思:《对华贸易》,《马克思恩格斯选集》第2卷,人民出版社1972年版,第59页。

[2] (清)乾隆《宝山县志》卷9《奏疏》。

量的资本才能直接控制生产过程,另一方面,这种垫付实际上并不能得到相应的利润;而即使不采取直接控制生产的包买式经营,同样能够获得足够的商业利润。在这样的情况下,包买主或包买商的难以产生和存在就是理所当然的了。

第二节 手工棉纺织产品的商品化

(一) 产品商品化体现之一——棉布产量估计

明清上海地区手工棉纺织生产的发展使其产品越来越具有商品化的倾向。这种产品的商品化倾向首先体现在产品的巨大数量上。

明清上海地区棉布生产究竟达到多大规模,有学者认为,上海县明代时年约产销布 1500 万匹,松江府年约产销几千万匹;近来也有人估计,明后期松江一府每年投入长途贩运的土布在 1500 万—2000 万匹左右,清嘉庆年间上升到 2500 万—3000 万匹。[1] 但是,这些估计一来说的只是松江一府,二来仅为销布数量而非实际产量。下面我们试图根据一些能够找到的史料,从几方面着手,对当时整个上海地区的棉布产量作一具体估测。

(1) 根据棉花产量的估算。据前章对棉花产量的估计数,如以当时流行的"三斤棉花(籽棉)成一匹布"[2]折算,这些棉花大致可织成棉布 5400 万匹和 7800 万匹。但是明清上海地区所产棉花中每年有不少外运其他省区,数量都较大。清道光年间仅运往福州一地的净棉每年就价值十三、五万银圆,合籽棉至少 400 万—500 万斤。[3] 加上运往其他省区,总共不会下于 2000 万—3000 万斤。此外当时所产棉花中总还有一部分不能用来纺织的黄僵落脚棉,以及用做絮棉等等的部分,据笔者查阅史料时的印象,它们大概可达到棉花年

[1] 吴海若:《中国资本主义生产的萌芽》,《经济研究》1956 年第 4 期;吴承明:《论清代前期我国国内市场》,《历史研究》1983 年第 1 期;徐新吾:《鸦片战争前中国棉纺织手工业的商品生产与资本主义萌芽问题》,江苏人民出版社 1981 版,第 16 页。

[2] (清)康熙《紫堤村小志》卷 2《土产》。

[3] 参见 J. K. Fairbank:Trade and Diplomacy on the China Coast,p321。

产量的 10% 左右。依此计算,上海地区年产棉花中大约有四分之三用于本地纺织生产,其棉布年产量,明后期约为 4000 万匹,清中叶可能达 5800 万匹。

（2）根据纺织人手的估算。据地方志记载,上海地区人口明洪武时约为 35 万户,162 万口;弘治时户约 32 万,口为 97.4 万;至明末户达 35 万,口无载,若以每户 5 口推算,约为 175 万。以后到清嘉庆年间,上海地区人口急剧上升到 400 万左右。

另外,据《利玛窦札记》记载,万历年间上海县城乡人口约 6 万户,30 万口,而从事纺纱织布者竟达 20 万之多。上海县是利氏挚友徐光启家乡,当时耶稣会传教士郭居静神父还在那里生活过,利氏所记看来不会毫无所本。日本学者西嶋定生在《中国经济史研究》一书中引用明末在上海等地布教的鲁德昭教士的记录,认为“据当地人们肯定的说法,只在广大的上海城镇及其所辖区内,有以这些棉花为原料的二十万台织机”。上海一县有织机 20 万台,所说可能有些过分,但如果是 20 万从业人员之误,那么它同上述利氏所述可谓不谋而合。明清上海地区东西各县棉纺织普及程度相差无几,若利氏所记确反映了当时的真实情况,那上海地区明后期大约已有 2/3 的人口卷入了纺织生产。联系前引“女生五六岁即教以纺棉花,十岁学织布”,这个估计看来不是没有可能。以此计算,明后期上海地区从事纺织的人手可能已达 110 万,清嘉道年间即以总人口一半相计,[1] 亦至少在 200 万左右。明清时上海地区生产一匹棉布从整棉到成布大约耗工 6—7 个,[2] 考虑进众多辅助劳力的因素,平均以 7 工时计算,明后期上海地区日产棉布能力约为 15 万匹,清中叶则能达 28 万匹。明人徐献忠曾说,“松人中户以下,日织一小布以供食”,而明清上海地区户数始终在 30 万以上,因此,日产十几二十万匹棉布完全是有可能的。上海地区农忙一般为 4—9 月,10 月收获以后至次年春耕前 6 个月为产布旺季。冬季越冬作物间有管理,另外还有整治田地、兴修水利等等;农忙时遇有雨天及早晚间隙亦可纺织,大致计算,每个纺织劳动者年实际工作日约

---

[1] 林则徐:《江苏阴雨连绵田稻歉收情形片》称:“各属沙地只宜种植木棉,男妇纺织为生者十居五六”。《林则徐集·奏稿》上册,中华书局 1965 年版,第 149 页。

[2] 参见上海博物馆图书资料室编:《上海碑刻资料选辑》,上海人民出版社 1980 年版,第 89 页;徐新吾:《中国和日本棉纺织业资本主义萌芽的比较研究》,《历史研究》1981 年第 6 期。

为 200 天左右。以此计算棉布年产量,明后期大致为 3000 万匹,清前期则可能达到 5600 万匹。

（3）根据地方志零星记载的估算。现存上海地区明清时期地方志中也有一些对当时棉布产量较为笼统、含混的记载。如雍正《南汇县志》说,"浦东脚车尤多,织布率日成一端,甚有一日两端通宵不寐者。成布日以万计"。乾隆《上海县志》也说上海县"农暇之时所出布匹日以万计"。当然从古人对数字概念的认识和使用情况来看,这里的"日以万计"并不能就理解为一定是每天生产一万匹,但一般说来同"万计"的数比较接近则是可信的。清嘉庆年间从南汇等县新分出的川沙抚民厅,县境狭小,人口较少,产布不如南汇、上海等大县。故道光《川沙抚民厅志》说该地"比户纺织,日产数千匹,民间赖以资生"。嘉庆时华亭人钦善在《松问》中曾说,"松之售布于秋,日十五万焉"。当时的松江府辖 7 县 1 厅,日售 15 万,每县平均 2 万左右;整个上海地区 11 县、厅,产布高峰时日产量在 20 万匹以上应该是没有疑问的。此外又据《上海县续志》记载,嘉道时上海县所产稀布、套布、标布,每年仅贩往东北、华北等地的就有 300 多万匹。其他如崇明县棉布每年航运至淮北、山东、盛京约 300 万匹。嘉定县仅真如镇四乡,棉布"年产百余万匹"。[1] 虽然记载这些数字的志书多成于清末、民国,但据史料,"自(五口)通商以来,洋布杂出而土布之利大减矣",[2] 鸦片战争前上海的土布生产不会亚于近代。清中叶上海地区 10 县 1 厅棉纺织普及程度相差无几,如果每县年外销棉布平均都达 300 万匹,每年仅投入国内大市场的棉布就在 3000 万匹以上。加上本地市场销售以及农民、市镇居民自用等等,年产棉布估计决不会少于 4500 万匹。

以上各项估算,结果数字不尽相同,其中第 1 项以棉花产量估算数最高,第 2 项以劳动人手估算数居中,第 3 项以文献记载估算数最低。我们觉得,由于史料记载之缺乏,对古代社会经济现象进行定量分析,从不同角度相估而得出小有差异之结果本不足为奇。以棉产量估计数较高,可能是由于我们至今还无法较准确地知道当时棉花的外销数量,其实际运出数可能比估计数还要高些。从劳动人手所估之数,只要所依人口数还比较可信,它们应该是当时年

---

[1] 民国《崇明乡土志略》;民国 23 年《嘉定县志》。
[2] 民国《重辑张堰志》卷 1《区域·物产》。

产布量的上限,其可信程度也应该较高。而史料文献的直接记载,其在当时也并非记述者的实地统计,而且既不完全又不连贯,只是由于它们毕竟为当时代人所记,又不能不予以认真的对待。综合以上所述,明清上海地区的棉布年产量应以第2项所估为轴心,以第3项对其稍作修正。这样,当时的棉布年生产量,明后期大致在3000万—3500万匹左右,清中叶则可能达到4500万—5000万匹上下,这一数字大致上不会和实际情况相差太远。明清上海地区的本地人口中,不会低于80%的人口需用棉布可以取给于自身家庭生产,若以每人年用棉布2匹计算(1匹布大致可做成人衣衫1件。清中叶有人说"一个靠劳动为生的中国人,一件新衣至少要穿上三年",[1]即使加上其他用途,人均年消费2匹也属宽裕),全地区生产者的自用棉布,明后期约为350万匹,清中叶则可达800万匹,仅占当时年产量的10%—15%,而占总产85%上下的棉布则都是进入市场的商品棉布。其中,除少数销于本地市场,绝大部分都运销国内大市场和国外市场。商品棉布的巨大上市量有力地证明了农村家庭手工棉纺织产品的商品化程度。

(二) 产品商品化体现之二
——棉布品种的多样化及其对市场的适应

明清上海地区手工棉纺织产品的商品化还体现在棉布品种的多样化以及对市场的适应程度上。康熙《嘉定县志》曾说:"棉布,邑之妇女昼夜纺织,公私诸费皆赖之。布有浆纱、刷纱二种,工有粗细,色有黄白,织有厚薄,家有传习,客有拣择,用有染素,产有销路,而价因低昂"。崇祯《松江府志》则更认为棉布品种"各村镇自立名色,不能殚述"。棉布品种之所以如此名色众多,主要是由于当时上海棉布的销售市场远及天南海北,消费者中既有社会上层人士,也有下层百姓。不同地域,不同层次的消费水平以及习俗偏好必然导致对棉布品种的不同需求。多样化的市场需求决定了多样化品种的存在和发展。

明清上海地区的棉布品种仅据现存资料统计即可达四五十种,其中不少品种还进一步有等级优劣之分。现按不同分类标准大致分列如表3-2所示。

---

[1] 参见《马克思恩格斯选集》第2卷,人民出版社1972年版,第59页。

表3-2　明清时期上海地区棉布品种

序号	分类标准	类别	品　性	备　注
I	以原棉品种、质地分	紫花布	紫棉织成、色淡赭,幅宽九寸四五分	织工精良,颜色久洗
		白棉布	以白棉织成	不褪紫花布、黄纱布外皆可归入此类
		黄纱布	落脚黄棉织成	质次价贱
II	以棉纱粗细、织物紧疏分	细布	质地紧密细软	如梭布、飞花布等
		粗布	质地粗疏	稀布、阔白棉布等
III	以棉纱上浆形式分	浆纱布	品性最下	经纱以浆纱法而成
		刷纱布	品性最高	经纱以刷纱法而成
IV	以布幅宽窄、长短分	稀布	布幅最宽,质疏松	如东稀、西稀等
		大布	布幅适中	一名标布又称扣布
		小布	布幅窄且短	
V	以是否经后整理加工分	色纱布	以色纱织成	柳条布、棋花布等
		印染布	经印染加工而成	药斑布、脊蓝布等
		踏踹布	布质紧薄有光	经踹踏加工而成
		白坯布	未经印染加工	
VI	以织物是否含其他纤维分	纯棉布	不耐穿	以纯棉织成
		混织布		苎棉或丝棉混织物
VII	以产地分	七宝尖		产七宝一带,"尖"为质佳之称
		龙华稀……		产龙华,稀为稀布之简称

资料来源:同时期各地方志有关记载。

　　紫花布是用花絮带有天然土黄色俗称紫棉花织成的上等棉布。它不加染工即带有天然淡赭者,颜色久洗不褪,相传能养血,宜老人服用,历为布中精品,价格高于一般棉布。明代时一度深得士大夫青睐,清前期多运销闽广并运贩海外。紫棉由于产量有限,当时出产的棉布绝大多数还是用一般白棉织成的本色棉布,它们包括粗布、细布、浆纱布、刷纱布、大布、小布等等。黄纱布是用采摘最晚的落脚黄棉织成的劣等布，质差价贱，多为贫穷者所使用。

细布类中，明代时最著名的有三梭布、黄丝二线布、黄丝三线布以及丁娘子布、尤墩布、飞花布等等。三梭布又称三纱木棉布，最早产于松江府城东，沙冈、车墩一带，每匹长4丈，阔2.5尺，重3斤，质地细密。相传明时皇帝内衣即用此布制成。明初仅有松江府地面能产，苏州时因地无所产，为向朝廷贡纳，每匹竟折价银3两。[1] 宣德年赋役改革时每匹可抵白米2.5石，可见价格之昂贵。二线布、三线布皆为三梭布之后改织的上纳细布。清顺治康熙年间每匹折银都高达1两。丁娘子布原产松江双庙桥丁氏之手，布质光洁细软。尤墩布产自松江府城西郊，"轻细洁白，明代甚贵之。市肆取以造袜，诸商收鬻，称于四方"。[2] 飞花布本因"弹棉纯熟，花皆飞起"，以此花纺织而成，故得此名。清代时，浦东三林塘"产布甚精，亦称飞花布"。

粗布类中最有代表性的是阔白棉布和稀布。阔白棉布质地粗疏，明代折征时每匹抵米1石，一般只用作内宫抹盂揩桌之用，民间市场少有出售，大多在官府征发时才有生产。[3] 稀布是清前期主要的粗布品种，质地甚疏。产于西南乡的称西稀，产于东北乡的称东稀，金山卫一带所产，布质更疏，名为卫稀。此外，崇明有一种串布也属稀布类。[4]

无论何种棉布其所用经纱在上机织布前都必须经上浆处理。按经纱上浆之法，又可以区别为浆纱布、刷纱布两种。《木棉谱》称："成纤后，次乃用浆。浆必须细白好面，调法不可太熟，熟则令纱色黑；不可太生，生则令纱不紧。糊盆浸过一夕，值晓露未晞或天阴不雨时，植竹架于广场，缚其两端以竹帚痛刷，候干，于分纱处间以交竹，卷如牛腰，然后上机，此种最贵，名刷纱……又有以棉纱作绞，入浆水不复帚扫而成纤，名浆纱，最下。"

棉布中以布幅宽窄，布之长短分，又有大布、小布、中机、稀布等等。大布又名标布，明时多销山陕北边。"松江标布宽八寸，长一丈八尺为一端"。也有长16尺的称平梢，长20尺的称套段。其中崇明大布较其他各县所产更为

---

[1]（明）况钟：《况太守集》卷8《请免苛征折布奏》。

[2]《一瀦研斋笔记》卷7；（清）康熙《松江府志》卷5《风俗》。

[3]（明）崇祯《外冈志》卷2《物产》。

[4] 民国《上海县续志》卷8《物产》；（清）光绪《金山县志》卷17《风俗》；（清）雍正《崇明县志》卷9《物产》。

长、宽。"阔一尺八九寸许,每匹或十丈,或七八丈不等"。[1] 小布又称扣布,布幅最窄,"密而狭者为小布,亦谓之扣布,又名中机布"。稀布布幅最宽,较大布要增 0.3—0.4 尺,内中又分单扣、双扣两式,双扣长度为单扣双倍。[2]

棉布中未经印染加工的皆为白坯布,和白坯布对应的是色织布和印染布。

色织布是用染色棉纱织成,明代时最著名的为番布。织造该布得"错纱配色,综线挈花……其上折枝团凤,棋局字样,粲然若写",[3]甚为精美。但因织造复杂,价格昂贵,以后渐趋中落。明后期起,一般的色织布多为蓝、白两色棉纱相间织成的棋花布、柳条布、格子布、雪里青等。在崇明县还用五色纱织成的棉布,乡民多用此为被,并且行销他邑。[4]

印染布可分成印花布和色布两类。印花布中最著名的是青白相间的药斑布,相传宋时已有,初出青龙、重固,明中叶后传至四乡。清前期的印花布除传统青色外还有五彩者,并且以印染方法之不同分成刮印花、刷印花两种。"其以灰粉渗膠矾、涂作花样,随意染颜色,而后刮去灰粉,则白章烂然,名刮印花;或以木板刻作花卉、人物、禽兽,以布蒙板而砑之,用色刷其砑处,华采如绘,名刷印花"。[5]印染布中的色布主要是用靛青染成的青蓝布,清前期它们是上海地区各染坊加工的主要品种。印染布再经踹匠踹踏加工则为踏光布,布质紧密有光,多销西北风日高燥之边地。

以上所说的都是纯棉织物,此外还有用棉、丝,棉、苧等纤维混织而成的混织布。明代时最出名的是云布,又称丝布。"松之云布,乃丝为经,棉纱为纬",[6]明时一度为皇帝御服。但棉、丝混织,纤维牢度不一,织物既不耐穿,织作又费工本,不久即告淘汰。棉、苧混织物称为苧经布,以苧为经,以棉纱为纬。清代时崇明县曾有此产,但数量有限,流传也不广。

以上所述只是依据一定分类标准对当时棉布品种的大致说明。实际上即使"同样之布,亦有长短、阔狭之不同"。其中原因不仅在于市场需求有不同,

---

[1] (清)乾隆《南汇县新志》卷 15《土产》;(清)许惟枚:《瀛海掌录》卷 4《布》。

[2] (清)道光《川沙抚民厅志》卷 4《物产》;(清)乾隆《南汇县新志》卷 15《土产》。

[3] (明)正德《松江府志》卷 5《土产》。

[4] (清)许惟枚:《瀛海掌录》卷 4《布》。

[5] (清)褚华:《木棉谱》。

[6] (明)李绍文:《云间杂识》卷 4。

而且还在于生产者"手织之法,各不相谋,致有参差"。由于这些差别的存在以及各乡镇商人不同的收购要求,当时的上海地区还相应形成了一些不同的棉布品种产区。如明嘉靖前,上海县3个主要棉布集散中心是龙华、崧宅和青龙、重固。其中龙华多出稀布,崧宅盛产小布,青龙、重固则出药斑布。清前期的嘉定县,标布产于诸翟、华泾一带,扣布则出纪王庙、盘龙镇,而紫花布则以江湾、大场为主要产区。再如黄渡、南翔一带盛产刷纱布,但无浆纱;而临近的外冈一带却独产浆纱而无刷纱;等等。

最后,明清上海地区所产棉布若以品质及价格又可区别为高、中、低档品种。高档者如番布、云布、梭布等,中档为标布之类,低档则为稀布、黄纱布等等。高档品种中的云布、番布虽然外观精美,但牢度较低,价格几近丝绸或过之,在兴盛了一阵后终趋中落。整个明后期至清中叶,产量最高,销路最广的是结实耐用、经济实惠的大众化中低档品种。如明代销往秦晋诸路的主要是标布,清前期销往东北等地的主要是稀布等等。生产服从于销售,服从于市场。迎合市场需求的品种即生存、发展,反之则中落、淘汰,商品生产的这一法则同时也是明清上海地区棉布产品商品化的一大特点。

（三）产品商品化的生产力基础——劳动生产率的变动

上海地区手工棉纺织开始之初,生产工具十分落后。特别是整棉、纺纱等工序,由于缺乏传统丝、麻纺织的借鉴,更是如此。"率用手剖去子,线弦竹弧置按间,振掉成剂,厥功甚艰"。[1] 元元贞年间黄道婆从崖州回归家乡,带回捍、弹、纺、织之具。元末王祯所撰《农书》中已记载了轧棉车、椎弓、纺车、纫床、经架、织机等一系列较为完整的棉纺织生产工具,较之宋末元初似乎已经前进了一大步。

明代后期,据徐光启《农政全书》所载,某些纺织具在原有基础上又得到一定程度的改良。

首先是轧棉车。元代轧棉车,"四木作框,上立二小柱,高约尺五,上以方木管之,立柱各通一轴,轴端俱作掉拐,轴末,柱窍不透。"操作时,"二人掉轴,

---

[1] （元）陶宗仪:《南村辍耕录》卷24《黄道婆》。

一人喂上棉英,二轴相轧,则子落于内,棉出于外。"可见,此轧棉车要三人同时操作,两人摇动轴柄,一人徐徐送棉,所谓"用力劳而所得不多"。到了明后期,改进后的四足轧棉车只需一人操作即可,工效提高了约 3 倍。

其次是弹花弓。元代弹花弓"以竹为之,长可四尺许,上一截颇长而弯,下一截稍短而劲,控以绳弦"。到明末,弹弓弓身已由竹改为木,弓长也增长至五尺许,并用蜡丝代替绳弦,弓的力量增大,每小时已可弹花衣 10 两左右。

再次是纺车,在元代王祯的《农书》和明代徐光启的《农政全书》中,都已经有关于"三缫纺车"的记载,"其制比麻苎纺车颇小,夫轮动弦转,莩缫随之。纺人左手握其绵筒,不过二三续于莩缫,牵引渐长,右手均撚,俱成紧缕,就绕缫上"。据此分析,技术上可能源自纺绩麻苎的"五缫小纺车"。不过从其他史料记载观察,明代时这种三缫纺车使用甚为鲜见,民间普遍流行的还是简陋的单锭纺车。

布机,王祯《农书》上没有具体记载,但从其"织纴机杼,并与(麻)布同"来看,当和传统的麻苎织机没有太多区别。沿至明末基本上没有什么变化。

从明末至清中叶的 100 多年间,据褚华《木棉谱》所载,较之明代稍有改良的纺织具仅为"轧车"和"经车"两项。

明后期的四足轧棉车虽较元代轧车有长足进步,但因其是坐着操作,常因"一足偏左而用力不专,所得又不能多"。清中叶改进后的三足轧车,车制大小与四足轧车相似,但用力省而工效稍高。

"经车"是对元明时代"拨车""纴床"的改良。元明时,棉纱成经最早用拨车,"持一缫周匝蟠竹方架上,日得无几";"继用纴床,制如交椅,其上竖立八缫,以掉枝牵引,分布成纴,较便于前"。而经车虽形同纴床,但其操作已是"一人负之而趋,一人随理其绪,往来数过,顷刻可就",工效有相当程度提高。

在此之外,直到近代前夕,诸如纺车、织机之类的主要纺织机具以及其他辅助工具并无明显的改良和变化。以纺车为例,元明时已有记载的三缫纺车清前期在上海、南汇等县虽不能说没有使用,而且生产率大概为单缫手纺车的两倍,但三缫纺车手脚并用,棉条并执指中,人劳工敏,非技艺精湛之青壮妇女难以胜任;加上数缫并纺,所成棉纱不如手车紧细,实际使用仍不普遍。真正在农家纺织生产中广泛使用的还是简陋的单缫手摇纺车。"车有两耳,叠立矮木床上,夹一大竹轮于中,其铤有木承之,然后以粗线环铤末及轮,轮心有轴,穿耳端出。人以一手摇轮,一手曳棉条而成一缕,小儿女用以消夜伴织"。[1]

从上所述可见,明清几百年间上海地区手工棉纺织生产工具虽然也有局部的改良,但这一改良主要只限于整棉、成经等辅助工具,作为主要生产工具的纺织机具似乎并无多大实质性的改进。因此可以认为,由工具改良引起的劳动生产率的变动在当时是不甚明显的。

生产工具之外,生产者劳动技能熟练程度的提高是影响劳动生产率变化的另一重要因素。不过在生产工具和工艺技术变化不大的情况下,劳动技能熟练程度的提高对生产率增长的影响终究具有较大的局限。以手纺车纺纱为例,明代时一般劳动者日产纱为4—5两,而到清中叶,技术最为纯熟的劳动者最高日产量也不过6两,一般生产者仍为5两。至于织布,从明至清一般妇女每天的生产量基本上都为1匹,几乎毫无增长可言。为了便于分析当时手工棉纺织劳动生产率的变动以及影响变动的因素,根据史料整理了表3-3。

表3-3　明清时期上海地区棉纺织劳动生产率

工作内容	时间	地点	使用工具	工作人员	工作时间	产量	资料来源
I 纺纱	明末	不详	单锭手车	不详	一白天	纱4两	《群芳谱》
	清中叶	嘉定县	单锭手车	小姑	一白天	纱5两	光绪《嘉定县志》卷8
	清中叶	黄渡镇	单锭手车	小姑	一通宵	纱5两	《黄渡镇志》卷1
	乾隆	江苏	单锭手车	勤者	一日夜	纱12两	《崇德老人八十自订年谱》
				常人	一白天	纱6—7两	
	嘉庆	上海县	三锭纺车	善纺者	一夜一日	纱16两左右	嘉庆《上海县志》卷1
	嘉庆	法华乡	三锭纺车	能者	一白天	纱16两	《法华乡志》卷1
	道光	上海县	三锭纺车	熟练者	一白天	纱8两	《沪城岁时衢歌》
II 织布	正德	松江府	投梭机	织者	一白天	布1匹	正德《松江府志》卷4
	雍正	南汇县		妇女	一白天	布1匹	雍正《南汇县志》卷15
					一日一夜	布2匹	

[1]　(清)褚华:《木棉谱》。

工作内容	时间	地点	使用工具	工作人员	工作时间	产量	资料来源
Ⅱ织布	清中叶	盘龙镇	投梭机	织者	一白天	布1匹	《盘龙镇志》
	嘉庆	华亭县		妇女	一月	布30丈	《松江府续志》卷5
		法华乡		女子最勤者	一日一夜	布2—3匹	《法华镇志》卷1
	道光	七宝		织者	一白天	布1匹	《七宝镇志》卷1
				极能者		布2匹	
	道光	上海县		女工	一白天	布1匹	《沪城岁时衢歌》
				个别女工	一日半夜	布2匹	
Ⅲ整棉纺纱织布	明末	松江府		中户全家	一天	小布1匹	《吴兴掌故集》卷12
	康熙			一妇女	七天	2丈长布1匹	《上海碑刻资料选辑》
	清中叶	嘉定县		五口之家	一白天	布1匹	光绪《嘉定县志》卷8

从表3-3可见,明清四五百年中上海地区使用手纺车的纺纱劳动生产率大致上从4—5两提高到5—6两,增长约25%,[1]但促进这一增长的因素看来并不是因为生产工具有了改进,而在于劳动者操作的熟练程度普遍有所提高。

三缭纺车日产量在8两以上,达到手摇纺车的2倍,在当时条件下不失为较进步的纺具,但是由于它本身的操作难度以及对操作人员素质的苛刻要求,使得它难以真正在纺纱生产领域产生一场革命,全面替代手纺车。

与纺纱相比,织布生产率变化更小。从明至清,日成布1匹几为不变的生产水平。即使某些史料记载清中叶有所谓织布"极能者"日成布2匹或一日

---

[1]　曾纪芬:《崇德老人八十自订年谱》称乾隆时有日纺纱至6—7两者,这在同时期其他史籍少有反映,故并不具普遍意义。

半夜成布2匹等等,但她们除了技术熟练程度高于一般水平外,最重要的还是依靠延长日工作时间。至于如前所述纺织生产中辅助工序某些工具的改良,以及相应的局部劳动生产率的提高,由于在整个纺织生产过程中所占的比重还不大,因此还难以使整个劳动生产率有明显改变。如表3-3列明中叶时一般农家举家劳作一天可成布1匹,而到清中叶五口之家通力协作日产也只有1匹。

生产工具改进的迟缓以及劳动者熟练程度提高的有限,致使当时的纺织生产要提高产量基本上只能有两条途径:其一,牺牲休息时间,延长工作日。这在史料中记载甚多,借此以提高日产量也颇见成效。如清嘉庆年间,上海县有使用三维纺车者,夜以继日一天,可纺纱1斤,为仅仅白天工作者的2倍。同样的织布女子,昼夜操作,寅起亥息,亦可成布2匹,为一般仅白天或夜晚生产者的2倍。其二,追加工作人手。如前所述,明后叶上海地区的纺织人手几乎已经占到总人口的2/3。入清后,人口数量持续上升,虽然由于社会经济的发展,就业机会会相应增加。但是手工棉纺织依然不失为广大农民、城镇居民最主要的谋生手段之一。这也意味着随着人口的自然增长以及由此而来的就业机会相对不足,从事手工棉纺织的劳动人手会自然而然地呈上升趋势。两者的合二为一,最终成为明清上海地区手工棉纺织生产持续、稳定发展的最重要因素之一。

第三节　手工业生产中资本主义萌芽的出现

（一）一般手工业生产部门及其生产方式

明清上海地区的手工业生产除前述棉纺织外还有不少其他的行业和部门。其产品既有生产资料也有生活资料;生产方式既有一般的家庭、个体和作坊式生产,也有资本主义萌芽色彩的经营方式。在这部分中我们先考察一般的手工业生产。

1. 一般手工业生产主要部门概述

棉纺织生产之外一般的手工业生产种类很多,以下仅就史料记载较为翔实者择善而述。

棉纺织具生产。明清上海地区手工棉纺织是当时农业生产之外的又一大产业部门。纺织生产的兴盛理所当然地带动了棉纺织具生产的发展，其中主要的有纺车、纺锭、织机等。因资料缺乏，明代时纺织具生产不详。到清前期上海地区已形成不少较为有名的纺织具产地，其中影响较大者当推青浦金泽镇。《金泽小志》称："纺具曰车，曰锭子。锭子铁为之，车以绳竹为轮，夹两柱，中枢底横木，偏左而昂其首，以著锭子，轮旋而纱成焉。到处同式，而金泽为工。东松郡，西吴江，南嘉善，北昆山、常熟，咸来购买。故金泽锭子谢家车，方百里间习成谚语。"当时的纺锭有木质、铁质两种。木锭运转不甚灵活，转速慢，纺出的纱支粗细不匀，质量较差。而金泽所产铁锭使用时轻松省力，出纱快，纺出的纱支光洁均匀。谢家车为金泽谢氏制作的纺车，规式准确，制作平整，操作时平稳轻松。如果将金泽锭子谢家车结合使用，不仅省力省时，而且纺出之纱质量也好。[1]

金泽之外，清前期上海地区纺织具的集中产地，至少还有朱泾、吕巷、七宝、黄渡等地。《朱泾志》称："铁锭朱泾最良，明有朱泾锭子吕巷车之谚。近数尤御亭及骆姓家，远近争购"。《七宝镇志》也说："自东栅外过小石桥向东至东圣堂即南七宝寺。又东至安平桥止曰东街，又名纺车街。以此街中人多制纺车售卖也。其长约三百余步。"黄渡镇以产徐家布机名重一时，其布机坚实耐用，价亦稍昂，但仍然是四方争购。[2] 除史料记载这些较为集中的产地以外，各地城镇乡村也有一些分散的制作工匠，他们或居家而作，或者穿村走乡上门制作修造，与那些集中产地的生产互相补充，满足着广泛分布的手工棉纺织的需要。

日用器具制作。日用器具制作中铁器生产是一主要门类。铁器一般皆由铁作铺生产。当时的铁作铺大致可以分成两种，一种的生产工匠还未脱离农业，仅在农闲时为本地农民锻造修理各种农器具，农忙时则息工下田。另一类则是专业的作坊，较小的只有一二人，大些的一般也仅有几个帮手、学徒。这

---

[1]　参见上海市工商行政管理局、上海第一机电工业局机器工业史料组编：《上海民族机器工业》上册，中华书局1979年版，第37页。

[2]　(清)光绪《青浦县志》卷2《土产》。

些专业作坊的生产大致有两种情况。一种生产产品的种类较多，如农具、刀具、火钳、叉子、铁钉及其他铁制用具应有尽有，一般分散于各处乡镇，产品种类甚多但生产规模都较小。另一种生产的产品已比较单一化。如称为"乡作"的主要生产农具及日用家什，其中清中叶上海县城南门外濮万顺铁铺专锻厨刀，称为"濮刀"，远近闻名。称为"匠作"的专锻泥水木匠用铁工具、刀具，一般多集中于较大的城镇。此外还有"船作"，专门生产船用铁器件如船刨、船钉、锚链等等，大部分集中在沿江浦的码头埠岸，其中尤以上海县城以及吴淞、新闸等地为最。[1]

铁作之外还有木作。木作工匠生产范围甚广，既包括生产资料也包括生活资料。生产资料中除前述棉纺织具外主要是农具水车。上海地处水乡，水车为农家须臾不可或缺之农具。水车有"牛车""踏车""风车"之别。"上农多以牛，曰牛车；贫者藉两足之力曰踏车"。其中西乡踏车"以板为槽，长二寻有奇，广尺三寸至五寸，深五寸许。旁夹以栏，循中斩木为鹤膝，施楗以联之，屈伸回转，用持幅以运水"；东乡水车"深八寸，广七寸，曰水龙，凡一车用三人至六人，日灌田二十亩"。牛车"其制为木盘如车轮而大，用施牙以运轴而转之，力省而功倍"。[2] 这些形状不一，结构各异的水车，普通农家显然自己无法制作，只能由专门工匠生产。清中叶青浦章练塘一带，"农民力耕捕鱼外，大半以制车为业，俗名镶车。车为田家灌水之具，或以人力，或以牛力，形式不一，制作灵便，迥非他处所及，即诗家所谓桔槔者也。环练塘数十村庄，车船约三百多艘，其营业发达，西至常州以西，东至浦东，间有修花车者。车业之利不亚于力耕，颇有倚为终岁之生涯焉"。[3] 当时的农户多在宅边田头种木植树，"植以充用""宜为农器"，大概也是由这样一类穿村走乡的流动工匠上门加工服务的。

木器制作中的生活资料生产主要是日用家具。早在明中叶，浦东的下沙镇以及西部的泖滨等地已是日用家具的著名产地。"细木器、梳具、交椅之类出下沙镇，屏风、酒桌、香几之类出泖滨"。[4] 松江府城在明中叶前，一般民

---

[1] 参见上海市工商行政管理局、上海第一机电工业局机器工业史料组编：《上海民族机器工业》上册，中华书局1979年版，第4—36页。

[2] （清）道光《七宝镇志》卷1《风俗》；（明）正德《松江府志》卷4《风俗》。

[3] 民国《章练小志》卷3《风俗》。

[4] （明）正德《松江府志》卷5《土产》。

家只用方桌之类家具,其他如书桌、禅椅之类只有少数富豪从苏州城购得。而到隆庆、万历以后,安徽木匠纷纷在城内开设铺肆,生产床橱几桌、嫁妆杂器之类的细木家具,"纨绔豪奢又以椐木不足贵,凡床厨几桌必用花梨木、瘿木、乌木、相思木及黄杨、紫檀,极其贵重,动费万钱",[1]木器生产可谓盛极一时。

竹器生产也是日用器具制作中的重要内容,产品一般都是和人民大众生产、生活密切相关的如箩、筐、篮、筛等等。竹器生产中有无专业工匠或者作坊式的专业生产,以及达到何种规模,尚无更多的文字记载可以分析,但农民家庭的副业生产是其中的一个重要方面则可确信无疑。农家的竹器生产多集中于产竹之乡的嘉定、宝山等县,产品除小部分自用外,大多皆投入地方市场销售。《石冈广福合志》称,"竹器,在众芳桥箩行邨,男女共作,远迩贸易"。

蒲、草编织业。草类编织的大宗是各种鞋屦生产,所用原料以黄草和蒲草为主。黄草编织主要集中在嘉定县,明中叶时已悄然兴起,当时地方志物产记载中已有蒲鞋、凉鞋,皆擘黄草、菅草为之之说。[2]万历、崇祯年间,嘉定县以新泾镇为中心,周围绵延数十里,居民皆取黄、菅两草编屦为生,习以为业。时有人作《黄草鞋赋》赞曰:"草屦所在有之,纂组之工未有如邑之新泾者。凉履尤佳,夏葛冬皮,古人所为称也。比屋男、妇、童而习之,暮成一绚,朝而易粟,其利与纺织等"。[3]新泾镇也由此成为草屦交易的最大集散地。嘉定以外,当时的松江府城则是蒲鞋的著名产地。早在明正德年间,松江府城东门外三里汀地方农家所出蒲鞋已极为细巧,但松江城还没有专门的蒲鞋店。大约在嘉靖万历年间,宜兴鞋匠史氏寓居松江府城,首创用黄草结宕口的"宕口蒲鞋",轻俏精美,贵介公子争相购买,称其为"史大蒲鞋"。自此之后松江府城多有宜兴人所设鞋肆,以后当地居民也群起仿效,东门一带鞋肆林立。[4]

蒲草不仅用来编鞋,还广泛用于蒲包的编织生产。上海地区产棉极丰,蒲包为当时主要的盛棉器具,由此而兴起的蒲包编织自然十分可观。《嘉定县志》载:"蒲种水淶,乡人以织棉花包。纹斜、口卷、中贯稻草绳,两包对合,盛

---

[1] (明)范濂:《云间据目抄》卷5《纪风俗》。

[2] (明)正德《练川图纪》卷上《物产》。

[3] (清)康熙《嘉定县续志》卷4《艺文》。

[4] (明)范濂:《云间据目抄》卷5《纪风俗》。

棉百斤"。蒲包编织多为农家利用农闲时间动员家庭成员所为,产品除自用外还大量地投放市场。如当时农谚所称:七月初三夜喜晴,蒲包十万价销赢。六月二十东天红,蒲包要卖空。[1]

特产手工艺品制作。明清上海地区手工业生产中还有一些名闻遐迩的特产手工艺品制作,其中最著名的有刺绣、竹刻、金银铜器制作等。

刺绣生产盛于上海东部。明正德年间浦东下沙镇就以产"绒纹绣"而著名,人又称"下沙绣"。以后到明嘉靖、万历年间,上海县城兴起了一种精美绝伦、巧夺天工的名绣——顾绣。顾绣源起上海名士露香园主人顾会海妾侍,刺绣劈丝配色,别有秘传;丝细过于毫发,作山水、人物、花鸟无不精好。其绣品除了自家赏玩、服用外,多作礼品相送而与市场毫无联系。后至明末清初,顾绣声名鹊起,上海县城众多绣工亦仿顾绣而作,其生产已完全商品化。康熙《上海县志》说:"顾氏露香园,组绣之巧,写生如画,他处所无。小民亦习以糊口,略与纺织等。其法劈丝为之,针细如毫末,半多男工。近绣素绫作屏障,值甚贵,各方争购之。"以后直至近代前夕,以"顾绣"而扬名四海的刺绣业一直是上海县城一项特色手工艺品生产。

上海地区的竹刻工艺明后期兴起于东北隅的嘉定县。最初的习艺者为朱松邻、朱小松、朱三松祖孙三代。三人竹刻技艺皆出神入化,所刻人像须肩欲动,各具情态。但其产品并非为牟利的商品性生产。后人论其为:"嘉定竹器为他处所无。他处虽有巧工,莫能尽其传也。而始其事者为前明朱鹤,鹤号松邻;子缨,号小松;孙稚征,号三松。三人皆读书识字,操履宪洁,而以雕为游戏者也。"[2]三朱竹刻虽非商品生产,但此技一起,效尤者甚多,竹刻工艺始走出朱氏深宅大院而逐渐成为嘉定的特色手工艺品生产。清嘉庆年间嘉定人金元钰所著《竹人录》收有嘉定县竹刻名艺人73名,其中明代仅6人,清代66人,可见竹刻工匠队伍不断壮大。竹刻产品除竹雕画、竹根人物造型、竹刻微雕等上等工艺精品外,还有大量大众化的竹刻工艺品及日用器具,如竹杖、酒瓢、诗箇、书尺、笔斗、烟筒等等。清中叶时嘉定县内已是"工此技者甚多"。他们不仅承袭三朱技法,而且还吸收当时金陵名匠濮

---

[1] (清)光绪《上海县竹枝词》;(清)嘉庆《石冈广福合志》卷4《物产》。
[2] (清)王应奎:《柳南随笔》卷2《竹器》。

仲谦的雕琢技艺,不断出新。[1]

　　银器制作主要集中在城市。元代时浙西银匠精于技者 4 人,其中松江唐俊卿与嘉兴朱碧山、苏州谢君余、谢君和齐名。[2] 明清时达官贵人、富家弟子奢华侈靡,满足上层社会消费的银器制作越益精巧。

　　铜器制作主要有以剥蜡方式生产的仿古彝、鼎、尊、卣之类以及其他日用小器。主要产地除松江府城、上海县城外还有朱泾镇等地。万历时松江府城铜匠胡文明按古式仿制各式器具,品质极精,价亦甚高。所制香炉人称"胡炉",为缙绅富豪崇尚之礼品。清代时朱泾吴尔惕及沈纯锡、纯德兄弟皆为名重一时的铜匠,所制铜器小件精巧无比,远近驰名。上海县城清代最有名的铜匠是王烂轩。王氏善铸小鼎,所铸之器人称老黄铜,在市场上甚为抢手。[3] 铜制炉鼎虽不及金银器贵重,但总属奢侈消费品之列,其市场和生产规模均都有限。生产工匠虽多为身怀绝技者,但生产方式仍多为家庭个体经营,有子者"令子世其业",无子者怀技归天。生产规模和工艺都难有扩大和进步。

　　上述之外,明代时上海地区的特产手工业还有上海名宦谈彝庵从内府学得的谈笺制作;上海名士顾振海的制墨;等等。[4] 这些制作品虽然都称绝一时,但充其量不过只是士子名人的玩好,从手工业生产角度看并无多大的社会影响。清乾隆年上海的特产生产中还出现了上海邑城姜氏生产的"姜氏保真膏药",其按穴而贴能去寒湿诸疾,并且已走出医家的医方、药房而成为有一定规模的特种生产。乾隆时每年出售数万张之多,大部分销往东北边地,商旅出关皆挟以为奇货。[5]

　　手工业生产的发展使明清上海地区出现了一大批熟练工匠。明末时这些工匠中有些人已能仿制较为新颖复杂的西洋铜制自鸣钟,[6]这大概是上海地区手工业生产历史上最早的机械产品。除此之外,明清上海地区的手工业生

　　[1]　参见(清)金元钰:《竹人录》。

　　[2]　(元)陶宗仪:《南村辍耕录》卷 30《银工》。

　　[3]　(明)李绍文:《云间杂识》卷 3;(清)嘉庆《朱泾志》卷 8《艺术传》;(清)褚华:《沪城备考》卷 6《王烂轩》。

　　[4]　(明)李延昰:《南吴旧话录》卷 21《寄托》;(清)同治《上海县志札记》卷 2《顾振海墨》。

　　[5]　(清)褚华:《沪城备考》卷 6《姜氏保真膏》。

　　[6]　(清)褚华:《沪城备考》卷 6《西人奇器》;(明)李绍文:《云间杂识》卷 2。

产还有诸如食品加工、酿酒、制酱、榨油、磨面等等，[1]它们大多是面向本地市场的小商品生产，产品亦用于满足城乡居民的各种消费需要。

2. 一般手工业生产部门生产方式的考察

上述手工业生产虽然行业众多，但从生产方式上考察似乎都还没有超越传统的家庭、个体或作坊的生产形式。

手工业生产中最简单的生产形式是农家副业性质的农村家庭手工业。它们的一个首要特点是具有极强的季节性。如前述金泽的纺锭生产和章练塘一带的水车生产以及真如、上海县城等地的打铁生产都是这样。金泽的纺锭生产清中叶名盛一时，但其生产者却多为农忙下田务农，农闲则加工纺锭的农家。平时有需要者多上门购买，待农闲时他们则驾起小船，随带锭子沿乡叫卖。章练塘一带的水车生产也是如此，生产者每待秋收以后即驾船外出，边制造边销售，附带修理。真如、上海县城等地的锻铁业有一部分生产者也仅是在农闲时为本地乡民锻造及修理各种农具、刀具，农忙时则下田劳作。可以看出这种形式的手工业生产虽然已经商品化，但其生产者还同土地有着紧密的联系，他们的生产一般来说还只是满足较小范围内地方市场的需要。

农村家庭副业生产的逻辑发展是专业的个体工匠生产。这类个体工匠有的并无固定工作场所，穿村走乡代客加工；有的则在乡镇等地有固定工作场所，既接受来货加工，也生产产品出售。前者如前述散于城乡，专为农家、城镇居民制作各类器具的木匠等，后者一般营业于城镇街肆。清乾隆年间真如铁匠沈维新只身来到上海县新闸镇，置一小打铁炉，独自一人经营打铁业务便是其中一例。[2] 这些个体的手工业生产者一方面已经是完全从农业中分离出来的专业工匠，但另一方面，在生产规模上仍类同农家生产，也是个体或家庭式的经营。

个体工匠生产的进一步发展是作坊式的经营。作坊生产中的作坊主通常具有较高的技术水平，除经营业务外自身亦参加劳动，并担任技术要求最高的工作。作坊内通常雇用少量的帮手或师傅，并且带有一定数量的徒弟。作坊

---

[1]　参见(清)董含：《三冈识略》卷7《松酿》；(清)杨光辅《淞南乐府》；(明)范濂：《云间据目抄》；(清)张春华：《沪城岁时衢歌》等。

[2]　参见上海市工商行政管理局、上海第一机电工业局机器工业史料组编：《上海民族机器工业》上册，上海人民出版社1979年版，第5页。

内部的生产劳动虽然还仅仅只是实行简单的协作,但其生产规模较之个体经营已有较大进步。当时的手工作坊一般都是作坊和店铺相结合的前店后坊,经营者往往既是小生产者又是小商人。如清中叶上海县城的锡作坊一般都有一二间房子,前设店铺,后设作坊。坊主除自身参加劳动外,往往雇用一两个老师傅,带几个学徒,生产上并无明确分工,产品销路亦多限于上海。其他的铜器作坊大致上也是如此。再如嘉道年间上海县城小南门、小东门城厢一带,几家世代相袭的小铁坊同样也只雇用少数学徒,锻造零星农具及家用铁器。由于作坊的产品基本上只以近地市场销售为主,经营规模有限,资金积累困难,因此直到鸦片战争前仍很少有进一步上升为手工工场的。即使象前述生产"濮刀",名盛一时的濮万顺铁店,近代以前也只是一个仅有老板带一二个学徒的小作坊。只是在鸦片战争之后才逐步发展成有店房十余间,雇用老师傅十几人的手工工场。[1]

综上所述,明清上海地区一般手工业生产部门中普遍存在的生产方式,既有农家副业生产,也有个体工匠生产以及作坊生产。其中前两者一般以农村为主要活动区域,后者则主要分布于各级城镇。直到近代前夕,它们都还没有表现出向更高级的生产方式过渡的迹象。在以下的论述中我们将可以看到,在其他的一些手工行业中,新的资本主义生产关系的萌芽正在逐渐破土而出。

（二）资本主义生产关系萌芽的典型行业
——暑袜业和染踹业的形成和发展

1. 暑袜业中商人控制生产的经营模式

上海地区暑袜业肇始于明万历年间的松江府城。所谓暑袜,即为夏天所穿较为轻薄的布袜,它用轻细洁白、坚实耐穿的尤墩布制成,故又称"尤墩暑袜"。

和当时众多的手工业生产不同,暑袜业从它产生之日起便摆脱了传统的手工业生产模式,而走上了一条商人控制生产的包买商式的经营道路。《云间据目抄》记载:"松江旧无暑袜店,暑月间穿毡袜者甚多。万历以来,用尤墩

---

[1]　参见上海市工商行政管理局、上海第一机电工业局机器工业史料组:《上海民族机器工业》上册,上海人民出版社1979年版,第4—7页。

布为单暑袜,极轻美,远方争来购之。故郡城西郊广开袜店百家。合郡男、妇皆以做袜营生,日从店中给筹取值,亦一便民之新务"。可见当时暑袜业的经营者是袜店商人,具体生产者是城厢居民。他们从袜店商人处领得原料,在家中加工成袜,然后将成品交还袜店,领取工钱。在这里商人的触角已超越流通而伸及生产领域,通过发料加工而控制着生产。袜店老板的"给筹取值"已使那些城厢居民成为袜店所控制的家庭雇佣工人,而袜店老板出售暑袜所得收益中除了一般的商业利润外,已包含有那些家庭工人为之创造的产业利润。袜肆老板的身份也最终从普通的商人转化成向生产过程渗透的包买商。

在以往研究中,有学者认为,松江的暑袜业仅见于范濂的《云间据目抄》及《古今图书集成》,而在松江府、县志及其他文献中尚未有记载,故对其以后的发展变化情况尚不了然。[1] 然而仅据笔者的有限之见,成书于明末的崇祯《松江府志》已有"市中造袜,客为收买,曰尤墩布袜"的记载,与上述引文及《古今图书集成》"郊西尤墩布,轻细洁白,市肆取以造袜,诸商收鬻,称于四方,号尤墩暑袜。妇女不能织者多受市值缝纫焉"的记载可谓不谋而合。将这些史料互相印证,至少可以认定,这种包买商式的生产关系在明万历年间是毫无疑问存在的。入清以后有关暑袜业的记载确实少见。不过晚清人王韬在《瀛壖杂志》中说:"沪上袜肆甚多,而制袜独工。贫家女子多以缝袜为生活,敏者日可得百钱,每夕向肆中还筹取值,较之吾里擘纑,劳逸迥殊。"其经营方式同前述明末情形如出一辙。据此推测,可以认为,上海地区制袜业中商人控制生产的包买商式经营不仅一直延续了下来,而且在地域分布上还有由西向东扩展的态势。

明清上海地区手工业生产行业众多,为什么独有制袜业出现了包买商式经营,这恐怕同制袜业的生产特点有很大关系。

首先,制袜业的销售对象是远道而来的贩商,一般来说他们不仅要货数量大,而且还要求成品有一定规格及质量标准。如果由分散的家庭手工业独立生产,产品规格、质量缺乏统一尺度,难以满足商人要求。但在包买商式经营下,袜店老板通过统一发料,就有可能要求领料的加工者以统一原料,按统一

---

[1] 见徐新吾:《鸦片战争前中国棉纺织手工业的商品生产与资本主义萌芽问题》,江苏人民出版社1981年版,第88页。

的规格和质量标准生产。这无论对贩商还是袜商都较为有利。

其次，由于种种原因，当时的城镇中普遍存在一个无以聊生的贫民阶层。其中稍有资金以及生产场地者往往藉纺织谋生，而一些穷无分文最为贫困者就有可能成为包买商所需要的家庭工人。这就是前引史料记载中的"妇女不能织者，多受市值为之缝纫"，"贫家女子多以缝袜为生"。这些潜在雇佣劳动大军的广泛存在，是包买商式经营得以出现和延续的必不可少的条件。

再次，在商人发料加工的生产形式下，一部分原来的商业资本必然以原料的形式作为垫付资本而发挥产业资本的作用。它们必须为资本所有者带来比普通商业经营利润以外更多的利润，即家庭雇用工人创造的剩余价值。而袜商通过发料加工和给发工价，从原料供应和成品销售两个环节切断了小生产者同市场的联系，使小生产者所得到的工价仅为其创造的新价值中的一个较小部分。袜肆商人通过预付的少量资本（因其垫付资本的周转期较短）实现了对生产、销售过程的控制，从而使在同贩商的交易中尽量使买卖有利于自己，以获得比普通的商业经营以外更多的利润。这正是导致当时的暑袜业之所以能出现包买商式经营的关键所在。

制袜业中的包买商式经营虽然已多少具有资本主义生产关系萌芽的色彩，但由于制袜业本身作为一项棉布成品加工业，其生产规模及市场销售毕竟还不能发展到如同手工棉纺织那样的程度，因此它对当时社会经济发展的影响还是较为有限的。明清上海地区的手工业生产中，出现了资本主义生产萌芽并且对社会经济影响较大的是手工棉纺织的后整理行业——棉布染踹业。

2. 棉布染踹业及其资本主义萌芽

明清上海地区手工棉纺织甚为发达，但是作为手工棉纺织主体的农村家庭手工业生产的产品大多为白坯布，而当时上市供应的棉布有相当一部分都是印染、踹踏布，它们都须经过专门的染、踹后整理加工。

上海地区的布匹印染明代时已十分纯熟。明末松江府城的染坊已能染红、绿、蓝、褐、黄、黑、紫七大类近40种颜色。[1] 清前期，上海县城已有专染天青、淡青、月下白的蓝坊；染大红、桃红的红坊；染黄糙为白的漂坊；以及染

---

[1]　（明）崇祯《松江府志》卷7《风俗》。

黄、绿、黑、紫、古铜、水墨、血牙、驼绒、虾青等的杂色坊。此外还有专染各色刮印花布、刷印花布的印花坊。布匹印染以后的进一步加工是踹踏,俗称踹布,其方法是"置磨光石板为承,取五色布卷木轴上,上压大石如凹字形者,重可千斤。一人足踏其两端,往来施转运之,则布质紧薄而有光"。[1]

染踹加工由于是对坯布进行后整理,其本身的生产特点决定了每次的加工数量都必须达到一定的规模,如果是连续生产,则还必须保持这一规模的加工布匹源源不断,否则就会降低边际生产率,使加工生产变得极不经济。具体地说,如果当时每一个独立从事手工棉纺织生产的农村家庭都要自行对其产品进行后整理加工,他们就不仅要置办全套染踹用具,而且还必须使他们自身生产的棉布积存到一定的数量方可。这样的话,不仅置备的生产设备利用率极低,而且还会使棉布生产的整个周期延长,增加原料储备和产品积压,大大增加农家再生产的周转资金,这对依赖纺织为生,暮成匹布,清晨负以易钱米的农家小生产来说是根本不可能接受的。因此,明清上海地区的手工棉纺织,虽然以其纺织而言,主导模式是农村家庭手工业,成品形式主要是坯布;但就对坯布进行再加工的染踹业来说,则一开始就形成了作坊式的专业生产。

与手工棉纺织生产主要散于广大农村相反,染踹作坊大多集中在棉、布集散地的城镇之中。明代时,松江府城以及枫泾、朱泾两镇,吴淞江中游的白鹤、青龙江等处,以及嘉定县的南翔、纪王、安亭等镇是染踹作坊的最为集中之地。清前期,康熙二十四年海禁未开以前,上海棉布贩运外省主要仍靠运河,故西南隅的枫泾等镇染踹业仍盛。而东部的上海县城染踹业还未见兴盛。康熙十一年华亭县有布牙25家,而上海县仅有2家,[2]可见当时所产布匹还是多集中到西乡染踹。康熙中叶海禁开通之始,清政府规定,航行北洋的沙船只准收泊刘河镇,大量北方商贾以及官府采买布匹多集中于西临运河、东傍浏河的苏州城。松江、朱泾等地兴盛一时的染踹业亦纷纷向苏州转移。松江府城清初尚有专染青蓝布的布号几十家,到乾隆年间仅存数家。故时有"江南染房,盛

---

[1] (清)褚华:《木棉谱》。

[2] 《官用布匹委官办解禁抚布行告示碑》,上海博物馆图书资料室编:《上海碑刻资料选辑》,上海人民出版社1980年版,第95页。

于苏州"之说。当时的上海地区,染踹作坊主要集中在嘉定县的南翔等镇以及上海县城。乾隆后期上海县城专营青蓝大布的字号已达 20 多家,并且在布业公所之外单独成立了"青蓝布业公所"。[1] 南翔镇踹坊不仅数量众多,坊内亦已设有坊长、包头等经管人员,并且在康熙五十四年还发生了踹匠齐行罢工事件。[2]

染踹坊中最简单的是家庭小作坊,它们一般多散见于乡村或小市镇,生产者以家庭成员为主,有时偶尔也雇请一两个帮手,其中有些可能还尚未完全脱离农业生产。小作坊的生产经营主要是为本地居民加工自用或出售的零星布匹。清初时,上海县诸翟镇陈佳集"家业淀(靛)坊,兼耕种",以及"吾郡(松江府)东乡陈氏,工染练,颇擅其利,饶裕有年"[3],等等,说的都是这样一类的作坊。

明清上海地区供应市场的棉布一般多由棉布字号商人收购后再经染踹加工运销各地。至迟从清初起,上海地区一些资本雄厚,经营规模较大的棉布字号商人已开始自设作坊。史料记载,康熙时苏松两地的程益高、朱紫阳、程日升、程益隆、程益美等 18 家棉布商人都直接设有染踹作坊。康熙末,苏州府城64 家染坊中已有四分之一以上为布商所直接开设。这些布商"漂布、染布、看布、行布,各有其人,一字号常数十家赖以举火,惟富人乃能办此"[4]。由于史料缺乏,这些棉布商人直接开设的作坊究竟怎样经营我们还无法得知。但既然是商人所开,我们就有理由推测,作坊的工匠亦应为商人所直接雇用。此如《枫泾小志》所载:"康熙初里中多布局,局中所雇染匠、矸匠皆江宁人"。而作坊生产所需的各项设备也理应由商人提供。这样,这些既是棉布商人又是染踹作坊主的字号商人实质上已把他们原来的一部分商业资本转化成了产业资本,其活动经营领域也从商业流通扩展到了产业加工领域。而受雇于字号商人的染踹工匠则已经成为靠出卖劳动力为生的雇佣劳动者。如此的生产形

---

[1]　参见上海博物馆图书资料室编:《上海碑刻资料选辑》上海人民出版社 1980 年版,第85—87,99—100,252—253 页。

[2]　《奉宪严禁踹匠工价钱串碑》,上海博物馆图书资料室编:《上海碑刻资料选辑》,上海人民出版社 1980 年版,第99—100 页。

[3]　(清)康熙《紫堤村小志》卷8;李豫亨:《青乌绪言》。

[4]　参见(清)乾隆《长洲县志》卷 10;(清)乾隆《重修元和县志》卷16《物产》。

式毫无疑问已经突破了中世纪师傅、帮工、学徒三位一体的手工业经营,明显地具有资本主义生产关系萌芽的色彩。不过明清上海地区的染踹业中,棉布字号商人直接开设染踹作坊还不是普遍的生产形式。在当时的染踹生产中,较为常见的生产方式是布商发布、支付工价;包头、坊主备办染踹用具、场地,揽觅工匠染踹。

包头,又称作头、保头,他们是踹坊、亦称布坊的业主,一般都为地方上的土著乡民。他们出资置备踹布巨石、木滚以及其他用具、房屋,招集踹匠居住,垫发柴米银钱,向布店领布发踹。布号商人向布坊发布要由布坊同业互保,写立字据,登记布数。布坊踹布完毕由布商向包头支付工价,通例为每匹纹银一分一厘,后增至一分一厘三毫。包头领取工价银后先是每两扣取五分,作为布坊添置设备的费用,其余部分即按每个工匠实际工作量分摊,每名工匠每月则要从工价收入中上交包头月银三钱六分,名为"以偿房租家伙之费",实际上就是包头的盈利所得。当时的布坊一般有工匠数十人,而一些富有的包头往往同时拥有几个作坊。这些包头一般都已脱离坊内的染踹劳动,只负责与棉布商人交往,领发棉布、工价银等等。坊内的事务一般"用管账一人,专责稽查",这种管账又被称为"坊长",实际上就是包头雇佣的专职管理人员。[1]

染踹工匠系布坊的雇佣工人,他们大都是来自江宁、太平、宁国等地的外籍乡民。"孑身赤汉,一无携带",除可供出卖的劳动力之外一无所有。工匠进坊工作须由熟人介绍,问清来历,方许容留在坊。布号商人以及包头经常利用各种手法拖欠、克扣工钱,由此常常引起工匠同布商和作头之间的矛盾斗争。特别是当生活费用上涨时更是如此。工匠斗争的主要形式是齐行罢工。如康熙二十二年枫泾镇的一次冲突,死伤工匠多达百余人。为了加强对工匠的控制,地方政府伙同包头把传统的里甲制度搬进了染踹业。他们将布坊10—12家编为一甲,每月两次登填工匠籍贯、保引、进坊、出坊诸项,按时具结,互相稽查。工匠必须5人连环互保,日则做工,夜则关闭在坊。各包头业主联合设立管坊汛役,昼夜巡查。工匠若被认为是来历不明或恃强生事者,则

---

[1] 参见苏州历史博物馆等编:《明清苏州工商业碑刻集》,江苏人民出版社1981年版,第53—57、68—71页。

立即会被摈斥驱逐。[1]

布号商人并不直接参加染踹作坊的生产经营,但却是染踹生产不可或缺的人物。布号商人作为作坊染踹加工的顾主,作坊的生产只是将其提供的半成品加工成成品而已。在作坊主和布商之间,伴随从半成品到成品的生产过程并不是商品的转让和买卖,而只是一种发料加工,如果没有布商的这一预付资本,作坊的再生产就无以为继。如此看来,虽然包头业主的作坊并非布商直接开设,但他们实际在很大程度上控制着生产过程。正因为如此,清初时就布商和包头业主的关系而言,一般还是后者从属与依附前者,在史料中多反映为包头钤束工匠,商家约束包头。这一情形只是到道光年间才稍稍有所变化,作坊包头地位逐渐上升,时常"挟制布号",强行领踹,而布商为自行择坊发踹不得不求助于地方政府。[2]

综上所述可以看出,布商—包头—染踹工匠式的染踹作坊生产虽然相互关系错综复杂,但从总体上看,布商、包头已经多少具有资本所有者的性质,而染踹工匠则基本上已是工资雇用劳动者,它们无疑已处于资本主义生产方式的萌芽状态。

首先,从布商来看,布商的发料加工表面上看只同包头发生往来,实际上已完全具有包买商控制生产的性质。通过发料加工和支付工银,布商已对生产过程预付了大部分流动资本,他们总运营资本中的一部分也由此而或多或少、或长或短地取得了产业资本的职能形式,并且由此而相应获得染踹工匠所创造的部分剩余价值。由于布商总资本中商业资本与产业资本两种职能的同时并存,以及每一个资本原子的互相替换,这部分资本带来的剩余价值形成的产业利润不容易单独地表现出来,它们往往同商业利润混为一体,而在资本运动的终端,即商品出售后,都以商业利润的外壳出现。布商资本这种独特的运动方式掩盖和混淆了其中的剩余价值和产业利润,从而也使其体现的资本主义生产关系的萌芽更加模糊不清和令人难以把握,但是只要认真分析,其光怪

---

[1]　参见苏州历史博物馆等编:《明清苏州工商业碑刻集》,江苏人民出版社 1981 年版,第53—87 页;上海博物馆图书资料室编:《上海碑刻资料选辑》,上海人民出版社 1980 年版,第98—100 页;(清)光绪《重辑枫泾小志》卷10《拾遗》。

[2]　参见苏州历史博物馆等编:《明清苏州工商业碑刻集》,江苏人民出版社 1981 年版,第80—82 页。

陆离的表象之下隐藏的多样化的经济关系还是不难揭示的。

其次，从布坊包头业主来看，表面上他们从布商处领取布匹、工价，然后转于工匠染踹，似乎只是一种居间者。但值得注意的是，整个踹坊的生产场地以及生产设备皆为包头所提供。这也就是说染踹生产中的固定资本一般都由包头垫支，资本的特性决定了他们不仅要收回设备、场地的折旧，而且还要享有这部分预付资本应该为他们带来的剩余价值。与布商的利润既有产业利润也有商业利润不同，包头业主所取得的利润皆为染踹工匠创造的剩余价值的转化形态，也就是说都是产业利润。资本主义生产关系萌芽在他们身上的体现较布商资本要明显得多。

最后，从染踹工匠来看，他们都是贫穷无着的劳动力出卖者，生产过程中的劳动对象、劳动工具直至最终的劳动产品都不归他们所有，他们只是靠计件工资收入为生的雇佣劳动者。虽然由于当时的历史条件所限，这些雇佣工人相当一部分还只是季节工人。每当产布、贩布旺季，他们即从江宁、太平等地云集苏松，待布季一过又纷纷返回家乡；另外，他们一方面作为雇佣劳动者，另一面却在一定程度上还受到封建的人身约束。但尽管如此，它们毕竟已经形成了一个雇佣劳动阶层，身受布商、包头业主的双重资本剥削，无疑是资本雇佣关系下的劳动力出卖者。

分析至此，我们可以把明清上海地区染踹业中主要生产形式的资本主义生产关系萌芽大致图示如下。

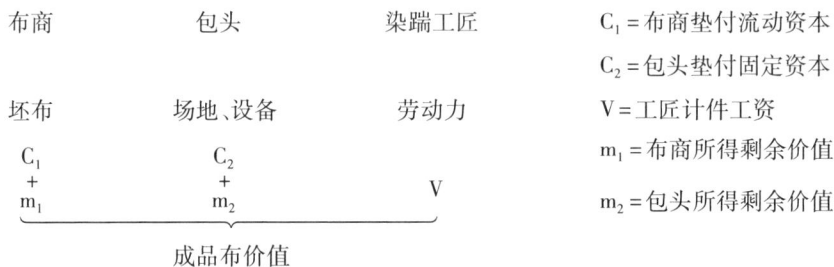

布商	包头	染踹工匠	C_1 = 布商垫付流动资本
			C_2 = 包头垫付固定资本
坯布	场地、设备	劳动力	V = 工匠计件工资
C_1	C_2		m_1 = 布商所得剩余价值
+	+		
m_1	m_2	V	m_2 = 包头所得剩余价值

成品布价值

图 3-1　明清上海地区染踹业资本主义生产关系萌芽示意

除暑袜业和染踹业以外，明清上海地区资本主义生产关系的萌芽还存在于船舶修造业和沙船运输业中。关于船舶修造业，现存资料极少。有说鸦片战争以前，上海人顾明海已在浦东陆家渡设立船厂，雇用十余木工，从旧船修理开始,逐步发展到制造驳船、帆船。[1] 如果此说确凿,则很可能已带有资本主义生产关系的色彩。

沙船运输业系沿海航运,对此我们将在第六章中详加论述。在沙船运输业的产业链中,数以千艘,每艘造价大号白银盈万、中号亦费银数千的沙船制造应该也是一项十分可观的产业。但是在现存的史料以及海内外学者的研究著述中,除了对明代官设船厂,如清江船厂、龙江船厂有所论述外,对于民间沙船的制造论及其少。《上海沙船》的作者曾经简略提及,"上海的沙船多数在闽、浙等木材产地建造,少数在本地建造。一般由船主鸠工庀材,雇工造船,造后遣散。"[2] 在现存的资料中,仅在《上海葛氏家谱》中见过生于雍正七年、卒于嘉庆十六年的上海县籍沙船商人葛元祥,在县城外自设船厂建造沙船,名为"葛家厂",行驶关山东,日臻富裕的记载。除此之外,很难觅见有关沙船建造的资料。推测当时的沙船建造,很可能不是采用产业化的专业造船工厂制造的办法,而是由沙船业主自行采购木料、自行雇用工匠,择地临时构建造船场地自行建造的办法。《上海王氏家谱》曾记载,道光十二年八月,王文瑞自出资本,建造船号名张原发沙船一艘,工料银共计9388两。[3]

至此为止,我们已对明清上海地区的民间手工业作了大致的分析论述。其中,既有占绝对优势的传统家庭手工业,也有新兴的资本主义萌芽。然而在当时众多的手工行业中为什么独有暑袜、染踹行业较为集中地体现了资本主义萌芽,而其他行业则不能。这说明中国传统社会晚期资本主义萌芽的产生,商品货币关系的发展只是一个最为一般的前提条件,而具体到何种行业、何个部门率先产生资本主义萌芽,则要取决于该行业基本生产单位的要素配合、经济规模、边际产出率的替代以及产品市场的广泛程度等等一系列问题。一般来说,生产过程不宜于家庭生产而产品又面向大市场的手工行业最容易率先出现资本主义萌芽。这已为本书前面的论述所证实。明清上海地区手工业生产中虽然已经出现了资本主义萌芽,但就当时整个社会经济而言,它们无疑还

---

[1] 上海市工商行政管理局、上海市第一机电工业局机器工业史料组编:《上海民族机器工业》上册,上海人民出版社1979年版,第30页。

[2] 辛元欧:《上海沙船》,上海书店2004年版,第86页。

[3] 《上海王氏家谱》卷三。

是较为微弱的。这不仅表现在它们长期以来仅仅局限于某一两个行业，而且即使这一两个行业也缺乏明显的演进。特别是当时最主要的手工棉纺织行业，始终未能出现资本主义萌芽，这不能不说是一件极大之憾事，并且对社会经济的发展进程有着巨大的影响。

第四节　官营手工业的盛衰变化

明清上海地区的手工业生产除了民间手工业外，还有官营手工业，它们主要是手工丝织业中的官营织造和官府统制的制盐业。

（一）手工丝织业官营织造的起落

1. 明代上海地区的官营织造

上海地区所在的江南太湖流域自唐以来一直是我国主要的丝绸产地。正德《松江府志》称："线绫，一名纻丝绫，自唐有之。天宝中吴郡贡方纹绫，大历六年禁吴绫为龙凤、麒麟、天马、辟邪之纹者。宋夏竦对策，宦者以吴绫手中乞题诗，时贵重如此。"

入明后上海地区丝织业仍然不衰。所谓"绫多出府城，东门尤盛，制作之精为天下第一，虽吴门未及也"。[1] 当时的明政府为满足自身消费以及其他用途，除在京城设立两京织染局外，还在浙、直等 8 省 22 府设地方织染局，上海地区的松江府织染局即是其中之一。洪武初，松江织染局初创时，局署暂栖城南旧杂造局内。洪武三十一年始在城东南拓基建新局署。织染局内，政府命官为大使、副大使；下设由职役充任的"高手"，具体管理局内事务；高手之下还有由殷实机户充任的"堂长"，性质犹如里甲民户中的粮长、总催之类。织染局初设时，隶地方有司督办。永乐年间，明成祖首遣中官督织，自此之后直至明末，织染局始终为内府所制。

明代时，松江府的官营织造分内、外两种。其中内织造即官设织染局，织

---

[1]　（明）正德《松江府志》卷 5《土产》。

造工匠都是隶于匠籍的匠户。明初时松江府共有匠户3336名,明末时除去逃亡死绝,尚存班匠1860余名,其中存留织染局上工的内织造工匠尚有370名之多,"分别织造、挽、络、打线、结、综、篦七作"。所造段匹专供朝廷大内使用。生产数量"浙直以四六派之,而苏松又以四六分之",数量仅少于当时的苏州织染局。见表3-4。

表3-4　明代苏、松织染局额派织造数量

织染局	常年额派(匹)	遇闰加派(匹)	%
松江织染局	1022	1115	40
苏州织染局	1534	1673	60
合　计	2566	2788	100

资料来源:(明)崇祯《松江府志》卷15《织造》;(清)孙佩:《苏州织造局志》。

内织造一般实行堂长领织制度。堂长多由局署指定所谓家道殷实的机匠充任,上承局署,下应机匠。明代松江织染局额设堂长多少,史无明载。比松江局规模略大的苏州局,时设机173张,共分6堂,设堂长6名。据此推算,松江局112张织机应有堂长4名,每名堂长辖机30张左右。堂长在每年开造之前,先从局署司房领取所织段匹料价,而后用料价从商人处购得丝料,再分发给各自所辖的机匠领织。这即为当时志书中所说的:"每遇开造时,内中选殷实者充堂长之役,肩任应办丝料分发小匠领织"。[1] 织造工匠除丝料外,每月还可以领取四斗食米作为织造口粮。自此之后,工匠即得早起晚息,日夜辛劳。所谓"小匠领一段料,举家惊持,妻络子绩,日工夜宿"。[2]

官营织造中的外织造,自明初以来一直归地方有司管辖。机匠亦"散处民居"。所织段匹由朝廷规定数额,再由地方政府派于织造匠户,完造后由解户解运进京。明初时,松江府外号织造每年额派1167匹,遇闰加97匹。内中有大红织金、浅色素缎等不同名色,其规格、料价、数额都迥然不同。见表3-5。

---

[1]　(明)崇祯《松江府志》卷15《织造》。
[2]　(明)崇祯《松江府志》卷15《织造》。

表3-5　明初松江府外织造年派数额

品　名		数量		规格	每匹料价银（两）	总价银（两）
		匹数	%			
常年额派	大红织金	50	4.0	长32尺	8.5	425
	矾红、青、黑、绿织金	410	32.4		4	1640
	矾红、青、黑、绿光素缎	707	55.9		3.6	2542.2
合计		1167	92.3	—	—	4610.2
遇闰加派	浅色素缎	97	7.7	长32尺	3.6	349
总计		1264	100	—	—	4959.2

资料来源：(明)崇祯《松江府志》卷15《织造》。

到明后期万历年间，明初额设的外织造年派段匹在名色、数量上都发生了变化，其中最明显的是相当一部分料价较低的素缎改织名贵的大红织金等项。无形之中加重了外织造的负担。其改织后的情况如表3-6。

表3-6　明后期松江府外织造改织后年派数额

品　名		数量		规格	每匹料价银（两）	总价银（两）
		匹数	%			
大红织金	旧额	50	4.0	长32尺	8.5	425
	新增	200	15.8	长42尺	10.18	2036
矾红青黑绿织金	旧额	410	32.4	长32尺	4	1640
矾红织金	新增	17	1.3		5.1	86.7
素缎	新减常额	490	38.8	长32尺	3.6	1764
	旧额加派	17	7.7		3.6	349
合计		1,264	100	—	—	6300.7

资料来源：同表3-5。

从表3-6可见，改织以后，价昂品高的上等织金比例明显上升，而次等素缎的数量却减少了许多。其结果不仅导致地方上料价银负担增加，而且由于上等织金工艺复杂，工期长，无形之中也大大加重了外织造工匠的劳役负担。

上述内外织造常年额派之外，嘉靖年间朝廷因内库所存段匹数量不足，行文各地织染局，在旧有常额之外增派"急缺段匹"，专供内府喜庆及皇帝颁赏之用。"其段有纻丝、纱罗、绫绸、绢锦；其色有大红、浅色；其花样有彩粧、织金、闪色、蟒、龙、飞鱼、斗牛缠身胸背，工甚烦琐"[1]。

"急缺"之后又有 10 年一派的"绫、纱"之征。绫，经纬长阔，每匹长 80 尺，阔 3.2 尺，提花者每匹料价银 9.9 两，素色者 9.7 两，产品供内廷宫殿裱刷窗槅之用。纱为极薄之绢帛，每匹长 40 尺，阔与绫同，料价每匹仅 1.7 两，产品主要供皇帝郊社祭祀时焚帛之用。

即使如此的改织、加增，到万历年间因皇室费用浩繁，各项不定期的"添织"又接踵而来。如万历三年令各地织造添织段匹 9 万余匹，各地搜尽历年库藏后还足足织了 4 年才得以完成。此额刚完，随即又有加织 7.3 万匹之令。后经阁臣张居正等人力陈，才勉强减半织造。在这加派、添织的风潮中，上海地区由于本地并不产丝，织造丝料皆赖商贾从江浙贩进，官拨料价各府相同，而松江丝价尤贵，故机户、机匠所受影响更为深重。时有人哀叹松江织造匠户"不惟工烦，抑且丝价今倍于昔，工食物价又倍于昔。况丝产于浙地，收买易便，省盘缠之费；吾松隔远，绫价相同，亦为损益"。[2]

明代上海地区的官营织造虽有内号、外号之分，但从其生产经营上分析，它们本质上都是官手工业性质的劳役经济。

首先，官营织造资金皆取于地方赋税。松江织染局内号织造所需丝斤料价等经费，皆由"三县（华亭、上海、青浦）四司银解给，尚有不敷，题留关税补之，逐运清楚"。其所支银两一部分来自田赋收入，另一部分则来自匠班银。明末时松江府除存留上工局匠 370 名外，另有班匠 1496 名，每名额征匠银 0.45 两，共银 673.2 两，全部用作织造。丝斤料价外，织造工匠的月食口粮也由地方政府从存留税粮中开支。起初每人月给 4 斗，以后又改为折银 0.3 两，在三县条编银项下给发。外号织造每年的料价银有 0.5 万多两，也不外从当时的华、上、青"三县会计白银内征给"。[3] 由此可见，不论内、外织造，工匠皆领取官府发放的织造原料价银，以及维持劳动的口粮，产品如数上交，他们

<hr />

[1] （明）崇祯《松江府志》卷 15《织造》。
[2] （明）崇祯《松江府志》卷 15《织造》。
[3] （明）崇祯《松江府志》卷 15《织造》。

的劳动本质上乃是劳役经济下的无偿劳动，其生产过程实质上就是应承封建赋役的过程。

其次，织造工匠对封建国家有强烈的人身依附。明代上海地区官营织造使用的劳力皆为匠户制度下的在籍工匠。以内织造而言，虽然有明200年织染局"间行间止"，工匠或于织局各机房集中生产，或以领织形式散于各家。但不管怎样，他们隶属于国家匠籍的人身依附并没有变。外号工匠虽然从一开始就不归织染局而为地方有司所辖，但他们的身份也同样如此。为封建官府的官营织造提供劳役仍然是他们的首要义务。封建政府正是通过封建匠籍制度下的人身依附关系，牢牢地控制着织造工匠，并由此维系整个官营织造的运转。

再次，由于官营织造是在传统生产关系和上层建筑双重压迫下进行，机户工匠必然受到沉重的超经济压迫，这尤为集中地表现在各级经办人员的无端勒索上面。每当开工领织，机户工匠领取价银时，官府、吏员借故推诿，克扣、勒索无奇不有。崇祯《松江府志》称，"解银监给司房，奸蠹任意扣除，领银者十无二三到手。复有本监衙门、下役皂快、门子、舍人、军牢、班头、轿夫、所官、跟随人役，蜂屯蚁聚，打骂夑作，不遂不已。乃致馨声而回"。充任堂长的匠户在此种情况下往往"只能捐产揭债赊料"。段匹织造完毕仍由织染局解户解运进京。匠户苦累此重差，虽有扛垫赔贴之银支给，但是"进呈御览，退驳之虞，解户典批，揭债赔累"。[1]

以上所论可以看出明代上海地区官营织造的官府手工业性质。不过，另一方面我们也必须看到，当时的官营织造与那种工匠毫无人身自由，与世隔绝的官手工业相比，毕竟已有很大不同。特别是外织造，工匠都以民间机户形式领织，实际上仅仅只是官手工业工场的场外部分。他们在完成官府派定的织造任务之后，往往自身还能有一些时间从事小商品性质的生产。其产品主要为"绫"，明中叶时"东门尤盛，制作之精为天下第一"。到崇祯年间"郡中尤盛，每织一缣必选上等明亮蚕丝，视他郡用丝倍之，功亦倍之，机杼亦甚艰也"。[2] 由此观之，尽管外号工匠形式上尚是封建国家的匠户，但他们的身份也已悄悄发生变化而逐渐具有双重性质：他们在作为官营手工业的劳动人

---

[1] （明）崇祯《松江府志》卷15《织造》。
[2] （明）崇祯《松江府志》卷6《物产》。

手、应役对象的同时,也开始慢慢地成为不完全的小商品生产者。即以内号织造而言,其所用丝料皆须由堂长、机户领得价银后从市场上购买,它较之官府向民间征取丝料,然后再分发机户的做法无疑已更有赖于市场。所反映的已是传统社会后期,在商品货币关系影响下,官营手工业不可避免的民间化、商品化的历史趋势。

2. 清代上海地区官营织造的终结

明代上海地区的官营织造从洪武元年设松江织染局起,直到崇祯元年朝廷敕令停止江南织造,历时 250 余年,可谓松江府官营织造的鼎盛期。入清以后,松江府的官营织造遂告中落。

顺治三年,清朝入主中原时亦未久,清政府即遣工部侍郎陈有明、满人尚志等,织造苏杭。苏州城重整旧明织染局,葺修房舍,设机房 214 间,织机 400 张,工匠达 1170 名,规模远过胜国之时。另外还新设规模同样的总织局,工匠也有 1160 名之多。[1] 苏州之外江南另外两处织造是江宁和杭州,而上海地区则未见重开旧局,也没有再设新局。

清代江南官营织造收缩于苏州、江宁、杭州三地,一方面固然反映了三地丝织业中心地位的加强,另一方面这些地方官营织造经营规模的扩大,多少也吸收了前明时其他织染局的机户、机匠,其中也包括上海地区的织造工匠。据《苏州织造局志》记载,苏州总织局在顺治三年草创之初尚无安置工匠的机房,只是金报苏州、松江、常州三府富家充当机户,额造上供段四。五年以后,顺治帝下令"禁革机户,买丝募匠造办",时总织局前后 2 所,大厅 3 间,验缎厅 3 间,机房 196 间,铺机 450 张,绣缎房 5 间,染作房 5 间等,"厘然成局,灿烂可观"。局下所设三堂,依次为苏州堂、松江堂、常州堂。其中的松江堂,"顺治三年,金报松江绅袍巨室,充当机户"。堂下分设 8 号,共有织机 134 张,占全局总数的 34%,很可能就是由原松江府官营织造系统转过来的织造能力。

清代时,上海地区虽然不再直接设有官营织造,但是它仍然要负担苏州织造局一部分吏胥工食银、工匠口粮以及其他开支。表 3-7 即为松江府《赋役全书》所载松江府所属各县负担的苏州织造局银、米情况。

---

[1] (清)孙佩:《苏州织造局志》卷3《官署》。

表3-7　清前期松江府负担苏州织造局银、米

名　目	负担额（银两）	负担县份
织造府心红纸张银	108	华亭、娄县
织造府蔬莱、油烛银	108	华亭、娄县
织造府案衣、家伙银	60	上海县
织造府书役工食银	300	上海、华亭、娄县
龙衣船修理料价银	357	上海、华亭、娄县、青浦
合　计	933	
织造局工匠口粮米	1332 石	上海、华亭、青浦、娄县

资料来源：(清)孙佩：《苏州织造局志》卷5《工料》。

从表3-7可见，随着官营织造向苏州的集中，松江府相应的赋税负担已较前代有所减轻。明代所负担的料价银到清代时似乎已经不复存在。松江府所负担的苏州织造局银、米，名目虽然不少，但实际数额都不太大，白银总计不超过1000两，米粮也仅仅只有1000余石，这对松江府来说并不算是太重的负担。

清代上海地区官营织造的终结并不意味着清代江南官营织造的中落式微。相反，清前期朝廷通过收缩织染局数量以及设置地点，更集中、有效地经营着官手工丝织业，并且使苏、杭、宁三地最终成为江南最重要的丝织产地。而上海地区的手工丝织业，随着官营织造的终结也逐渐中落。明中叶时有"天下第一"美称的绫缎生产，到清康熙时已是"今亦未见"，[1]其变化不谓不速，不谓不大。但是，从整个江南而言，这一变化的最终结果和实际意义都是强化了江南地区手工业生产的地域性分工。苏州作为丝织业中心，上海地区作为棉织业中心的地位日益巩固，这对当时社会经济的开发并无不利。

（二）官府专卖手工业——制盐业的盛衰

1. 明代上海地区的官盐生产

上海地区产盐历史悠久。如前章所述，宋元极盛之时，年产盐量可达3000万斤之巨。入明之后，朝廷遵循"煮海之利，历代皆官领之"的传统做法，

---

[1]　(清)康熙《松江府志》卷4《土产》。

对制盐、贩盐皆实行统制专卖。在全国各产盐区设置都运盐使司、盐课提举司,下辖盐场。上海地区明代时除崇明盐场仍属两淮盐司外,所有盐场皆属两浙都运盐司松江分司。松江分司初设于上海县浦东下沙镇,正统二年迁至距海及场团更近的新场镇。分司下辖盐课司,即盐场 8 处,较之元代减少 1 场,增加 4 场。明中叶时,各盐场共辖灶户 27853 丁。政府除拨给灶房"草场以供樵采"外,还另给工本米或工本钞,灶户所产之盐皆按国家规定数额由官府统一收购。表 3-8 即为明中叶上海地区各盐场情况统计。

表 3-8　明中叶上海地区各盐场情况统计

名称	创始期	辖境	场署所在地	团数	灶户(丁)	拨草荡(亩)	工本钞(匹)	岁办盐额(引)
浦东场	宋	华亭七保	金山卫城	6	3430	66152	2371	11855
袁浦场	宋	华亭十四保	拓林镇	5	3463	—	1228	8734
青村场	宋	华亭十五保	青村所	4	4001	54642	2600	10403
下沙场	宋	上海十九保	北新场镇	5	5254	97199	2816	14083
下沙二场	明正统年	上海十九保	下沙镇	3	5254	97199	2816	14105
下沙三场	明正统年	上海十七保	八团镇	3	5253	110599	2810	14061
清浦场	明永乐年	嘉定八都	—	3	943	28290	—	2527
天赐场	宋	崇明	—	不分团	256	19523	—	1026
合计	—	—	—	29	27853	473604	14641	76794

资料来源:(明)正德《松江府志》卷8《盐课》;(明)万历《崇明县志》卷3《物产》。

表 3-8 所列,明代上海地区 8 处盐场年办额引 76794 引,以每引 400 斤计,岁产盐超过 3000 万斤。但实际上所谓额引只是封建政府因袭前代的一种官样文章。各盐场真实的盐产量较之宋元已呈下落态势,历年产不足额。正统三年,"华亭、上海两县灶丁计负盐课六十二万二千余引,催责不已,煎盐不敷,灶丁日以逃窜"。成化时,为解决实际盐产不敷额引的矛盾,推行折征盐例:"每三分为率,二分存场给客,余一分照商人折支例(时以无盐给客,每引折与银三钱,征银入官,送运司转解)"[1]。若按此比例计算,明中叶时上海

---

[1] (明)崇祯《松江府志》卷14《盐政》。

地区实际的年产盐量至多只及额引的2/3，大约2000万斤。

明代上海地区盐产量的下降，主要原因是海岸线东移以及长江主泓道南摆，致使沿海海水含盐浓度降低，成盐岸线缩短。以下沙盐场为例，元末明初全场有引海水泖道11条，"引潮入内，土旺卤足，产盐极广"。正统五年时分下沙场为头场、二场、三场，额管灶户15762丁，每丁额办盐千余斤，年产盐1689万斤，是当时上海地区产盐最多的盐场。但延至明末崇祯年间，"海水浸淡，墩荡多为波臣所啮，往往鸟兽散去"。[1] 此外，嘉定县境内的清浦场同样也是在"嘉靖以后，海潮内侵，场荡坍洗，水不成盐"。[2]

明代上海地区盐产有所下降，但其产盐技术却较前代饶有进步。元代煎盐皆用巨型单灶铁盘。明中叶时各盐场已先后革除铁盘，改用小盐锅注卤煎盐。这种新型盐灶"一灶四锅，首锅近火，末锅近突，煎之竟日，而首锅之卤成盐，遂取起首锅盐，余之锅将成未成者，以次运入首锅，而盐悉首锅成矣……每煎一次，可得盐二百斤，多者可三百斤"。[3] 可见改良后的新型连锅盐灶节省薪柴，能有效地利用热能，加快成盐周期，比之旧式铁盘盐灶无疑更为先进。

明代以前上海各盐场制盐一律为煎盐。明代时，煎盐之外还出现了晒盐。与煎盐相比，晒盐完全靠日光蒸发，不仅节省柴薪，而且所成之盐细腻洁净，品质极高。明中叶前大约只有福建莆田等少数地方采用此法。"天下盐皆烹煎，独莆盐用晒法……取海水日曝……遇烈日，一夫之力可晒盐二百斤，此法大省柴薪之费"。[4] 明中叶上海地区引进此法。晒盐对晒场要求甚高，晒场必须"甃砖作场，以沙铺之"，然后注入盐卤，晒于烈日中，盛夏时一日即可成盐，"莹如水晶"，价倍于常。不过晒盐由于受气候条件所限，一般只能在盛夏季节生产，因此其最终还未能取代煎盐。

盐场的缩小以及盐产量的下降对以产盐为生的灶户产生了直接的影响。本来，所有灶户皆以制盐为业，以后由于海岸线东移，沿海场滩日涨一日，一部分灶户的居住地离岸线越来越远，而渐渐变得无法再从事盐业。正统三年，江

---

[1] （清）嘉庆《松江府志》卷29《盐法》。
[2] （明）万历《嘉定县志》卷14《盐政》。
[3] （明）崇祯《松江府志》卷14《盐政》。
[4] （明）万历《莆田县志》卷2《物产》。

南巡抚周忱为此将各盐场灶户分为"水乡灶户"和"滨海灶户"两种。规定以灶户去(盐)场三十里为水乡,不及三十里者为滨海。水乡、滨海虽都摊派额办盐引,但水乡额引例由滨海灶户代煎代纳,水乡灶丁另外每名帮贴滨海灶户白米4—6石以为补偿。因此水乡灶户虽名隶灶籍,但他们垦耕滩涂、草荡,实际上已经是以农为业。帮贴一项"虽云贴米,钱、布、杂物无所不受"。不过若遇滨海灶户有缺额,按例还得从水乡灶户中佥补。下表即为明正德年间上海地区各盐场灶户的分类、盐引负担等项统计。

表3-9 明中叶上海地区各盐场滨海、水乡灶户统计

盐场名称	滨海灶户（丁）	水乡灶户（丁）	滨海额办盐引	水乡额办盐引	水乡每丁折米（石）	水乡折米总计（石）
浦东场	1723	1707	5954	5899	6	10242
袁浦场	2419	1043	6109	2634	4	4172
青村场	3639	362	9462	941	4	1448
下沙场	3502	1752	9387	4696	4	7008
下沙二场	2774	2480	7435	6647	4	9920
下沙三场	2809	2444	7529	6551	4	9776
清浦场	732	217	1962	565	4	844
天赐场	—	—	—	—	—	—
合　计	17598	10005	47838	27933	—	43410

资料来源:同表3-8。崇明天赐场数字缺。

从表3-9可见,到明正德年间,上海地区下沙等7盐场名义上共有灶户27603丁,但是其中从事产盐的滨海灶户仅占总数的63%,而另外30%以上的万余名灶丁虽然名为盐丁,实际上已经脱离了盐业生产。而且即使是滨海灶户也并非都真正从事盐业生产。明人崔富说:"两浙盐课各有攸责,且以松江分司言之,丁将三万,人非不多也;顷逾五千,荡非不广也。而额盐岁凡76806引有奇,苟能上下同心效力,则国有余用矣。奈何人病登场,以数万之众而现在灶亲煎者才3175人"。[1] 实际产盐人数的减少使得滨海灶户完成

---

[1] (明)崇祯《松江府志》卷14《盐政》。

本身额引已属困难,替水乡灶户代办额引更成一句空话。故时有人说,"近灶办纳本名盐课尚有拖欠,况可令其代纳远纳盐课乎"。其结果是官定引额的大量积欠,"松江、嘉兴两分司额课共十一万四千有奇,每岁办盐不及四五分"。[1]

总而言之,有明一代上海地区各盐场的年产量表现为逐渐下降的态势。明中叶时产盐 2000 万斤左右,而到明末大体上已进一步降到 1500 万斤左右,只及宋元鼎盛之时的一半。与此相适应,越来越多的灶丁实际上已脱离盐业生产,而加入农业生产的行列,这对于沿海农业的开发无疑有积极意义。

2. 清前期上海地区盐业生产的中落

入清以后,上海地区的产盐业更是一蹶不振。由于长江、钱塘江入海江水的冲刷影响,昔日产盐甚丰的南北两翼盐场日趋中落,唯一的主要产盐地仅限于东南南汇嘴一隅。

盐产中落以崇明县天赐场,嘉定县清浦场和上海县下沙场为最。崇明产盐宋元时十分出名,明代时尚有灶户 256 户,平均每丁办盐 1600 斤,居上海地区诸盐场之首。县令张世臣曾称,"沿海斥卤,科粮无地,小民括土煎盐,通商贸易亦两利之事"。[2] 但到清前期,由于大陆岸线东伸,长江江水浸灌,岛之西南部终因水淡而无法产盐,所存盐场仅局于东北一隅。志载:"食盐向来南沙北侧第五条港一带者色白,今惟箔沙北侧仙景、新灶、高头、永宁、北滩有之。然地老卤苦,色味俱不及昔年",又说"盐灶昔在西南,后移东北永宁等六沙,年深地高,土淡卤少,强半停煎"。[3]

清浦场位于今嘉定、宝山、川沙县境内的沿海地带。长江主泓道南摆,江水冲刷使沿岸海水变淡,盐场产盐自明中叶起即趋于中落,到清前期更是急转直下。康熙《嘉定县志》说:"查本县盐场坍废,灶户故绝,自嘉靖年间以来,盖百有余年矣。"清初顺治二年重设两浙盐司松江分司时,已不再设清浦盐场,而只是将旧有灶课悉数摊于民间里排。

下沙盐场辖境甚广,从今川沙县城直至奉贤境内,明正统年间分为三场,

---

[1] （明）崇祯《松江府志》卷 14《盐政》。
[2] （明）万历《崇明县志》卷 3《物产》。
[3] （清）雍正《崇明县志》卷 9《物产》。

产盐尚丰。入清后,同样由于受长江入海水流冲刷,海水淡薄,难以成盐。康熙四十年、雍正二年,皆因历年所出引盐难及额数,分别两次将3场合并为1场。以后虽然一度复设3场,但实际上已是"咸潮止一、二团可煎晒,余皆收荡税而已"。[1] 乾嘉年间,下沙头场"涨沙渐高,泖道日淤,灶丁贪种花豆,产盐大减于前"。全场原有煎盐团灶20团,107灶,至此仅存20灶尚在产盐,其余皆因水淡停煎。头场如此,二、三两场景况更为不妙,名义上尚有灶户24100丁,但盛名之下其实粒盐不产。"下沙二、三场,在南汇之川沙城,明季(应为明中叶)分下沙场为三,康熙四十一年复设二场,乾隆五年复设三场,并为下沙二、三场。其地久不产盐,不设团灶,而督征灶课为场员专责焉"。[2]

以上所说都是北翼诸场,南翼诸场趋于中落的是近钱塘江口的浦东场。康熙年间全场旧额锅盘281连,是时仅存47副;旧例煎丁281名,是时仅存47名;旧额煎盐1338280斤,盐额11081引,是时煎盐仅1057320斤,配盐4806引。到嘉庆年间,全场更是仅存2团15灶,较康熙年间又减少了70%。其中落之势可见一端。[3]

清前期上海地区主要的产盐之地是位于今南汇嘴一带的袁浦、青村、横浦三场。《清史稿·食货志》称,"两浙产盐之旺,首推余姚、岱山,次则松江之袁浦、青村、横浦等场,皆板晒之盐也"。另外,即据当时的地方志所载,袁浦等三场实际拥有的盐灶、锅盘数也大大超过前述诸场。见表3-10。

表3-10　清嘉庆年间松江分司诸盐场情况

场名	场署所在地	团额	灶数	锅盘数	灶丁数	备注
青村场	奉贤高桥镇	5	268	268	12800	
袁部场	华亭县城	18	124	124	6720	
横浦场	金山西仓镇	5	49	49	4777	
浦东场	金山北仓镇	2	15	15	4846	
下沙头场	南汇下沙镇	20	22	22	14400	原额107灶

[1]　(清)雍正《重建南汇县志》卷15《土产》。
[2]　(清)嘉庆《松江府志》卷29《盐法》。
[3]　(清)康熙《松江府志》卷14《盐法》;(清)嘉庆《松江府志》卷29《盐法》。

场名	场署所在地	团额	灶数	锅盘数	灶丁数	备注
下沙二、三场	川沙城	—	—	—	24100	久不产盐,不设团灶
合计	—	50	478	478	67643	

资料来源:(清)嘉庆《松江府志》卷29《盐法》。

　　盐产量的中落使得上海地区到清中叶时食盐消费已难以自给。乾隆三十五年,浙闽总督等人的一则奏疏清楚地说明了此。疏曰:"松江城内系食浙省之盐,由提标中营于府城销卖。其松江所属之袁浦、青村、下沙三场所产盐斤止供松江郡城以外并奉贤、金山、上海、南汇、青浦等县民食,每至不敷接济。查定海至松江,海运甚便,请将定海所有收买余盐,先尽拨运松江提标销售,每年定以四千二百引为额,其余再听浙省各所盐商领运。"[1]可见,到乾隆中叶时,上海地区各县每年消费食盐中至少已有4200引,约160万斤是从浙东各盐场调入。清中叶嘉庆年间,松江府所辖7县1厅年销额盐32776引,约1300余万斤,其中从浙东绍兴、台州诸盐场拨入的即占了将近一半。见表3-11。

表3-11　清嘉庆年间松江府各县、厅年销引盐构成

县份	年销盐(引)	绍兴、台州所产		松江府盐司所产	
		引额	占年销盐(%)	引额	占年销盐(%)
华亭	3877	1783	45.9	2094	54.1
奉贤	3822	2530	66	1302	34
娄县	3375	1995	59.1	1380	40.9
金山	3420	2818	82.3	602	17.7
上海	2974	—	—	2974	100
南汇	2938	—	—	2938	100
青浦	11718	5700	48.6	6018	51.4
川沙厅	643	—	—	643	100
合计	32777	14826	45.2	17951	54.8

资料来源:(清)嘉庆《松江府志》卷29《盐法》。

---

[1] (清)嘉庆《松江府志》卷29《盐法》。

综上所述,清前期上海地区的产盐业虽然名义上尚有盐场 7 处,隶籍灶丁 6 万余名,但实际上产盐区域已大大缩小,年产盐量也遽然下降,许多身隶灶籍的灶丁实际上早已成为农业生产者。按表 3-11 年销引盐的构成推算,至嘉庆年间,上海地区诸盐场年产盐大致上不会超过 800 万斤,仅及宋元产盐高峰时的 25% 左右。这其中自然地理条件的变迁起了决定性的作用。

3. 盐业生产的特点和作用

明清上海地区的盐业生产从长期趋势看处于一种缓慢的下落态势,但是从当时手工业生产的角度看,无论是就业人数还是生产规模,产盐业都不失为当时最大的手工业生产部门之一。只是它在封建政府的统制专卖下,表现出一系列与众不同的特点并在当时的社会经济中起着特殊的作用。

盐业生产本微利重,历朝统治者无不视为国家财政命脉。从秦汉至明清,产盐无不处于国家严格的统制专卖之下,并且渐渐形成一套以"灶籍"和"盐引"为中心的生产、运销制度。明清上海地区的产盐当不例外。"灶户分给柴荡、工本钞,督办盐课","所煮盐皆入官"。盐的运销实行领引发盐,不仅引额,即连发卖地区也有严格规定。

明中叶时,上海各盐场所销盐引分为两种,一种称为"常股",一种称为"存积"。"商人执引照支,依次递给者,谓之常股;增直中纳,不依递次,引到即支者,谓之存积"。[1]　入清之后,各盐场灶户产盐统制及盐商领引专卖状况如方志所载,"每年冬夏两掣,灶户将盐陆续运厂,称收估值。各商发价捆运,将单引送场查验。每引纳丁引银二分,然后赴所侯掣"。[2]

尽管从表面上看,盐之产销受官府严格控制,但由于业盐利重,私产、私贩实际上难以禁绝。当时各盐场的私产有两种:一种是盐丁在交纳官盐以外的私留部分,俗称"余盐"。另外一种或是未入灶籍之沿海居民违令私煎;或是富灶大户自行立灶私煎。私盐生产的存在,必然促使私盐贩运的发展。明初时,政府规定"灶丁余盐亦不许转卖食用"。以后由于官引不足,而灶户余盐越积越多,明政府不得不准许"各场余盐听令各灶户自行发卖或转卖。陆路肩挑背负,并水路小船各人贩卖"。此禁一开,沿海近场居民兴贩私盐顿时隆

---

[1]　(明)正德《松江府志》卷 8《盐课》。
[2]　(清)乾隆《金山县志》卷 7《盐场》。

盛。明代时,滨海各卫所妻孥从灶家贩盐于近乡,每日脱手50—60斤,即可获利20余文,易米粟5—7升,足供全家5人之食。清前期封建政府对私盐一度禁之甚严,但沿海居民背负筐提不在禁例。于是结队贩运者络绎不绝。《松南乐府》称,"妇女贩盐,网开一面。健者能肩重担,自奉贤越南汇而至上海,日行百里"。此外,那些持有官引的盐商,为图厚利也不乏夹带私盐。他们每每"于正数外,贿求场官,任意加重,掣盐之后,运入江船,复行夹带,至于经过,又略求批验"。不过最令官府生畏的还是专门的私盐贩子。他们"十五为群,出没江上,满载私盐,沿江货卖,有不肯者,则将私盐去入船内,口称巡捕,恐吓取财"。[1] 当时的漕泾镇即是此辈盐枭的啸聚中心。

私贩之盛对官盐的畅销不啻是极大威胁。时已有人指出:"盐课之利,岁有定数,不在于官则在于私。所以连年不完者,盖由私盐得售,故官课日高。"[2]康熙时,上海县一度因地近盐场,私贩充斥而致使官盐片引不消,盐商引课赔累,结果导致一场动乱。[3] 盐业生产中私产、私贩与官府统制专卖的矛盾本质上反映了封建国家、垄断性盐商与地方居民、沿海灶户、私盐贩子之间的经济利益冲突,私产、私贩的盛行意味着国家统制的削弱以及盐商垄断地位的动摇。虽然从总体上看,统制和专卖还占主导地位,但是小商品生产性质的私产以及普通商品流通性质的私贩的日益扩张,已经成为当时盐业生产的一个显著特点。

灶户是盐业生产的主要劳动大军。灶户身隶灶籍,其身分为国家"隶农",互相之间本无高低、贵贱、贫富之分。但实际上,由于种种原因,从明代起灶户的分化趋势已十分明显。

明代时,朝廷为管理生产和征取税课,在灶户中设置了"排催""总催"等职役,并规定要由灶户中"丁力众多,家道殷富"的大户充任,其职责为"岁督采樵煎办"。这些灶户利用充任职役后的有利地位,侵占草荡,克取"贴米""柴价",私产私贩,渐渐成为灶户中的上层。其利用权势侵占草荡之状,如明人沈淮一针见血所言:"堪给草荡、灰场:旧法灶户皆有附近草荡以供煎盐薪

---

[1] （明）崇祯《松江府志》卷14《盐政》。

[2] （明）崇祯《松江府志》卷14《盐政》。

[3] 参见（清）董含:《三冈识略》。

柴,约计所收价值可抵今一丁盐课之半。其后场司以灶丁屡易,不复拨与,俱为总催豪右侵占。或开垦成田,收利入己。仍于各灶名下征收全丁盐额。夫既无工本,又无薪柴,使灶丁白撰输盐。立法初意,岂若是耶。"[1] 如下沙场,明初时,海边草荡给予灶户为煎盐之资,万历后豪强告帖起税,占为私产。以至"灶不有丁,丁不必有田"。如此的结果,必然使得许多富灶豪强由此逐渐成为拥有众多田产、荡产的大地主。如华亭县诸盐场之豪强大户,"水乡膏腴巨万,富室拥占者动以千计,岁入倍于沃壤"。因此,还在明代时,盐场灶户皆视总催为肥缺,非花重金而不可得。上海县各盐场"总催一名,向值银一百两,今不下二百两"。他们一旦职权在手,即"每名分受海滩若干乡,直至海滨。约上乡田百亩,中乡田百亩,草场百亩。沿海便于泄泻,其值倍于膏腴,各团边海皆然,而岁额亦不过若干两"。[2]

这些上层灶户占有大量田产之后,往往就向农业生产经营转移。或者出租土地,或者召民耕垦,成为名副其实的大土地所有者或农业经营者。而一些贫穷的灶户,由于丧失了旧日官给柴荡,而不得不沦为他们的佣工或佃户。明末时,"各场岁办盐课,俱是总催各以所管田地滩荡召附近贫民耕樵晒煎,收其租银,纳场解送运司"。[3] 可见,这些总催已经把昔日的公产滩荡田地变成了为其所有的私产,所谓的盐课也只是成为他们收取的田租的一部分而已,而灶丁似乎已成为总催家的一佣工而已。总催豪强私据盐场滩荡田地经营农业生产,并且利用所占田产多介于滨海盐场与腹地民田之间,有司、盐司两不管之便,规避赋税,日成富豪。时人记载,"水乡丁荡,俱在县境纳粮民田之东,各场办课灶地之西,外不近海,内不傍江,岁种花稻豆麦,无异附廓膏腴。府县、盐司两不偏差,东海士民视为仙境","册籍顷亩,俱是随意捏写……富家占地万亩,不纳粒米,而莫能究诘"。[4] 若遇丈田均粮,或报为科粮民田以绝灶户之告分,或指为滨海丁荡以拒县人之丈量。灶户的两极分化以及部分灶户向农业生产领域的转移,成为当时盐业生产变化中的又一大特点。

[1] (明)崇祯《松江府志》卷14《盐政》。

[2] (明)崇祯《松江府志》卷14《盐政》。

[3] 参见(明)崇祯《松江府志》卷14《盐政》。

[4] (明)崇祯《松江府志》卷14《盐政》;(明)正德《松江府志》卷8《盐课》。

　　明清上海地区的盐业生产是当时手工业生产的一个重要组成部分。盐业的生产和运销为数以万计的劳动人手提供了就业机会，年产值几十万两白银，每年不仅以此养活了一大批盐司、盐吏，而且还为朝廷提供了稳定的专卖收入，实为当时的一大重要产业。它在当时社会经济中的作用，不仅表现为盐业本身，而且还表现在对沿海地区经济开发所起的促进作用上。

　　首先，盐业生产带动和刺激了沿海的土地耕垦和开发利用。明清上海地区的产盐业主要是薪樵煎煮，沿海滩荡由此作为国有土地分于灶户薪樵。以后，随着岸线东移，这些旧日的荡滩离岸线越来越远，渐渐地就被逐渐脱离盐业生产的灶户耕垦成田地。"岁种花、稻、豆、麦，无异附廓膏腴"。[1] 而新涨荡涂，先成薪柴荡，继而又垦辟成田，如此周而复始。在当时盐业统制的条件下，一般民户不易进入沿海垦荒，故对沿海涂荡的开发利用都是在以灶户为主体的情况下所进行的。他们的生产活动对沿海经济的开发起了重大的推动作用。

　　其次，沿海产盐业的存在还促进了沿海地区河道的开发和内河航运的发展。明清上海地区各盐场的场仓、场署多设于离岸线较远之腹地。从各盐场的晒盐摊场到团灶，从团灶到场仓，再从场仓到各郡邑，主要都靠木船水运。因此沿海盐场的设立和存在，同时就意味着一个有效的沿海河运网络的建立和维持。这些河道有些是旧有的，有些则完全是新开而成，按盐场内部和各场之间以及盐场与外界不同的交通需要，规划并且贯通。从摊场到团灶有小河渠；盐场各团灶间有南北走向的支河；而众多东西向的干河则主要用于与外界交通，并且同浦东、浦南其他主要干流相接。它们不仅便利了各盐场的交通运输和人员往来，而且对于沿海农业生产的水利排灌以及商品流通的发展都有积极作用，它们的经济意义已经远远超过单纯为盐业生产服务的范围。

　　最后，盐业生产对沿海市镇的兴起和发展也具有很大的促进作用。关于这一点将在第七章中详加讨论。

---

[1]　（清）嘉庆《松江府志》卷29《盐法》。

第四章

商品流通的增长与市场的扩大

　　市场因所论目的不同可以指商品交易的具体场所,也可以指抽象的交换关系。本章所讨论的主要是后一种含义的商品流通市场。按流通商品范围的广狭,它们大致可以区分为地区性市场,全国性大市场和国外市场。

　　地区性市场是上海本地区范围内的商品流通市场。一般来说,地区性市场流通的商品多是本地区内的出产物,介入交换和流通的当事人也多为地区内部的居民。地区性市场按商品交易的范围又可以进一步区分为地方小市场和区域性市场两个子层次。地方小市场是最简陋的市场形式,流通内容主要是地方小范围内各个独立的小生产组成的“单一经济单位”内部的品种、余缺调剂。区域性市场一般已超越行政郡县界限,为地区内各区域间的商品流通。明清上海地区农业生产结构演变导致了“东棉西稻”的农业地域分工,与之相适应的是,东棉西运以及西米东输构成了当时区域性商品流通的重要内容。

　　全国性大市场是以民族国家为范围的商品流通市场。列宁说:“商品经济出现时国内市场就出现了,国内市场是由这种商品经济的发展造成的,社会分工的精细程度决定了它的发展水平。”[1]明清时期上海地区植棉以及手工棉纺织的持久发展,原棉和成品布不断运销国内各地;同时,在农业、手工业生产结构以及市场购买力变化的影响下,上海地区对国内其他商品的需求也在增长。这些都促使当时的全国性市场达到空前规模,并在市场体系中占据着首要地位。

---

[1] 列宁:《俄国资本主义的发展》,《列宁全集》第3卷,人民出版社1984年版,第48页。

国外市场是超越国界,流通范围更为广阔的市场。中国虽然自古即不能算是一个海上国家,明清时由于官府的压抑以及传统习惯势力的束缚,国外市场的规模甚为有限,但它们毕竟代表了当时市场结构中一个较高的层次,并且对当时的社会经济也产生着某种影响和作用。

以下诸节我们将依次对近代以前上海地区不同层次的商品市场的流通内容、规模以及发展水平等进行分析,并在最后考察当时的市场价格变动及其原因。

第一节　地区内部的商品交换和流通

（一）　地方小市场的商品交换

地方小市场是最简单的市场形式。明清以前它们就已经广泛地存在于上海地区和全国各地。明清时期,随着地方经济的开发,上海地区的地方小市场也更为发展。

地方小市场的商品交换是地方小范围内的交换。交换的商品大致上可以分成两类:一类是地方小范围内农民生产、自给有余的剩余农产品,如米、麦、豆、蔬菜、瓜果等等。它们除了满足农民与农民之间的余缺调剂、互通有无之外,更主要的是满足地方小范围内非农业人口,诸如小手工业者、市镇居民、政府吏员以及地主阶级日常生活消费的需要,是地方小市场商品交换的主要内容。现存反映当时市场交易的史料记载中,诸如贫民持物入市"瓜果菜蔬等物","至若蔬蓏鸟兽,卉木虫鱼,《尔雅》取不遗生长田间"[1]等等,说的都是这类交易。清中叶上海人张春华诗称当时地方小市场的农产品交易:

　　　　果实罗陈列市街,相传六十日生涯。山蔬也恐憎人听,嫩笋从来号绣鞋。

---

[1]　（清）嘉庆《法华镇志》卷3《土产》。

　　肩筐挈篗入城呼,村果村蔬载满途。底事茅檐齐橐解,料量祀灶买慈菇。[1]

　　地方小市场另一类交换商品是农民家庭副业以及小手工业者生产的各种手工业品。其中既有农民、小手工业者以及城镇居民为满足生产、生活消费之需,互相交换的棉布、纺织具、水车、农具、草席等一般民生用品,也有满足上层人士奢侈消费的手工业产品。

　　如明代时"府郡(松江府城)东金家弄,一卖布童子,年可二八,时抱布往来弄中";郡城北门内某夫,每日"早出卖布";[2]以及清顺治年间,浦东地主姚廷遴家遇丧事,到地方市场上购买白布等等,[3]说的都是地方市场上的棉布流通。地方市场上流通的手工艺品以及其他手工业产品,明中叶时已有"绒纹绣出上海下沙镇,谓之下沙绣;蒲鞋,出东门三里汀者佳;银器制作极精;铜器,府城、上海皆有之,功致精好,非苏产比;细木器、梳具、交椅之类,出下沙镇;屏风、酒桌、香几之类出泖滨,皆极精致;草席、芦席并出上海"[4]的记载。

　　地方小市场的交易形式大体上也有两种。一是各种日常性的集市贸易。它们一般集中于某些较大的聚落或交通便利之处。明清时这种地方小市场流通性质的集市贸易十分发达。而当时的北方大部分地区,集市不仅稀少,而且多为数天一次的定期集市。[5]但上海地区的集市不论大小,几乎都是每天有市。所不同的是,一些规模较小的集市旦集午散,乡民清早从四乡赶来,至午交易而退。"棉布、蒲鞯、竹器以黎明或清晨为市。其意为蚤市,早回即充一日之用,不妨一日之功"。[6]而那些较大的集市,则"至午不散"。清人沈葵《亭桥晓市》称,"晓日亭桥市,肩摩路不通。斗粮谋汲汲,匹布抱忽忽。未问

<hr>

[1]　(清)张春华:《沪城岁事衢歌》。
[2]　(明)吴履震:《五茸志逸》卷2;(明)李绍文:《云间杂识》卷2。
[3]　(清)姚廷遴:《历年记》。
[4]　(明)正德《松江府志》卷5《土产》。
[5]　(清)乾隆《黄县志》卷2《疆域·集场》;(清)乾隆《栖霞县志》卷1《集市》。
[6]　(清)光绪《嘉定县志》卷8《土产》。

鱼虾贱，但求薪米充。三竿时欲暮，归去急农功"，[1] 说的正是这种集市贸易。

地方小市场交易的另一种形式是店铺、作坊买卖。其中既有出售生活用品的酒坊、药铺、豆腐坊、油坊、肉庄等等，也有出卖生产资料的纺车坊、纺锭铺等等。如后人所追述宝山县的镇市店铺，"凡日用所需，设肆以贸易者，俗称为店。其专营如酿酒、制糖、染布之类则称坊；土布、鲜肉、锡箔之类则称庄。而营业之趋势要皆与地方有密切之关系"。[2] 再如上海县七宝镇东街，又名纺车街，"以此街中人多只纺车售卖也"。[3]

除此之外，地方小市场的商品流通中还有一种串街走乡的小商贩，"负贩各物，营微利以自给，谓之小经纪"。他们有的本身即是小手工业者，待产品积到一定数量则串乡叫贩，也有的则是向生产者收买成品，叫卖出售。《云间杂识》所载明代"郡东门外杨家花园后徐卖席者，早起贩货"，《月浦志》所称"乾隆二十一年丙子，乡民孙珠卖纺锭为业，家贫独居"，以及前述所提到的"卖布童子"等等，从事的都是这类小商贩类的商品流通。

由上所述可以看出，明清上海地区地方小市场的交易商品都是地方小范围内出产的剩余农副产品和手工业品；卷入交换的当事人也都是此范围之内的各阶层居民；其交易方式相当程度上还是供求双方互相见面的直接交换。在不少场合下，这种交换并不需要商人的介入，有些甚至是不必借助货币的直接物物交换。交换手续的简陋和内容的狭窄正是它的基本特性之一。它所起的作用主要也只是在地方小范围内实现居民之间余缺和品种的互相调剂，使得作为各个独立生产单位的农民家庭能够保证他们各自再生产条件的全部或大部从地方总产品中得到补偿并实现再生产。地方小市场无形之中成了由若干个自然村落为范围的，农民家庭和手工业生产者以及其他居民所组成的经济单位的中心和纽带。《剑桥中国晚清史》曾经饶有见解地指出，近代以前的中华帝国，"普通村子大约有百户人家，不能构成集市，也不能自给自足。村社的真正中心在集镇上"，它们"属于这个集市社会的人们"。[4]

---

[1] （清）咸丰《紫堤村志》卷1《紫堤村十二咏》
[2] 民国《宝山县续志》卷6。
[3] （清）道光《七宝镇志》卷1《街衢》。
[4] 费正清主编：《剑桥中国晚清史》上卷，中国社会科学出版社1985年版，第13—14页。

明清时期的上海地区,随着社会经济的日益开发,市场商品流通正不断突破地方市场的范围而向外拓展。由此而来的是地区内部区域性的商品流通和国内大市场贸易,它们同地方小市场往往在时空上重叠、融合,使市场交易的层次不易区分。如同样的集市贸易和铺肆买卖,交换和流通的内容可能已体现国内大市场的交换关系;同样的乡民出售棉布,所体现的也可能已不是地方小市场的买卖关系,而已经是国内大市场的贩运。作为原来地方小市场主要交易场所的集市、店肆,以及所在地的各级镇市的商品交换和流通,大量体现的已经是区域市场和国内大市场的商品交换和流通。明人张渔在《十桥晓市》中描写当时的大场镇,"长溪清晓十桥边,贸易人多闹市廛、粟帛满街开客肆,桅樯沿渚舶商船"。[1] 说的正是这样的情景。

不过,市场贸易的这些变化并不意味着地方小市场的削弱和消失。我们只要从流通商品的来源,商品交换的范围以及最终消费地几方面加以考察,就可以明显地察觉到,尽管明以后上海地区的区域性商品流通和国内大市场贸易已有相当程度发展,但是地方小范围内乡镇居民之间的交换和流通依然大量存在,并且随商品货币关系的扩展,还有增加的趋势。之所以如此,最根本的原因就在于当时的社会经济的主体还是以农民家庭小生产为基础的传统经济结构。这种经济结构只要存在一天,地方小市场的交换必然也会相应地存在一天。而且,随着非农业人口的增加以及广大农民用于出售的剩余产品的增多,它们还会不断地表现为量上的增加和地域覆盖面的扩大。由于资料的缺乏,现在还难以用数量来表示这一发展。但是据我们后面的研究,明清时期上海地区的人口大约增长了 1.5 倍,市镇约增加了 7 倍,即使以这两者的增长系数作一最简单的算术平均,作为同时期地方小市场流通增长的粗浅象征,它们大致上也增长了 4—5 倍。

（二）区域性商品流通的增长

前两章中已经述及,明清上海地区的植棉主要分布于沿海滨浦的东部地区,西部低洼水乡向以产稻为主。但是西部地区的手工棉纺织并不因地不产

---

[1] （清）乾隆《宝山县志》卷9《诗》。

棉而稍逊东乡。《奉贤县志》说得很明白，"东乡地高仰，只宜花、豆，种稻殊鲜……而西乡地窪，戽水差易，（稻米）所获常丰。两乡之间尤赖纺织，以佐饔食"。西乡金泽镇四周，"土性不宜（植棉）而女红自缄懑外，以布为恒业"。寒圩地方，"女勤纺织，匹布可售六七百文，不特贫者藉以糊口，即稍有家者亦资利用"。[1] 明后期，青浦县淀山湖畔著名水乡集镇朱家角，布客云集，专事收购四乡农民纺织的棉布，而华亭县西南的枫泾、朱泾，乡民更是多以纺织为生，布局、庄行比比皆是，棉布染踹名称四方。西部地区棉布生产如此兴盛，所用原棉除了少量由西乡自产外，大部分都得靠东部棉区供应。《青浦县志》载，"十月朔晴和，则一冬少寒，贾人以此卜棉之售否"。这里的"贾人"即是地区内的棉花贩运商。他们在东部棉区收得原棉，再运往西乡出售求利。浦东地区的周浦镇即是当时一个重要的棉贩云集之地。地方志称"棉、布之盛亦推周浦，买者、卖者群集，行家而听其支配"。[2] 而西乡市镇中商人所开设的收布之布庄，往往同时又是出售原棉的庄行，它们往往被称为"花、布、纱庄"。西乡居民向花布纱庄出售棉布，除部分成品卖取现钱，换回日常生活用品或充作纳赋交租之用外，其余部分往往即按市价直接换得再生产所需的棉花。这种现象不仅在当时的上海地区西乡如此，即是浙西、苏南一些不产棉但又盛行手工棉纺织的无锡、南浔等地亦十分常见。地方志中常常称之为，"肆中收布之所，曰花布纱庄。布成，持以易花，或即以棉纱易，辗转相乘"。[3] 清中叶，随着东部地区嘉定、宝山诸县棉纱生产的出现，半成品棉纱亦被贩往西部稻产区。如嘉定县所产"布经，以极细棉纱八百缕排成，团结如饼，每团长约二十丈。东北乡作者尤多，以售南乡织刷线布"。[4] 除了上述用于纺纱织布的棉、纱之外，有的棉贩还专门从东乡贩运下脚黄花至西乡，供居民用作絮棉。直至近代，宝山县罗店镇一带棉贩还相沿成习，"专收黄花，即棉之恶劣者，轧之成絮，名黄花衣，贩至西南产稻县，供作棉衣、棉被料"。[5] 由于西部纺织所需棉花多赖东部供应，一旦东乡棉花歉收，西部稻乡农家的手工棉纺织皆会

---

［1］ （清）乾隆《金泽小志》卷1《风俗》；（清）杨学渊：《寒圩小志·风俗》。

［2］ 民国《南汇县续志》卷18《风俗志》。

［3］ （清）乾隆《金泽小志》卷1《风俗》。

［4］ （清）光绪《嘉定县志》卷8《风土志·土产》。

［5］ 吕舜祥：《嘉定疁东志》卷4《实业·商》。

因棉价高昂而遭受沉重打击。《白泾野老俭岁竹枝词》说清中叶金山县的情况是，"我乡布利洵堪夸，不道连年雨烂花，布贱花昂咸折本，家家纺织尽停车"。[1]

由于地域分工的原因，明清上海地区棉花的区域性流通主要是自东向西。除此之外，东部产棉区诸县之间也存在一定数量的流通。但是它们大多属于灾歉之年丰歉调剂性质的流通，一般来说，总是由收成较好的县份流向灾歉之地。如清康熙三十四、三十五年，上海县浦东地方连年大旱，"花种俱绝，陈花卖尽。四处八路俱贩客花来卖，要花种者俱到太仓、嘉定沿乡沿镇田户人家，零星收买"。[2]

与东乡供应西乡棉花相对应，东部地区由于地多植棉，稻米之外虽多有春麦、豆类聊以充饥，但食粮总无以自给。因此东部地区在向西部输出棉花的同时，又需要从西部地区输入稻米，这就最终形成了当时地域性市场交易的大宗——东西稻棉交换。清代时，西乡寒圩地方"其地宜稻，故米常有余而贾客不绝"，[3]主要皆贩往东部地区。《法华镇志》载清人陆且华《水灾记事诗》云："吴淞亘南北，高原多木棉。果腹何取恃，惟持西乡田。西乡复遏籴，商舶不得前"。东乡产棉之最的浦东地区由于棉田众多，"宜稻者鲜，粮食多仰赖浦西"，[4]明中叶后不仅居民食用之米，即是"输粮者必籴浦西米足之，民食亦多外仰。岁歉，行禁籴令，浦东独苦之"。[5]西部地区所产稻米不仅米质优于东乡，而且一般年景下价格也低于东乡，这就更为西米东贩提供了现实可能。清康熙三十二年春夏时节，浦东周浦镇每石米卖到白银1.2两，9月份新谷上场后仍粜0.85两，而同时期"西路只粜六钱半"。[6]正因如此，每逢秋收以后，西乡稻米即源源不断地运销东乡诸县。《历年记》作者，清初上海县地主兼商人姚廷遴，顺治年间即做过从西部华亭、金山贩米到浦东的买卖。据他自己在《历年记》中的记述，顺治七年十二月，"将西边傍宅田四亩五分种地

---

［1］　民国《重辑张堰志》卷9《艺文》。

［2］　（清）姚廷遴：《续历年记》。

［3］　（清）杨学渊《寒圩小志》。

［4］　（清）乾隆《南汇县新志》卷15《杂志·风俗》。

［5］　（清）雍正《分建南汇县志》卷15《杂志·风俗》。

［6］　（清）姚廷遴：《续历年记》。

栗,甚好,每亩约二十担。在家六钱一担,载至西乡,每百斤换米一石。当年米价初贱,每石价一两",因而大获其利。翌年十二月,又"往朱泾买米,叔祖银百两,二伯母七十两,共籴米百石,往来二十日"。当时西乡的松江府城西门外秀野桥一带,以及朱泾、张堰等镇市,米行众多,收购稻米皆供商贾贩卖。《张堰志》载时光弼《张溪竹枝词》云:"牙行米市聚晨昏,背负肩挑络绎奔,稻种不齐分贵贱,紫藤棚底价争论。原注:镇上米市极盛,南湖行场有紫藤棚。"

明清上海地区的西米东运,主要是从西部的华亭、青浦、金山诸县贩往东部的上海、南汇、川沙等县。地处东北隅当时分辖太仓州的嘉定、宝山、崇明三县,所需米粮一般多赖外区接济。当时西乡贩米到东乡主要有两条路线:一条是顺黄浦或其他支流而下,直达上海县城,或者过黄浦诸汛口至浦东各地;另一条是从黄浦江上游过米市渡,走浦南诸泾浜,经奉贤南桥、青村,进入东部各乡镇。[1] 浦东的周浦镇是当时东乡除上海县城外东西棉稻交易的中枢。"米市向推周浦镇最盛。七八月间,华、娄、奉、青各属之谷船,云集镇之南市,彻夜喧闹。米肆籴谷,亦必卜夜至,晚载归……棉、布之盛亦推周浦,买者、卖者群集"。[2] 根据本书第二章对东、西稻米生产和人均产量的估计,以及它们各自应有的稻米消费量,我们认为,西部产粮区每年运往东部的稻米,明后期可在100万石以上,清前期由于西部地区自身食米需求的增加,大致在50万石左右。而东部棉区运往西部的棉花,明后期不会少于籽棉30万担,清前期则可能达到50万担。以当时的价格相计,大约各值银120万两和225万两左右。[3]

区域性商品流通和市场交易不只限于稻棉交换,随着社会经济的开发,一些农副产品和手工业产品也会突破地方小市场的界限,进入区域性流通。前述顺治年间浦东姚廷遴将东乡所产地栗(荸荠)贩至西乡换米即是一例。在

[1] (清)雍正《分建南汇县志》卷15载:"地鲜稻,输粮者必籴浦西米足之,民食亦多外仰。岁歉,行禁籴令,浦东独苦之。即幸得买米从西归,则浦口诸汛假稽查需索;从南归则奉贤南桥、青村各镇奸民挽留强买,甚有抢米沉舟之患,得至境内,价必沸腾。"

[2] 民国《南汇县续志》卷18《风俗志》。

[3] 据满铁上海事务所调查室编《江苏松江县农村实态调查报告书》称,抗战前夕,松江、青浦两县年向上海市区以及南汇、奉贤、川沙等产棉区输出食米240万石。其中上海市区180万石,南汇县66万石。明清时,数量可能没有这么多,但即以四分之一计,至少也在50万石以上。

手工业产品方面,见之于史籍的如浦东下沙的绒纹绣、细木器、梳妆具、交椅之类不仅供应本地市场,亦贩销上海县城和松江府城。东部沿海诸县以当地所产的芦苇、席草编织而成的草席、芦席也运销西乡,而西乡重要的纺织具产地朱泾、金泽等镇的纺车、铁锭也同样供应东部地区。其他如嘉定新泾、松江府城等地出产的蒲鞋、凉鞋、暑袜,青龙江、纪王镇一带出产的蓝靛等等,相当部分也已经超越地方小市场交换的范围,进入区域市场以至更高层次市场的流通。

综上所述,可见明清上海地区内部的商品交换和流通无论从历史还是逻辑角度都可以明显地区分为地方性小市场和区域市场两个层次。它们表明当时社会再生产的基本经济单位虽然还是以一个或数个市镇为中心的自然村落群体中的农村家庭,但各个经济单位之间的产品交换正在日益增长。以商品流通为媒介,社会再生产基本经济单位的商品性生产部分也有日渐扩大的趋势。

明清上海地区市场商品流通中,地区性的交换仅仅只是其中一个较为一般的方面,真正能反映当时商品流通增长水平,并且对社会经济发展起较大作用的是国内大市场贸易。

第二节　国内贸易的兴盛和国内大市场的扩展

（一）明初国内贸易的恢复和发展

中华帝国自秦汉以来即是疆域辽阔的大一统国家。各地出产、需求不一,以土特产、奢侈消费品以及盐、铁、茶等为主要内容的国内贸易和长途贩运很早即已兴起。但总的说来,一直到明代之前,"百里不贩樵,千里不贩籴"恐怕还是一个十分普遍的现象,与人民群众日常生活关系密切的民生用品除盐、铁等项之外还没有大量进入国内大市场。以上海地区而言,虽然宋元时的青龙、上海两镇已相继成为国内外商舶往来的口岸,但贩运的商品除珠翠香货等奢侈品外,大多皆为"土产之物"。[1]　宋元年间,上海地区手工棉纺织兴起之

---

[1]　参见《元史》卷94《食货志·市舶》。

初,产品即已向邻郡输出并远销京城。但在当时,上海地区棉纺织业刚刚起步,产品即使有鬻之邻郡或远贩京都,数量也必然有限。同时,由于当时农业生产中粮食还占绝对优势,农业、手工业的商品性生产还较微弱,对外界的商品需求也相应有限。这些都决定了明代以前上海地区的国内大市场贸易虽然早已存在,但是它的规模必然是很有限的。

元代末年天下大乱。明朝立国之初,社会经济萧条破败,国内商贾不通。明太祖立意图强,至洪武中社会经济逐渐恢复,各地商业贸易渐趋复苏。京城内外以及地方府州纷纷设立商税机构。"官司有都税,有宣课,有司,有局,有分司,有抽分场局,有河泊所。所收税课,有本色,有折色。税课司局,京城诸门及各府州县市集多有之,凡四百余所。"[1] 上海地区洪武年间因袭元制,在松江府城设立税课司,华亭、上海、嘉定诸县城以及一些市镇关津设立税课局,总共22处。见表4-1。

表4-1　明初上海地区税课司、局统计

辖境	数量	税课司、局名称
松江府城	1	松江府税课司
华亭县	8	张泾、南桥、叶谢、七宝、凤凰山、小贞、杨巷、金泽税课局
上海县	3	县市、新泾、乌泥泾税课局
嘉定县	10	县市、南翔、黄渡、大场、安亭、清浦、罗店、张泾、钱门塘、十四都税课局
总　计	22	—

资料来源:(明)正德《松江府志》;(明)嘉靖《上海县志》;(明)正德《练川图记》。

元代时上海地区也设有地方税司,征榷税项主要是"税课""酒醋课"和"河泊课"。其中酒醋课征之于酒醋专卖;河泊课征之于河泊渔家;而税课则是对商贾赍货市鬻征收。明初,地方上征榷税项名目增多。除了大致上相同于元代的"商税钞""酒醋钞""河泊所渔课钞"外,还有征之于买卖田土、房屋、家畜的契约税,征于店肆、铺家的"门摊钞",以及"果木租钞""房屋赁钞"等等。而在这些税钞中最重要的当数商税钞。商税钞又名"税课",按明初成法,"凡税课,征商估货物"[2] 行者赍货谓之过税,又称通过税,多征于交通

---

[1]　此为《明史·食货志》所载数。据万历《明会典》记载,明初共设有商税机构381所。

[2]　《明史》卷81《食货五·商税》。

冲要、市津关梁商贾往贩必经之地;居者市鬻谓之住税,又称落地税,为商贾贩运货物到销售地销售时所纳税项。上海地区位于长江三角洲东缘,明初海路未开,非为商贾贩运冲要之地。人称"此中三县皆在尽头之处,内湖外海势难飞渡",[1]地方税课司局征收的商税钞基本上不能是通过税而只能是属于贩运贸易性质的交易税。因此,只要比较一下明初和前代交易税的数量变化,即可以从一个侧面看出明初上海地区国内贸易的发展与否。见表4-2。

表4-2　上海地区明初与元代征榷税额比较

单位:钞匹

年代	交易税额		其他税额		总　　计	
	钞匹	占总额(%)	钞匹	占总额(%)	钞匹	%
元至正年间	1891	21	6869	79	8760	100
明初	64460	65	34815	35	99275	100

说明:原记载中,匹下还有两、贯、文等尾数,表中皆略去不计。

资料来源:(元)至元《嘉禾志》;(明)正德《松江府志》;(明)正德《崇明县志》;(明)正德《练川图记》。

元代与明初商税税率相差不大,凡商税皆三十而取一。虽说元钞、明钞面值、购买力以及与铜钱、银两比价并不一致。元中统钞发行时额定面值一匹合50贯或50两,大明宝钞每匹只合5贯,而且实际使用中还时有变化。上述表中的钞匹数额难以直接比较。但即使如此,从上表仍可看出,元代时交易税仅占总税额的21%,而其他税额则占了79%;明初时,两者的比例完全颠倒了过来,其他税项仅占总税额的1/3左右,而交易税性质的商税钞则急剧上升到占总额的2/3。若以两个时期征收数的绝对值相比较,明初税收总数为元代的11倍,而其中交易税额则大大过于此数,而达34倍之多。由此可见,明初上海地区的国内贸易确实较元代有了很大的恢复发展。

明初钞、银比价,洪武初规定为宝钞一贯合银一两或铜钱千文。以后宝钞屡屡贬值,永乐十一年,一贯钞大致只合白银0.047两。[2] 即使按此贬了值

---

[1]　(明)崇祯《松江府志》卷10《田赋三》。

[2]　参见彭信威:《中国货币史》,上海人民出版社1958年版,第671页。

的比价统计，上海地区当时的商税额也已合白银15140两，再以三十税一的税率换算，可知当时仅经征纳交易税的市场贸易额至少已达45.4万余两。但是这一数额还并不能代表明初上海地区国内贸易的真正规模。因为按明初律令，部分贩运商品如农具、书籍等等皆可以免征商税。如"永乐元年奏准：凡军民之家，嫁、娶、丧、祭时节追送礼物，染练自织布帛及买已税之物；或船只车辆运自己货物并农用之器；各处小民挑担蔬菜；各处溪河小民货卖杂鱼；民间家园池塘采用杂果；非兴贩及民间常用竹木、蒲草器物，并常用杂物铜锡器物、日用食物，俱免税"。[1] 因此，当时的国内贸易中总还有一部分免税商品以及一些本该纳税但却规避逃漏商税的交易。若把这部分贸易额也考虑进去，并大致估计其也为白银四五十万两左右，那末明初上海地区的国内市场贸易额大致上可以达到白银100万两的规模。它们同我们马上就要论及的明中后期以至清前期相比，似乎还是那么地微不足道，但较之前代毕竟已有长足进步，并且终究成为以后进一步发展的新的起点。

（二） 明中叶后至鸦片战争前上海地区向国内大市场的商品输出

上海地区的国内大市场贸易经过明初的初步恢复发展，自宣德、正统、成化以后有了迅疾的发展。其中既有上海地区出产品向国内大市场的输出，也有国内其他地区向上海地区的商品输入。在前项的商品输出中，最具重要意义的是棉、布的国内贸易。

1. 上海地区棉、布的国内贸易

如前所述，上海地区植棉业和手工棉纺织的蓬勃发展是在明中叶的正统、成化年间。随着植棉业和手工棉纺织的发展，上海地区棉布的生产能力以及产量不仅很快地就超越了生产者自身消费的需要，超越了地方市场所能容纳的程度，而且也超越了直接折征纳赋的需要。早在洪武初，朱元璋曾下令松江府秋粮折布30万匹，但以后并未作为制度固定下来。宣德年间，江南巡抚周忱实行部分秋粮定例折收棉布，现今上海地区范围内的松江府和嘉定县总共36.5万匹，以当时在籍民户计，每户不过一匹稍多些。而且其中派于嘉定县

---

[1] （明）正德《明会典》卷32《户部十七》。

的 19 万匹阔白棉布,名义上一匹折米一石,解入内库为拂拭盘盂几席之用,但实际上有名无实,"上未闻有催科之令,下未尝有尺寸之输"。[1] 而且,松江府的 17 万匹折纳布,在稍后不久也有 42226 匹奉令改折银两。由此可见,自明中叶起上海地区的棉布供给日益增长,但本地区对棉布产品的需求,包括历来多为人称道的以布纳赋,实际上并不能真正吸收多少棉布。这样,日益增多的手织棉布必然就要在地方需求之外寻找出路。在当时的条件下,最现实的出路就是进入国内大市场流通。

明代时,经过宋元百多年的流传,棉布优于丝麻的性能已日益为国内各地人民所了解,并逐渐成为人们特别是下层人民喜爱的衣着原料。人们称"以麻为衣则不能御寒,以麻著袍则不能生暖……今棉之为用,可以御寒,可以生暖,盖老少贵贱,无不赖之。其衣被天下后世,为功殆过于蚕桑矣"。[2] 明初时,封建政府曾大力推广植棉,但由于种种原因,实际上国内许多地方棉纺织并不普及。有学者曾统计了 250 余部明代地方志,发现即使在明后期,虽然全国产棉县份已占全国总县数的 1/3—1/4,但是棉产丰富而棉纺织也发达的地区只是很小一部分。[3] 相当地区的棉布产品有赖产布区供应。

另外,到正统、成化年间,全国社会经济经明初休养生息,农业、手工业、商业多有恢复,各地区间的商人贩运也逐渐活跃,所有这些都使上海棉布国内大市场的开拓具备了现实条件。

上海棉布国内市场贸易的拓展始于明正统、成化年间。当时不仅"自二三十年来,松江之民多倚织布为生",而且在国内一些著名商都,如运河沿岸重要商业城市临清,已有上海一带棉布商人开设的店铺、商行。据《临清州志》记载,"店在白布巷,自明成化二年,苏州、南翔、信义(昆山)三会合而为行"。而上海地区已不乏专门从事收买、贩运布匹的布商和布行。成化二十二年,松江知府为折征布匹上解,奏请"取布行人代粮(长)输布,而听其赍持私货,以赡不足",[4] 便是一例。以后,历经正德、嘉靖、万历等朝,上海棉布

---

[1] (清)乾隆《宝山县志》卷 5《田赋志》。

[2] (清)王应奎:《柳南随笔》卷 2《棉布之始》。

[3] 丛翰香:《试论明代植棉和棉纺织的发展》,《中国史研究》1981 年第 1 期。

[4] (明)崇祯《松江府志》卷 8《田赋》。

的国内市场已经北至九边、山陕、京师，南到江广、滇黔、闽粤，几乎遍及全国各地。明末上海名士陈继儒称当时的盛况是：

> 凡数千里外装重赀而来贩布者曰标商，领各商之货收布者曰庄户。乡人转售于庄，庄转售于标。其沂淮而北走齐鲁之郊，仰给京师，达于九边，以清源为绾毂；出长江之口，径楚蜀而散于闽、粤、秦、晋、滇、黔诸郡国，以芜关为绾毂，是皆孔道要津。布商麇集，舟车负载，昼夜驰骛而不息，此天下之大命脉也。[1]

万历《嘉定县志》也称，"邑之民业首藉棉布。纺织之勤，比户相属……商贾贩鬻，近自杭、歙、清、济，远自蓟、辽、山、陕，其用至广而利亦至饶"。

明清时期，上海地区棉布的国内市场可大致示意如图4-1所示。

大致而言，明代时上海棉布的国内销售市场主要有以下几路：

（1）运河北路。包括经运河北上，溯两淮，经清济，达京师，直到更远的辽东等地。如正德年间，两淮之庐阳，民间用布"不免购诸市城，然后衣江南之缕"。[2] 凤阳，明末时"衣裁冠履以重值取之南北贾人"，其中主要来自苏松。至于京师重地更是上海棉布的重要销售之地。万历时，松江人杨仕鬐布京师，大获其利，由此而入赀为郎。嘉定县生产的刷线布大部分供应京师市场，故有"刷线达于京师"之说。嘉靖时，上海名士陆深在京任职，也曾安排家人"量与资本，或以租米换布来此（京城）"。崇祯末，李自成破京师，追赃甚严，旧日松江知府方岳贡时供职京师，清贫素著，亦由在京松江布商代纳千金。[3] 如此种种，可见当时上海棉布在京师的销量必不会少。

京师之外，北路市场的重要转运枢纽是山东临清。万历初年，临清全城绸缎店仅有32家，而布店却有73家。前述成化二年苏州、南翔、昆山商人开设的布行到"隆万间浸盛"。上海棉布贩至临清不仅仅只是供应附近城乡居民，而且还进一步转贩至更远的宣府、辽左等地。据万历《宣府镇志》记载，"先年

---

[1] （明）陈继儒：《陈眉公先生全集》卷59《布税议》。

[2] （明）杨循吉：《庐阳客记·物产》。

[3] （明）李绍文：《云间杂识》卷1；（明）陆深：《俨山文集》卷97；（清）陈济生：《再生记略》。

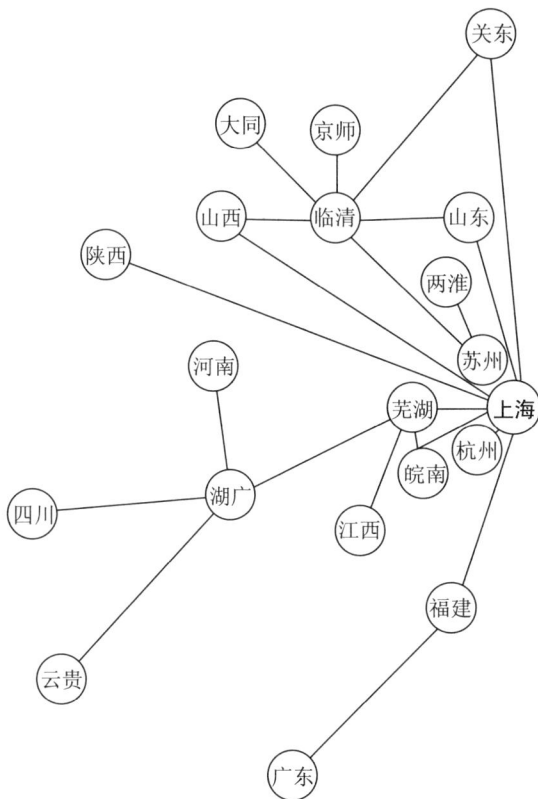

图 4-1　明清时期上海棉布的国内市场

宣大市中贾店鳞比,各有名称。如云南京罗缎铺、苏杭罗锻铺……临清布帛铺……各行交易,浦沿长四五里许"。其所属张家口,"每年缎、布买自江南,皮张易至湖广"。[1] 万历中期,税吏横行,到临清贩运的"辽左布商绝无一至"。[2] 由此可见,在此之前辽东商人必定多到临清贩布。

（2）西北诸路。主要是山、陕、宁夏以及诸边之地。这些地方天寒地冻,棉纺织又不普及,民用之外每年还有支拨边地卫所的棉布征派。顾炎武称其为"既不获纺织之利,而又岁有买布之费"。明后期上海棉布在西北诸地的销

---

[1]　（明）黄景昉:《国史唯疑》卷8。
[2]　（明）陈子龙:《明经世文编》卷452;《古今图书集成·职方典》卷155。

售量十分可观,那些来上海贩布的西北巨商所带白银往往多达数十万两。时上海文人有诗句称"机中未成匹,塞上已飞霜",可见边关之地对上海棉布的需求。

(3) 长江西路。主要是长江流域中上游地区以及经长江水系转运的中南、西南地区。如河南,《醒世恒言》载,"且说河南府有一人唤做褚卫……专在江南贩布营生,一日正装着一大船布匹,出了镇江,望河南进发"。此虽为小说所言,具体人、事未必可靠,但其中所反映的棉布贩运想来不会凭空捏造。西路贩运中最重要的转运枢纽是安徽的芜湖和江西的铅山。

"芜湖扼舟车关市之吭,化居者之所必趋","以水路则为长江之上下之冲,以陆路则为南北襟喉之所。以故五方之人杂处,于是而舟车辐辏,百货鳞集"[1]。商人从上海地区收得坯布,经水路运到芜湖浆染加工,然后发运"边方外国"。故时有"织造尚淞江,浆染尚芜湖"之说。芜湖布坊所染有名的毛青布即是"取淞江美布染成。深青,不复浆碾。吹干,用胶水参豆浆水以过。先蓄好靛,名曰标缸,入内薄染即起,红艳之色隐然。此布一时重用"[2]。

铅山位于赣东北,明代时为江南地区连结闽楚的咽喉之地。商贾往贩,棉布为大宗商品。万历年间,所贩布有"苏州青,松江青,南京青,瓜州青,红丝布,松江大梭布,小、中梭布……棉纱,净花,子花,棉带"[3]等等。这些棉制品不仅销售铅山附近,而且还大量地转贩他方。"自铅(山)西南为弋阳、贵溪、安仁达饶州而余干之瑞洪塘,则民居辐辏,舣舟蚁集,乃东南商贾往来之通道"[4]。其他,如长江中游之湖广,早在正德年间已有吴中商人"贩布之湖广江中"等等。[5]

(4) 华南路。主要是福建和广东。闽广之地虽然植棉、纺织历史都远较上海地区悠久,但明清时期棉布生产不仅未见发展,反而也有赖江南输入。所谓"闽不畜蚕,不植木棉,布帛皆自吴越至"。[6] 福建龙岩县,嘉靖

---

[1] (明)汪道昆:《太函集》卷68《芜湖县城碑记》;(清)康熙《芜湖县志》卷2《关津》。

[2] (明)宋应星:《天工开物》卷3《彰施》。

[3] (明)万历《铅书》卷1。

[4] (明)万历《铅书》卷1;(明)张翰:《松窗梦语》卷2《南游记》。

[5] (明)陆粲:《说听》卷上。

[6] (清)王胜时:《漫游纪略》卷1《闽游》。

时"商人、贾人以通货贿。其往也,以岩之货行于四方,因萃各方之货而旋居于市。其至江浙者,布帛居多,杂物次之"[1]。广东也是同样情况,屈大均称"冬布多至自吴楚,松江之梭布,咸宁之大布,估人络绎而来,与棉花皆为正货"[2]等等。

除以上诸路市场外,明代时上海棉布在毗邻的江浙等地也拥有相当的市场。如湖州,明清时以产丝著称,民间所服用棉布多赖上海地区供给,"湖人少服罗绮,最为雅俗,而绵绸之品与松之细布,宁绍之精葛,甚堪士服"[3]。再如杭州,明代时人口繁盛,而浙江产布至清康熙时惟海宁、长安、硖石及仁和荙桥稍多,故而也是上海棉布的一大销售市场。有资料记载,明末时松江人袁福征前往杭州,寄寓昭庆寺,对寺中僧人说,"我有布二千,得发卖乃可归"[4]。可见上海棉布贩运杭州销售也是平常之事。

以上所说都是商人采购、贩运的民间贸易。明代上海地区的棉布国内贸易还有一个特殊、稳定的市场,即地方纳税布匹的购买以及边地官军的采买。

宣德、正统年间,周忱行秋粮折布之初,纳赋者皆向地方政府实纳棉布。成化时,议以"布行人代粮(长)输布",可能已有以布价银代充棉布。弘治十七年,朝廷令松江等府阔白棉布十分之六仍纳本色布,十分之四改纳折色银,每匹合银0.3两。但实际上,地方政府向民间征收,无论本色、折色往往皆征以白银。嘉靖《上海县志》说得很明白,"布自正德十年以来皆折银二钱四分,准米五斗三升八合"。而上解朝廷之本色棉布,则由地方政府将所收布价银两发放充任"布解"一役的解户自行入市采购、起运。这即是"应解本色者,以价银发解户承办",[5]所办之布称为"官布"。明人吕克孝《农家月令》曰,"七月松江风渐凉,棉花雪白稻花香;街头点火收官布,只说机稍要放长。"[6]嘉定县《外冈志》也说,"又有阔大者为官布,不常织,惟官府买时为之"。这里,虽然买卖双方的出售棉布或收买棉布最终目的都是为了应承封建赋役,

---

[1] (明)嘉靖《龙岩县志》。

[2] (清)屈大均:《广东新语》卷15《货语·葛布》。

[3] (明)徐献忠:《吴兴掌故集》卷12《风土类》。

[4] (明)吴履震:《五茸志逸》卷2。

[5] (清)光绪《华亭县志》卷8《田赋志》。

[6] (清)康熙《上海县志》卷1《风俗》。

但是由于它们已通过市场,与直接的棉布征纳相比已经有了很大不同(见图4–2)。

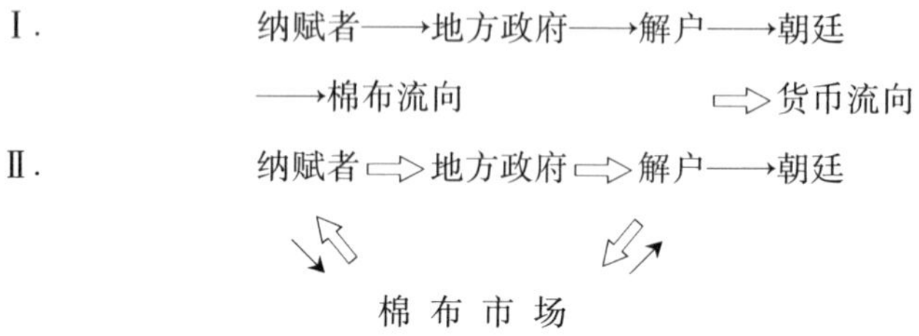

Ⅰ.　　　　　纳赋者━━▶地方政府━━▶解户━━▶朝廷

　　　　　━━▶棉布流向　　　　　⟹货币流向

Ⅱ.　　　　　纳赋者⟹地方政府⟹解户━━▶朝廷

棉　布　市　场

图4–2　明清时期棉布征解示意图

很明显,在Ⅰ式中只有实物棉布的流向,而丝毫没有市场关系可言,是一种纯粹的自然经济模式。但在Ⅱ式中,纳赋者与朝廷之间已插入了市场以及商人资本的活动,它已从一个侧面反映了当时的上海地区棉布市场的发展程度。

边地官军的布匹采买也多发生在明中叶以后。当时,朝廷赏赉边地军士以及互市易马的棉花、布匹大多改为折银输送。如辽东卫所所需花、布向由山东供给。成化时一度折银输送,终因"以为辽东地无花、布",未能行久。正德四年以后,再次定为以折色银两支给。[1] 于是,这些地方的官军纷纷千里迢迢慕名至上海地区采买棉布。明代松江人范濂称:"松民善织,故布为易办。而文襄(周忱)以布代银是万世良法。况今北边,每岁赏军合用布匹无虑数万。朝廷以帑藏发督抚,督抚以帑藏发边官,边官以帑藏赍之松江。而牙行辈指为奇货,置酒邀请边官,然后分领其银,贸易上海、平湖稀布,染各样颜色,搪塞官府。中间转折虚费,动以数千。"[2]其所采买之布一般都是质地较差的低档货,俗称"边布"。如上海县一带所产低档浆纱布除一部分由粮户收买进京外,其最狭小者皆由"各边互市,委官收买";标布也同样,质佳者由"京标"收买,"次则宣府客买,更次则各边卫及闽浙杂客收之"[3]。

---

[1] 《明宪宗实录》卷178,205;(明)李昭祥:《龙江船厂志》卷1《训典志》。

[2] (明)范濂:《云间据目抄》卷4《纪赋役》。

[3] 参见南京大学历史系明清史研究室编:《中国资本主义萌芽问题论文集》,江苏人民出版社1983年版,第143页。

由于历史年代的久远以及资料记载之缺乏,我们现在已经很难对明代上海棉布国内大市场贸易作出一个较为像样的估测。但通过以上所述并结合前章对棉布产量的估算,我们估测明后期高峰年间,上海棉布每年向国内大市场的输出额有可能已达到 2500 万—3000 万匹,以每匹合银 0.2 两计,年贸易额当在白银 500 万—600 万两左右。

大约在明末崇祯年间,上海棉布的国内贸易经历了一场持续时间较长的危机。导致危机的基本原因首先是国内各地手工棉纺织的兴起,其中最典型的例子是河北肃宁。据崇祯年间上海人徐光启所说,"数年来,肃宁一邑所出布匹,足当吾松十分之一矣","以一邑渐及之他邑何难? 既能其一,进之其十何难? 由下品而中,由中品而上何难? 吾欲利,而能为人已耶。北方既尔,他方复然,则后此数十年,松之布竟何所泄哉!"[1] 导致危机的另一个直接原因是政府税收政策的变化。大约在万历年以前,国内商人贩运货物,途径各钞关,"诸贾皆有算而布税独免"。因此上海地区群集"各省大商,辇重资来购"。而到崇祯三年以后,封建政府财政困难,对棉布贩运开征布税。命令一出"各商仓皇,几至罢市"。上海人陈继儒认为,商人贩布"必絧载,非珠璧可挈而怀也。南僦船,北僦车,防护则僦人夫,寄顿则僦庐舍,步步皆费,节节皆费。更以税困之,商何以堪"[2]。 可见,政府税收政策的变化对上海棉布向国内大市场的输出影响甚大,时"商人需布,有现货而无现银,价格日落"[3]。 到崇祯末年,社会动乱使棉布市场危机进一步加深。清初上海人叶梦珠在《阅世编》中说,"松民贸利,半仰给纺织,其如山左荒乱,中州糜烂尤甚,吾乡易子而食,析骸而炊。布商裹足不至,松民惟立而待毙耳"。入清以后直到顺治二年,其市面仍是"远商不至,米价甚贵,花、布贱极"。

然而,上述萧条局面并没有无休止延续下去。大约到顺治三、四年后,随着社会局势的安定和经济的恢复,棉布贸易又渐趋繁荣,并且在销售市场、销售品种、以及销售渠道诸方面发生了一系列有别于明代的变化。

明代时,上海棉布最大的国内销售市场是秦晋京边诸路,最大宗的销售品

[1] (明)徐光启:《农政全书》卷 35《木棉》。
[2] (明)陈继儒:《陈眉公先生全集》卷 59《布税议》。
[3] (清)康熙《紫堤村小志》卷 1《风俗》。

种是标布，"富商巨贾操重赀而来市者，白银动以数万计"。入清后，这一传统市场有所收缩。清初顺康年间，上述地方来上海采购布匹的商人所带货银最多不过万两，少的只有两三千两。虽然直到乾隆时上海地区还不断有山陕商人开设布局，坐庄收布，但规模总不如前明。在此同时，销往湖广、江西、两广诸路的中机布却较景气，"中机之行转盛，而昔日之作标布者，今俱改中机"。不过好景不常，中机布到康熙中期也不盛行。[1] 传统国内棉布贸易市场的缩小，其背景正是前述南北各地手工棉纺织的普及以及一些商品布产区的形成。面对国内市场的竞争，上海棉布并没有由此而陷入困境。康熙、雍正以后，上海棉布即以自己特有的品质和竞争能力赢得了东北、山东等地新的国内市场。

东北地区天气寒冷，棉布需求量甚大，而植棉、纺织却一向落后。康熙时地方志中还没有关于产布的记载。乾隆年间，奉天一带虽已种棉，并且也有"匠人岁织粗细家机布"，但所织之布"纺线、染色，除费用外，俱送京师"。真正民间所用棉布仍赖商贾转贩，故布帛之价常倍于内地。[2] 早在前明，东北军民所用棉布或者转贩临清，或者直接采买苏松，已有相当部分取给上海地区。只是那时辽东边地人烟稀少，棉布需求还较有限。清帝国的建立扩大了封建王朝在东北地区的实际管辖，加强了关内外的经济联系。康熙中叶海禁开通后，江南海船可直达辽东。当时的东北，请织匠织一匹棉布的工钱高达900—1500 文，纺一斤棉纱亦要 120 文。[3] 但同时的上海，一匹普通棉布售价不过 200—300 文。商人贩运即使除去运费和其他开销，仍大有利可图。因此，清前期的东北终于成为上海棉布最重要的销售市场。如崇明所产"以棉布为最盛，每岁航运至淮北、山东、盛京者约三百万匹"。宝山县"高桥之套布，由沙船载往牛庄、营口，为土货大宗"。上海县嘉道年间，每年销往东北、山东的稀布、小布、套布等多达 300 余万匹。[4] 估计清前期东北、山东市场上销售的上海棉布每年不会少于 1000 万匹。这些棉布贩至辽东，不仅供应奉天各地城乡，而且经水陆联运销至更远的黑龙江边地。《黑龙江外纪》称："棉花

---

[1]（清）叶梦珠：《阅世编》卷7《食货五》。

[2]（清）乾隆《盛京通志》卷9《艺圃》；（清）和其衷：《陈盛京边防民食疏》，《皇清奏议》卷42。

[3] 参见彭泽益：《中国近代手工业史资料》第1卷，三联书店1957年版，第411—412页。

[4] 参见《崇明乡土志略》；民国《宝山县续志》卷6《实业志》；民国《上海县续志》卷8《物产》。

非土产,布来自奉天,皆南货。亦有贩京货者,毛蓝、足青等布是已,然皆呼为京靛,江南来者号抽机布。"清前期关山东棉布市场的畅销与否已对上海的棉布生产有举足重轻的影响。道光三年"东省告歉,无所贸易",上海地区棉布、棉纱价格马上一落千丈。"纺一两纱仅赢二文,断一匹布,精者仅二百余文,赢余无几;粗者不过百五六十文,亏折孰甚焉"。[1]

清前期,除上海以外,南北各地已陆续出现一些规模不一的商品布产区,有学者考察已达十路之多。[2] 尽管如此,上海的棉布仍在北方的河北、两淮、山陕,南方的江西、安徽、闽广以及长江中上游等地占有可观的销售市场。此如嘉庆时华亭人钦善所说,上海地区"一女之力,月可取布三十丈焉。冀北巨商,挟资千亿;岱陇东西,海关内外,券驴市马,日夜奔驰;驰车冻河,泛舸长江,风餐水宿,达于苏、常,标号监庄,非松不办"。[3]

乾道年间,国内诸榷关如崇文门、淮安关、浒墅关等的南来货物中,除粮食外,江南苏松出产的棉布一直是过关货物的大宗。[4] 康熙年间,京城正阳门外打磨厂有松江人所开布铺,店主孙某"身在松置货,嘱其表弟同其子在京管店"。而其母舅同做贩布生意,却是从松江贩布往河南。[5] 贩往两淮的棉布有走运河北上,也有从海路经赣榆县青口镇集散。《崇明县志》说,"布坚密厚阔,以特产闻,贸之青口、牛庄为生计大宗"。贩往长江中上游的棉布一般多由上海布商先将布贩到南京、芜湖等地,再同湖北、四川等地商人以布易米,然后由川楚商人运至长江中上游各地市场发卖。[6] 销往闽广的布匹多是上等的梭布、紫花布、斜纹布等,它们与当时华南的进口"番布"相比有过之而无不及。其中的紫花布,质地精良,"粤商争购,务求细密,不计阔长,需棉少而布价昂"。[7] 道光时每年仅销往福州一地的上海棉布即值20多万银元。[8] 这

---

[1]　民国《钱门塘乡志》卷12《杂录志》。

[2]　参见吴承明:《论清代前期我国国内市场》,《历史研究》1983 年第1 期。

[3]　(清)贺长龄:《皇朝经世文编》卷27《松问》。

[4]　参见吴建雍:《清前期榷关及其管理制度》,《中国史研究》1984 年第1 期。

[5]　(清)东轩主人:《述异记》卷上《看灯遇仙》。

[6]　(清)晏斯盛:《上制府论商易米书》,《皇朝经世文编》卷47。

[7]　民国《江湾里志》卷4《风俗》。

[8]　J. K. Fairbank: Trade and Diplomacy on the China Coast,p321.

些棉布有些还被浙江商人收购后转运至乍浦,再售与闽广客商。有些还渡海远销台湾。[1] 其余诸如西北山陕诸地,清前期上海棉布仍在那里占有一定的市场。据褚华记载,"康熙十六年三月,安西估魏丙贸布上海,主俞姓家"。道光年间,上海县仍有"关陕及山左诸省设局于邑,广收之(标布),为坐庄",[2]等等。

清前期,上海地区运销国内大市场的棉布除本色稀布、标布外,大量的还是经染踹加工的印染、踹光布。如前述清康熙年间上海地区棉布染踹一度向苏州府城转移,苏州布商亦至上海地区收购坯布。如嘉定外冈所产之布称为"冈尖",染成浅色鲜艳夺目。苏州布商每每多在外冈镇开庄收买。一些布商五更收布,一个清晨即可收 5000 匹,运至苏州每匹可赢利 50 文。[3] 乾隆后期,苏州出海口浏河渐趋淤塞,北行沙船多改泊上海县城,上海县城终于成为上海地区最重要的棉布贸易中心。乾隆四十九年,23 家青蓝布号销售的青蓝大布一项至少已有 7500 多包,至鸦片战争前的道光中叶,上海县城 80 多家棉布店铺号商年发销棉布至少已达 4 万余匹。[4]

清前期,封建政府的采买仍然是上海棉布的销售大宗。虽然清初上海地区尚有三梭布、阔白棉布之征的赋税名目,但早在顺治十年,不仅改折布匹,即是本色布匹也已按时值估办征银。至于朝廷所需布匹皆另行采买。所谓"清朝定鼎以来,上传布匹并织造文武衙门买布之行无不责令商牙采办,以至商贾视为畏途,牙庄束手受作。"[5]顺治十三年,已有"户部以江南采买布匹粗恶,令入觐官带回另买"的记载。康熙三年以后,原派商牙采办的上传布匹改为官办官解,实际上"委官投牙办染"仍是取给于市场。朝廷多通过户部责令苏州织造衙门在上海地区具体负责布匹采买。康熙三十四年,仅在上海一县采买的棉布就达 30 万匹。此后 10 年间,采买总数共达 448.9 万余匹,每年平均

---

[1] 参见(清)道光《乍浦备志》;(清)黄叔璥:《台海使槎录》卷2《商贩》。

[2] (清)褚华:《沪城备考》卷6《城隍神示梦兆》;(清)张春华:《沪城岁时衢歌》。

[3] (清)乾隆《续外冈志》卷4《物产》;(清)许仲元:《三异笔谈》卷3《布利》。

[4] 参见南京大学历史系明清史研究室编:《中国资本主义萌芽问题论文集》,江苏人民出版社1983年版,第438页。

[5] 上海博物馆图书资料室编:《上海碑刻资料选辑》,上海人民出版社1980年版,第89—93页。

近 50 万匹。[1]

整个清前期,上海棉布的国内大市场贸易总体上说还是处于上升趋势。虽然与明代相比,它在国内大市场中一枝独秀的局面已不复存在,但以占有的市场和销量而言,它在当时国内诸产布区中始终是首屈一指。估计清前期上海棉布的国内贸易额,高峰年间,年输出量可达 3500 万—4000 万匹左右,较明后期约增长 35% 左右。若仍以每匹布值银 0.2 两相计,年贸易额当在白银700 万—800 万两上下。

2. 上海地区棉花的国内贸易

上海地区棉布生产的蓬勃发展以及国内贸易的兴盛是建立在本地区棉花种植的基础之上。巨大的棉花产量使得上海棉花在满足本地居民自身消费以及手工棉纺织原料之外,还有相当部分源源不断进入国内大市场贸易。

上海地区的棉花输出至迟在明中叶已经开始。最初主要是输向邻近的苏南、浙西等地。明代时,长江三角洲植棉区除今上海地面外,北仅及常熟、太仓州及昆山的东部沿海高亢之地,南则为浙西的余姚等地。如弘治年间常熟,"棉花又有白、紫两色,高乡多种"。[2] 太仓州弘治十年由嘉定、昆山、常熟分境而建,"自城而东距于海,其田亩钟,其种宜木棉、麻著,其民微重而矜节;自南乡而东距海,其田上中错,其种宜木棉……;自北乡而东距于海,其田中下错,其种宜木棉,洼者宜稻"。[3] 昆山县则县东境十一、十二、十三保三区,"连亘嘉定,迤东沿海之地,号为冈身,田土高仰,物产瘠薄,不宜五谷,多种木棉"。[4] 浙西余姚县明后期,"地多田少,民以种棉为业",[5] 等等。但这些地方所产的棉花大多数只能用于本地消费,只有太仓州产花较多,才有向闽广等地的输出。在此同时,江南其他不产棉或极少产棉的县份,如海盐、乌程、嘉善等县,棉纺织却有一定的发展,其纺织所需原棉大多取自上海地区。天启《海盐县图经》和万历《嘉善县志》等,都有一段常为后人引用的记载:"地产木棉花甚少,

---

[1]　《清朝文献通考》卷 32《市籴》;故宫博物院明清档案部编:《李煦奏摺》,中华书局 1976 年版,第 6 页;(明)赵申乔:《赵恭毅公剩稿》卷 3。

[2]　(明)弘治《常熟县志》卷 1《土产》。

[3]　(明)崇祯《太仓州志》卷 5《风俗志》。

[4]　(明)归有光:《震川先生集》卷 8《论三区赋役水利书》。

[5]　(清)杨式傅:《果报闻见录·雷击蜈蚣》。

而纺之为纱,织之为布者,家户习为恒业。不止乡落,虽城中亦然。往往商贾从旁郡(松江府)贩棉花列肆,吾土小民以纺织所成,或纱或布,清晨入市,易棉花以归,仍治而纺织之。明旦仍持以易,无顷刻间。"特别是嘉善县,产棉不多而乡民多赖纺纱为生,所用原棉多从上海贩来,纺成之后又销往松江供织布之用。故时有"买不尽松江布,收不尽魏塘纱"之称。[1] 此正如上海人叶梦珠所言,"吾邑地产木棉,行于浙西诸郡,纺绩成布,衣被天下"。[2]

明代时上海棉花行销最远,数量又最多的是闽广市场。闽地植棉本早于上海,但时至明代,虽然"诸县间有之,古田平沃处种者稍多,然终非其地之所宜也"。[3] 广东同样也是虽有棉产却"不足以供十郡之用",所需棉花大多依赖江南贩入。明末清初太仓人吴梅村在《木棉吟》中写道:"自上海、练川(嘉定)以延及吾州,冈身高仰,合于土宜。隆万中,闽商大至,州赖以饶"。又说"眼见当初万历间,陈花富户积如山,福州青袜鸟言贾,腰下千金过百滩。看花人到花满屋,船板平铺装载足,黄鸡突嘴啄花虫,狼藉当街白如玉。市桥灯火五更风,牙侩肩摩大道中,二八倡家唱歌宿,好花真属买花翁"。由于太仓时为长江三角洲主要的出海口,上海地区东部各县贩往闽广的棉花多在此集散。每逢棉花登场时节,南方贩客纷至沓来,城中男子多为商贾轧棉为生。清初顺治、康熙之际一度商路不通,闽粤贩棉商贾"累岁弗登",棉花顿时价贱如土,"天边贾客无人到,门里妻孥相向啼"。[4] 可见昔日正常年景时上海棉花输出闽广的盛况。

除了向南方闽广的输出,明代上海棉花一度还销往北方的河北以及湖广等地。以往不少研究者认为,明代时棉、布的主要流向是北棉南运和南布北输,其甚者还认为松江府生产棉布所需原棉亦有部分依赖北棉接济。其依据不外是徐光启《农政全书》所说,"今北土之吉贝贱而布贵,南方反是;吉贝则泛舟而鬻诸南;布则泛舟而鬻诸北",以及山东等地一些地方志所称,棉花"六府皆有,东昌尤多,商人贸于四方","土宜木棉,贾人转鬻江南",[5]等等。但

---

[1] 魏塘即魏塘镇,时为嘉善县县治所在。参见(明)黄汴:《天下水陆路程》卷7。
[2] (清)叶梦珠:《阅世编》卷7《食货四》。
[3] (明)弘治《八闽通志》卷25《食货·土产》。
[4] (明)吴梅村:《梅村家藏稿》卷10《木棉吟》。
[5] (明)嘉靖《山东通志》卷8《物产》;(明)万历《兖州府志》卷4《风土志》。

这里所说的"吉贝泛舟而鬻诸南"只是说明末时北方棉花的南贩。至于所贩地区,应该是不产或少产棉的两淮、苏南、江西等地,其中有些可能也借道太仓为闽广商人所收买。北棉南销某种程度上确实是上海棉花市场变化的一个反映。《嘉定县志》说得很明白,"物产首棉花者何? 陟地亢卤不宜植禾,五乡春作悉以栽花为本业,故首列之,重民务也。往年花才入筐即为远贾所贩,民之公私即赖焉。今楚豫诸方皆知种艺,反以其货连舻捆载而下,市于江南,客花赢而土花诎矣"。同样,在上引吴梅村《木棉吟》中也有"昔年河北载花去,今也栽花遍齐豫,北花高捆渡江南,南人种植知何利"之句。由此可见,首先,所谓的北棉南运明末时确实存在,但它们并非供应上海地区而主要是输至非产棉区和次产棉区的苏南等地,并且确实挤占了上海棉花的部分销售市场;其次,在此以前,上海棉花也确实行销河北、湖广等地,否则"反以其货连舻捆载而下",以及"昔年河北载花去"的说法就有些难以理解了。

　　清前期,上海地区所产之棉继续向国内市场输出。当时包括上海在内的长江三角洲植棉带基本上仍限于古冈身以东的缘海地带。人称"地处海滨,壤皆沙土,广种棉花。自常熟、昭文南至太仓、嘉定、上海、南汇、金山直至槎浦,其地略同"。大致上冈身"路以东地势稍高,皆海滨,所种多棉;路以西地势稍低,皆内地,所种惟稻。苏松等处皆以路分高低而殊种植焉"。[1] 至于其他非产棉区所需棉花大多得赖这些沿海产棉区,特别是境辖崇明、嘉定、上海、南汇、金山诸县的现今上海地区供应。其中嘉定、崇明主要供应苏南,上海、南汇则供应浙西。浙西如湖州乌程、南浔以及吴江、海盐等地虽为蚕桑产区,但丝织业仅集中于一些大城镇,农家手工业仍盛行棉织,其所需原棉多赖上海地区供给。以南浔为例,当地人施国祁有一段记载极能说明问题:

　　去南浔之东百里而遥,地沿海,田之高仰者,宜木棉,其乡民大半植此。夏种秋收,采积既多,即捆载而易钱于西贾。浔之西百里而近,地多冈阜,为茶、栗、竹木山场,俗少女工,时因其地之所出亦捆载而易布于东贾。浔市居其中,四乡之人自农桑外女工尚焉。推车蹋弓,纺线织机,率家有之。

---

[1] 参见(清)郑光祖:《一斑录》,《杂述七·三梭纺纱》,《杂述一·冈身路》。

村民入市买棉归诸妇，妇女日业于此，且籊灯相从夜作，亦一月得四十五工。计日成匹，于以易棉蚩蚩续来不已。市之贾侯，新棉出，以钱贸于东之人，委积肆中，高下若霜雪。即有抱布者踵门，较其中幅以时估之，棉与布交易而退。随有西之人赍钱来计布值，合则书剂与之去而钱存焉。[1]

此处所指"去南浔之东百里而遥"的产棉之地，正是当时松江府的上海、南汇县地面，可见南浔乡民纺织用棉取自上海地区无疑。其他如吴江县同里镇、黎里镇等，乡民织布同样也是"在镇在乡纺纱换花，积少成多，织成棉布"。石门县也是本地产花不足本地之需，皆赖商贾从旁郡贩花列肆。即使浙东宁波之地也常有北船运江南棉花南抵定海关，等等。[2]

苏南地方也同样如此。虽然当地蚕桑甚盛，但农民生计仍多赖棉织。乾隆时有官员说，"江南苏松两郡最为繁庶，而贫乏之民得以俯仰有资者，不在丝而在布"。[3] 所用原棉相当部分有赖上海地区供给。史载顺治年昆山乡人张某持银至嘉定县客商处买得棉花几百斤返归乡里；道光时有人在南京"设机织布"，所用棉纱亦来自崇明等地。[4] 上海人胡式钰在《窦存》中还记载，"黄浦邹家湾蒋左弼父某为贩棉花经商常熟境……道光初，蒋附近复有卖棉花船到常熟"，表明上海棉花贩至产布甚多的常熟县境乃是经常之事。只是清前期江北南通、海门等地植棉渐盛，所产棉花已大量销往江南，上海地区销往苏南的棉花数量上恐怕不会超过明代。

清前期上海棉花最大的销售市场仍在闽广。乾隆时有人说，"闽中地号炎海，天气温暖，土脉疏润，最宜种植（棉花）而棉花绝少出产，购自江浙，价常加倍"。如泉州晋江县"丝缕绵絮由来仰资吴浙"；漳州府"苎则取之江右，棉则取之上海"；澄海县同样"棉花、布帛、锦绣、皮币则由商船海贩而来者居多"。[5]

---

[1] （清）同治《南浔镇志》卷32《物产》。

[2] （清）嘉庆《同里志》卷8《物产》；（清）道光《石门县志》卷4《物产》；（清）乾隆《镇海县志》卷2《关税》。

[3] （清）尹会一：《尹少宰奏议》卷3。

[4] 参见（清）杨式傅：《果报闻见录》；（清）陈作霖：《凤麓小志》。

[5] （清）李拔《种棉说》，《皇朝经世文编》卷37；（清）乾隆《晋江县志》卷1《风俗》；（清）光绪《漳州府志》卷48；（清）嘉庆《澄海县志》卷23。

当时,华南地方已不断有印度、孟加拉棉花输入,但它们无论在质量、价格以及人们传统的消费心理上还难以同上海棉花匹敌。往往只有当上海棉花歉收,影响向闽广输出时,它们才有较好的销路。因此《上海县志》不无自豪地声称,棉花"他处虽有,然土地之宜,种植之勤,运销之广,吾邑独甲于天下。每岁当八、九月,郭东南隅几于比户列肆,捆载通海市"。当时上海县城东门外码头上,闽广"楼船千百,皆装布囊累累"。城外喧闹的洋行街上,行户、店铺皆代闽粤诸商贱价收购皮棉。其中既有上海县所产的"土花",也有商贩从沿海的南汇、川沙等县贩来的"沙花"。闽粤客商购买后,打包装船南运。[1] 现存《粤海关志》记载当时粤海关许多下属税口都有商船载运上海棉花进口的纳税则例。如溪东小口税则:商船载上海棉花等货进口,每百斤收担银一分。贩至福建的棉花,道光时仅福州一地每年输入的皮棉价值即达 13 万—15 万银元之巨。而厦门海关入口商税向以棉花、布匹为大宗,每年 9 万两税银中,此两项几居其半。[2] 清前期,上海棉花仍不断渡海销售台湾。它们一般都由福建泉漳商人先贩台湾土产糖货等到上海,然后再回棹贩回棉花、布匹等等。[3]

清前期,上海棉花仍有部分继续销于长江中游的湖北以及北方诸地。其贩往湖北之棉如清人吴敏树在《巴陵土产说》中谈及巴陵土布的原棉供应时所称,"苏花至,千钱斤十二。苏花出太仓(嘉定、宝山、崇明三县清前期皆属太仓)"。销往山东、东北的棉花大多皆走海路,为当时沙船北贩的主要商品之一。如山东登州黄县"地不产木棉,丰年之谷不足一年之食。海舶木棉来自江南,稻菽来自辽东"。[4]

以上所述可以看出,清前期上海地区棉花的国内贸易在明代的基础上呈现稳定发展的趋势。道光后期曾有外国人这样评价:"棉花即使不是上海对外贸易中最重要的商品,也是上海国内贸易中最重要的商品"。[5] 据我们粗

[1]　(清)王韬:《瀛壖杂志》卷 1;(清)褚华:《木棉谱》。

[2]　Trade and Diplomacy on the China Coast,p321. 姚贤镐:《中国近代对外贸易史资料》第 3 册,中华书局 1962 年版,第 1356 页。

[3]　参见周宪文:《台湾经济史》,台湾开明书店 1980 年版,第 323 页。

[4]　(清)同治《黄县志》卷 3《食货志》。

[5]　姚贤镐:《中国近代对外贸易史资料》第 3 册,中华书局 1962 年版,第 561 页。

略估测,清前期上海地区每年向国内大市场输出的棉花大致上可以占到当时棉花年产量的 1/3,约合籽棉 70 万担左右,以每担值银 3.5 两相估,年贸易额约为 245 万两。

（三） 同时期上海地区从国内大市场的商品输入

明清时期上海地区棉、布国内大市场的扩展和棉、布贸易的兴盛,增强了上海地区在国内市场中的购买力,同时也扩大了上海地区对国内市场其他产品的有效需求。上海地区在不断输出棉、布产品,占有一部分国内市场的同时,其本身也必然成为国内其他地区商品销售市场的一部分。明清时期上海地区从国内市场输入的商品种类很多,其中最具重要意义的当推粮食输入贸易。

1. 上海地区与国内大市场的粮食贸易

上海地区土地肥沃,气候温暖,农业开发较早,粮食供给本很充裕。但自明代以后,由于东部地区棉田面积的急剧扩大,境内耕地仅有半数植稻。年产稻米不过 500 多万石,即使加上春麦等也不过 600 万—700 万石。在粮食生产缩减的同时,粮食的消费需求不仅没有相应减少,反而是与日俱增。

首先是人口增长导致食粮消费的增加。明初洪武年间,上海地区人口约为 150 万左右。有明一代,虽然在地方志记载中,户、口数都不断呈下降趋势,但考虑进户籍登记中的脱漏、作弊等等,应该说除个别时期外,户口的总趋势至少应保持原有水平。入清之后,上海地区人口增长甚快,嘉庆年间已达到 400 万左右。在此期间,人均年粮食生产占有量之变化有如表 4-3。

表 4-3 明清上海地区年人均粮食生产占有量估计

时 期	稻米产量（石）	麦产量（石）	粮食总产（石）	人口（人）	人均产量（石）
明后期	5 739 197	800 000	6 539 197	1 900 400	3.44
清中叶	5 973 813	1 600 000	7 573 813	4 167 400	1.82

资料来源:人口数字系同时期各地方志有关记载统计而成,粮食产量参见本书第二章有关论述。其中稻米产量为净米数,麦产量亦为第二章所估原麦产量除去 20% 以后的净粮数。

但是,以上数额还不能是上海地区居民实际能消费的食粮数。这不仅因为当时的上海地区,除在籍民户外,还有为数不少寄寓的商贾贩客,每年消耗的食米也在数不少。而且明清上海地区还有为数甚巨的本色漕粮、白粮之类的赋税负担。明代时,"以苏松言之,为漕粮正耗百五十三万(石)",至清前期仍是"苏松等四府一州,漕额甲于天下"。[1]

此外,明清上海地区生产的粮食中还有相当一部分得用于酿酒以及棉纺织等方面。

明清时"朝廷不榷酒酤,民得自造,又无群饮之禁"。上海地区士子文人,缙绅豪富酿酒、饮酒之风滥觞至极。如清人包世臣所称,苏松之地"糟坊酤于市,士庶酿于家,本地所产(粮食)耗于酒者大半故也。中人饭米半升,黄酒之佳者,酒一石用米七斗,一人饮黄酒五六斤不为大量,是酒之耗米增于饭者常七八倍"。[2]

棉纺织用粮之大宗首推棉纱上浆。其中刷线之法,每一斤纱需用干面粉6两;浆纱之法,每一斤纱用面粉4两。其外还有印染用粮,如有名的药斑布在印染过程中须用"豆麦等调和糊状刷之",等等。[3] 以当时上海地区巨大的棉布产量而言,手工棉纺织每年耗用的粮食至少也在10万石以上。

综上所述可以看出,一方面是粮食生产有限的供给难以有大的张力,另一方面粮食的实际需求却不断地膨胀,两者的互相背异,最终只能依靠外区的粮食输入贸易祢衡。

明代时,上海地区输入的粮食主要是大米,贸易地区主要为长江中游的湖广以及江西、两淮等地。明代的湖广包括后来的湖南、湖北和贵州的一部分,区域辽阔,土地肥沃,境内虽不乏崇山峻岭,但自南宋以后,历经劳动人民数百年辛勤开发,农业生产发展很快。嘉靖时已有"湖广最称巨省,延袤绵亘,沃野千里,产殖丰饶。谚曰:湖广熟,天下足"之称。[4] 而且米价之贱,据《岳州府志》称,"楚称产谷之乡,即以谷论,前此(明代时)一金市籴六石"。江西产米不亚湖广,明后期,人称"江右、荆楚、五岭之间,米贱田多,无人可耕,人亦

[1] (明)陈继儒:《陈眉公先生全集》卷59《淮兑议》;中山大学历史系中国近现代史教研组、研究室编:《林则徐集·奏稿》上,中华书局1965年版,第155页。

[2] (清)包世臣:《安吴四种》。

[3] 参见(清)孙琳:《纺织图说》。

[4] (明)郑若曾:《郑开阳杂著》卷11《苏松浮赋》。

不以田为贵"。万历丁亥年，南昌大灾，米价涨到银 0.7 两一石，人已以为极贵。两淮产粮也很充裕。明末时，庐阳所产红米丰年市价每石仅及白银 0.25 两。故"江南、江右商贾咸集聚焉"。[1]

上海地区的粮食输入大约也始于明正统、成化年间。当时，周忱巡抚江南，"至苏松属，大饥谷贵。公闻得江浙、湖广大稔，令人囊金至其地"购买。[2] 嘉靖时，东阳人楼如山任嘉定县令时也"乘秋冬米价未贵，出公帑万金于上江籴米得二万石储之"。官府购买外，更多的是商贾贩运。如江西赣州，明末"亡他产，颇饶稻谷。自豫章、吴会（上海）咸取给焉"。[3] 由于产销两地米价相差甚多，商人往往获利不浅。"万历己丑，新安商人自楚贩米至吴，值岁大旱，斗米百五十钱，计利已四倍"。但如果一旦江广等产粮区灾歉遏籴，立即就会影响上海地区的粮食市场。如隆庆三年，"江南四面皆荒，湖广、江西虽有收成，府县又执行闭籴，无从取米"。[4] 而同时上海地区的米价已在很大程度上受商贾贩运供求关系变动的影响。《松江府志》称"民间之积贮有限，而商贾之通济无穷，商贾来则谷米多，谷米多则米价自平"。[5] 两淮地区输入的粮食，除稻米外还有豆麦。如崇祯年间嘉定县因漕米价贵，即有"以银赴淮采买豆麦"[6]之举。

明代时上海地区输入粮食最多的主要是嘉定、崇明、上海三县，其中尤以嘉定为最。嘉定县万历时有 129 万亩耕地，其中稻田仅占 13 万亩，以当时人口计之，每人不及半亩，合产量一石不到。正因为如此，在成弘以后 200 年间，嘉定县不仅应承赋税之漕米，而且连民间食用米粮绝大部分都有赖外区供应。所谓"县不产米，仰食四方，夏麦方熟，秋禾既登，商人载米而来者，舳舻相衔也。中人之家，朝炊夕爨负米而入者，项背相望也"。而一旦"江楚禁籴，贩负既远，嘉食独艰"。[7]

---

[1] （明）谢肇淛：《五杂俎》卷 4《地部一》。

[2] （明）崇祯《松江府志》卷 13《荒政》。

[3] （明）天启《赣州府志》卷 2《舆地志》。

[4] （明）崇祯《松江府志》卷 13《荒政》。

[5] （明）崇祯《松江府志》卷 13《荒政》。

[6] （清）乾隆《嘉定县志》卷 9《名宦志》。

[7] （明）顾炎武：《天下郡国利病书》，《苏松》；（清）嘉庆《南翔镇志》卷 12《杂志》。

崇明县的米粮输入最迟在正德年间已经出现。当时岛上"舟楫往来贸易,(惟)米谷而已"。上海县地处长江三角洲东隅"尽头之处,内湖外海势难飞渡,必待外乡载米"。早在正德年间,上海人顾清已在《米船叹》中说,"秧田生浪甑生苔,日望米船江上来,闻道城中有新令,米船临到却飞回"。[1] 不过从总体上看,明代上海地区人均的粮食产量还保持有一定的水平,西部产粮区自给有余还能接济东部。因此除了特别的灾歉之年以及少数县份(如嘉定)外,外区常年输入的米粮一般不会太多,估计正常年景下的净输入不会超过50万石,以明末时价,每石合银0.7两计,贸易额为35万两左右。

清前期,上海地区的粮食输入贸易不论在输出地域、品种,以及输入数量方面都有扩大和增长的趋势。

稻米输入除传统的江广之外,长江上游的四川亦成为清前期上海地区粮食的重要供给地。四川出产大米,名为川米。明末时四川人口逃亡,土地荒芜,"军民士庶,百不存一二"。清初,封建政府厉行招民垦荒,贵州、湖广、江西、江苏、福建以及山陕等地贫民、游民纷纷入川耕垦。从顺治十八年至嘉庆十七年,全省耕地几乎增长了40倍,大大超过同时期人口增长。[2] 大约从康熙、雍正年间起,大量川米即沿江而下,供应包括上海在内的江南地区。

和四川相比,传统的江广米粮输出也毫不逊色。"湖广、江西地方,粮米素封,江南、浙江咸赖此二省之米"。[3] 长江中游的汉口为米粮贸易重镇,湖南、湖北贩往下江的米粮均齐集其地。康熙后期,每石米价只合白银0.6两,雍正年间江南米价在1.2—1.3两时,其地米价也仅为0.9两左右。江西地方有史料表明,康熙四十八年元月至七月,仅经南昌府米行卖与商贩的白米即有15.3万石;从八月到翌年五月,南昌省城及属县牙行卖与商贩之米共58万余石,稻谷1.2万余石。[4] 这些川米、江广米统称为"客米"或"上江米",它们汇而总之,顺江而下,供应上海等江南之地。有学者估计,18世纪初,长江中

[1] (明)顾清:《东江家藏集》卷11《米船叹》。
[2] 参见梁方仲:《中国历代户口、田地、田赋统计》,上海人民出版社1980年版,第380页;江太新:《清初垦荒政策及地权分配情况的考察》,《历史研究》1982年第5期。
[3] 《清圣祖实录》卷187。
[4] 台北故宫博物院编辑委员会编:《宫中档康熙朝奏折》第2辑,台北故宫博物院1982年版,第616页。

上游每年输往江南等地的米粮约在 900 万—1400 万石左右。[1]

清前期,上海地区贩入上江米粮最多的首推崇明县。崇明县明代时人口最多不超过 10 万。入清后,由于沙洲相对稳定,人口增长极快,乾隆中叶已达 64 万余口,居上海地区诸县之冠。清前期,崇明县植棉甚盛,稻田甚少,其所缺食米只能依赖上江输入。《崇明县志》称:"崇邑四面环海,食米仰给上江,一遇风沙羁迟,犹有束腹悬釜之虑。"康熙五十三年,巡抚张伯行核准崇明县设贩米船 20 艘,额定年贩米 22 万石。8 年以后又增加米船 20 艘,米 6 万石。到乾隆二十三年,全县贩米船已增至 120 艘,每年贩米 52 万石。见表 4-4。

表 4-4 清前期崇明县输入上江米粮统计

年份	输入稻米(万石)	贩运米船(艘)	稻米购买地
康熙五十三年	22	60	长江中上游
康熙六十一年	28	80	长江中上游
乾隆三年	30	100	长江中上游、苏州、镇江
乾隆九年	36	120	长江中上游、苏州、镇江
乾隆二十年	46	120	长江中上游、苏州、镇江
乾隆二十三年	52	120	长江中上游、苏州、镇江

说明:苏州、镇江所购为酿酒、作糕所用之元白米,每年仅一两万石。

资料来源:(清)雍正《崇明县志》;(清)乾隆《崇明县志》;(清)许惟枚《瀛海掌录》。

崇明之外,上海、嘉定等县也多赖上江米粮接济。康熙《嘉定县志》说,"嘉不产米,而止栽木棉,其利入至为纤微。若邻封之,米价稍昂,则嘉民坐困"。上海县也同样也是"终年食米仰他方,吾邑贫民乏盖藏,万一米源中断绝,预筹补救讵宜忘。案:自来植木棉多,而邑民食米常仰于苏常及长江上游等处"。[2] 其中所谓的"仰于苏常"实际上也只是江广米粮的转口而已。如无锡号称苏常米市,但实际上"邑中之田所收尚未足供邑人之食,更欲接济他省,势必不能"。因此,虽然"邑米未尝不出境,而湖广、江西诸处米艘麇集,至下流之去者少,上流之来者多"。[3] 以上合计,估计整个上海地区清中叶时

---

[1] Han—Sheng Chuan: Mid-Ching Rice Markets and Trade, p64.

[2] (清)光绪《上海县竹枝词》。

[3] (清)黄卬:《锡金识小录》卷1《备参·米价》。

每年从外区输入的稻米大概可以达到 300 万石以上,以每石值银 2.5 两相计,贸易额可达 700 万两白银。

清前期,上海地区的粮食输入除稻米外,每年还从东北、山东、河南、淮北等地,特别是东北贩入数量巨大的豆麦杂粮。东北地区土地沃广,极宜农耕。明代时视为边徼,未暇经营屯垦。入清后,清政府大力召集人民垦田开荒,耕地、人口均增长极快,见表 4-5。

表 4-5 清前期奉天丁口、耕地增长

		顺治十八年	康熙二十四年	雍正三年	乾隆十八年	嘉庆十七年
丁口	丁口数	5 557	26 227	42 210	221 742	942 003
	指数	1	4.71	7.59	39.90	169.51
耕地	亩数	60 933	311 750	580 658	2 524 321	21 300 690
	指数	1	5.12	9.53	41.43	349.57
每丁口平均占地	亩数	11	11.9	13.8	11.4	22.7
	指数	1	1.08	1.25	1.04	2.06

资料来源:梁方仲:《中国历代户口、田地、田赋统计》。

从表 4-5 可见,就奉天而言,虽然清前期丁口、耕地都有迅速的增长,但耕地增长显然快于丁口增长。顺治十八年时,每丁口平均占有耕地不过 11 亩,而到嘉庆时已增至近 23 亩。人均耕地的稳定增长,势必使新垦之地生产的粮食越来越多地成为商品粮而运销外省区。

上海地区从东北等地输入豆麦大约在清初已经开始。康熙时有人说,豆之用途,除榨油、做豆腐外,还可以用来喂马、肥田,年耗之数几和食米相等。[1]康熙十八年,工科给事中丁泰也说,南北丰歉不常,禁海之前各海口转运兴贩惟米豆而已。[2]康熙二十三年海禁开通后,东北地区所产粮食,除稻米在某些年份暂准由海路输往直隶、天津等地外,所产黄豆例禁海运。乾隆十四年,经盛京将军阿兰泰奏请,上海等地商船自奉天回棹,大船准带豆 200 石,小船准带 100 石。此禁一开,各省商贩或者乘夜超载,或者贿通巡汛兵弁偷

---

[1] (清)叶梦珠:《阅世编》卷 5《食货七》。
[2] (清)乾隆《沂州府志》卷 4《志海贩》。

漏,豆石贸易增长极快。至乾隆三十七年,一方面,偷运已成风气;另一方面,关外之地豆多价贱,清政府终于最终撤销禁令,听任各省海船至辽东各口商贩豆石。禁令取消之后的最初两年,经山海关纳税南贩的大豆已达170余石。[1] 它们远至闽粤,近达津沽,但绝大部分还是销往上海地区。有史料称,"自康熙二十四年开海禁,关东豆麦每年至上海千余万石"。[2] 可见数量之巨。

山东大豆输入上海,较之东北更早得到清政府的允准。雍正十三年两江总督等人的奏疏中,已有"米粮出洋,例禁甚重,惟东省青、白二豆素资江省民食,因内河路远,必由海运,不在禁例"[3]的记载。乾隆时,据江苏巡抚奏称,"江苏民间用豆甚广,向来多藉山东商豆接济,一旦商船不至,不但关税少收,而且豆价昂贵,民食有碍"。[4]

自河南、淮北向上海等地输出的豆麦,除一部分以赣榆县的青口镇海运外,大部分皆经淮安关、浒墅关由运河贩至江南。赣榆地处淮北,毗邻山东,物产以麦豆为盛。方志称其为"豆以造油,其滓为饼,利以为业者,四境相望。行贩取赢,往往致富"。[5] 康熙二十四年海禁开通后,赣榆豆麦即由青口出海,南抵刘河镇收泊交卸,转运上海等地。此后,清政府对豆麦贩运时禁时弛,乾隆五年又最后允准豆船南贩至刘河粜卖。嘉庆初年因刘河口淤塞,大部分豆船改收上海港,嘉庆五年十月至十二月的3个月中,即达270艘之多。若以每船载重1000石计,所贩豆货达27万石之多。[6] 经运河南贩的豆麦盛于清乾隆以前,当时,淮安关、浒墅关税务全赖河南、山东两省南下豆麦。雍正十三年,仅浒墅一关过关的豆税银就达10多万两,过关豆麦至少有100余万石。[7] 其中相当部分亦流入上海地区。

---

[1]《山海钞关榷政便览》卷2《豆税》。

[2](清)齐学裘:《见闻续笔》卷2《海运南漕议》。

[3]《清朝文献通考》卷33《市籴二》。

[4]《清高宗实录》卷342。

[5](清)光绪《赣榆县志》卷2《物产》。

[6](清)嘉庆《浏河镇纪略》卷3《开海通商》。

[7] 台北故宫博物院编辑委员会编:《宫中档乾隆朝奏折》第2辑,台北故宫博物院1982年版,第742页;第4辑,第557—558页。

东北、山东等地的豆麦杂粮输入大约在嘉庆、道光年间达到高峰。道光十一年,仅经上海县城豆业公所44个大小豆行以及33家慈浙南帮号商经手成交的大豆已达473.6万余担。[1] 而据当时人的一般估计,嘉道年间,关山东豆麦杂粮每年贩至上海港的数量已达1000万石,这实在是一个惊人的数目。虽然,这其中有相当一部分只是经上海转口,而并非为上海地区本身市场所吸收,但是从前引"耗用之数几与食米相等"来看,可以认为,这些输入的豆麦杂粮大约有400万石左右是在上海地区销售的。若以每石值银1两估计,约合银400万两,与前述输入稻米合计,共约值银1100万两。

2. 上海地区从国内大市场的其他商品输入贸易

明清上海地区从国内大市场的商品输入贸易中,除上述粮食之外,还有许多其他的商品。它们有些在明代时已经兴起,有些则到清代才较为显著。其中比较重要的有靛青、蚕丝、竹木油麻、豆饼、茶叶等等。

（1）靛青贸易。

靛青是经济作物蓝靛加工而成的印染原料。当时的上海地区虽然在吴淞江中游以及崇明等地都有蓝靛种植,但直到清中叶,所产土靛向来多为丝绸染坊采用,而染布坊所用靛青大部分都得依靠外省区主要是湖南、福建等地输入。

湖南产靛明时已盛。相传全省各郡县都有种植,但尤以湘东以湘潭为中心的衡山、酃县、茶、攸、湘乡诸县出产最多。明万历年间仅湘潭一县就有靛行80家,每年发卖靛青100万包以上,其中大部分输往纺织业兴盛的江南地区。[2] 当时有人称,"红、蓝湖南多艺之,洛阳贾贩于吴越,岁获数十万缗,其利与棉花侔"。[3] 吕作燮先生在《明清以来的洞庭商人》一文中曾引用《席氏家谱》的一段记载说,明末松江青溪口的一批商人,一次就从湖南湘潭购买了百艘船的蓝靛,沿长江而下,运往上海。百船蓝靛至少多达万包,以此足见上海地区从湖南输入靛青数量的巨大。[4]

---

［1］　以道光十一年《同仁堂征信录》所载豆商捐钱数推出。道光十一年,上海44家豆行向同仁堂捐钱682433文,慈浙南帮号商捐钱501654文。以"每百担豆提捐25文,豆饼二百担提捐25文"计,折合豆4736348担。

［2］　(明)李腾芳:《李文庄全集》卷5《青靛总行立厂议》,卷8《渌口把截靛船公牍》。

［3］　(清)吴其浚:《植物名实图考》卷14《红花》。

［4］　吕作燮:《明清以来的洞庭商人》,《平准学刊》第一辑,中国商业出版社1985年版。

福建靛青主要产于闽南泉州一带。明时已有"福建青"或"福靛"之称。明万历年间，泉州所产靛青"下吴越如流水，其航大海而去者尤不可计"。[1] 清初上海人叶梦珠在追述明代上海靛青供应时也说，"青靛初出闽中，夏秋两次之间，取其叶淘汁澄清，用染蓝青色。此地所无也"。[2] 福靛输至上海在清顺治初遇到一些波折。当时郑氏据闽台，海路不通，福靛难致，结果是促进了上海本地土靛生产的发展。但到康熙中叶郑氏归清以后，福靛又源源而来，重占昔日市场。嘉庆年间，吴淞江中游传统蓝靛产地纪王、黄渡等处的靛业，还因福靛的畅销而大受冲击。一直到鸦片战争前夕，这一靛青输入贸易一直没有停止过。

（2）蚕丝及丝绸贸易。

蚕桑业在我国有十分悠久的历史。上海地区明代以前大约在毗邻浙西的华亭西南隅多有植桑养蚕。入明以后，随着植棉和手工棉纺织的发展，植桑养蚕在上海地区几乎已完全绝迹。崇祯《松江府志》说，"松郡不力桑事，树桑绝少。……近海上徐玄扈劝人蚕桑，自植数百本于家园。然习俗难化，蚕事未兴"。然而，明清时代的上海地区，传统的丝织业并未完全绝迹。明正德时尚有记载说："绫多出府城，东门尤盛，制作之精，为天下第一，虽吴门不及也。"[3] 同时还有一种丝织漆纱巾，出于松江府城，人称松江方巾。到明末崇祯年间，郡城中仍盛织绫，而且所织必择上等明亮蚕丝，用料为其他郡县的两倍，质地特别精良。[4] 这些丝绸织品，所用蚕丝毫无例外，都得从江南其他蚕丝产区贩之，这就是当时人所说的"蚕事未兴，贸丝皆他郡"。[5] 所贩之地以湖州为最，"吴丝衣天下，聚于双林，吴、越、闽、番至于海岛，皆来市焉。五月载银而至，委积如瓦砾"。[6] 入清以后，上海地区的手工丝织业并没有获得进一步发展，蚕丝贸易相应地也渐渐中落。地区内的缙绅巨室、富商大贾以及士子文人，所用绫罗绸缎大多购自江宁、苏州等地。当时城镇大量的绸缎店铺

---

［1］（明）王世懋：《闽部疏》。

［2］（清）叶梦珠：《阅世编》卷7《食货六》。

［3］（明）正德《松江府志》卷5《土产》。

［4］（明）崇祯《松江府志》卷6《物产》。

［5］（明）崇祯《松江府志》卷6《物产》。

［6］（明）唐甄：《潜书》下篇下。

中出售的大多已是苏缎、杭绸等等。到这时,蚕丝输入贸易基本上已为绸缎输入贸易所代替。

（3）食糖输入贸易。

上海地区在清代以前基本上没有甘蔗种植和榨蔗取糖。民间所用食糖皆赖外地输入。明代时,上海输入的食糖主要来自闽广、江西。闽糖主要产于泉州、潮州一带,当地"甘蔗干小而长,居民磨以煮糖,泛海售焉"。明嘉靖、万历年间,已能采用不同工艺熬制赤糖、黄糖、白糖、冰糖多样品种。当时,国内市场销售的蔗糖90%是来自闽广地区。上海消费的食糖同样也"产于江右、岭南诸郡"。它们千里迢迢贩至上海,质量上乘的每百斤合银3—4两。[1]

清初上海地区的食糖输入一度因郑氏据闽及三藩之乱而遭受阻碍。顺治年间,糖价一度涨到每百斤白银40两。但是,这种不正常局面并未长久,自康熙中叶以后,海禁开通,不仅闽广蔗糖由海路源源贩运来沪,而且台湾食糖也大量行销上海地区。台湾气候炎热,雨量充沛,极宜糖蔗生产。清前期随着大陆移民的增加和土地的垦辟,糖蔗种植日益扩大。康熙末年,台南打狗港一带,百余里旱地皆为蔗林。当时台湾府所属台湾、凤山、诸罗三县,年产蔗糖多达60余万篓,每篓重170—180斤,总计约1亿余斤。"全台仰望资生,四方奔趋图息,莫此为甚"。[2] 每到榨糖季节,糖还未出,商贾即向糖厂预定,糖一到手便装船起运。做此生意的多为福建泉、漳、厦门等地的商船。每当西南季风期,它们即从台湾满载食糖起航,驶向大陆各地。其中驶往上海的台湾糖船嘉道年间每年可达100艘以上,[3]若以每艘装载2000石相计,则仅是每年贩往上海的台湾糖至少可达20万担以上。当时台湾糖价,乌糖每担价银0.8—0.9两,白糖1.2—1.3两,运到上海后,每担可售至3—5两,除去贸易成本,每担几可获利白银两许。[4]

清前期广东蔗糖生产也很兴盛。有人估计清中叶时广糖年产量可达

---

[1]　（清）叶梦珠:《阅世编》卷7《食货六》。

[2]　（清）黄叔璥:《台海使槎录》卷3《赤嵌笔谈》。

[3]　Charles Gutzlaff: Journal of Three Voyages Along the Coast of China in 1831, 1832, & 1833, p184—185。

[4]　（清）黄叔璥:《台海使槎录》卷3《赤嵌笔谈》;姚贤镐:《中国近代对外贸易史资料》第1册,中华书局1962年版,第556页;（清）叶梦珠:《阅世编》卷7《食货六》。

4000万—5000万斤。[1] 其中尤以潮州澄海县一带最为著称。每当糖季来临，商贾即收买北贩。《澄海县志》记载："邑之富商巨贾当糖盛熟时（按，糖赤白不同，皆绞甘蔗汁煮成，惟澄人习此，故以煮糖佣工，雷琼等处甚多），持重赀往各乡买糖；或先放账糖寮，至期收之。有自行货者，有居以待价者。候三四月好南风，租舶艀船装所货糖包由海道上苏州、天津；至秋，东北风起，贩棉花、色布回邑。"这些北上糖船当时皆出粤海关所辖各税口，现存《粤海关志》税则记载表明，蔗糖始终是粤关各口北贩货物中的大宗，而且其中相当部分是贩往上海港。如潮阳正税口：如系糖船，载往上海者，收府担纹银四分，本担番银二分；神泉正税口：往上海乌糖，每担收银六分，其余税耗照黄白糖例，等等。是时，上海县城外黄浦江码头上，闽广糖船云集，所贩食糖除台湾糖外，还有广糖、漳箬青糖、漳赤白糖、小篓青糖、冰糖等等。时人称，"闽粤大商多在东关外，粤则从汕头，闽则从台湾，运糖至沪，所售动以数百万金"。[2] 如此看来，除台湾以外的闽广蔗糖每年在上海地区的销售规模也不会亚于台湾糖。两者合计，上海每年入口的蔗糖当在40万—50万担左右，可占当时闽广糖产的四分之一。若以每担值银4两计，合银200万两。不过这一数量巨大的蔗糖，并非都为上海本地市场所吸收，其中大部分还是经上海转口，转售苏州等腹地市场。以当时上海地区的人口及消费水平估计，上海地区本身的市场消费至多只及1/3，约15万担左右，合白银约为60万两。

（4）竹木贸易。

上海地区僻处海隅，境内除云间九峰等山丘外，素无崇山峻岭。很早以来，所需竹木大部分都得依赖外区输入。早在元代时，淀山湖畔的唐行镇已有大竹木商唐氏开设的竹木行，商贩竹木，市面甚为可观。入明后，上海地区人口增加，城镇兴起，公务繁杂。无论是官府搭厂修署，筑塘开河，起造巡汛战船；还是民间营造园林楼宇，起造市廛民舍，制作丧葬棺木，抑或沿海滨江居民打造船艘，无一不赖木竹，随之而来的木竹贩运也终于成为上海地区输入贸易中的一项大宗买卖。明代时，上海地区贩入的竹木主要来自湖广、江西、皖南

---

[1] 参见南京大学历史系明清史教研室、研究室编：《中国资本主义萌芽问题论文集》，江苏人民出版社1983年版，第386页。
[2] （清）王韬：《瀛壖杂志》卷1。

以及浙闽等地。如皖南徽州，地处"万山中，每年木商于冬时砍倒，候至五六月，梅水涨泛，出浙江省，由严州；出江南者，由绩溪顺流而下，为力甚易"。[1]当时的上海地区有众多从事竹木贸易的"木贾""竹商"以及竹木牙行。明后期松江城外的白龙潭就是一处有名的竹木贸易之地，所贮松杉堆积如山，买卖极为兴隆。松江府城西门外秀野桥一带，也是竹木行林立，生意兴盛。[2]　浙闽地方木竹贩运上海多走海路，由上海地区西南隅的海口柘林、漴阙验放入境，再经内河销于各乡镇木行。[3]

　　清前期，随着社会经济开发对竹木需求量的增大，竹木贸易较明代多有增长。当时的竹木输入近则来自浙、皖、赣诸地，远则出自四川、湖广、福建等地。其中走海路而来的浙、闽木材一般多是质量较高的大木。与明代不同的是，这些贩运之木主要收泊于浙江的乍浦海口，在那里加工成板材后再经内河转销上海各地。上海商贾亦有直接在乍浦开设木行，经营贩木生意。清中叶时，乍浦口岸每年的进口货物中，木材大致上要占到五分之二左右，大多商贩上海等苏浙各地。《乍浦备志》称，"木货自吾浙嘉、湖二郡并江南苏、松、常郡，所在棺料、屋料多取给焉。"当时的上海地区，无论是西部的松江府城，还是东北隅的嘉定县，东部的上海县，竹木行铺大小城镇比比皆是，其中尤以上海县城为最。清初康熙年间，松江府城四门内外至少有木商10家，竹铺商18家，油麻铺行14家，松杉板行6家，共计48家。而上海县城早在顺治年间就有木商39家之多，此外还有竹商8家。其他如闵行、新场、周浦、高桥等镇竹木商行也多则四五家，少亦两三家。嘉定县在康熙末年时县城内也有竹行5家，全县南翔、罗店、江湾等镇共有竹行17家之多。总计上海地区城乡各地，清代顺治、康熙年间至少已有大小竹木行铺150余家。[4]　估计到清中叶时数量一定还会更多些。按清初顺治年间的竹木价格，一根普通椿木值银0.33两，大篱竹一根价银0.12两，而一株建造房屋或作船桅之用的大木的价银至少可达几十两以至上百两白银，至于打造一艘像

---

[1]　（清）赵吉士：《寄园寄所寄》卷12。
[2]　（明）范濂：《云间据目抄》卷2《纪祥异》。
[3]　（明）崇祯《松江府志》卷3《镇市》。
[4]　参见上海博物馆图书资料室编：《上海碑刻资料选辑》，上海人民出版社1980年版，第105—113页。

样的航海沙船,所需的木料则达数千两之巨。[1] 若以清中叶嘉道年间竹木行铺数量较顺康年间增长一倍,再以每个行铺年交易竹木5000两的粗略估算,清中叶时上海地区每年的竹木输入贸易额大致上已可达白银150万两左右。

(5)茶叶贸易。

茶叶很久以来即为中国人民习惯之饮料。明清时代的上海地区,无论富家大户还是小康之家以至贫穷下户,几乎无不不同程度地饮茶。而上海本地除西境的云间九峰如佘山等处略有茶树,并有少量茶叶出产外,[2]所消费茶叶基本上都得取给于国内市场。其中有徽茶、苏茶、浙茶、武夷茶等等。每一类茶中,又有精粗、上下不同等级品种。其精好上品称为"芥片",如苏茶中的"峒山芥",历来品色优良,价格亦昂。徽茶中的松罗茶亦称佳品。武夷茶中的"建片"最为茶肆称道。浙茶中最著名的是"龙井",清初已有"色青味甘,其品绝高"之称,其他如宝云茶、香林茶、白云茶等也都为浙茶佳品。[3]

当时的茶叶贸易,武夷茶主要从厦门走海路贩至上海。《厦门志》载,嘉庆二十二年禁武夷松罗茶出洋,但是贩往江南、天津向由海运者在所不禁。其他各路茶叶贸易来上海,大多水陆兼运,其中尤以浙茶为最。清初时,松江府附廓华亭、娄县有茶叶商铺45家,每年售卖茶叶均赴浙江北新关领取茶引,再到茶叶产地照引采买,然后贩至松江府城拆零出售。康熙十二年前后,仅这两县的茶叶铺商每年从浙江贩入的茶叶即有600—700引,以每引400斤计,年贩茶叶约为2600余担。[4] 这还仅是清初松江府城的一地之数,若以清中叶整个上海地区10县1厅计之,每年的茶叶输入估计至少可达15000担以上,以每担价银30两计算,年贸易额可在45万两上下。

---

[1] 参见(清)曹家驹:《华亭海塘纪略》;《皇朝经世文编》卷48等。

[2] 佘山产茶,数量极少,而且基本上只是山主自身消费。如《阅世编》所载:"惟吾郡佘山所产之茶,所谓本山茶者向不易得。其味清香,大约与徽茶等,而购之甚难,非贵游及与地主有故交密戚者不可得,即得亦第可以两计,不可以斤计。"

[3] 参见(清)叶梦珠:《阅世编》卷7《食货六》;(清)杨光辅:《淞南乐府》;(清)康熙《杭州府志》卷6《物产》。

[4] 参见上海博物馆图书资料室编:《上海碑刻资料选辑》,上海人民出版社1980年版,第125—127页。

（6）豆饼、豆油贸易。

上海地区使用豆饼作肥料，至迟在明后期已经开始。《农政全书》已有用豆饼作为棉田基肥的记载。清前期，不独棉田即使水稻等农作物也普遍使用豆饼作为追肥。而且不只是富裕农民，即便连贫穷下户也多为之。[1] 故时有人说：“施肥以豆饼为大宗，以人粪、猪粪、河泥、垃圾为次要。”这些肥田豆饼除一部分产自本地外，相当一部分都得从关东等地输入。“沪之巨商不以积粟为富，最豪者一家有海舶大小数十艘。驶至关东，运贩油、酒、豆饼等货，每岁往返三四次”。[2] 这些从关东贩入的豆饼称为“大饼”，一般每个重60—70斤。此外还有经运河、过浒关而来的，称为“襄饼”，每个重24斤。农民从商贾处购得豆饼后，敲细撒于田内，每亩稻田约用40—50斤。[3] 清前期，上海地区耕地约为600万亩，若以每亩平均使用豆饼40斤计，年消耗豆饼即达240万担，若以其中1/3取自本地所产，则每年从外区输入用以肥田的豆饼即达160万担之多，加上用作喂猪饲料等其他用途，可能达到180万担，以嘉道时豆饼2000钱一担相计，年贸易额可达200万两白银。豆饼之外的豆油输入，数量并不很多。据后人追述，“昔咸同年间，沙、卫船来货以豆子居多，豆饼次之，油少数焉。故同业牙行曰豆行，又称饼豆行”。[4] 只是到以后的光绪中叶，沙船来货才转以豆油为主，豆饼业亦改称为油豆饼业。估计当时的豆油年贸易额最多也就是十数万两的规模。

（7）其他土产、百货商品的输入贸易。

以上这些大宗商品输入贸易外，明清上海地区每年还从国内大市场输入为数不少的其他土产百货。

瓷器。主要来自江西。明代时，江西瓷器“所被，自燕云而北，南交趾，东际海，西被蜀，无所不至，皆取于景德镇”。[5] 清顺治、康熙年间，江西至上海一度商路不通，瓷器不至。市面上瓷器价格顿时暴涨，而且所有之货还多为粗陋之品。一时间，民间所用器皿，富者多用铜锡，贫者则以竹碗、木碗代替瓷

---

[1]　参见（清）姜皋:《浦泖农咨》。
[2]　（清）王韬:《瀛壖杂志》卷1。
[3]　（清）姜皋:《浦泖农咨》。
[4]　《上海豆业公所萃秀堂纪略·营业之状况》，1924年印本。
[5]　（明）嘉靖《江西省大志》卷7《陶书》。

碗。康熙二十七年以后，江西局势平定，贸易恢复，江西瓷器大量贩至上海地区，民间所用粗碗每 10 只仅值白银 0.03—0.05 两。[1]

苎、夏、葛布。上海地区输入的苎布、夏布，产地很多。近如苏南、浙西，远为江西、福建、广东。输入之品，精粗不一，价格迥异。其中如福建石城县"夏布岁出数十万匹，外贸吴越燕亳间。赣州各邑皆业苎，闽贾于二月时放苎钱，夏秋收苎，归而造布"，行销江南各地。[2] 销于上海地区的葛布也有数种，其中出自浙江慈溪和广东雷州的质地最佳。明代时上品每匹价银 3 两，较次的也要 1 两数钱。入清后葛布贩入日益众多，价格也渐趋低落。康熙中叶，来自广东的上等葛布每匹也不过值银 0.5—0.6 两而已。[3]

纸。纸可以分为书写用宣纸、竹纸以及其他日常用草纸等。其中上等的宣纸、竹纸主要来自徽南和福建。福建竹纸中的"荆川太史连""古筐将乐纸"都是每年输入的大宗，明末时从福建贩至上海，75 张一刀，售价不过白银 0.02 两。清初三藩之乱，福建竹纸难至，市价顿昂。浙江竹纸乘虚进入上海市场。但时隔不久，三藩平定，福建竹纸又源源不断贩来上海，市价亦渐渐恢复如初。[4]

土产、药材。这类输入商品品种极多。其中有远自关东而来的人参、鹿茸，也有出自闽广的海参、鱼翅、燕窝、苏木、松子、茶油、香料、肉桂等等。这些土产商品价格昂贵，大多皆为富家大室消费。据西方人士斯尔估计，道光时，上海每年从闽广等地进口的土产、药材大约有：12 万担染料和药材，1800 担燕窝，2000 担海参，1700 担鱼翅，12 万担苏木和 3000—4000 担松子，值银约数百万两。[5] 当然，这些进口土产并不都为上海地区本身市场所吸收，相当一部分只是经上海的转口贸易而已，但它们毕竟已是当时上海地区国内大市场输入贸易的一个组成部分。

南北鲜果。明清上海地区的水果生产本来已品种不少，数量也甚可观。但由于地理条件限制，诸如梨、苹果、枣、荔枝、龙眼等南北鲜果上海地区并无

---

[1] （清）叶梦珠：《阅世编》卷 7《食货六》。

[2] （清）吴其濬：《植物名实图考》卷 14《苎麻》。

[3] （清）叶梦珠：《阅世编》卷 7《食货六》。

[4] （清）叶梦珠：《阅世编》卷 7《食货六》。

[5] 参见姚贤镐：《中国近代对外贸易史资料》第 1 册，中华书局 1962 年版，第 224 页。

种植,市场消费皆靠外埠输入。当时上海地区输入鲜果主要来自山东和闽广。由山东输入的主要是苹果、梨、枣等,一般皆由沙船经海路贩运。从闽广贩入的多是荔枝、枇杷等时令鲜果。时有记载说,"闽种荔枝、龙眼,家多不自采。吴越贾人春时即入赀,估讨其园"。[1] 估计每年贩入的南北鲜果数量也不会少。

海鲜、腌腊。主要是来自浙东沿海诸郡的各种海鲜鱼类以及腌晒海产品如黄鱼鲞、咸鱼、紫菜、海带等等。当时上海地区各城镇中多有专门的咸货行,即以专售此类腌晒海产品为业。此外,从山东胶州等地贩来的还有腌猪。史料记载,明代时华亭人杨登之为胶州知州,胶州腌猪"味美价昂,独松(江)人肯出善价,故所买最多"。[2] 清前期,苏北海州"土产粮、豆、腌猪、咸鱼,向来贩买畅销处所皆在苏松"。[3]

上述种种之外,其他诸如山陕、东北的毛皮、裘衣,福建的烟叶,苏杭等地的各种手工艺品,铜、铁器业所需的铜铁原料以及营建房屋、修造船只所需的桐油、苎麻、漆料等等,都为当时的上海市场所必需,并且在当时的国内大市场输入贸易中占有一席之地。[4] 这些名目众多的各种贸易货物,虽然以其各自的贸易额而言,还远比不上诸如前述的米粮、食糖、豆饼等项大宗商品,但总而计之贸易规模也不会太小,粗略估计年贸易额也当有数百万两白银。

（四）清前期上海地区的转口贸易

前述所论明清上海地区的国内大市场贸易,基本上只是仅就上海地区本身而言的国内市场关系,一般来说它并不包括上海地区的转口贸易,而就当时上海地区的国内贸易而言,这部分转口贸易却又是至关重要而且是不可或缺的。

转口贸易,顾名思义只是借助口岸的地理位置和运输条件的过境贸易。近代之前上海地区的转口贸易主要发生在清前期,尤其是乾隆年间以后。其

---

[1] （清）周亮工:《闽小纪·朴荔》。

[2] （明）李延昰:《南吴旧话录》卷3《政绩》。

[3] （清）包世臣:《安吴四种》卷2《青口议》;（清）许仲元:《三异笔谈》卷3《死有定数》。

[4] 参见（清）屈大均:《广东新语》卷14《食语》;（清）叶梦珠《阅世编》卷7《食货六》;（清）陈金浩:《松江衢歌》;（明）李绍文:《云间杂识》等。

贸易流向大致上可以分为腹地省份经上海口岸从海路向国内大市场的输出贸易,和沿海省份经上海口岸向腹地省份的输入贸易。在前一项中,贸易商路是内地水、陆路—上海—海路;而在后一项中,一般是海路—上海—内地水、陆路。转口贸易中的腹地省份不仅包括江南苏、浙、皖、赣,而且还远及长江中上游和中原地区;沿海省分主要是南方的浙江、福建、广东以及北方的山东、辽东之地。转口贸易商品相当程度上与前述上海地区本身市场的贸易商品不谋而合,融为一体,令人难以细分。其中经海路由上海转口,输向内地的主要有北方的豆麦杂粮和豆饼以及南方的食糖、土特产等等;而由内地经上海向南北洋各埠口输出的主要是米粮、茶叶、瓷器等土产和手工业产品。

1. 北方豆、豆饼杂粮等的转口贸易

如前所述,清中叶嘉道年间,北方以豆、豆饼以及其他杂粮土产为主体的商品,对上海口岸的贸易达到空前高潮。道光初有人说,数十年前,江浙海船赴奉天贸易每年仅两次,近年来则可来回四次。凡北方所产粮、豆、枣、梨南下江浙每年不下1000万石。更有甚者认为,仅关东豆麦每年抵上海者即可达千余万石。北方豆麦海运南下,清初已始,但那时不仅数量有限,而且乾隆以前,北船南来照例只准收舶刘河镇,至上海港者寥寥可数。另外,当时从河南、两淮等地贩运江南销买的豆杂等货,还得照例走运河而下,过淮关、浒墅关纳税。因此,直到乾隆末,上海北来豆货等的转口贸易实际上还不具备。

嘉庆、道光年间,不仅浏河淤塞,原来的北行沙船多改泊上海,而且原经浒墅关走运河的淮、豫等处豆船皆因内河关卡林立以及运河不畅,或者改由海运,或者经江北内河出长江口抵赴上海。由此而来,数量巨大的豆麦、豆饼杂粮等等,除一部分如前所述在上海地区销卖外,大部分即经上海转口分销江南各地。道光年间上海《饼豆业建神尺堂碑》云:"上海为卓通货贿之区,其最饶者莫如豆。由沙船运诸辽左、山东,江南北之民,倚以生活。磨之为油,压之为饼,屑之为菽乳,用宏而利溥,率取给于上海。"[1]当时上海一些有名的豆、饼商人除在上海县城设有行铺以外,往往还在江浙其他地方如杭州、苏州等处设立分号、分行,销售所贩豆粮。如嘉道年间,上海船商王文瑞在上海县城开有

---

[1]《饼豆业建神尺堂碑》,上海博物馆图书资料室编:《上海碑刻资料选辑》,上海人民出版社1980年版,第282页。

行号,设有仓栈,贩卖的大豆、豆饼等货有相当一部分运至杭州出售。[1] 清前期,江南农村已惯用豆饼作肥料,这些豆饼很大部分也经由上海转口。如浙江双林镇,所用"大豆,以制豆酱、豆腐,由上海、无锡输入,岁销之数可四千担;豆饼来自上海,为粪田之肥料,并以饲鱼饲猪,岁值约银二万元"。[2] 其转口最远者可抵闽广。其中有一部分是闽广商船从上海回棹时购买载回,也有一部分是由商人从上海先贩至浙江乍浦,再售卖于从乍浦返回的闽广商船。《乍浦备志》称其为:"布匹外,牛骨、豆饼较多……豆饼乃关山东船带至上洋(海),乍浦又从上洋办来,转售于客商……装载布匹者,闽广船及温、台州船俱有之。豆饼、牛骨二物则闽船装载为多"。估计在当时入口上海的千余万石豆、豆饼、杂粮等北货中,至少有一半以上是从上海口岸过境的转口贸易。

2. 稻米转口贸易

明清时期的上海地区,本地产粮不敷自给,多赖湖广等地接济。但当时的江南以至东南沿海,米粮不足以自给的并非上海一地,其他如浙江、福建等处亦同样如此。浙西由于有运河直通苏南,故"浙西一带地方所产之米,不足供本地食米之半,全藉江西、湖广客贩米船,由苏州一路接济"。[3] 而浙东、福建濒临大海,米粮多由上海等地转口贩运。如浙江镇海每逢鱼汛,千樯云集,商客、水手口粮俱食于镇市。不足部分皆由米牙赴江苏采买,相当部分皆由上海转口。福建早在明代时已是"稻米益乏,皆仰给于浙、直海贩"。入清后虽有台湾稻米接济,但经上海等处转口的湖广米仍是其进口大宗。"福建之米,原不足以供福建之食,虽丰年多取资于江浙,亦犹江浙之米,原不足以供江浙之食,虽丰年仰给于湖广。数十年来,大都湖广之米,辏集苏郡之枫桥,而枫桥之米间由上海、乍浦以往福建"。[4] 嘉庆年间,枫桥一带有米行200余家,它们不仅经营苏州的食米供应,而且还把米谷运往上海、乍浦,再从那里转销浙闽。[5]

---

[1]　《上海王氏家乘》。

[2]　民国《双林镇志》卷17《商业》。

[3]　《清高宗实录》卷314。

[4]　(清)贺长龄:《皇朝经世文编》卷44。

[5]　中国第一历史档案馆藏:军机处档案·录副奏折·关税类,嘉庆二十年十一月十六日,两江总督百龄奏疏。

清前期，政府对米粮出洋贸易限制甚严，上海向浙东、福建等地的米粮转口贸易，往往被视为偷漏出洋之举而得不到合法地位。如前述康熙年间，崇明县产米不足，食米仰给上江诸郡，地方政府核定贩米船艘及贩运数额，最主要的原因也就是防止县民贩米出洋。而当时地方上每遇米价腾贵，地方官吏对此的解释往往就是"贪利之徒贩米出洋"。即使朝廷往往也多认为，上海一关，为米石出洋之所，兵役等通同卖放，以及地方官之幕友、长随阴为包庇，皆所不免。而米价骤贵，皆因江海关海禁不严。因此严申江海关杜绝米石偷漏。[1] 然而，申禁尽管申禁，由于客观经济条件所决定，上海地方的米粮转口贸易始终是禁而不止，依然如故。只是由于它们一直处在那种不甚合法的贸易环境下，其贸易规模和数量可能不会很大。

3. 闽广食糖、土产向腹地省份的转口贸易

清前期海禁开通后，闽广商船视赴沪地为常事。康熙五十七年，清政府进一步议准江南、浙江等五省贸易商船从事沿海贸易均在收泊口岸海关纳税。当时的上海口岸主要收泊南来的闽广商船，故"沪关常税，其初全系福建、广东所产之乌糖、白糖及药材等货"。延至清中叶的嘉道年间，每年从闽广运来上海口岸的食糖、土产价值可达白银四五百万两之多。这些糖货、土产运至上海，相当部分又再运向腹地省份，特别是向当时的东南都会苏州转口。以糖为例，台湾所产乌糖，按不同等级各有固定销处。其中色赤而松者，于苏州发卖，糖湿色黑者于上海、宁波、镇江诸处行销。这里所说的于苏州发卖，即是指先将糖运抵上海糖行，再由内河小船转运至苏州。《台海使槎录》称，台湾海船"载糖、靛、鱼翅至上海，小艇拨运姑苏行市"。虽然从台湾贩糖至苏州，先经海路，又经内河转口，合计运费每篓要白银 1 两以上。但由于苏州糖价高于上海，市场需求又大，故商人贩糖至苏州仍然获利不浅。其他如广东潮州糖船贩糖"由海道上苏州"，同样是由上海转口。估计道光时上海每年进口约 50 万担糖货中，至少有 2/3 属于转口贸易。

糖货之外，闽广海船贩至上海的土产，如海参、鱼翅、燕窝之类除了在本地市场有少量消费外，大多亦转口至苏州、南京以至更远的腹地省份。故当时有

---

[1] 《清仁宗实录》卷217。

人说"闽广商船亦以糖货为大宗。所有洋布、呢羽等货,向在苏州售卖,上海行销本不甚多"。"江苏以北腹里各省,所需糖斤南货,悉由闽广沙船运至上海转运"。[1] 此外,那些从上海回棹关山东等地的北洋船,载回的货物除棉、布、茶、纸、绸缎等货物外,也有来自闽广的糖货土产,而每年从长江以及各个支流埠岸来到上海的商船回航时也贩回数量众多的南洋货物。这一闽广土产糖货向腹地省份的转口贸易估计大致上可以达到同时期上海口岸同类进口货物量的2/3,其价值约在300万两左右。

4. 腹地省份土产、百货向南、北洋的转口贸易

清前期上海口岸的转口贸易,不仅包括南北沿海省份商货经上海向腹地省份的销卖以及南北洋货物在上海的交换,而且还包括长江流域腹地省份土产百货经上海向南北洋各地的转口贸易。其主要货物品种有茶叶、磁器、纸、丝绸等等。如清初康熙四十九年六月间,上海县船户张元隆,装载各客商布匹、瓷器等货,价值白银数万两,往辽东贸易。同年十一月,又有华亭县船户张永升,揽装客商茶叶、布匹、碗等货,前往关东贸易。[2] 其中瓷器、茶叶等货无疑都为浙赣商人借道上海的转口贸易。嘉庆以前,封建政府曾规定,商船从上海出发"应准出洋与不准出洋者,本有定例。如茶叶、米石等项,皆于严禁"。[3] 对腹地省份某些货物的转口贸易还恪守一种貌似严厉但形同空文的禁运政策。而到嘉庆末道光初,黄河决口影响运河通航,致使大量原走运河的客商,从苏浙等腹地贩运茶叶、瓷器等货到北方,均从上海转口。同时清政府面对运河颓势也不得不放松原禁茶叶等货海运北上的限制,[4] 腹地省份经上海向沿海各地的转口贸易进一步发展。道光五年,河南巡抚程祖洛说道:"惟臣同乡贩运茶叶赴京暨关东售卖,向系装至江苏上海县,雇觅沙船运送……每年正、二月雇船,则二、三月出口,五月雇船则小暑前出口。"[5] 道光年间,从长江及其支流各个口岸每年来到上海的船只约有四、五千艘,它们载来各种内地货物供南北洋海船贩走。其中南方闽广海船载回的有"布匹、纱、

---

[1] 《筹办夷务始末》道光朝,卷27。

[2] (清)张伯行:《正谊堂文集》卷1《海洋被劫三案题请敕部审拟疏》。

[3] 《清朝续文献通考》卷29《征榷一》。

[4] 参见(清)光绪《大清会典事例》卷630。

[5] 贺长龄:《皇朝经世文编》卷48《户政·漕运下》。

缎、枲、縣、凉暖帽子、牛油、金腿、包酒、惠泉酒"等等。[1] 此外还有如海门、南通等地的棉花,浙西的蚕丝,苏杭的绸缎,以及其他各地所产的如篓、筐、木炭、煤、木料、烟草、石膏、生漆、纸伞、席子、灯笼、布袋、水果等等,经上海口岸而转运沿海各地。[2]

以上所述足以说明,近代以前的上海口岸已经成为当时的中国南北之间,沿海和腹地之间商品流通和交换的枢纽和大商埠。转口贸易本身亦构成上海口岸国内埠际贸易的一个重要内容。至清中叶的道光年间,这一转口贸易额,估计大致可达白银 1000 万两。其数量之大,贸易商品种类之繁多,已足可以同上海地区本身的国内大市场贸易相抗衡。

第三节　鸦片战争前上海地区的国外市场及其对外贸易

（一）　明代上海地区的对外贸易

上海地区的对外贸易有着悠久的历史。如第一章所述。唐宋时,青龙镇已是江南重要的贸易海口岸。元代时,江南民间私造海船贸易东亚各国,也多从上海出入。不过当时上海地区本身似还没有什么特别出产可以行销海外,其本身的对外贸易还十分微弱。

元末朱元璋平定江南之初,已经注意到对外贸易。吴元年即在今上海所辖的黄渡镇最早设立了市舶提举司。[3] 所赋职责为"掌海外诸番朝贡、市易之事,辨其使人表文、勘合之真伪,禁通番,征私货,平交易,闲其出入而慎馆穀

---

[1]　黄叔璥:《台海使槎录》卷 2《商贩》。

[2]　参见(清)褚华:《木棉谱》;《皇朝文献通考》卷 33;姚贤镐:《中国近代对外贸易史资料》第 1 册,中华书局 1962 年版,第 554—556 页。

[3]　黄渡位于吴淞江中游。以往不少研究者多把明初黄渡市舶司所在地归为太仓刘河镇,实属误解。查之史籍,可知刘河镇以及太仓,历史上未曾有过黄渡其名。称为黄渡的仅吴淞江中游一处。其地元代时已"民物日盛,商贾日集",设有市舶司。朱元璋设市舶于黄渡,乃因袭元制而已。参见《黄渡镇志》。

之"。[1] 其主要目的还仅是与海外诸国朝贡贸易。

　　明王朝建立后,朱元璋一面下诏遣使宣慰海外诸邦,另一方面对海外贸易,包括朝贡贸易在内,却采取了一种不甚了了的姿态。洪武三年,以黄渡离京城太近,番夷不宜导入内地为由,罢废黄渡市舶。另在浙东明州(宁波),福建泉州,以及广东广州三地新设市舶。与此同时,洪武四年又下令严禁沿海人民私自出海。不久,干脆将刚设不久的浙、闽、广三处市舶司也一并撤销,所事职责改由地方政府掌管。此后,洪武十四年、二十七年又多次申令,凡私自下海与诸番互市者必绳之重法,并且蛮横地禁止民间使用番货。[2] 成祖即位以后,永乐元年恢复浙、闽、广三处市舶司,并且下令太监提举市舶,努力经营朝贡贸易;此后又多次遣中官下西洋。但即使这样,明成祖对私人的对外贸易仍例有严禁。宣德朝以后,下西洋之举被废,唯一具有合法外贸地位的仅为规模有限的朝贡贸易而已。然而,尽管政府禁海,但实际上沿海民间私人贸易一直或明或暗断断续续地进行着。《筹海图编》说得很明白,"国朝明禁,寸板不许下海,法固严矣。然滨海之民以海为生,采捕鱼虾,有不得禁者则易以混焉"。

　　上海地区虽然早在洪武初已有黄渡市舶司,但有明一代,北有刘河镇,称为天下第一码头;南则有乍浦、宁波,其中乍浦"番舶往来,不能尽如禁,率泊近岙私与内豪市",[3] 而宁波历为朝贡贸易之所在,港外双屿岛又是民间走私贸易的集聚之处。因此,上海作为一个外贸港口,其地位不仅不如闽广,亦难以同两翼的刘河镇、宁波相比。但尽管如此,自明中叶后,受沿海其他地区的影响,上海的对外贸易还是稍稍有所起色。谈迁在《枣林杂俎》中谈及,"闽粤人专贩海,今延及浙直,自太仓、崇明出洋"。上海人李绍文在《云间杂识》中也说,"近来(万历年间)中国人都从海外商贩,至吕宋地方,获利不赀,松(江)人亦往往从之。万历三十七年,焦慎吾偕一仆商于彼,归而渡海,为六月十八日"。其中,上海地区沿海的东北五乡,尤为海商驰骛之地,那里居民不仅常在近海之地与番船私自贸易,为之运薪送米,而且往往还随船出洋贸易。[4] 所去之处,除南洋外,主要是日本。明人谢肇淛万历时说,"今吴之

---

[1] 《明洪武实录》卷139、232。

[2] 《明洪武实录》卷139、232。

[3] (清)乾隆《乍浦志》卷6《外纪》。

[4] 参见(明)徐阶:《世经堂集》卷23《复张半洲总督》,《与周石厓抚院》。

苏、松,浙之宁、绍、温、台,闽之福、兴、泉、漳,广之惠、潮、琼、崖,驵狯之徒,冒险射利,视海如陆,视日本如邻室耳。往来贸易,彼此无间"。商民出海商贩大多结伴而行,有时同行者可达百十人之多。万历三十一年,松江府城西东塔街居民陆某,出海商贩,同舟共行者有 120 人之多。[1]

明代上海地区对外贸易中,最主要的外销商品还是棉布,它们在海外有着极好的声誉。早在明初郑和下西洋时,船队所携货物中已有上海地区所产的"土布""土印花布"。[2] 民间海上贸易兴起后,棉布更成上海地区销往外洋的主要商品。明人姚士麟《见只编》有段记载极能说明问题,"大抵日本所须,皆产自中国。如室必布席,杭之长安织也;妇女须脂粉、扇、漆;诸工须金银箔,悉武林造也。他如饶之瓷器,湖之丝绵,漳之纱绢,松之棉布,尤为彼国所重"。万历时,国内市场仅值白银 0.2—0.3 两一匹的棉布运到日本长崎等地竟可售至 50 两一匹。[3] 如此惊人的高额利润,难怪海禁再严,海浪再险,商贾们还是趋之若鹜了。明代上海地区从海外市场贩入的商货主要是本地不能出产的各种香料、香货。诸如沉香、胡椒、苏木、黄蜡、紫梗、藤黄、玳瑁等等。但总的来说,明代时即以全国而言,沿海外贸规模也并不很大。明后期隆庆年间海禁开放时,有人估计"五方三贾,熙熙水国,捆载珍奇,所贸金钱,岁无虑数十万"。而据今人田汝康先生估计,万历中期全国海外贸易额不过白银 100 万两。[4] 当时的上海地区虽然同国外市场已有一定联系,但同国内其他地区相比规模还较小,估计最盛年间的年贸易额最多也就是十几二十万两白银的规模。它们在整个市场贸易中的地位和作用无疑还是甚为有限的。

(二) 清前期上海地区的对外贸易与国外市场

清前期上海地区的对外贸易及其国外市场较之明代发生了令人注目的变化。首先,自康熙中叶海禁开放后,上海与东南亚及日本等地传统的海外贸易

---

[1]　参见(明)谢肇淛:《五杂俎》卷 4《地部》;(明)李绍文:《云间杂识》卷 3。

[2]　(明)费信:《星槎胜览》。

[3]　参见黄启臣、邓开颂:《明清时期澳门对外贸易的兴衰》,《中国史研究》1984 年第 3 期。

[4]　(明)张燮:《东西洋考·序》;田汝康:《十五至十八世纪海外贸易发展缓慢的原因》,《新建设》1964 年第 8、9 期合刊。

为政府所允准。康熙二十四年,在上海设立的江南海关的税则中已明文载定"凡安南商船货税,进口、出口俱以七折征收;东洋商船货税,进口以六折征收,出口不论货物,概收银120两"。[1] 乾隆中叶,清政府下令,今后外国商船只准收泊广州一地,不得违例逾越江浙洋面。但此项禁令实际上也只是针对西方商船而发,至于日本及东南洋诸国商船来往于广州之外的厦门、上海等地,在所不禁。故《上海县志》称,"闽粤辽沈之货,鳞萃羽集,远及西洋暹罗之舟,岁亦间至"。《上海朱氏族谱》也说:"松江为濒海都会,领属七而上海为壮县,城临黄浦之上,去吴淞口不一舍,国家设关以榷商税,海舶估帆源源灌输,旁海诸国及奉天、吉林、闽粤百货殷辚骈坒,水陆辐辏。"乾隆时,暹罗有80—90艘属于当地华侨所有,专事商贩中国沿海各港的海船,其中大约有24艘即专门往来于暹罗和以产丝、布,茶著称的宁波、乍浦、上海之间。[2]

除外国商船前来贸易外,本国海船亦商贩海外。其直接通商的范围主要为日本、菲律宾、新加坡、婆罗洲、麻六甲、爪哇、安南、柬埔寨、暹罗等地。前往日本的商船多称"南京船"。日人米泽秀夫在《上海史话》中说,日本有史料记载,元禄享保以来(18世纪初)即不断有南京船出海渡航到长崎。这些南京船主要是从上海启航前往日本。当时日本的"和汉三才图会"中已经记载了上海港这个地名。国内也有史料记载,"茸城(松江府城)去海不百里,寇盗出没,海禁甚严。迩来鲸浪已息,往来贸易者概驰其禁,于是商贾及豪富之家,竞装巨舰,东至日本,遇便风不数日可到彼土"。[3] 元禄元年(1688年)日本对赴日贸易华船配额为每年70艘,其中上海地区占10艘;30年后,贸易华船配额减至30艘,而上海、福州、宁波三地仍占21艘。19世纪30年代末,中国沿海贸易于东南亚各国的商船大约有200艘左右,其中往返暹罗、安南、菲律宾的约为124艘,而上海和宁波已占了45艘。[4] 上海地区同新加坡的直接贸易约起于19世纪30年代初,1830年在抵达新加坡的9艘中国商船中,已有2

---

[1]　(清)嘉庆《上海县志》卷5《关榷》。
[2]　姚贤镐:《中国近代对外贸易史资料》第1册,中华书局1962年版,第59—62页。
[3]　(清)董含《三冈识略》卷8《日本刀》。
[4]　姚贤镐:《中国近代对外贸易史资料》第1册,中华书局1962年版,第59—62页,76—79页。

艘来自上海。所载 200 吨货物中,除上海所产的各色土布外,还有各种陶器、砖瓦、羽缎以及干果,价值 3 万—4 万银元。值得注意的是,随船而往的还有几十名准备移居海外的中国居民,他们极有可能就是被贩出洋的华工。《南汇县志》记载,"借鬻僮扎人者,择狡猾童子,假为父子、甥舅,勾彼地奸民为保,市诸谨愿之家,数日逃归,反诬其死,故与索人。更诱良家之弟鬻诸洋船闽粤商人,致终身为异乡奴隶"。1840 年,中国至新加坡的贸易商船已增至 150 艘之多,年输入货物总额 200 多万银元。虽然现在还缺乏资料证明其中有多少来自上海,但从其进口货物品种分析,上海同新加坡的直接贸易应该也呈现为增长的趋势。[1]

清前期上海对亚洲各国出口的商货除了腹地以及邻近区域转口的丝、绸缎、茶叶、纸、瓷器及土产等货外,本地区主要的出口商货仍是各色棉布,包括本色布、紫花布、青蓝布等等。这些棉布不仅从上海直接贩运出洋,有些还经闽广商人收购后转口贸易于海外。[2] 大约从 18 世纪 30 年代至 19 世纪 30 年代,上海棉布还大量地向英、美等西方国家出口。

清前期上海棉布向西方国家输出的主要品种是紫花布。上海地区在明代时属南直隶,即西方人称之为的"南京省",因此产于上海一带的紫棉花以及用紫棉花织成的紫花布又常被西方人称之为"南京棉"和"南京布"。[3]

清前期,即使在清政府限令只对西方商船开放广州一口之前,西方商人实际上也没能到上海口岸直接贸易。当时上海棉布向西方国家输出的贸易渠道,是先由闽广商人将棉布运到广州,售于行商,再由行商转售西方商人。

史料记载表明,上海地区紫花布的销售自雍正年间闽广商人收购后转盛。而在此同时,1736 年,紫花布即首次出口西方国家。1734 年,英国东印度公司通过广州行商试探性地订购 100 匹南京布,约定 90 天后付银交货,后因某种原因,这首批棉布未能及时运到。但是东印度公司的商人已经了解到,这种用紫棉织成的真正南京布,不仅质地精良,颜色久洗不褪,而且价格亦低于广州

---

[1] 参见姚贤镐:《中国近代对外贸易史资料》第 1 册,中华书局 1962 年版,第 66—70 页。

[2] (清)道光《厦门志》卷 5《船政略》。

[3] 参见拙文《"南京棉"和"南京布"小考》,《历史教学》1986 年第 8 期。

土布,为广州土布所望尘莫及。1736 年,东印度公司经过再次努力总算又订购到一万余匹南京布,并且首次运回英国 896 匹。翌年,该公司再次订购一万匹,运回 9370 匹。此后三四十年中,东印度公司商船每年运回英伦三岛的南京布,少则几千匹,多达数万匹,一般为每年 2 万匹。不过,直到 17 世纪 80 年代之前,每年一直没有超过 10 万匹。[1]

除英商之外,贩运较晚但后来居上的是美国商人。1784 年,美国商船"中国皇后号"首航中国,返航时载回的货物中已有 864 匹南京布。[2] 以后,美国商船不断来华。6 年后输出的南京布已达 16.6 万匹之多。1798 年更是急剧增加到 150 万匹,超过同时期东印度公司和港脚(散商)商人贩运的总和。据 1801 年的统计,当时美国从中国进口的南京布已能使平均每 4 个美国人就能分到一匹。难怪美国人马士后来要说,"在整个 18 世纪以及 19 世纪初,棉布不是从西方流向东方,而是从中国流向西方。人们形象中提供给我们祖先的那种小布就是'南京布'"。[3]

美国商人的贩运在 1819 年达到高峰,该年输出的南京布多达 293 万匹,为同时期英商贩运的 6.86 倍。这些数量巨大的南京布不仅贩至美国本土,而且远销欧洲、南美等地。英美之外,当时来广州贸易的其他西方国家的商船,如荷兰、丹麦、瑞典、法国、西班牙等等,其回程货物中无一例外的、也多少不等地购买有南京布。这些西方商人都不无一致地评价南京布无论是质地还是价格都大大优于英国曼彻斯特出产的棉布。因此,在 19 世纪初西方近代机器棉纺织业尚未成熟以前的百余年中,经广州口岸向西方国家输出的南京布,始终是当时广州出口货物中仅次于丝、茶的第三大宗出口商货。出口数量的历年递增,使南京布价格也不断上涨。18 世纪 30 年代初出口时,每匹价格仅为白银 0.35 两,而到 19 世纪 20 年代,最高已涨至 0.7—0.8 两。图 4-3、4-4 即为根据资料整理的历年经广州口岸销往西方国家的南京布的数量变化以及价格变动。

---

[1]　参见 H. B. Morse：The Chromicles of the East India company Trading to China, 1634—1834, Vol,1—4.

[2]　参见李长久、施鲁佳：《中美关系二百年》,新华出版社 1984 年版,第 3 页。

[3]　H. B. Morse：The International Trade and administrotion of the Chinese Empire, p282.

棉布
（万匹）

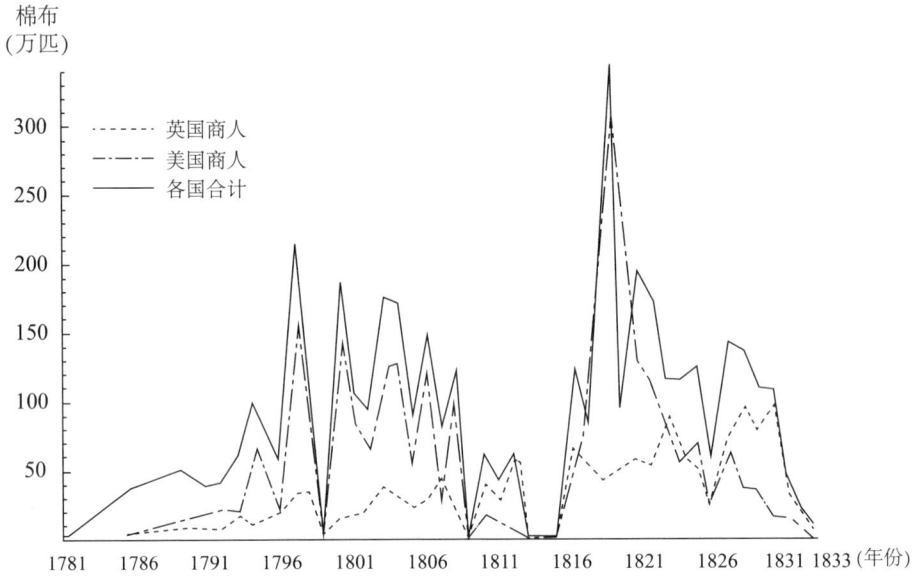

图 4-3　1781—1833 年西方国家从广州出口南京布

资料来源：H. B. MORSE：The Chronicles of the East India Company Trading to China，1634—1834，Vol Ⅰ—Ⅳ

银两

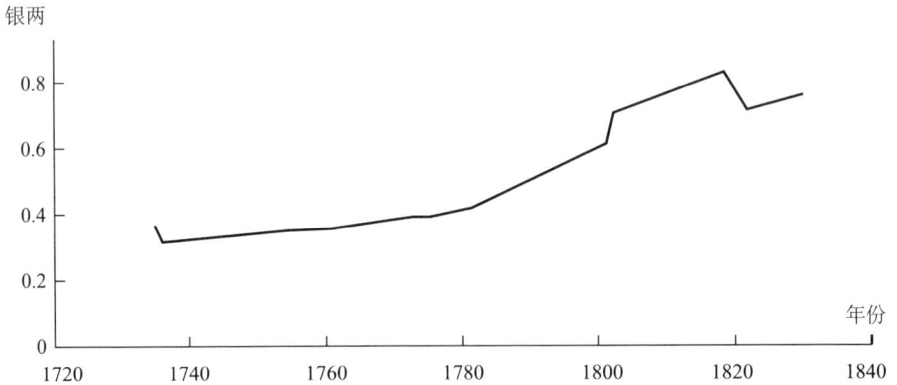

图 4-4　1734—1833 年广州口岸南京布价格变化

资料来源：H. B. Mrose：The Chronicles of the East India Company Trading to China，1634—1834，Vol Ⅰ—Ⅳ

从图 4-3、图 4-4 可以看出,自 1795 年南京布出口首次超过 100 万匹以后,到 1830 年止共有 20 年,每年的输出额均在 100 万匹以上。其中 1819 年高达 335.9 万匹。总计出口量较大的 50 余年间,出口总额已在 5000 万匹以上,平均每年将近 100 万匹,若以每匹值银 0.5 两计,价值白银 50 万两左右。其中美国商人购买位居第一,许多年份均超过 100 万匹,最多的 1819 年竟高达 293.2 万匹。而素有纺织王国之称的英国虽然贸易最早,但输出的数量远不及美国,最多的 1829 年也仅为 96.1 万匹。这说明南京布最大的国外销售市场不在英伦三岛,而是在美洲。

此外,从上图我们还可以看到,南京布的出口具有一种周期性的起落。在一年的大量出口之后紧接而来的往往是来年的出口量锐减,随后又是上升。这一态势表明西方国家对南京布的需求弹性较为稳定,市场容量有限,并不具有一种日益扩大的趋势。而在表面上的出口景气中实际上已经隐伏着一种日后中落的因素。

上述经广州口岸出口西方的南京布有一些也许并不完全来自上海地区。因为有记载说,南京布因最初出产于南直隶而得名。广州和中国其他各地以及东印度群岛也织造此布。[1] 因此,当西方商人向行商订购时,有些行商有时会以假货予以搪塞。所以西方商人在订货合同中往往要特别注明购买真正的南京布。订购这种南京布交货周期一般都较长,短则 3 个月,长的达 300 多天。可见它们大部分都是来自路途遥远的江南上海地区。

从 19 世纪 30 年代起,随着西方国家近代机器棉纺织工业的成熟和产量的增加,棉布国际贸易流向终于发生了根本变化。南京布向西方国家的出口不仅就此终结,而且西方国家大量的机制棉布从此亦如潮水般地涌进中国市场。

清前期上海地区的对外贸易,既有棉布等商品的对外输出,也有各种海外商品的输入。这些输入商品有些来自上海的直接对外贸易,有些则来自闽广商人的间接转口。早在康熙中叶江海关设立后不久,已有人说,"设海关于上海至今十五年矣。洋货及闽广货物俱在上海发客,小东门外竟为大码头"。[2] 这里所说的"洋货",按同时代人屈大均的解释,"出于西南诸番者曰

---

[1]　参见彭泽益《中国近代手工业史资料》第 1 卷,三联书店 1957 年版,第 246—247 页。
[2]　(清)姚廷遴:《历年记》。

洋货"，即为国外输入之商货。据当时江海关的登记，"来自新加坡、麻六甲、槟榔屿、爪哇、觉罗、苏门答腊、婆罗洲等地的船只，运来各种欧洲货品和从红海、波斯湾或印度洋及波里尼西亚群岛运来的鸦片、火石、胡椒、鱼翅、鹿角、洋红、皮张、钉子、豆蔻、靛水和干靛、海参、燕窝、珍珠母、贝壳、玳瑁、象牙、糖、甘蔗、槟榔、苏木、乌木、铁、铅、金线以及作船桅的圆木、装饰木及香木，还有染料和药材"。[1] 闽广商船贩来的洋货除了东南亚各国的土产，还有不少来自西方的呢绒、羽纱、宽布、眼镜等洋百货。嘉庆年间，上海县城东门外已有专事洋货买卖的商行，所聚集之地称为洋行街。当时的上海已有"小广东"之称，"洋货聚集，有洋商四家半"。县城外的黄浦江已为洋货驳船停泊之所。[2] 海外贸易的发展使得外国银洋在上海地区也日渐流通。"洋钱自嘉庆间仅行闽广。苏松则以贸易故，洋船来不得不用"。[3] 当时上海县城以及一些较大城镇的店铺中已有各种舶来品出售。《淞南乐府》称："淞南好。新浴晚凉天，日本花巾胸沃雪，暹罗簌管口喷烟，簾阁出天仙。洋花布手巾出日本，非华人所能仿制。暹罗簌烟管，黄质黑章粼鍽纤细，难至而易售，价值大昂。"所谓"世俗物用都以自洋来者为贵，无论物产何地，美其名则加一洋字示珍也。更可笑者，贵游豪侈，一切奢丽生色，亦争艳之为洋气云"。[4] 社会风气的这一变化从一个侧面反映了当时的对外贸易对社会经济生活的影响。

清前期上海地区的对外贸易中，除了上述一般的民间贸易外，还有两项特殊的，由官府控制的洋铜贸易和鸦片走私贸易。

铜材历为中国古代货币铸造及日用器皿制作重要原料。大约从明中叶起，由于国内铜需求量日益增大，国内产铜渐渐不敷供应，国外铜材输入增多，其中尤以日本为最。但当时输入贸易的主要口岸还在福建漳州。清王朝建立后，国内共设钱币铸造局 21 处，加上民间铜器制作，国内云南等地铜矿所产远不足敷用。不足之数主要由日本输入的洋铜弥补。清前期得到政府特许，能与日本进行洋铜贸易的口岸只有浙海关所辖的乍浦和江海关的上海。"康熙

---

[1] 参见姚贤镐《中国近代对外贸易史资料》第 1 册，中华书局 1962 年版，第 554—555 页。

[2] 李星沅：《李星沅日记》，上海人民出版社编：《清代日记汇抄》，上海人民出版社 1982 年版，第 207—208 页。

[3] （清）曹晟：《夷患备尝记》。

[4] （清）胡式钰：《窦存》卷 3《事窦》。

六十年议言鼓铸铜斤,惟需东洋条铜。而洋铜进口船只俱收江、浙二海关,是江、浙为洋铜聚集之区,见在八省分为铜数,俱在江苏、浙江购买"。而福建、广东两地商船虽也来往日本贸易,但按照成例"闽粤洋商向不办铜"。[1]

　　清前期上海、乍浦两口对日本的洋铜贸易,乾隆时官方定为每年 200 万斤,但实际数额屡有变化。康熙、雍正年间,日本产铜较盛。据日人估计,康熙中、后期日本每年外流之铜高达 890 万斤之多,其中除一部分为荷兰等国所购外,大部分都流入了中国。以后,由于日本铜产量下降,政府应以限船、限额的贸易政策,洋铜流入中国逐渐减少。雍正初,上海、乍浦两口岸每年往日本从事洋铜贸易的商船 36 艘,每船载铜约 9.5 万斤,年贸易量约为 350 万斤左右。其中,上海口岸,船约 18—19 艘,进口铜约 180 万斤左右。雍正 6 年后,每船载铜降至 7.5 万斤,36 艘船合计贸易量只有 270 万斤,其中上海进口约为130—140 万斤左右。[2] 洋铜进口的减少使贸易船只运载能力过剩。雍正以后,铜商纷纷请求减少运船,到乾隆中叶已减至 15—16 艘,年额办洋铜也最终降至 200 万斤。

　　清前期上海、乍浦口岸的办铜商人称为铜商,内分官商、额商两种。官商系政府委定,康熙时专以内务府商人充任。他们在办铜之前先从官府领取铜本银,并以铜本银办齐易铜之丝、绸缎,然后过洋贸易,所办之铜尽数交官。额商是领有贸易许可证,但不领官帑铜本的民间商人。其贸易之铜一般按对半分成或四六分的比例,一部分由官府按预定价收买,另一部分则由额商自行上市以市价售卖。由于当时铜的市价一般总高于官定收购价,故铜商中额商人数也较官商为多。[3] 乾嘉年间,以上海为基地的贸易铜商中一直只有一名官商,每年额办洋铜 50 万斤。由于当时市场铜价节节上涨,而官府所给铜价又压抑甚低,官商"连年赔累,屡次求退"而"无人愿充"。[4] 到鸦片战争前夕的嘉道年间,上海口岸的洋铜贸易,包括官府收购与民间自售,每年的进口量不会超过 100 万斤,以当时官价每百斤白银 19 两计,合银 200 万两左右,若以市

---

　　[1]　参见《续文献通考》卷 17《钱币考》;《皇朝文献通考》卷 17《钱币考》。
　　[2]　参见《皇朝文献通考》卷 15、16《钱市考》。
　　[3]　参见《皇朝文献通考》卷 15、16《钱市考》。
　　[4]　中山大学历史系中国近代现代史教研组、研究室编:《林则徐集·奏稿》上册,中华书局1965 年版,第 216—217 页。

价25两计则值银250万两。不过这些洋铜在官府收购后，真正能流入民间市场的恐怕只是其中一个较小的部分。

清前期上海的洋铜贸易虽然是处于封建官府统制之下官方性质的贸易，但由于贸易商人驱舶东渡时可随船携带各种国内商货前往贩卖，而回棹时除洋铜外又可捎带其他商货，它们往往还可以享受免税之遇。因此它在对外贸易中的实际地位和作用已远远超过了洋铜贸易本身；铜商和铜船的实际对外贸易额必定也大大超过贸易洋铜之数。

综合前面所述，估计鸦片战争前夕，上海口岸直接、间接的对外贸易总额高峰年间大致上每年已可能达到300万—400万两白银的水平。而如果没有封建政府的各种限制，对外贸易的规模可能还会更大些。

鸦片走私贸易是近代以前上海地区一项肮脏的对外贸易。鸦片自唐代以来就在中国流传，但那时仅作药物使用。清初康雍年间，葡萄牙人率先从印度把鸦片输入中国。之后英国东印度公司及其他西方商人唯利是图，竞相以各种渠道向中国输出鸦片。19世纪初年输入量已达50万斤，到1836年更高达364万斤，价值1800万银元。鸦片输入既麻醉和毒害中国人民的意志和躯体，又使白银大量外流，这使得清政府早在雍正七年即下令禁止鸦片输入。从这以后，鸦片贸易至少表面上只能以走私贸易的形式进行。

近代以前，鸦片走私贸易的主要中心是广州口外的伶仃洋面。西方走私商将鸦片运抵那里，转售中国贩商，再由贩商将货运销广州以及沿海各口岸。而上海正是鸦片销量甚大的江南地区的主要走私口岸。当时清廷官员奏称，"查夷船载运烟土至广东黄埔、老万山二处停泊，内地奸商分设窑口接运。其大宗由海道至福建、浙江、江南、山东、天津、关东各海口，而各海口又各有专司收囤转贩之户"。[1] 其中上海口岸的鸦片贸易如道光十八年狄昕所言，"江苏所属上海县，为东南数省贩卖鸦片烟口岸。向有闽粤奸商雇驾洋船，就广东口外洋船贩卖杂货并鸦片烟土，由海路运至上海县入口"。[2] 这些走私鸦片不仅供应上海本地的瘾君子，而且还经上海通往各地的内河航道转贩于江南各地，其中尤以苏州为最。鸦片"由海路运至上海县入口，转贩苏州省城并太

---

[1] 《筹办夷务始末》道光朝，卷3。
[2] 《清宣宗实录》卷315。

仓、通州各路;而大分则归苏州,由苏州分销全省及邻境之安徽、山东、浙江等处地方。江苏省外州县民间设有信船、带货船各数只,轮日赴苏递送书信,并代运货物。凡外县买食鸦片者,俱托该船代购"[1] 当时江南各地,特别是如苏州、上海那样的富人聚居之地,鸦片吸食者人数众多。有人估计道光初仅苏州就有数万吸食者;而上海县城稍晚时"每日所进烟土,其费倍于米粮"[2] 这说明清中叶上海地方的鸦片贸易数额必然叹为观止。道光十八年十月,江海关官员在上海县城东门外查获数处烟土贩卖窝点,缴获烟土为数甚巨。另外又从苏州、扬州、江宁等府属查获贩卖烟土1.6万余两,并且还从沿海走私船上抄出烟土4.1万余两[3] 这些偶尔查抄到的烟土尽管数量不少,但毕竟还只是走私贸易中一个很小的部分。由于资料的缺乏,我们现在已难以统计出当时这一走私贸易的规模。但有记载说,当时江南各地从上海口岸转贩的鸦片"大县每日计银五六百两,小县每日计银三四百两不等,兼之别项兴贩,每年去银不下千万,其波及邻省者尚不在此数"[4] 很有可能这一走私贸易额会接近甚至超过前述合法、公开的对外贸易。

综上所述,可以看出,明清时期的上海地区尽管从制度因素上看,并不具备一个有利于或者说能促进外贸发展的外部环境。明代时大部分时间海禁森严;清前期虽开禁设关,但实际上西方商人仍无法直接涉足上海。但即使如此,上海地区的对外贸易还是存在并延续了下来。特别是到清中叶,上海不仅以其自身卷入对外贸易,而且实际上还成为江南以至更广阔地区的外贸转口口岸。与此相联系,民间贸易、官方贸易,合法贸易、走私贸易互相并存,它们为当时上海地区的商品流通和市场贸易增添了特殊的活力和色彩。

第四节 市场价格的变动趋势及其特点

前文我们依次分析了明清上海地区的市场贸易和商品流通。在本节中,

---

[1] 《清宣宗实录》卷315。

[2] (清)光绪《南汇县志》卷20《风俗》。

[3] 《清宣宗实录》卷315。

[4] 《筹办夷务始末补遗》道光朝,第4册,第945—946页。

我们将进一步分析当时商品交换中市场价格的变化及其特点。

（一）几种主要商品市场价格的变动趋势

1. 粮食价格的变动

粮食是人类生存最主要的生活资料。明清上海地区的流通商品中粮食已是主要的大宗。由于粮食需求弹性甚小，又为人民生活不可或缺，因此在没有物价指数的古代，它似乎可被视为衡量物价水平及测定物价波动的标志。

明清上海地区市场流通的粮食主要为米、麦两种，其中米为主粮，故米价又可视为主导粮价。明初时，上海地区的米价很低。宣德八年周忱实行加耗折征时，白银一两准米 4 石。按此看来，当时通常年景的米价大约每石为 0.2—0.3 两。如果以制钱相计，每石不会超过 300 文。[1] 在这以后，米价开始平缓上升。成化二十一年，松江府改定折征例，每两白银"随时估高下或准平米二石或二石五斗"，每石价格已涨到 0.4—0.5 两。[2] 正德年间，金山卫灶民购买食米，其价也已涨到 300—400 文制钱，正德七年，崇明县每石白米价也在 370 文。[3] 与明初相比约上涨了 30%—60%。

嘉靖万历以后，上海地区米价仍节节上涨。首先，政府税粮征收中的折银比率又有所提高。万历时，嘉定县每石米折银已达 0.75 两；[4] 其次，郡邑儒学就学生员由国家支给的廪生米粮折银价，嘉靖时调高为每石 0.7 两，万历年间则进一步提高到 1 两。[5] 最后，当时人有关米价的记载也表明了米价的上涨。嘉靖年间徐阶记载松江府常年米价已达每石 0.6—0.7 两白银，而同时期嘉定县常年米价也在 0.7 两左右。到崇祯年间，"米价大约每石以千文钱内外为率"。[6] 据此看来，上海地区正常年景的米价，明后期约较明中叶又上升了 70% 左右。

---

[1]（明）正德《松江府志》卷7《田赋》。

[2]（明）正德《松江府志》卷7《田赋》。

[3]（明）正德《金山卫志》；(明)正德《崇明县志》。

[4]（清）乾隆《宝山县志》卷5《田赋志》。

[5]（明）李绍文：《云间杂识》卷5。

[6]（清）叶梦珠：《阅世编》卷7《食货》；(明)徐阶：《世经堂集》；(清)乾隆《嘉定县志》卷9《名宦志》。

以上所述还只是正常年景米价变动的一般趋势。而在某些灾年，依灾害对农业生产破坏烈度的不同，米价的倏起则要远过于上述水平。明后期嘉万年间，大致中小灾年米价上涨幅度约为常年的 15%—40%。如嘉靖时，一般灾年每石米价为 0.8—1 两;隆庆三年嘉定县年旱荒缺，每石米价 0.85 两。[1]要是遇到大灾之年，米价上涨幅度则更要厉害得多。不过在嘉靖以前，最高还没有超过 1.5 两。嘉靖二十三、二十四年(1544、1545 年)的大旱首次使米价突破白银 1.5 两，以后在嘉靖三十八年(1559 年)、万历十六年(1588 年)等大灾年份，米价相继达到每石 1.6、1.8 甚至 2 两的空前水平。明代上海地区米价上涨的巅峰是明末旱、蝗、水灾互相交加的崇祯十四、十五年。据各地方志记载，无论是西部之华亭、青浦，还是东部之上海，东北部之嘉定，米价普遍邅涨至每石 4—5 两，甚至有值制钱 6 千文以至上万文者。这不仅较常年米价要高出 6—7 倍，而且比一般的大灾年也要高一倍以上。[2]

入清之后，上海地区的米价开始从明末的顶峰急剧下跌。顺治元年跌至 3 两，翌年又为 2 两，3 年之后又降到 0.8 两。在这以后直到康熙末期的 18 世纪 20 年代，除少数年份，如 1661 年、1662 年、1680 年、1708 年，米价曾高达 2 两以上者，其余年份的米价普遍在 1 两以下，而其中大部分年份又多保持在 0.6—0.8 两的低水平上。其中最低的康熙六年(1667 年)，每石米价仅为 0.4 两，几乎接近明中叶前的水平。[3] 18 世纪 20 年代以后，上海地区的米价又呈上涨趋势。突出表现是即使是丰年，米价也多在 1 两以上。据我们所见资料，1730 年之后，除 1736 年、1752 年因年成特别好，米价偶落至 1 两以外，整个 18 世纪后半叶，米价通常保持在 1.4—1.5 两的水平。到 19 世纪上半叶则进一步上涨至 2.5—3 两，而某些灾歉之年更高达 4 两以上，其中最高的 1785年，1786 年竟达 7.2 两。据我们对当时各地方志有关记载的不完全统计，在1780—1830 年的半个世纪中，上海地区米价在白银 4 两或制钱 4000 文以上的至少有 17 年之多，几乎占所统计年份的 1/3。而在步入近代以前的 1840

---

[1] （清）乾隆《宝山县志》卷9《艺文》。

[2] 参见(清)叶梦珠：《阅世编》；(清)姚廷遴：《历年记》；(明)曾羽王：《乙酉笔记》及同时期各地方有关记载。

[3] 参见(清)叶梦珠：《阅世编》；(清)姚廷遴：《历年记》及各地方志有关记载。

年前后,即使大稔之年,米价最低也在每石 1.6 两以上。

综上所述,从明初至近代前夕,上海地区的常年米价以白银相计大约上涨了 8—9 倍。其中明末较明初约上涨 1.3 倍,而清中叶较明末又上涨了 2.5—3 倍。其变动趋势有如图 4-5 所示。

银两/石米

图 4-5　明清上海地区正常年景米价变动趋势(1430—1840 年)

资料来源:据上海地区各时期地方志及有关史籍记载统计而成。

观察图 4-5 可知,从 15 世纪初到 18 世纪初近 300 年中,上海地区的常年米价虽有上涨但还较为平缓。而自 18 世纪 20 年代后,上涨幅度明显加快,一个多世纪中从 1 两上下涨到 2.5—3 两的水平。由于上表的变动曲线滤去了非正常年景的波动,曲线表现为稳定的上倾,如果加进非正常年景的波动,那么全部的米价变动趋势就明显地呈现为一种周期性的起伏上升。见图 4-6。

讨论了米价的变动趋势,再来看麦价的变化情况。明清上海地区麦类有大麦、小麦、元麦多种。其中小麦价最高,大麦其次,元麦最低,三者比价约在 1:0.8:0.6 左右。现以小麦为例进行分析。

明清上海地区的麦价大致和米价保持一种相对稳定的比价关系,它们大致上摆动在 1:1.2 到 1:1.4 的幅度之内。米价一般总高于麦价。米价上涨麦价一般也随之上浮;米价下跌麦价也随之下落。正因为麦价依附米价并与米价保持较为稳定的函数关系,因此可以推测麦价的变动趋势大致上也应同米价一样,表现为稳步的上升。其麦、米价格的变动趋势如图 4-7 所示。

银两/石米

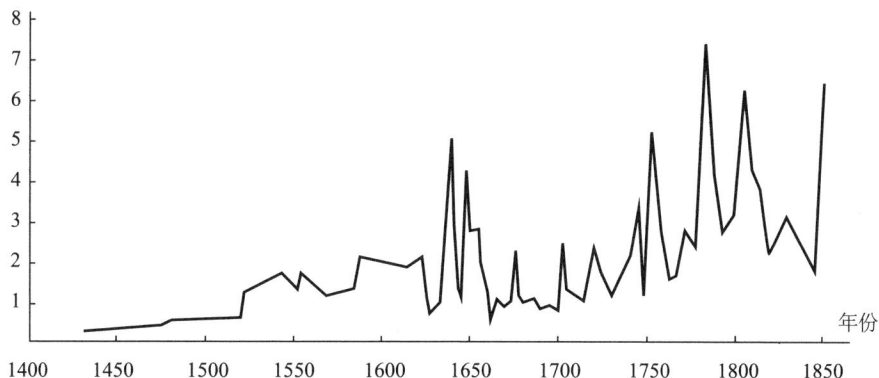

图 4-6　明清时期上海地区米价总变动趋势(1400—1850 年)

资料来源：同上表。

银两/石麦、米

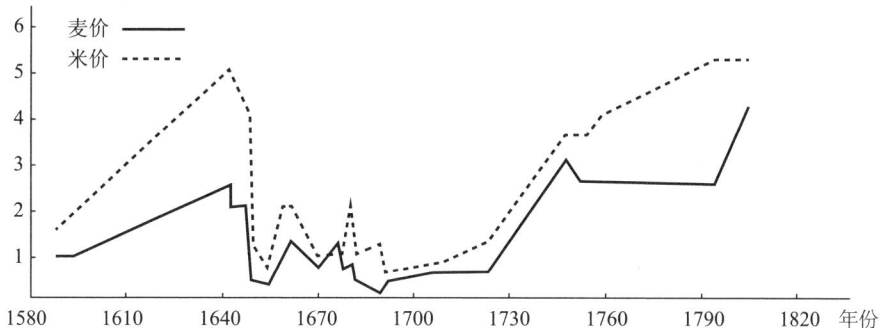

图 4-7　明清之际上海地区麦、米价格变动趋势(1580—1820 年)

资料来源：同时期上海地区各地方志及《阅世编》《历年记》《江东志》等。

2. 棉花价格的变动趋势

棉花是明清上海地区大宗农产品和流通商品。其按是否轧去棉籽可分为籽棉、皮棉两种，当时文献中有关棉花生产、销售多以籽棉相计，故我们分析棉价所指也为籽棉价格。

上海地区虽然宋元时已有植棉，但资料的匮乏已使我们根本无从了解明中叶前的棉价。明后期的嘉靖、万历年间，通常年景下，每百斤籽棉售价为白银 1.7 两左右。如万历二十五年，上海缙绅潘允端出售棉花 30 包，共计价银

25.5两。当时棉花每包约重50斤,每百斤价格为1.7两。[1] 又据《阅世编》所载,天启年间秋收后棉花百斤一担值银1.6—1.7两。可见此为当时常年市价亦属可信。如果遇上荒歉年景,棉花市价可以上涨好几倍。如万历四十年灾荒,每担棉花涨至白银6两。此后的崇祯初也一度涨到过4—5两。其上涨幅度多在正常年景的3倍以上。崇祯末年,上海地区米价一度涨至每石5两以上,但同时期棉价却因棉布销路受阻而急剧跌落到每担仅值白银0.5~0.6两,可以说是空前绝后的历史最低点。大约从顺治三年、四年开始,棉价逐渐回升,此后到顺治末年,棉价一般为每担2—4两,顺治八年一度达到9两的超纪录水平。在这之后,从17世纪60年代到18世纪20年代的康熙年间,棉价如同粮价一样,大体上也保持在一个低且平稳的水平,大多数年份仅在1—2两,基本上同明后期的水平持平。见图4-8。

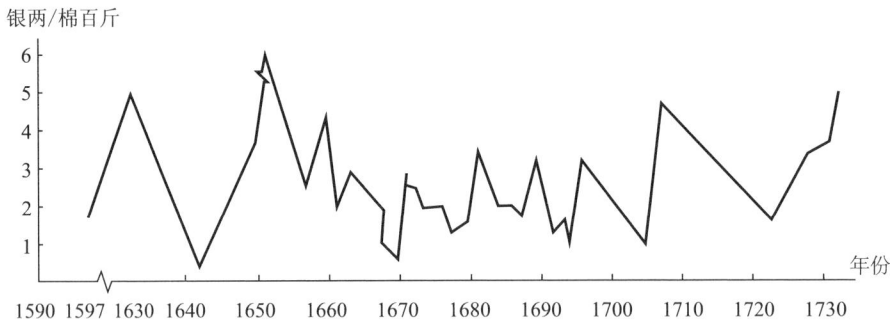

图4-8 明末清初上海地区棉价变动(1590—1735年)

资料来源:参见(清)叶梦珠:《阅世编》、(清)姚廷遴:《历年记》及同时期各地方志有关记载。

康熙以后棉价变动的资料记载甚为缺乏,以致我们无法为其勾勒出一个较为连贯、清晰的变动趋势。不过分析已有的零星史料,可以大致看出,在这以后,即使是排除非正常年景价格的暴涨,棉价仍在不断上升。如乾隆四十年棉花大稔,百斤一担价格也在制钱2400文上下,合白银2.4两。而遇上灾年更是扶摇直上。在1790—1810年的20年中,至少有5年棉价超过了每担9两,最高纪录为制钱12千文。近代前夕的道光年间,上海及其附近地区常年

---

[1] 参见(明)潘允端:《玉华堂日记》;(清)张春华:《沪城岁时衢歌》。

棉价大致上在每担3—4两,较之明后期及清初上涨了一倍左右。[1] 其变动的趋势和幅度较之粮价要平缓得多。一定程度上反映了棉花需求量的扩大还不如粮食需求增长迅猛,故在需求牵引价格上还不如后者。

3. 棉布价格的变化

明清上海地区的市场流通商品中,最大宗的手工业产品是棉布。这些棉布品种众多,规格、档次不一,因此布之价格也各有差别。

明清上海地区生产的布匹中,价格最为昂贵的当推明中叶兴盛一时的云布。所谓云布,严格说来仅是一种以丝作经、以棉纱作纬的提花混织物。成化年间,当地人常用此作为贵重礼品赠人。后来"流闻禁庭,下府司织造……一匹有费至白金百两者"。[2] 虽然其中难免有官员、胥吏中饱,但从作为贡物这一点来看,其昂贵程度自然不言而喻。明代末年,民间织作的云布每匹价格售至3两,还是四方争购。[3] 它们在当时的布匹中要算最为昂贵的品种了。

纯棉织物中价格最高的要数梭布和紫花布。梭布又称三梭布、三纱木棉布,明初苏州府为应内臣金派,每匹三梭布支付的折价银高达3两。这之中当然包括有中官的勒索,实际市价并没有这么高。大致上当时一匹上等梭布的价格约为普通阔白棉布的2倍,值银0.4—0.5两。这在当时已是十分昂贵的了。明末时梭布价格一度有所低落,但一般也在0.38—0.4两左右。[4] 紫花布在明代时的价格,因史无明载无从得知。清中叶嘉道年间,上海地方阔0.95尺,长16—17尺一匹的紫花布价格大约在0.3—0.4两上下,运至广州出口,价格可增加一倍左右。

棉布中产量最大,销路最广而价格也最为低廉的是各种粗布,如阔白棉布、标布、小布、稀布等等。阔白棉布明代时曾作为税粮折色上纳,故又称官布,正统、成化时每匹价银在0.2两以下。[5] 标布价格,明末清初时大致在低

---

[1] 参见(清)嘉庆《法华镇志》;民国《钱门塘乡志》;(清)佚名:《江东志》;(清)乾隆《真如里志》;(清)郑光祖:《一斑录》:(清)光绪《嘉定县志》等有关记载。

[2] (明)正德《松江府志》卷5《土产》。

[3] (明)李绍文:《云间杂识》卷4。

[4] (明)崇祯《松江府志》卷8《田赋》。

[5] (明)崇祯《松江府志》卷13《役法》;《明宪宗实录》卷19。

落时为 0.15 两,高时可达 0.4—0.5 两,一般在 0.2 两左右。见图 4-9。

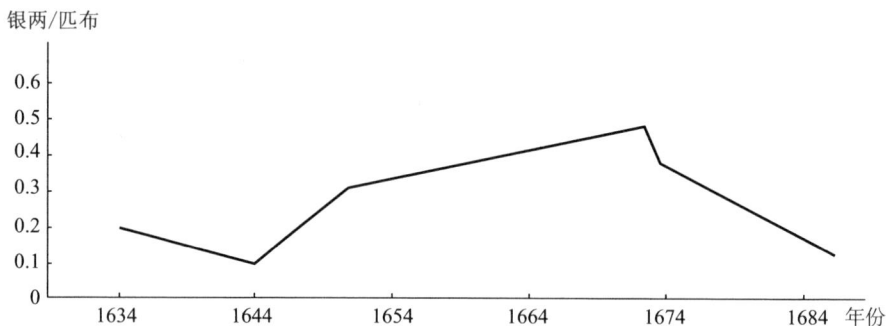

图 4-9　明清之际上海标布价格变动(1634—1684 年)

资料来源:(清)叶梦珠《阅世编》。

中机布幅宽不如标布,但长度过于标布,价格大体上与标布相同。小布长、宽均逊于标布、中机布,价格大约只有标布的一半,明末时标布价格为 0.15—0.2 两时,小布只有 0.06—0.07 两白银一匹。[1]　以上所说都是白坯布的价格,若以印染布而论,则价格还要高些。如著名的青蓝大布,清中叶时大致上每匹为白银 0.3 两左右。[2]

以上所述虽然较为零碎,但总而观之不难看出,从明至清,在粮棉等农产品价格都持续上涨的同时,作为手工业产品的棉布价格却少有上涨之势。据史料所载,清中叶的嘉道年间,上海地区棉布常年市价,上等棉布每匹约为 0.3—0.4 两,中档棉布为 0.2—0.25 两,下等粗布仅为 0.1—0.15 两,而遇棉布销路不畅年份,价格还会更低些。故道光中叶有人说“近数十年来,标布不消,布价遂贱”。[3]　而在现存史料中很难看到有棉布销路顺畅时价格明显上涨的具体记载。由此可见,以近代前夕棉布价格的水平与明初或明中叶以至清前期相比,难以显示出向上增涨的趋势,这同前述粮棉价格的上升态势形成了截然相反的鲜明对照,并由此形成当时农产品价格与棉布手工业产品价格的特有剪刀差。

[1]　(清)叶梦珠:《阅世编》卷 7《食货五》。

[2]　(明)赵申乔:《赵恭毅公剩稿》卷 3。

[3]　(清)姜皋:《浦泖农咨》。

4．其他商品的价格变化

粮、棉、布以外，当时市场交易的商品种类还有很多，囿于史料之缺乏，我们只能选择几种较有代表性的一般商品以窥视物价水平的变化。

糖。糖为人们日常生活之必需品。上海地区消费之糖基本上从闽广远道输入，价格自然较产地为高。清前期当台湾食糖每百斤价格在 0.8—1.4 两之间时，上海的市价一般为 2 两左右。道光中叶，上海糖价一般已上升到每百斤 4—5 两或者更高一些，上涨幅度为 1.5 倍左右。[1]

盐。盐比糖更为生活所需。明代时上海地区产盐甚丰，盐价甚低。崇祯初，百斤一担只合银 0.15—0.16 两。入清后由于本地产盐减少，盐价持续上涨。康熙时一度曾达 3 两一担。以后虽一度跌至 0.6—0.7 两一担，但进入嘉道年间复又涨起，即使盐场贩出每担也在铜钱千文上下，而店铺售价每担高达制钱 2600—3000 文，就是私盐也要卖到 2000 文一担。[2] 其价格较明后期上涨了近 10 倍。

豆饼。豆饼作为商品广泛流通是在清前期。明代时，流通不广，价格也较便宜。崇祯末年四乡皆灾，穷人多以豆饼充腹，每百斤也只售至 1200 文制钱，按当时银价只合白银 0.4—0.5 两。而到清中叶道光年间，尽管豆饼流通已十分频繁，供应也甚为充沛，但每百斤的价格还是上涨到了制钱 2000 文左右，较之明末约上涨了 70%。[3]

豆。豆类中作为商品流通的主要是大豆。其价格变化同米价有强烈的相关性，见图 4-10。

图 4-10 所示虽然只是清初顺康年间一段时期的豆价变化，但从豆价与米价之间存在的强烈正相关推测，豆价的变动也应同米价一样，呈现的是上涨之势，而且其上涨幅度大体上应该同米价上涨幅度基本相近。

柴。柴是人们日常生活的主要燃料。"薪樵而炊，比户必需"。上海地区因无山林，惟藉水滨萑苇、田中稻柴、麦秆、棉梗为炊，其价格水平一般均高于浙西、苏南等地。明末清初，常年价格百斤之担薪柴值新米一斗，合银 0.06—

---

　　[1]　参见(清)黄叔璥:《台海使槎录》卷 1;(清)叶梦珠:《阅世编》卷 7;姚贤镐:《中国近代对外贸易史资料》第 1 册,,中华书局 1962 年版,第 556,617 页。

　　[2]　(清)乾隆《金山县志》卷 7;(清)杨光辅:《淞南乐府》;(清)金惟鳌:《盘龙镇志》。

　　[3]　(清)雍正《崇明县志》卷 1;(清)姜皋:《浦泖农咨》。

银两/米、豆石

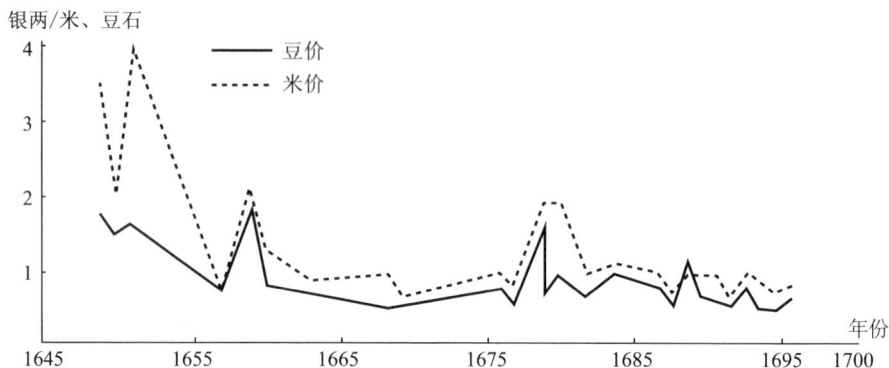

图4—10　清初上海地区豆、米价格变动相关程度(1645—1700年)

资料来源：(清)叶梦珠：《阅世编》等。

0.1两。康熙年间，柴价一度高涨，但不久遂又平复。到鸦片战争前夕，已上升到每百斤制钱300文上下，较清初上涨了2倍左右。[1]

以上所述基本上都是趋于上升的商品价格。而在当时的流通商品中，也有一部分手工业制品的价格在逐年下跌。如藕粉，明代时制法甚秘，人们仅用为药饵。顺治初每斤市价竟高达白银1.5—1.6两。以后制者日多，价格日落，康熙中叶每斤不过0.07—0.08两，只及原来的5%。再如眼镜，明末从西方传入时每副值银4—5两，顺治后其价渐贱，每副值银不过0.5—0.6两。康熙以后，苏杭工匠群起仿制，每副最贵者不过值银0.07—0.08两。跌落之势不谓不速。其他如大绒、茧绸、葛布等物的价格大都也有类似的下落之势。[2]

综上所述可见，明清上海地区的市场流通商品，如果把它们粗略地分成农副产品和手工业产品两大类，那么显而易见，前者的价格变动趋势明显表现为不断上涨，而后者基本上保持不变或呈现平稳下滑的态势。前类商品中变动最大而又起主导作用的是稻米价格，它对其他农产品价格的变动有着强烈的正相关作用。后类商品中对市场影响最大的是棉布，其价格变化十分平缓。而其他一些手工业产品的价格下落却迅速得多。这一切再次证明了当时社会经济中农业、手工业产品比价变化的特有剪刀差。

---

[1]　参见(清)叶梦珠：《阅世编》卷7《食货》。

[2]　参见(清)叶梦珠：《阅世编》卷7《食货》。

（二）影响物价变动的诸因素考察

1. 商品价值决定对价格变化的影响

从前述物价变动趋势的叙述中,我们已经可以看出当时上海地区的物价变化实际上包含有两种内容:一种是价格的长期性趋势变动;另一种是短期的间歇性变动。在前者的变动中,商品的价值决定实在是十分重要的因素。

价格的内核是价值。尽管决定商品实际价格的并不仅限于内在价值一项,但商品的内在价值,即生产该商品的社会必要劳动时间的变化,无疑会极大影响商品价格的变化,特别是价格长期的趋势性变化。以前述价格趋势性变动幅度甚大的米、棉为例,从史料记载来看,从明至清,此两项农产品的单位面积产量增长缓慢,而为了维持和提高这些有限的单产,单位面积耗用的劳动时间和成本开支却有较大增长。其具体表现是,由于自然地理条件的变异,如河道淤塞、排灌沟渠失修等等,用于维持农田水利设施的劳动量增加了。[1]此外,为恢复和保持地力,使用的肥料和耗用的管理成本也有增长之势。[2]其结果是到嘉道年间,一般稻农在稻米生产中的投入产出率降低到只有1:2的低水平,收入毛值中几乎将近一半的部分要用来补偿生产的成本开支。[3]另外,即使当时从湖广等地输入的米粮,也由于产地粮价的逐年上涨以及运输、交易成本的增加等等,而使得本身的价值不断上升。

商品粮食内在价值的这一历史性变化,反映了在人口、耕地、单位面积产量三者都有不同程度增长的同时,传统生产技术条件下劳动生产率下降,而引起的单位商品所耗费的社会必要劳动时间的增加。由于这一变化是一个长期而又缓慢的过程,因此它必然影响粮、棉等农产品价格的趋势性变动,使之呈现为不断上涨的趋势。

相反的例子是棉布。第三章中曾分析过明清几百年间上海地区手工棉纺织的劳动生产率是平稳行进中略有上升,因此尽管同时期原棉价格不断上涨,但棉布价格的变化仍然起伏不大。因为从价值决定价格这一点上看,棉布价

---

[1] 参见(明)正德《松江府志》;(明)崇祯《松江府志》;(清)嘉庆《松江府志》有关记载。

[2] 参见(清)姜皋:《浦泖农咨》。

[3] 参见(清)光绪《松江府续志》卷5《疆域志》。

格不可能也不需要有大幅度的上涨。其他商品,如前述藕粉、大绒、夏布、眼镜等手工业产品价格的趋势性跌落,其根本原因也无非是由于生产这些商品的技术以及劳动生产率的提高致使内在价值量的下降。

商品的价格表现是货币,而货币又是充当一般等价物的特殊商品。因此货币内在价值、即币值的趋势性变化,同样也会极大地影响商品价格的趋势性变动。明中叶以后,白银作为货币已普遍使用,随着国内银矿的不断开采以及当时外贸出超,大量白银从海外的输入,国内市场上白银数量增加很快。有学者估计,从1700—1826年约125年中,海外流入中国的白银总数可达1.5亿—5亿银元。[1] 白银数量的剧增表明其本身开采成本的下降以及内在价值即币值的下落和购买力的下降,[2]这就不可避免地导致市场价格的趋势性上升。在白银价值下落的同时,作为辅币的铜钱,币值也在下降。从明后期至清中叶上海地区的银、钱比价几乎上涨了一倍。见表4-6。

表4-6　明清上海及其附近地区银、钱比价

年　　代	银(两):钱(文)	年　　代	银(两):钱(文)
嘉靖初(1522年)	1:700	康熙十年(1671年)	1:1100
崇祯初(1628年)	1:900	康熙十三年(1674年)	1:1700
崇祯五年(1632年)	1:1200	康熙二十一年(1682年)	1:1100
崇祯十一年(1638年)	1:1667	乾隆初(1736年)	1:700
崇祯十五年(1642年)	1:2400	乾隆五十年(1785年)	1:900
顺治元年(1644年)	1:3500	嘉庆二年(1797年)	1:1300
顺治三年(1646年)	1:3700	道光二十年(1840年)	1:1500

资料来源:(明)陈继儒:《陈眉公先生全集》,(明)万历《上海县志》,(明)万历《嘉定县志》,(清)康熙《紫堤村小志》,(清)叶梦珠:《阅世编》,(清)姚廷遴:《历年纪》等。

---

[1] 全汉升:《明清间美洲白银的输入中国》,载《中国经济史论丛》,第1册,新亚研究所1972年版,第435—450页。

[2] 白银价值下跌的最好说明是其与黄金比价的变化,参见下表:

时　　期	洪武八年	洪武十八年	永乐十一年	万历中期	崇祯中期	康熙初期	乾隆中叶
黄金:白银	1:4	1:5	1:7.5	1:7-8	1:10	1:10	1:20

资料来源:(清)钱泳:《履园丛话》卷2《银价》。

从表4-6可以看出,在明末清初的一段时间里铜钱币值下跌最甚,这是由于当时正值朝代更替,私铸盛行,市面流通多为低劣小钱。然而即使排除这段时间不论,从乾隆后期起,铜钱币值在一度回升之后又直线下跌,到道光中叶已较明后期下跌了将近一半。而如我们前面所述,也正是在这段时间内,物价的上升趋势极为明显,其中尤以铜钱作价的价格水平较以白银作价的上升更快。这有力地说明货币本身价值的变动趋势对商品价格的趋势性变动有着密切的相关作用。

2. 供求关系对物价波动的巨大作用

商品价格虽然是价值的外在表现,但在实际的市场流通中,供求关系的变化对物价波动的影响也不可低估。经济学中的供求理论表明:在其他条件不变的情况下,当供大于求时,价格就会下降;需大于供时,价格就会上升,只有当供求均衡,价格才能稳定。而在现实商品流通中,供需双方总在不断变动,这就决定了价格水平绝不可能一成不变。

(1) 供给不足引起价格上升。

供给不足引起价格上升的典型例子是米价的间歇性波动。在前述分析中我们已经看到,在米价的变动曲线中,有许多波峰年份的价格水平往往要比常年高出数倍。其主要原因就在于这些峰值年份一般皆为大灾之年。自然灾害使得粮食供给在短时间内突然紧缩,特别是大灾年份,即使补充以昔年储备以及外区调运(大灾之年往往灾及面广,从外区调粮会比常年更困难)也无济于事。而粮食作为每日必需之食,需求弹性极小。一方面是供给严重不足,另一方面又是因需求弹性小决定了实际需求数量不能因供给不足而大大缩减,两者非均衡的结果必然是价格的倏起暴涨。在数倍于常价的高水平上,一部分实际需求因受购买力限制,无法转化为有支付能力的需求而被强制性消灭,有限的供给与有支付能力的需求在高价格水平上达到暂时均衡。由于灾年造成的短期供给不足亦会由于灾害的过去而重趋正常,从而开始新的周期性变动。如果由于其他原因造成供给较长时期处于不足状态,那么,在高价格水平的刺激下,各生产部门间生产要素的缓慢流动,也会在一定的时间内促进供给增长。它们最终会促使供需双方在新的、可能已经是上涨了的正常价格的水平上,重新取得新的均衡。这样,由于供给不足引起的价格上升又会从价格间歇性变动的平复中,进一步变为助长价格的趋势性上涨。

（2）供给过剩或潜在过剩对价格的平抑。

与粮棉等农副产品价格间歇性倏起和趋势性上涨不同,明清上海地区的棉布价格既缺乏间歇性的上涨起落,也不存在趋势性的上升。其中原因,从供求关系分析,乃在于供给过剩或潜在过剩对价格水平的压抑。如前章所述,明清上海地区手工棉纺织生产的劳动阶层及从业人员十分广泛、庞大,并且随着人口的增长,这支劳动大军的后备队伍也甚为壮观,这一切都决定了当时的手工棉纺织生产有着极为巨大的现实的和潜在的供给能力。[1] 另外,由于手工棉纺织已成为当时人们维持生计须臾不可或缺的生产手段,因此棉布生产的供给弹性甚小。农民们不能因为布价低贱或赢利无几而放弃或减少此项生产。如我们在史料记载中常见,农民一方面哀叹布商压价,布贱如泥,纺纱织布,匹赢无几,但另一方面却又夜以继日,加倍生产。这种并不只是暂时现象,而近乎于过剩性的供给,必然会从长期趋势上始终把布价压抑在一个较低的水平上。另外,上海棉布主要销售国内市场。在某些情况下,如兵荒马乱或者销地购买力减弱之时,国内市场需求会急剧减少。但是由于棉布生产供给弹性甚小,供求不均衡的结果会使布价下跌到几乎接近原料价格的水平。最明显的例子是明末清初之际,由于远商不至,棉布贱极。一匹往年值0.2—0.15两白银的标布,至时连0.1两都卖不掉。[2] 再如清中叶道光三年,"布、纱之价则又以东省告歉,无所贸易而日益贱。纺一两纱仅赢二文,断一匹布,精者仅二百余文,赢余无几;粗者不过百五六十文,亏折孰甚焉"。[3] 棉布生产的供给弹性甚小还表现在即使棉花歉收、价格昂贵之年,棉布供给仍难见衰落。这就形成了当时不少年份的米、麦、棉花俱贵,而布独贱的奇特局面。其之所以如此,原因在于米、棉俱贵之年一般都是灾歉年成,农民为了弥补农业损失,只有"俱赶纱、布以御荒年",其结果必然会使棉布供给更为过剩而导致布价下落,而原料棉花却会因此更加紧缺而价格猛涨。从而造成"以极贱之布而易贵极之米与贵极之花"的局面。

---

[1] 除劳动力以外,扩大手工棉纺生产所必需的原棉以及简单的生产工具的供给,在当时都是不成问题的。

[2] （清）叶梦珠:《阅世编》卷7《食货五》。

[3] 民国《钱门塘乡志》卷12《杂录志》。

（3）需求变化对价格变动的作用和影响。

前述价格变动的诸商品,大体上都是需求弹性较小的民生用品。从静态观察,需求弹性较小的商品的需求变化不大会对商品价格的间歇性变动产生大的影响。但是如果从长期的动态观察,只要这类商品的总需求量表现为持续增长之势,那么它们就必定会影响价格的趋势性变动。仍以食米价格为例。明初上海人口约为 160 万,清中叶增至 400 万以上。因此即使不计算其他用粮,仅就居民食米一项,数百年间即增长了 1.5 倍。而同时期的粮食供给由于生产技术、耕地数量等各种因素所限,即使加上外区供应似乎也只能勉强与需求增长同步。因此,粮食需求长期稳步增长的结果,必然是使同时期粮价的不断上涨。与粮价的变动相反,棉布的市场需求量在明中期手工棉纺织充分发展之后,本地市场已基本饱和,国内大市场也由于各地棉纺织的逐渐兴起而不具备急剧膨胀之势。所以从需求增长的角度观察,棉布的需求增长显然远不如粮食需求的增长;而同时期,棉布的实际供给能力以及供给增长的潜在可能性又远在粮食供给增长之上,供需两者的合而为一决定了明清几百年间缓慢增长的棉布需求还难以牵引布价的明显上升,反而在供给增长的作用下,使布价处于长期平抑甚至略有下滑的境地;与此相反,持续增长的粮食需求以及勉强与之均衡的粮食供给,则大大牵动了同时期粮价的猛烈上涨。

（三）物价变动的特点及其对社会经济生活的影响

1. 价格的地域性差异

以上对价格变动趋势及其原因的分析都是视整个上海地区为同一价格水平。这不仅仅只是为了分析上的方便起见,而且即使据史料所载,当时地区内部各区域间的价格波动大体上还是较为一致的,如大灾之年的崇祯十四、十五两年,粮棉价格的暴涨就是全区性的普遍现象。这说明,在当时情况下,一个相对统一的地方性市场大体上已经形成,地区内部互相间的商品流通和交换已使地区内部的商品价格大体上趋于一致。然而,地区内部价格水平及其变动趋势的大体一致不等于说各地域之间的价格不存在差异。事实上,由于地理条件、作物结构,生产成本、运输费用等种种原因,这种差异不仅在一定程度上存在,而且还表现出上海地区自身的固有特点。

以米价为例。上海地区米价的地域性差异首先表现为西部产粮区价格最低,中部稍高,而浦东沿海诸县及东北隅的嘉定县价格最高。我们曾对康熙时期上述各地域间的米价记载做过一番不完全的统计分析,其结果是上述各地域间的差异大致上为1:9:8。[1] 其次,米价的地域性差异还表现为城乡的价格差异。按常规理解,一般人都容易认为,粮食产自农村,乡村的粮价自然应低于城市无疑。但历史上上海地区的情况并非完全如此,通过对资料的分析,我们发现,在康熙雍正年间,苏南大城市苏州的米价要低于上海县城,而上海县城的米价又低于浦东乡镇。例如康熙二十一年秋冬,苏州米价每石白银0.51—0.52两,上海县城每石为0.56两,而浦东则为0.6两。[2] 图4-11即为清初浦东与上海县城米价的地域差异。

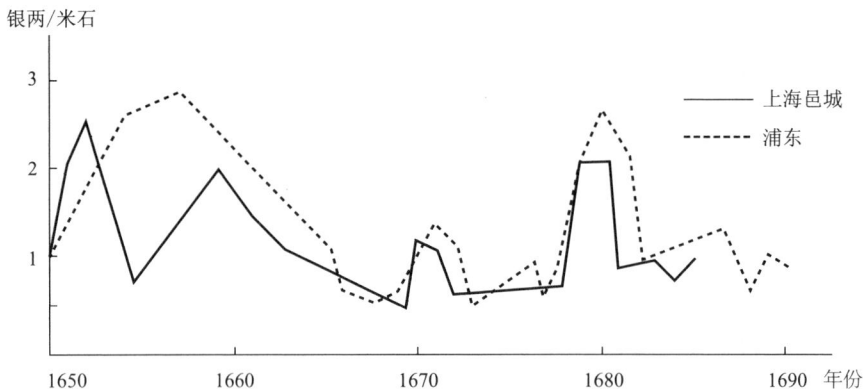

图4-11　清初上海地区米价地域差异(1650—1690年)

资料来源:(清)叶梦珠《阅世编》,(清)姚廷遴《历年记》。

造成城乡米价地域性差异的主要原因在于,当时包括上海在内的江南地区相当一部分米粮都得靠湖广、江西等地输入。而苏州、上海等城市离产地相对较近,运输又便利,而且需求集中,商贾云集,因此供给充分,米价也较低。而浦东沿海诸地,粮食本不足自给,无论是从区内的浦西、浦南,还是从外区调入米粮,其运输、交易成本均高于苏州、上海城。这样,自然就形成了上述城乡米价特有的地域差异。

---

[1]　参见各县地方志以及《阅世编》《历年记》等。

[2]　参见上海地区各地方志有关记载及故宫博物院明清档案部编:《李煦奏折》,中华书局1976年版。

2. 价格的季节性差异

价格的季节性差异主要表现为粮棉之类的农产品秋天收获季节价格较低,春夏作物生长季节价格较高;而棉布正好相反,秋冬农闲之时为产布旺季,一般布价较为低落,而春夏农忙产布淡季,价格稍高于秋冬。现以米价为例示意如图4-12。

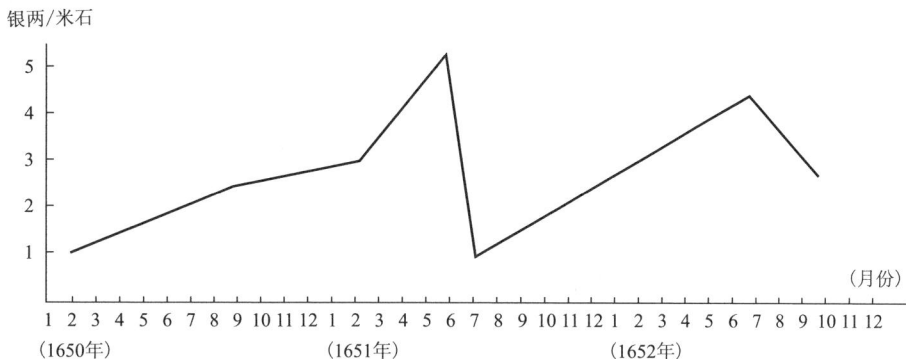

图4-12　顺治七至九年(1650—1652年)上海米价季节差异

资料来源:(清)叶梦珠:《阅世编》卷七《食货一》。

图4-12所列虽然只截取了一个很短的时期,但从中已经可以看出,米价的季节性变动,其高低起落几可相差一倍。对于米价的这种季节性波动,传统的理解一般多认为是由于季节性供需变动的结果,这当然不无道理。但是,进一步的观察还可以发现,影响粮价季节性变动,特别是春夏季粮价季节性上涨的原因,还在于交易成本的周期性变动。我们知道,秋冬粮价水平较低时,出售农产品的卖主多为普通农民。而在春夏价格水平上升之时,小农向市场抛售农产品已不多见,这时的卖主多为地主、商人。地主的农产品主要来自田租收入,他们从秋冬囤积至春夏,耗费了保管人工,占用了仓房,其交易成本自然高于收租后立即出售。至于商人,囤积米谷要预垫资本,占用仓栈、雇用人工。因此当其再度出售囤积之粮时不仅要收回预付资本,而且还要获得起码相当或超过利息数额的商业利润。因此,即使排除季节性供需关系的变化不谈,单以上市农产品交易成本的周期性变化而言,粮价的季节性变动也实属不可避免。粮价季节性差异中还有一个问题值得一提,这就是在大部分情况下,粮价差异多表现为秋冬高昂,春夏低下。但如图4-12所示,有时似乎也有相反的

例外。顺治七年二月时米价每石 1 两,至次年九月秋收后反涨到 2.5 两。之所以如此,并不是季节价差规律失效,而是由于农业生产年中的丰歉程度在起作用。每当相连两年的丰歉相差悬殊过大时就必然会如此。在前述年份中,顺治六年大熟,秋成后米价每石仅 0.8—0.9 两,至翌年二月,每石 1 两,较年前已有涨起,而来年秋收后米价涨得更高则完全是因为该年秋收年成不佳,粮食歉收之故。因此,虽然有时从短时期看会有春贱秋贵的一时反例,但从长期趋势分析,春贵秋贱仍是季节价差的最一般规律。

3. 价格变动对社会经济生活的影响

在以往的物价史研究中,人们总习惯认为粮、棉等民生用品价格的上涨对老百姓有害无益。事实上这一看法是极为含混和笼统的。

仍以粮食为例,粮价的上涨,无论是间歇性上涨还是趋势性上涨,对于仰赖市场供应的非农业人口来说无疑增加了他们的生活费用支出,其受涨价之害首当其冲,自不待言。也正因如此,每当米价上涨过甚之时,城镇居民往往会率先发难闹事。史载"乾隆十三年戊辰春夏之交,米价忽隆隆起,升至十七文。有市井贩夫顾尧者倡言清平米价……从而和者,纷如聚蚁"[1]。

但是,同样的粮价上涨对乡村的农业生产者来说,影响并不完全如上所述。有记载说,嘉庆十九年冬,"米价昂贵,每石糙米涨至四千余文,乡人多获厚利"[2]。其中原因十分简单,由于米价上涨,出售同样数量的粮食能获得更多的货币收入。因此,只要不是特大灾年以及颗粒无收外,一般年景或者中小灾年的粮价上涨,不但对农民有益无损,而且还简直是对他们受灾害损失的一种补偿。反之,即使大稔之年,如果米价低贱,反而会使农民陷入窘境。《三冈识略》有一段记载很能说明问题,康熙丙午(1666 年)"秋,大熟。时湖广、江右价尤贱,田之所出不足供税,富人菽粟盈仓,委之而逃。百货充斥,无顾问者。百姓号为熟荒。犹忆顺治丙戌、辛卯两年,米价至每石四两余而民反无流亡者。古人云:谷贱伤农,信然。"由此可见,对农民生产者来说,粮价贱不如粮价昂乃是再明白不过的事。除因年成荒歉导致粮价的间歇性上涨外,粮价的趋势性上涨对农民同样也是利大于弊。这诚如嘉庆时华亭人钦善所言,"居士曰:……市无常价,

---

[1] (清)嘉庆《吴门补乘》卷 8《杂纪补》。
[2] (清)柳树芬:《分湖小识》卷 6《灾祥》。

三日一增,昔之一斗,今之五升,此十年以来,穷黎淘糁之苦情也。先生曰:子何不通务也! 田犹是,谷半之,野人之言耳,何必信。米犹是,价倍之,此固农夫之大利也"。[1] 其中的道理十分简单,粮价上升不仅可以补偿日益增加的生产成本开支,并且还可以为生产者带来更多的收益,如此而已。

另外,价格上涨一方面固然增加了城镇居民中非农业人口的日常生活费用支出,但另一方面物价上涨必然也同时牵动劳动力工价的上涨。以史料记载来看,清前期的上海地区,无论是农村帮工、零工,还是城镇脚夫、短工,其工价都有持续上升之势。以脚夫为例,康熙时,其工价一般为"十里以内短雇者,每里给钱五文;五十里至百里外长雇扛挑者,钱二百文"。而到道光时,10里以内的每里工价已涨到 12 文,10 里以外,每里各加钱 12 文。[2] 百余年间增长了一倍以上。这种工价与物价并进的关系,当时已为人们清楚地觉察到。所谓"工价之昂,今非昔比,然随百物腾贵而转移,无足怪者"。[3]

明清上海地区的物价变动对当时的社会生产已起着某种程度的调节作用。它们特别明显地表现在农业生产中由于各种农作物比价的变动,而引起农民对作物种植的调整与选择。典型的例子如乾隆时嘉定外冈因连年米价昂贵,每石高达白银 5 两,致使乡民纷纷改棉为稻,以企获利。[4] 在这里我们不仅可以看到价值规律对农业生产的影响和调节,而且多少还可以证明我们前述农产品价格上涨对农民有利的论点。

综上所述可以看出,明清上海地区的物价水平总的来说表现为不断上升的趋势,并显现出一系列自身固有的特点。在社会经济的变化发展过程中,物价的变动以及适度上涨本是题中应有之意,因为物价有节制的上涨既标志着社会生产、流通向深度、广度的发展,同时也体现了社会经济中自然经济成分的销蚀和商品经济因素的增长。因此,即使在传统社会晚期,一般来说物价水平较高的地区往往同时也是社会经济开发较快的地区。从这个意义上说,市场物价的适度上涨本身就是社会经济发展的必然结果。

---

[1] 《皇朝经世文编》卷 28《户政三》。

[2] (清)道光《七宝镇志》;《嘉定县为禁止丧葬扛抬人夫勒索告示碑》,上海博物馆图书资料室编:《上海碑刻资料选辑》,上海人民出版社 1980 年版,第 438—439 页。

[3] 民国《法华乡志》卷 2《风俗》。

[4] (清)乾隆《续外冈志》卷 2《土产》。

第五章

商人和商人资本的活跃

第一节　商人资本的种类与职能

在前资本主义的商品经济中,商人以及商人资本的活动具有特别重要的意义。商人资本的运动不仅使小生产者的剩余产品成为商品而进入远距离市场,而且在商人资本和市场的刺激下,小生产的自给、半自给性生产又会加速向半商品化和商品化生产过渡。然而,商人或者商人资本又是极为笼统的范畴,即便是在前近代社会,它们也具体地表现为职能迥异的不同形式。因此,我们的分析也先从商人资本的不同种类和职能开始。

(一) 贩运商人和贩运商人资本

如前所述,明清上海地区的商品贸易中,国内大市场贸易已占有重要的地位。在国内大市场的商品流通中,沟通产、销两头的首先就是贩运商人。

上海地区贩运商人的活动明代以前就早已有之。如松江莆溪何氏,元末为富商,经常携资“货殖他郡”。[1] 上海地区长途贩商的活跃是在棉、布等国内大市场贸易逐步形成的明中叶以后。最早的贩运商人也以贩布为多,他们多被称为“布贾”“布客”或“布商”。现存史料中有关他们的记载甚

---

[1] （清）褚华:《沪城备考》卷2《黄氏》。

多。如嘉靖时,山西三原商贾王一鹤"以名贷子钱,市布邑及吴越无间言,赀日起";[1]万历时,松江郡城西秀野桥下"开布行某姓,有山西商人携数百金至其家买布";[2]上海县诸翟镇,明后期乡民多恃布为生,"各省布商先发银于庄而徐收其布",[3]等等。

贩布商人之外,其他如贩棉、贩丝、贩粮、贩木材等商人也较具规模。如前章所引吴梅村《木棉吟》:"眼见当初万历间,陈花富户积如山,福州青袜鸟言贾,腰缠千金过百滩"中的"鸟言贾",就是地道的棉花贩运商。清前期,这些闽广贩商春天贩糖来沪,秋天贩棉、布而归,规模甚为可观。其他如史料所载,松江府城"西门外下塘寿少江者,为药材牙行,偶扬州某商载生药值三百余金,留倾其家而去";[4]崇祯年间,崇明殷氏业有沙船数艘,在上海县城东门外"开贩柴行生理";[5]康熙年间,外冈"有木客寓镇之北石桥旁"[6]等等,都从不同角度反映了当时贩运商人的经营活动情况。

贩商中资本最为雄厚者是经营长距离贩运贸易的贩商。如明后期从西边秦晋之地来上海贩布的商人,所带货款多达白银上万两甚至数十万两,沿途皆雇有镖师护送。故人多称之为"标客"或者"标商",其所贩运之布也多被称为"标布"。如明末上海县名镖师姚大汉,力大无比,"能挟弹射物,百不失一。尝为布商护其货来往秦晋间。"再如当时松江府城拳棍师边成,"膂力绝人,不肯为朝廷用,而乐为商贾用。贾船得边,江海中不惮夜行矣"。[7]

贩商经营长途贩运,风尘仆仆。一般来说不仅风险大,而且交易成本也不低。[8] 但是,贩商所贩商货一般来说都是产、销两地市价差额较大之商品,而且每次贩运的规模也较可观,因此,他们投入长途贩运的商业资本一般都能获

[1]　(明)温纯:《温恭毅公文集》卷10《明寿官王公暨配墓志铭》。

[2]　(明)李绍文:《云间杂识》卷8。

[3]　(清)咸丰《紫堤村志》卷2《风俗》。

[4]　(明)李绍文:《云间杂识》卷8。

[5]　(清)姚廷遴:《历年记》。

[6]　(清)乾隆《续外冈志》卷4《杂记》。

[7]　(明)吴履震:《五茸志逸》卷2。

[8]　以贩布为例,明人陈继儒称,"牙侩有干没,行户有挂欠,官府有供应,道路有盗贼、风波,此贸易之难也","布必细载非珠璧可掬而怀也。南徼船,北徼车,防护则徼人夫,寄顿则徼庐舍,步步皆费,节节皆费"。(《陈眉公先生全集》卷59《布税议》)

得较为可观的利润率。其中善于经营者，一般年利润率都可达100%以上或者更高。有时一次买卖成功即可使本金翻上几倍。史载明嘉万年间山西贩商师从政从吴越贩布至晋，获息亦倍，从此事业蒸蒸日上；"董子玉，祖籍北方而生长南地。其先人官于吴，遂家松江……读书不达而货殖焉。遂商旅于闽广间，贩丝丝贵，贩米米昂。不过五、六年，奇赢十倍"，等等。[1] 长途贩商丰厚的商业利润，一般来说是其他职能的商人资本难以企及的。这也正是长途贩运虽风险较大，但总是有人趋之若鹜的原因所在。

长距离的大贩运商以外，中、短距离的中小贩商的经营活动范围主要是上海邻近的浙西、苏南等地或本地区间。《云间杂识》记载，万历时，郡城"西门外一人腰缠三十金，欲至浙中买货"；前述《历年记》作者姚廷遴，清初曾多次往来于苏州或上海地区东、西部，贩运稻米以及腌猪杂货等等，都是这类的中小贩商。这类贩商，一般资本都较微薄。如姚廷遴从事贩运，资本最多也不过白银几百两；雍正时，南汇周浦镇一些小贩商，资本不过几十两。[2] 加上中、短途贩运风险远不如长途贩运，因此他们的商业利润率一般也不如长途贩商资本。如顺治八年十二月，姚廷遴携银170两从上海西部的朱泾贩米100石到浦东周浦，"往来二十日，交卸外只存斛口米担余"，[3] 可见利润之微薄。

从上所述我们可以看出，一般情况下，贩运商人资本利润率主要受资本的规模、经营风险的大小，以及贩运距离的远近和运输、交易成本的高低诸因素所制约。大致上，利润率的高低同资本额、经营风险及贩运距离成正比，而同运输和交易成本成反比。

大约从明末清初起，上海地区以贩运棉布和饼豆杂粮为代表的长途大贩运商开始发生了一些新的变化。

大约在明末以前，外地贩商来上海地区贩布，一般都是先投牙行，由牙行商人代为收布。故时有"牙行奉布商如王侯，而争布商如对垒"[4]之说。乾隆时上海人褚华的六世祖赠长史公明末时为牙商，"精于陶猗之术。秦晋布

---

[1] （明）《温恭毅公文集》卷11《明寿官师君墓志铭》；（明）李延昰：《南吴旧话录》。
[2] 参见（清）雍正《南汇县志》卷15《风俗》。
[3] （清）姚廷遴：《历年记》。
[4] （清）叶梦珠：《阅世编》卷7《食贷五》。

商皆主于家,门下(布)客常数十人为之,设肆收买"。而贩布商人一旦收齐布匹,即打点行李"始估银与布捆载而去",在上海并无常设机构。[1] 清前期,这一情况始有很大变化。一些资本雄厚的大贩商开始在上海自设字号、行庄,收购棉布。乾隆时上海人褚华说得很明白:"近商人乃自募会计之徒,出银采择,而邑之所利者惟房屋租息而已。"嘉定县月浦镇,乾嘉时即"有陕西巨商来镇设庄,收买布疋"。[2]

饼豆杂粮贩商中,这一变化更为显著。如前章所述,清前期上海的饼豆杂粮主要从东北、山东等地输入,经营此业的贩商又称"号商",内分"南帮号商"和"北五帮号商"。其中北五帮号商多为山东商人,他们大多在饼豆杂粮产地设有号庄,另外还在上海开设分店为常驻派出机构。关山东豆货南运,皆先由号商在上海的分店与沙船业保载牙行联系运输事宜,豆货抵沪后仍由派驻分店售与上海各饼豆行。此外,在当时的木竹贩运业中也出现了贩商在城镇各地设立铺行的现象。《松江府为禁修葺官府横取赊买竹木油麻材料告示碑》记载,清初松江府城四门外木竹商人,"俱系徽民,远贩投治,冒险涉远,倍尝辛苦,始得到埠"。[3]

从以上这些经营情况的演变来看,清前期上海地区的某些大贩商资本已具备相当的经营规模,和一定的经营水平与能力,具有较为完善的经营机构。它们已不完全等同于那种早期风餐露宿的旧式贩商,而是在某些方面已多少具有近代商业资本的雏形。

贩运商人的职能主要是商品贩运。他们的贩运商品在产、销地的集散售卖,一般都由执行另外职能的商人和商人资本承担,这类商人首先就是牙行商人。

(二) 牙行和牙行商人

牙行和牙行商人都由牙人发展而来。牙人作为市场交易之中人,在我国有着悠久的历史。明代以前,上海地区的商品交换和市场贸易还未十分普遍,

---

[1] (清)褚华:《木棉谱》。

[2] 民国《月浦里志》卷5《商业》。

[3] 上海博物馆图书资料室编:《上海碑刻资料选辑》,上海人民出版社1980年版,第105页。

但那时在青龙镇、上海镇等一些大镇市中已有牙人的居间活动。明王朝建立以后，洪武初曾一度禁止牙行。"天下府州县镇店去处，不许有官牙、私牙。一切客商应有货物，照例投税之后，听从发卖"。[1] 但牙人和牙行居间撮合交易是商业贸易发展的自然产物，一纸成命终究难以使其绝迹。以后，明政府又在《明律》中重新规定"凡城市乡村，诸色牙行及船埠头，并选有抵业人户充应。官给印信文簿，附写客商船户，住贯姓名，路引字号，物货数目，每月赴官查照"。牙人或者牙行的主要职能是评估物价，撮合交易，代客买卖，以及为政府代收各种商税。牙行商人分别从事不同行业，各司其事，彼此之间并不互相逾越。方志记载："牙商各有专贩之物，如花、米、竹、木、砖、灰、地货、水果、鱼、猪之属，俗皆称行。"[2] 明代时，上海地区商品交易额较大的行业都已经设有牙行。如棉布行、棉花行、竹木行、靛行、药材行、鱼行、米行、柴行、船牙行等等。其中在社会经济生活中影响较大的是花行和布行。

外地棉、布贩商前来上海采购棉、布，照例先得投于牙人或牙行名下。牙人起初一般只是受贩商委托，用贩商预付资金代为收购棉、布，事毕之后由贩商支付其一定数量的佣金，一般极少拥有自有资本或固定店号。以后随着贸易的发展，居间业务渐盛。牙人为适应贸易之需，逐步由个人的非经常性的业务行为过渡到自筹资本，起置仓栈、邸店，开设收布门庄，随时收购棉、布，待贩商而沽。如前引褚华六世祖便是这样一个有栈店、门庄，并能同时接待十数名贩布商人的大牙商。在这些大牙商的营业收入中，所包括的已不仅只是单纯的佣金，而且还有投入预付商业资本而获得的普通商业利润。

随着商业贩运的发展和随之而来牙行数量的增加，同业牙行间的商业竞争也进一步加剧。这种竞争主要表现在争夺客源和货源两方面。一方面，为了招揽贩商投行，牙商往往不惜工本，以宴席、演戏、狎妓相诱。有时互相争斗，闹得不可开交而大打出手。如万历年间上海县城赵升之与王又玄，本为儿女亲家，但一次"遇山右大贾至，两家争欲客之"，经过一番激烈较量，贩商为王氏拥去，而赵氏却由此"暴怒殊甚，顷刻扑地而殒"。[3]

---

[1] 《大诰续编·牙行第二十八》。

[2] 参见民国《宝山县续志》卷6《实业志·商业》。

[3] （清）曹家驹：《说梦二》，《上海之风气》。

牙行商人同业竞争中对货源的争夺仍可以棉、布牙行为例。明后期上海地区的棉、布牙行一般都设有专事收购棉、布的庄行。其设于城镇市的常年庄行称为"门庄";棉、布上市旺季临时设于四乡之地的称为"出庄"。每当棉、布上市季节,这些"出庄"即各显其能,或者天不亮即点灯收购,或者派羽翼至四乡强拉硬售,互相之间激烈竞争。万历《嘉定县志》称之为"市中交易,未晓而集。每岁棉花入市,牙行多聚少年以为羽翼,携灯拦接,乡民莫知所适,抢攘之间甚至亡失货物"。

棉、布之外,其他如粮食、竹木等商货贩入上海地区同样得经牙商之手。明万历时,松江缙绅沈大可"偶过白龙潭,见松杉山积,泊舟视之。牙行见其服饰之盛,奴僮之众,问曰:相公要木耶? 曰:然。任意拣取,共价四十二两五钱。及写约票,止十二两五钱,竟遗四字,旋注其旁而去。召匠,大起厅房,而以松木之边制成数棺。后牙行偕木贾索价"[1] 由此可见,当时木竹等货贩至上海,其销售经营都离不开牙商。竹木贸易如此,余皆推而可知。

以上所说都是按例领有官颁牙帖,依例缴纳牙税的牙商,俗称"官牙"。在此之外还有自封私立的牙商,俗称"私牙"。本来,从明代起,官府对于不领牙帖,私充牙商例有严禁。明律规定:"其有牙行埠头不由官选而私充者,杖六十,仍追所得牙钱入官。"清前期,康熙四十八年清政府规定:"贸易货物设立牙行,例给官帖,使平准物价。乃地方棍徒于瓜果、菜蔬等物,亦私立牙行名色,勒掯商民。请敕部查税课定例,除应立牙行者照旧设立外,其余一切私设牙行,尽数除革。"[2] 之后不久,雍正十一年,清政府针对各地州县滥颁牙帖,使各杂货小贩向来无藉牙行者,皆受市井奸牙把持,又规定各地州县牙行著为定额,报部存案。而额设牙帖,一律由各省藩司衙门颁发,不许州县滥给。新增之数,除新开集市应设牙行酌数给发外,一律只能在旧额内退帖顶补。[3] 规定虽然甚为严厉,但实际上,明清上海地区私牙不仅一直存在,而且在很大程度上还受到地方政府的默许和保护,并且在商业活动中也占有一席之地。志称"又有私立牙行,高低物价,擅取佣钱,买卖各有

---

[1]　(明)李绍文:《云间杂识》卷3。
[2]　《清圣祖实录》卷238。
[3]　《清世宗实录》卷136。

名,曰内外佣。结连光棍,邀入货物,卖布夺布,贸花夺花,乡人不得自由,名曰行霸"。[1] 这些私牙之所以能无视朝廷禁令长期存在,一个极为重要的原因就在于地方政府对他们存有某种特殊的需要。以清前期华亭县为例,"康熙间,东北城外市集称盛,后渐寥落,(税)课多厥额。嘉庆间详照丰县之例,所阙额银,除额领司帖牙行完税外,其无帖私牙,由县给照完课,以抵阙额"。[2]

清前期,上海地区的牙行和牙商资本较之明代又有新的变化,其主要表现在两个方面:

首先,在日常的市场交易中,牙行的渗透面越来越广,各种官、私小牙行广泛分布于城镇市集交易之中。明代时,市镇日常交易除大宗商品如棉、布上市必经牙行之手不可,一般零星的农副产品、手工业产品均可自由入市交易。但到清前期,"牙行坐肆估价,谓之主人,城邑乡陬在在有之"。[3] 上至花布柴米纱,下及粪田、菜蔬之属,皆有牙行领帖开张。乡民持物入市,不许私自交易,牙行横主价值,任意勒索佣钱。

其次,棉布、饼豆杂粮等大宗买卖行业中的一些大牙商正日益从单纯的居间商人,向职能更为齐全、经营范围更为广泛的收购、批发商人过渡。如前所述,明后期已有一些大布牙商自拥资本,设庄收布。入清后,在一些棉布主要集散地的城镇中开设的大布行,一般已都拥有固定的字号招牌,除行内门庄外,还下设分庄于四乡。[4] 布庄之下往往还联系有一批串村走乡的小布贩,俗称"小经纪"。他们代行庄到四乡收布,从中赚取少许佣钱。[5] 布行销布皆标以本布行字号招牌;而贩商到各镇市收布,也唯布行字号招牌为问。那些信誉卓著,布匹质量货真价实的字号往往格外受贩商青睐。有史料称,"苏松等郡,布业甚繁。但货有精粗、长短之不齐,惟各立字号以分别。故从前盛行

[1] (清)乾隆《宝山县志》卷1《风俗》。
[2] (清)光绪《华亭县志》卷8《杂税》。
[3] (清)褚华:《木棉谱》。
[4] 布庄又称布肆,是当时城乡收购棉布的基本处所。除了牙行所设外,也有其他人独立开设者。但不论何者,它们收购之后的棉布一般总要转售于牙行,或经牙行介绍买主,极少有同贩商直接联系者。
[5] (清)嘉庆《上海县志》卷1《物产》:"或有多自搜罗他处觅售者,谓之水客;或有零星购得而转售于他人者,谓之袱头小经纪。"

之字号,可以租价顶售";"各省镖商远涉贸易,裕课便民,而所以取信者,全在字号图记"。[1] 清顺治年间,随着贩布中心一度向苏州的转移,一些大布牙商,如松江府城的朱嘉义、朱金兰、金三阳等,皆在松江开设布店、布庄、布行收购布匹,而具体发卖却在苏州进行。当时布行销售的棉布相当一部分是经后整理加工的花色布,它们也大多由布行字号自行组织加工,这在第三章中已有论述。

总而言之,清前期棉布行业中的大牙商,其传统的说合贸易、居间取佣的职能似乎已经越来越显得微不足道,而越乎于此的收购、批发商人的职能却越来越显得重要和明显。在他们所攫取的利润中,居间佣金可能已经逐渐退至次要地位,而一般的商业利润则已占有重要地位。其中一些最大的布行商人,据说"自漂布、染布及看布、行布各有其人,一字号常数十家赖以举火,惟富人乃能办此",[2]资本已甚为雄厚。

清前期上海地区的饼豆业牙行随当时饼豆杂粮贩运的兴盛而崛起。"该业行商,当买卖机关,分销各省,其积贮贩卖之所,名曰牙行"。[3] 道光十一年,仅上海县城一地加入豆业公所的牙行就达44家之多。它们按资本大小可分成五等。其中的大牙行自设仓栈,规模宏大,信用卓著,深得贩商信任。南北号商贩运豆货均须向豆业牙行转让,那些大牙行交货付款有20天期限,提货后先付给本票,其信用程度与汇划钱庄的本票相同。所收豆货例由各豆行按市价出售。可见这些大牙行也已经不只是一般的撮合交易,收取佣金,而已是自拥资本,能独立承担批发业务的大批发商了。

此外,如棉花业中的花行也同样已自设铺庄,自备资本收购乡民棉花,然后转售贩商。一些稍大的花行都已设有掌柜,看花、收花者,司发钱款者,其业务也已超出传统单纯的撮合贸易。[4]

清前期,随着海运贸易的开展和江海关的建立,上海县城还兴起了代理进出口海船报关业务的船税牙行。早在明代时,上海地区各城镇埠口码头已多设有埠头船牙。万历《上海县志》载:"本县南、北运粮长及各处客商雇船,牙

[1] 上海博物馆图书资料室编:《上海碑刻资料选辑》,上海人民出版社1980年版,第86—87页。

[2] 参见(清)乾隆《元和县志》卷10《风俗》。

[3] 《上海豆业公所萃秀堂纪略》。

[4] 参见穆藕初:《藕初五十自述》,商务印书馆1926年版。

钱入于私埠,而官埠□受□祸。乃令傍浦有力者为之,而给执照,听收牙钱。"此外还有一种"换船牙保",凡是"船之贸易,必经其手"。[1] 清前期,上海地区这类为内河航运服务的埠头、船牙依然存在,其主要职能仍是代商客接纳装载船只,并供应官府出入雇舡。而上海县城所出现的船税牙行则主要是为海运商船服务。其职能主要有二:其一是为进出上海港的商船代理报关、纳税业务。无论南北商船进入上海口岸,均得先行择牙投行,由牙行代为入港报税,易银代缴税款;而商船载货出港,仍得由船税牙行清验货物,开出舱单,报关后给发牌照。其二是为贩商接洽运输船只,因此它们又常被称为"保载牙行"。嘉道年间,山东等地各帮贩商贩运豆货到上海,即多由上海的保载牙行"凭行写船,随时面定水力,揽票内注明月日,钤盖本船图记,并经手人姓名,各无退悔"。揽运沙船未经税行收取所写契单,则不能发票放船。[2]

到鸦片战争前的乾隆年间,上海地区大小牙行估计已达 3600 家以上。其中数量最多的上海、嘉定两县都已超过 500 家。即以当时的 10 县平均之,估计每县平均也在 360 家以上。这在当时的江南地区大致上仅次于商业贸易最繁盛的苏州府。[3] 见表 5-1。

表 5-1　清乾隆年间上海地区牙税、牙行估计

项目	华亭县	上海县	青浦县	嘉定县	崇明县	金山县	奉贤县	南汇县	娄县	宝山县	合计
牙税银（两）	92.66	135.16	68	82.3	46.6	100.68	92.73	108.7	84.56	86.6	897.99
牙行数（户）	353	515	259	535	108	383	353	414	322	395	3637

说明:牙税据同时期各县地方志所载。牙行数,嘉定、崇明、宝山三县据嘉庆《直隶太仓州志》,其余据乾隆《上海县志》所载,"牙税,每户纳银不等,定额牙行五百十五户,共征银一百三十五两一钱六分",估得每户牙行平均征牙税银 0.26 两,再以此数除各县牙税银而得。

————————

[1] (明)吴履震:《五茸志逸》卷 2。

[2] 参见上海博物馆图书资料室编:《上海碑刻资料选辑》,上海人民出版社 1980 年版,第 68—73 页。

[3] (乾隆)《苏州府志》卷 11《杂税》载,乾隆元年,苏州府长洲等 9 共有牙行 4513 户,其中元和县达 902 户,皆高于上海地区。

　　牙行是传统中国社会市场交易的特有产物。如同国内其他地方一样,明清上海地区的牙行对于当时的商业贸易具有双重的作用。

　　首先,在国内大市场贸易兴起之初,外地贩商前来贩运商货,人地生疏,货物集散困难,此时的牙行无论对于货源的组织或者货物的推销均有相当的积极作用。以后,棉、布、米、粮、豆、麦等大宗贩运贸易日益繁盛,牙行也从一般单纯的中间商人而向收购、批发商转化,他们已成为商业贸易中不可或缺的一环。

　　但另一方面,当时的牙行,无论官牙还是私牙,一般都有官府或民间恶势力作倚靠,所谓"牙行非藉势要之家不能立"。他们具有垄断、把持交易的特殊力量,对商品流通的正常发展又可以起着某种消极的遏制作用。这主要表现在牙行凭借居间特权,刁难揸勒商民,强占豪取等方面。例如,清前期上海县城的船税牙行即经常凭借代理船商报关完税,清验给牌的权力,阳奉阴违,娄索钱财。而市场交易中的牙行也时常强买强卖,甚至滥用恶钱低银,攘夺货物。嘉定县新泾镇,明末时布、花、屡诸货齐集,牙棍乘此"把持行市,每以客之纹银,贱兑低钱,以十折八发给。小民至于争换,则因聚殴者有之,货、钱俱匿者有之"。[1] 诸如此类的记载,史籍中不胜枚举,牙行商人亦由此而常被称之为"市虎""行霸""牙棍"等等。牙行的垄断、揸勒,人为地增加了市场的流通环节和流通费用,它们对于商品流通的正常进行所起的阻碍作用显而易见。

　　牙行商人在商品流通中的双重作用,归根结底来自于封建政府所赋予的封建垄断性。这种封建垄断性使得牙商在作为贩商贸易中间人的同时又充当着封建政府与其他商贾之间的中间人的角色,他们在获得居间贸易垄断权利的同时也对官府负有应差纳银的义务;同时,这种封建垄断性又决定了他们能凭借于此,而在商业贸易中对其他商民滥施淫威。在受制于人的同时又能制于人,这就是牙行商人典型的双重性格。

（三）店铺商人和店铺商人资本

　　店铺商人和店铺商人资本是既不同于贩商,也不同于行商的另一类型的

---

　　[1]　参见上海博物馆图书资料室编:《上海碑刻资料选辑》,上海人民出版社 1980 年版,第 68—75,83 页。

商人和商人资本。他们一般都拥有固定店面、招牌,经营商品零售业务。"凡日用所需设肆以贸易者,俗称为店。其专营一业,如酿酒、制糖、染布之类则称坊;土布、鲜肉、锡箔之类则称庄。而营业之趋势要皆与地方有密切之关系"。[1] 由此观之,当时的店铺按其售卖商品的来源大致上可以分成两类:一类是出售商贩之货的店铺,如米铺、布店、茶叶铺、南货店等等;另一类则是出售自产产品的店铺,如面铺、酒坊、锡箔庄等等,它们大多前店后坊,店铺商人往往同时还是小手工业者。

店铺商人的经营一般都有专业分工,即某一类店铺基本上就销售某一类商品。这些商品一般来说大多是普通小生产者自己无法生产,或者本地不出产的日常用品或奢侈消费品。其中比较主要的店铺类型有:

米铺。一般多集中于大城镇之中,主要供应城镇非农业人口日常食粮。其数量多少大体上与城镇的规模、人口呈正比。康熙五十九年时,上海县城厢内外至少已有米铺84家,而该县北桥镇仅有米铺6家。[2] 这些东部地区城镇中的米铺除供应城镇居民的食米外,还担负着周围地区乡民的部分食米供应。按当时的城镇数量以及城乡居民对商品米粮的依赖程度估算,清中叶时上海地区大小城镇市中的米铺至少可达几百家之多。

布铺。在普通百姓的日常生活中,布的重要性仅次于粮食。但是上海地区由于家庭手工棉纺织普及,各地市场上商品棉布销售量不大,因此市镇中零售布铺的数量也较有限。如康熙十一年时,松江府城仅有8家布铺,而同时期华亭县的布牙竟达25家,布庄有63处。[3]

竹木、油麻铺。竹木、桐油、麻等等都是建造房屋,修建船舶的必用之物。如前章所述,上海地区这类商货大多从外地贩进,由贩商经牙行转卖于各铺商,其数量也十分可观。顺治七年,仅松江府城一地,即有竹铺18家,油麻铺14家,松杉板铺6家。[4]

---

[1] 民国《宝山县续志》卷6《商业志·商业》。

[2] 上海博物馆图书资料室编:《上海碑刻资料选辑》,上海人民出版社1980年版,第101—105页。

[3] 上海博物馆图书资料室编:《上海碑刻资料选辑》,上海人民出版社1980年版,第92—96页。

[4] 上海博物馆图书资料室编:《上海碑刻资料选辑》,上海人民出版社1980年版,第105—107页。

杂货铺。这类店铺分布极广,上至府、县城,下至小镇市在在皆有。它们一般规模不大,但零售商品种类甚多。如南北杂货、茶叶、纸张、糕饼等等。康熙前期,松江府城内这类商铺至少有 45 家。有些开设于大城镇中的这类商铺还有相当的规模。如清初洞庭商人席氏,曾"张巨肆于松冈镇"。康熙前期,上海县城参记杂货铺经营南北杂货,号称邑中第一。有次商铺失火,烧掉枣子1200 余斤,火腿 300 余只以及其他山珍海味,值银 3000 余两[1]。 只是这种规模较大的杂货铺当时还不多见,广泛分布于城乡各地的大多还是规模较小的杂货铺。

绸缎铺。它们大多开设于府、县城以及一些大镇之中,数量不如其他商铺。康熙后期,松江府城一地约有 16 家之多。[2]

旧货铺。亦称买旧店,大多为专门出售典当铺到期没质"典货"的商铺。由于没质货物中以旧衣服居多,故这类买旧店又多称"估衣铺"。它们多设于大城镇中,一般资本并不大。如康熙末年,松江府城唐氏在府城外秀野桥西买得市房一座,开设买旧店,店中"俱卖典货,所以生意颇好"。[3]

此外,其他各类经营店铺还有诸如饮食小吃铺、豆腐铺、面铺、香烛铺、鞋帽店等等。所有这些以零售业务为主的各类店铺无论经营内容有何不同,作为店铺经营资本却具有许多相似之处。

首先,这类店铺资本数量甚多。明万历年间,华亭、上海、青浦、嘉定四县店铺门面至少已达 7400 余间,而到乾隆年间,以方志所载门摊税推算,嘉定一县的店铺门面就在 3000 间以上,以全地区而论,至少有数万间之多[4]。

其次,店铺资本不仅量多,而且分布甚广。不仅大城镇中,大小店铺比比皆是,而且一般的小镇市也少不了这类店铺商人。它们同城乡各阶层居民有着广泛密切的联系。

再次,店铺资本虽然数量众多,但以他们的单个资本而言,一般都比较微

---

［1］ （清）姚廷遴:《历年记》。

［2］ 上海博物馆图书资料室编:《上海碑刻资料选辑》,上海人民出版社 1980 年版,第 124—125页。

［3］ 《云间唐氏支谱》。

［4］ 参见(清)康熙《松江府志》卷 12《税课》;(清)乾隆《宝山县志》卷 5《田赋》;汪应轸:《青湖文集》卷 1《恤民隐均偏累以安根本重地疏》。

薄。如前述号称上海县城第一的参记杂货店资本也不过数千两,而其他大部分店铺,资本仅有几十两至数百两左右。由于资本微薄,一般来说,店铺商人资本的利润率和利润额也较低,他们是当时各类商人资本中财力较弱的阶层。

店铺商人资本之所以具有以上这些特点,完全是由他们的资本职能以及经营的性质所决定的。店铺资本的主要职能是为城乡居民提供商品零售服务,一般来说,每个店铺总以一定范围内一定数量的基本顾客为服务的主要对象。因此,他们经营规模的弹性较小,如果任意扩大经营,不仅会使营业成本上升,而且扩大店铺营业的覆盖面,又会延伸顾客的购买距离,这样不但难以使营业额同步增长,反而会使得资本的边际收益率降低。现存资料表明,当时的店铺买卖中赊账制度极为盛行。"平日取市肆中物,岁暮积而偿之",[1]极为形象地说明了店铺营业对象的相对狭隘,以及顾客的相对稳定,反映了店铺资本零星、分散的特点。

店铺商人资本虽然分散、狭促,但他们都是地处一隅,籍隶有司的坐贾,派征方便,因此受官府衙门以及胥吏的金派婪索历来较为沉重。明代时,政府向市肆店铺开征"门摊课钞",永乐年间华亭县额征钞3570匹,上海县947匹,嘉定县983匹;万历时改为征银,三县总数为白银1100两,俱于"城市乡镇开张店肆之家,审其生业,分别等则派征",上户每间门面征白银0.2两,中户0.15两,下户0.1两。[2]若仅此而言,店铺商人的商税负担似乎并不苛重。但事实上,当时的店铺商人在正税之外,还要负担名目繁多的各种"当官""采办""借用"等等的强索豪取。

"当官"又称"当行"。各级官府需要物料等项,只需向店铺开出"官票"即可任意取用。永乐时"铺户卖物当行则钦奉成祖皇帝圣旨,是但开张铺面之家,不分军民人等,一体着他买办,敢有违了的,拿来不饶"。[3]至于商货价值,或者仅给半额,或者分文不与。店铺为应承"当官",还须挨户编派值月,一些财力单薄的小店铺一经当行,往往只能揭债办物,割肉医疮。入清后,

---

[1] (清)张春华:《沪城岁时衢歌》。

[2] (清)康熙《松江府志》卷12《税课》;(明)汪应轸:《青湖文集》卷12。

[3] (明)郑秉厚:《郑苍濂奏议钞·奏议二》。

政府屡禁"当官",而代之而起的是"采办"和"借用"。

采办分现银采办和赊买两种。本来按封建政府规定,官府取商铺之物,只能按例"给发现银采买",但事实上所谓官给价银,经手胥吏往往百般克扣,往往是十无半给,实与"白票取用"无异。而一旦赊卖,更是有赊无付,价银经久不给。而衙署森严,铺商往往无从讨取,所售商货每每化为乌有。

采办之外的还有借用。官府每逢临时搭盖码头、敞篷,迎送上司,演武迎喜,所需木竹芦席、彩绸红幔等项物料,往往出票向各店铺无偿借取。事后归还,或缺或坏,官府概不赔偿,损失皆由商人自负。更有甚者,有借无还,铺商亦同样无可奈何。[1]

如果说以上的"当官""采办""借用",作为地方官府对店铺商人的勒取总还有一定的间歇,那么各级官府中的官员、胥吏,或借经办官府物料之机,或凭借权势对店铺商人的苛索则似乎更为普遍、经常。有史料记载,每当官府需用竹木油麻等等物,经承吏胥往往乘机"指修金票,任意取货,上以为公,下实私弊"。在办料中,督工官员还会向铺商"反索使费,稍不遂欲,即借料货苛拣,百般揸勒。及至工竣领价,经承又索常例",等等。[2]

封建官府以及胥吏衙役对于店铺商人的苛索提高了店铺商人资本的营业成本,并且有可能造成商品零售价格的上升以及商业利润的下降,反映了当时条件下封建政权力量对商品经济顺畅发展的阻遏。

(四) 旧式借贷资本和货币经营资本

1. 高利贷资本

明清时期上海地区的借贷资本,以其借贷利率的高低,大体上可以分为一般的借贷资本以及高利贷资本。

高利贷资本历史悠久。早在明清之前,上海地区的高利贷就已存在。元代时,大海商朱清、张瑄"两家多贷民钱"即是一例。明清时期,上海地区的高

---

[1] 参见上海博物馆图书资料室编:《上海碑刻资料选辑》,上海人民出版社 1980 年版,第88—125 页有关内容。

[2] 上海博物馆图书资料室编:《上海碑刻资料选辑》,上海人民出版社 1980 年版,第88—125页。

利贷债主一般多为地方上的绅衿富室以及地主、商人等等。明代时尤以绅衿为甚，放债成为能与买田媲美的营生手段。[1]

《三冈识略》记载，"近有一绅巧取善藏，坐卧起居，言动食息，无往非阿堵也"。嘉定县巨绅王世贞家族，每年放高利贷所得利息有 30 万两之巨。[2] 上海县名绅顾振海，家业万金，富甲一邑，也同样称贷子母，放债取利。缙绅以外，其他富有者也常从事高利贷放。清初"华亭南桥镇有富人邹连城者，农家子。祖、父皆巨富，藏镪无数。再传至连城，性尤纤啬，善居积，朝夕惶惶，权子母之利，富甲一乡"。同时期庄某，同为华亭富人，亦同样"挟金钱权子母之利"。[3] 此外，地方上各类商人也是高利贷放的主要从事阶层。明代正德嘉靖年间，歙商汪通保在上海县城大造房舍，大收门徒，从事高利贷放，借贷者"归市如流，旁郡邑皆至"，而汪氏亦由此而大富。[4]

当时的高利贷放除货币外也有实物放贷，其中尤以粮食为最。贷主既有地主，也有专门的粮商。"今镇市乡井有粮商，计农夫亩之多寡，春夏贷之籽种食用，秋成，加息取偿"。[5] 地主贷米同样是在上半年青黄不接之际，"耕时贷米，至冬亦偿以米，其息甚昂，有一石偿二石者，谓之转斗米"。[6]

总而言之，明清上海地区高利贷的兴盛已使得各种身份的富家无不多以放债为利，以食息为乐。光绪《华亭县志》有一段记述很能说明问题："松江有余之家，昔年放债，富者出本，贫者出利。夏月放出，冬月收入，有无相通，贫富俱利，岁岁皆然。"说高利贷对穷人有利，当然是在为高利贷贴金，但有余之家，放债食利"岁岁皆然"，到真是说出了当时高利贷的普遍和广泛。

高利贷之所以能长久广泛存在，基本原因当然是社会上存在对高利贷的需求，其中最主要的是各类小生产者。小生产者生产能力以及经济状况都极为低下，丰年常景或能勉强糊口，而一遇灾歉人祸或者家有婚嫁丧葬，则多须

[1] （明）何良俊：《四友斋丛说》卷 13。
[2] （明）范守己：《曲洧新闻》卷 2。
[3] （清）董含：《三冈识略》卷 9《补遗》，卷 3《托生为猪》。
[4] （明）汪道昆：《太函集》卷 28《汪处士传》。
[5] （清）刘玉书：《常谈》卷 4。
[6] 参见（清）道光《震泽镇志》卷 2《风俗》。

求之以告贷,所谓"踆踆然叩诸富人之门而称贷之"。明宣德年间有人说:"苏松常三府所属田地虽饶,农民甚苦。观其春耕夏耘,修筑圩岸,疏浚河道,车水救苗之际,类皆乏食;又其秋粮起运远仓,中途或有遭风失盗以致纳欠,未免借贷于豪之家以偿官赋"。到清中叶,仍有人说上海之棉农"木棉未登场已有下壅之费,益以终年食用,非贷于人即典质衣服"。[1]

除小生产者以外,高利贷的承受者中亦有中小商人。当时一些贫穷无本而又打算经商谋生者,往往多以借贷作本经商业贾。如明末上海人杜启勋"因家中落,假(借)钱贸布"。[2] 唐荆川"宗侄将为贾,苦于无本,商之先生。先生曰:汝往市中问,许多业贾者,其资本皆自己有之,抑借诸富人者乎?侄还白:十有六七借人者"。[3] 当然,从总体上看,借用高利贷主要还是贫穷的农民、小手工业者等,正是他们朝不保夕、脆弱低下的经济地位才使高利贷得以具备滋生的土壤。

高利贷之所以为高利贷,主要在于它那高昂的利息。明代时,政府曾以法律的形式规定过民间利息最高限额,"凡私放钱债及典当财物,每月取利并不得过三分;年月虽多,不过一本一利。违者笞四十,以余利计赃"。[4] 但民间实际的贷放利率往往超过此规定的好几倍。明后期上海名宦徐阶曾说,"减息贷银,律取息不过三分,今或取至七八分,若只令依律取息亦未为厉之也"。[5] 可见,利率超过政府限令在当时已司空见惯。正因为高利贷具有足以制债务人于死地的高昂利率,因此无论是谁,一旦陷入高利贷罗网,即有可能面临鬻儿卖女、倾家荡产的威胁;债权人与债务人之间往往也会由此而爆发激烈的冲突以至发生命案。《云间杂识》记载,明万历年间,松江府贫苦人民每至年关因无力偿债,不惜故意犯法而囚系牢房,以避索债。其视图圄为福堂足可见高利贷咄咄逼人之锋芒。同时期"上海廿二保人陈侃,生平放债,虐害乡里。恨某甲称贷不还,擒至家殴死。乃置大锅中糜烂其尸以灭迹"。[6] 高

---

[1] 参见(明)顾清:《周文襄公年谱》卷上;(清)张春华:《沪城岁时衢歌》。

[2] (清)康熙《上海县志》卷12《遗事》。

[3] (明)李乐:《见闻杂记》。

[4] 《大明律集解附例》卷9《户律·钱债》。

[5] (明)徐阶:《世经堂集》卷22。

[6] (明)李绍文:《云间杂识》卷8。

利贷之残害人命真可谓令人发指。正因为高利贷害民深重，明清时也不乏官员主张禁绝。如明嘉靖年间，海瑞巡抚江南，一度"禁民征债"，但是由于高利贷存在的社会经济条件未变，一旦禁绝，"贫者欲借贷而无所从"，[1]最终只能是依然如故。

当时上海地区的高利贷经营一般并无专门的营业铺肆和招牌。它们与债务人的联系大多只是凭借宗法家族关系或其他形式的人身依附关系而维系。虽然高利贷资本的群体分布十分广泛，但以个体资本的经营活动而言，范围无疑是狭隘的，并且具有浓厚的封建宗法色彩。它们的存在虽然从整体上看是整个社会经济中不可或缺的一部分，但是以局部而言，毕竟又具有使借贷者陷入贫困境地，并使社会再生产相应萎缩的作用。

2. 典当商人和典当业资本

典当业是以实物质押的借贷，从某种意义上来说也是一种以特殊方式经营的高利贷。明清上海地区典当业分布十分广泛，其中规模大者称为典铺，小的称为质库，上自府城、县城，下至中小市镇，几乎在在皆有，不少城镇往往同时拥有几个或十几个典当铺。如康熙中叶上海一县即有典质89家。乾嘉年间，除嘉定、崇明两县外，上海地区华亭、上海等8县共有典质铺近200家。见表5-2。

表5-2　清乾嘉年间上海地区部分县典质铺统计

县份	华亭	上海	青浦	金山	奉贤	南汇	娄县	宝山	合计
典质铺（户）	17	28	19	14	26	40	28	23	195
典税银（两）	85	140	96	70	130	200	140	115	976

资料来源：据以上各县地方志有关记载统计而成。

典质铺的开设者既有地方上的缙绅富室，也有寄籍商贾。康熙时上海巨绅施维翰曾言："今文武各官，或兼事商贾，质库连肆，估舶弥江。"[2]《淞南志》载，"徐德孚，字宵阳，原籍新安，设质库于淞南，遂家焉"，等等。其中一些

---

[1]（清）光绪《华亭县志》卷23《风俗》。
[2]（清）李元度：《国朝先正事略》卷1。

大典商往往在不同的地点同时拥有数处典铺。规模较大的除了伙计之外还有掌柜(俗称朝奉)、总管等等,资本也较雄厚,有时一处典铺即有本银上万两。不过遍布乡镇各地,资本屡弱的小典小质也在数不少。一般而言,其分布规律不外是越设于偏僻小市,经营规模就越小。

典当业的主要业务是抵押贷放,其大宗主顾首先是贫穷小民。如史料所称:"贫者借贷无方,唯以物质于典商家;转运不灵,亦以物质于典"。穷民"凡遇钱粮急迫,一时无措,惟向典铺质银。下而肩挑负贩之徒、鳏寡孤独之辈,等钱一百、五十,以图糊口,取之最便"。[1] 除此之外,即使中产之家或者上等门户,偶有现钱调动不灵,亦临时求助典质。所谓"富者财积而患壅滞又乐典之,取偿易也"。[2] 典铺放款虽要当物质押,但一般来说其放款利息率总要稍低于普通高利贷,而且只要有物质当总能筹措到钱款。因此,黎民百姓若要借贷,只要手中尚有可质之物,总会先上典铺、质库。

典当质押最常见的是衣物杂什,对穷民百姓来说,衣物尤为主要质物。大约在清前期,一些城镇典铺还竞相收当米麦花豆等农产品。乾隆时有人说:"近闻民间典当,竟有收当米谷一事……江浙尤甚,而囤当之物,并不独米谷也。"道光三年,松江府娄县泗泾、枫泾两镇各当铺,收当囤积的稻米居然有2万石之多。[3] 质当米谷者除了贫苦农民的零星交易外,还有专门以此营利的投机粮商的秋当春赎。每到秋粮登场,"奸商刁贩恃有典铺通融,无不乘贱收买。即如一人仅有本银千两,买收米谷若干石,随向典铺质银七八百两,飞即又买米谷,又质银五六百两不等,随收随典,辗转翻腾。约计一分本银,非买至四五分银数之米谷不止。迨至来春及夏末秋初,青黄不接,米价势必昂贵,伊等收明子母,陆续取赎,陆续出粜"。[4] 在这里,典商为囤户通融资金,囤户又为典商扩大了经营,真可谓相得益彰。

至迟在清前期,上海地区城镇中一些较大的典铺已兼营存款业务。所吸

---

[1]　参见民国《南汇县续志》卷18《风俗志》;苏州历史博物馆等编:《明清苏州工商业碑刻集》,江苏人民出版社1981年版,第188页。

[2]　民国《南汇县续志》卷18《风俗志》。

[3]　参见(清)琴川居士:《皇清奏议》卷44《请禁囤当米谷疏》;(清)光绪《松江府续志》卷14《赈恤》。

[4]　(清)琴川居士:《皇清奏议》卷44《请禁囤当米谷疏》。

收存款尤以当时的书院、慈善机构等团体的教育、慈善基金为多。存款利息一般为月息一分,大大低于典铺抵押放款的利息率。下表即为乾嘉年间松江府云间书院存钱于府境诸县各典铺的统计。

表5-3　乾隆、嘉庆年间松江府诸县典铺吸收云间书院存款统计

存入时间	典铺所在县	存入额(钱千文)	存款月息率(%)	年息(钱千文)
乾隆五十三年三月	上海县	2000.0	1	240.0
乾隆五十三年三月	南汇县	2128.733	1	255.447
乾隆五十三年三月	青浦县	2800.0	1	366.0
乾隆五十三年九月	金山县	839.7	1	100.764
乾隆五十四年三月	奉贤县	1356.433	1	162.772
嘉庆九年正月	华亭县	475.0	1	57
嘉庆九年正月	娄　县	475.0	1	57
合计	—	10074.866	1	1208.983

资料来源:(清)嘉庆《松江府志》卷30《学校志》。

　　典当资本的主要职能是抵押贷放,贷款利息首先构成典商利润的首要来源。典铺的贷放利息一般稍低于普通高利贷,其特征是抵押物品价值越低,借款数额越小,利息率就越高。通常情况下,"衣物质银,月取息两分;银五两以上,息一分六厘",或者"十两以上者,每月一分五厘起息;一两以上者,每月二分起息;一两以下者,每月三分起息"。[1] 之所以如此,主要在于小额贷放多是经济能力低下,债信较差的贫穷小民,从事这类贷放,典商承担的风险也较大;而且从经营成本来看,小额借贷与大宗贷放一样,都要办理同样的手续。因此,典商就只有以小额高利、大额低利的办法来均衡其利润收入。

　　利息之外,典商利润的来源还有没收质物以及变换进出银两成色的收入。典铺收取质物一般作价甚低,质物逾期本息不清无力回赎者,典铺即没质收押,出售质物,由此又可获相当利润。银两成色变换收入主要来自小额贷放。

[1]　参见民国《崇明县志》卷4《风俗》;(清)胡承谋:《吴兴旧闻》卷2。

穷民入典,所质不过数两、几钱,典铺贷出时多给碎银。典商往往乘机熔以铅锡,降低成色,甚至有贷出时貌似银丝,下炉熔化即化为乌有。而借者到期还本付息,非足色纹银不收。一进一出,典商于无形中又平添几分利润。

3. 钱庄资本和钱庄商人

上海地区始有钱庄大约是在清前期的康熙、乾隆年间。但在此之前,作为钱庄前身的"钱铺""兑店"以及类似信用汇划等现象,至迟在明后期已经存在。据《云间据目抄》记载,嘉靖时华亭商人马某在北京经商赚得银钱后,即经人接洽在徐阶官肆中换得"会票若券者持归",付与松江徐氏家人兑现银钱。稍后之崇祯年间,上海名宦徐光启在京任官,于家乡、京城两地间调度银两,也多用"会票"。[1] 此外,明后期上海地区商业贸易的发展,外商携银而来,有需存于店铺者,有需兑换铜钱者;而地方上之居民售布卖物,收入银两或铜钱后,亦有需要兑成制钱或银两者。这就促使了一些专以兑换银钱为业的"兑店""兑钱铺户"纷纷出现。崇祯年间,松江名士陈继儒曾向知府建议,改私设兑店为"择殷实忠厚有身家之人,保结登名,设立兑钱官铺户"。[2] 入清之后,上海县城内外一些浙江绍兴人所开设的炭栈不时以余款为商民兑换银钱,并逐渐兼营小规模的存放款业务。积之稍久,各方称便,业务日见发达。于是从中分化出一些店肆渐渐即专以银钱兑换、贷放为经营主业,从而成为上海地区最早的钱庄。大约到乾隆时,上海县城的钱庄业已在邑庙内园成立了钱业公所。到乾隆四十五年左右,所辖钱庄至少已有 18 家,10 年之后又猛增至 64 家以上。在乾隆五十一年到嘉庆二年的十多年中,上海县城先后存在的钱庄至少有 124 家。[3]

清前期,上海县城钱庄以资本大小及营业内容差异可分为汇划、挑打和零兑庄 3 种。

汇划庄资本雄厚,账面资本可在万两以上,存放款可至上十万两。营业中所出庄票信用卓著,在一定范围内可代现金流通。此类钱庄皆入钱业公所,故又称"入园钱庄"。互相之间的票据收解与同业拆放均可用公单在公所内互

---

[1]　(明)范濂:《云间据目抄》卷2《纪祥异》;(明)徐光启:《徐光启集》卷11《家书三》。

[2]　(明)陈继儒:《陈眉公先生全集》卷56《答方禹修太尊修郡志》。

[3]　中国人民银行上海分行编:《上海钱庄史料》,上海人民出版社1960年版,第9—12页。

相抵轧汇划。

挑打庄实为"挑担庄"之讹。其资本较小,一般只有几百或上千两白银,主要业务是为商家买卖代办解送款。每当商家用款,即由钱庄命栈司装担挑运。它们一般不入钱业公所,来往票据收解一般多托汇划庄代理。

零兑庄为钱庄资本中最小者,主要业务仅为零兑银两、银元、铜钱。以现兑现,故又称"兑现钱庄"。它们一般都开设于城镇商市繁盛地段,所以又有"门市钱庄"之称。[1]

钱庄资本的职能主要有二:一是货币经营的职能,如代商客办理解付款、兑换、汇划票据等等;二是借贷的职能,如对沙船业主、号商之类的商业放款。在两种不同的资本职能中,大多数中小钱庄尚以货币经营资本的职能为主。如史料所称的,"钱庄生意,或买卖豆、麦、花、布,皆凭银票往来。或到期转换,或收划银钱"。[2] 而贷放款的借贷资本职能多半集中于少数大钱庄。不过由于种种原因所限,他们的放款对象以行业而言也还仅限于获利较厚的沙船贩运,以个人而言也多半只限于熟人、朋友。而且对于此种贷放业务还较为保密,据说是怕声张后会影响钱庄信用。因此,从总体上观察,当时的钱庄业的经营业务,借贷资本的职能恐怕还较逊色于货币经营资本的职能。一些钱庄商人在资本积累到一定程度后往往并不去扩大自己的信贷业务,反而去兼营钱业之外的其他商业活动,如贩运豆货,兼营土布、杂货等等。这些情况一方面反映了借贷资本利润对钱业商人尚无强有力的吸引力,另一方面也显露了当时的社会经济对借贷资本的有效需求不足。然而尽管如此,钱业资本所部分具有的借贷资本职能,其贷款的指向毕竟主要已是社会上的工商业经济活动,因此,它较之传统的高利贷资本以及典业资本无疑都更为进步。而且,即使以钱庄的货币经营资本的职能而言,其银票往来、汇划业务等等都已成为当时商务往来中重要的清算手段,它们已成为当时上海地区商业贸易正常进行不可或缺的部分。

---

[1] 郭孝先:《上海的钱庄》,《上海通志馆期刊》第3期,上海通志馆刊社1935年,第803—857页。

[2] 上海博物馆图书资料室编:《上海碑刻资料选辑》,上海人民出版社1980年版,第140—141页。

第二节　商人的地缘构成及商人资本的
来源和经营特点

（一）商人的地缘构成及其变化

1. 外来商贾的地缘构成及其变化

上海地区商业贸易以至整个社会经济的发展，从一开始就同各地商贾云集有不解之缘。明代时，最活跃的外来商贾首推徽商和秦晋商人。

徽人习贾素有传统，其原因据说徽州地处万山之中，"以疆理则田不足什之三，以树艺则禾不足五之一"，"即富者无可耕之田，不贾何待"。[1] 上海地区至少在元代时已有徽商活动足迹。如清代上海县人乔镗"先世居新安，为宋枢密执中之裔。元季商于海上，遂占籍焉"。[2] 明中叶后，上海地区成为国内最大的商品棉布生产基地，徽商率先在上海地区经营棉布贩运。时有徽人称："吾乡贾首鱼盐，次布帛，贩缯则中贾耳。恶用远游，乃去之吴淞江以泉布起"；"歙岁入不足以当什一，其民什三本业，什七化居。吾其为远游乎，乃东出吴会，尽松江，遵海走维扬……东海饶木棉则用布，维扬在天下之中则用盐笑。"[3]当时上海地区各市镇中的布商相当部分皆为徽人。如嘉定钱塘乡出产"丁娘布，纱细工良，明时有徽商傲居里中，收买出贩"；南翔镇徽商李氏，贩布"时时贾临清，往来江淮间，间岁还歙，然率以嘉定为其家"；其他如罗店、周浦等镇大多也是徽商辏集，收买棉布。[4]

布匹之外，徽商亦贩运其他商货，盐和木竹为其中大宗。成化年间，有徽商程正奎"从父受贾，以盐笑贾吴越间"，而后不少徽籍盐商由此而落户上海

---

[1] （明）汪道昆：《太函集》卷79《瑞麦颂》；卷45《明处士江次公墓志铭》。

[2] （明）李延昰：《南吴旧话录》卷2《忠义》。

[3] （明）汪道昆：《太函集》卷45《明故处士豁阳吴长公墓志铭》，卷52《明故威将军新安卫指挥金事衡山程季公墓志铭》。

[4] （明）归有光：《震川先生集》卷18《例授昭勇将军成山指挥使李君墓志铭》；民国《钱门塘乡志》卷1《乡域志》；(清)光绪《罗店镇志》卷8《轶事》。

地区。如"张濬,字哲森,原籍新安,以父式之业蹉于嘉(定),遂家焉"。[1] 明清之际,松江府城内外的竹木商贾大多也"尽系徽民,挈资侨寓"。[2] 贩商之外,明代上海地区的高利贷、典当业以及店铺商人中,徽商也占有较大比重。放债取息最著名的莫如前述嘉靖年间歙县岩镇人汪某,其经营高利贷的结果是"大饶里中,富人无出处士右"。业典当者,史籍中更多有记载。《续外冈志》说:"徽州王某少客镇中,营布业,寻为永昌典伙,积数十金。归,娶妇生子,复为典中总管,岁多赢余,复娶南翔镇儒女为室,遂家焉"等等。

明代上海地区的徽商不仅数量可观,经营范围广泛,而且在地方上已颇有势力,其威风、蛮横程度不亚于本地绅衿。如明末时"罗店有徽商蒋姓者,富而横。一日风鉴来售术,蒋令相之。言前事若神,问后境默然。因问之,则曰:恐死无棺木耳。蒋怒其侮,比仆痛殴之,术者踉跄逃"。[3] 通过不断的经营聚敛,徽商已成明代上海地方上财力最为显赫者。明人李绍文《云间杂识》有段记述很能说明问题,"成化末,有显宦满载归者,一老人踵门拜不已。宦骇,问故。对曰:松民之财,多被徽商搬去,今赖君返之,敢不称谢"。

秦晋商人又称山陕商人。明代时,不仅上海地区,即以全国而论,都是并不逊色于徽商的另一大地方商人。明末时有人称,"商之有本者,大抵属秦、晋与徽郡三方之人","富室之称雄者,江南则推新安,江北则推山右……山右或盐、或丝,或转贩,或窖粟,其富甚于新安"。[4]

当时的秦晋商人在上海地区的商业活动最主要的还是棉布贩运,嘉靖万历时,这一贩运进入全盛时期。明人温纯在其《温恭毅公文集》中记载了不少晋商在上海地区的贩布经营。如"伯子,吾三原一良贾也……稍长,小贾邑市,已贾吴鬻布。有天幸,家日起";"一鹤,世三原人……初贾时,君以名贷子钱,市布邑及吴越,无间言,资日起",等等。万历年间,晋商韩杰更是市甃于吴,贩云间(上海)布于齐鲁赵魏,舟车负贩所至,交口称誉,资财日以雄厚。据清人叶梦珠追述,明后期的秦晋富商来上海地区贩布,所带白银有多达数十

［1］ (清)康熙《嘉定县续志》卷3《流寓》。
［2］ 上海博物馆图书资料室编:《上海碑刻资料选辑》,上海人民出版社1980年版,第105页。
［3］ (清)光绪《罗店镇志》卷8《轶事》。
［4］ (明)谢肇淛:《五杂俎》卷4《地部》。

万两者,他们往往成为当地布行商人争逐接纳的对象。[1]

徽商、秦晋商人之外,明代上海地区云集的还有来自江北、山东、湖广、浙江、苏南以及闽广等地的客商。如松江府城"西门外下塘寿少江者,为药材牙行。偶扬州某商载生药值三百余金,留倾其家而去";"孙省祭锃,山东莒州人也,善骑射,多膂力,俗呼孙奋子,挟资商吴越";王国章,宁波人,僦居枫泾镇南,以负贩为业;洞庭布商在松江经营布业,"贾店大半在白门上新河,谓之字号",等等。[2] 明万历四十四年时,上海曾发生规模甚大的民抄董宦事件,是时,在上海地区的"徽州、湖广、川陕、山西等处客商共有冤揭粘贴"。[3] 不过,所有这些其他的外帮客商,无论他们的活动范围、经营规模还是在地方上的势力和影响等等,都还尚难以同徽商、秦晋商人匹敌。这些外帮商人相互汇合,使得明代上海地区的各业商贾中,外帮客商已占有绝对优势。此正如嘉靖年间郑开阳所言:"苏松富饶之乡,货物辐辏……其开张字号行铺者,率皆四方旅寓之人,而非有田者也"。[4]

入清以后,上海地区的各业商贾仍以客帮居多。如嘉定县"盐典各商及大铺户类皆侨客";上海县城"居民本多商贩寄籍";而"黄浦之利商贾主之,而土著之为商贾者不过十之二三"。[5] 但与明代相比,他们的地缘构成却发生了一些显著的变化。

清前期,徽商与秦晋商人在各商业领域仍多有活动。如当时散于上海地区各大小镇市的竹木商铺及茶叶商铺仍多为徽人所经营;而从事典质业者也仍不乏徽商。如嘉定外冈镇乾隆时有"徽商姚南青,启质库于镇之北街"。[6] 不少徽商因长期在上海从商而由此安家。《上海竹冈黄氏宗谱》自称其源自本族"新安派,此派散处云间乡城村镇",而"居云间者新安派、闽派皆为商"。因此清初还有"沪邑濒海,五方贸易所最,宣歙人尤多"的说法。秦晋商人清

---

[1]　(清)叶梦珠:《阅世编》。

[2]　参见(明)李绍文:《云间杂识》卷8;(明)张鼐:《吴淞甲乙倭变志》卷下;(清)光绪《重辑枫泾小志》卷6《流寓》;(明)杨文骢:《洵美堂诗集》卷4《洞庭竹枝词十首》。

[3]　(明)佚名:《民抄董宦事实》。

[4]　(明)郑若曾:《郑开阳杂著》卷11《苏松浮赋》。

[5]　(清)张春华:《沪城岁时衢歌》。

[6]　(清)乾隆《续外冈志》卷4《杂记》。

前期在上海地区的商业活动仍多限于布业。乾嘉时，嘉定月浦镇"有陕西巨商来镇设庄，收买布疋"。[1] 但总的说来，山陕商人在上海地区的商业势力不仅未见扩展反而似有滞缓之势。虽然当时山西票号正在国内崛起，但在上海地区的商务往来中似乎还少见它们的踪迹。乾隆以后，上海县城内外各地商人的会馆公所林立，但秦晋商人似乎却一直没有在上海设立自己的会馆公所。

清前期，特别是乾隆以后，上海地区的外来客商中，洞庭帮、浙江宁绍帮、关山东帮、江北帮以及闽广帮、江西帮等地方商帮的势力正在日趋上升。

洞庭商人源出太湖东山、西山。两山之民"以商贾为生。土狭民稠，民生十七八，即挟资出商"。[2] 明代时已有"钻天洞庭"之称，上海地区并有他们活动的足迹。清前期上海地区的洞庭商人多开张行铺，其中不少人又多由此在上海地区落籍定居。如清初康熙年间，闵行镇有洞庭商人席氏开设的大店铺，铺内雇有伙计、帮工，规模甚大。又如朱泾镇，清初有"洞庭陈生，家贫，挈妻及弟徙朱泾，不数年累千金"[3] 等等。此外，洞庭商人还多有从事棉布、棉花贩运者。如近代上海棉业巨子穆藕初，其祖上皆由洞庭东山徙至上海开设花行，渐而致富。[4] 鸦片战争以后，洞庭商人进一步崛起，不少人成为上海滩的第一代洋行买办，这实和洞庭商人势力向上海地区的早期渗透分不开。

浙帮商人以浙东宁波、绍兴两地居多。绍商在上海主要经营炭栈、钱庄、酒坊等，其兴起大约在乾隆年间。有记载说："自乾隆初年间，绍郡商绅在上海地方贸易，立有铺户，计在长久。"[5] 绍商插足上海，历史虽不悠久，但其商业势力扩展很快。嘉庆十二年时，上海县城绍商开设的店铺大约仅有42家，而到道光十一年，当时浙绍公所商民捐资，有名有姓者已达209个之多。[6]

宁帮商人包括浙东四明六邑镇海、定海、慈溪、鄞县等地商贾，其中尤以镇

［1］　上海博物馆图书资料室编：《上海碑刻资料选辑》，上海人民出版社1980年版，第232页。

［2］　（清）乾隆《苏州府志》卷2《风俗》。

［3］　（清）嘉庆《松江府志》卷83《拾遗志》；（清）董含：《三冈识略》卷下《生前孽报》。

［4］　穆藕初：《藕初五十自述》。

［5］　上海博物馆图书资料室编：《上海碑刻资料选辑》，上海人民出版社1980年版，第210页；第207—229页。

［6］　上海博物馆图书资料室编：《上海碑刻资料选辑》，上海人民出版社1980年版，第210页；第207—229页。

海居多。宁帮商人在上海的商业活动虽早已有之，但有明一代并未见活跃。清前期，随着海运贸易的兴起，交通便利、习俗相近的宁商很快成为上海地区最有势力的外来商帮。宁商经营范围十分广泛，海船运输，南北货贩运，钱庄、银楼、糖业、绸缎业、棉布、药材、海鲜、咸货业莫不经营。乾嘉年间，上海已为"海疆岩邑，昔时浦江一带，登、莱、闽、广巨舶，樯密于林，而尤以南帮号商与北五帮号商之沙船从关东、山东运来豆子、饼、油为大宗生意"。[1] 这里的南帮号商主要即是宁波商人。他们自拥沙船、蛋船，贩南货北上，输北货南下，营业甚为兴盛。钱庄业中，宁商势力也是首执牛耳。《上海钱庄史料》所辑有史可据的九家钱业商人中，镇海方家，李家，慈溪董家，镇海叶家，宁波秦家都属宁商。其中镇海方家嘉庆时即在上海经营食糖买卖，以后又开设钱庄并兼营土布、杂货等等。镇海李家道光年间由沙船水手起家，渐而独资开设久大沙船字号，拥有沙船十余艘以及专用码头，并且投资钱庄业。[2] 其他如董家、叶家、秦家等等也都是经营多业，资本可观的大商人。[3]

除这些大商人外，上海地区各地乡镇中也不乏宁籍商人开设的中小店铺。如"葛纯泰，浙江慈溪县樟桥人，流寓月浦，开丰泰店业"。[4] 宁帮商人在上海地区商业势力的扩张，终于促使他们在嘉庆初年成立了以宁商为主体的"四明公所"，并很快就成为上海地方上影响最大的会馆公所之一。

关山东商帮可分成关东商人和山东商人。清初顺治年间，两地商人已来往上海贸易，并在上海县城西集资购田设置关山东公所义冢。但自此之后，关东商人似乎一直默默无闻，而山东商人在乾隆以后却日见兴盛。《山东会馆碑》称："昔管仲相齐，擅鱼盐之利，发山海之藏，卒霸齐国。嗣是以来，流风未沫，大率四出谋生，以佐耕桑之不逮。地濒海也，番樯市舶，无往不通。论商业者，各国未通商以前，以吾乡为极盛焉。上海在我国朝之初，仅海陬蕞尔邑，而吾乡之商此土者，至今二百余年。"[5] 山东商人在上海的商业活动主要是商业贩运，其中尤以濒海的胶西、胶州、登州、文莱、诸城各州县居多，其中的西

---

[1]　《上海豆业公所萃秀堂纪略》。

[2]　中国人民银行上海市分行编：《上海钱庄史料》，上海人民出版社1960年版，第730–750页。

[3]　《上海豆业公所萃秀堂纪略》。

[4]　（清）光绪《月浦志》卷6《人物志》。

[5]　上海博物馆图书资料室编：《上海碑刻资料选辑》，上海人民出版社1980年版，第195页。

帮、胶帮、登帮、文莱帮、诸城帮,合称为北五帮商人。他们从关山东贩豆、豆饼、豆油至上海,又从上海贩布、茶叶等货回棹,营业规模及资本数量都甚为可观。道光前期,上海地方的北五帮商号至少有24家。[1]

江北帮商人主要是海门、通州一带的船商和海州赣榆县的青口商人。清前期上海沙船运输兴盛,船商除上海地区本帮之外,尤以通州、海门两帮势力为大。道光初,各帮皆有船五七百号,常年聚于上海,或自载商货,或为客商载运。青口商人多从事从江北贩运豆麦及豆饼、豆油、山货等至上海销售的贩运业务。他们在上海的活动主要是从嘉庆年间开始。道光二年,青口号商并在上海县城建立了同乡商人会馆"祝其公所"。不过,当时的青口号商所拥有的财力以及经营规模都还逊色于"南帮号商"和"北五帮号商"。

闽广商人明代时在上海地区已有活动。清前期海禁开通以及国内沿海埠际贸易的发展进一步促使他们成为当时上海地区一股重要的商业势力。清前期上海的闽广商人依其各自的地缘联系以及地域的远近又分成若干地方帮口。如泉漳帮、潮州帮、建汀帮、揭普丰帮和潮惠帮等等。

泉漳帮在闽广商帮中势力最大,主要由来自福建泉州以及漳州的龙溪、同安、海澄三县商人组成,经营海船运输和南北货贩运。道光中叶,上海县城的泉漳号商、船商至少已有90家,并建有泉漳会馆两处。

潮州帮为广东潮州府商帮,主要经营也是商货贩运。乾隆二十四年,该帮商人已在上海县城设立潮州会馆。建汀帮为福建建宁府、汀州府籍的商贾,主要来自该两府的上杭县和永定县。嘉庆以前在上海还"亦如晨星之寥落",之后同乡商贾日益增多,道光五年也建立了建汀会馆。但他们的商业势力总还不如泉漳帮和潮州帮。

揭普丰帮、潮惠帮原先都为潮州帮中一部。潮州帮原为潮州府海阳、澄海、饶平、揭阳、普宁、丰顺以及潮阳、惠来八邑商贾之总称。该八邑商贾虽同在一府,又航海懋迁上海百有余年,但是很早就以其地毗连远近,商贩货物不同而自然形成潮惠帮、海澄饶帮和揭普丰帮。道光初年,揭普丰帮首先从潮州帮中独立,"以其帮之厘,自抽自用"。随后,以商贩糖、烟、鸦片为主业的潮惠

---

[1] 上海博物馆图书资料室编:《上海碑刻资料选辑》,上海人民出版社1980年版,第72页。

帮也从潮州帮中分出,自立公所,自抽厘金。而原来的潮州帮实际上只剩下海阳、澄海、饶平三县商贾。[1]

江西商人在上海从事商业贸易较晚,人数也较少,大致上嘉道年间才渐而有之。道光中叶上海县城的江西商人大约有十数名之多,主要从事从江西内地贩运茶叶、瓷器、棕、苎麻等抵上海,然后再贩布、花以及杂货回内地。此外也有一些人在城乡开设商铺。以后不久,江西商人也在县城南门外董家渡建起了江西会馆。[2]

除上述之外,清前期上海地区的客帮商贾还有来自汉口、江宁、镇江、无锡等等各个地方,不过他们一般人数较少,零星分散,还难以成为有影响的地方商人。

综上所述可以看出,明清上海地区的商人中,外帮商贾甚多。明代时,寄寓客商还多是徽、晋等地的内地客商,而到清前期,特别是乾隆以后,客商的地域范围大大扩展,其中东南沿海的江、浙、闽、广商贾越来越具重要地位,而内地商贾反有滞缓之势。外来商贾地缘构成的这一历史性变化,不仅反映了清前期上海地区商业贸易中沿海埠际贸易所占据的重要地位,同时也反映了上海作为国内沿海贸易口岸地位的持续上升。

2. 本地土著商贾及其特点

明清上海地区的商人中除了大量的客籍商帮外,还存在一定数量的土著本帮商贾和商人资本。与客籍商贾相当一部分皆经营贩运贸易不同,土著商贾虽也有从事贩运贸易,但数量并不很多,而且也不普遍,其中有些还只是绅衿富室的兼营事业。如《云间杂识》载,明万历年间"徐仆钱姓,主悦其妻,因重托之。初畀千金,令其鬻布,败赌、取妾,岁余乌有。乃给其至曰:再得千金,前往汴梁贸易,获利无算。主如其言,岁余,赤手如故"。此处,富室钱氏虽遣仆经营商贩,但其本身并非专门商人,商贩活动也并非长久经营。一般来说,本地商贾业贩运大多"不越苏、杭、常、嘉等郡","若夫牵车牛远服贾者殊少其人"。[3] 同客籍大贩商相比,土著商贾从事贩运贸易的规模也较小。如前述

[1] 上海博物馆图书资料室编:《上海碑刻资料选辑》,上海人民出版社1980年版,第233—251、275—279页。

[2] 上海博物馆图书资料室编:《上海碑刻资料选辑》,上海人民出版社1980年版,第332—337页。

[3] (清)嘉庆《松江府志》卷5《风俗》;(清)乾隆《奉贤县志》卷2《风俗》。

明代松江府城"西门外一人腰缠三十金,欲至浙中买货";七宝人徐天爵"正德元年往苏(州)籴麦"等等,都属此类。[1]

土著商贾鲜有从事长距离贩运,但在本地串村走乡的小商贩、小经纪中却占了绝大多数。他们或者代布庄、花行收购布匹、棉花,或者负贩各物,营微利以自给。他们是土著商贾中经济地位最为低下的阶层。

土著商贾中数量最多,势力也最大的是牙行商人。明清上海地区牙行众多,"居货者多土著"。《奉贤县志》说得很明白:"其商贾自他来转贩者为多,邑人率居积营生,或有本处牙行坐肆估计,谓之主人,城邑乡陬在在有之。"前述有关牙行争夺客商等等的事例都可以说明当时的牙商绝大部分都是土著。之所以如此,道理十分简单,因为按当时成例,牙行多得领有官颁牙帖,而官府颁帖首要一条就是要领帖者为本地有业人户。此外,牙商由于有接洽、撮合,甚至垄断买卖之权力,因此往往离不开地方豪势的扶持,这些都决定了牙商必定大部分皆由土著充任。

土著商贾的另一经营范围是高利贷、典质铺以及其他各种店肆。不过在这类经营者中有不少人本身还是地方上的绅衿、地主,这是土著商业经营者的另一个很大的特点。《述异记》载,康熙二十年,松江东门内有土著陈姓开小典铺。宝山县晚些时候,据说"业当铺者率系邑中富室"。[2] 土著商贾开设的店铺,如前举康熙时上海县城的参记杂货店,松江府城的唐氏估衣铺等都是。

清中叶,上海地区的土著居民中还兴起了一个很重要的商帮,这就是直至近代都颇负盛名,颇具商势的本帮"号商"和"船商"。这些本帮商人多系崇明、南汇、宝山、上海诸县的土著富民,他们自置资本,置办沙船,或者代客载货,或者自己办货贩运。如嘉庆、道光年间上海的朱氏、郁氏都是名震申江的本帮巨商。[3] 而号商、船商也由此成为土著商贾中最强有力的商人集团,他们在当时的运输、贩运业中具有重要的地位和作用。

沙船商号各有号帮之分,外帮船商以通州、海门、崇明三帮最大,各帮俱有

---

[1] (明)李绍文:《云间杂识》;(清)康熙《青浦县志》卷9《遗事》。

[2] 民国《宝山县续志》卷6《实业志·商业》。

[3] 参见(清)包世臣:《安吴四种》卷1《海运南漕议》,卷4《上英相国书》;吕舜祥:《上海的沙船业》,1960年稿本,藏嘉定县博物馆。

沙船五、七百号。此外亦不乏上海本地的沙船巨商,其中最著名的"朱、王、沈、郁"四家,朱家"家资敌国,称之为朱半天";王氏文源、文瑞兄弟的王利川字号也拥有沙船上百艘,而后起之秀郁氏则拥有沙船70多艘,雇工2000多人,人称郁半天。[1] 郁氏之郁泰盛沙船号,创始人为嘉定南翔人郁润桂。乾隆五十一年,年方13岁的郁润桂只身一人自南翔来到上海县城学习经商,以后投身沙船业,逐渐积累起家财。其子郁竹泉继承父业,创办郁森盛沙船字号,经营数十载,道光年间最多时已经拥有沙船七八十艘,并成为上海商船会馆总董。郁氏一家,仅仅经过两代人之奋斗,即成为当时上海最著名的沙船商人,由此亦可见当时沙船业之繁盛。[2] 19世纪50年代中叶,上海最著名者八家沙船商号,依次为王桐村之王永盛船号,郁泰峰之郁森盛船号,沈晚香之沈生义船号,王仁伯等王公和船号,李也亭等李久大船号,以及郭万丰、经正记、萧星记船号等。[3]

综上可见,清前期上海地区的本地商贾除了在牙行和船号商人中占有一定优势外,其他的商业领域还是外来客商首执牛耳。从总体上观之,客帮商贾无论在从商人数,经营范围,资本规模以及与国内市场的联系程度,组织商品流通和实际作用等等方面,都胜本地商贾一筹。换言之,明清上海地区商人和商人资本的主体是外来客籍商贾,它们是当时商人和商人资本结构的一个显著特点。它深刻地表明,即使是在前近代社会,一个地区社会经济的发展也绝不是仅仅依靠地区内部的力量就能够实现的。只有当"有贾自远方来,不亦悦乎"的万商云集之时,社会经济才能获得较快的增长和发展。这不仅只是当时的上海,大凡任何商业都会,诸如南北两京、临清、苏州等地都是如此。在那些商都通衢活跃称雄的商人和商人资本往往都不是本籍商贾而是各地云集的客帮商人。它们形成了中国传统社会商业史上的又一个显著特点。[4]

---

[1]　参见吕舜祥:《上海的沙船业》,1960年稿本;贺长龄:《皇朝经世文编》卷48《户政·漕运下》。

[2]　《上海郁氏家谱》卷二《世纪》、卷六《行状》,1934年宜稼堂编印。

[3]　(清)沈宝禾:《忍默恕退之斋日记》,《清代日记汇抄》,上海人民出版社1982年版,第240页。

[4]　在中国商业发展史上,出商帮的地方大多不成大商都,而成商都之地一般多缺乏强有力的本地商帮。这是一个十分值得探究的问题。本书限于所论范围以及篇幅,不展开论述。

（二）商人资本的来源及其经营特点

1. 商人资本的来源

如前所述,明清上海地区的商人一部分是外来商贾,另一部分则是本地土著商贾。因此,当时商人资本的来源若以地域而言,明显的一部分来自外地,一部分出自上海地区本身。如果我们撇开地域差异不论,而分析商人实际运营资本的来源构成,就可以发现所有的商人资本无不可以分解成自有资本和借入资本两大类。

所谓自有资本,是指商人经营者自身拥有的资本。当时无论客商还是本籍商人,资本雄厚者一般多以自有资本经商。这些资本的原始形态既有来自地租收入,也有来自官宦私囊或祖上继承,以及前期商业利润的转化或其他来源等等。特别是一些客帮商贾,初时经营资本不大,以后获利渐多,即将利润的一部分不断作为追加资本投入以扩大经营范围,这在当时的徽商中甚为常见。[1]

借入资本是指非商业经营者本人所有,只是依靠借贷取得暂时使用权的营业资本。无论是在土著商贾还是外来商贾中都甚为常见。

土著商贾中靠借入资本经营的大多是贫穷无路,读书不成,又不愿意从事农业、手工业生产的城乡居民,这在前述有关高利贷资本中已略有所论。再如"陆云龙,法华镇人,性至孝……家贫,贾于豫,贷某金。比归,某已殁,权子母还其家",[2]即是借本经商典型一例。这种借本经商明代时十分普遍,故时有人说,市中业贾经商者,其借诸富人者十有六七。

客商中的借本经营,如明嘉万年间山西大贩商韩杰,初始业贾时也是"假货三垎行贾";再如同时期陕西三原布商王氏兄弟,"初贾时,君以名贷子钱,市布邑及吴越",最初的经营资本都来自借贷。又如泾阳布商师从政"自舞象之年,操钱千,市布崛起。人以君椎也,争赍子钱贾吴越,往来无宁日"。[3]

[1] 参见(明)汪道昆:《太函集》卷17,28,51,54等。

[2] (清)嘉庆《法华镇志》卷6《独行》。

[3] 参见(明)李维桢《大泌山房集》卷85《鸿胪署丞韩公墓志铭》;(明)温纯:《温恭毅公文集》卷10《明寿官王公暨配墓志铭》,卷11《明寿官师君墓志铭》。

可见运营资本中也不乏借贷部分。

借本经营的广泛存在反映了当时社会中由于商品货币关系的发展,资本的所有权和使用权正在发生分离,货币财富正通过多种渠道而向商业资本转化。它们既为单纯的财富聚敛贮藏者开辟了资财增殖的新路,同时也为贫穷无本而又热衷经商者提供了从商的条件。然而另一方面,商人的借本经营也使得商业利润首先必须满足本息偿还,其剩下部分才能成为商业经营者的实际利润。由于当时的商业经营中以贩运利润最高,因此大部分借本经营者几乎毫无例外都集中从事商业贩运。不少人在经营数年之后不仅能还清本息,而且自身还能积聚起可观钱财。如前述三原王氏,泾阳师氏或者"三年累数万金",或者不数年"赀益大起"都是极好的例证。

2. 商人资本的经营特点

商人资本或商业经营都是一种社会现象,除了一些近乎于个体经营的小贩商或小店铺商人外,商人资本的经营总不只是个人的单独行为而总是一定规模的群体行为。这种群体的结合方式以及内部结构就形成了商人资本的经营特点。

明清上海地区商人资本经营中的群体结合的主要形式首先表现为伙计制度和奴仆制并存,其次是经营中的家族宗法联系。

伙计制是资本所有者在商业经营中以雇用的形式延请帮手。帮手在人格上与主人平等,对主人不存有人身依附,做事领取工钱,不愿意可以自由离去。这种伙计制不仅存在于店铺商人的经营中,而且也普遍见于贩商之中。[1] 如前述松江唐於烈公之子承父估衣铺后,因营运不灵只得停业,不得已前往他店"做伙计度日",与店主为"相帮"关系,由店主发给"薪水"。又如康熙时,"洞庭席氏张巨肆于松冈镇,一佣性谨,虔事三元,日夕摩间。一日索佣值,欲弃家焚修,因具舟送归渡泖"。[2]

与雇用伙计经商业贾并存,当时的商业活动中还常有役使奴仆经营的现象。这在土著绅衿富室以及徽商中最为多见。经商奴仆从法律上讲并无人身

---

[1] (明)王士性:《广志绎》卷3《江北四省》:"其合伙而商者名伙计。一人出本,众伙共而商之。……故有本无本者咸得以为生。"

[2] (清)董含:《三冈识略》卷2《补遗》。

自由而完全依附于主人,经营之赢亏得失也全归主人。如前述"徐仆钱姓,主悦其妻,因重托之,初界千金,令其鬻布",以及罗店徽商蒋某遣仆殴人都是以奴经商的例子。役使奴仆经商主要是在明代和清初,以后逐渐趋于中落,基本上都为伙计制所代替。

商人资本经营中的宗法家族联系主要表现在两方面:

一是有血缘、姻亲关系的兄弟、亲戚、族人的联宗经营。他们一般都以某个既有一定资产,又有从商经验,并且能为众人信服者为首领,运营资本由众人合伙凑集,所得利润亦由众人均分。如正德、嘉靖年间徽商程时启,初为贾时"乃结举宗贤豪者得十人,俱人持三百缗为合从贾",以后"业骎骎起,十人者皆致不赀"。[1] 此外也有父子合家经营者。如近代上海巨商穆藕初之祖上从洞庭来上海经商,伯叔亦随而同行。

二是家族中有人经商,族人皆投于名下或为合伙,或为帮手,在积累了一定从商经验以及资金后再各自独立经营。明人汪道昆之祖父以贾起家,商于上海甚久,以后昆弟子姓慕名从而受贾者十余人。同时期徽商吴子隐初经商时也是"从诸宗人贾松江",稍有资本后才独立经营。[2]

以上所举多为明代时徽商例子,但是这种家族宗法式的经营决不只限于徽商一帮和明代一朝,在当时地域性客籍商帮广泛存在的情况下,聚族而贾可以使商贾在地缘联系外更有一种凝聚力更强的宗法联系。它能使飘落外乡的商贾内部具有一种天然的亲和力、内聚力以及互相间的自我保护能力。

商人资本经营的另一个特点是,在当时的土著商贾中有相当一部分都是因为家道中落而不得不废书学贾。这在现存史籍中记载甚多:如"钱民,字子辰,嘉定人。年十三而孤,家奇贫,不得已废书学贾";"凌元芳,字麟芷,号直斋,嘉定人……家贫弃举,业以懋迁起家"。此外诸如"单贫孑立,靡以自存,习贾为人伙";"迫于家计,读书不多,即出而服贾"的记载还有不少。[3] 这一方面说明在当时一般来说经商还被人们视为不如读书高贵,但另一方面又表明在当时的社会中,经商之路正成为越来越多的人在读书求仕之外的主要职

---

[1] (明)汪道昆:《太函集》卷61《明处士休宁程长公墓表》。

[2] (明)汪道昆:《太函集》卷43《先大父状》,卷47《明故处士吴公孺人陈氏合葬墓志铭》。

[3] 参见《上海倪王家乘·传志第二》;(清)钱咏:《履园丛话》卷5《嘉定钱氏两先生传》。

业选择。

　　明清上海地区商人资本的经营还有一个显著的特点，这就是各地方行帮商人大多以经营某一个或某几个行业为主，一经形成，彼此相袭成例，互不干扰、逾越。因此，商人的地缘划分与行业划分在许多情况下往往是重合的。如前述明代时徽、晋商帮多营布业、典业，清代时关山东商帮主营豆业，宁绍商人多营钱业、运输业等等。这些不同商帮各以不同行业营业为主的传统，一直延续至近代仍然还具有广泛的影响。

第三节　商人会馆公所的兴起和发展

（一）　会馆公所的兴起和发展

　　会馆公所是中国前近代社会经济发展的特有产物。现存资料表明，上海地区始有会馆公所是在清王朝建立之后，主要的设立地点是上海县城内外。清初顺治年间，在上海商贩贸易的关东、山东两帮商人，集资在上海县城西购田 50 余亩，作为两帮商贾客死他乡的埋葬公地。据此推测，很可能他们当时已有集议场所以及捐资抽厘充作同乡商贾公益基金，而成立了上海有史以来最早的同乡商人公所。[1]

　　关山东公所建立以后，从顺治末到雍正年间的近 80 年中（17 世纪 60 年代至 18 世纪 30 年代），上海县城的商人会馆公所发展极为缓慢，总共才建立了 3 处，即康熙年间建立的商船会馆和布业公所，以及雍正时建立的鹾业公所。商船会馆为当时聚于上海的各帮船商于康熙五十四年所建，会馆内有大殿、戏台，规模宏敞。布业公所位于邑庙西园得月楼（今豫园内），是当时布业商人集资鸠构的同业议事之处。鹾业公所大致上是当时盐商的同业公所，从雍正十年公所汪某领衔捐资的"各善信乐助人工食银两碑"来看，至少在雍正十年前已经创立，而且商业势力也不弱。

---

　　[1]　参见上海博物馆图书资料室编:《上海碑刻资料选辑》，上海人民出版社 1980 年版，第194—195 页。

自乾隆朝始,上海县城会馆公所的发展进入了一个新阶段。乾隆一朝半个多世纪中新建会馆公所有 9 个之多,其中大部分创于乾隆中叶前。乾隆初年,在上海地方贸易的浙江绍兴各业商绅集资置地,在县城北门内建立浙绍公所,成为顺治年间所建关山东公所以后又一个同乡商绅公所。在这之后,乾隆十九年,安徽徽州、宁国两府旅沪商人公议捐资,在县城南门外建立了徽宁会馆,号称思恭堂。3 年以后的乾隆二十二年,福建泉州府同安县、漳州府龙溪县、海澄县在上海居市贸易,帆海生涯的船商、号商在县城东门外咸瓜街集资始建泉漳会馆。又过了 2 年,乾隆二十四年,广东潮州帮商人买下小东门外姚家弄口市房一所,设立潮州会馆。

除了上述地方行帮商人所建的同乡会馆以外,乾隆年间上海县城还出现了不少同业商人公所。其中最著名的是青蓝布业公所和钱业公所。青蓝布业公所设于县城邑庙西园湖心亭,乾隆三十二年由专营青蓝布业的商人集资公建。钱业公所设于邑庙内园,又称东园,至迟在乾隆四十一年以前由钱庄业商人所创。此外,乾隆三十六年本帮肉庄业商人也在邑庙西园香雪堂建鲜肉业公所。西园飞丹阁也设立了京货帽业公所。最后,福建等地从事桂圆、黑枣等南货贩运的商人也在乾隆年间创建了桂圆公所。

乾隆之后到近代以前 50 年间,上海县城又新建 14 处会馆公所,其中除水木业公所和成衣业公所带有手工业者议事场所的性质外,其余皆为商人会馆公所,其中地方商帮同乡会馆性质的和同业公所性质的各居其半。

地方商帮会馆有两所是从原有旧会馆中析出。它们是道光初年由广东潮州府揭阳、普宁、丰顺三县商人设立的揭普丰会馆,和道光十九年由同府潮阳、惠来两县商人设立的潮惠会馆,原来都属潮州会馆。在此之前,嘉庆二年,在上海营什一之利的宁波商人伙同同乡寓沪从宦者在县城北门外创立了四明公所。此后不久,嘉庆二十四年,在上海从事与关山东等处贸易的宁波籍船商、号商又集资新建浙宁会馆。它使当时在上海的浙江籍商人的同乡会馆有 3 个之多。嘉道年间,另外 3 个新建的同乡商人会馆是建汀会馆、祝其公所和江西会馆。建汀会馆建于嘉庆初年,由福建建宁、汀州籍商人公建。祝其公所为江北海州赣榆县青口镇饼豆商人伙同徽州船商于道光二年集资设立。江西会馆又名豫章会馆,是江西茶商于道光二十一年在当时江西籍县令支持下所设立。

嘉道年间上海建立的同业商人公所中影响最大的当数嘉庆十八年由饼豆业牙行商人在邑庙西园萃秀堂创设的饼豆业公所。它虽然设立较晚，但自设立之后很快就成为当时上海商界最有势力的同业公所之一。嘉庆十四年，北货行商人在凝和路设立北货行公所，又称南阜公墅；嘉庆初年，药业各商创立药业公所；道光初年，福建汀、泉、漳三府经营棉花、食糖以及洋百货的商人在今豫园点春堂又创设花糖洋货业公所；棉花业商人在梅家弄设立花业公所，又名吉云堂。这样，从清初直到上海向西方国家开埠通商前，上海县城以商人为主体的会馆公所已达27处。见表5-4。

表5-4　清前期上海县城会馆公所统计

会馆公所类别	顺治年间		康熙年间		雍正年间		乾隆年间		嘉庆年间		道光（1843年前）	
	新增	累计	新增	累计	新增	累计	新增	累计	新增	累计	新增	累计
同乡商帮会馆	1	1	—	1	—	1	4	5	3	8	4	12
同业公所	—	—	2	2	1	3	5	8	4	12	3	15
合计	1	1	2	3	1	4	13	7	20	7	27	

　　说明：表中所分会馆、公所，系按其实际性质而定，而非仅以名称而分。如四明公所虽称公所，但其性质无疑为同乡会馆，故仍归入会馆类内，其他亦如。

　　资料来源：民国七年《上海县续志》卷3《建置下·会馆公所》；《上海研究资料续集》第144—146页；《上海碑刻资料选辑》。

　　会馆公所的大量设立，尤其是同业商人公所的不断涌现，从一个侧面反映了前近代时上海地区商人和商人资本的活跃，同时也反映了上海商业贸易的繁盛。

（二）会馆公所的结构、功能及其作用[1]

　　如前所述，清前期上海县城陆续建立的会馆公所按其对参加者的身份限定大致上可以分成两类：一类是同乡商人共建的同乡商人会馆，参加者主

　　[1]　此节所用资料多取自上海博物馆图书资料室编：《上海碑刻资料选辑》，上海人民出版社1980年版，以下引用，皆不一一注明出处。

要是具有紧密地缘联系的寓居商人，有时也包括一些同乡籍的其他职业者。另一类是由同业商人组织的同业公所，这些同业商人基本上是以某一地缘商帮为核心，同时也附有一些其他地方的商人，但非同行业商人莫属。同乡会馆与同业公所虽然在成员构成上有很大差别，并且在各自的职能和作用上也多有相异之处，但是作为商业贸易发展的共同产物，无疑存在不少相同之处。

首先，不论会馆还是公所都有自己固定的议事场所。会馆公所成立之初，首要之事即是集资确立议事场所。它们一般多由某些有名望之人倡议，由同乡或同业按营业额抽厘或者捐款，然后购地置宅。如布业公所，康熙时"园归邑庙，庙后得月楼，属之布业……布业以此为议事办公之所"。又如泉漳会馆，其成员"均籍隶福建泉州、漳州两郡，俱在上邑贸易，于乾隆年间，有两郡客帮人等公议，捐资置买上邑大东门外二十五保七图滨浦房屋基地，建造泉漳会馆一所"。[1]

清前期上海县城会馆公所的议事场所基本上集中于两个地方：一是邑庙旁侧的东园和西园，即今上海南市城隍庙豫园之内；二是县城的大小东门外和南门外。其中同业公所多集中于邑庙东西两园，如布业公所、青蓝布业公所、鲜肉业公所、钱业公所、京货帽业公所、花糖洋货业公所和饼豆业公所。而集中于县城东门、南门外的除商船会馆外，大部分都是同乡商人会馆。如东门外咸瓜街上的泉漳会馆，洋行街上的潮州会馆；南门外的建汀会馆、潮惠会馆、江西会馆等等。建于邑庙东、西两园的同业公所一般仅修葺利用园外原有厅堂，建筑较为狭促。大多下为殿堂，供祀拜神，楼上则为议事场所。而设于县城外的同乡会馆大多气势恢宏。如南门外的商船会馆有大殿、戏台、拜厅，还有钟楼、看楼等等建筑。徽宁会馆有房舍 30 余间，潮惠会馆占地达 9 亩等等。

通常情况下，会馆公所的建筑分成两大部分：一部分是供祀崇拜偶像的殿堂，另一部分则是议事、休歇、宴娱场所。会馆公所的崇拜偶像以天后圣母、关帝和城隍最为普遍。其中，同业公所多祀城隍，从事沿海贸易的多祀天后和关

---

[1] 参见上海博物馆图书资料室编：《上海碑刻资料选辑》，上海人民出版社 1980 年版，第 203，233 页。

帝。另外也有一些同业公所祀以传说中的本业开山祖先。如成衣公所祀轩辕氏,土木业公所祀鲁班,药业公所祀神农氏等等。

其次,不论会馆公所都有自己常年的经费来源以为维持活动的基金。其经费来源主要有二,即经常性的抽厘和临时性的捐纳。抽厘一般按加入会馆公所商人的营业额抽取,抽取率由事先共同拟定的条规明文确定。以青蓝布业公所为例,入公所布号凡卖出布一包"捐银三分,始终划一"。捐纳大多发生在会馆公所初创或需要修葺、营造等有大宗开支之时。在形式上,捐纳又称为"乐输",所捐数目皆由捐者自己认定,但实际上它仍是按捐纳者的资本大小、营业额多少而确定。如泉漳会馆初创时,各商捐银多者 60 元,少的仅 2元。浙绍永锡堂乐输集资时也是最多的达 30 千文,最少的才 7.5 千文。这些经常的和临时的经费来源除了应付各种开支外,剩余的常以两种方法处理:一是存在典铺或者钱庄生息;一是购置房产、地产出租,收取租息。因此,当时的会馆公所很多都拥有数量不等的公产。由于会馆公所的经费筹集是按参加者的资产而分别派定,因此会馆公所的实际控制权只能是掌握在少数对本帮、本业有权有势的大商人手中。如饼豆业公所道光十一年提捐,该业 44 个豆行总共提捐制钱 68.24 万文,而其中最大的 12 家豆行即达 45 万余文,占总数的66%。[1] 由此可见,当时会馆公所的实际控制权主要掌握在本帮、本业有财势的大商人手中,对许多中小商人来说,加入会馆公所实际上只是起着一种陪衬的作用。

会馆公所虽然在形式上不乏共同之处,但如果撇开它们表面上名称的不同不论,而只是以它们究竟是同乡性质的商人团体,还是同业性质的商人团体为区分标准而言,就可以看出它们在各自的创立宗旨以及功能上都有许多相异之处。

以会馆而论,当时的商人会馆皆为客帮商贾所建,这就从根本上决定了会馆特有的、聚集同乡的地缘性纽带作用。

据当时许多会馆创立时的碑文所记,创设会馆的目的首先是"联乡谊",即"为旅人联樽酒之欢,叙敬梓恭桑之谊",提供同乡聚会、驻足的方便。其次

---

[1] 《道光十一年同仁堂征信录》。

是为排解、仲裁、调停同乡商人的纠纷，所谓"懋迁货居，受廛列肆，云合星聚，群萃一方，讵免睚眦，致生报复，非赖耆旧，曷由排解"。再次是为同乡商人提供公益善举，"既同井邑，宜援陷井，凡此皆当忧其所忧者也……拯乏给资，散财发粟，寻常善举，均可余力及之"。

以上可见，同乡商人会馆的最大特点是重乡谊而轻同业，重善举而轻商务，同乡之间的地缘纽带联系远远超过了同业之间的商务利害关系。它们集中地反映在凡是同乡会馆，其事务重心几乎无一不多放在建置义冢、善堂之类的善举上。如名为公所，实为同乡商人会馆性质的浙绍公所，道光八年置买上邑北门外二十五保旷地一方，以备掩埋无力归葬之枢，谓之浙绍义冢；以后不久又修建了专供同乡商人停放棺枢的"永锡堂"。再如，宁波四明公所创立时，唯一宗旨即是"为同乡停厝旅襯之区"，"以寄无主之棺"，义冢广达 30 亩，枢堂 100 间。另外，有些会馆肇始之时，往往是先建义冢、枢堂，而后再设立议事场所。如建汀会馆嘉庆初年先置义冢，至道光中才另起新屋，正式称之为建汀会馆。

而以同业公所的创立宗旨以及活动内容而言，其"联乡谊"之类狭隘的地缘观念、同乡色彩，以及随之而来的义冢、枢堂之类的善举甚为淡薄。如当时无论是布业公所、钱业公所，还是豆业公所，都没有建立过一个上述之类的义冢、枢堂等等。对同业商人公所来说，他们的设立宗旨主要是协调业内各商关系，保护同业利益，维护同业声誉。如布业公所规定"业中事务，如辨别牌号，以杜影射；刊发规条，以整尺梢；勒示碑石，以禁粉面；筹置房产，以节度支诸义举"，这里只是稍微提及善举之事，这同上述同乡商人会馆形成了鲜明的对照。

同乡会馆与同业公所的性质差异还具体表现在它们各自的议事规条上。同乡会馆以建订会馆章程为例，在其全部 23 条款项中，关于会董产生办法 1 条；关于经费、公产管理办法 7 条；关于义冢 11 条；关于会馆日常管理 3 条；总论 1 条；总共 23 条中没有一款涉及商务。这充分表明，虽然当时参加同乡会馆的成员大部分皆为客居商人，但他们之所以聚在一起并不由于是商人身份的作用而在于他们彼此都是客籍同乡。因此以同乡地缘为主要联系纽带集聚起来的同乡商人会馆还不足以成为真正的、完全意义上的商人行会组织。它们还无法在商业贸易中发挥更大的作用和影响。

与同乡会馆不同,同业公所不仅要求参加者皆为业内商人,一般还设有由业内大商人轮流充任、管理业内事务的司年、司月,[1]而且公所所订议事规条大多也与同业商务有关。以青蓝布业公所为例,其创始时规条有三:"一、各号发布,无论本地、浏河,每包捐银三分,始终划一。一、如有新店开出,先缴额规银伍拾两,嗣后所捐厘头不得徇情迁就。一、一切医卜星相、茶坊酒肆,概勿情召租,以昭清洁。"其中大部分都是针对业内商务而言,体现了同业公所对同业商人活动的干预和保护。再如,饼豆业公所成立之初即自设标准量斛,作为同业"以公买卖"的标准量器,每季度令公所成员逐一校验。这些都说明以同业为联系纽带的同业公所已经在商业贸易中发挥着实际的作用。

同乡商人会馆以地缘为主要联系纽带,并以敦乡谊、亲善举为主要活动内容并不意味着会馆对同帮商务毫不过问。由于当时每一地方行帮商人多以经营某种行业为主,而其他地方行帮往往难以染指,因此表面上以同乡为联系纽带集聚而成的同乡商人团体,某种程度上又有一定的同业色彩,只是这种同业色彩远不如同业公所那样鲜明。当时一些成立较晚的同乡会馆,如江西会馆,其对同帮商务的过问正在逐步强化。《江西会馆房产立案碑》称"籍隶江西,在治为商为贾,每逢运货到上(海),价值参差不一,以致各业难以获利。缘无集议之所,是以同乡共业不能划一"。[2] 清楚地说明建立会馆就是为了协调业内各商关系,保护同乡商人利益。

最后,即以同业公所而言,它们实际上也远未能囊括业内所有商人,造成对行业的完全垄断。如钱庄业中,一些中小的挑打庄、零兑庄都不入钱业公所;豆业公所也只是由饼豆业牙行组成,并不包括业内的其他商人等等。这说明即使是当时的同业公所,它们的"同业"性质实际上还不是十分完全的。它们还既不能同晚清以后的同业公会相提并论,而且也不能与欧洲中世纪的行会作简单的类比。它们在当时的社会经济中还未最终造成某一同业公所独霸该业的局面。同业公所最主要的作用还只是为加入公所的同业商人提供一

---

[1] 司年任期一年,司月任职期一月,到期换届。其职责如豆业公所"管理银钱账册及一切事宜,由各司月按月轮值"。而同乡商人会馆一般仅设常年董事,而并无司年、司月(参见南京大学历史系明清史研究室编:《中国资本主义萌芽问题论文集》,江苏人民出版社1983年版,第151页)。

[2] 上海博物馆图书资料室编:《上海碑刻资料选辑》,上海人民出版社1980年版,第335页。

种自我保护，并且平衡同业之间的竞争，加强业内商人的团结。它们对于商业贸易的发展有一定的促进作用。

第四节　商人资本的历史作用

前文依次分析了明清上海地区商人资本的种类、职能、地缘构成以及商人组织等等，那么这些商人和商人资本究竟在当时的社会经济中起了什么样的历史作用呢？

商人和商人资本的首要作用是充当流通的中介。如前所述，明清上海地区的商品流通早已超越地方小市场的范围而发展成全国性大市场以及国外市场并存的局面。但是，上海地区为国内大市场提供大宗商品棉、布的却还是以农民为主体的分散的小生产，吸收国内大市场输入的大量的民生用品的也主要是他们。分散、零星的小生产即使其产品已完全商品化，如果仅靠其自身的力量，他们的产品至多也只能徘徊、充斥于本地市场，而难以迈开双腿进入国内大市场。在这种情况下，解决的办法一般有二：其一如列宁在《俄国资本主义的发展》中所揭示的莫斯科花边业的例子，从小生产者中分化出一种包买主，将产品打入国内大市场，并组织起大批销售的大资本；其二是由外来商贾介于其中，以自身的经营活动在分散的小生产和国内大市场的集中销售之间架起流通的桥梁，使天堑变通途。中国的商业资本历史悠久，而且千百年来长途贩运此起彼伏，从未停息，因此，绝大多数发展起国内大市场的地区，走的都是后一条路，上海地区也不例外。所以，明清上海地区商人资本的历史作用最重要的一条也正是以他们为中介，联系起了以家庭为基本单位的小生产和国内大市场。一方面，只要小生产不是为自己而是为大市场生产商品，他们就不得不求助于商人资本，这就为商人资本吮吸小生产者的血汗奠定了自然基础，并使小生产处于孤立无援和依附的地位；但另一方面，如果没有商人资本的组织销售，不仅国内大市场不复存在，而且小生产者的小商品再生产势必也无法维持，从而也就根本谈不上社会经济的繁荣和活跃。

明清上海地区商人资本组织销售，联系小生产和国内大市场的历史作用并不是由当时哪一类型或哪一个商人资本独力能完成的，它们是当时各种不同职能的商人和商人资本自然而然、通力合作的结果。为了更清楚地说明这一点,试以图 5-1 示例。

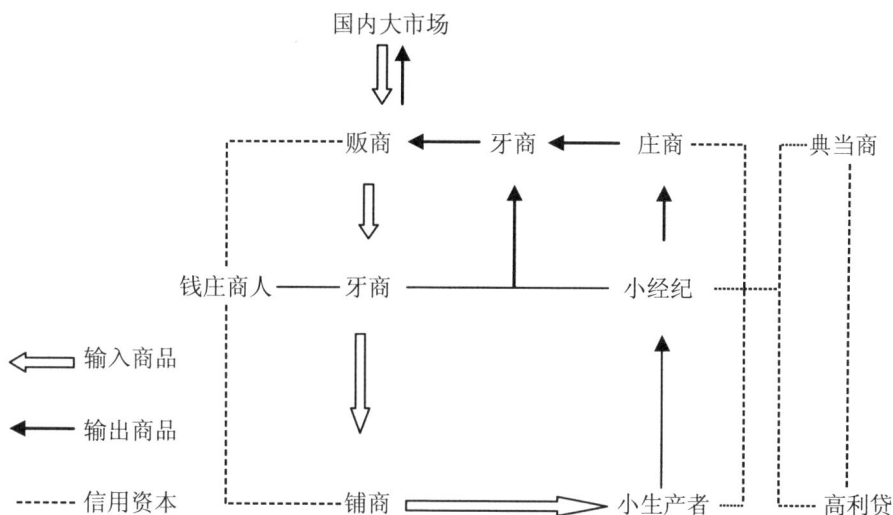

图 5-1　明清上海地区商人资本及商品流通示意图

由图 5-1 可见,明清上海地区各种不同职能的商人资本已经张起了一张商品流通的巨网。巨网的触角伸及乡村、城市和集镇,涉及千家万户和社会各个阶层,而巨网的另一端又同国内大市场相连。它们将无数分散、零星的小生产的涓涓细流汇而总之,形成一股商品流通的洪流,从上海出发,流向西北、华中、华南、华北、东北,流向国内大市场;作为力的反作用,它又从全国各地、天南海北汇聚起另一股商品输入的洪流注入上海。与此同时,信用资本的存在无疑为上述的运动添加了适度的润滑剂。商人来到世界,为世界带来新的面貌;商人来到上海,给上海社会经济的成长注入了新的活力和生机。昔日的产品渐渐变成商品,昔日的商品则安上新的流通翅膀飞越秦岭黄淮,走向全国各地。所有这一切,无不是商人和商人资本运动的结果。

商人资本运行的直接结果是给商人带来多少不等的商业利润。这些商业利润的流向会在社会经济中起着不同的作用。

首先,当时商人资本中不乏外帮商贾,他们聚敛财富、腰缠万贯以后,或者把利润送回家乡买田置宅,或者携本带利衣锦还乡。如明代徽商吴邦珍早年经商上海，到了晚年携资还乡，筑室起舍，聚书万卷。[1] 这些商人资本的利润自然难以在上海地区沉淀下来。此外，也有一些外地客商在上海经营，赚得钱后又转向他方贸易。如明代晋商员伯子"小贾邑市，已贾吴鬻布，有天幸，家日起，已贾淮扬治盐策"。[2] 他们所聚敛的商业利润对上海地区的经济开发可以说是影响不大的。

其次，在当时各类商人资本的利润收入中，有一项经常性的开支即是公捐、善输。如道光十六年上海重建城隍神庙戏台，共用去足钱4377余千文，全部由豆业行商和号商捐纳，其中最多的朱和盛号一家即捐钱一千贯。[3] 这类捐纳对商人的利润收入而言虽然仅仅只是九牛一毛，但对当时社会上的公益、慈善事业而言，却是提供了有力的经济保障。

再次，商人资本利润的一部分也不断地参加土地购买。其中一些土著商贾本来就是地主、官绅，他们用所积财富经商、放债，又用经商、放债所得再购买土地。如上海诸生唐子渊，"父以贾起家，积赀雄一乡，田亩十余万"。[4] 外来商贾在其初寓居上海地区时没有正式户籍，影踪无定，也不会有多大兴趣投资土地。但从明后期起，不少客商正式落籍定居上海地区，置田买宅成为他们的必然之举。如前述嘉定县张哲森，"原籍新安，以父式之业醵于嘉，遂家焉。所遗田产皆美"。这种商业利润向土地购买的流向是促成当时土地买卖兴盛，地权转移频繁的重要因素之一。但是它本身并不一定意味着社会财富的积累和社会再生产的扩大，大体上只是使封建土地制度不断延续而已。

再者，在商人攫取的商业利润中，有一部分也作为新的商业资本追加，扩大了商人资本的经营规模，促进了商品经济的发展。商人资本的获利程度取决于运营资本的大小和利润率的高低。当利润率变动不大时，资本额越大无疑获利越多，并且一般来说资本越大，资本的竞争力也越强。因此只要条件具备，总会有一部分商业利润不断稳定地加入商业资本运营的行列。如前述清初洞庭商人陈某在朱泾镇开设庄铺，起先资本微薄，经营数年中不断将利润追

---

[1]　(明)汪道昆：《太函集》卷62《明处士吴邦珍墓表》。

[2]　(明)温纯：《温恭毅公文集》卷11《明员伯子墓志铭》。

[3]　上海博物馆图书资料室编：《上海碑刻资料选辑》，上海人民出版社1980年版，第28—31页。

[4]　(明)李延昰：《南吴旧话录》。

加为资本,不数年,运营资本达白银数千两之多。商业利润向商业资本的转化为商业资本注入了新的血液,体现了商业资本在自身运动过程中的自我积累和自我增殖,它们对于商品流通规模的扩大和社会经济的开发具有积极的作用。

最后,在前近代社会中,较商人资本更具进步形态的是处于萌芽状态的产业资本。那么明清上海地区商人资本的商业利润是否助长了产业资本萌芽的形成呢?如前章所述,明清上海地区产业资本的萌芽只是个别地存在于暑袜业、染踹业和沙船运输业。而且无论其中哪一个行业,它们的营运资本都不能说已经是完全意义上的产业资本,而只是一种具有商人资本和产业资本双重性格的过渡形态的复合式资本形态。

以暑袜业为例,袜商将收购后的成品袜鬻诸外郡,他必须由此获得商业利润,这就不能不使其资本具有商人资本的性质。但为了能够出卖,他又必须将资本的一部分用于购买原料,预发加工等等,这就使它的资本又具有某些产业资本的色彩。但不管怎样,这里有一点十分明显,即最初的原始产业资本的胚胎是从商人资本中转化过来的。

在染踹业中,具有产业资本色彩的是包头、坊主垫支于购买染踹工具、工作场所的部分,它们可能来自商业利润或商人资本本身,也有可能来自其他来源,与商人资本和商业利润还未必具有必然的联系。至于沙船运输业中,由于一般的沙船业主大多既为船主,又是贩商,他们的总资本中既有体现为投资固定资产的产业资本部分,又有表现为贩运贸易的商业资本部分,至于互相间的利润更是浑然一体,难解难分。[1] 当船主扩大经营规模,追加资本时,可能是将商业利润转化成为产业资本,也可能是将产业利润转化成了商业资本。但一般来说,产业资本的扩大主要是添置沙船及其附属设备,而用于垫付商货的流动资金有时可以靠钱庄通融,因此商业利润、产业利润转化为产业资本的机会与可能性明显要大一些。

综上可以认为,在当时产业资本萌芽已经出现的行业,如果要细加区分产业资本的来源和形成,总离不开商人资本和商业利润。尽管商业的发展,商人

---

[1] 有关沙船运输业的详细论述参见下章。

资本的扩充本身并不代表新的生产方式,但是在新生产方式萌芽逐渐成熟并且开始出现之时,商人资本随同商业利润总是义不容辞,首先向其转化。在商业资本和产业资本之间并不存在不可逾越的鸿沟,一旦社会经济条件成熟,前者向后者的转化在后者的形成中具有决定性的意义。问题在于,近代以前的上海地区,产业资本的萌芽还未成为社会生产中的普遍现象,在当时最大手工生产行业的棉纺织业中,还完全是传统的家庭手工业生产,绝大部分行业中的商人资本还完全执行着原有的职能,商人资本和商业利润向产业资本的转化仅仅还只是个别行业的现象,它们虽然代表了历史发展的方向,但是在实际社会经济中所起的作用毕竟还是甚为微弱的。

第六章

航运业及港口码头的发展

第一节　内河航运的发展

（一）联系国内大市场的内河航运

1. 内河航运的自然地理条件

上海地区位于长江三角洲的江南水乡,境内江浦纵横,湖泖众多,与国内大水系均有河道相通。舟楫便利的河道水系为内河航运提供了得天独厚的自然地理条件。

上海境内最主要的航运河道是历史悠久的吴淞江以及明初整治后的黄浦。

吴淞江源自太湖,唐宋时长 250 余里,宽 150 余丈,其入海口南跄浦阔达9 里。宋庆历二年(1042 年)因风涛多败漕船,吴淞江上游太湖入口处筑起长堤使江流渐淤渐狭,历朝历代多事挑浚。但尽管如此,明清时期它仍然是上海地区内河航运的重要干流之一。其东会黄浦可出入南北大洋,西溯运河可抵苏、常,北连安亭等浦港可通太仓刘河,常熟白茅港;此外江之南还有赵屯浦、大盈浦、顾会浦、崧子浦、盘龙浦五大支流,南通青浦、松江城,接秀州塘还可直达浙西。

黄浦又称大黄浦,其上游据传为古东江遗址。明永乐初,户部尚书夏原吉整治江南水利,采纳上海人叶宗行建议,疏浚黄浦下游范家浜河道,上接浙西泖湖诸水,下径达海。几百年来水量充沛,河道日益深广,成为"漕船商舶日夕往来要路"。[1]

吴淞、黄浦之外,上海地区境内还有不少重要的通航支流。

除上述淞南五大浦外,介于吴淞江与黄浦之间,东西走向的蒲汇塘,东接肇家浜直抵上海县城并入黄浦;西与五大浦交会,经青浦,过湖泖可达运河而抵浙西、苏南,是横贯浦西的重要水道。

黄浦以东的重要水路有周浦塘、下沙浦、闸港等等,它们东连各盐场团灶运盐河,西接黄浦,南经其他塘浦可达浦南、浙西。吴淞江以北重要的支流有练祁塘、盐铁塘、马路塘等。以马路塘为例,西可达罗店至嘉定县城,东达宝山,南至泗塘达吴淞,为嘉定县北境通邑干河。

这些河道以及为数众多的其他泾、浜不仅把整个上海地区连接成一个舟楫便利的水网,而且它们还辐射于四方,同国内各大水系联成一体。其中最重要的是运河和长江水系。

古运河自隋唐贯通以后,北起燕京,南至杭州,一直是南北水运大动脉。上海地区入运河水系的河道甚多,既可以溯湖泖从苏南进运河,也可以下浙西经秀州塘入运河。而后,南可抵杭州、浙江;北可至苏、常、镇江以至更北之地。长江江阔水深,绵延数千里。上海地区从水路入长江既可以走运河西折,也可以出黄浦上溯。随后通过长江众多支流,几可航行大半个中国。

总而言之,明清时期的上海地区虽然局处长江三角洲沿海一隅,但它不仅境内河道众多,而且与国内其他重要水系皆紧密相连,这就为内河航运的发展提供了极为有利的自然条件。在当时的上海地区,"民资舟不资车,以舟楫代车马"已是极为普通的现象。

2. 明代的内河航运及其历史地位

前两章已述,明代时特别是明中叶以后,上海地区国内大市场的商品流通日见发展。商品流通一般可分解为商流和物流两个方面。对商流来说,需要分析的是与价值流通相联系的各类商人和商人资本的职能等等,这在前章已有论述。对物流来说,货物实体的流通主要是商品运输,它也是决定市场规

---

[1] (明)崇祯《松江府志》卷25《兵防》。

模、流通范围的一个极为重要的因素。本来,上海地区濒临大海,境内水系又能形成天然的良好港湾,海运似乎应成为刺激商品流通的主要运输手段。但在明代时,由于政治、军事、经济等等方面的原因,封建政府在长时间内厉行禁海政策,沿海航运濒受阻遏。上海地区国内大市场的商品流通基本上只能依赖内河航运。

明代时上海地区连接国内大市场的内河航运干线主要有 3 条:一是沿运河北上的北航线;一是溯长江西进兼及沿线支河深入华中、中原的西航线;另一是经浙西、皖南,入江西进闽广的南航线。

运河北航线按航行范围可分为两个层次。首先是长江以南地段,以运河为干线,河网航运把上海地区与整个江南长江三角洲连为一个整体。其在上海境外的重要支流如娄江,“为太仓、松江、崇明、昆山必由之要道”;福山塘,为输载必经之路,商贾必由之所,舟楫赖以通行,等等。[1] 上海地区当时同江南各地的贸易往来皆通过上述诸航道而展开。如吴淞江北岸的孔泾,又称林道浜,沿浜有江湾、真如、南翔、娄塘诸镇,“嘉(兴)、湖(州)贾贩多从此道以避江潮之险”。再如淀山湖西有双塔镇,商船航行来往苏松,至此每每泊船而息,故而又有商榻之名。[2]

运河北航线过长江后的进一步延伸,经苏北、山东直抵京师。它不仅成为沟通上海地区与京城、华北以至边地的水上大动脉,而且通过与运河相交的其他水系,从上海出发的航船亦可发散至苏北、皖北、河南、山东各地。此航线中最重要的埠岸是淮安和临清,凡是走运河航线的商货相当一部分皆在那里集散。

航行运河的商船首先是一般的民间运船,它们有些为贩商直接所有,有些则专门以揽载客货为业。如万历年间上海人徐光启在京城任事,多次要家人托沿运河来北京的布船捎带米粮杂物。又据嘉靖时人郑开阳所说,当时京师所用多资南方货物,由于运河窄浅,商船运输困难,以致运费倍于货值。[3]《醒世恒言》亦载,明代河南府有一唤做褚卫的,专在江南贩布营生。一日装

---

［1］ (清)道光《元和唯亭志》卷3《风俗》;(明)万历《常熟水利全书》。

［2］ (明)正德《松江府志》卷2《水》;(明)崇祯《松江府志》卷3《镇市》。

［3］ (明)郑若曾:《郑开阳杂著》卷2《论海运之利》。

运一大船布匹,出运河镇江口,向河南进发。同时期嘉定人文瑞也常用巨舟装杂粮千石经运河往来于淮泗间。[1] 毫无疑问,这些"布船""米船"都是或为商人自有,或为专营运输的民间货运商船。

民间运船外,航行于运河航线的还有政府漕船、贡船。漕船为专运漕粮之官船,明代时共有1.2万余艘,每艘载重400余石,其中"以苏松言之即有运船三千艘"。[2] 早在宋朝时,官运漕船已私搭商货,明代时漕船搭载更为普遍。隆庆时,政府规定每艘漕船一次可搭载商货40石,[3] 押运官军、运司官吏利用这些可供自己支配的舱位,或者自己贩运商货,或者出租给贩运商人。明末西方传教士利玛窦曾记载他沿运河进京亲睹之情景:运河中为朝廷运输物品的官船通常由8—10艘组成,络绎不绝驶往京师。其中许多船只并未满载,商人们借机以很低的租金租用这些空舱。[4]

运河外,长江沿线的航运也毫不逊色。当时上海地区方志中多称"商不越乎燕、齐、荆、楚","客贩湖襄、燕赵、齐鲁之区"。[5] 其中的商贩荆楚,主要商路就是长江航线。如前述从明中叶起湖广米粮输入上海无疑即是沿长江顺流而下,而以米粮贩运为主要内容的船运一直是当时长江航线货运的主要内容之一。明后期,从长江沿岸各埠至上海的商船已十分频繁。崇祯2年,松江府推官徐日曦在《募船代运议》中说道:"云间三县(华亭、上海、青浦)逼近海滨,又有泖浦之险,运舰而外,江广载船,日月一至。"[6] 当时的地方文人诗句中也有"襄阳估客到江南,舳舻衔尾迷江潭"之称。嘉靖时上海名士陆深描写当时上海江河航运的盛况为,"黄浦弯弯东转头,吴淞江下碧如油,不用并州剪刀快,水晶帘下上西楼。滨口航船一字帮,棹歌和起自成腔,潮来上南潮落北,南到湖南北到江"。[7]

---

[1] (明)张萱:《西园闻见录》。

[2] (明)李乐:《见闻杂记》卷7;(明)陆容:《菽园杂记》卷12;(明)陈继儒:《陈眉公先生全集》卷59《淮兑议》。

[3] 《明隆庆实录》卷61。

[4] China in the Sixteenth Century:the Journals of mattew Ricci:1583–1610,pp306–309.

[5] (明)弘治《上海县志·序》;(明)嘉靖《上海县志》卷1《风俗》。

[6] (清)嘉庆《松江府志》卷24《漕运》。

[7] (明)陆深:《俨山文集》卷22《江东竹枝词四首》。

有关南航线的史料记载较少。其最主要的航路是沿黄浦江西下经松江府城、枫泾等地入秀州塘(又称华亭塘),再经嘉善、嘉兴,进入南运河;由此西进可至湖州、徽南,南下则可以抵临安,由此分入浙东、浙西,亦可经铅山进江西或再下闽粤。明后期上海棉花运销福建,是时海禁未开,商人贩运据称是"腰缠千金过百滩",走的无疑是内河水路。另外,明代时广东、赣南所产的食糖、稻米也已贩运至上海地区,运输之举也只能是内河水运或水陆联运。只不过,从上海出发连结华南、中南地区的内河航线不像长江西航线和运河北航线那样拥有一条明显的干流河道,它们只能是由许多中小水道互相衔接,其断头处还得借以陆运车载人挑连接,因此运量较小,运输成本也较高。[1]

内河航运的发展还使当时的商贾编撰刊刻了诸如现代交通指南性质的"水陆路程便览""商程一览"等商路指南。如万历时徽人黄汴所撰《一统路程图记》即记载了当时国内大小通航水路,其中"苏松二府至各处水"中记有"嘉兴至松江,无货勿顾小船。东栅口搭小船至嘉善县,又搭棉纱船至松江,无虑大船"。[2] 它们真实地反映了当时内河航运的发展程度。

水运业的发达对商品流通、市场扩大具有极为重要的意义。在中古之前,国内市场长途贩运货物以奢侈品、土特产品为主,它们较少受运费和价格的限制,而许多朝贡物品更是无须计较成本。明清时代,大量价格低廉的民生用品进入国内长途贩运,运输及交易成本的问题就突出起来。长途贩运的民生用品如米粮、棉布,其成本价格包括运费及交易成本在内,不能比销售地所产同类产品贵上许多,否则就不能开拓广阔的国内市场,并同时保证商业资本在其中获得足够的利润。而要实现这一点,惟有依赖廉价、便捷的水运,以此降低运输成本,并借此扩大流通范围和市场规模。如果我们将明代上海地区联系国内大市场的内河航运,与前述同时期上海地区国内大市场的商品流通相联系观察,就可以明显看出,凡是长途贩运所指之地,必是水路航运所达之处,两者互为表里,不谋而合。从这个意义上,我们完全可以说,没有经济、便捷的内河水运,就不可能有当时的商品流通和国内大市场的扩展。

---

[1]　参见姚贤镐:《中国近代对外贸易史资料》第 1 册,中华书局 1962 年版,第 261 页。

[2]　(明)黄汴:《一统路程图记》,

3. 清前期内河航运的兴盛

入清以后,上海地区海运业逐渐兴盛,但由于上海口岸与内地市场的联系仍赖内河水路,因此联系国内大市场的内河航运仍然有盛无衰。其中最重要的航线仍然是运河和长江。

清前期,从上海地区出发至运河沿线的重要埠岸有苏州、浒墅、无锡、京口、淮安、济宁、临清等等。在运河航船中,政府漕运粮船仍是一支重要的航运力量。按清政府规定,各省漕船均可在装载漕米之外携带土产商货。载重千石的漕船,600 石装正供漕米,100 石装随船口粮,其余 300 石皆许运丁水手自带商货或者附搭客货。[1] 故道光时有人称,"都下官民除南粮之外,一切食用之具,无不仰给东南。由粮船附载,十常八九"。[2] 清前期上海地区华亭、上海等 8 县(崇明、嘉定、宝山三县除外)实际拥有粮船约 470 艘,以每船载重千石计,载重吨位可达 47 万石,其中按政府规定能用于装载商货的吨位即达 13 万石之多。[3]

漕船之外,民间商贾货船也为数不少。有记载说,乾隆年间"南省各项商贾货船,运京售卖,俱由运河经行……京师向来需用东南货物,为数不少,若漕船抵通(州)稍迟,京仓、通仓尚有储备,如货船全未到京,则京师所需各项货物,必致市价增昂"。[4] 可见在运河航运中,普通的民间商船正日益成为主要的货运力量。

运河航行大概在道光初年开始逐渐中落。其最主要的原因是黄河泛滥改道而造成的运河淤塞。道光六年,向来走运河北上的政府漕粮运输一度改由经上海海运;同时,昔日惯走运河北上的商贩也多有改走海路者。自此以后直到近代,运河这一繁兴一时的南北航运干线终于日趋中落。

上海地区航行于长江沿线的重要埠口有南京、芜湖、九江、汉口等,运输的主要货物为米粮、棉、布和其他土产百货。

芜湖明代时已是上海棉布运销华中地区的枢纽,入清后又成为国内一大米谷集散地,开砻坊者不下数十家。"江湖、川广、云贵诸省之有事于两京者,水道

[1] 台北故宫博物院编辑委员会编辑:《宫中档雍正朝奏折》第 3 辑,台北故宫博物院 1982 年影印本。第 904 页。

[2] (清)包世臣:《安吴四种·中衡一勺》卷下《海运十议》。

[3] 《清高宗实录》卷 1232,1453;(清)嘉庆《松江府志》卷 24《漕运》。

[4] 《清高宗实录》卷 1453。

必经于此,是天下之要冲也。"[1] 其他如汉口,清前期商贾毕集,帆樯满江,为天下四大聚之一,停泊的客商船常达数千艘。[2] 清前期,上海地区的崇明县往来长江中下游,可装四五百石至七八百石的贩米船即有百艘之多。此外还有下荡樵薪,载往内地发卖的"柴汛船",以及贩运棉布等其他商货的商船。据稍晚些时候的资料记载,那些从上海出发行驶长江的帆船与海船不同,船头昂起甚高,两旁画两枚大鱼眼睛,俗称"钓船",一望皆可以辨别。[3] 除上海本地商船外,众多的四川、湖广、江西、南京等地的货船亦时常来往于长江沿线和上海之间。据道光后期西方人士的观察,当时每年从长江及其支流各个口岸航行至上海的船只估计可达 5400 艘之多,它们把南北洋海船运到上海的货物转至内地,然后又把内地货物运来上海供南北洋海船运走,其航运规模不可谓不大。[4]

清前期,随着上海县城海港地位的确立和巩固,上海连接浙西、苏南,特别是苏州的内河航运更为发展。乾隆时,江南苏松等地航行于内河的大小船只据估计不下数十万艘,赖以资生者何啻数百万人。[5] 当时从上海至苏州有两条航路,"或过黄浦江,或过泖湖",商船载去外洋商货,运出内地土产。如前述漳泉海船载糖、靛、鱼翅等到上海,然后又用小艇载运苏州,船回则载布匹、绸缎、凉暖帽子、惠泉酒等等。《淞南乐府》称之为:"船之运盐者曰盐拖,又名湖船,今则惯载洋货赴苏。"此正如鸦片战争前夕,一些西方人士在上海所亲眼见到的,从上海出发,大量适于航行的河流四通八达,航行无阻。宽敞的水路连结着周围重要而又富饶的地区,如苏州、杭州等等。在浙江的澉浦、杭州和江苏的苏州等地的河道中,到处可以看到驶往上海的船只。上海地区内河航运之便捷不仅在中国沿海各港口中首屈一指,即使在世界上也是其他海港城市所远远不能比拟的。[6]

---

[1]　(清)乾隆《芜湖县志》卷 1,《地理志·风俗》,卷 19《改建鲁港馆驿记》。

[2]　(清)刘献廷:《广阳杂记》卷 4;(清)钱咏《履园丛话》卷 14《汉口镇火》。

[3]　上海市文史馆等编:《上海地方史资料》三,上海社会科学院出版社 1984 年版,第 64 页。

[4]　参见姚贤镐:《中国近代对外贸易史资料》第 1 册,中华书局 1962 年版,第 555 页。

[5]　(清)梁廷枏《粤海关志》卷 8《税则一》。

[6]　参见 Charles Gutzlaff:Journal of Three voyage along the coast of China, p220. Lindsay and Gutzlaff:Report of Proceedings on a voyage to the northern ports of China, p210. Robert Fortune:Three years' Wanderings in China, pp112–114.

（二）地区内部的河道运输及其作用

1. 地区内部河运概况

以上所述皆为联系国内市场的长、中途内河航运。至于明清时期上海地区内部的河道运输更是联系城乡、镇市，维持地方市场繁荣，以及集散国内市场流通商品的重要命脉。

我们在前面已经说过，明清上海地区境内水道纵横交错，其中不仅如吴淞江、黄浦江这样的大河拥有众多支流，而且即使那些支流每每也与为数更多的浜泾相连，而形成地区内部叹为观止的河运网络。如吴淞江五大支流之一的顾会浦，连通的河道至少就有五里塘、祥泽塘、崧子浦、横泖、新江塘、艾析浦等等。当时的上海地区，宜于大小船只航行的水道不下数百条之多（见图6-1）。故时有"民资舟不资车""以舟楫代车马"之说。人称自苏州以东，由松江至上海均系水路。即使地方政府递送公文亦未有驿路而只能用船传送。[1]

明清上海地区的城镇几乎无一例外都傍河临水，各城镇、乡村间的商品交流主要借助纵横交错的河道网络。如华亭巨镇朱泾，东通黄浦，西连湖泖，其南循水可达海盐、平湖，北从湖泖可抵苏州、嘉兴。[2] 又如安亭镇，"吴淞江环其前，娄江绕其后。而所资为灌溉舟楫之便者，则有瓦浦、徐公吴塘、顾浦诸小港"。[3] 而地区内部航运的通塞直接关系到地方上市场、城镇的盛衰。"各邑市镇，商旅往来，舟楫所聚，多因水道变迁矣。"[4]

当时在上海地区境内，大致上有如下九大主要水运航路：

（1）上海县城至松江府城。其走向是泗泾—蒲汇塘—肇家浜（或者是龙华港—黄浦）。此外也可以直接走黄浦，但由于江阔浪大，仅宜大船航行。

（2）松江府城至嘉定县各城镇。走向为通波塘—横泖—孔泾—吴淞江—泗塘、练祁塘、走马塘、盐铁塘等等。不仅由此与嘉定县城、月浦等镇相

---

[1] 中山大学历史系近代现代史教研室、研究室编：《林则徐集·奏稿》上，中华书局1965年版，第329页。

[2]（明）崇祯《松江府志》卷25，《兵防》。

[3]（清）嘉庆《安亭志》卷2《水道》。

[4]（清）嘉庆《松江府志·乡保市镇图》。

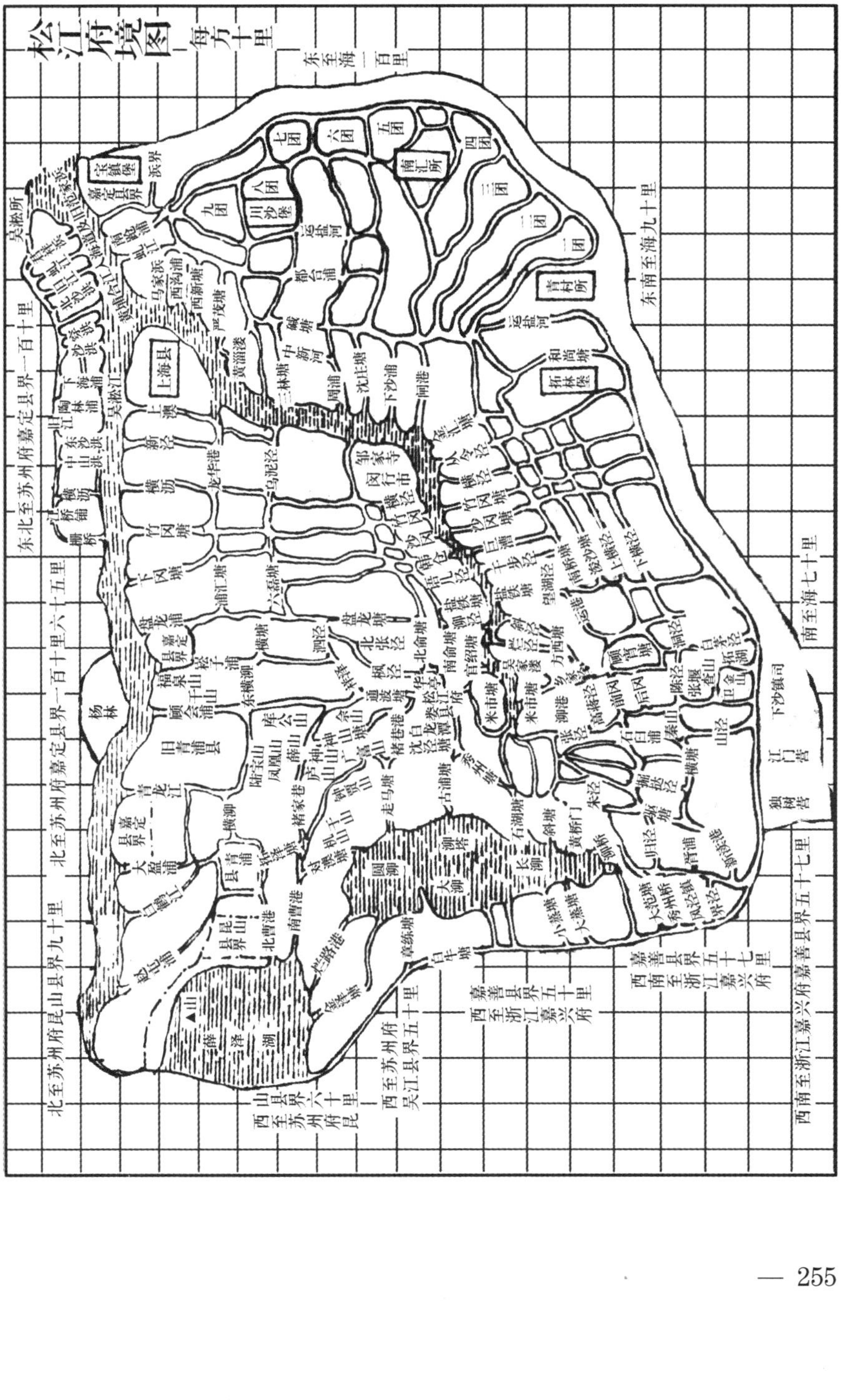

图6-1 明清时期松江府境内主要水道示意图

连,而且还途经纪王庙、杨林、江湾、真如、南翔、娄塘诸镇。地方志称"嘉湖贾贩,多以此道,以避江湖之险"。

（3）上海县城至青浦县城。先出肇家浜,经蒲汇塘达横㳛然后即可抵达,另外也可以直溯吴淞江而上,中途可经许多大小市镇。

（4）松江府城至朱泾、枫泾。航路甚为简捷,直溯秀州塘而下即可。过此又可经嘉善、嘉兴直入浙江。

（5）松江府城至浦南、浦东。沿黄浦江入叶谢塘—南桥塘可抵浦南之青村;再入盐塘而上溯则可达于浦东各镇市,亦可直至黄浦江口。

（6）松江府城至金山卫。主要航路是过米市塘,入张泾即可直抵。

（7）金山卫至青村、南汇。主要航路为横贯浦南、浦东的运盐河和盐塘,它们和沿海场团各港汊相连,几乎可至浦南、浦东每一个市镇。

（8）上海县城至浦东、浦南。从上海县城出发,入黄浦,经三林塘、或周浦塘、或闸港等即可和浦东水网相连。东进可抵浦东之南汇、川沙各乡镇,西下则可达浦南之奉贤和金山。

（9）松江府城至青浦县城。入顾会浦经横㳛即可抵达。

需要说明的是,以上所述只是一种较为笼统且近乎机械的归纳,实际上如前图所示,当时上海地区内部的各通航河流不仅几乎条条相通,而且在航行中几乎有各种不同的航路可供选择。依靠这些密如蛛网的航运水道,河运在当时地区内部的社会经济开发中扮演了极为重要的角色。

首先,河运是当时的农业生产不可或缺的运输手段。在农业生产中,无论是肥料的收集、运送,还是作物收获以后的进仓,主要的运输工具都是小船。其次如佃户交纳租米,完纳政府田赋漕粮,多半也得依靠船运。乾隆年间娄县黄中允说,该县二里泾河道不仅溉田万顷,而且四方商旅往来,诸县漕米,佃户输租,咸赖此通舟楫,利民生甚大。[1]《寒圩小志》有段记载也很能说明问题,"王钦所富与兄诚所相埒,为子俊卿与钱太师龙锡结亲。太师约日下乡相婿,王约是日各佃还租每石免米一斗。太师由乡界泾来,被租船壅塞,舍船坐马,直至松隐,一路俱是还王租"。河运对于漕粮的集散关系更大。以浦东周

---

[1]（清）乾隆《娄县志》卷5《山川志》。

浦塘为例,"周浦之塘乃漕艘所停泊,其通塞关系尤大。至漕仓之东横袅港、椒子浜、之西横袅港、裕秀桥港皆四方粮户运米到仓之要道"。[1]

其次,地区内的河运更是商人、乡民贩卖、出售货物和城镇、乡村间商品交流必不可少的运输手段。此类记载在现存史籍中不胜枚举。例如奉贤县青溪镇自雍正后,舟楫往来如织,百货聚焉而市廛盛;同邑刘家行地产棉花,独胜他处,远方商人多舣舟采买;又如益村坝镇,木棉登场之时,商舶纷集,等等。[2]每逢航运忙季,在一些主要水路上往往呈现出一片繁盛景象。如桃树浦"南至虬江,经牧童港,出吴淞江,北达走马塘,南北十里,舟楫往来,昼夜不绝"。[3]正因为河运在当时的生产、流通中日益发挥着重大的作用,一旦"水路绝而客商不至,活路难寻"。[4]因此如果河道淤浅有碍航运时,不论官、民皆会花大力气整治之。

由于潮汐涨落以及其他一些原因,明清上海地区大小河道时常发生淤浅壅塞,不仅影响农田水利排灌,而且有碍航运,这种情况不仅发生在一些中小河道,即使如吴淞江、蒲汇塘等一些较大的干支流都是如此。因此,明清几百年间,地方官员不时组织人力疏浚整治,其目的不仅为了农田排灌,同时也是为了使航运畅通。《七宝镇志》有一段记载说得很明白,"凡舟楫往来,商贾贸易,土建灌溉,皆于水乎是赖。惟水利修则商贾集而田事举"。明万历四十五年,上海县开浚城内外水道,城西自肇家浜至新港18里,城北虬江达嘉定15里,其主要目的就是为了"市通舟楫,民便薪水",使府城之舟可直泊县门而免于绕道黄浦。再如明正德十三年,浦东新场疏浚马路港,同样也是因为"潮壅淤若蹄涔,商甿胥病",而疏浚结果使"商舰殷凑,农甿乐业"。[5]

如果说一般河道的疏浚还带有水利、通航的双重目的,那么流经城市、俗称"市河"的河道疏浚则完全是为了通航的目的。如万历二十八年,松江郡守许维新开浚府城市河百年来久湮之故道,遂成舟楫通津。康熙二十三年,上海县知县史彩浚治上海城内市河,以通舟楫等等。正因为河道疏浚一个重要的目的是通

---

[1]　(清)嘉庆《松江府志》卷11《水利》。

[2]　(清)乾隆《奉贤县志》卷2《市镇》。

[3]　(清)乾隆《真如里志》卷1《水利》。

[4]　(明)吴履震:《五茸志逸》卷1。

[5]　(明)崇祯《松江府志》卷17《水利》;(清)嘉庆《松江府志》卷10、卷11《水利》。

舟楫、利货运,因此有些河道的疏浚往往由商人出资捐助。如浦东干流周浦塘,顺治甲午年淤塞,"潮汐俱绝"。官府募劝疏浚,周浦镇商贾共出资开浚河道700丈。[1] 由此足以可见河运在当时社会经济生活中的地位和作用。

2. 市镇埠头及埠岸搬运业

明清上海地区内河航运的发展促使不少通航河流沿岸的镇市相继成为内河航运中的上下埠岸,在这些埠岸中并相应地发展起了为航运服务的埠岸搬运业。

上海地区沿河埠岸至迟在元代时已经形成。陶宗仪《南村辍耕录》记载:"凡篙师于城埠市镇人烟辏集去处,召集客旅,装载夜行者,谓之夜航船,太平之时,在处有之。"明清时期,随着河运的发展,沿河埠岸的鼎兴大大超过胜国之时。如明后期的嘉定县外冈镇,中界盐铁河,东接练祁塘,北通刘河,商贾辏集,舟楫停泊,为邑之咽喉及重要埠岸。又如同邑娄塘镇,清康熙年间"所产木棉布匹,倍于他镇,所以客商鳞集,号为花布码头"。[2] 这些埠岸、码头常泊有数量众多的各种名目船只,明末时至少已有航船、游山船、座船、长路船、浪船、楼船、水荒船等等。[3] 如上述娄塘镇清初时"往来贸易,岁必万余,装载舡只,动以百计"。运输船只集中于埠头使得一些埠岸城镇出现了一批专事操舟运输为生的船户。他们有的自拥运船,代客载货;有的则从富有的船主手里租船经营运输,"船大者,赁价不过六、七两,小者三、四两"。[4]《见闻记训》记载,许阿爱、杨达、万中,皆极贫,惟以撑筏载商货为生。清代大场镇有吴姓者,以操舟经营运输而积累起钱财。[5] 当时青浦淀山湖畔的双塔镇为苏松商贾往来停榻之所,镇人多以驾船为生,所驾船俗称双塔船。货船代客载货,由货主支付运费,俗称"舡用"。这些内河小木船,一般吨位较小,适宜于港汊泾浜间航行,经营者也以个体家庭为多。他们以船为生业,终岁勤劳,涉历风涛,其辛劳程度"比至行商贾客尤为可念"。[6] 明清时期,封建政府还在

---

[1] (清)嘉庆《松江府志》卷11《水利》。

[2] 上海博物馆图书资料室编:《上海碑刻资料选辑》,上海人民出版社1980年版,第96页。

[3] (明)崇祯《松江府志》卷7《风俗》。

[4] (清)梁廷枏《粤海关志》卷8《税则一》。

[5] (清)光绪《宝山县志》卷14《轶事》。

[6] (清)梁廷枏《粤海关志》卷8《税则一》。

沿河市镇埠岸普遍设有"埠头"一役,其职责是负责供应官府用船。"埠头"一般都由地方上航运船户轮流充任,并从各船户的运输收入中提取 3% 作为应役经费,负责供应官府出入雇船之用。[1]

　　埠岸码头的搬运业是随商品流通以及运输事业的兴盛而发展起来的。明清上海地区的各大小市镇埠岸,大多存在规模不等的搬运行业,俗称"脚夫业"或者"脚行"。他们一般都有松散的组织形式,多以某个地方豪强为靠山,领头者称为"行头"或者"脚头",下面的搬运工人则称为"脚夫"。脚头一般都由脚夫中威望较高而又强悍有力者充任,脚夫俱听脚头统辖、指使。每个脚头统率的一帮脚夫称为"脚行"。在一些较大的市镇埠岸,大多同时存在数个互相竞争的脚行。如嘉庆年间法华镇共有 3 个脚行,他们各自立有帮口,划定势力范围,凡在本行范围之内的搬运装卸业务,皆不许他人染指。[2]

　　脚行承揽的搬运业务一般可以分成两种。一种是泊岸船只货物的上下起运装卸;另一种则是货物上岸以后的陆路搬运,包括中、短途的扛挑等。商贾揽请脚行搬运,一般先得与脚头接洽,所支付运价等项亦同时与脚头商定。一般来说,为避免脚行间的互相竞争,在一定时期内搬运脚价大多都有统一市价。如康熙时脚价以远近而定,10 里以内短雇者,每里铜钱 5 文,50 里外长雇,脚价 200 文,交卸后空回,每里加酒钱 10 文。道光中叶,一般脚夫的每日工价是铜钱 70 文,外加 50 文酒食钱共 120 文。不过这些脚价大部分都要归统辖的脚头所有,终日辛劳的脚夫真正所得只是其中较少的一部分。所谓"商贾搬运货物,每担不过数里,苛索钱六七十文,大半饱脚头之囊,人力脚夫所得不过数文"。[3]

　　脚夫搬运本来是商品流通发展的必然产物和不可缺少的组成部分。它不仅满足了市场流通和内河航运的需要,而且还为从土地中分离出来的小农和其他居民提供了就业机会,对于社会经济的成长无疑有积极作用。但另一方面,城镇埠岸搬运业从其产生之日起即具有浓厚的封建色彩。这不仅表现在

---

　　[1]　参见上海博物馆图书资料室编:《上海碑刻资料选辑》,上海人民出版社 1980 年版,第 96 页。

　　[2]　(清)嘉庆《法华镇志》卷 2《风俗》。

　　[3]　(清)康熙《上海县志》卷 1《风俗》。

如上所述以地方豪强为靠山,以及实行"脚头"这种封建把头制度的管理,而且还表现在由此出发,在业务经营中实行封建割据,互划地盘,刁难、要挟商民,勒索超额脚价等等方面。它们与商贾之间往往在平等的经济契约关系外还带有某种强制性的超经济关系色彩。如康熙五十一年江湾镇一则碑文所称,"脚夫之横甚莫于南翔、江湾两镇。若辈什佰为群,投托势宦,结纳豪奴,私自分疆划界。凡商民货物,横索脚价,稍不如意,则货抛河下,无人承挑,商贾裹足"。[1] 所有这些都充分反映了在当时社会条件下,商品经济在其运行过程中难免的时代烙印。对于脚夫搬运来说,它们既有适应和促进商品流通的一面,同时也有对商业贸易顺畅发展阻遏的另一面,这种矛盾的双重性在当时的社会条件下亦是无可避免的。

第二节 沿海航运业的振兴和鼎盛

(一) 明代海运业的艰难生存

1. 明初海运业的昙花一现

地处中国南北海岸线中点的上海具有发展海运的良好条件。上海地区若以东起吴淞口,西至金山湾而论,海岸线长达数百公里。不过由于冲积成陆的地质条件,这几百公里长的岸线大多是延袤几里、十几里的浅滩,大多无法成港。[2] 对明代以及以后上海海运业发展起主要作用的是良好的宜航内河黄浦江河道的整治和形成。

如第一章所述,在现今的上海地区内,最早的海运航道和港口是吴淞江及青龙镇。南宋以后,吴淞江淤塞日甚,海舶进出困难,遂多折而向南泊于吴淞江支流上海浦,随之而兴起的海口是上海镇。明代以前虽然海运重心已从早

---

[1] 民国《江湾里志》卷3《田赋》。

[2] (清)雍正《分建南汇县志》卷3载:"沿海皆浅沙,海艘不能泊。"(清)道光《川沙抚民厅志》也说:"沿海尽铁板硬沙,故无海舶寄碇处……潮来皆水,潮去成涂,过性坚硬,故俗名铜沙,海舶误行其上,必碎。"

期的青龙镇东移上海镇,但上海地区的入海河道未得根本整治。海舟的主要进出通道仍是时有淤塞之虞的吴淞江,"海舟至上海,盖自宋家浜入泊顺济庙下,不与黄浦相涉"。[1] 上海浦、黄浦仍为吴淞江的支流而已。故而有元一代,虽然上海不乏海船出入,并一度设立上海市舶司,但长江三角洲地区最主要的海运口岸尚在上海北侧的刘家港。

明王朝建立以后,永乐初,江南太湖流域因水道淤塞、泄水不畅,水灾频繁。明永乐二年,明成祖遣派当时的户部尚书夏原吉踏勘、整治江南水利。夏元吉采纳地方人士建议,采取疏浚、整治相结合的方针,其中对上海境内黄浦河道的整治为终明至清,直至今日上海地区航运业的发展产生了极为重大的影响。

在夏元吉整治之前,黄浦从华亭东流入上海县界后折而向东北,汇闸港、周浦等水,趋于南跄口,始与吴淞江会合。然而是时吴淞旧江淤塞,黄浦东流之水亦不顺畅。夏元吉的整治办法是果断废弃吴淞江及其黄浦的壅塞下游,疏浚黄浦傍侧范家浜自南广福寺起,北接黄浦,又引而东注吴淞新港入海。自此以后,吴淞江日以浅狭,反成黄浦附庸;而黄浦江则上接浙西、湖泖之水,水量充沛,日益深广。南北洋海船扬帆出入,既可停泊吴淞口,又可直溯而至上海县城。[2]

虽然从明初起上海已逐步具备发展海运的有利条件,但由于种种原因,明初上海的海运业,特别是民间海运业并未获得良好发展。

首先是朝廷对民间海运的禁海政策。虽然朱元璋初定江南即在上海地区黄渡镇设立市舶司,但3年之后,即告罢废。[3] 设立在宁波、泉州、广州等地的市舶司也仅仅存立了4年后尽行撤除。此后,鉴于沿海岛屿尚有敌对势力残余存在,又对民间海船入海厉行严禁。洪武十四年下令,"凡沿海去处,下海船只,除有号票文引,许令出洋外,若私自出海,前往番国贸易,比照谋叛之行律处斩"。[4] 不过当时政府禁海主要是严禁二桅以上大帆船出洋贸易,像

---

[1]　(清)褚华:《沪城备考》卷1《吴淞》。
[2]　参见(清)褚华:《沪城备考》卷1《吴淞》。
[3]　(明)陈仁锡:《皇明世法录》卷75。
[4]　(明)陈仁锡:《皇明世法录》卷75。

上海这样一个元代时海运已盛的传统航海地区,诸如近海渔船捕捞以及近海、近途海运恐怕还未能完全禁绝。此正如明中叶时有人所称:"祖宗之意,止禁双桅船只私通番货,以启边衅。所谓寸板不许下海者,乃下大洋入倭境也。非绝民采捕于内海,贩籴于邻省也。"[1]

明初洪武、永乐年间,供应北方军士、官吏的饷粮一度从江南海运。上海地区所在的吴淞口以及嘉定、崇明和毗邻的刘河镇皆为漕粮海运的主要基地。那些海漕船装载量一般多在千石左右,以永乐时年运漕粮49万石计,当有海船近500艘。永乐十年,为了便利海漕船进出长江、吴淞口,明成祖命海运总督陈瑄率卫所军士在"海舶往来,最为冲要"的吴淞口入海处岸边筑起东西南北各广百丈,高30余丈的烽堠土山,名曰"宝山"。"昼则举烟,夜则明火",为进出口船只导航。[2] 可见当时长江口一带来往航行的船只还在数不少,很可能除了官运漕船外,还有民间海船。永乐十三年,运河北段会通河浚成,江南漕粮改为河运,大批海漕船亦由此而改成运河浅船。上海一带喧闹了十多年的海运漕粮就此宣告沉寂。此后,永乐、宣德年间,郑和七下西洋,皆从上海毗邻的刘家港出发,浩浩荡荡的船队多达百艘。上海与刘河近在咫尺,民间海运业似乎定会受到某种程度的影响。但到宣德以后,明政府禁下西洋,再行海禁,上海地区的海运业始处于一种压抑的状态之下而难以有较好发展。

2. 明中后叶海运业的缓慢复兴

明中叶以后,封建政府的海禁政策依然存在。但是沿海官员军民不守海禁,私遣海舟出洋贸易者已所在有之。特别是福建、广东等地,由于临近南洋,"豪门巨室间有乘巨舰贸易海外者"。[3] 在上海地区,虽然直到嘉靖以前还较少有海船远洋番国的记载,但是近海的沙船运输似乎正在悄然复苏。

当时的沙船大多集中于太仓、崇明、嘉定和上海县,其中尤以崇明为多。由于当时政府为防范民间私自通蕃,对沿海民船装载吨位多有限制,故当时的航海沙船起初多为平底单桅,载重量约为三五百石。以后,由于"承平既久,

---

[1] (明)郑若曾:《筹海图编》卷4《福建事宜》。

[2] 参见(明)万历《嘉定县志》卷1《疆域考上》。

[3] (明)张燮:《东西洋考》卷7《饷税考》。

法度寝弛,双桅习以为常,甚至有五桅者"。这些逾制大船为了躲避官府盘查,往往在载货入港时将头桅拔下寄于海口,然后诡称单桅以蒙混过关。[1]这些沿海沙船航行的范围主要是长江三角洲沿海,最远大概也不会超过淮北和山东半岛沿海。[2]　嘉靖年间,上海及其附近地区的沙船数量已经不少。时有定例"沙民止许户船一只"。若按此而论就是一个不小的数目。因此每当沿海卫所官军巡汛沿海,官船不够时,往往轻而易举就能征调"沙耆民船二三百只"。[3]

明中后期,政府一方面禁止国内民船出洋贸易,另一方面又对海外诸国实行限时、限地、限量的朝贡勘合贸易。在这种贸易政策下,无论国内外的商品供需都难以得到满足。于是,走私贸易、海盗贸易日益兴盛,其发展的顶点是嘉靖后期震惊东南沿海半壁江山的倭乱事件。海盗以及倭乱的形成原因以及成员构成都很复杂。他们拥有武装海船,或横行海上,或攻城掠池,无疑有极大的社会破坏性;但另一方面,在当时远洋海禁甚严的情况下,这些以武装力量为后盾的非法海上船队,却由于同时亦进行商业贸易和海上运输,而成为当时沿海一支重要的海运力量。如嘉靖时,崇明海盗商人秦璠、王艮,"居崇明南沙,有勇力,家畜壮丁可百人,巨舟装鱼盐,泊近洋,小舟分载入港"。[4]　而同时期倭寇的船只和势力更为可观,附带的商业贸易色彩也更为浓厚。如嘉靖三十二年,倭从吴淞口、周浦两路进犯上海县城,舟船达 300 余艘;6 年以后,倭寇再度由朱泾泊吕港,四出张堰、松隐等镇,所驾海船多达千艘。当时杭州湾沿岸的柘林、陶宅、漕泾、乍浦等镇都是倭船的集聚之地。他们以此为据点,经常同滨海居民往来贸易,而"乡间小民往往为贼运薪送米,利其厚值"。[5]　在当时特定的历史条件下,这些匪、商一体的特殊海上集团成了连接上海地区与外洋贸易的主要海运船队。

嘉靖年间的倭乱由于种种原因越闹越大,最后在封建政府竭尽全力的打

---

[1]　(明)郑若曾:《筹海图编》卷 13《沙船图说》。

[2]　参见(明)郑若曾:《郑开阳杂著》卷 2;(清)乾隆《海阳县志》卷 4《海道》。

[3]　(明)郑若曾:《筹海图编》卷 6《直隶事宜》,卷 13《沙船图说》。

[4]　(清)雍正《崇明县志》卷 11《寇警》。

[5]　参见(明)张鼐:《吴淞甲乙倭变志》卷上;(明)谢肇淛:《五杂俎》卷 4《地部二》;(明)徐阶:《世经堂集》卷 23。

击下总算基本平息。在这之后，新即位的明穆宗大概看到了强行禁海只有导致边海不靖、私贩兴盛，于是公开宣布"除贩夷之律"，允许沿海商船交蕃通商。[1] 海禁一开，首先活跃的是闽广一带沿海的远洋航行，随后又波及上海等江浙沿海。谈迁《枣林杂俎》称，"闽粤人颛贩海，今延及浙直，自太仓、崇明出洋"。到万历年间，上海沿海海船远航日本及南洋群岛已不乏记载，其中上海地区的一些大海船一次即载商客百余人之多。[2] 经过两百年的曲折历程，上海地区的海运业如同国内其他沿海地区一样，只是在明末不长的时间里才获得了稍稍的复苏。

虽然明末时海运的客观条件已远较明初及明中叶为好，但上海地区的国内沿海运输还尚未由此而繁兴。以北洋航线而言，直至崇祯末，昔日从上海直达津沽的海运故道仍未开通。隆庆六年，政府一度招募沙船海运漕粮也只是先从镇江走运河抵淮，再由淮河出淮北清江浦，经登莱海面入大沽、天津海口。至明末，上海地区的沿海航运往北最远仍不会超过淮北及山东半岛。清人谢占壬说："前代天津、奉天通商未广，江南海船多至胶州，不过登州。"[3] 崇祯十三年，崇明人沈廷阳自备海船，寻觅元人航海故道，所开通的也仅是由淮河口至津沽的海路。[4] 尽管有记载说，明末上海及其附近地方，如太仓、崇明、常熟、江阴，以及通州、泰州沿海，大户多自造双桅沙船10数艘，小户则几家合伙备造沙船。而明王朝当时为海运漕粮，在崇明招募沙船，一次即可募集百余艘之多。[5] 但上海地区海运的真正繁盛还是在入清之后。

（二）清前期海运业的振兴和发展

1. 清前期政府沿海贸易政策的变迁

海运业的存在和兴盛必须以商业贸易的发展为前提。但是在前近代的中国社会，海运业的发展又不能不受到政府相应的政策措施的极大制约，因此在具体分析清前期上海地区海运业的发展之前，有必要先了解一下同时期政府

---

[1]（明）张燮：《东西洋考·序》。
[2]（明）李文绍：《云间杂识》卷3、4。
[3]（清）谢占壬：《海运提要序》，《皇朝经世文编》卷48。
[4] 参见民国《崇明县志》卷11《人物》。
[5]《皇明奏疏类抄》；（明）万历《崇明县志》卷8《海漕》。

沿海贸易政策的变迁。

清前期政府的沿海贸易政策大致上经历了 4 个发展阶段。

第一阶段是从清帝国建立到顺治十三年宣布禁海之前。当时清政府刚入主中原,面临许多政治、军事问题,还无暇顾及海上贸易。因此几乎没有制订和颁发什么有关海上贸易的政策法令。对沿海贸易大体上采取了一种放任自流的态度,既没有积极鼓励、提倡,但也没有用政府的名义加以限制。故有人说:"鼎革后,海禁尚未甚严。"[1]

顺治十三年到康熙二十三年是清政府沿海贸易政策的第二阶段。在这一阶段中,清政府基于对郑氏反清力量的恐惧和防范,实行严厉的禁海、迁界政策。顺治十二年,浙闽总督建议朝廷,在沿海省分严禁船只航行。"无许片帆入海,违者立置重典。"[2]翌年,清世祖即谕令"自今以后,各该督、抚、镇着申饬沿海一带文武各官,严禁商民船只私自出海"。数年之后,政府又实行沿海迁界,"山东、江、浙、闽、广滨海之民,尽迁入内地,设界防守,片板不许下水,粒货不许越疆"。虽然在后来的实际执行中,严格实施迁界的主要只是闽广两省。但在上海沿海,"居民过限者,枭示!"的界牌仍然赫赫在目。[3] 这一禁海时期无疑是国内沿海贸易最为黑暗的时期。

严厉的海禁大致到康熙十八年后开始出现一丝松动,乃为清政府沿海贸易政策的第三阶段。当时,工科给事中丁泰以及江南巡抚慕天颜相继上疏要求先开山东、淮北、江南海禁。但清政府最后只准"开山东禁海令",并只限于山东至淮北的连云港、庙湾一带海面的近途航行。[4] 康熙二十二年,台湾郑氏归清。翌年,清廷正式下令江浙闽粤沿海各地开海贸易,以利财货流通。以此为标志,清政府沿海贸易政策进入了第三个发展阶段。在这一阶段中,清政府逐渐建立起了一整套对海上贸易和航海船只的管理办法,其中包括海船的建造、申报、领照制度,海船进出口岸管理制度和贩运货物的管理制度等等。[5] 对上海地区

---

[1] （明）曾羽王:《乙酉笔记》。

[2] 江日昇:《台湾外纪》卷6。

[3] 参见《清世祖实录》卷102;（清）郁永和:《海上纪略》;（清）姚廷遴:《历年记》;（明）曾羽王:《乙酉笔记》。

[4] 参见（清）乾隆《沂州府志》卷4《志海贩》;（清）金端表:《浏河镇纪略》卷3《开海通商》。

[5] （清）光绪《大清会典事例》卷120、629。

海运事业发展影响较大的是米粮等农产品海运的管制。

海禁开通之初，按清政府规定，不仅地少人多，粮食不足自给的南方各口岸例禁米粮透漏出洋，即使向有粮、豆出产的北方各口岸，海运粮米也时禁时弛。如辽东出产米豆，但直至乾隆初，奉天米粮只有在河北、天津等地灾歉之年才准许经海路贸易，而其所产大豆在乾隆以前一直严禁海运。[1] 再如淮北豆麦重要出海口赣榆县青口镇，虽然早在康熙二十一年即开口通商，但以后不久在康熙五十七年、雍正七年两度被禁，除渔船外，"其他商舶一切封禁"。[2] 在南方口岸，只要不商贩违禁物品，一般还较宽容。如康熙五十七年"议准江南、浙江等五省贸易商船到厦门就验，不便增税。照旧例，收泊厦港贸易者，在厦门海关纳税，收泊江浙各省贸易者，在各处海关纳税"。[3]

总而言之，在康熙中叶开海通商到乾隆以前这段时期内，一方面政府沿海贸易政策较前一阶段有了根本转变，许多制度、措施正在不断完善；但另一方面对民间沿海贸易又尚存不少限制，其中主要表现在对北方农产品海运贸易的禁限上。这种状况在乾隆以后才起了大的变化。

乾隆初到道光中叶是清前期政府沿海贸易政策的最后阶段。其最大的特点是在这一时期中，政府对沿海贸易的管制比较以前任何一个时期都更为松弛和宽容。它们特别具体地表现在北方各口岸粮、豆海运贸易的开禁以及允许部分传统河运商贩改为海运。

在以前的研究中，有些著述认为从乾隆中叶起清政府对海上贸易采取了全面收缩的政策，理由主要是乾隆二十二年，清高宗曾下令今后番商洋船"只许在广东收泊交易"，不得再赴其他口岸。[4] 但事实上，以上清廷的谕令只是针对以英人为主的西方商船。在此禁令颁布之后，日本、南洋、东南亚诸国商船仍然频繁来往与厦门、宁波、乍浦、上海各口岸。[5] 而对于国内贸易，以上禁令则更不起作用。相反在此时期，清政府采取的一系列政策措施实际上

[1] 见《皇朝经世文编》卷41；《清高宗实录》卷203；《山海钞关权政便览》卷2《豆税》。

[2] （清）光绪《赣榆县志》卷3《集镇》，

[3] （清）道光《厦门志》卷7《关赋略》。

[4] 《清高宗实录》卷550。

[5] 以厦门为例，据（清）道光《厦门志》载：乾隆四十七年奏准，嗣后外夷商船到闽海关，其装载货物照粤海关则例征收。可见当时仍有外夷商船收口贸易。

都多少促进了国内沿海贸易的发展。

首先是奉天豆、粮贸易的开禁。乾隆四年五月,河北地方米价腾贵,乾隆帝下令奉天米石由海洋贩运接济。数月之后又谕准"嗣后奉天海洋运米赴天津等处之商船,听其流通,不必禁止"。自此之后,商贩船只由十数艘增至数百艘,所贩区域不独津门、河间、保定、正定以及山东、登莱等口亦俱通贩。[1]奉天大豆乾隆十四年前例禁海运,乾隆十四年经盛京将军阿兰泰奏请,商船自奉天回棹,大船准带两百石,小船准带一百石,如遇歉年,随时禁止。到乾隆三十七年,在当时盛京将军恒鲁奏议下,清高宗终于最后谕旨"准各省海船于到奉天时,任意贩运,毋庸限以成数,以便商民"。[2]奉天豆粮的海上贸易终于完全开放。

其次是青口镇豆石海运贸易的开禁。乾隆五年两江总督奏准开青口海禁,从此之后,赣榆以及海州等地豆石皆走青口贩运江南刘河、上海,青口镇由此而"烟火万家,各省商贾皆集"[3]。这样,加上早在康雍年间即获政府允准的山东豆货商贩江南,以及乾隆二十八年允准的"准东省豆石照运赴江南例,听商海贩运来浙江",[4]到乾隆中后期,北方的粮豆等农产品沿海贸易基本上已完全开放。在以后的叙述中我们将可以看到,它们对乾嘉以后上海海运业以及上海港的成长都有着极为重大的影响。

再次是嘉道年间对河运改由海运的松弛。早在开海之初,清政府对河、海航运的各自范围有着严格的限制,"江北、江广、江宁等处货物赴苏杭者,均进京口,归浒墅关报税,不准绕道赴海关报税。福建、浙江、奉天、山东登莱等处货船及南通州土物由海对渡者,均进浏河、上海等口,归江海关报税"。[5]嘉庆、道光年间,由于运河的淤阻以及海运较河运量大、关税低,昔日由运河往贩北方的苏州商船纷纷改由苏州娄齐门挂号,赴江海关纳税,由上海出发,改为海路贸易。至道光四年,这种改变商路的贩商至少已达200多户,而且还有不断增加的趋势。在这种情况下,清政府不得不规定"凡客商自苏(州)制贩南

---

[1] (清)同治《天津县志》卷6《海运》。

[2] 《山海钞关榷政便览》卷2《豆税》。

[3] (清)嘉庆《赣榆县志》卷1《坊镇》。

[4] 《清朝文献通考》卷33《市籴二》。

[5] 《钦定大清会典事例》卷16《贵州清吏司》。

杂茶布等货前赴上海出口,除道光五年以前由娄齐门挂号旧册有名者,浒关毋庸纳税外,其新立字号,均于浒关暂行兼纳钱粮,由娄齐门验收,前赴江海关输税出口"。[1] 实际上无疑为部分河运向海运的转移打开了方便之门。

总而言之,清前期政府沿海贸易政策的变迁总的来说是越到后期越为松弛、宽容。究其原因可能主要在于,王朝早期由于天下初定,政治、军事因素对沿海贸易政策的影响占有主导地位,故而措施严厉、禁止甚多。以后,随着政局的稳定,经济因素的影响逐渐上升,故政策开始趋于平和、实际。嘉庆年间,曾有人以海上不靖为由,建议政府在闽浙等洋面重行海禁,当即遭到地方官员的驳斥:"商货原贵流通,粤闽来浙商船并非仅贩洋货,即烟、糖、木植等物无所不有,未便将贩货之船一律禁止。即如关东所产之豆石,江浙所产之棉花,与夫闽粤出之烟、糖、木植等类,均为民用所需。一旦禁止,势必物价日昂,似于民情均多未便。"[2]国内沿海贸易政策的这一变化趋势,对清前期上海地区海运业的发展有着极大的影响。

2. 康熙、乾隆年间上海地区海运业的振兴

清朝建立以后,从顺治年间到康熙中叶,上海地区的海运业还较为沉寂。虽然在顺治十三年禁海之前,上海地区的沿海海运尚在前明的基础上延续了下来,但它们主要仍是近海、近途的航运。[3] 而在禁海之后,虽据康熙帝自己所说"向虽严海禁,其私自贸易者,何尝断绝",[4]但在上海地区不仅商船,即连渔船也严禁出海。《上海县志》称之为"海禁严切,四民失利,故往时所号为大家富室者,今多萧然悬罄矣"。[5]

康熙二十三年海禁开通之初,清廷只准五百石以下单桅小船出海航行。但不久又进一步放宽为"商贾船许用双桅,其梁头不得过一丈八尺,舵水人等不得过二十八名"。[6] 沿海居民凡新造海船均须先报海关监督

[1] 中山大学历史系中国近代现代史教研组、研究室编:《林则徐集·奏稿上》,中华书局1965年版,第226—227页。

[2] 《皇清奏议》卷18。

[3] 参见《皇清奏议》卷18。

[4] 《清圣祖实录》卷116。

[5] (清)康熙《上海县志·序》。

[6] (清)光绪《大清会典事例》卷120。

和地方官,并取具邻里保结。船只完造后还要经官亲验,刊名给照,然后到海关备案。[1]　当时国内沿海的航运海船按形制而分有福船、广船、沙船、疍船、三不像船、卫船等等。

福船、广船皆为闽粤人所造,底尖上阔,吃水深、吨位大。其中广船较福船更大,而且多为铁力木所造,坚固程度远过于以松杉所造之福船。福船、广船因底尖上阔,形同飞鸟,故又称鸟船。其中装载最大,远洋海外者又称洋船。上海地区所盛行的是沙船,其吃水浅,船底平,出入沙洲,履险如平。疍船、三不像船出自浙东海面,形制介于沙船、鸟船之间,故有"三不像"之称。卫船为天津、北直隶一带沿海航船,形制似于沙船,亦仅航行于北方海面。

当时这些各类海船,按政府规定均需按行政区划,饰以不同颜色油漆以示区别:"江南用青油漆饰,白色钩字;浙江用白油漆饰,绿色钩字;福建用绿油漆饰,红色钩字;广东用红油漆饰,青色钩字。"[2]当时的沿海海面,以上海所在的长江口为中点,出吴淞口迤南由浙及闽粤称为南洋;沿海多岛屿,水深浪巨,非鸟船、洋船不行。吴淞口迤北由通州、海州、山东、直隶直至关东称为北洋;沿海多沙碛,水浅礁硬,海运惟以沙船为主。上海的海运航线由此也分为南北两条:一条是从上海出发,前往浙、闽、广以至东南亚的南航线,沿途重要海口有宁波、厦门、广州等;另一条是从上海出发,北上淮北、山东、辽东的北洋航线,沿线重要港口有青口、海阳、天津、牛庄、营口等等。

康熙中叶海禁开通之初,清政府即规定来江南地区的贸易海船,北洋沙船只准收泊长江口的太仓刘河镇,南洋海船(又称鸟船)收泊上海口岸,互相不准逾越。不过这一南北海船分收的政策并未能妨碍上海地方沙船运输的逐渐勃兴。自康熙中叶起,上海地区已经有不少居民经营沙船运输,有些还具有不小的规模。

如康熙四十九年,上海县监生、牙行主兼船户张元隆即自置沙船,经营海运。而且雄心甚大,立意要造船百艘,皆以百家姓为号,头号赵元发、二号钱两仪、三号孙三益、四号李四美……。是时已拥有领照海船28艘之多。装载各客商布匹、瓷器、茶叶等货,前往辽东等地贸易。[3]　再如上海县葛氏,世为名

---

[1]　(清)光绪《大清会典事例》卷629。

[2]　(清)光绪《大清会典事例》卷629。

[3]　(清)张伯行:《正谊堂文集》卷1《海洋被劫三案题请敕部审拟疏》,卷2《沥陈被诬始末疏》。

族,传至康熙以后家道中落。至雍正、乾隆年间,葛元样、葛元瑞兄弟弃儒为贾,在县城南门外设葛家船厂,打造沙船,往来山东、奉天各口贸易。积百余年,富称南中。[1] 当时的北航沙船,出长江口,"往北过大洪东北,斜绕过半洋、太平戏台等沙,盘过廖角嘴,直北往西,好风五六日直抵天津"。[2]

除了北航线沙船业的初步振兴,乾隆以前上海地区的南洋航运也有较大起色。上海地区至南洋的航运海船主要是闽粤土著建造和经营的鸟船、洋船。清前期,虽然这些南洋海船也偶尔直驶辽东、天津等地从事贸易,但囿于船型及南北洋水文地理条件的限制,大部分只航至上海为限。而上海口岸被清政府指定为南洋海船到江南贸易的唯一收泊之处,更加促进了上海地区南航海船的繁盛。在现存有关福建厦门以及台湾等地的史料记载中都清楚地保留有闽广、台湾各口岸至上海的海道走法及航程。如台湾至上海为 56 更,具体航路是从鹿儿门出发,经金门、厦门、福州,入浙江温、台、宁三都海面以达崇明、上海,南风强劲时,8 日 8 夜即可抵达。厦门到上海 47 更,航程亦同前述之后半。[3] 由于南航海船频繁往来上海,在上海设江海大关后仅 15 年,"洋货及闽广货物俱在上海发客,小东门外竟为大码头"。[4] 当时闽广海船行至江浙,常常结队而行,有时一个航次海艘联舫达 30—40 艘之多。[5]

国内沿海航运外,康熙乾隆年间上海地区的海外航运也逐渐发展,其中尤以日本为著。早在清廷禁海之前,上海地区已有海船赴日。荷兰东印度公司早年政务报告中已记载有顺治十二年赴日华船中有来自上海的"南京船"。康熙中叶海禁开放后,海船赴日数量激增。康熙时,上海人叶梦珠说,"邑商有愿行货海外者,较远人颇便。大概商于浙闽及日本者居多"。沿海"商贾及富豪之家,竞装巨舰,东至日本,遇便风不数日可到彼土"。[6] 如前章所述,康熙二十五年赴日华船达 102 艘,其中来自江南上海的即达 34 艘之多。康熙

---

[1] 参见《上海葛氏家谱》。

[2] (清)金端表:《刘河镇纪略》卷 1《刘河镇发源》。

[3] "更"为当时计算海程的单位。有说以"六十里为一更",亦有称"更也者,一日一夜定为十更。"参见(清)黄叔璥:《台海使槎录》卷 1《赤嵌笔谈》;(清)徐怀祖:《台湾随笔》。

[4] (清)姚廷遴:《历年记·记事拾遗》。

[5] (清)董含:《三冈识略》卷 10《海舟覆没》。

[6] (清)叶梦珠:《阅世编》卷 3《建设》;(清)董含:《三冈识略》卷 8《日本刀》。

二十七年、五十四年,日本幕府两次限制赴日华船只能为 70 艘和 30 艘,其中上海航船分别占有 10 艘。雍正以后,赴日华船基本上都已经演变成既为清政府特许,同时又领有日本幕府信牌的办铜洋船。这些洋船指定收泊上海、乍浦两口岸,而且数量多有超越日本规定之数额。雍正初年,江浙两省赴日铜船为 36 艘,其中上海即占了 18—19 艘。乾隆中叶,日铜输出减少,铜船降至 15 艘,上海亦还保留有 9 艘。可见,上海已成为当时赴日铜船的主要基地。

总而言之,从康熙海禁开通到乾隆中叶,上海地区的南北洋及对外海运,都较胜国之时以及康熙以前有较大发展。但是上海地方海运业的真正鼎盛则是在嘉庆、道光年间。

3. 嘉道年间沿海运输业的鼎盛发展

上海地区海运业的发展在乾隆中叶以后已面临一个新的转机,造成这一转机的直接原因就是前述清政府对北方豆粮海运贸易的弛禁,以及刘河镇的中落,沙船收泊中心从刘河镇向上海的转移。

如前所述,康熙中叶开海通商之初,江南沙船的主要收泊口岸是江海大关的分口刘河镇。乾隆之前,刘河镇每年进口的沙船至少在 2000 艘以上。"自海关至外口十有余里,商船相接。有四缆停泊者,直至口外四、五里";"扦仓看样者直至两旁,海舟停泊,稠密如城"。[1] 但从乾隆四五年起,特别是到乾隆末、嘉庆初,由于刘河日渐淤浅以及刘河海口拦门沙隆起,北航沙船渐渐不遵旧例,越收上海大关。乾隆末年,刘河镇每年所收泊的沙船"仅存青口对渡船仍收浏口",而其余上千号来往奉天、山东洋面之沙船几乎已全部泊收上海。嘉庆初年,多年来一直收泊刘河的青口豆船眼见刘河镇大势已去,亦思改辙。嘉庆五年 10 月至 12 月,江南海关共收泊青口豆船 275 艘,其中除 5 艘仍收刘河镇外,其余 270 艘全部收泊上海。嘉庆十三年以后,在青口商人再三请求下,苏松太兵备道不得不公开谕示,嗣后沙船"或收浏河,或收上海,均听商民自便"。自此之后,刘河镇"竟无一船之至",顿见衰落。[2]

刘河镇的衰落以及沙船集聚中心向上海的转移,极大地刺激了上海沙船

---

[1] (清)金端表:《刘河镇纪略》卷 5《盛衰》。
[2] 参见(清)金端表:《刘河镇纪略》卷 3《开海通商》,卷 5《盛衰》。

航运业的发展。嘉庆初年，浙江巡抚阮元曾对上海沙船作过一番调查，认为"镇海县由北来南之船约得一百余艘，此种船闻松江上海尚有二百余艘，约可得四百余艘，每艘可载米一千五百石"。[1] 此中说上海沙船仅有200余艘，数目显然不大，有可能仅是上海土著所直接经营的船数。但不管怎样，可以认为当时聚于上海的沙船尚未盛极。

从嘉庆后期到鸦片战争前，上海沙船运输发展至鼎盛时期。当时，一方面北方豆粮南运的禁令已经早已取消，上海所在的江浙地区已成北方豆粮的最大销售市场，而上海棉、布等经济作物及手工业产品向北方的输出也日益扩大，这些民生用品的长途贩运都需要运量大、运价低的海船运输为其服务。而在此同时，毗邻的刘河镇已完全衰落，"商贩往来皆归上海……欲求江南海运出口之道，合南北计之，则以吴淞江为便"。[2] 再说，海运经济、便利，关税又轻，嘉庆末道光初又值河运不畅，大量昔日以苏州为基地，历来走运河水路的内河运输也多改从上海出发海运。

嘉庆二十三年，清仁宗曾称："据奏：内河关税向比海关例课为重，近年海洋平静，各商船多由海运经行，既图船身宽大，多载货物，兼可少纳税课，以致内河例课，多不能足额。"[3] 道光四年，仅苏州一地由河运改为海运，经浒墅关监督批准，并在娄、齐两门挂号放行的海商已多达200余户。而其余未经政府允准，私自改由海运的更是无从统计。最后，如前所述，清政府不得不重新规定，"凡客商自苏(州)制贩南杂茶布等货前赴上海出口，除道光五年以前由娄、齐门挂号旧册有名者，浒关毋庸纳税外，其新立字号，均于浒关暂行兼纳钱粮，由娄齐门验收，前赴江海关输税出口"。[4] 实际上是完全放松了河运向海运转移的限制。

到道光初，每年收泊上海的通州、海门、崇明、南汇、宝山、上海各帮沙船已不下3000余艘，大大超过当年刘河镇的规模。数量众多、船籍分属于长江三角洲各个县份的江南沙船终于齐集上海口岸，以上海为基地的沙船运输终于

---

[1] （清）贺长龄：《皇朝经世文编》卷48《户政·漕运下》。

[2] （清）贺长龄：《皇朝经世文编》卷48《户政·漕运下》。

[3] 《清朝续文献通考》卷29，《征榷一》。

[4] 中山大学历史系中国近代现代史教研室、研究室编：《林则徐集·奏稿上》，中华书局1965年版，第226—227页。

成为当时上海经济中又一最重要的支柱产业。[1] 据当时江海关号簿所载,道光二年至道光四年三、四两月,"每月进口大小沙船,少则五、六百只,多至七、八百只不等,合计两月所到之船,约共有一千五、六百只。内除小船居半,其大、中两号沙船,总可有七、八百只";道光二年五月,进口沙船为 536 艘,而在以后两年则分别增至 715 艘和 854 艘。[2] 此后不久,道光十二年五月,仅一个星期中驶入上海的满载沙船即达 400 艘之多。[3] 当时聚于上海的各帮船商,以通州、海门、崇明三帮最大,各帮俱有沙船五、七百号。估计当时常年收泊上海的沙船,载重在官斛千石至三千石以上的约有一千二三百艘,加上千石以下的小号沙船,总共大致上可达三千五、六百艘。[4] 若以平均每艘载重 1000 石(约 80 吨)计算,航运吨位已可达 28 万吨。

沙船数量激增促使沙船业内部竞争加剧,从而导致运价下降。运价在当时俗称"水脚"或"脚价",初无一定限制,大体上"随货利之厚薄,定水脚之重轻"。乾嘉以前,最贵时曾涨到每关石(一关石合漕斛,即上海豆业通行之庙斛 2.5 石左右)白银 2.4 两,而到道光初则普遍跌落到每关石仅合白银六八串(即六八折)1.4 两,折合制钱仅 952 文,若以漕斛相计,每石仅合制钱 300 余文或者纹银 0.32 两。[5] 这无疑是较为低廉的。

沙船造价,大号白银盈万,中号亦需数千,大致上一艘载重漕斛 3000 石的沙船造价在白银 8000 两左右,每年的折旧、修理费用约为 2500 两。当时上海沙船航行关山东"自正月开行可以四次、三次;三月初行,犹可二次;至四、五月,只能一次",而据说每年若仅行两次"所获水脚价银不敷水手辛工及添补扛具之用"。若以每年平均航行 3 次,而携带南货北上"不能满载,皆在吴淞

---

[1]　参见张忠民:《清前期上海港发展演变新探》,《中国经济史研究》1987 年第 3 期。此外还可以看到,现有海内外学者有关沙船研究的重要成果,每每多称"沙船"为"上海沙船"。如辛元欧:《上海沙船》,上海书店出版社 2004 年版;〔日〕松浦章:《清代上海沙船航运业史的研究》,关西大学出版部平成 16 年版。辛元欧甚至将沙船称之为"上海的家乡船"。而现今的上海市市徽也确实是以沙船加白玉兰为基本图案,由此亦可见沙船在传统上海产业结构和经济地位中的重要性。

[2]　(清)齐学裘:《见闻续笔》卷 2《先大夫梅麓公文钞》。

[3]　Report of Proceedings on a Voyage to northern Ports of China, pp209–210。

[4]　参见(清)贺长龄:《皇朝经世文编》卷 48《户政·漕运下》;(清)齐学裘:《见闻续笔》卷 2《先大夫梅麓公文钞》。

[5]　(清)郑光祖:《一斑录·杂述二》。

口挖草泥压船"，以一半空舱相计，一艘载重 3000 石的沙船每年可获脚价银 4334 两，除去折旧、修理等成本 2500 两，水手分红银（以利润一成半相计）278 两，实得年利仅为 1600 两左右，与总预付资本相比，利润率仅为 20% 左右。[1] 这似乎与史载所称"利遇倍蓰，转眴可致富"颇不相称。

对史料的考察表明，当时的沙船业主载运商货大致有两种情况：一种是揽载客货。如关山东客商贩货南下，通常都是通过他们设在上海的分号同沙船业保载牙行接洽。"凡客商在关东立庄者上海皆有店，有保载牙人在上海店内写载，先给水脚，合官斛每石不过三百余文。船中主事者名耆老，持行票店信放至关东装货"。再如当时江南的茶叶等货贩至关东等地，也是"系装至江苏上海县雇觅沙船运输"。[2]

而另一种更为常见的方式是船商自备资本或借入资本置办商货贩运。即如前述代客载货，船商往往也同时自载商货贩运。特别是当时一些拥有几十艘船的大船主，他们往往既是船主，同时又开设贩运字号、坐庄等等，俗称号商。他们在北方低价购进豆麦等货，用沙船载至上海高价出售；然后又在上海购进棉花、布匹，贩运至山东、天津、营口等地牟利。即使一些财势单薄的中小船商也可以在沙船出海时，向钱庄借款购进土布等货前往北方销售取利。这种贩运生意，只要船只能平安抵达，将货销售后还清钱庄借款，每每还有厚利可得。[3] 如果将当时贩货一石获利白银 0.5 两相计，上述一艘载重 3000 石的沙船一年的贩运利润至少可达 6000 余两，大大超过沙船主单纯经营运输的运价收入。两者相加，一年的产业、商业利润之和已可超过沙船之造价，称之为"利遇倍蓰，转眴可致富"，无疑还是恰如其分的。

由上可以看出，当时的沙船业主投资造船，雇用水手，似乎沙船业资本已从商业资本转化成了产业资本。但仔细分析后可以看出，船主投资造船的首要目的并不是代客载货，而是为了自身"往来各口贸易"。其原因十分简单，这就是商业贩运的利润远比单纯的运输脚价收入要高。它们大多只有在自身

---

[1] 参见（清）贺长龄：《皇朝经世文编》卷 48《户政·漕运》。萧国亮：《清代上海沙船业资本主义萌芽的历史考察》对沙船运价亦有相应估计，南京大学历史系明清史研究室编：《中国资本主义萌芽问题论文集》，江苏人民出版社 1983 年版，第 431—432 页。

[2] （清）贺长龄：《皇朝经世文编》卷 48，《户政·漕运》。

[3] 中国人民银行上海市分行编：《上海钱庄史料》，上海人民出版社 1960 年版，第 734 页。

贸易发生困难,或者自身贸易外尚有余舱时才代客载货。这种情况不只是当时上海的沙船业,即使在闽、粤、浙的沿海贸易中也多是如此。[1] 对于具体的沙船业运营资本来说,虽然其投于置船、雇用水手部分的垫付资本已暂时执行产业资本的职能,但是这一产业资本部分并未最终同商业资本完全分离开来,它们还同商业资本紧密地结合在一起,甚至成为商业资本的附庸,前述船商资本中商业贩运利润远高于产业运输利润即是最好的明证。对单个船商资本来说,当他们在经营之初由于资本缺乏等原因,可能会以揽客载货为主,但一旦自身有了一定积累或能得到钱庄的资金通融后,大多皆自营商贩而兼营揽客载货,其中特别是一些大船商几乎没有不自为贩商的。那种以为船商在运营之初以自贩为主,积累起资本后即专揽商货载运,从而完成沙船业资本由商业资本向产业资本转化的见解,似乎更多的属于一种主观臆测的逻辑推理。

沙船运输的发展使得道光年间的上海已出现了一些资产和经营规模相当惊人的大船商。虽然当时打造一艘像样沙船需银七八千两,但一些大船商"其多者至一主有船四、五十号"。当时上海最大的沙船业主是"朱、王、沈、郁"4家。其中朱家"家资敌国,称之为朱半天";而王氏文源、文瑞兄弟的"王利川"字号也拥有沙船上百艘;而后起之秀郁氏,至郁润桂时因善于经营已有沙船70多艘,雇工2000多人,人称郁半天。[2]

嘉道年间上海沙船业的繁盛,还在道光初年为清政府实行了漕粮海运。道光初年,由于黄河泛滥,运河阻塞,清宣宗在道光五年谕令,"将各该府属应纳漕米,照常征兑,改雇大号沙船,分起装运"。[3] 结果,从该年冬至翌年夏,清政府共在上海征雇沙船等1562艘,海运漕粮160万石。当时沙船承运漕粮,每石运价白银0.4两,另外还有耗米、赛神银、芦蓆银等津贴,附载二成商货又可免税。据载当时船商闻风鼓舞,"增造沙船三百余艘,以备今岁海运之用",[4]一定程度上也刺激了沙船业的发展。

---

[1]　参见《清高宗实录》卷814;(清)蓝鼎元《鹿洲初集》卷3《论南洋事宜书》。

[2]　参见吕舜祥《上海的沙船业》1960年稿本,嘉定区博物馆藏;(清)贺长龄:《皇朝经世文编》卷48《户政·漕运下》。

[3]　《清宣宗实录》卷79。

[4]　(清)魏源:《魏源集·复蒋中堂论南漕书》。

　　沙船外，航行于上海与北方口岸航线的海船还有浙船和卫船。浙船又称
蜑船或三不像船，皆为浙东镇海、定海人所经营。道光时，每年进出上海的浙
船约有 200 余艘。卫船"出天津及山东，贸易南来，祇行北洋"，只是数量较浙
船更少，在当时的北洋航运中作用甚微。

　　在北洋航运日益繁兴的同时，嘉道年间上海南洋航线的海运也发展到鼎
盛时期。经营上海地区南洋航运的主要是闽广人的洋船和鸟船，这些船只较
沙船为大，底尖上阔，形同飞鸟，能远航外洋，故而得名。道光五年有官员向朝
廷报告，上海"有闽省鸟船，大于沙船一倍。大者能装三千石，小者能装一千
六百石。须于五六月间始到，到时向有四五十号"。[1]

　　闽省海船主要来自漳、泉两郡以及台湾。其中尤以漳州所属厦门和海澄
为多。厦门海船分两种。一种称横洋船，专由厦门对渡台湾鹿儿门往来贸易，
最盛时有千艘之多。其中有些自台湾贩糖至大陆各地称为糖船，道光中叶其
每年驶往上海的就不下百艘。另一种称为贩艚船，分南艚、北艚，"南艚者贩
货至漳州、南澳、广东各处贸易之船，北艚者至温州、宁波、上海、天津、登莱、锦
州贸易之船"，其中航行上海者"一岁往来数次"。[2] 不迟于乾隆年间，福建
泉漳船商已在上海县城东门外建起了泉漳会馆，据道光十二年泉漳会馆碑所
列，当时聚于上海的泉漳船商至少已达 47 家。[3]

　　广东海船多称舶艚船或洋船，它们主要来自广州和潮州府的潮阳、澄海、
揭阳、海阳等地。有人估计，嘉道年间广东沿海的贸易船只约有 850 艘，它们
往来沿海各埠，上海为其重要贸易口岸。如前章所述潮阳县商船载糖"往嘉、
松、苏州易布及棉花"，澄海县"舶艚船装所货糖包由海道上苏州"等等。据稍
晚一些时期的史料估计，当时每年驶至上海的南洋航船，总数大致上在 700 艘
左右，[4]若以每艘载重 2500 石（合 200 吨）相计，船运吨位可达 14 万吨左右。

　　这样，与前述北洋沙船相加，至近代前夕，上海沿海航运的船只总数已可

────────────

　　［1］ （清）齐学裘：《见闻续笔》卷 2《先大夫梅麓公文钞》。

　　［2］ 参见(清)道光《厦门志》卷 5《船政略》，卷 15《风俗》；周宪文：《台湾经济史》，台湾开明书
店 1980 年版，第 251 页；Journal of Three voyage along the coast of China, p82.

　　［3］ 上海博物馆图书资料室编：《上海碑刻资料选辑》，上海人民出版社 1980 年版，第 235—238
页。

　　［4］ 参见姚贤镐：《中国近代对外贸易史资料》第 1 册，中华书局 1962 年版，第 554 页。

达 4000 艘以上,航运能力的总吨位可达 42 万吨左右,这在近代轮船运输兴起之前,不能不说是一个相当惊人的数字。

上述国内南北洋海上航运以外,嘉道年间上海与日本、暹罗、安南、菲律宾、新加坡等地的海上航行也很繁盛。来往日本的主要是政府特许的铜船,数量大致上在 10 艘左右。航行与暹罗与上海之间的海船被称为"白头船",船主多为暹罗当地的华侨、富豪。这些船体形较大,载重量多在 300 吨左右。道光时,这类船共有 80 艘左右,其中大约有 24 艘专门来往于"以出产丝、茶及土布著称的浙江、江南两省"。另外,与安南通航者约为 16 艘,其船亦大;同菲律宾通商者 5 艘,共计有 45 艘之多。此外,还有航行于新加坡者。1829—1830 年,新加坡进口中国帆船 9 艘,其中有 2 艘来自上海。以后,进口的数量还在不断增加。[1] 道光十二年五六月间,英国东印度公司的胡夏米和郭士立在上海的黄浦江上看见每天大约有 30—40 艘的远洋帆船从南方驶抵上海。其中除了福建帆船外,"有许多是来自台湾、广东和越南、暹罗、琉球等国"。[2]

第三节　上海港的演变及其历史地位的确立

(一) 明代上海港的历史状况及其地位

上海作为海口源起于宋元时代。宋末元初,政府都在上海镇设立过专管航海贸易的市舶机构。但终宋元之世,上海北有刘河镇,南有澉浦、乍浦,作为海港并未获得多大发展,

明太祖初定天下,即在上海地区的黄渡镇设立市舶提举司,但时隔不久,即在洪武三年因离京师太近为由而罢废。之后,终明一代上海再也没有设立

---

[1]　姚贤镐:《中国近代对外贸易史资料》第 1 册,中华书局 1962 年版,第 59—63、66—69、76—89、554 页。

[2]　〔英〕胡夏米著,张忠民译,杨立强校:《"阿美士德号"1832 年上海之行记事》,《上海研究论丛》第 2 辑,上海社会科学院出版社 1988 年版,第 269—287 页。

过任何与航海贸易有关的机构。

明初洪武、永乐年间,北方军饷漕粮依赖江南海运,出海基地即在今长江入海口处。永乐10年,在夏原吉开通黄浦后不久,明成祖即在吴淞口外侧近海处,修筑起了用作进出海船导航标识的宝山烽堠。

> 嘉定濒海之墟,当江流之会,外即沧溟,浩渺无际,凡海舶往来,最为冲要。然无大山高屿,以为之表识。遇昼晴风静,舟徐而入,则安坐无虞,若或暮夜烟云晦冥,长风巨浪,帆樯迅疾,倏忽千里,舟师弗戒,瞬息差失,触坚胶浅,遄取颠踬,朕恒虑之。今年春,乃命海运将士,相比之宜,筑土山焉,以为往来之望。其址东西各广百丈,南北如之,高三十余丈,上建烽堠,昼则举烟,夜则明火,海洋空阔,遥见千里。[1]

宝山烽堠虽为港口导航而建,但它并非指引海船沿黄浦直溯上海,而只是引导海船进出长江口的刘家港(即刘河镇)。换句话说,当时长江入海口的首要港口是刘家港,还不是上海。

刘家港又称刘河镇、刘河口,或浏河镇,位于长江三角洲娄江下游刘河(亦称浏河)入海处。据《刘河镇纪略》记载:"宋建炎初,有容县民刘姚二姓者因避兵乱逃居于此,刘居西沙,姚居东北沙,辟草披荆,开垦成田,遂土著焉,勤耕种以致巨富。(其时)太仓以东四十余里塞成平陆,而娄江口外姚刘两姓之粮食、货物无从过渡,于是刘姓捐家资之半将娄江下流自太仓以东开成巨港,引水直径入海,非惟海外货物便于运动而且沿海之田畴尽得丰收,民咸感德,遂顺口称刘家河云。"[2]由此可见,刘家港的兴起应该是在南宋以后,随着江南沿海地区的开发、娄江下游水路的开浚,而逐渐成为临江面海的江南重要口岸。

元明时期刘家港的口岸地位有3个方面值得注意。

一是政府海运漕粮以及郑和下西洋对口岸地位的推动和促进,这是青龙镇口岸时代所没有的。刘家港成为元明时代的"天下第一码头",与元明时海

---

[1] (明)万历《嘉定县志》卷1《山冈》。
[2] (清)金端表:《刘河镇纪略》卷1《刘河镇发源》。

运漕粮有着极为密切的关系。唐代时,虽已有以东吴粳稻以给幽燕,然仅为边防之用而已。海运漕粮"用以足国,则始于元焉。"[1]《元史·食货志》称,"元都于燕,去江南极远,而百司庶府之繁,卫士编氓之众,无不仰给江南"。海运漕粮在解决运船及运道的同时,还必须解决海运口岸。元代时的这一口岸就是有"六国码头"之称的刘家港。至元十九年,罗璧、朱清和张瑄首次以平底海船 60 艘,自刘家港起航,海运漕粮 4 万余石,出长江口北上,经黑水大洋,入界河,到达大都(今北京)。元延祐年间,每年海运漕粮已达 200 余万石,天历二年更增至 350 余万石。元代海运漕粮前后曾有 3 条路线,但出发港皆为刘家港。从元世祖至元十九年开始直至元末,海运漕粮延续 70 余年,"斯以为国计者大矣"。[2] 所谓"终元之世不能废海运者",实际上也意味着终元一代刘家港之江南口岸地位始终未曾动摇。

明初洪武年间,朱元璋为解决北征将士军粮供应,一度沿袭元代自刘家港海运漕粮至辽东以供军用。"自洪武五年至二十五年,每岁以七十万石为率"。永乐初年,朱棣定都北京后,自永乐三年至宣德五年间,郑和七下西洋均自刘家港起锚。"自此外国贡使络绎而来,而番商洋贾慕刘河口之名,帆樯林立……刘河之财赋甲天下矣。"[3]此外,在运河尚未恢复前,刘家港仍然为海运漕粮之口岸,最高年份多至百万石。永乐年间,还在长江入海口为此修筑"方百丈,高三十丈"之烽堠,以为过往海船之标识。在一些著述中,对于建于长江入海口的宝山烽堠,有说是郑和为下西洋而建,有说是为进出上海口岸之标志。而据史料记载,"永乐十年平江伯陈瑄至刘家河督海运事,黑夜风雨,船多覆溺。于是奏请将刘家河海口东南涨沙之上筑一土山,建烽火台,以为洋船、运船表识,著江苏巡抚周忱监督。山周围一十五里,台高三十余丈,广栽大木,多立烽堠,昼则举烟,夜则明火,海而空阔,遥见千里,以为刘家河海口之表。是时西洋贡船络绎不绝,咸欣其便,遂称为'天下第一码头'。各国奇珍

---

[1] 邱浚:《漕运之宜》,陈子龙:《明经世文编》卷 71,中华书局 1962 年版。

[2] 《元史·食货志》。

[3] (明)郑和等:《娄东刘家港天妃宫石刻通番事迹碑》,载钱谷《吴都文粹续集》卷 28《道观》;(清)乾隆《嘉定县志》卷 12《杂类志·轶事》。郑和下西洋,是一个大航海时代的结束,而不是开始,唯有此才可能解释许多历史现象,但这不是本文所要讨论的。刘家港在元明时期的口岸地位,与这一大航海时代的结束有直接的关联。

异宝无不毕集,因名曰'宝山',有成祖御制碑记,树之山巅。"[1]弘治《太仓州志》也认为:"旧传宝山为(郑和)下西洋而筑,误也。"永乐十三年后,会通河的开凿使南北大运河重新贯通,海运漕粮方告终止。以后至嘉靖三年,明政府仍然通过刘家港从海上往辽东运输棉花、布匹,可见刘家港仍保持有其江南口岸之地位。

二是元明时期江南最重要的内外贸易口岸。元明时期的刘家港并不仅仅只是作为政府海运漕粮,以及官方下西洋的口岸而存在,它同时还是江南最重要的内外贸易口岸,这从史料记载所说的"六国码头"以及到港的海内外船只中可以得到充分的佐证。早在元初,崇明人朱清伙同张瑄等人在刘河镇"以海运开市舶司,通日本、琉球诸岛,商货骈集"。[2]此后,长江中下游地区、浙江温台等沿海地区,以及日本、琉球、高丽、安南等国的商船皆来往刘家港,刘家港终成有"六国码头"之称的江南重要口岸。自明中叶起,江南地区以棉花种植以及农村家庭手工棉纺织为中心的商品经济日益兴起。刘家港也由此成为此类贸易的重要集散口岸。《刘河镇纪略》称,"盖我太仓自元至正间,崖州黄婆以南番木棉传入苏松,教以捍弹纺织之法,于是太仓木棉遂为中国所独擅。凡江西、湖广、襄阳及海外东西洋两处,咸集太仓刘河贩花。"清初太仓人吴伟业忆及明后期刘家港棉花贸易的盛况时说:"眼见当初万历间,陈花富户积如山。福州青袜鸟言贾,腰下千金过百滩。看花人到花满屋,船板平铺装载足,黄鸡突嘴啄花虫,狼藉当街白如玉。市桥灯火五更风,牙侩肩摩大道中,二八倡家唱歌宿,好花真属买花翁。"[3]有明一代,凡"东西两洋及闽广沙鸟各船俱集刘河海口"。[4]明中后叶,沿海商贩渐盛,江南地区主要的海船锚泊、起卸港口还是吴淞口外的太仓和崇明。谈迁《枣林杂俎》称:"闽粤人专贩海,今延及浙直,自太仓、崇明出洋"。而刘家港"明季通商,称为天下第一码头。"[5]

贸易口岸地位的另一佐证是码头市镇建设,以及政府贸易管理机构等的

[1] (清)金端表:《刘河镇纪略》卷1《刘河镇发源》。
[2] (清)康熙《崇明县志》卷14《逸事》。
[3] (明)吴梅村:《梅村家藏稿》卷10《木棉吟》。
[4] (清)金端表:《刘河镇纪略》卷3《创始》。
[5] (清)金端表:《刘河镇纪略》卷4《形势》。

设立。元明时代刘家港的码头分布于刘河两岸,尤以北岸为著,所谓"屯兵、海运、聚市,俱盛于刘河之北岸。"以天妃宫为中心,沿河岸延伸,自娄江入海口一直延伸到太仓城郊的南码头。据明张采编纂《太仓州志》及陈伸著《太仓事迹》称,刘家港"番商贾客云集,粮艘商舶,高墙大桅,集如林木;琳宫梵宇,朱门大宅,不可胜计。四方谓之第一码头。"明人张寅所编嘉靖《太仓新志》说:"凡海船之市贸往来者必经刘家河……过昆山,抵郡城(苏州)之娄门"。政府机构之设置,元代时刘河镇设有分管漕运、贸易的行泉府司及四所万户府,还设有市舶提举司,专管海船征榷贸易之事。明代时,洪武七年设置有刘家港巡检司,并在港口附近建有烽墩 6 座。正统年间,又在刘河设有军寨,分苏州卫一员领官兵 500 余名镇守于此。此后,嘉靖二十二年明政府再设百户1 人,领官兵 100 名驻扎于此。嘉靖、万历年间,明政府还先后改设参将、游击驻扎,所领水陆官兵 1000 余人。由此亦可见其地位之重要。

三是刘家港的口岸地位变迁同样与长江口以及刘河的水文地理变化有着密切的关联。元代刘家港之兴起,一个基本的原因就是南宋后期起,刘河作为太湖主要出水河道,来水量大增。明归有光《三吴水利录·水利论后》称,元初娄江"不浚自深,潮汐两汛,可容万斛之舟"。元至元年间,朱清、张瑄等又奉命疏导娄江。是时娄江近长江之处河宽约二里许,水深五、六米,既是太湖最主要泄水道,又是沟通太湖、长江和东海的主要通道,河深江阔,可避风浪,刘家港在江流、潮汐和风浪的冲刷下,渐成江南地区河阔港深之重要口岸。明初治理太湖水系,户部尚书夏元吉导吴淞江水入刘河,明代江南治水亦多行"掣淞入刘"之策,刘家港仍能保持江南良港之地位。这种状况到了清前期则发生了根本性的逆转。

太仓刘家港以外,明代时上海北翼的宁波是当时东南沿海的重要港口。宁波古称四明、明州,自唐宋之后,历朝政府均在其地设置市舶机构。洪武三年,明政府在罢废黄渡市舶司的同时,即在宁波、泉州、广州再设市舶,并且指定宁波专通日本。洪武七年,明太祖一度罢废宁波等三市舶司,把市舶司职责转交沿海地方官负责。到永乐初,明成祖又重设市舶司,命太监提举。虽然当时政府设立市舶机构主要是为了政府统辖下的朝贡贸易,但整个明代,宁波及其附近的海面、岛屿已经成为当时的东南沿海除官方朝贡互市贸易之外,民间走私贸易、海盗贸易之渊薮。嘉靖年间,因市舶贸易之故而酿成的倭乱起于其地即是明证。

在上海北有刘家港，南有宁波港并且都颇具港口规制的同时，得益于永乐年间黄浦江水系整治后的上海县城，虽然海舟溯吴淞口而入黄浦可直泊县城东、南门外，但有明一代，上海作为港口并未获得大的发展。明中叶后的上海县城，虽然已商贾云集，街市喧闹，有"小苏州"之称。但据时人所载，"僻处海滨，四方之舟车不一经其地"，"内湖外海势难飞渡"，[1] 其口岸地位明显未曾确立。嘉靖年间倭乱之时，在倭人眼中，江南沿海"浏河、吴淞两大口，海寇之所习闻者也，黄浦一小港，海寇之所未闻者也"。[2] 这里所说"黄浦一小港"，即是以上海县城东、南门外黄浦江沿岸为中心的上海港。当时上海的沿浦码头驳岸主要还只限于南门外的陆家浜一带，那里有内河水道直抵松江府城，是上海城最早兴起的内河航运港湾。这时的码头驳岸设备简陋，规模也有限。嘉靖年间郜光先任上海县令时，漕船在码头兑运漕粮，"逐运船出浦外，鱼贯而泊，俟一船兑完，方容一船进兑"。[3] 嘉靖、万历以后，上海地区的海运贸易一度有所复兴，但当时海船进出贸易，散泊沿海各处，上海港也并未由此而有起色。

明代时的上海地区，除上海县城海口外，其南侧杭州湾沿海还有漕泾、柘林、漴阙等海口，其中尤以漴阙较为著名。不过，这些海口之存在，首先是作为渔船停泊之所。如漕泾，常年聚居渔船多达数百艘，嘉靖倭乱时被倭人据为巢穴。再如漴阙，"松人捕鱼，俱以漴阙出海，三月间百市凑集，村落若雄镇"。[4] 虽然当时浙东、浙南以及闽粤等地来上海地区贸易的海船也有泊于其地的，所谓"漴阙为海舶辐辏之所"，"春夏百贾蝟集"，多少也具有商港的色彩，但是这些地方毕竟海口狭促，岸线不稳，明中叶后又濒遭倭乱，因此有明一代作为地方港口也并没有多大发展。

总而言之，有明一代上海地区的海运贸易虽然未绝，在其所辖疆界内，除上海县以外尚有其他一些大小不等的渔港、商港，但是从港口本身的发展以及

---

[1] （明）崇祯《松江府志》卷10《田赋》。
[2] （清）金端表：《刘河镇纪略》卷3《开海通商》。
[3] （明）何三畏：《云间志略》卷3。
[4] （清）嘉庆《松江府志》卷6《物产》。

它们在当时东南沿海的地位而言,还明显不如北翼之刘家港和南翼之宁波港。这一状况直到入清以后才逐渐起了变化。

（二） 清初江南海关的设立以及上海港地位的初步奠定

清中叶海禁开通之后,康熙二十四年,清政府即在东南沿海设立江、浙、闽、粤四海关。其中的江南海关初设之时,大关曾设于崇阙。后因处所狭促、公廨窄陋而移驻上海县城。设关署于县城小东门内旧察院行台衙门,而设大关于小东门外。[1] 大关之外,江海关另辖分海口24所。雍正七年,其中的庙湾、新沟、朦胧、佃湖、板浦、新坝六口拨归淮安关后,尚余分海口18处,分布于苏、松、常、镇、淮、扬六府,以及太、通二州数百里的海岸线上,见表6-1。

表6-1　清雍正七年后江南海关各分口一览

海口名称	所在州县	距离大关(里)	海口名称	所在州县	距离大关(里)
吴淞口	太仓州宝山县	60	福　山	苏州府常熟县	300
浏河口	太仓州镇洋县	150	黄　田	常州江阴县	450
崇　阙	松江府华亭县	180	澜　港	常州靖江县	490
七　丫	太仓州	150	孟　河	常州武进县	570
白　茆	太仓州	180	小海口	海门厅	400
施翘河	太仓州崇明县	280	黄家港	通州泰兴县	600
当沙头	太仓州崇明县	300	任家港	通州	400
新开河	太仓州崇明县	300	吕　四	通州	600
徐六泾	苏州府昭文县	240	石　庄	通州如皋县	600

说明:澜港另有支口衔前、天生、龙潭;黄家港有支口鄂家港;任家港有支口狼山、太汛;小海口有支口官河头,共计支口7处。合计分支口25处,加上大关所在上海县城共设有海口26处。

资料来源:(清)嘉庆《上海县志》卷5《关榷》。

---

[1] 关于清初江海关所设之地,向有"云台山"一说。但考诸史料,其可靠性尚值得斟酌。可参见李荣昌:《江海关究竟设在哪里》,《学术月刊》1985年第11期;谢俊美:《清代江海关关址的演变》,上海中国航海博物馆主办:《国家航海》第3辑,上海古籍出版社2012年版。

江南海关设立之初由内务府遣员监收。康熙六十一年,朝廷撤回内差,命苏州巡抚带管,而苏州巡抚则委托上海县知县就近协理,由县衙专门委派家人在关收税。雍正三年,江苏巡抚张楷奏请朝廷,以"上海一关,僻处崴疆,界连海面,出口之处甚多,稽查宜严……不便崴委家人经收"为由,提出海关税务由苏松兵备道(后改为苏松太兵备道)兼理,并建议将兵备道由苏州移驻上海,以便"弹压通洋口岸"。5 年以后,经朝廷批准,江南海关始归苏松兵备道管辖。[1]

江海关设立以后,陆续建立起一套船只进出口岸的管理制度。凡是出海商船,船照定例一年一换。船户揽载开放时,海关监督将原报船只大小、资本货物、舵手人等,验明填入船照。海船进口,同样必须详查验照。如遇风潮不能按时回籍,必须由地方官具保给照。

与近代海关专门受理对外贸易船只进出口业务不同,清前期的江海关如同其他海关一样,"专司海洋商船税钞",而不论海船是从事国内贸易还是从事海外贸易。实际上既是征收国内贸易税的常关,又是收取海外贸易关税的海关。这在当时江海关混国内外海船为一体的税收则例中表现得最为明显:

> 税则,凡安南商船货税,进口、出口俱以七折征收;东洋货船商税,进口以六折征收,出口不论货物,一概收银一百二十两。闽广商船货税,进口、出口自三月至八月以七折征收;九月至二月以五折征收,山东、关东商船货税并各口货税,俱八折征收。又安南、关东、山东商船货税,俱以加一优免;东洋、闽广商货税例免五分,优免五分。
>
> 又定制,民间日用各物数不及者及零星贸易。本仅十余金者,沿海小船采捕鱼虾者,皆免税。

以上税则当时详刻在一块木板上,竖于上海县城东门外大关口,作为进出海船的纳税准则。[2] 这些税则表明当时的江海关不仅同时执行着常关和海

---

[1] 参见(清)嘉庆《上海县志》卷5《关榷》;《宫中档雍正朝奏摺》第4辑,第228页。
[2] (清)嘉庆《上海县志》卷5《关榷》。

关的双重职能,而且在具体税则上似乎还是海外贸易轻于国内贸易。[1]

　　江海关在设立之初,税额尚无确定。康熙二十九年核定每年征收正额关税银 23016.33 两,每年分两次解交藩司。雍正七年划出庙湾等 6 口后,相应裁去 6 口额银 1536 两,尚余正额银 21483.33 两。此后,进出口海船增加,实际税收大大超过额定数,自康熙后期起即有各项盈余额银等增派。康熙四十二年,每年定例帮庶吉士银 30 两,次年增派铜斤水脚银 2500 两。到康熙六十一年又比照上三年最多年份,规定每年盈余银为 15000 两,以后到乾隆十四年时,盈余银已增至 62000 两,嘉庆四年,朝廷又改变比照前三年而定盈余额的做法,将盈余银定额为 42000 两,若有多余,尽收尽解。清前期江海关历年税额如表 6-2。

表 6-2　清前期江海关历年税额一览

单位:银两

年　　份	正额税银	盈余银	合计	指数
康熙二十九年(1690 年)	23016	—	23016	100
康熙四十三年(1704 年)	23016	2530	25546	111
康熙六十一年(1722 年)	23016	15000	38016	165
雍正三年(1725 年)	23016	19083	42009	183
雍正六年(1728 年)	23016	27000	50016	217
雍正十三年(1735 年)	21480	40520	62000	269
乾隆五年(1740 年)	21480	33454	54934	239
乾隆十四年(1749 年)	21480	40520	62000	269
乾隆十九年(1754 年)	21480	55279	75759	329
乾隆二十九年(1764 年)	21480	56029	77509	337
乾隆五十六年(1791 年)	21480	51389	72869	317

---

　　[1]　上述税则中七折、八折并非具体货税税率,而只是对货税征收时的一种优惠折扣。如七折税银每两实征制钱 720 文,五折税银每两实征制钱 613 文,等等。参见上海博物馆图书资料室编:《上海碑刻资料选辑》,上海人民出版社 1980 年版,第 68 页。

续　表

年　　份	正额税银	盈余银	合计	指数
嘉庆四年(1799 年)	21480	42000	63480	277
嘉庆二十年(1815 年)	21480	52152	73632	320
道光十八年(1838 年)	21480	52203	73683	320

资料来源:(清)嘉庆《上海县志》卷 5《关榷》;(清)同治《上海县志》卷 2《海关》;(清)雍正《硃批谕旨》第 12 册,第 52 页;《宫中档雍正朝奏摺》第四辑,第 864 页;吴建雍:《清前期榷关及其管理制度》,《中国史研究》1984 年第 1 期。

分析表 6-2 可以看出,康熙、雍正年间税额增长较快,乾隆中叶时达到顶峰,此后则基本上趋于稳定并略有下降之势。税额变化的这一趋势从表面上看来似乎同我们在前面所述上海地区海运贸易的发展并不那么吻合,这里就有必要进一步分析当时的海关关税制度以及与此有关的一些其他问题。

清前期海关向政府财政上缴税额,采取的基本上是定额税制。税额一经确定,不论实际收入如何,如有不敷即着赔补,若有多余则悉数上缴。从康熙后期起,海关税额一直由正额和盈余两部分组成。正额即为设关后即确定的常数,长期固定不变;盈余则是比较前三年实际的超额上缴数中的最多一年而定。很明显,如果海关将每年因贸易增加而增长的实际税收如实上报、上缴,盈余额势必就会一年胜于一年,而一旦某个年份税入有所减少,其亏缺额就只能由关员自身赔补。这无疑是极为呆板而又不合理的,它势必导致海关吏员在上缴税款达到某一数额后,不论实际征收额是否再有增长,皆以这一额数上报解缴。这就是前表所见自乾隆以后虽然港口贸易不断发展,而海关税额却徘徊不前的原因所在。嘉庆四年,清政府为克除弊端,停止三年比较而定盈余额之例,将盈余银定为 42000 两,如有超额仍旧悉数上缴。但海关吏员对于实际征收中超过正额和盈余的部分每每多入私囊。清中叶的道光年间,江海关每年实际征收的关税收入至少已达白银 10 万两,但其中解缴入库的不会超过 8 万两,其余皆为关员所私吞。[1]

清前期的海关税收一般分船料和货税两种。船料的计算是以后桅至前桅

---

[1]　参见姚贤镐:《中国近代对外贸易史资料》第 1 册,中华书局 1962 年版,第 556 页。

为长度,再乘以两舷宽度,所得之乘积除十,所得之数即为船料数。然后根据船料数大小定出船之等级,按等级在一年两季各船登记牌照时征收船料税。[1] 货税是按照货物品类,按照所定税则,从量而征。以某些商品为例,大致上"染料每担纳税四钱,苏木一钱,鱼翅一两五钱,海参八钱,糖一百文"。在当时东南沿海的江、浙、闽、粤四海关中,上述江海关的货税是最轻的,有人说船入江海关"只缴纳几乎是微不足道的关税"。然而尽管关税低微,逃税漏税仍时有发生。以南洋航线输入的商货为例,道光中叶经海关登记入口的海参为 2000 担,但实际输入却可达 3000—4000 担,鱼翅的逃税数量也约略相等。[2]

　　以上分析的江海关税额乃是包括众多分海口在内的贸易关税,若以狭义的上海大关即上海港而言,其进出口的贸易关税自然还要少些。在当时江海关所辖诸海口中,上海北翼的刘河镇因专收北洋沙船而与上海大关鼎足而立。清康熙年间开海通商后,江苏巡抚亲履海口,明文规定:"通商行使闽省商船,名曰鸟船,熟于浙台洋面,不入北洋,来江俱收上海口子;江省商船名曰沙船,熟于奉东洋面,不入南洋,来江俱收刘河口子。各设榷关收税,守口员弁,易于稽查,永为定例。"[3],刘河口作为港口获得很大发展。乾隆中叶之前,不仅每年进出港的沙船数量已达 2000 艘之多,泊船岸线几达"十有余里",而且还发展起了报税行、贩商字号、牙行等商务机构。报税行又称保税行,康熙中叶刘河镇初兴之时,海船进口必须先到沿海文武衙门挂号取票,然后由在船舵手耆老亲赍官票赴苏州抚院呈验,再由抚院委员到刘河镇,点验人数、商货,才能报关贸易。以后商船进口日多,繁复的清验报关手续难以适应,于是官府着令地方殷实土著商贾创立保税牙行。商船进口例投税行,由税行负责查明根由,出具保结,然后送关查验,扦仓纳税。当时刘河镇著名的保税行有宁波季长泰,泰兴万复隆,昆山徐恒豫,杭州郑复兴等。字号为北方贩商在刘河镇的派出机构。乾隆以前,仅山东登州府贩商在刘河镇就设有字号 16—17 家,胶州

---

　　[1]　参见姚贤镐:《中国近代对外贸易史资料》第 1 册,中华书局 1962 年版,第 210—211 页。

　　[2]　(清)乾隆《上海县志》卷 4《关榷》;姚贤镐:《中国近代对外贸易史资料》第 1 册,中华书局 1962 年版,第 210,556—563 页。

　　[3]　(清)金端表:《刘河镇纪略》卷 3《创始》。

贩商更多,共有 20 余家。其他如牙行有豆行、饼行、花行、杂货行等等。一些大牙商往往自身设有大栈房,招接各路商人。[1]

在当时的贸易海船、贸易商号以及贸易商品中,尤以豆船、豆号商人以及豆麦杂粮居多。有学者考察,乾隆七年,在《太仓州取缔海埠以安海商碑》中具名的豆船字号有 90 家之多,其中山东省字号 31 家,江南省字号 59 家。[2]由此,清前期的刘河镇也聚集起以江苏、徽州、关山东商人为主体的各式商人和商业行号。"登帮则永兴、合兴,胶帮则吉顺、正义、义成,徽帮则德盛、诚和,海宁则有金长和,关东叶隆昌、黄颐庆,上海则唐永裕、赵泰源"等共数十家。[3] 此外还有以本地商人为主体的豆行、饼行、花行、竹行、棕麻行、保税行等各类需领帖开张的牙行。[4] 刘河镇的规模也在刘河南北两岸有所扩大。"海关税署南岸设立内外哨船,河置木栅,贯以大棕绳,用铁链联锁使南北相连。关分内外,每潮水平时,放炮开关,放船出入。"[5]海关内河北岸为"南货船码头,凡苏郡运来货物于此上岸"。豆行、花行、饼行等招接内商的牙行亦集于此。而"自海关至外口十有余里,商船相接,有四缆停泊者,直至口外四五里"。[6] 天妃宫及海关的东北之十字街为镇之中市,绸缎布号、当铺钱庄,一切买卖悉备;西街则集饼豆、油盐、花米,为乡人之聚处"。天妃宫及海关南岸为登胶两帮商人运银于苏州的标船码头,建造航海船只和用具的船厂、绳索厂以及为其供应原料的竹木行、棕麻行等等,与刘河南岸新镇相接。[7]

综上所述可以看出,虽然清康熙中叶设江南海关于上海县城,但当时的上海港还未取得一枝独秀的地位,其北翼分海口刘河镇作为专收沙船之港口足以同上海港匹敌。康熙后期,上海港虽然已源源不断地收泊南洋货船,而且

[1] 参见(清)金端表:《刘河镇纪略》卷 3《开海通商》,卷 5《盛衰》。

[2] 参见范金民:《清代前期刘家港的豆船字号——〈太仓州取缔海埠以安海商碑〉所见》,《史林》2007 年第 3 期。

[3] (清)金端表:《刘河镇纪略》卷 5《盛衰》。

[4] (清)金端表:《刘河镇纪略》卷 9《街巷》。

[5] (清)金端表:《刘河镇纪略》卷 3《创始》。

[6] (清)金端表:《刘河镇纪略》卷 5《盛衰》。

[7] (清)金端表:《刘河镇纪略》卷 9《街巷》。

"洋货及闽广货物俱在上海发客,小东门外竟为大码头",但其港口繁盛程度显然还不如南翼之宁波。康熙四十年,清政府派遣杭州织造莫尔森赴日本,在决定从何处启程时,"恐从宁波出海,商舶彼多,似有招摇,议从上海出去,隐僻为便"。[1] 可见当时上海港的重要性似乎还在宁波港之下。雍正以后,上海港的发展步伐似有加快,这不仅表现在如前表所列,江海关的税收已较设关之初陡增一倍,而且自雍正七年以后,原驻苏州兼理江海关税务的苏松兵备道已正式移驻上海县城。但是,直到乾隆年间,由于种种原因,上海港还未取得在江南沿海一枝独秀,力压群芳的重要地位,这一态势直到嘉道年间才发生历史性的重大变化。

(三) 嘉道年间上海港的繁盛与江南大港地位的最终确立

从现存资料看,刘家港的口岸地位元代处于全盛时期,明代时随明初海运之沉寂而少有建树。但在清前期康熙乾隆年间,其作为江南口岸的地位曾一度重新繁盛。康熙二十四年清政府设立江南海关,大关设于上海县城大东门外,刘家港虽已显淤浅之势但仍为江南海关二十四分口之一。此后,刘河镇专收来往北洋沙船的口岸地位,大致保持了近一个世纪之久。其原因在于"鸟船其船尖底,黄浦深港可泊","沙船其底平稍浅……其所载皆东省贵重之物"[2],尚可停泊刘家港。

然而,大约从乾隆后期起,长江口拦门沙日涌,刘河亦日显淤塞之势。自从顺治十四年刘河首次疏浚以来,以后每隔不久即不得不因潮沙淤积而兴工挑浚,而且越以后疏浚间隔越短。在刘河镇急剧衰落的乾隆四十四年到嘉庆十七年这30余年中,较大规模的疏浚即进行了5次。平均每隔6—7年即有一次。然而即使如此频繁的疏浚,仍然未能有效地遏制刘河的淤塞之势,它和海口拦门沙对船只进出口的威胁合在一起,造成了刘河镇港口衰落的致命原因。[3] 到乾隆末、嘉庆初,刘河淤塞以及刘河口拦门沙隆起更为严重。人们只能在沙之四周插上竹签以便海船进出。乾隆五十年,海舟入港已必待涨

---

[1] 故宫博物馆明清档案部编:《李煦奏折》,中华书局1976年版,第18页。
[2] (清)金端表:《刘河镇纪略》卷1《刘河镇发源》。
[3] (清)金端表:《刘河镇纪略》卷1《刘河镇发源》。

潮而行。嘉庆初拦门沙一度有所隐消,但未数年又继而涨起,致使海船出入越发困难。[1]"浏河畅则浏镇兴,浏河塞则浏镇衰"。自乾隆末起,刘河镇每年收泊的沙船已"仅存青口对渡船仍收刘口",其余上千号往来于奉、东洋面的沙船几乎全部越口收泊上海。曾经称雄刘镇、盛极一时的山东各帮贩商字号也纷纷迁往上海。乾隆末年"仅存登、胶二三家"而已,而且即使这尚剩的几家字号,目睹港口衰落也"俱发信往北,道及浏河衰状,亦欲迁于上海"。嘉庆初,青口豆船"见各省货船越收上海,亦思改辙",以至嘉庆五年十月至十二月,由赣榆县青口出发,原应"运往刘河发卖"的275艘青口豆船,仅有陆恒发等5艘船"遵例收进对渡刘河口发卖",其余270艘"均各另收(上海)大关"。[2]嘉庆后期,面对青口豆船和豆商的强烈要求,苏淞太兵备道不得不公开晓谕,来往商船"或收刘河,或收上海,均听商民自便"。[3]再加上嘉庆十八年,地方上居然将刘河入海口闸门"关闭封锁,不许船只(随意)进出",同时在闸口设立"过偶牙行",以抽取牙税。[4]到嘉庆中叶,刘河镇已是"南北商人皆席卷而去",市屋、街衢俱开垦成田地,所剩者"惟一天明月,两岸苇风,萧瑟之韵与啼饥号寒之声如相赠答",[5]俨然一幅中落而至的凄凉画卷。

刘河镇港口的中落以及所造成的沙船运输以及北洋豆粮贸易商贾向上海的转移,有力地促进了上海港的鼎盛发展。如前节所述,到鸦片战争前夕,上海港已是万商云集,贾舶辐辏,真正成为南北海船的汇聚之所。此正如嘉庆《上海县志》所说:"自海关通贸易,闽、粤、浙、齐、辽海间及海国舶,虑浏河淤滞,辄由吴淞口入,舣城东隅,舳舻尾衔,帆樯如栉,以都会焉。"

嘉道年间,上海的江海大关对进出口商船的登记、管理更为完备。大关在吴淞口胡巷桥镇设有专门汛口关卡,海船进出都得在汛口挂号,缴纳挂号钱后在号簿上登记。"这种记录分为十栏,每页的边上填写着月份和日期,年份则写在封面上;每栏开头填写船舶所属地名、业主姓名、货名,然后填写开往地名"等等。据号簿所载,当时上海港输出的商货有纸、棉花、布匹、生药材、姜、

---

[1] (清)金端表:《刘河镇纪略》卷13《奇事》。
[2] (清)金端表:《刘河镇纪略》卷3《创始》。
[3] (清)金端表:《刘河镇纪略》卷3《创始》。
[4] (清)金端表:《刘河镇纪略》卷1《刘河镇发源》。
[5] 参见(清)金端表:《刘河镇纪略》卷5《盛衰》。

墨、石块、废棉、帽筒、烧酒、糖果、糖、棉织品、葱、葛布、蚕子匣、上等木材、花布、毛地毯、毛毯、麻线、针、白矾、陶器、木料、绒花、玻璃、夏布、筷子等等。[1]

海关以外,嘉道年间上海港的报关行也有很大发展。当时的报关行,即船税牙行,已经垄断了海船进出口的全部清验货物,代理报关、纳税事务。海船载货进港,皆需选择某一税行代理报关。税行在接受船商投行之后,即收取船只航海牌照,验明船载商货,估算货价,然后代理船商将牌照交海关查验及代完货税。商船装货出港,仍得再度委托税行临船清验商货,发给验舱清单,证明并无私运违禁货物,并且再度报关纳税,从海关处领回船照,商船方可启碇开航出港。据《上海碑刻资料选辑》不甚完全的记载,当时上海港有名望的船税牙行至少已有唐万丰、顾诚信、张鼎盛、李裕昌、万永昌、郑同兴、刘协丰、宋通裕等。这些船税牙行为了避免竞争,在同业之间实行抽签分派,凡有船只投行,各税牙行即在同业中"拈阄分派"。这对船税牙行来说有利同业均衡,避免竞争;但对船商来说却由此而投行报关不能自主,而且投行报关实行拈阄分派,必得等待同类进出船只达到一定数量后才能投报海关,这势必引起船商的不满以及与税行之间的纷争。[2]它一方面反映了牙行对于商业贸易的双重作用,另一方面也说明当时的报关行业已成为上海港港口业务中的重要组成部分之一。

嘉道年间上海港的船税牙行还同时代理商船揽客业务。如前节所述关山东贩商揽船载货,皆由牙行"凭行写船,随时面定水力、揽票内注明月日,钤盖本船图记并经手人姓名"。揽载契约一经写定,贩商、船家均不得反悔失信,牙行亦不得贪利重揽客商。如有违例,或者罚银百两,或者罚神戏一台。一般来说,船家、客商由何家牙行接洽揽载,报关业务即由该牙行代理。道光7年,为了协调贩商、牙行、船主之间的关系,由上海知县出面,议定了有关的"商、行、船集议关山东各口贸易规条",并且勒石永遵。[3]

---

[1]　参见(清)乾隆《宝山县志》卷2《关津》;姚贤镐《中国近代对外贸易史资料》第1册,中华书局1962年版,第311—315页。

[2]　参见上海博物馆图书资料室编:《上海碑刻资料选辑》,上海人民出版社1980年版,第68—73页。

[3]　参见上海博物馆图书资料室编:《上海碑刻资料选辑》,上海人民出版社1980年版,第72—73页。

嘉道年间的上海港从南门外的南码头、陆家浜到大小东门外已经形成了颇具规模的港区码头、堆栈、商行以及海船碇泊修造基地。北航沙船主要集中于南码头一带停泊、装卸货物,那里"帆樯辐辏,常泊沙船数千号,行栈林立,人烟稠密"。[1]秋冬之季船不出海,泊岸整修,故南门外亦有不少铁、木作坊,修配船具用件。而一些大船主开设船厂,往往也选在南门外,如前述上海县曹氏兄弟即在南门外青龙桥建有葛家厂,"即修筑沙舡之坞也"。[2]而当时的商船会馆也位于南门外的马家厂。鸦片战争前夕,上海县城南门外的一带江面、水道,成了上海港区中名副其实的沙船集中之地。道光五年,政府借助沙船运送漕粮,以海防同知主其事,同样是"设局于小南门外"。[3]

上海县城大小东门外的沿江码头则是南洋鸟船、洋船的主要停泊装卸之区。史载"闽粤大商多在东关外",不仅沿浦码头,即连江中心都泊有南来之海船。《淞南乐府》曰:"淞南好;海舶塞江皋,罗袖争春登白肚,琉瓶卜夜醉红毛,身世总酕醄。海船全身白垩,俗呼白肚皮船,俱泊浦心。日将暮,小船载土妓分宿各帮"。

鸦片战争前夕,上海县城外从大小东门至南码头一带数里长的黄浦沿岸,俱已成为各有其主的泊岸码头。据是时到过上海港的西方人士亲眼所见,"宽敞的码头和巨大的货栈占据了整个河岸。河岸很深,足够帆船停靠和装卸货物,在河中央,水深达六至八㖊,水面有将近半英里之宽。所有的码头上都挤满了人群"。[4]每到春运高峰来临之时,县城外江面上足可见几千艘帆船整装待发。清人张春华描写道光六年上海沙船海运漕粮北上前夕上海港之盛况:"丙戌正月,各郡并集,自南及北五、六里密泊无隙。元夜,万艘齐灯,寻丈桅樯高出水面恍如晴霄,星斗回映,水心上下一色,诚巨观也。"[5]至近代前夕,进出上海港的南北海船,若以北洋沙船3500艘,每艘平均载重1千石(合80吨),一年航行3次,载货北上以一半放空相计,北洋航线进出港的货

[1] 见徐润:《徐愚斋自叙年谱》,其所载虽为咸丰年间事,但近代之前的嘉道年间,其码头盛况似不会逊于此。
[2] 《上海葛氏家谱》卷3《顿邱公会记》。
[3] 李维清编:《上海乡土志·海运》。
[4] Report of Proceediags on a voyage to the northern Ports of China,p175.
[5] (清)张春华:《沪城岁时衢歌》。

物吞吐量已可达 120 万吨；南洋航船以 700 艘计，每艘平均载重 2500 石（合 200 吨），年航行 2 次，回程亦以一半空舱相计，南洋航线进出上海港的货物吞吐量亦可达 42 万吨。两者相加，上海港的货物吞吐量已可达 160 万吨左右，它们充分反映了当时的上海港的繁荣景象。

港口吞吐量的增加促进了码头装卸搬运行业的发展。嘉道年间，上海港的码头搬运业中已经形成"箩夫"和"扛夫"两大行帮。他们各有固定地盘和势力范围，各设"夫头"为一帮之主。"凡码头各店粮食、油、酒及航报等船，一切钱货、民间婚丧舆轿等项，俱系箩夫承值，各洋行内烟、糖、棉花等货，悉归扛夫扛抬"。箩、扛两帮脚夫工价也称为"脚价"，它一般都由搬运业与客商共同商定，并经官方核准。通常情况下，从船舱搬运一件货物至沿码头货栈，脚价在 5—8 文制钱之间。箩、扛两帮搬运业内部都订有同业规条，严格排斥外业人员染指本业。所谓"外来流民，不得夥入扛帮"。当时除了箩、扛两帮揽承、垄断的大宗搬运业外，其他一些为两帮所不屑的"行铺佣工搬送客商零星物件"以及搬运装卸"渡船驳载货物"，只能由一些零散不成帮的脚夫充应。[1] 有人估计，嘉道年间上海港沿浦码头，靠搬运为生者已不下万人，[2] 如果这一估计不错，那么这支庞大劳动大军的存在本身就是上海港繁盛发展的一个极好说明。

清中叶的嘉庆道光年间，上海港所在的长江三角洲沿海，除上海港外，北翼刘河镇已完全中落；中段因多浅滩，根本无法成港；但南翼的杭州湾畔却还有另外一些海口，如澉阙、澉浦和乍浦。澉阙如前所述，明代时已是著名渔港和海舟辐辏之所。但从明末崇祯年间起，塘岸不断坍塌入海，虽然屡经修筑，颓势终不可遏。清初江南海关大关一度设于澉阙，但终因处所狭促，塘岸不稳，未几即迁上海，而大小商贾亦随之而去。以后，澉阙虽仍为江海关一分口，但实质上只是一个较为繁盛的渔港而已。"松人捕鱼，俱从澉阙出海，三月间百市凑集，村落若雄镇，五月后以冰养之，名冰鲜。"[3] 贸易海船已多不至此，

---

[1] 上海博物馆图书资料室编：《上海碑刻资料选辑》，上海人民出版社 1980 年版，第 76—77 页。

[2] 参见吴贵芳：《上海风物志》，上海文化出版社 1982 年版，第 36 页。

[3] （清）嘉庆《松江府志》卷 6《物产》。

作为商港的作用已经无足轻重。

澉浦、乍浦皆为浙海关所辖历史悠久之海口。澉浦早在宋淳祐七年即设有市舶场与诸番通商。康熙中叶浙海关设立后又为其分海口之一。然而陵谷变迁，沿岸海潮汹涌，"绵亘数百里船只难停，客商难以往来"，贸易船只远不及前朝之盛。[1] 与澉浦同为浙关分口的乍浦，港口规模较澉浦为盛。乾隆《乍浦志》称："康熙甲子，台湾入版图，大弛洋禁，嗣是四方辐辏，千骑云屯，积今七十余年，极炽而丰，俨然东南一雄镇。"乍浦口岸的进出海船主要是南洋及外洋货船。进口商货除洋铜外主要是木材、糖、洋货、杂货四大类；出口商货大宗为土布、牛骨和豆饼。土布中质量上乘的紫、白标布都是从上海贩来，豆饼也是关山东船运到上海港后，再由乍浦商人从上海办来转售闽广客商。道光以后，由于上海港日益繁盛，一部分原来收泊乍浦的广东糖船也"多汛至江南之上海县收口"。[2]

综上所述，虽然至近代前夕，乍浦已成为上海南翼的最大海港，但无论从进出口海船的种类、数量以及贩运商品的结构以及商业组织的发育程度等等方面观察，它不仅尚不能同上海港鼎足而立，反而在某种意义上只是起着辅助和补充上海港的作用。这正如道光年间一位上海地方官员所声称："上海号称小广东，洋货聚集……稍西为乍浦，亦洋船码头，不如上海繁富。浏河亦相距不远，向通海口，今则淤塞过半，"唯有上海港"适介南北之中，最为冲要，故贸易兴旺，非他处所能得"。[3] 上海在明代时已有"小苏州"之称，至近代前夕又获"小广东"之称，足以可见海上贸易及港口繁盛所反映的城市发展从开发日益走向开放；同时亦可证明，到近代前夕，上海作为江南第一贸易大港的历史地位已完全确立。

早在乾隆二十一年，英国东印度公司职员毕谷从广州取海道北上，已了解到上海是一个有声望、有潜力的商港，并竭力主张英国应取得在那里的贸易权利。道光十二年，东印度公司职员胡夏米、郭士立等人驾船进入上海，在作了

---

[1] （清）道光《澉水新志》卷3《碙海门》，卷5《关榷》。

[2] （清）道光《乍浦备志》卷6《关梁》。

[3] （清）李星沅：《李星沅日记》，上海人民出版社编：《清代日记汇抄》，上海人民出版社1982年版，第207页；（清）王韬：《瀛壖杂志》卷6。

十多天的实地考察之后,他们一致认为当时的上海港已经具有优越的地理位置,良好的港口设施,便利的通航水道以及纵深广阔的腹地;繁盛的海上贸易已使上海港成为当时的中国南北之间、沿海和腹地之间交换各种商货的最大商港;上海港不仅只是长江的门户,而且已是江南以至东亚最重要的商业贸易中心之一。[1] 她在中国的国内贸易以及整个社会经济中正发挥着越来越重要的作用。

第四节　鸦片战争前夕的上海口岸

关于近代前夕的上海口岸,多少年来一直有不同的说法和描述。早期时,某些西方学者由于缺乏对上海历史的了解,曾不加思索地认为,五口通商前的上海只是一个小渔村。而如本书所述,不要说鸦片战争之前,即使再往前推500年、800年,即使就是在唐宋时期,上海也已经决不只是一个小渔村了。近年来,随着研究的深入,这种"小渔村"的说法可以说已经基本绝迹,但是其他各种不一的说法依然存在。比较显见的是说,五口通商之前的上海只是一个"中等县城"或者是"滨海小县"。[2] 我们知道,近代之前的中国县城,即使是中等县城,其数量也是成百上千。上海的真实地位果真就是成百上千的中国中等县城中的一个吗? 除了中等县城之外,它还具有一些什么样的、其他县城不具备的地位? 这些都是值得我们通过对历史资料记载的比对分析,认真地加以探究和思考的。[3]

---

[1]　参见 Journal of Three voyage along the China,pp205−220. Report of Proceedings on a voyage to the northern Ports of China,pp171—172,209—211. 姚贤镐:《中国近代对外贸易史资料》第 1 册,中华书局 1962 年版,第 554—556 页。

[2]　上海古籍出版社 1989 年出版的《上海滩与上海人丛书》,在其"出版说明"中称:"从荒凉偏僻的滨海小县,到五光十色的国际性大都会;从苇荻萧萧的渔歌晚唱,到声光化电的频率节奏;中间是一百数十年。"

[3]　张忠民:《从"小苏州"、"小广东"到"大上海"》,《上海研究论丛》第 9 辑,上海社会科学院出版社 1993 年版,第 241−252 页;《从小杭州、小苏州、小广东到大上海》,《国家航海》第 4 辑,上海古籍出版社 2013 年版,第 134−139 页。

（一）有关鸦片战争前上海口岸的史料记载

为了更清晰地论述问题，我们先将我们现在能够找见、有关近代前夕上海口岸及经济地位有代表性的主要史料大致再次罗列一下。这些史料，既有地方志、笔记、日记、碑刻资料等等中文资料，也有五口通商前后亲历上海的西方人士所见、所记的西文资料。

1. 主要的中文史料记载

（1）地方志的记载

上海现存最早的地方志当推南宋《云间志》，之后又续有明正德、崇祯，清嘉庆《松江府志》，以及（明）弘治、嘉靖，（清）康熙、嘉庆、同治《上海县志》等等。其中距鸦片战争年限最近的嘉庆《上海县志》对上海口岸的海上贸易及海关事务的记载为：

> 上海为华亭所分县，大海滨其东，吴淞绕其北，黄浦环其西南。闽粤辽沈之货，鳞萃羽集，远及西洋、暹罗之舟，岁亦间至。地大物博，号称烦剧，诚江南之通津，东南之都会也。[1]
>
> 税则，凡安南商船货税，进口、出口俱以七折征收。东洋商船货税，进口以六折征收，出口不论货物，概收银120两。闽广商船货税，进口、出口自三月至八月以七折征收，九月至二月以五折征收。山东、关东商船货税并各口货税，俱八折征收。又，安南、关东、山东商船货税，俱以加一优免。东洋、闽广商船货税例免五分，优免五分。又，凡铜、铁及铜铁器皿禁止出洋，其衣食用物杂货船料税则俱详户部则例，令该管官员详刻木榜竖立关口。又定制，民间日用各物，数不及者及零星贸易，本仅及十余金者，沿海小船采捕鱼虾者皆免税。[2]

（2）官方文书的记载

在现存的一些上海地方官员及其幕僚的有关文书中，有不少对近代前夕

---

[1] （清）嘉庆《上海县志·序》。
[2] （清）嘉庆《上海县志》卷五《关榷》。

上海社会经济,特别是沙船运输业的记载:

> 沙船聚于上海约三千五六百号。其船大者,载官斛三千石,小者,千五、六百石。船主皆崇明、通州、海门、南汇、宝山、上海土著之富民。每造一船,须银七、八千两。其多者,至一主有船四、五十号,故名曰船商。自康熙二十四年开海禁,关东豆麦每年至上海者有千余万石,而布茶各南货至山东、直隶、关东者,亦由沙船载而北行。[1]

时任江苏巡抚的林则徐在道光十五年的一份奏折中写道:

> 松江府属之上海县为江苏海口要地,时有洋船出入,商贾辐辏,市廛稠密,且系苏松太道驻扎之所,库储海关钱粮尤为紧要。[2]

道光十八年,亦有官员在其奏折中写道:

> 上海县地方,滨临海口,向有闽、粤奸商,雇驾洋船,就广东口外夷船,贩卖呢羽杂货并鸦片烟土,由海路运至上海县入口,转贩苏州省城并太仓、通州各路;而大分则归苏州,由苏州分销全省,及邻境之安徽、山东、浙江等处地方。[3]

(3) 碑刻资料的记载

现存的碑刻资料也记载有许多关于近代之前上海口岸社会经济状况,特别是商业贸易、会馆公所、航运贸易等等方面的内容。

嘉庆年间《上海县为箩夫扛夫议定脚价订定界址告示碑》称:

---

[1] （清）齐彦槐《海运南漕议》,（清）齐学裘:《见闻续笔》卷二,《先大夫梅麓公文钞》。

[2] 中山大学历史系中国近代现代史教研室、研究室编:《林则徐集·奏稿》上,中华书局1965年版,第264页。

[3] 《道光十八年狄昕奏》,《筹办夷务始末补遗》道光朝,第4册,第945页,引自姚贤镐:《中国近代对外贸易史资料》第1册,中华书局1962年版,第330页。

查上海地方，大小东门外向有笋扛夫两项。凡马头各店粮食油酒及航报等船，一切钱货、民间婚丧、舆轿等项，俱系笋夫承值；各洋行内烟糖棉花等货，悉归扛夫扛抬，久经详明有案。[1]

道光二十三年《饼豆业建神尺堂碑记》称：

上海为阜通货贿之区，其最饶衍者莫如豆。由沙船运诸辽左、山东，江南北之民，倚以生活。磨之为油，压之为饼，屑之为菽乳，用宏而利溥，率取给于上海。[2]

(4) 笔记、日记等文献的记载

笔记、日记中，较早的记载说的是康熙中叶江南海关设立之后的上海情状：

康熙二十年仍设海关于上海，至今十五年矣。洋货及闽、广货物俱在上海发客，小东门外竟为大码头，此又市面之一变也。[3]

随后的乾隆、嘉庆年间，续有各种记载。褚华《木棉谱》称：

闽粤人于二、三月载糖霜来卖，秋则不买布而止买花衣归。楼船千百皆装布囊累累，盖彼中自能纺织也。每晨至午，小东门外为市，乡农负担求售者，肩相摩裾相接焉。[4]

---

[1] 《上海县为笋夫扛夫议定脚价订定界址告示碑》，上海博物馆图书资料室编：《上海碑刻资料选辑》，上海人民出版社1980年版，第76页。

[2] 《饼豆业建神尺堂碑记》，上海博物馆图书资料室编：《上海碑刻资料选辑》，上海人民出版社1980年版，第282页。

[3] (清)姚廷遴：《历年记·记事拾遗》，上海人民出版社编：《清代日记汇抄》，上海人民出版社1982年版，第167页。

[4] (清)褚华：《木棉谱》。

张春华《沪城岁时衢歌》记载:

> 黄浦之利,商贾主之。而土著之为商贾者,不过十之二三。城东南隅人烟稠密,几于无隙地。[1]

杨光辅《淞南乐府》描写鸦片战争前在上海县城东南隅黄浦停泊的海舶:

> 淞南好,海舶塞江皋。罗袖争春登白肚,琉瓶卜夜醉红毛,身世总酕醄。海船全身白垩,俗呼白肚皮。船俱泊浦心。日将暮,小船载土妓,分宿各帮。红毛酒,味如丁香,贮以玻璃瓶。[2]

稍后时期的王韬在《瀛濡杂志》中也说:

> 沪之巨商,不以积粟为富,最豪者,一家有海舶大小数十艘,驶至关东,运贩油、酒、豆饼等货,每岁往返三、四次。[3]

> 闽、粤大商,多在东关外。粤则从汕头,闽则从台湾,运糖至沪,所售动以数百万金。于沪则收买木棉载回其地。

> 黄浦之利,商贾主之。每岁番舶云集,闽、粤之人居多。土著之远涉重洋者,不过十之一二,皆于东城外列肆贮货。利最溥者,为花、糖行。[4]

《瀛濡杂志》描写道光六年上海口岸海运漕粮北上前夕的盛况为:

> 道光甲申(1824年),河决高堰,朝议漕艘改由海运,汇集上海。用沙船、蜒船等诸海舶船,兑载开行。丙戌(1826年)正月,各郡并集,自南及北五、六里,密泊如林,几无隙处。元夜,万艘齐灯,寻丈桅樯,高出水面,

---

[1]　(清)张春华:《沪城岁时衢歌》,上海古籍出版社1989年版,第23页。
[2]　(清)杨光辅:《淞南乐府》,上海古籍出版社1989年版,第171页。
[3]　(清)王韬:《瀛濡杂志》卷1,上海古籍出版社1989年版,第7—8页。
[4]　(清)王韬:《瀛濡杂志》卷1,上海古籍出版社1989年版,第8页。

恍如晴宵星斗,回映波心,上下一色,诚巨观也。[1]

上海适介南北之中,最为冲要,故贸易兴旺,非他处所能捋。虽由人事,亦地势使然也。[2]

嘉道年间上海人曹晟在其所著《觉梦录》中评说近代前夕的上海县城是:

上海"不更出于松(江)城之上乎! ……自海禁既开,民生日盛,生计日繁,金山银穴,区区草县,名震天下"。[3]

道光二十一年,即鸦片战争爆发当年,时任江苏藩臬的李星沅在其《日记》中记载:

辛丑(道光二十一年),八月二十五日。岐山周令赓盛迎于郊,申后入公廨,复进见谈。悉上海号称小广东,洋货聚集,有洋商四家半。上海县外为黄浦,即洋货拨船(如沙船等名色)停泊之所,距大洋九十余里,洋船不能深入。稍西为乍浦,亦洋船码头,不如上海繁富。浏河亦相距不远,向通海口,今则淤塞过半。[4]

2. 鸦片战争五口通商前后曾亲历上海的西方人士的记载

这些记载中,其中尤以胡夏米、福钧等人,以及《中国丛报》等记载较为显要。

(1) 1832 年《阿美士德号航行记事》对上海的记载[5]

---

[1] (清)王韬:《瀛濡杂志》卷5,上海古籍出版社 1989 年版,第 98 页。
[2] (清)王韬:《瀛濡杂志》卷6,上海古籍出版社 1989 年版,第 109 页。
[3] (清)曹晟:《觉梦录》,上海古籍出版社 1989 年版,第 98 页。
[4] (清)李星沅:《李星沅日记》,上海人民出版社编:《清代日记汇抄》,上海人民出版社 1982 年,第 207—208 页。
[5] 关于阿美士德号航行的内容,早先人们较多引用的是许地山《达衷集(鸦片战争前中英交涉史料)》(商务印书馆 1931 年),或者是列岛编的《鸦片战争史论文专集》(三联书店 1958 年)中南木《鸦片战争以前英船阿美士德号在中国沿海的侦查活动》一文,以及中华书局 1962 年出版的《中国近代对外贸易史资料》中有关的记载。北京图书馆善本部藏有 1838 年出版的《阿美士德号航行记事》英文原著。笔者曾据此善本,对其中有关上海的部分作了全部文字的翻译,载于《上海研究论丛》第 2 辑,上海社会科学院出版社 1988 年。

1832 年 2 月 26 日,英国东印度公司林德赛(H. H. Lindsay),中文名胡夏米,偕同译员普鲁士传教士郭士立(Charles Gutzlaff)等人,受东印度公司派遣,乘坐"阿美士德号"帆船从澳门出发,沿中国东南沿海考察航行。在经过南澳、厦门、福州、宁波等地之后,6 月 20 日,阿美士德号及胡夏米一行到达上海吴淞口外,停留、观察了 18 天后离去。期间,曾经数次驾小艇进入黄浦江及上海县城,并与上海地方官员数次晤面。胡夏米在向东印度公司递交的航行报告书中,对在上海的经历及见闻作了较为详尽的记载:

> 1832 年 6 月 20 日,我们的船只现在离吴淞口外仅数英里之遥。我决定不在此坐待进港,而立即驾小艇前往上海……4 点半左右,我们终于到了驰名的商业中心上海。城外江面上停泊无数大小、式样不一的中国帆船,清楚地表明她的商业名声丝毫未被夸大。

> 上海县城位于江流左岸,如同我所见过的其他中国城市那样,很可能与中国人以左为尊的传统有关。宽敞的码头和巨大的货栈占据了江岸。泊岸的水深足能使帆船停靠和沿码头卸货。城外的江面有近半里宽,中心航道水深 6 至 8 哗。码头上人群济济。

> 由于上海这个商业中心被欧洲人实地考察还是第一次,极有必要对他作些适当的评价。考虑到这个地方对外洋贸易的特殊利益,它至今未引起更多的关注真是令人惊讶。它之所以重要,主要原因在于它具有优良的港湾和宜航的河道。由此而及,上海事实上已成为长江的海口和东亚主要的商业中心,它的国内贸易远在广州之上。一到这里,我就对入江船只的数量之巨叹为观止。陆续几天我试着统计一下,结果是 7 天中,经吴淞驶向上海,100 至 400 吨不等的船在 400 艘以上。在我们停留之初,多数船只是来自天津和满洲各地的北方四桅沙船,所载货物多为面粉和大豆。但在我们停留的后期,福建船源源而来,每天有三四十艘,其中不少来自台湾、广东、东印度群岛、交趾支那和暹罗。

> 吴淞江起源于长江口的太湖,然后穿越运河,如此便与长江,黄河以及北京沟通。它流经淀山湖又直达苏南首府苏州府,它是这个帝国最富有、奢华的最大的商业城市之一。从这里,无数宜航水道彼此沟通,四通八达,纵横交错。因此该江看来可以视作沟通、连接帝国最遥远地区的宽

敞水道;从北京到云南,从东海岸到鞑靼荒漠的中心。外国人特别是英国人如能获准在此自由贸易,所获利益将难以估量。[1]

(2) 在此稍后,1846年9月《中国丛报》对上海口岸的描述

据海关所知,开到上海的船只有北洋船、福建船及广东船。北洋船主要来自关东、辽东、天津及山东省。关东船和辽东船与天津船相同。山东船是从该省不同的口岸开来的。这些船只都叫做北洋船;全部于东北季候风开始时来上海,每年共计900只。来自福建的船年约300只,但其中较大部分是从海南岛或台湾来的,有的来自舟山和宁波,还有从马尼剌、巴厘、及其他不许中国人前往的口岸开来的。来自广东的船年约400只,大部分是从澳门、新加坡、槟榔屿、觉罗、苏门答腊、暹罗及其他禁止中国人前往的地方开来的。

另外每年还有从长江及其支流各个口岸开至上海的船只,计达5400艘。这些船只从不出海,它们把南北洋船只运来的货物转运到内地,同时把内地货物运来供给南北洋船只运走。除了前述内河航行的和航海的船只共计7000只外,在上海还有无数渔船及载客运货的小船和驳船。

从上述情况可以推想,上海不仅是一个巨大的进出口贸易的中心,而且还是中国南方和北方交换本国货和外国货的一个大商埠。[2]

(3) 英人福钧(Robert Fortune)等人著作对上海的描述
英国人福钧在其《北中国省三年漫游记》中这样描述上海:

上海是中国沿海对外贸易上最为重要的商港,因此吸引着国际方面很大的注意。我所熟悉的城市中,没有其他城市具备上海那样的优点。

---

[1] [英]胡夏米著,张忠民译,杨立强校:《"阿美士德号"1832年上海之行记事》,《上海研究论丛》第二辑,上海社会科学院出版社1988年版,第269—287页。

[2] Chinese Repository, Vol. XV, 1846年9月,pp.467—471,引自姚贤镐:《中国近代对外贸易史资料》第1册,中华书局1962年版,第554—555页。

上海已成为通往中华帝国的大门,实际上就是主要的入口港。溯(黄浦江)而上,驶向上海县城时,但见帆樯林立,即可就显出它是一个巨大的国内贸易中心。帆船从沿海各地开到上海来,不仅来自南方各省,而且还有从山东和北直隶来的;每年还有相当数量的帆船,从新加坡和马来群岛开来此地。上海的内地运输的便利也是举世无双的。

北方的巨大产丝区就近在咫尺;毫无疑问,大部分未经加工的生丝都可以在上海出售。由于上海距杭州、苏州及古都南京这些大城市极近;上海庞大的国内贸易,由内河和运河向内地运输便利;在上海收购茶叶和生丝比广州收购容易;最后,由于这个地方是英国棉织品的一个巨大销售场,这一点是我们已经知道的——考虑到以上这些事实,那就毫无疑问,几年之内上海不仅将胜过广州,而且成为一个具有更大重要性的地方。同时,上海的气候宜人,本地人秉性和平,以及外侨受到尊重,外侨可以在不超过一天旅程的范围以内到各处散步和骑马,这些情况更能使人们承认,作为一个居住的地方,上海比广州具备着许多优点。[1]

西人马丁(R. M. Martin)在《中国:政治、商业与社会》一书对上海的记载:

上海县城周围约五英里,城上有许多炮眼,但某些炮眼较为狭窄。城上没有棱堡,城外没有防御工事和护城壕,城外的房屋就紧靠城墙。有五个城门,每个城门有两扇门,但没有吊桥和其他防御工事。街道狭隘而污秽,但店铺多得惊人,各处商业繁盛。一进黄浦江就看到江上帆樯如林,表现出上海在商业上的重要性;据说在一月份,县城对面江上常常见到三千只左右的帆船。上海人口据说约有十二万。[2]

---

[1]　Robert Fortune: Three Years Wanderings in the Northern Provinces of China, p. 114、112. 引自姚贤镐:《中国近代对外贸易史资料》第 1 册,中华书局 1962 年版,第 516、518 页。

[2]　R. M. Martin:China, Political, Commercial, and Social, Vol. Ⅱ, pp. 311—315. 引自姚贤镐:《中国近代对外贸易史资料》第一册,中华书局 1962 年版,第 556 页。

另一部由西人撰写的《中国与中国人》的著述这样描写上海：

> 虽然上海的外貌比不上宁波，它却是中国沿海最重要的贸易港口，经由水路交通，它就能够和三分之一以上的中国联系起来。上海实际上是中华帝国的主要入口。这里有来自沿海各地的船只和帆船，以及来自新加坡、婆罗洲、槟榔屿、马六甲、爪哇和其他各地的船只。
>
> 上海和中国大部分地区之间的内地交通几乎和它的水路交通同样便利。
>
> 据说每年有五千三百只船沿着扬子江把准备出口的货物载到上海来，由于这些船均不出海，所以另外每年还有七千只船载运货物和旅客到海外去。即令统计数字并不精确且有夸大之处，但上海的商业、贸易和运输量都是非常庞大的。
>
> 如果我们把进出上海的船只数目及其所载运的货物都列举出来，那将占很多的篇幅；从吴淞口海关所保存的登记簿中可以看出，每年有将近两千只帆船载着各种各样的本国货和外国货从海外来到上海。[1]

（二）对中西文史料记载真实可靠性的考量

以上大致例举了一些有代表性的中西文资料，要依据和使用这些资料进行归纳分析，一个重要的前提就是这些资料的真实可靠性。

关于中文资料记载的可靠性，我们可以大致上分别来看一下。

嘉庆《上海县志》的记述，其中关于上海口岸地位的描述，出自上海县地方官员的县志序言，应该说是其对上海地方亲历、亲为的一种真实感受。而关于江海关税则制度的记载，在康熙、乾隆上海县志，以及其他诸如户部则例等历史文献中，都可以找到同类记载，应该说是十分可靠、可信的。

《海运南漕议》《林则徐集》等文献中关于上海沙船数量、规模，以及上海

---

[1] H. C. Sirr: China and Chinese, Vol. I, pp. 221—224. 引自姚贤镐：《中国近代对外贸易史资料》第 1 册，中华书局 1962 年版，第 558—559 页（1849 年出版于伦敦，所记之事应该早于此前。舍尔：《中国和中国人》2 卷，1849 年）。

口岸情况的记载,在其他各种资料中也多有反映,特别是在《皇朝经世文编》有关漕运的,诸如包世臣、英和等人的奏疏、文稿中,更是有更为具体、详尽的记载。这是因为,自从道光初年河运漕粮不畅而不得不改由上海出发海运漕粮以来,朝廷上下、社会各界,彼此皆有各种议论、见解,由此而留存下了大量的有关资料。这些资料一方面真实地描述了当时上海的口岸和贸易状况;另一方面也表明,海运漕粮在很大程度上促进了上海口岸地位的发展。

其他一些笔记、日记等等,其作者多为上海地方人士,或者是在上海长期生活、经历之人士,他们的记载应该说还是较为真实可靠的。

《历年记》作者姚廷遴,世居上海,先祖曾为明代御医、浙江布政使。其所著《历年记》三卷,《续记》一卷,《拾遗》一卷,皆为上海图书馆收藏之稿本。所记事例均为自明崇祯元年迄清康熙三十六年,"七十年间亲身涉历诸事"。[1] 其对上海自康熙二十四年设立江海关后,上海县城东门外海船停泊、贸易的记载是十分真实、可贵的。同时,不少同时代的其他各类记载也可以印证其这一记述。

褚华的《木棉谱》成于清乾隆年间,在研究明清时期上海社会经济史,特别是手工棉纺织史的著述中,这是一部引用其多、且口碑和可信度都很高的史料。其对清乾隆、嘉庆年间上海及其周边地区的棉花、棉布生产、贸易的记载,不仅生动、丰富,而且极为详尽、系统。

张春华《沪城岁时衢歌》刊印于鸦片战争之前的道光十九年,所记、所述应该皆为近代前夕之上海事状。

《淞南乐府》作者杨光辅系清嘉庆年间上海南汇贡生,所著《淞南乐府》对嘉庆年间上海口岸的记载值得重视。所谓"白肚船",又称"白头船",是专指航行于东南亚暹罗一带与上海等中国口岸之间的贸易海船。西人郭士立在其《1831、1832 年中国沿海航行记事》中对此有明确的记述:"像暹罗这样一个富庶的国家,给商业活动提供了广阔的场所。蔗糖、苏木、海参、燕窝、鱼翅、藤黄、靛青、棉花、象牙等等,吸引来很多中国商人。他们的帆船每年在二、三月及四月初,从海南、广州、汕头、厦门、宁波、上海等地开来。……这样的船叫做

---

[1] 上海人民出版社编:《清代日记汇抄》,上海人民出版社 1982 年版,第 39 页。

白头船,通常系在暹罗修造,载重约 290 至 300 吨,由广东省东部的潮州人驾驶。这些帆船大部分归曼谷的华侨或暹罗的贵族所有。"[1]

《觉梦录》作者曹晟为清道光、咸丰年间上海本地人士,所著《觉梦录》成书应在咸丰初的 1855 年间。其时虽然离五口通商,上海开埠已经有十余年,但其所记"区区草县,名震天下",说的应该还是清康熙年间开海禁之后,上海设立江海大关后的情状,否则也不会在紧随其后的文字中,又按着时间顺序写道"嘉庆间洋匪蔡牵延蔓江、浙者数年"等等。

《李星沅日记》的作者李星沅,湖南湘阴人,道光进士,授编修。道光二十一年,正值江苏藩臬任上。据该《日记》前的觉园老人《记》称,"其任江苏藩臬时,正值鸦片战争之役,于吴淞、江宁战役均所身历"[2] 所载道光二十一年上海事状,应该是中文史料中,对近代前夕上海口岸地位最真实、生动的写照之一。

王韬《瀛壖杂志》虽然成书在五口通商之后,但其中关于沙船、闽粤商人贸易以及上海口岸状况的内容,反映的应该是近代前夕的上海口岸状况。其他诸如碑刻资料等等的记载,无论是从作者的经历,还是从文体、内容等各方面,以及比对其他相关史料来看,应该说它们的记载都还是比较真实可信的。

关于西文资料记载的真实性问题,我们也可以大致地作一个考量。

首先来看《阿美士德号航行记事》记载的真实性。1832 年,英国东印度公司为了自身的商业和殖民利益,派遣阿美士德号从澳门出发,沿中国东南沿海北上。阿美士德号航行中国带有明确的目的,这就是实地考察和收集中国东南沿海(在当时的西方人笔下,多被称之为"北中国省"),特别是沿海重要口岸城市的自然地理、风土人情,以及对西方通商的可能性。故而在南木的文章中,将其航行的目的称之为"调查侦查"。可见,真实地了解和记载沿途所见所闻的信息和情况,就成为胡夏米、郭士立等人最主要的工作和职责之一。正是因为这一点,决定了他们的记载不大可能存在夸大和编造的理由。而实际上,"它们的实际情形的调查,是做得十分仔细的","对长江和黄浦江水道的探测,特别仔细",并且"做了许多收集军事经济情报

---

[1] Charles Gützlaff: The Journal of Two Voyages Along the Coast of China, in 1831 and 1832. pp. 44–47.引自姚贤镐:《中国近代对外贸易史资料》第一册,中华书局 1962 年版,第 51—52 页。

[2] 上海人民出版社编:《清代日记汇抄》,上海人民出版社 1982 年版,第 207—208 页。

的工作。[1] 从与其他同时代相关资料的对比,以及学者们对这一资料记载的利用程度来看,可以认为《阿美士德号航行记事》是近代前夕西方人士对于上海口岸最为直接,同时也是最值得重视的记载。

《中国丛报》(Chinese Repository),旧译《澳门月报》,是由美国传教士毕治文创办于 1832 年 5 月的一份英文期刊,主要发行地点是广州。1833 年,由另一位美国传教士卫三畏负责处理刊行事项。鸦片战争期间,期刊的编辑、发行一度搬到澳门及香港,1845 年又再移回广州。1847 年之后,卫三畏代替毕治文负责期刊编撰。1851 年 2 月停刊。《中国丛报》主要是研究和介绍中国情况的英文期刊,历年来发表了许多有关中国政治、经济、语言、文字、风俗等各个方面的文章和调查报告。一直参与编辑后来又主持过《中国丛报》的卫三畏曾说:"这个期刊的目的在于传播有关中国的正确知识,而它也就成了有关这方面的文章、游记、译文和投稿的一种丛刊。"因此,期刊的读者主要以在华的西方商人及传教士为主,但也有及于其他在西方对中国有兴趣的人以及能通英文的中国口岸商人。其中介绍中国社会、文化、地理等等的相关知识,对于当时西方人对中国的认识及中国形象的塑造有着很大的影响。关于所刊文章内容的真实性与可靠性,美国学者所著的《西方的中国及中国人观念 1840—1876》一书中这样写道:"《中国丛报》20 卷,是那一时期有关中国问题的最有价值的出版物之一。毕治文和卫三畏这两位美国传教士为刊物早期几卷的出版付出了大量的心血。一些对中国历史、语言和文学有研究的学者向这份杂志投寄了不少优秀的文章。"[2]

作为一名颇有声望的英国植物学家,福钧及其著作《北中国省三年漫游记》以及《中国茶乡之行》,都极负盛名。美国学者马森曾这样评价福钧及其著作:"英国科学家福钧的著作在英国、美国和欧洲大陆广为人知。尽管他是一位植物学家,但起初是为了商业利益去中国的。他由东印度公司董事会派往中国寻找最好的茶叶品种……1843 年,伦敦园艺会派遣福钧为它在奇齐克花园采集新的种苗。《华北诸省漫记》(Three Years' Wanderings in the North-

[1]　南木:《鸦片战争以前英船阿美士德号在中国沿海的侦查活动》,列岛编:《鸦片战争史论文专集》,三联书店 1958 年版,第 107、109 页。
[2]　[美]马森著,杨德山译:《西方的中国及中国人观念 1840—1876》,中华书局 2006 年版,第58 页。

ern Provinces of Ching,1847.）是他这次去中国的旅行报告。……他对自己所见到的东西做了毫不夸张的描述。"[1] 必须指出的是,尽管福钧是在鸦片战争五口通商之后才进入上海及其附近地区,但其著作中对于上海口岸及其周边地区的自然地理状况,诸如河道、水运、物产,以及贸易环境、航运条件、口岸地位等等的记载和描述,与五口通商前夕的状况并无二致。其原因就在于,在上海开埠的最初十多年间,上海的水路、航道等等,都还没有发生实质性的变化,它们所反映和呈现在西方人士眼中的,还完全是一种上海口岸日后发展的潜在能量,而这种潜在能量,在鸦片战争五口通商之前就已经实际存在,并深深吸引了西方列强。

至于其他一些著述的记载,如《中国:政治、商业与社会》《中国与中国人》等等,尽管他们的成书都已经是五口通商的近代初期,似乎所记、所载反映的应该都是鸦片战争之后上海的情状。但事实上,其中一些关于上海自然状况、地理条件、河道水运、传统经济、国内的南北洋贸易以及东南亚贸易等等的内容,应该说还是比较符合近代前夕上海的口岸状况和社会经济状况的。

（三）鸦片战争前夕上海的口岸及经济地位

综上所述,我们至少可以得出以下几点认识:

第一,近代前夕的上海,就其城市规模以及行政建制级别而言,乍一看来,似乎在日后五口通商的5个东南沿海口岸城市中,仅位于厦门之上而位居倒数第二位。根据当时一些文献的记述,五口通商的五个城市在近代之前,其规模以广州为最,城市人口据称多达50万;福州其次,作为福建省省城,城市面积要"比上海大两倍";宁波居三,为宁波府府城所在,城市范围要比上海大一倍;上海屈居第四,表面看来仅为上海县城所在;厦门最末,从建制上看,只是一处市镇而已。[2] 虽然从地方行政建制上而言,鸦片战争前的上海还只是江苏省松江府辖下的一个县治所在。但是除此之外,我们还必须注意到另外两

---

[1] ［美］马森著,杨德山译:《西方的中国及中国人观念1840—1876》,中华书局2006年版,第31—32页。

[2] 参见姚贤镐:《中国近代对外贸易史资料》第一册,中华书局1962年版,第545—547、554—562、583—585、593—599、613—620页。

个重要的情况,这就是除了县治之外,上海同时还是江南海关以及苏松太兵备道的驻扎所在。

康熙二十四年清政府设粤、闽、浙、江南四海关,江南大关即驻上海县城。康熙六十一年前由朝廷委监督监收,笔帖式为副;之后撤前差,由江苏巡抚带管,委员兼收。[1]雍正三年,江苏巡抚奏准,江海关税务由分巡苏松道兼管。雍正八年,分巡苏松道从苏州移驻上海后,江海关事务仍由巡道兼理。江南海关初设时,下辖分口 24 处。雍正七年,庙湾等六处分口划归淮安关管辖后,仍管辖有 600 余里海岸线大小 18 个分口,加上各支口及大关本身,共计大小口岸 26 处。[2]

分巡苏松兵备道顺治年间设立,原驻太仓州。康熙二年改兵巡道为分守道,移驻苏州。康熙二十二年,以督粮道兼领,分守道裁撤。雍正二年恢复分巡苏松道,雍正八年移驻上海后,加兵备衔,称分巡苏松兵备道。移驻之理由即为:"分巡道有巡缉之责,兵民皆得治之,请加兵备衔,移驻上海,弹压通洋口岸为便。"[3]乾隆元年,太仓州并入管辖后,改称分巡苏松太兵备道。兵备道分驻上海后,通常又被称之为"上海道"。上海道的最高官员称为上海道台,无论是在官职品级上(通常为正四品)还是管辖的范围上,都要高于上海县知县(通常为正七品)甚至是松江府知府(通常为从四品)。仅从这一点看,笼统地说鸦片战争前夕的上海只不过是一个普通的中等县城并不合适,因为早在雍正八年朝廷将苏松兵备道移驻上海时,所看重的就已经不仅仅只是一个"县城"所在,而是东南沿海重要的"通洋口岸"了。正是由于近代之前的上海就驻有官衔四品、官位在知县、知府之上的"道台",故而才为近代上海开埠之后,上海道台成为清政府与洋人、洋务打交道的一线官员,提供了可能。

以上事实表明,尽管在近代前夕,上海从行政建制上看确实只是一个县城所在,但是这个县城却同时又驻有管辖东南沿海 600 余里海岸线、大小 26 处海口的江南大关,以及负有苏州府、松江府、太仓州地方治安之责的苏松太兵

---

[1]　(清)乾隆《江南通志》卷105《职官志》。

[2]　(清)嘉庆《上海县志》卷五《关权》。

[3]　《巡道王澄慧新建分巡苏松太兵备道公廨碑》,上海博物馆图书资料室编:《上海碑刻资料选辑》,上海人民出版社1980年版,第38页。

备道,它们清晰地表明了近代前夕上海作为中国口岸城市的重要性所在。

第二,近代之前上海的口岸地位具有多重性的内涵。

首先,上海口岸当然首先是上海本地的口岸,以及苏州、江苏,乃至江南地区的口岸。前述所引史料中,诸如"呢羽杂货并鸦片烟土,由海路运至上海县入口,转贩苏州省城并太仓、通州各路;而大分则归苏州,由苏州分销全省,及邻境之安徽、山东、浙江等处地方",说的就是这一层面口岸的情况。

其次,上海又是长江流域的口岸,如资料所记载的,"每年还有从长江及其支流各个口岸开至上海的船只,计达5400艘。这些船只从不出海,它们把南北洋船只运来的货物转运到内地,同时把内地货物运来供给南北洋船只运走"。清楚地表明了上海作为长江流域口岸的地位。

再次,上海还是中国南北洋之间的贸易口岸。中国的海岸线,以上海为中点,上海以北多被称之为北洋,上海以南多被称之为南洋。上海地处南北洋之中,无可替代地就成为中国国内南北洋贸易最重要的口岸。这在前面引述的史料中,我们已经可以充分地看到。所谓"闽粤辽沈之货,鳞萃羽集","粤则从汕头,闽则从台湾,运糖至沪,所售动以数百万金。于沪则收买木棉载回其地","关东豆麦每年至上海者有千余万石,而布茶各南货至山东、直隶、关东者,亦由沙船载而北行"等等,都是真实、生动的写照。

最后,上海也是中国与东南亚各国贸易的口岸。这在前述史料中也已经有所反映,如中文资料所称的,"西洋、暹罗之舟,岁亦间至","凡安南商船货税,进口、出口俱以七折征收。东洋商船货税,进口以六折征收,出口不论货物,概收银120两";西文资料所称的,开到上海的船只"还有从马尼剌、巴厘、及其他不许中国人前往的口岸开来的。来自广东的船年约400只,大部分是从澳门、新加坡、槟榔屿、觉罗、苏门答腊、暹罗及其他禁止中国人前往的地方开来的"。

在这样多重性的贸易口岸地位的拉动下,上海的航运、码头、仓栈,以及上海城厢内外的商业行号、店铺,市场的繁盛,商人以及商人资本的集聚,都在传统社会经济内部达到了一个非常高的程度。此外,在口岸地位与经济地位的相互作用下,近代之前的上海实际上还形成了自身的两大支柱产业,即家庭手工棉纺织以及沙船运输业。这是当时中国任何一个口岸城市都无法具备以及无法与之相比拟的。

第三,近代前夕的中国,如果以对外贸易而言,广州绝对还是当时中国最大和最重要的对外贸易口岸。但是,如果以国内贸易而言,近代之前的上海实际上已经成为当时中国最重要的国内贸易口岸。这不仅由于上海在近代之前已经具有中国其他口岸城市不可具有、不可替代的地理条件和区位优势,而且基于此基础之上的国内贸易确实已经达到了非常发展的程度。这一点,无论是在前引的中文史料还是西文史料中,都已经有着充分的说明。"优良的港湾和宜航的河道。由此而及,上海事实上已成为长江的海口和东亚主要的商业中心,它的国内贸易远在广州之上。"近代前夕,上海已经成为当时中国南北贸易的最大商港。上海不只是长江的门户,而且已是当时江南以至东亚最重要的商业贸易中心之一。

第四,综合以上所述,我们可以清楚地看出,上海潜在的口岸以及经济优势在近代之前就已经存在,进入近代之后,上海只不过是使得这种优势得以进一步的释放和完全的迸发。凡是在五口通商前后到过上海的西方人士,几乎无一例外都为上海的口岸地位和商业贸易所叹服。这主要集中在两个方面,一个是上海的地理位置和航运条件,另一个则是商业贸易以及相应的航运所达到的程度。他们几乎一致认为,上海已经具备成为中国最重要的内外贸易口岸的条件,而日后大上海的发展也充分证明了这一点。

第七章

城镇的繁兴和城镇经济功能
的增长

如前所述,明清上海地区农业、手工业生产的商品化程度正在不断提高,商品市场和流通亦在渐次扩大,整个社会经济正在传统社会能够容纳的范围内默默地变化和成长。这些成长、变化的交会点正是当时的各级各类城、镇、市。

第一节　城镇的勃兴和增长

（一）　城、镇、市的分类及其历史渊源

1. 城、镇、市的分类及其含义

在具体考察明清上海地区城镇发展变化之前,我们有必要先确定一下城、镇、市的分类及其含义。

"城",又称城市,其源起历史十分悠久。奴隶社会末期,随着阶级的分化,国家的产生,以及工商业活动的发展,作为统治阶级统治中心和防御堡垒,以及工商业活动中心的城市开始形成。所谓"大道既隐,天下为家,各亲其家,各子其子,货力为己,大人世及以为礼,城郭沟池以为固。"[1]同时,由于城市人口的增加和消费需求的增长,城市中的工商业活动也发展起来。城市

---

[1]　《礼记·礼运》。

在作为政治统治及军事防御中心的同时,往往又成为工商业活动的中心。战国时齐都临淄有户 7 万,为鱼盐、文彩布帛的生产、贩运中心。[1] 秦汉以前,凡是城市不是天子之王城就是诸侯都邑或卿大夫采邑。秦王朝建立以后,郡县代替分封,自此以后传统意义上筑有城墙沟壕,实行军事防卫的城就成了各级行政、军事统治机构的所在地。从秦汉至明清,文献上称之为城的所在,除少数军事成所外,绝大部分至少是县级行政机构所在地。这也就是说,在前近代的中国社会中,城市起码是县衙所在的县城。当然,由于各种原因,这些行政中心所在的各级京城、省城、府城、县城,在长期的历史发展过程中大多数也不同程度地成为全国或地方上工商业经济活动的中心或繁荣之处。唐宋以后,各地陆续兴起了一些工商业规模超过行政城邑的聚所,但只要它们还未能成为地方政府衙门所在,通常在文献中就不被称为城或城市。由此可见,传统理解上的城市首先不在于它们的工商业发展,而在于它们是否已成为行政政治中心。这一对城市含义的传统理解一直延续至今日。为了使我们的叙述具有历史连贯性和不引起混乱,在以下的考察中我们将仍然沿用这一传统的分类和理解。

“镇”的出现较“城”为晚。其含义也经历了一个发展变化的过程。“镇”的最早含义是军事成防驻扎之所。唐代时,“兵之成边者,大曰军,小曰守捉、曰城、曰镇,而总之者曰道”。[2] 随着府兵制度的破坏,边地军事首领权势膨胀,以“镇”为一方之首,于是有“方镇”“藩镇”之称。在内地,唐因隋制在一些关隘、要津也设镇驻兵,镇有镇将,委以捍卫防守之责。可见镇之起源最初同社会经济生活并无直接联系,而且也无工商业聚所的含义。但是由于镇多设于交通冲要之地,又聚有官军、吏员等非生产人口,工商业的逐渐繁盛亦为必然之事。宋代时,不少镇虽然仍为军事成守之地,而且多设文臣武将以理镇事,但是镇的工商业聚所的色彩已越来越浓厚。一般的镇已都设有与工商业经济活动有关的“税务”“酒务”“市舶务”等等。所谓“民聚不成县,而有税课者则为镇,或以官监之”[3]。宋元以后,社会经济的开发使郡县不断增多,一

[1]《战国策·齐策》。

[2]《新唐书》卷 50《兵志》。

[3]（宋）高承：《事物纪原》七《库务职局》。

部分镇由此而上升为县城、州城,但它们的工商业活动不一定繁盛,而有的镇虽始终为镇,但却工商业繁盛,"名为镇而实具郡邑城廓之势"[1]。此时的"镇"之含义已从"镇戍之所"完全转变成了"聚民致货"之处。明清文献中,"镇"之所指已完全是有一定规模的工商业聚会之所。"今人于凡市廛盛处概称为镇",[2]它们与最初的镇已有天壤之别。

"市"之源起较"镇"久远,而且一开始就具有商品交换场所的含义。最初的市是指古代城市中官府指定的买卖交易场所。它们有固定地点,周设墙垣,交易时间及交易商品种类都有一定限制。《周礼·内宰》称,"凡建国,佐后立市,设其次,置其叙,正其肆,陈其货贿"。隋唐时,洛阳城有三市,规模都很大。其中的丰都市"周八里,通门十三,其内一百二十行,三千余肆"。[3]唐代以后,随着商品经济发展,这种传统有墙垣周围,并有严格时空限制的城中之"市"逐渐改观。另外,在城市之外的农村地区也渐渐发展起一种新兴的、从事商品交易的"草市""墟市"。这种草市、墟市至迟在魏晋南北朝时已经出现,唐时更多,宋元以后大为发展。明清时期的"市"仍具两种含义或者说指两种情况:其一仍指城市中的具体交易场所,如当时一些县城中的交易场所多被称之为"县市"等;另一种则是指散于广大乡村,规模较小的工商业聚所。江南称之为"市",北方多称为"集",岭南则谓之"墟",四川又称为"场"等等。我们在后面的讨论中所论及之"市",如无特别说明,说的都是后一种含义。它们与镇具有同样的经济内容,只是一般说来其规模要小于镇。"东南之俗,称乡之大者为镇,其次曰市"。[4]明前期,镇、市之别除了聚居规模外,镇还一般皆有官府税监机构,"凡地有税课者统谓之镇";[5]而到以后,这种区别渐不明显,镇并非都设税课机构,镇、市之别完全在于市廛规模及人口聚居程度。所谓"市,恃也,养赡老小恃以不匮也。镇,重也,压也。大抵市小而镇大……后市亦称镇,无他,以居民有聚散,贸易有盛衰故也"。[6]"镇、集无定

---

[1] (清)乾隆《乌青镇志》卷2《形势》。
[2] (清)光绪《松江府志》卷2《市镇》。
[3] (唐)杜宝:《大业杂记》。
[4] 民国《钱门塘乡志》卷3《营建志》。
[5] (明)顾炎武:《菰中随笔》。
[6] (清)嘉庆《石冈广福合志》卷1《市镇》。

名,唯视居民之聚散,贸易之盛衰尔。如居民聚而贸易渐以盛也,则集可加而为镇,如居民散而贸易渐以衰也,则镇可改而为集"。[1]

必须指出的是,以上所述只是从城、镇、市的源起及其各自含义和划分的最一般性归纳。在实际的历史发展过程中,一个具体的镇市并非一成不变,其可能上升但也会下降,镇可以演变为城,市也可以成为镇,如此等等。这种升降变迁的内容及其意义正是我们下文所要具体探讨的。

2. 明代以前上海地区的城镇

上海地区的城镇发展有着悠久的历史。如第一章所述,秦汉时上海地区境内曾设置过娄、由拳、海盐三县,其中由拳、海盐两县县治都位于今上海地区西南境,娄县位于东北隅,这些县治可以说是上海地区最早的行政性城市。以后,相传东晋年间内史袁山崧为防孙恩义军,曾在吴淞江下游沪渎修筑东、西芦子城,但它们并非行政性城市,而只是一种军事堡垒而已,而且不久之后即塌陷入江。[2] 唐天宝年间华亭县设立,在华亭镇基础上所建的华亭县城是上海地区延续时间最久,对后世影响最大的行政性城市。唐代的华亭县城位于宋元城址以西大约 60 里处,四周筑有城垣,这在当时的县治中尚不多见。[3] 宋代时,城之规制及城居人口较唐有较大发展。南宋后期,城中"公宇之视他邑亦盛","生齿繁阜,里闾日辟",至少已有石狮巷、仓桥巷等 27 条有名称的坊巷。[4] 元代设立松江府,城既为县城,又是府城,成为当时上海地区主要的政治、经济、文化中心。

华亭县城外,明以前上海地区还有嘉定、上海、崇明三座州、县城。嘉定县城建于南宋嘉定十年,其城址前身为名曰"练祁市"的草市所在。上海县城建于元至正年间,在建县治以前已是一个颇具规模的海口重镇,商务日见繁盛。崇明州城位于崇明岛上,前身为唐中宗神龙年间设立的崇明镇。元至元十四年,朝廷以天赐场升为崇明州,"始筑土城",但规制甚为狭促,而且没有多久,即因坍海而将该城北迁 9 里许。[5] 在当时所有诸城中,其规模和市面是最微

---

[1] (明)顾炎武:《菰中随笔》。

[2] (清)杨光辅:《淞南乐府·梦江南》。

[3] 唐代一般县治皆不筑城,凡筑者必因"戍守备御"而有一定规模。参见(宋)绍熙《云间志》卷上《城社》。

[4] (宋)绍熙《云闻志》卷上《坊巷》《廨舍》。

[5] (清)康熙《崇明县志》卷3《城池》。

不足道的。

城市作为地方政府的驻在地,其设立首先是出自政府自身政治、军事的需要。当时,具体于何处选择设城,却并不是也不可能完全不顾及社会经济状况。上述明代以前上海地区建立和存在的 4 座县城,在建城之前都已经是有一定工商业基础的市镇,这不能不成为政府选择行政性城市设立地的重要考虑。

明代以前上海地区已经形成和存在的镇市较城市要多得多。其中除了极少数是原来的军事戍镇外,极大部分都是在宋元年间由于民间交易的扩大而兴起的。据我们对史料记载的不完全统计,能够大致确定的镇、市约有 33 个。其中属华亭县的有毗邻浙西的朱泾镇、风泾镇、小官镇,以及泖湖间的金泽镇、小蒸镇等 12 个;属于上海县的有吴淞江中游的青龙镇、盘龙镇,淞南的乌泥泾镇、吴会镇,浦东的新场镇、下沙镇、周浦镇等 10 个;属于嘉定县的有江湾镇、南翔镇、大场镇以及广福市、真如市、钱门塘市共 8 镇 3 市;崇明因当时沙洲游移不定,镇市多有坍塌迁移,市镇情况尚无从考察。

这些镇市的兴起原因大致有三:

其一为原来军事戍镇的进一步发展。典型的例子如青龙镇,其原为唐时戍所,以后渐成海口重镇、商业贸易繁华之地。此外如金山湾沿海的亭林镇、浦江之滨的乌泥泾镇等,初兴之时都设有军事性质的巡检司,以后商务渐盛,终成大镇。

其二是沿海盐业发展的促进。如第一章所述,宋元时上海地区沿海产盐甚盛,盐场所在之地盐商云集,人丁辐辏,很快成为商镇。上海县的下沙、新场、周浦,华亭的拓林、张泾堰、小官诸镇都是如此。其中特别是新场镇,自元初盐场迁至其地之后,"歌楼酒肆,贾衔繁华,县未过也"。[1]

其三是或因大族聚居,或因地处冲要,应买卖交易之需而兴起。它们在当时的镇市中占有较大比例。如嘉定县真如市,"元延祐间,僧妙心移建真如院,民间始营造市廛,遂以为名。地当上(海县)、嘉(定县)孔道,客商辏集,渐成巨镇"。[2] 华亭小蒸镇"自宋元以来,文人蔚起,为一邑望,铺户毗接,商贩

---

[1] (明)正德《松江府志》卷 9《镇市》。
[2] (清)乾隆《真如里志》卷 1《沿革》。

交通"。[1]　上海县唐行镇"控淀湖,为吴门要冲。元初有大姓唐氏居此,商贩竹木,遂成大市,因名镇"[2]等等。

当时的镇市大多地处通衢要津,因此很多都设有税务、酒务、巡检司、河泊所等机构,它们约占到当时镇市总数的 64%。此外,在当时的镇市结构中,镇、市比例极为悬殊,总共 33 个镇市,镇即有 30 个,市仅为 3 个。这种镇占绝对优势,市却寥寥可数的比例结构以及镇市多处通衢要津的空间分布,充分反映了明以前上海地区的镇市以及商品交换虽有发展,但是散于乡村各处的农民与市场、城镇之间的联系还较微弱,镇市的主要经济功能还只在于简单地为一般的生活消费服务,它们作为农产品和手工业产品的集散市场,以及农村经济中农民与市场联系枢纽的功能还没有真正形成。

(二) 明代上海地区城镇的发展概况

1. 明前期(1368—1521 年)城镇的初步发展

入明以后,上海地区城、镇、市的发展都进入了一个新的时期。洪武初朱元璋平定天下之后,即命大将军汤和戍守东南沿海。洪武十九年,汤和相度形势,于沿海筑设卫、所城 59 处,其中位于上海地区境内的有金山卫城、青村所城、南汇嘴所城以及吴淞所城。

金山卫城筑于华亭小官镇(一名篠官镇)原址,西连乍浦,东接青村,四周城墙 12 里余,外有护城濠。城设陆门 8 处,水门 1 处,规制甚至超过当时的松江府城。青村城位于金山卫城东 100 里,元代时为著姓陶氏所居村落。城亦有垣,周围 6 里,高 2.5 丈,外有城濠,广 24 丈,深 7 丈。南汇所城地处旧时三团盐场,筑城时城垣周围 9 里,设陆门 4 处,水门 4 处。[3]　这些卫所城的设立自然是出于军事戍守之需,内驻卫所官军"遇警举烽传报,络绎策应"。但由于它们一般都地处沿海要冲,有些原来已是镇市、村落聚居所在,设城之后,随着军民人口的增加,自然而然地会成为四周乡民的交易买卖中心,从而逐渐从军事卫所所在向同时又是工商业市镇过渡。有些卫所城设立之初,商贾乡民

---

[1]　(清)宣统《蒸里志略》卷 1《镇市》。

[2]　(明)正德《松江府志》卷 9《镇市》。

[3]　(明)正德《松江府志》卷 9《城池》。

畏惧官军强悍,不敢贸然前往贸易。但随着时间推移,这种戒备即会慢慢消除。以金山卫城为例,建城之初"商贾畏军强,莫敢往卫",但到正统以后,商贾贩货入城,海舶集于城外,有"卫城人雄于赀"[1]之称。至迟到明正德年间,这些明初所设的卫所城一般已多称为镇市。如金山卫城仍沿旧名称小官镇,青村所城称青村镇等等。它们成为入明后上海沿海地区最早兴起的一批镇市。

明初沿海之地陆续兴起的其他一些镇市是华亭县浦南地方的陶宅镇、曹泾镇、漴阙镇,以及上海县浦东沿海的八团镇。这些新兴之镇由于特殊的自然地理位置,不仅既是商贾咸集的商市,而且往往同时又是海舶、鱼舟聚汇的海口或者盐贾辐辏的贩盐中心。如华亭县漴阙镇,"明初漴阙有市,外泊海舶,商贾咸集";[2]曹泾镇"西有横浦盐仓,为海舶领盐者所聚,故海民贸易多以鱼盐";八团镇同样也是"居民率多盐丁,盐贾辐辏,逐末者多归焉"。[3]

明前期上海地区新兴镇市最大量的还是分布在浦东、浦南、淞南、淞北的广大腹地。如浦东有三林塘镇,弘治年间有"虽非古镇而民物丰懋,商贾鳞集"之称;高家行市,正德十年成市,市廛遍列,商贾星驰;清浦镇"成弘时亦一都之会,市居稠,商贾繁",加上北蔡市、东沟市、鹤坡市一共6处。浦南也有叶谢镇、萧塘镇、杨巷市、吕巷市、兴塔市、高桥市6处。淞南新兴镇市更多,其中有正德年间乡人多事贸易而郡中尽知其名的闵行市;有地处唐行东南,"市廛日辟,商贩交通"的崧宅市;有"居民日藩,蔚为一方之望"的广富林市,以及北钱市、泗泾市、沙冈镇、赵屯镇、泰来桥市、杜村市、白鹤江市、杨林市、诸翟港市等12处。淞北当时地属嘉定县境,新兴镇市较少,史有明载的仅为永乐年间乡人王璿创建的娄塘桥市,成化年间,嘉定县令吴哲创立的吴公市,以及瓦浦市3处。[4] 总而言之,整个明前期,上海地区新兴市镇大约共有34个,其中镇11个,市20个,另外由卫所成镇者3个,约占当时城、镇、市总数71

---

[1] (明)正德《金山卫志》卷下《镇市》。

[2] (清)章鸣鹤:《谷水旧闻》。

[3] (明)正德《金山卫志》卷下《镇市》;(明)弘治《上海县志》卷2《镇市》。

[4] (明)正德《松江府志》卷9《镇市》;(明)正德《练川图记》卷上《镇市》。

个的 47%。

新兴镇市之外,明以前的原有城镇市,明前期也有所发展变化。

首先是相当一部分旧有镇市都较明以前更为繁盛。如吴淞江中游的黄渡镇,宋元时仅有江北老街,入明后,江之南亦渐渐兴盛,称为南街或南镇,全镇规模较宋元有明显扩大。[1] 又如距金山卫城不远的张泾堰镇,元时并不繁盛,入明后商贾由于畏军强悍不敢往卫城贸易,而"止于镇,凡卫之贸易者日杂还于途,镇由是益盛"。[2] 再如浦东下沙镇,入明后虽盐场署已迁新场镇,但"人物丛聚未减于昔",而且"镇多巧工,拨罗绒、纹绣及木梳、交椅之类皆精致,他郡不及"。至于距下沙 9 里的新场镇更是贾贩独盛,"视下沙有加焉"。[3] 到明前期末,上海地区已出现了千户大镇。如华亭县的朱泾镇,弘治时已有"居民数千家,商贾辐辏,置邮走两浙达两京者不少,辍实为要津"。[4]

其次是原有城市在明前期也都有不同程度的发展,这一发展不仅表现在城内居民增多、坊巷增辟上,更重要的是城市已日益向城垣外扩展,并且在城廓四周兴起越来越多的市廛交易之所。以当时上海地区最大的松江府城为例,正德年间,城廓内外已有坊巷 232 条,较之南宋末增加了 7.5 倍。此外,城之四周已多有市廛,它们多集中于城门附近,其中尤以谷阳门(西门)外最盛。正德 7 年山东起乱,江南震恐,"松城四周,故有市廛,有司悉命撤之",商民甚称不便,极力反对,事才作罢。再如浦江之滨的上海县城,弘治年间也已是"益繁益茂,天下之以县称者,自华亭而下莫能先焉"。[5]

在大部分旧有城镇不同程度繁兴的同时,也有少数宋元旧镇由于种种原因而渐趋中落。其中最典型的是青龙镇和乌泥泾镇。青龙镇在南宋以前"有治、有学、有狱、有库、有仓、有茶场、酒坊、水陆巡司",人号小杭州,以后因水道淤浅而中落,至明前期陵谷变迁,仅存遗基断础。乌泥泾原与浦东三林塘相

---

　　[1]　(清)《黄渡镇志》卷1《建置》。

　　[2]　(明)正德《金山卫志》卷下《镇市》。

　　[3]　(明)正德《金山卫志》卷下《镇市》;(明)弘治《上海县志》卷2《镇市》。

　　[4]　(清)嘉庆《朱泾志》卷1《桥梁》。

　　[5]　参见(明)正德《松江府志》卷9《坊巷》;(明)杨枢:《淞故述》;(明)弘治《上海县志·后序》。

接,宋元时"人民炽盛于他镇",明初疏通黄浦,镇被浦冲断,昔日宅第、街衢多鞠为草莽,存者无几。[1] 除此之外,明前期中落的宋元旧镇还有浦东的拨赐庄、淞北的厂头以及长江口的黄姚镇。[2] 它们一共占到旧有城镇总数的7%。总而言之,明前期上海地区的城镇市较之前代还是有所发展。见图7-1、图7-2。

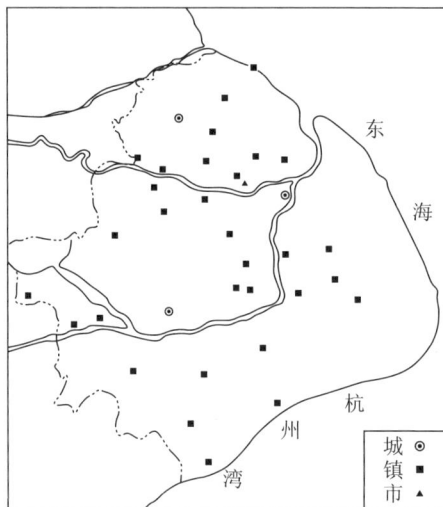

图7-1　宋元时期上海地区城镇分布

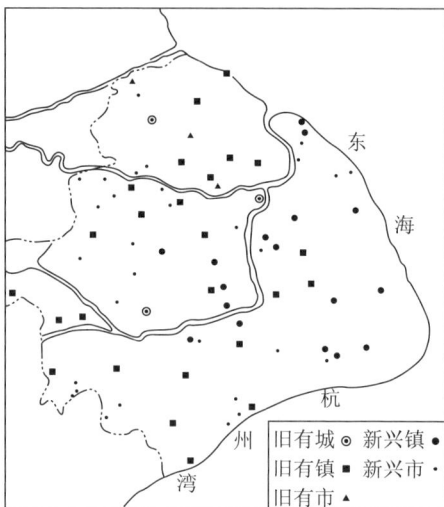

图7-2　明前期(1368—1505年)上海地区城镇分布

图7-1、图7-2所示为上海地区大陆部分宋元以及明前期城、镇、市的分布比较。其中没有包括崇明,是因为当时长江口外的崇明沙洲尚在生长发育,它们不仅还未造成一个大岛,而且彼此间坍涨不常。正德《崇明县志》称,"涌涨之初,沙场片段,棋布星列……名额琐碎,坍涨靡常,亦不堪备录",比较稳定的镇市自然也就难以形成。总而观之,上海地区在明以前有城镇市37处,而到明前期正德末年,城镇市总数已增至72处,增长率为95%。其中县城依旧,镇增15,市增20,总共增加了35个镇市。见表7-1。

---

[1]　(明)弘治《上海县志》卷2《镇市》;(明)正德《松江府志》卷9《镇市》;(清)光绪《上海县竹枝词》。

[2]　参见(清)乾隆《真如里志》;(清)乾隆《南汇县新志》卷1《邑镇》;(清)光绪《月浦志》。

表7-1 明前期上海地区城、镇、市增长一览

种类 / 时期	城		镇		市		合 计	
	数量（个）	指数	数量（个）	指数	数量（个）	指数	数量（个）	指数
旧有	4	100	30	100	3	100	37	100
新兴	—	—	15	50	20	667	35	95
总计	4	100	45	150	23	767	72	195

资料来源：据前述所引各地方志资料统计而成。

明前期上海地区城镇市的初步发展，具有如下一些基本特点：

首先，新兴镇市中"市"占有绝大部分。明以前上海地区镇市中，市数量极少，只占全部城镇市总数的8%，而明前期新兴的全部34个镇市，市有20个，占59%。这些新兴小市的兴起一般都是顺应了乡村交易发展的需要，体现了明代镇市发展的新势头。

其次，镇市的分布趋于均衡，并且表现出由西向东的扩展趋势。镇市与城不同，作为买卖交易中心，它联系的主要是四周乡民，因此镇市分布的均衡及其密集程度，实际上就是各地乡民卷入市场交换程度的标志。从图7-1可见，明代以前上海地区的城镇明显地集中于吴淞江和黄浦江两岸旁侧，这表明两条大江河两侧是上海地区商品经济最早发展的地区。而在辽阔的浦东以及吴淞江、黄浦之间的纵深地带，镇市分布则明显稀少。如浦东仅有相对集中的周浦、下沙等4个镇；淞南、浦北，在南起松江府城，北至青龙镇，西至金泽，东至七宝的一大片区域中，竟然还没有一处镇市。入明以后，上述不均衡的镇市布局开始有所变化。首先是昔日镇市稀落的浦东至正德末已经出现新兴市镇12处，为明以前原有镇的3倍，而且分布地域北起长江口，南至杭州湾，东抵大海，西距浦江，已经比较均衡。其次是淞南、浦北之间，明前期新兴市镇12处，为原有城镇市总数的一倍以上，而且分布地域也多为以前的镇市空白、稀疏地带。总计以上两处镇市稀疏地带，明前期新兴镇市共达24处，占同时期新兴镇市数的68%。而宋元时镇市分布较为密集的淞北嘉定县境内，明前期新兴市镇数量就较少。明前期新兴镇市的这一分布特点反映了入明以来上海地区内部各区域间社会经济的商品化程度

逐渐具有一种趋于均衡的态势,反映了传统发展地带和后进、新兴地带的差别有逐步缩小的趋势。

再次,镇市发展与经济增长互相制约。镇市既然是商品交换、买卖的场所,其兴起发展必然有赖于社会经济的增长特别是商品经济的增长。如前几章所述,明前期上海地区的国内大市场已开始形成,地区内部的地方性市场也逐渐活跃。市场的初兴和交易的勃起理所当然地会促进镇市的发展,于是某些旧有城镇得以繁荣、扩大,一些原来镇市分布较为稀疏的地带则先后陆续兴起一批适应交易之需的新兴镇市。但另一方面,明前期毕竟还是整个明清时期市场交换的初兴时期,广大农民以及农产品、手工业产品卷入交换的程度还远不如明后期和清前期,市场交易对新兴镇市的需要程度还较为有限,它们在促进镇市发展的同时又不能不成为镇市进一步增长的制约因素。最明显的例证是在当时的条件下,在一定的区域范围内,镇市分布数量不能太少,但也不能过多,否则那些过于稠密的镇市难免会有趋于中落者。如距金山小官镇18里的张泾堰镇,明初由于卫城初立,商贾畏军,皆集于张泾堰,镇日益兴盛。但到正统年间,卫城指挥使偕同地方官严禁官军不得借故凌暴商民,商贾及四周乡民纷纷入城交易,张泾堰镇竟由此顿见荒落。[1] 这充分说明,没有日益增长的商品交易以及日益扩大的市场,没有农业、手工业产品以及广大农民不断卷入交换,作为商品交易中心和农产品、手工业品集散地的市镇则难以有持续、稳定的增长。

2. 明后期(1522—1644 年)城镇的进一步勃兴

有明一代至嘉靖、万历年间,社会经济进入了一个新的发展阶段。其中一个明显的标志即是商品交换地域的扩大,以及流通规模的增大。这一点即使是当时人士也看得很清楚,并在众多的地方志、文集、笔记小说中多有反映。万历《歙县志》作者说:正德末、嘉靖初,商贾渐多,土田不重,操赀交接;迨至嘉靖末、隆庆间则尤为末富居多,本富尽少。贸易纷纭,锱铢共竞。[2] 其结果不仅南北两京、苏州、杭州、扬州、广州、临清、武昌等大都市日益繁盛,而且在广大乡村地区也呈现出工商业市镇蓬勃兴起、发展的新势头。这在江南地区

---

[1]（明）正德《金山卫志》卷下《镇市》。
[2]（明）顾炎武:《天下郡国利病书》卷32。

尤为显著。其中如浙西的震泽、盛泽、平望、双林、南浔、乌镇、王江泾等等都是极好的例证。[1]

地处江南的上海地区自嘉靖、万历年间起不仅地方市场交易更为活跃，而且以棉、布为主要输出商品，粮食为主要输入商品的国内大市场范围的商品流通也日臻成熟，所有这些，无疑都较大地刺激和促进着城、镇、市的成长。

首先，是原有城市不同程度的发展。明前期上海地区共有府、县城4座，嘉万以后，这4座城市除崇明县城因频繁坍塌入江而多有迁徙外，松江府城、上海县城等都较明前期更为繁兴。

松江府城，元末张士诚据吴重筑时，城垣周9里173步，有陆门4处，水门4处，在当时已不谓不大。随着市场交换的发展，明前期时商肆市廛已有向城外四廓扩展之势，嘉靖万历以后这一势头更是有增无已。城廓外店肆、作坊、民居鳞次栉比，街衢坊巷纵横。其中"东、西二门系商贾辐辏之地……而西尤三倍于东"，"商贾辐辏，肩摩毂击"。西门外秀野桥一带"贩齿革羽毛，冶凫鲍韫之工，居肆以办民器，皆栉比于谷阳门外，凡七、八里，抵于仓城"。后人亦称"明时郡城西郊有三胜地：一为聚奎里，一为挹秀街，一为拾琼堭"。[2] 由于城郭外民居、坊肆密集，隆庆二年正月，西门外秀野桥油坊着火，延烧肆屋达数百家，附近木竹行"竹木悉为焦土"。[3] 嘉靖丙辰倭"掠郡城西关，烟火七昼夜不绝"，[4]可见当时城廓四周的繁华程度。在市肆店铺，作坊行号不断向廓外扩展的同时，城廓之内构屋起舍，也日见繁华。虽然明前期松江城内的坊巷较宋元已有极大增长，但时至正德末、嘉靖初，据当时人记载，城中房屋不甚高；草房盈目，甚至还不乏田地与荆榛草莽之处。但在嘉靖中叶倭乱之后，富家大户、缙绅士宦多谋城居，朱门华屋，峻宇雕墙，府衙近傍皆为缙绅第宅。

---

[1] 关于这些市镇的发展，可参见(清)乾隆《震泽县志》卷4《镇市村》；(清)乾隆《吴江县志》卷4《镇市村》等等。

[2] 参见(明)陈子龙：《陈忠裕公全集》卷27《松江西郊闰门台记》；(清)章有谟：《景船斋杂记》卷下。

[3] (明)崇祯《松江府志》卷47《灾异》；(明)范濂：《云间据目抄》卷3《纪土木》；(明)李绍文：《云间杂识》卷5。

[4] (明)张鼐：《吴淞甲乙倭变志》卷上《纪兵》。

而城中大街两边亦由铺户出资"各买大黄石铺砌",城中市容远非昔日所逮。城中土地也因"商贾辐辏,民居稠密"而被视为上上。[1] 到明末之时,松江府城已是"东西南北,非官家栉比,即商贾杂居,市物列陈,无一隙地,所谓锦绣江南无以逾此"。[2]

其次,上海县城自元至元年间由镇升县治以来,虽然在明前期已有发展,但直到嘉靖中叶前一直未筑城垣。其原因据说是"立县之际,一则事出草创,库藏钱粮未多,一则彼时地方之人,半是海洋贩易之辈,武艺素所通习,海寇不敢轻犯,所以未设有城池"。嘉靖年间,由于倭寇、海盗屡屡溯黄浦乘潮入市劫掠,民间遂议修筑城垣。嘉靖三十二年由邑人顾从礼出面,经知府方廉允准,未经数月即将城垣筑成,周围9里,高2.4丈,大小城门6处。上海县城垣的修筑表面上看似乎纯粹出于军事防御的目的,但实际上也是当时上海城市经济发展的一个写照。据顾从礼疏略所称,当时上海"一县编户六百余里,殷实之家率多在市,钱粮四十余万,银、布之类数船可载,兼之富商大贾,四方辐辏,居积货物尤多"[3]。可见是时上海县城已相当繁华。正因如此,当议筑城垣之时,由于城垣基址所需占用土地皆为市廛所在,富家巨室"以廛价高,多梗议",纷纷不愿"撤屋输地于官"。可见当时上海县城的市肆店铺已日益向四周扩展。[4] 上海县城在城垣修筑之后,其城市的发展也并未仅仅局限于城垣之中。城垣之外,当时主要是南门外滨浦临浜的南廓,亦逐渐发展成市肆云集之地。迨至明末,上海县城已是"谚号为小苏州,游贾之仰给于邑中者,无虑数十万人,特以俗尚甚奢,其民颇易为生尔"。[5]

明后期上海地区原有镇市也多有程度不等的发展。

首先,一部分原有小市此时已因市面繁盛,规模扩大而称为镇,如嘉定县的广福、真如、娄塘、葛隆,华亭县的泗泾等等。广福位于嘉定县城东南24里,元天历初已经成市,但直至明正德初仍为市。嘉靖万历年间,广福得到很大发

---

［1］ 参见(明)范濂:《云间据目抄》卷3《纪土木》;(明)李绍文:《云间杂识》卷2,卷8;(明)崇祯《松江府志》卷58《禅谈》。

［2］ (明)曾羽王:《乙酉笔记》。

［3］ (明)崇祯《松江府志》卷19《城池》。

［4］ (明)范濂:《云间据目抄》卷1《纪人物》。

［5］ (明)陆楫:《蒹葭堂杂著摘抄》。

展。嘉靖中叶居民约仅 300 户,而到天启初已有千室之聚,镇中商业街市东西有一里之长,颇为繁盛。真如成市也在元代,其地处上海、嘉定两县往来孔道,客商辏集,至万历年间,镇之占地东西 2 里,南北 1 里,渐成嘉定县之巨镇。娄塘市又称娄塘桥市,明永乐年间成市,至万历年间也已是"地四面方广各三里",而改称娄塘镇。其市面繁盛如明人《娄塘晓市》所称:"晓星残月入娄东,坐贾行商处处通。灯影乱明河影外,市声遥隔水声中。"[1]泗泾位于华亭三十七保,因傍泗泾塘而得名,元代时水深林茂尚为士子隐居之地,明前期渐而成市,正德以后民居聚,商贾集,嘉靖万历年间,所集贾人以百数,市亦由而成镇。[2]

其次,原华亭县唐行镇因万历年间再设青浦县而由镇上升为县城。青浦县之分设起议于正德中叶松江知府。后因建县必定强化当地赋税征收,因而遭到缙绅地主的极力反对而只能暂时作罢。嘉靖二十一年,巡按御史舒汀旧话重提再奏设县之事,经朝廷允准,割华亭县西北二乡,上海西境三乡设青浦县,县治位于旧青龙镇。数年之后,因为设县、废县涉及当地乡绅切身利益,朝廷内外及地方绅士间斗争激烈,而在嘉靖三十二年废除。万历元年,经给事中蔡汝贤奏请再度设县,并且由于青龙镇是时已"沙长水湮,遂为斥卤",而唐行镇"道里适均,水陆交会",乃定县治于唐行镇,"筑城、浚池,学校、坛壝皆悉心区划"。[3]唐行镇的上升为县城,使明后期上海地区的县城增加到 5 个,虽然在设城之初,其规制、繁华尚远不及华亭、上海等旧城,但自此以后,"商贾骈阗,舟航辐辏,富庶聚焉"[4],不仅促进了昔日唐行的发展,而且对整个青浦县境内的镇市兴盛都起了很大的作用。

再次,其余的原有镇市明后期亦有不同程度的发展。其中史料记载比较

　　[1]　参见(明)万历《嘉定县志》卷 1《市镇》;(清)嘉庆《石冈广福合志》;民国《真如志》;乾隆《娄塘志》。

　　[2]　参见(明)万历《青浦县志》卷 1《镇市》;(明)徐阶:《世经堂集》卷 16《北黌范君暨配顾儒人墓志铭》。

　　[3]　参见(明)万历《青浦县志》卷 1《沿革》;(明)崇祯《松江府志》卷 2《沿革》;(清)乾隆《青浦县志》卷 34《名宦》。

　　[4]　参见(明)屠隆:《由拳集》卷 15;(明)范濂:《云间据目钞》卷 3;(清)乾隆《青浦县志》卷 1《城池》。

明显的有南翔、罗店、大场、江湾、朱泾、七宝、北桥、黄渡、八团、张泾堰以及青村、淞阙、漕泾等等。

南翔为嘉定县属最古老镇市之一，五代萧梁时曾建白鹤南翔寺，以后因寺成镇，遂以寺名镇。宋元时"惟西南为镇，万安寺前至王家桥俱列肆"，入明后镇渐渐向东扩展，嘉靖年间一度遭倭乱"乡村多被火"，但时至万历朝，镇已是东西5里，南北3里，商贾侨寓，百货汇集，不仅为嘉定县首镇，而且在当时整个上海地区的镇市中也屈指可数。[1]

罗店亦为嘉定县属镇，位于嘉定县城东18里。其地亦为上海、嘉定两县往来孔道。万历年间，镇已是东西3里，南北2里，仅稍逊于南翔镇。而其商贾辏集，贸易之盛，几埒南翔。嘉定县其他属镇如大场镇、江湾镇，万历年间规模也不小。位于县城东南48里的大场镇地东西三里，市面甚为兴隆。明人张渔《十桥晓市》曰：长溪清晓十桥边，贸易人多闹市廛。粟帛满街开客肆，桅樯沿渚泊商船。而江湾镇更是其地东西3里，南北1里，彼此皆为嘉定县境内大镇。[2]

朱泾位于华亭县城西30里秀州塘畔，东通黄浦，西接湖泖，为上海地区入浙咽喉。明前期弘治年间已有居民千家，到嘉靖万历年间更是"户口殷繁，闾阎充实，虽都会之盛，无以加兹"，实为华亭县境内之巨镇。镇中商业以布市最为发达。时人赵慎徽有诗曰：万家烟火似都城，元室曾经置大盈，估客往来多满载，至今人号小临清。[3] 可见镇之繁兴。

八团镇兴起于明前期，地处上海城东54里沿海之地。明前期已为下沙三场盐司所，盐贾辐辏。嘉靖三十六年，为防海寇，镇改筑为川沙堡城。倭乱时镇虽受害甚惨，但时至崇祯年间已渐次恢复，并且"生聚日繁，人文渐盛，巍然为濒海巨镇"。[4]

张泾堰为华亭县属镇，南面金山以濒大海，北距松隐以接郡治，东带王坟泾以通亭林，西逾秦山以至干巷。正统年间曾一度荒落，但至嘉靖时已是土田

［1］（明）万历《嘉定县志》卷1《市镇》；（清）嘉庆《南翔镇志》卷1《沿革》。

［2］参见（明）万历《嘉定县志》卷1《市镇》；（清）光绪《罗店镇志》卷1《建置》；（清）乾隆《宝山县志》卷10《诗》。

［3］（清）嘉庆《朱泾志》卷1《疆域志》，卷3《水利志》；（明）崇祯《松江府志》卷25《兵防》。

［4］（明）崇祯《松江府志》卷3《镇市》，卷19《城池》。

丰厚,户口千计,地方广远,"商贾通而货物辐辏,生齿繁而民业日新",规模形势非他镇可比。[1] 张泾堰以外,当时沿海的漕泾、漴阙、柘林、青村等镇虽在嘉靖年间多遭倭乱,但在此前后亦甚繁盛。如漕泾镇多贩盐辈,居民以煮盐为生,率多饶裕;漴阙在崇祯末海塘坍海之前"为海舶辐辏之所,阛阓棋联,百货骈集,"并且有税局以榷鱼税;柘林正德时已为海人辐辏之所,至明后期又筑起城池,设把总官兵镇守,当时浙江、福建商人海贩木料至上海地区多由其地泊岸,经巡防官军验放过塘。另外作为渔港也是海舟齐集,繁盛如巨镇。[2]

其他如七宝、北桥、黄渡、周浦、下沙、新场等镇,明后期都已发展成上海地区的主要镇市。如北桥镇元代时已兴起并设有税务司,明前期由于某种原因有中落之势,但到万历年间又重新繁盛。再如七宝镇地扼上海、青浦两县通衢,嘉万年间划归青浦县以后,"居民繁庶,商民骈集,文儒辈出,盖邑之巨镇"。而黄渡镇同样也是在万历年划归青浦县后新街发展尤快,"商贩颇盛"。地处浦东的周浦等3镇,明后期仍然是浦东的最大镇市,贾贩甚盛,不减当年。[3]

在大部分城镇市都不同程度发展的同时,明后期上海地区也有个别镇市因为种种原因而中落甚至不存。典型的例子是嘉定县的黄姚镇、瓦浦市及厂头,它们都因各种原因在明后期彻底废落。黄姚镇地处滨海,明后期由于江潮冲刷,岸线坍塌而陷入江中。[4] 另外也有一些镇市虽还不像上述黄姚等镇完全废落,但也已是朝不保夕。其中最有代表性的仍是青龙镇和乌泥泾镇。

如前所述,青龙镇的衰落早在元明之际已经开始。志称:"市舶之区徙于太仓,又迁于杭越,而遗基断础尤有存者,此地遂鞠为茂草"。嘉靖末分建青浦县,县治初设于青龙镇,这给镇之复苏带来了一线希望。但是好景不长,青

[1] 民国《重辑张堰志》卷9《艺文》。

[2] 参见(清)光绪《华亭县志》卷1《镇市》;(明)张鼐:《吴淞甲乙倭变志》卷下《盐丁》;(明)崇祯《松江府志》卷3《镇市》,卷25《兵防》;(清)曹家驹:《说梦》。

[3] (清)道光《七宝镇志》卷1《名义》;(明)崇祯《松江府志》卷3《镇市》。

[4] 参见(清)光绪《月浦志》及陈家麟:《长江口南岸岸线的变迁》,《复旦大学学报(哲学社会科学版)》,1980年历史地理专辑。

浦县废县后又重建时，终因"潮淤水涸，民业渐衰"，而设县城于唐行镇。从此之后，青龙镇更是奄奄一息，寥落如故。乌泥泾镇也是同样情况，明嘉靖以后，终因"泾水淤涸，寥落亦非旧矣"。[1]

另外，在明后期的嘉靖中叶，也有一部分镇市因为长时期的倭乱骚扰而暂趋中落。如嘉定县江湾镇嘉靖间遭倭乱，一度市肆荡然尽毁；上海县三林塘镇亦是"迨遭倭乱，三林凋敝"；青浦县大蒸镇也是"遭倭寇，市遂衰落"；盘龙镇"嘉靖，倭寇窜至，室庐被毁，市遂无存"，等等。[2] 不过它们有的如前所述到万历崇祯年间已经恢复并有超过原有发展水平之势；有的则稍后一些至清初才渐次恢复。因此从总体上看，明后期上海地区的原有镇市，发展上升的毕竟还是主流和多数；中落、衰亡的只是微不足道的极个别情况。更何况在这同时还有一大批新兴市镇犹如雨后春笋，破土而出。

据现存上海地区地方志有关记载统计，从嘉靖、万历年直到崇祯末，上海地区共新兴镇市近50处。至明末整个上海地区共存城镇市114处，其具体增废以及地域分布如表7-2、图7-4所示。

表7-2　明末上海地区城、镇、市增废一览

种类 期时	城		镇		市		合　计	
	数量（个）	指数	数量（个）	指数	数量（个）	指数	数量（个）	指数
旧有	4	100	45	100	23	100	72	100
废落	—	—	3	9	1	4.3	4	7
新兴	1	25	27	60	19	83	46**	64
尚存	5	125	68*	151	41	178.7	114	157

说明：*其中已除去已升为县城的原唐行镇。**新兴县城为原有唐行镇，故实际新兴城镇市只有46处。

资料来源：据前述各上海地区各地方志统计而成。

[1]　（明）崇祯《松江府志》卷3《镇市》。
[2]　参见民国《江湾里志》卷1《建置》；（清）张端木：《西林杂记·序》；（清）宣统《蒸里志略》卷1《镇市》；（清）金惟鳌：《盘龙镇志》。

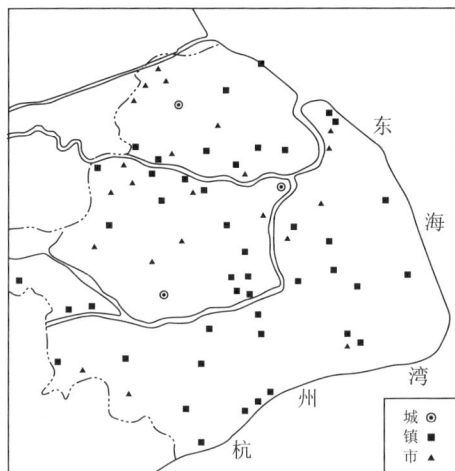

图7-3 明前期(1368—1505年)上海地区
城镇分布

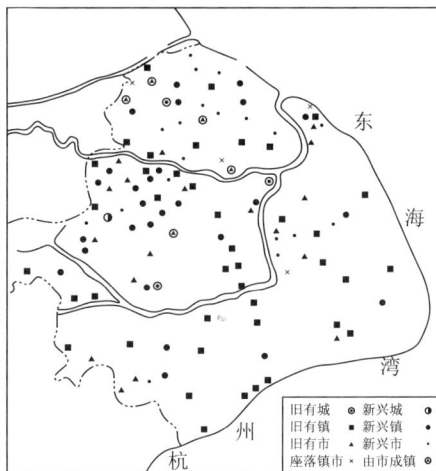

图7-4 明末上海地区城镇分布

分析以上图表,可以看出明后期上海地区镇市的增长也具有一些非常鲜明的特点。

第一,所有新兴镇市绝大部分集中于东北隅的嘉定县和新建的青浦县境内,它们使当时的淞南、淞北成为上海地区镇市最为密集的区域。嘉定县明嘉靖年以前原有城镇市18处,至明后期又新兴6镇11市共17处,几为旧有的一倍。明末时除去黄姚等废落市镇以外尚存31处。新兴镇市中,高桥镇、月浦镇、外冈镇、新泾镇、杨家行镇、马陆村都是一些很快就十分著名而又繁兴的镇市。如位于原清浦镇西南2里许的高桥镇,嘉靖年间倭乱时清浦镇房舍烧尽,民人窜徙,倭乱平后,镇之"浜港渐淤,市舶不通",日渐废落。代之而起的高桥镇,商贾辏集,为通邑诸乡之冠。又如外冈镇,地处冈身外水陆要冲,元代时,居民稀少,明成化、弘治年间生齿渐繁,嘉靖倭乱时,一度逃亡几尽。以后,逃亡乡民渐归乡里,万历初年"民益稠密,俗称繁庶。四方之巨贾富驵贸易花布者皆集于此,遂称雄镇"。明人《秋日观晓市》曰:"镇产惟花布,春夏间市人掉臂,至秋而花布凑集,每夜半各肆开列,悬灯张火,踵接肩摩,人语杂还,道路拥挤,至晓而散。"再如新泾镇地傍新泾东西两岸,成镇后即"为邑东孔道,商贾要区,凡民之业屡,与夫花、布等货齐集于市"。其他如月浦镇地东西一里,"盛时,比户绒歌,万商云集";杨家行镇"其地东西二里";徐家行镇"其地南北一里"；等等。[1] 至于另外一些小市，规模固然不如大镇，但是它们繁星点月般地散于大镇四周，使镇市的分布更为匀称、充实并且相益昭彰。

青浦县是嘉万间从华亭、上海等县新分之县。其设立前后，辖境内镇市迅速增加。据史料所载，明后期青浦县境内共新兴镇市 18 处，占同时期上海地区新兴镇市总数的 38%强。由此很快使得吴淞江中游的淞南浦溆之地成为上海地区镇市最为密集的区域之一。

明后期淞南的新兴镇市中，最值得一提同时也是最为重要的是，地处淀山湖东西两侧的朱家角镇和双塔镇。

朱家角镇又称珠街镇或珠粲，位于青浦县城西 12 里，其地西南通泖湖，东北接三分荡，北达昆山，正德以前还全无记载，但嘉万年间设立新县后迅速成为邑之首号巨镇，"商贾辏集，贸易花、布，京省标往来不绝"。[2]

双塔镇位于淀山湖西，与朱家角隔湖相望。因地处苏松水路适中之地，客商无论从松江府城或苏州府城出发，走水路往返至此，正好日落西山，于是不得不"住此停榻"，镇由是兴起、繁盛，并由此而被称之为"商榻镇"，又称双塔镇。镇中居民多以驾船为生，所驾之船亦名双塔船。朱家角镇及其双塔镇在明后期的迅速兴起和发展，从一个侧面反映了从湖溆达运河的水路航运是当时上海地区商品流通的最重要商路之一。

上述两镇之外，明后期青浦县境内的新兴市镇还有重固、北斡山、郏店、沈巷、刘家角、杨扇等 13 个镇以及杜家角、天兴庄、种德庄 3 个市。它们集中于诸翟、泗泾以西，沈庄、佘山以北，淀溆以东，吴淞江以南的狭小区域内，使这个地方的市镇密度雄居当时上海地区之首，集中反映了该地区在明后期分县建治以后的开发程度。

第二，新兴镇市中"镇"占有绝大部分，并且不少镇在兴起之后很快就成为重要的大镇。与明前期新兴镇市中，市多于镇不同，明后期新兴的 46 个镇市中，镇占了 27 个，为总数的 59%。其中青浦县的情况最为典型，在全部 18 个新兴镇市中，镇占了 15 个，占 83%，而市仅有 3 个，只占 17%。

---

[1] 参见(清)佚名：《江东志》；(明)万历《嘉定县志》卷1《市镇》；(明)崇祯《外冈志》；上海博物馆图书资料室编：《上海碑刻资料选辑》，上海人民出版社 1980 年版，第82—84 页。

[2] (明)崇祯《松江府志》卷3《镇市》。

这些新兴镇中,有一部分如前述嘉定县的外冈、月浦、高桥、新泾等镇,青浦县的朱家角、双塔等镇,以及华亭县、上海县的莘庄、一团等镇在兴起不久都很快发展成邑内屈指可数的大镇,有些甚而成为邑之首镇。其中最典型的例子除了嘉定县的外冈、新泾等镇外,还是首推青浦县的朱家角镇。明万历年间已被县志列为邑之首镇。发展之快远过其他新老市镇。这充分说明,尽管有些镇市兴起较晚,但是只要具备有利的发展条件,它们完全有可能后来者而居上。

第三,新兴镇市的区域分布向东扩展的态势已有所滞缓。从图7-4可以看出,明后期新兴镇市的分布有两个明显的稀疏之区,它们是华亭县辖的浦南和上海县辖的浦东。位于上海地区西南隅的浦南地区镇市数量一向不少,明代以前已有7个镇,明前期更是新增10个,但在明后期步伐突然放慢,总共才新增2镇1市。与浦南同病相怜的是浦东地区,如果除去前述嘉定县高桥镇只是取代昔日清浦镇不计外,整个浦东地区明后期只新增1镇4市,即一团镇和奚家行、陈家行、王家行和召稼楼。即使加上浦西新兴的龙华、莘庄,也不过3镇4市,数量甚为有限。这同嘉定、青浦的淞南、淞北相比无疑是相形见绌。它们表明,明前期一度出现的市镇由西向东扩展的态势到明后期有所滞缓,镇市的基本分布仍是西密东疏。入清以后,随着上海县城经济地位的上升和地区经济中心的东移,镇市发展又呈现新的高潮和格局。

（三）　清前期（1644—1842年）城镇的稳定、持续成长

1. 雍正以前（1644—1735年）的城镇发展及其特点

明代嘉靖年间的倭乱对沿海社会经济破坏极大,上海地区不少城镇在倭乱中废坏,其中有一部分明末时已得到恢复发展,也有一些则是带着破衰之状进入清代。另外,明清交替之际,清军大兵南下,屠嘉定,陷松江,又使不少县城、镇市惨罹战火之害。以松江府城为例,清将李成栋率师破城后,横尸遍路,城中大街东西市房,百无一存者。前明时素有锦绣江南之称的松江城遭此劫掠,昔日繁华已去十分之七。[1] 清初顺治、康熙、雍正年间城镇的变化,首先

---

[1]　参见(明)曾羽王:《乙酉笔记》。

就是这类城镇不同程度的恢复。

以嘉定县为例。嘉靖年间该县江湾、月浦、外冈、南翔等著名大镇均遭倭乱劫掠，市肆民居损失惨重。以后如外冈等镇至明末多少有些恢复，但有些镇市总仍然不如倭乱之前。如江湾镇倭乱后市肆荡然，至明末仍未复旧观。入清后的顺康年间，生齿日繁，商贾辏集，重新以旧镇保宁寺为中心，分别向东西营造肆屋，渐次恢廓成镇。复兴之后的江湾镇"东自景德观，西迄今之西庙，止计长六里，南北广一里，大小商铺三百余家"，[1]规模远过胜国之时。再如嘉定县首镇南翔，倭乱时横遭劫掠，屋宇多毁于兵火。入清后"生齿日繁，廛舍日扩，镇东新街、南黄花场、北金黄桥外渐次成市"，[2]较之明代有过之而无不及。嘉定县的戬浜桥市，明时素有市廛，在经倭乱以及明末清初战乱之后一度完全废落。"兵燹后，仅存萧姓数家。"入清后，由里人萧鱼会重新"建屋成街，客商咸集"重新成市。诗曰：城南十里戬浜桥，邨落依然共姓萧；酒店一灯明断岸，渔舟双桨趁新潮；客来槎上频惊旦，妇织机中已彻宵；花发木棉秋浦外，鱼虾小市更尘嚣。[3]

再如青浦县之盘龙镇，"嘉靖间，倭寇窜至，室庐被毁，市遂无存"。镇之旧址荒落不堪，被称为"荒基角"。顺治年间有江宁富商陈君化徙居，陈氏家颇饶裕，看中盘龙镇左枕盘龙江，中夹墅泾，适于四方乡民汇聚交易之冲，即在镇上开张质库、布庄。很快布商辏集，乡民蚁聚，市面重新繁兴。镇中建起十字样商业街，南北长半里余，东西倍之。

此外，如明末罹屠城之祸的嘉定县城、松江府城，顺治、康熙年间之后也逐渐复苏。松江府城西门外昔日喧闹繁华之区又重新成为"水道陆衢，廛市殷阗，藩卫孔亟"。[4]

清初上海地区城镇发展的另一个方面是随着顺治、雍正年间一批新县的分设，旧明一批镇市亦由此而上升为县城。明末上海地区共有华亭、上海、青浦、嘉定、崇明5座县城。入清之后，顺治十二年，松江知府李正华以"华亭田

---

[1] 民国《江湾里志》卷1《建置》。
[2] （清）嘉庆《南翔镇志》卷1《沿革》。
[3] 参见（清）《盘龙镇志》；（清）嘉庆《石冈广福合志》卷1《市镇》。
[4] （清）乾隆《娄县志》卷2《建置志》。

赋百万,非一令所能经理"为由,奏请分县。翌年,经朝廷允准,分华亭部分县境新建娄县,但县治仍设于松江府城之内,与华亭县城、松江府治同处一城。雍正三年,清政府应江南督抚之请,下令"苏、松、常、太四府州之大县设官分治,共分县一十有三"。[1] 上海地区在这次分县高潮中,又新设立了宝山、奉贤、南汇、金山4县。与此相应,亦有4个昔日之镇市上升为县城。

南汇县城设于明代南汇所城。其地僻处海滨,未建县城之前,"城郭倾圮,阛阓萧条,居民寥落,井里荒榛",城中惟四街,居民仅数百家,除上下岸民居稍为稠密,"其外皆田亩居多"。但自从建为县城以后,居民渐繁,商贾辐集"将有日盛之势"。[2] 其他如宝山县城设于明代嘉靖年间所筑吴淞千户所新城内;奉贤县城即是旧日的青村所城,即青村镇;金山县城设于明代金山卫城,即小官镇。这些治所在成为县城以前,既是军事戍所,又是地方上乡民交易买卖之处,本身已经有所发展。而自雍正初成为县城以后,钱粮集中,吏员增加,官衙、市肆增辟,自然较以前有更大增长。

清初旧有城镇发展不仅表现在少量镇市上升为县城,而且还表现在其他大部分镇市此时也多有不同程度的拓展。典型的例子如奉贤县东新市,该市在明末隆庆年间,"乡民因去城远甚,艰于贸易",列肆集商而成市,但是时规模甚小,名曰"新市"。而到雍正分县以后,几经发展已成为奉贤县"东北名镇"[3]。其他如明后期兴起的一团镇,雍正分县后为南汇县所辖,南北4里,"上塘俱店铺,下塘皆盐仓,居民约四、五百家"。明前期兴起的八团镇,明代时尚多盐丁、盐贾,嘉靖中亦遭"倭寇蹂践最惨",至清康熙年间也已是"生聚日繁,人文渐盛,巍然为濒海巨镇";浦东周浦镇,明代时已为大镇,入清分县后,南汇县粮仓设于此镇,"粮仓漕舻毕集,市肆益盛",镇占地方圆3里,居民千家,几敌县城。再有如淞南纪王镇,康熙年间亦是"户口日增,廛市加辟";金山县朱泾镇,分县后"烟火稠密,商贾辐辏,有城市气象";枫泾镇同样也是商贾丛集,至称蕃庶,等等。[4] 所有这些都充分表明,在清王朝建立以后的最

---

　　[1]　(清)雍正《分建南汇县志·序》。

　　[2]　参见(清)雍正《分建南汇县志·序》,卷2《邑镇》;(清)乾隆《南汇县新志》卷1《邑镇》。

　　[3]　(清)乾隆《奉贤县志》卷2《市镇》。

　　[4]　参见(清)雍正《分建南汇县志》卷2《邑镇》;(清)嘉庆《淞南志》;(清)嘉庆《朱泾志》;(清)光绪《重辑枫泾小志》。

初百来年中,仅以上海地区的旧有城镇而言,即表现出一种增长、扩大的上升态势,如果考虑进该时期中的新兴市镇,那么城镇的发展趋势就更为明显。

上海地区在清初近百年中,新兴镇市共约79处,其分县情况有如表7-3。

表7-3　清初上海地区新兴镇市统计

单位:个

		嘉定、宝山县	上海县	南汇县	奉贤县	华亭、娄县	崇明县	总计
康熙年以前	合计	1	16	—	—	3	15	35
	镇	—	3	—	—	3	15	21
	市	1	13	—	—	—	—	14
雍正年间	合计	—	—	11	4	—	29	44
	镇	—	—	3	2	—	29	34
	市	—	—	8	2	—	—	10

资料来源:同时期上海地区各地方志。

分析表7-3可以看出,当时上海地区的新兴市镇,大致有如下几个特点:

第一,新兴镇市重心已明显东移。明后期上海地区新兴市镇一度集中于以青浦县为主的西部地区,而上海等东部县份新兴市镇则较为稀缺。入清以后,这一格局发生了明显变化。首先是明后期市镇曾得到极大发展的青浦县再也没有出现过一个新兴镇市。其次是西部的华亭、娄县也仅仅只是在康熙年间兴起3个新镇,仅占同时期全地区新兴市镇总数的9%弱。此时的新兴市镇已集中于往日镇市分布相对稀疏的东部上海、南汇、川沙等县,它们占到了同时期总数的31%,如果不计孤悬长江口的崇明县则占到大陆部分总数的80%。新兴市镇的这一东移趋势不仅反映了上海地区镇市的空间分布在入清后正变得更为均匀,同时也表明入清以后东部地区社会经济的进一步开发和经济中心的东移之势。

第二,新兴市镇中崇明县占有重要的地位。崇明地处长江口沙洲,明代时沙洲迁移不定,时坍时涨,即使是崇明县城也因坍海而数迁其地,至于固定的市镇就更缺乏形成的条件,因此在现存明代地方志中,我们还见不到有关当时镇市的记载。明末清初,崇明沙洲逐渐稳定并且已经连成一大岛,称为长沙。

自此之后,"沙之大者立镇,小民所以为市也",[1]镇市发展极快。至康熙年间,全县已有新兴镇 15 个,其中近者距县城 2—3 里,远者距城 80 多里,在崇明岛上初步形成了一个镇市网络。进入雍正年间,崇明新镇增加更达 29 个。加上康熙时原有镇,共计为 44 个,占同时期上海地区新增市镇的 49%。它们星罗棋布地散于崇明各处,成为当时乡民交易买卖的汇聚之所,反映了当时崇明的商品交换和社会经济日益增长之势。[2]

第三,新兴镇市中,普通小市占有重要地位。上海地区清初的新兴镇市,除崇明县镇市不分大小一律称镇外,其兴起之初绝大部分多为规模较小的小市。如嘉定县,康熙年间唯一新兴镇市方泰市,成市之初只是由里人陈浩如、严素章"以猗顿之术起家",以后才"布庄开张,典商望风而至,百货骈集,遂成闹市"。[3] 又如上海县,康熙年间新兴镇市 16 处,其中除漕河泾、杜家行、六灶 3 镇之外,其余 13 个兴起之初都是普通小市,有些只是到后来才成为有一定规模的大镇。其他如南汇、奉贤两县也同样如此,雍正年间所兴 15 处镇市中,市即占有 2/3。总而计之,当时上海地区的新兴市镇,除崇明县不计,新兴小市占到总数的 69%。这一方面固然说明大多数镇市的兴起、发展一般总有一个从小到大的渐进过程,但另一方面也表明当时市镇结构中,除了少数大镇之外,为适应乡民广泛的商品交换需要,还同时辅之有数量更多、分布更为广泛的小市存在。它们互相之间的相辅相成,才最终形成上海地区有地方特点的镇市网络。

第四,清初顺治、康熙、雍正三朝,上海地区新兴镇市的发展虽然已有一定的势头,但从总体上看,镇市兴起似乎还未进入全盛发展阶段。在此期间,上海地区虽然总共兴起了大约 79 处新兴镇市,但如果除去崇明县的 44 处不算,大陆部分的上海等 9 县实际上总共才新增镇市 35 处,这无论和明前期抑或明后期的增长之数相比都并无明显优势。之所以如此,与当时社会经济还处于恢复发展的早期阶段有密切关系。而在此后的乾道年间,上海地区的镇市发展则完全进入了鼎盛时期。

---

[1]　(清)雍正《崇明县志》卷 2《沙镇》。

[2]　参见(清)康熙《崇明县志》卷 3《市镇》;(清)雍正《崇明县志》卷 3《沙镇》。

[3]　(清)嘉庆《方泰志》卷 1《发凡》。

2. 乾隆、道光年间(1736—1842年)城镇的全盛发展

有清一代进入乾隆以后,无论上海还是全国的社会经济都达到鼎盛时期,农业、手工业生产的增长,商品交换的扩大等等都促进了城镇的进一步发展,并把它们推向全盛。

乾道年间,上海地区城镇的全盛发展首先表现在城市的繁盛上,其中尤以上海县城的崛起最为显著。

上海县城从宋代成镇,元代建治以来,至清中叶已有400余年历史。明代时,肆屋栉比,商贾辐辏,虽然已有"小苏州"之称,但在当时由于海禁以及其他原因,它的海口港岸作用还远未发挥,故直到清初开海以前,还有"松郡属邑凡四,独上海去郡为远,其地僻,非舟车水陆之冲,冠盖之交罕至焉"的说法。当时的县城除了城垣之内街衢店肆外,城郭外较具规模的仅是城南一隅。有史料说:上海一隅,本海疆瓯脱之地,"自明至让清之初,均无所表见。时市肆盛于南城,城之北,荒烟蔓草,青冢白杨"。[1] 清康熙年间海禁开通以后,设江南海关于上海县城,上海县城始获发展之契机。乾隆以前,作为江海大关所在的上海口岸主要只收泊南洋海船,但它已经直接促进了县城东门外的繁盛,"洋货及闽广货物俱在上海发客,小东门外竟为大码头",廓外街巷店肆已明显从南门外向东门外扩展。嘉道年间,随着毗邻浏河镇的衰落以及沙船海运业向上海的转移,上海作为南北洋贸易的枢纽和江南的最大贸易口岸的地位越来越显得重要,这一切都带动了上海城市的迅速发展。当时县城内邑庙东、西两园已成为工商业界会馆公所汇聚之地,城内街巷纵横,虽然街道较为狭窄,但街之两旁店肆比比皆是,陈列的不仅有国内各地所产土特货及日用百货,而且还有来自西方的呢绒、羽纱等等。城垣之外,从东门直抵南码头、周家渡数里之内,江岸尽为码头、仓栈所占,近浦街巷店肆行号林立,较城内有过之而无不及。从大小东门外直抵黄浦岸滨皆为居屋、市肆,其间如咸瓜街、洋行街、豆市街、花衣街、会馆街、芦蓆街、篾竹弄等等都是商业繁华之区。咸瓜街多腌鱼、海鲜、腊肉、地货瓜果行,一年四季批贩,尤为热闹;豆市街多米豆杂粮行,买卖交易尤以豆货为盛;花衣街为花行集中之地,每逢秋末冬初棉花登场,

---

[1] 民国《法华乡志·序》。

街上万头攒动,水泄不通;洋行街皆为贩卖闽广海外洋货聚集之所,道光时"洋货聚集,有洋商四家半"。这之中又尤以咸瓜街为当时"南北大道咽喉之区,西则襟带县城小东门、大东门之所出入,东过两街即黄浦,故市场最为热闹"。[1] 东门以南的浦滨、街巷为沙船以及商人会馆的集中之地,其南码头一带"帆樯辐辏,常泊沙船数千号,行栈林立,人烟稠密"。许多会馆公所也聚集于此,其间亦有沙船修造作坊等等。至鸦片战争前夕,上海县城的人口至少已在 12 万以上,[2] 已完全成为上海地区最大的工商业城市和经济中心。

上海县城以外的其他城市,除了松江府城内外布行字号已多向苏州、上海城转移,大约只能保持旧观外,其他县城都有不同程度发展。

如青浦县城自万历年设后,至明末虽历年来"历有兴作,第寥寥,民房数椽而不逮华(亭)、上(海)十分之一"。[3] 入清后,城虽未遭兵燹之害,但康熙三十二年一场大火使之遭受极大破坏。此后,历经增修,至乾隆中叶也已是"屋宇渐增,民居稠密","百货所萃,商贾毕集"。[4] 又如位于江中沙洲的崇明县城,到乾嘉年间街衢店肆也日益向城垣外扩展。嘉庆年间县城廓内尚有 8 街 22 巷,而廓外已有 8 街 7 巷,大多集中于北门之外,皆为工商业市肆交易之地。[5] 再如地处东北的嘉定县城,嘉道年间城垣四门外的店肆、商铺也呈现出空前的繁盛。据稍晚一些的县志追记,西门外,自钓桥以西至高义桥,街道长 3 里余,沿练祁河南岸至虹桥西,街道长 1 里余,大小商店 250 多家;南门外为布经市汇聚之地,远自刘河浮桥,近则几十里内外,布经买卖麇集于此;东门外自城根迤东,沿练祁北岸,街道长里许,亦为布经市场,并有花行、木行各大商肆;北门外市肆长达里许,除晨市贸易花布之类外,亦有商店数十家。[6]

综上所述可以看出,至近代前夕上海地区各县城的规模以及工商业繁盛已达空前,其中大多数县城不仅已是一县或更大范围内的政治、文化中心,而

[1] 徐润:《徐愚斋自叙年谱》。
[2] 参见姚贤镐:《中国近代对外贸易史资料》第 1 册,中华书局 1962 年版,第 311 页。
[3] (明)范濂:《云间据目抄》卷 3《纪土木》。
[4] (清)乾隆《青浦县志》卷 1《城池》,卷 40《杂记下》。
[5] (清)嘉庆《直隶太仓州志》卷 4《坊巷》。
[6] 民国《嘉定县续志》卷 1《市镇》。

且还同时为工商业经济中心。

乾道年间上海地区城镇的全盛发展还表现在，至近代前夕各县除县城外还最终形成了一批具有"城市气象"规模甚巨的大镇，地方志中多称为"巨镇"，它们是当时上海地区星罗棋布的镇市网络中的核心。近代前夕的上海地区共有10县1厅，其中除了崇明县因史料记载缺乏之外，其余各县如《青浦县志》所称，"今州县皆有巨镇，而吴下尤多"，大多数量不等地存在这类"巨镇"。

如金山县，至乾嘉年间，全县已形成朱泾、干巷、吕巷、松隐四大巨镇。尤其是朱泾镇，雍正年间分设金山县后即置有漕仓、巡司，所谓"邑侯莅于斯，仓库置于斯，四境人民集于斯"。其地处全县中心，方圆3里，以市泾为中心，东西南北皆多市肆居屋，烟火稠密，商贾辐辏，四乡往来无不称便。自乾隆年间起，地方官屡屡奏议将县治从旧金山卫城移于朱泾。乾隆五十九年，卫城遭风潮，县署坍塌，此后县衙即常驻朱泾，更使朱泾成为邑之首镇。[1]

华亭和娄县的巨镇有枫泾、泗泾、张泽、叶谢和七宝。枫泾地处娄县与浙江嘉善县交界之处，宋代时已成名镇。清前期，镇之南半隶属嘉善，北半归于娄县，镇人科第相继，商贩云集，至称繁庶。[2] 泗泾地处松江府城东北华亭、娄县、青浦三县交界之地，康熙时已有"民居聚，商贾集"之记载，至乾嘉年间由于镇西之祥泽镇渐有中落之势而镇之贸易特盛。张泽、叶谢都地处淞南，嘉道年间两镇皆为居民稠密，商贾辐辏，市面繁庶。[3] 七宝位于淞南干流蒲汇塘畔，地扼娄县、青浦、上海三县交界之通衢，历来居民繁庶，商贾骈集，为邑巨镇。嘉道时，镇横跨蒲汇塘，中有三桥相连。塘南为南镇，自蒲汇塘桥南埭栅楼起，有南大街、东街各长半里余，商贾贸易，遍开店肆，并有纺车作坊。塘北为北镇，横亘北大街，亦为店铺生意贸易之处。[4]

青浦县镇市仍以朱家角镇最称繁庶。其自明后期兴起后即为邑之巨镇，至清乾道年间非但经久未衰，而且士族之盛为一邑望，商贩交通贸易甲于他镇。时有"两泾不如一角"之语，所谓"两泾"即为西南大镇朱泾、枫泾，而

[1] （清）乾隆《金山县志》卷1《镇市》；（清）嘉庆《朱泾志》卷1《疆域志》；中山大学历史系中国近代现代史教研组、研究室编：《林则徐集·奏稿》上册，中华书局1965年版，第175—176页。

[2] （清）光绪《重辑枫泾小志》卷1《志区域》。

[3] （清）康熙《松江府志》卷17《镇市》；（清）嘉庆《松江府志》卷2《镇市》。

[4] 参见（清）道光《七宝镇志》。

"角"正是朱家角,由此足以可见朱家角镇之繁盛和地位的重要。[1] 朱家角外,青浦巨镇还有金泽和黄渡。金泽地接泖湖,位处青浦县城西南35里。乾嘉年间镇上摇车埭皆聚制作纺车、纱锭的小手工业者。此外,镇上市屋栉比,花纱布庄交易极为兴隆。黄渡位于吴淞江中游青浦、嘉定两县交界处,地跨吴淞江而分成南北两半,北镇属嘉定,南镇属青浦。自康熙年间连接两岸的两座木桥改建为石桥之后,四周乡民来往交易更为便利,"江之两厓,居民稠叠,屹为巨镇"。[2]

嘉定、宝山两县皆处淞北,其巨镇首推南翔、罗店和江湾。南翔为嘉定县历史最悠久的名镇之一,自元明以来一直为诸镇之冠。清中叶,镇占地东西5里,南北3里,居民在万数以上,为当时诸镇市所罕见。"市声浩浩,有如通都大邑","布商辏集,富甲诸镇"。罗店位于嘉定县城东18里,乾隆年间已占地东西3里,南北2里,街衢综错达20余条,时有"罗店素称饶富,有金罗店、银南翔之称",其繁盛程度足以与南翔鼎足而立。江湾地处宝山、上海两县冲要之处,乾隆年间镇之东西达5里之广,"户口殷繁,亦几及万家",实为宝山县境内之一巨镇。除此之外,嘉定、宝山两邑的外冈、娄塘、真如、大场、高桥等镇亦为商贾辏集,民居稠密的大镇。[3]

位于浦东、浦南的南汇、奉贤两县,乾道时"巨镇""名镇"甚多。南汇县首镇当推周浦,雍正初分建南汇县,邑城设于旧日南汇所城,县之漕仓即设于地处冲要、交通便利的周浦镇。自此之后,"粮仓漕艘毕集,市肆亦盛"。雍正年间,镇约方圆三里,居民千家。乾隆时,更进一步发展为"街道回复,绵亘四、五里,民居稠密,为通邑巨镇",时有人称之为"周浦殷庶,比一小邑"。南汇县的其他两处巨镇是新场和一团。新场镇雍正年间分县之初已有居民500—600家,至乾隆以后,镇已扩展到南北街长4—5里,东西各2里许,商贾辏集,乡人有赛苏州之谣。一团镇又名大团镇,雍正时南北已有4里,然仅一街,上塘俱店铺,下塘皆盐仓,居民约400—500家,至乾隆年间更是"户口日增,商贾

---

［1］（清）乾隆《青浦县志》卷13《镇市》;（清）陈金浩:《松江衢歌》。

［2］参见（清）乾隆《金泽小志》;（清）咸丰《黄渡镇志》。

［3］（清）乾隆《嘉定县志》卷1《市镇》;（清）乾隆《宝山县志》卷1《市镇》;（清）嘉庆《南翔镇志》;（清）光绪《罗店镇志》;民国《江湾里志》。

亦盛,为巨镇云"。[1]

奉贤县之首镇当推南桥。南桥又名南梁,宋元时已成镇,乾嘉年间镇街长3里,四周乡民来往辐辏。镇中居民多事缝纫,"缝户多饶裕,为奉邑首镇"。其他如与华亭县接壤之阮巷镇,街道回旋,市井栉比,"商贾熙熙攘攘,颇称巨镇";距奉贤县城10里的青村港镇,清初时才兴起,但自雍正年间分县后"舟楫往来如织,百货聚焉,廛闬之盛,遂冠东乡诸镇";地处奉贤、南汇交界的泰日桥镇,原名坍石桥,乾隆时居民已较雍正增加一倍,镇有东西、南北街,各长里许,中贯运盐河,"亦东北一巨镇也";明末兴起的东新市,乾嘉时亦因四周乡民集此贸易而"为东北名镇"。[2]

上海县至近代前夕境内也有不少大镇,不过大概由于当时的上海县城已是上海地区的经济中心的缘故,这些镇的规模一般还达不到如嘉定南翔、青浦朱家角以及南汇周浦这样的程度。当时上海县境内的较大镇市,南有龙华、漕河泾、闵行;东有洋泾、高桥、三林塘;西有法华镇、诸翟镇等等。其中如法华镇自明后期成市以来,至乾嘉时最为鼎盛,有烟户千家。再如诸翟镇地处嘉定、青浦、上海三县交界处,三县乡民"买卖市集,晓刻辐辏,东西亭桥之间,渐同茂镇,自朝至暮,抱布者不绝",地虽仅东西1里,然而商贾骈集,市廛日扩,居民至700余户。[3]

事物的发展终有起落两个方面,乾嘉年间,上海地区的旧有镇市亦有少数中落衰败的。其中完全废落不存的有上海县的乌泥泾市、鹤坡市、梅源市、奚家行以及崇明县坍塌入海的合洪等3镇。另外还有一些镇市由于种种原因至近代前夕镇市市面反而不如以前。如青浦县大蒸镇、小蒸镇,宋元时人烟稠密,铺户毗接,至清"道咸间,河道淤塞,市廛日衰";嘉定县钱门塘镇,明代时人居稠密,商贾贸易,"俨然小都会,几与南翔埒",但从明末起日就凋零,乾嘉时镇之居民仅剩百余家。其他如青浦旧日名镇青龙镇,明时已衰,入清后中落不已,至嘉道年间"仅存旧青浦市集而已";同在青浦的崧宅市,明代时市廛日辟,商贩交通,乾隆以后也渐趋零落,等等。[4]

[1] (清)雍正《分建南汇县志》卷2《邑镇》;(清)乾隆《南汇县新志》卷1《邑镇》。

[2] (清)乾隆《奉贤县志》卷2《市镇》。

[3] (清)嘉庆《上海县志》卷1《镇市》;(清)康熙《紫堤村小志》;(清)嘉庆《淞南志》。

[4] (清)嘉庆《松江府志》卷2《镇市》;(清)乾隆《青浦县志》卷13《镇市》;民国《钱门塘乡志》。

　　不过上述部分镇市的中落毕竟只是极少数,至近代前夕上海地区大部分旧有市镇还是渐趋繁盛或者保持原有规模。以南汇县为例,雍正年间该县共有镇市29处,至乾隆年间至少有10个镇市的居民人口或镇市规模在史料记载中有明显增长,占到该县镇市数量的1/3,而其他镇市大多也略有发展或保持原貌,只是史料记载语之不详罢了。见表7-4。

表7-4　清前期南汇县部分镇市发展情况

镇市	雍正年间(1723—1735 年)	乾隆年间(1736—1795 年)
周浦镇	镇街三里	街四、五里
横沔镇	居民数十家	居民约二百家
泰日桥镇	居民百余家	居民约二百家
沈庄	居民百余家	居民约二百家
航头镇	东西半里许	东西街里许
秦家行	居民数十家	居民数百家
北蔡镇	居民数十家	居民百余家
张家栅	居民数十家	居民百余家
一团镇	居民四五百家	户口日增
四团镇	居民数家	居民百余家

资料来源:(清)雍正《南汇县志》卷2《邑镇》;(清)乾隆《南汇县志》卷1《邑镇》。

　　最后,乾道年间上海地区镇市的发展还集中表现于在此期间上海地区还新兴起了一大批新的镇市,它们数量之多,远远超过以前各个时期。见图7-5、7-6,表7-5。

表7-5　清前期(1644—1842 年)上海地区新增镇市统计

单位:个

时期 种类 县份	康熙朝		雍正朝		乾隆朝		嘉庆朝		道光朝		总　计
	镇	市	镇	市	镇	市	镇	市	镇	市	
嘉定、宝山县		1			2	7		1		1	12
上海县	3	13				1		10			27
南汇县			3	8	8	7					26

续　表

时期 种类 县份	康熙朝 镇	康熙朝 市	雍正朝 镇	雍正朝 市	乾隆朝 镇	乾隆朝 市	嘉庆朝 镇	嘉庆朝 市	道光朝 镇	道光朝 市	总　计
奉贤县			2	2	4	35			3		46
青浦县					4						4
华亭、娄县	3				15		1				19
川沙县								3	7	4	14
金山县						7					7
崇明县	15		29								44
合　计	21	14	34	10	34	56	4	11	7	8	199
	35		44		90		15		15		

说明:(1)嘉定县康熙年间所成方泰市,至乾隆成镇。(2)上海县康熙年间所成法华市、马桥市,乾隆间俱称镇。康熙时所成梅源市,嘉庆年间已废落。(3)南汇县康熙时所兴航头市,雍正时所兴横沔市,乾隆时成镇。(4)崇明县康熙时所成镇中有3个至乾隆时已坍没入江,雍正时所兴镇中有2个乾隆年间划归通州。参见附录6。

资料来源:上海地区同时期各地方志有关记载。

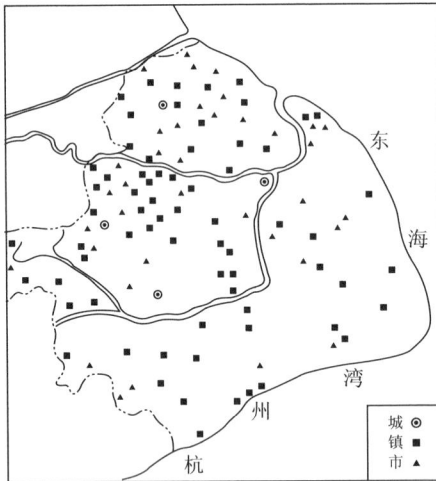

图 7-5　明末上海地区城镇分布

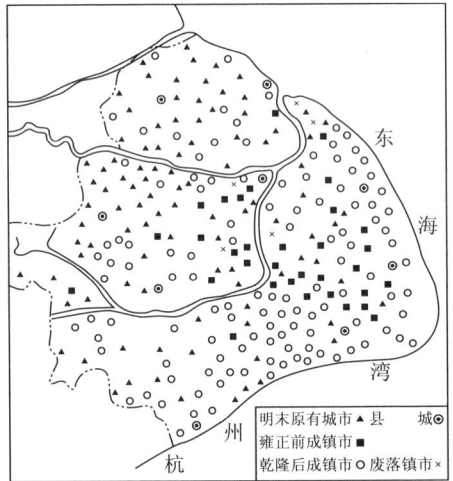

图 7-6　近代前夕(1840 年前)
上海地区(大陆部分)城镇分布

从图7-5、7-6,表7-5可见,乾道年间上海地区新兴镇市有3个明显特点。

首先,绝大部分新兴镇市都成于乾隆年间。从乾隆朝至近代前夕,上海地区共新增镇市120处,其中乾隆一朝达90个,占75%,而嘉道年间各县镇市在空间分布上,基本已呈饱和状态,故仅在最晚设立的川沙抚民厅等辖境内,才又有一些新兴镇市。它们表明,上海地区近代前夕星罗棋布的镇市格局,大致上在清乾隆年间基本上得以最终形成,并在此期间而达到鼎盛。

其次,以新兴镇市的空间分布而言,它们主要集中于东部地区,特别是南汇、川沙两县。有明一代直至清初,上海地区的镇市分布一直是西稠东疏,康熙、雍正年间新兴镇市分布已有东移趋势,然还未至极盛。乾隆以后,东部南汇、川沙两县分立已有近百年时间,在此期间,大量的新兴市镇如雨后春笋般破土而出。在乾道年间上海地区120个新兴镇市中,奉贤、南汇两县即占有57个,为总数的48%,如果加上上海、川沙两县则更可高达83个,占总数的68%。而青浦、华亭、娄、金山四县总共才新增镇市27处,仅为总数的23%。它们最终改变了以往上海地区镇市分布中西密东疏的分布格局,并且也从一个侧面印证着上海地区社会经济开发由西向东的扩展趋势。

再次,在该时期的新兴市镇中,绝大部分为中小镇市,其兴起的原因主要是适应乡民的贸易需要。从上表中我们可以看到,乾道年间上海地区的120个新兴镇市中,中小市多达75个,占总数的63%。它们犹如满天繁星散处于昔日镇市间距较为稀疏的乡间村邻,使当时的镇市分布更为充实,更富层次感。这些中小市的兴起之因一般多是由于乡民卷入市场交换程度的加深,原有镇市或者距离太远,或者分布太稀不能满足交易发展需要,于是在原有镇市之间,又有众多的小市应运而生。典型的事例如宝山县胡家庄在杨行、大场两镇之中,居民离镇稍远,贸易不便,于是筑肆立业,遂成一市。再如盛家桥,南距月浦10里,西至罗店16里,居民亦以镇远不便贸易而自行聚货成市。[1]诸如此类的例子在地方志的相关记载中还有不少。

总而言之,据我们对现存上海地区地方志相关记载的不完全统计,上海地

---

[1]　(清)乾隆《宝山县志》卷1《市镇》;民国《盛桥里志》。

区在明清时期大致上先后共出现过城、镇、市 317 个，其中明代废落 4 个，清代废落 7 个（实际废落 8 个，其中 1 个与明代已废、至清中叶又成市集的青龙镇相抵，故算为 7 个），划出 2 个，至近代前夕尚存大小城、镇、市共计 304 个，其具体兴废情况犹如表 7-6。

表 7-6　明清时期上海地区城、镇、市统计

单位：个

		明代以前 —1368 年	明前期 1368—1505 年	明后期 1506—1644 年	清雍正年间前 1644—1735 年	清乾道年间 1736—1842 年
城镇市	原有	—	37	72	114	193
	新增	—	35	46	79	120
城镇市	废落	—	—	4	—	9*
	尚存	37	72	114	193	304
	系数	100	195	308	522	822

注：* 包括划出的 2 个。

资料来源：参见前述各项分析及同时期上海地区各地方志并附录 6。

从表 7-6 可知，从明初到近代前夕近 500 年时间中，上海地区镇市数量增长了 7 倍多。即使以当时整个上海地区为 6000 平方公里计，平均不到 20 平方公里的区域内即有一个镇市，而每个镇市的平均间距不超过 10 里之遥。这一分布密度，即使是在镇市最为发达的江南地区也是遥遥领先，它们成为当时上海地区商品交换发展程度最有力的标志和最明显的缩影。

第二节　城镇经济功能的充实和发展

城镇的兴起和发展是社会经济发展的集中体现，同时它又会进一步促进社会经济的繁荣和增长。城镇对于社会经济发展的作用主要是通过它们自身所具有的特定的经济功能实现，这种经济功能大致可以区别为商品流通的功能、商品生产的功能和与此相适应的非农业人口聚集中心的功能。明清上海地区城镇所具备的经济功能中，对社会经济发展影响最大因而也最具重要意

义的是商品流通的功能。

（一）　城镇的商品流通功能

1. 城镇商品流通功能的两种主要形式

　　城镇的商品流通功能是指城镇作为商品交换场所而发生的作用,它们主要具有两种形式,这就是定期的有摊无肆的集市贸易和有固定店面的店铺行肆买卖。一般来说,集市贸易是城镇商品流通功能中较初级的形式,仅有这种交易形式实际上还不能说已经是最终形成了市镇;而店铺行肆的常日交易则是镇市商品流通功能中的高级形式,它们的出现和存在是镇市形成和延续的标志。任何一个镇市的商品流通功能都是以上两种形式不同程度的结合。此如《珠里小志》所称,"市中居货曰拓货,置货鬻物曰店,以有易无曰贩卖。居停客商售货曰行,随地贸易曰摊头,肩挑行贩曰脚担。酿酒、磨麦、染坊皆曰坊,榨油曰车,收布、拆花、屠割曰庄,沽酒食曰馆,茶肆亦曰馆,药材曰堂,估衣大曰庄,小曰店,质库曰典当。"[1]

　　（1）定期集市贸易的交易形式

　　所谓定期集市贸易是指在一定的时间和地点,以农村居民为主体的自发性、间歇性的交易。它的历史要比镇市的历史来得久远。最初,当工商性质的镇市还没有广泛出现之前,在一些交通冲要以及大聚落周围,人们为了互通有无便在一定的时间里聚集其地互相交换剩余产品,其间偶尔也有外来商贾驻足其间,但小范围内居民之间的互相交换则是集市贸易的主要内容。如嘉定县方泰镇,早在清初成镇之前虽无肆屋街衢,但已有集市贸易,故称为"方泰墟"。以后随着交换的扩大,这种定期集市贸易所处之地渐渐自然而然地成为四周的交易中心,并出现固定店铺、街衢,从而形成最初的市镇。仍以上举方泰镇为例,明季时尚居民鲜少,寥落几家"大抵皆经纪小贩卖",而到康熙时"房屋陆续增添,街衢渐次改观,布庄开张,典商望风而至,百货骈集,遂成闹市"。[2]

　　市镇的自然形成是由贸易集市而进至固定店铺街衢这一历史过程,并不排斥在市镇形成以后集市贸易仍然是市镇商业贸易的主要形式之一,而且这

［1］（清）嘉庆《珠里小志》卷3《风俗》。
［2］（清）嘉庆《方泰志》卷1《发凡》。

一形式在镇市发展的同时也不断丰富自身的内容，并且成为城镇商品流通功能的一个极为重要的方面。

城镇形成以后的集市贸易，其最初的简单形式仍然是四周乡民属于地方小市场范围流通的余缺调剂和交易。它们包括各种农副产品和其他日常生活用品的交换。交易的形式还多是买卖双方的直接交换。这种集市贸易最常见的还是晨集午散的"晓市"。"买卖市集，晓刻辐辏"，"黎明而集，日中而散"。它们一般都固定地处于镇市的某个区域，如镇市的边缘或者桥塸，埠岸等处。以嘉定县安亭镇为例，据《安亭志》记载，安亭镇中当时有南北两桥，四周乡民自晨至日中赴镇交易，皆以南北两桥为市集。县城中的集市一般分布于城门四周，也有少数是在城内，多称为县市。例如松江府城西城外街肆繁盛，其中除了店铺行号外，每日的集市贸易也多聚于此。

明中叶后，上海地区的棉布生产逐渐转盛并日益进入国内大市场，同时随着农家经济中交换的扩大，对米粮、日用商货的需求也逐渐增加。此外，社会经济的增长又使得城居非农业人口数量增加，这些都促进了城镇中集市贸易的扩展。

首先，集市贸易的发展表现为集市交易时间的延长。明后期一些稍具规模的镇市，集市贸易早已突破旧时数日一市的传统程式，一般都已经是每天都有集市。如嘉定县新泾镇"每日早市一次，贸易为花布杂粮之类"。[1] 交易的时间，较小的镇市还是晨起"半午皆散"；一些较大的镇市是"至午方散"。而一些最大的镇市，如朱泾、南翔、周浦等，已从"每日早市一次"发展为全日市，全天都有乡民入集市交易。如地跨嘉定、青浦、上海三县交界的诸翟镇，康熙时"买卖市集，晓刻辐辏，东西亭桥之间渐同茂镇，自朝至暮，抱布者不绝。非如槎溪、临江开庄必以五鼓，过期烛熄，须俟明旦也"。[2] 再如黄渡镇，清中叶镇上集市以"西江桥东为最繁盛，每日晨昼两市，贸易物以靛青为大宗"。集市贸易时间的延长反映了集市覆盖范围的扩大。《嘉定县志》说得很清楚："棉布、蒲鞋、竹器以黎明或清晨为市。其意谓蚤布，蚤回即充一日之用，不妨一日之功。勤苦营生不得以日中为市例之。惟布经市必在日中，往返远者三

---

[1] 民国《嘉定瞿东志》卷1《市集》。

[2] （清）康熙《紫堤村小志》。

四十里,必穷日之力也"。[1]　由此可见,当早市延至午市时,集市的覆盖面亦随之扩大,参加交易的人数也随之增加。

其次,集市贸易的发展还表现在空间的扩展上。在镇市兴起之初,集市一般仅限于镇市的某一处。以后随着交换的扩大以及卷入交换人数的增多,一些较大的镇市往往同时拥有几处集市。如前述安亭镇,清代时至少已在镇中心的南桥、北桥各有一处定期集市。而一些县城早已在各城门外有内容不同的各种集市。如嘉定县城,西门外,"每日一市,贸易物自日用品外,以棉花、米、麦、蚕豆、黄豆、布、茧、六陈、豆饼、竹木、牛皮之属为大宗";南门,布经市极盛,"远自刘河浮桥,近则一、二十里内外,布经买卖麕集于此,辰聚酉散,熙攘竟日";东门外也同样向为"布经市场",买卖兴隆;北门外则有"晓市",每晨乡民汇聚,"贸易花布、六陈之类"。[2]

再次,集市贸易的发展还表现在贸易数量的增加和贸易内容的丰富上。集市贸易从开始之日起即属地方小市场范围的流通。集市贸易的发展并没有改变其自身的质的规定性,但却使其交易量发生很大变化,其主要表现在作为主要交易内容的米粮、豆麦、棉花、棉纱、瓜果蔬菜、日用杂品等等的交易额都在不断增长。到清中叶,各地方志有关城镇集市贸易的记载中已多有"早市热闹,贸易特盛"的说法。而且从明后期起,集市贸易中已不乏商贾贩运货物出售。如奉贤县屠家桥市,乾隆年间集市交易"亦有寄迹商贾者,故村落中虽无廛市,而日用所需亦不可缺"。[3]

最后,集市贸易的发展使得至迟从明末起,各镇市的集市贸易中已经普遍兴起了牙行制。"贫民持物入市,不许私自交易","市中贸易必经牙行,非是市不得鬻,人不得售"。[4]　即使是零星的小额交易也是如此。[5]　牙行以及

---

[1]　(清)光绪《嘉定县志》卷8《风俗》。

[2]　(清)光绪《嘉定县志》卷1《市镇》。

[3]　(清)乾隆《奉贤县志》卷2《市镇》。

[4]　(清)光绪《月浦志》卷9《风俗》;(清)嘉庆《安亭志》卷3,《风俗》。

[5]　笔者1985年曾经在崇明县的集市贸易中亲眼见到此类牙行制的遗存。在一些镇市的集市中,携零星鱼鲜入市的乡民均按类而聚,他们自身不带秤具,也不吆喝顾客,各自均静蹲自己的鱼鲜之后。摊位旁侧另有一执秤而立招呼顾客者。有欲买鱼鲜者上前,均由此人报价、过秤、收钱,然后付筹与售出鱼鲜之乡民。乡民则凭筹至指定处领回扣除了百分之一佣金后的现款。此位执秤交易者,乡民称其为"主人家"。在这里,我们可以清楚地看到古代牙人以及牙行制度的遗存或说复活。

牙人对于集市贸易的渗透和控制,一方面固然对于集市贸易不无影响,但另一方面也是集市贸易发展的一个有力佐证。

集市贸易的充分发展形式是一年一度或一年数次的大型交易庙会。以清代重固镇庙会为例,《黄渡镇志》记载,"猛将庙在重固镇,为乡人报赛之所。八月十八日前后数日,远近烧香者争趋之,田家器用毕聚,成市至晚。自烧香归,各携农织具络绎于路"。[1] 其在城镇的商品流通功能中自有特别的地位和作用。

综上所述,明清上海地区镇市中的集市贸易,作为城镇商品流通功能的首要形式,在贸易的时间、空间,以及数量、内容上都不断地有所增长,但是它们所执行的职能基本上还多属于地方小市场性质的交换,体现的主要是各级城、镇、市的最基本的经济职能,以及地方小市场的交换关系。

(2) 固定店铺行庄的交易形式

如前所述,镇市形成的一个重要标志是固定店肆的出现。而在日后镇市的发展中,固定店肆数量的增加,市廛规模的扩大,商业街衢的增辟,又成为镇市发展和繁荣最重要的特征之一。

明清上海地区城镇中的店铺行庄大致可以分成饮食服务、日用商铺以及庄行、典铺四大类。

饮食服务类的店铺主要有酒楼、茶馆、面铺、熟食铺、小吃铺等等。这类店铺初时多集中于县城和一些规模较大的镇市。如嘉靖四年,松江府城"普照寺下岸,董方远开熟面店";新场镇"四时海味不绝,歌楼酒肆,贾衢繁华",[2]等等。以后,随着镇市的发展,不仅城市中的这类店铺有日增之势,而且在一些新兴起的中小镇市中也多有酒馆、茶馆。清乾隆年间有人说:"酒馆茶坊昔多在县治左右,近则委巷皆有之……至各乡村镇亦多开张"。[3] 这类店铺的营业对象除了小部分入市交易的四周乡民外,主要是来往商贾以及市镇居民和地方上的士子文人、胥吏差役、富豪缙绅等等。它们虽然并不完全反映商品

---

[1] (清)咸丰《黄渡镇志》卷2《风俗》。

[2] 参见(明)李绍文:《云间杂识》卷4;(清)东轩主人:《述异记》下;(明)正德《金山卫志》卷1《镇市》。

[3] (清)黄卬:《锡金识小录》卷1《风俗变迁》。

交换和流通的关系,但是却构成了当时城镇商业活动的一个重要组成部分,对促进城镇的市面繁荣有着特殊的作用。

日用商铺种类很多,有肉铺、鱼行、油坊、豆腐店、米铺、杂货店、药店、布铺、衣帽店等等。它们一般都有固定店面,傍街而立,执行零售商业的职能。各城镇中日用商铺的数量视城镇规模不同各有差异。

一般说来,大的府县城以及一些巨镇,各类店铺可以多达百余家以至数百家。如前述松江府城明嘉靖年间仅西门外居肆栉比凡七八里。又如江湾、大场两镇,清前期各有"大小商铺三百余家";钱门塘镇亦有店铺百余家。至于近代前夕的上海县城,"城东南隅,人烟稠密,几乎无隙地",店铺更是不可胜举。乾隆年间,城内外仅米铺就有近百家之多。

其次是中等镇市,店铺一般在二三十家左右。如嘉定县顾村镇,清嘉道年间有"商铺三十余家";青浦县大蒸镇,"乾嘉时尚有店铺二十余家";南汇县倪鲍宅市"乾嘉间有店肆、布庄三十余"等等。[1]

至于一些较小的镇市常设店铺数量较少,一般都在10家以下。如宝山县盛桥市"居民聚货贸易,街衢湫隘",市中仅有店铺六七家而已;嘉定县厂头镇,宋元时亦一巨镇,商业之盛曾在真如之上,而延至清初,急剧衰落,"仅存二三店肆",形同小市。[2]

这些零售性质的日用商铺数量虽多,但一般规模都不很大。这不仅在当时的上海地区是如此,即使其他地方或城市也同样如此。如明代时北京的商铺分三等九则,"上三则,人户多系富商,资本数千;中三则,亦不下三五百金;独下三则,委系资本不一"。[3] 清康熙年间,上海县城南街参记南北杂货铺大火,"枣子被烧一千二百余斤,火腿三百余只,及山珍海错、衣饰细软之类,约略三千余金",其营业规模已经被视为"邑中第一"。[4] 而其他普通镇市中的商铺规模自然要小得多,其资本额大多在白银百两、或数十两左右。清康熙末,云间唐氏于松江府城西门外开张估衣铺,"用价一百八十两"。雍正、乾隆

---

[1]　参见民国《宝山县续志》卷1《市镇》;(清)宣统《蒸里志略》卷1《镇市》;民国《二区旧五团乡志》卷1《形势》。

[2]　(清)乾隆《宝山县志》卷1《市镇》;(清)乾隆《嘉定县志》卷1《市镇》。

[3]　(明)沈榜:《宛署杂记》卷13,《铺行》。

[4]　(清)姚廷遴:《续历年记》。

年间,其子与人合开布庄、帽店,其本金投入更少。周浦镇,也多有"小商赀本不过数十金"。[1]

这些日用商铺规模一般,开张倒闭也较为频繁。乾隆《青浦县志》说:"门摊课钞银两系征诸城厢店铺完纳,嗣缘各铺闭歇靡常,计缺额三十八两八钱,据县着落额外牙户完纳足额",可见城镇店铺的倒闭乃是经常之事。之所以如此,大抵是因为在城镇的各种商业经营中,作为坐贾的零售商铺一向利润较低,稍遇经营不当即会亏本赔折。如松江府城唐于烈,乾隆三年和友人马金山合伙在长桥东开张帽店,"每年会银约交一百五十两,门务共约二百金,门首销货甚少,兼之利薄,常年约亏本百余(两),深以为忧"。在此之前,唐氏亦曾开过估衣铺、布庄等等,但都因为"生意不济","连年亏本"而致先后停业。[2]

城镇中的行庄主要是棉、布交易中的布庄、布行、花行以及其他的米行、豆行、木竹行等等。与以上日用商铺零售商业活动不同,它们大都执行国内大市场流通商品集散的职能,分布广,数量多,经营额大。当时的上海地区,无论是大城镇还是中小镇市,花行、布庄可以说是所在必有。

一些大镇,如朱泾镇,明季时布行之多而有小临清之称;金泽镇"肆中收布之所曰花布纱庄,布成持以易花,或即以棉纱易,辗转相乘";南翔镇,"布商各字号俱在镇,鉴择尤精";月浦镇,清乾嘉间,"有陕西巨商来镇设庄,收买布疋,百货充斥,贸易发达";外冈镇所产之布质量上乘,"苏郡布商多在镇开庄收买",等等。[3]

此外,即如一些中小镇市,布庄、花行往往也在镇市诸店铺中占有首要地位。如嘉定顾村镇,地处刘行东南,在当时嘉定县中并不著名,然而"嘉道间较为繁庶,有布庄十三家,花行三、四家,檐前均悬挂号灯为记"。奉贤县恬度里"向有质库、布庄,四乡贸易者,咸辐辏于斯";蔡家桥,"居民五十余家,大而质库,小而米铺、花行,入市者咸可厌所求焉"等等。[4] 当时一些新兴市镇形成之初率先开张的往往也是布庄、花行。如前述嘉定县方泰镇,康熙年间成镇之初即

---

[1] 《云间唐氏支谱》;(清)雍正《分建南汇县志》卷15《风俗》。

[2] 《云间唐氏支谱》。

[3] 参见(清)嘉庆《朱泾志》;(清)乾隆《金泽小志》;(清)嘉庆《南翔镇志》;民国《月浦里志》;(清)乾隆《续外冈志》。

[4] 民国《宝山县续志》卷1《市镇》;(清)乾隆《奉贤县志》卷2《市镇》。

是"布庄开张,典商望风而至,百货骈集,遂成闹市"。再如盘龙镇,清初复兴时,同样是因为南京商人陈君化"启质库及布庄,标客辏集,遂成市为盘龙镇"。

城镇中花、布行庄由于一般都有门面、字号,故它们的交易和前述集市贸易日有聚散的交易不同,基本上都是常日交易。由于镇市贸易一般都以早市为盛,四乡村民此时入市交易者人数最多。故而花、布行庄的生意一般也较多地集中在早市。所谓"至秋而花、布辏集,每夜半各肆开列,悬灯火,踵接肩摩,人语杂途,道路拥挤,至晓而散","每日黎明,乡人担花挈布入市投行售卖者,踵相接也"。[1] 此外,由于镇市中花布行庄的众多,互相之间的竞争使得他们在坐庄候购之外,还把触角伸向集市贸易,设立出庄收购摊点,甚至于在通向镇市的四周路口,设点竞购。这在现存上海地方志中记载甚多。

明清上海地区镇市中布庄、花行之所以如此发达,根本原因就在于当时分散于广大乡村地区的农家手工棉纺织的广泛存在,以及上海棉、布国内大市场的持续发展。城镇中的花、布行庄作为维系广大乡民与花、布商贩的中介枢纽,一方面牢牢地维系着农村小生产者,并源源不断地汇拢聚集家庭手工业生产的涓涓细流,另一方面又同各地商贩紧密相连,把涓涓细流一刻不停地注入长途贩运的国内大市场商品流通的洪流之中。使得广大的各级各类城镇已经成为联系分散的小生产与国内大市场的枢纽,成为国内大市场商品流通的集散地和产品的初级市场,其具体形式如图7-7所示:

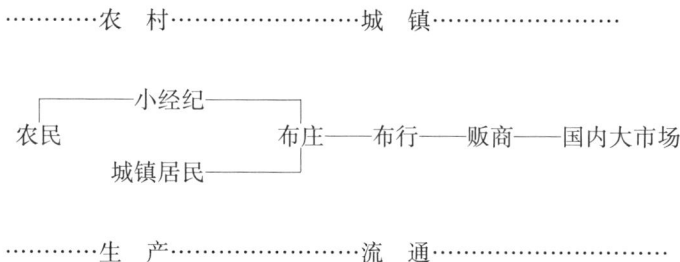

```
··········农　村············城　镇··········

        ┌─────小经纪─────┐
农民 ┤                      ├─布庄──布行──贩商──国内大市场
        └城镇居民─────┘

··········生　产············流　通··········
```

图7-7　城镇棉布集散、流通示意图

花、布行庄外,当时的镇市中还多开设有其他各业牙行,如豆米牙行、药牙行、船牙行等等。关于它们的具体情况,前述章节中已有论述,这里需要指出

---

[1] （明）崇祯《外冈志》卷2《游资》;(清)葛元煦:《沪游杂记》卷2《花布》。

的是,它们的活动都是城镇商品流通功能的具体表现以及不可或缺的部分。

最后,明清上海地区城镇的商业活动中还有一个极其重要的行业,这就是典当业以及以后发展起来的钱庄业。典当业的分布不仅遍及当时各大小城、镇、市,而且典当铺的资本及经营规模往往可以列于镇市诸铺行之首。这从前举恬度里、蔡家桥、方泰镇的事例中亦可见一斑,它们是当时城乡各阶层居民以及工商业机构资金通融的最主要的场所和来源之一。

综上可见,明清上海地区城镇中店铺行庄交易所代表的流通关系已远过于前述集市贸易的交换。它们已使得当时的城镇以其自身的商品流通功能,不仅只是成为地方小市场商品交换的中心和城镇居民的消费中心,而且还使自身最终成为国内大市场的集散地和名副其实的产品初级市场。

2. 城市、中心镇、中小镇市在商品流通中的不同地位和作用

前面我们讨论明清上海地区城镇商品流通功能中两类不同的形式及其所代表的流通关系,还没有把各级各类大小城、镇、市分类而述。事实上明清上海地区的城镇市,既有店铺数百家,人口十万以上的府县城;也有人口及万、铺行百家的巨镇,以及人口、市廛均不如前者的中小镇市。虽然它们的商品流通功能有相同方面,但各自规模的悬殊又决定了它们在联系地域、流通辐射范围等方面必然表现出极大差异,从而在当时的商品流通中具有不同的地位和起着不同的作用。

明清上海地区众多城镇中数量最多的是中小镇市。据我们对记载较详的乾隆年间奉贤、南汇两县所有 86 个镇市的统计,被称为"巨镇"的中心镇各有4 个,占全县总数的 8% 和 11%;中等镇分别为 13 个和 10 个,为总数的 20%和 26%;小镇市为 31 个和 24 个,分别为总数的 65% 和 63%。两县大小镇市所占比例甚为相近(参见表 7-7)。由此看来,至清中叶,上海地区各县的中心镇、中等镇市以及小镇市的比例,取其整数大致为 1∶2.5∶6.5。其中占总数 65% 的小镇市一般只有少量的固定店铺和花、布行庄,集市贸易在流通中还占有重要地位。有些形成之初的小市往往还无店铺而只有集市。如奉贤县杨王市乾隆年间形成之初"只有村落,绝无廛市";屠家桥市成市之初仅有"寄迹商贾者"等等。[1] 这类小镇市辐射地域一般仅为方圆数里,是最狭小范围

---

[1] 参见(清)乾隆《奉贤县志》卷 2《市镇》。

内的地方小市场交易中心,基本的职能只是满足小范围内乡民日常生活所需的交换以及手工棉纺织产品的最初级集散。

表 7-7　乾隆年间奉贤、南汇县大小镇市比例估计

份　县 ＼ 镇　市	合　计		中心镇		中等镇		中小镇市	
	数量	%	数量.	%	数量	%	数量	%
奉贤县	48	100	4	8	13	27	31	65
南汇县	38	100	4	11	10	26	24	63
总　计	86	100	8	9	23	27	55	64

资料来源:(清)乾隆《奉贤县志》卷2《市镇》;(清)乾隆《南汇县志》卷1《邑镇》,及本书附录6。

中等镇市的规模略大于小镇市,一般有商铺几十家,居民百余户至数百户,其最基本的特征是店铺、行庄门类比较齐全,"大而质库,小而米铺、花行,入市者咸可厌所求焉"。中等镇市的覆盖地域明显广于小镇市,它们不仅联系附近数里内的乡民,而且还是周围二三个、三四个小镇市的中心。在现存文献的记载中,这类镇市的流通和交易多被称之为"居民稠密,四乡木棉布悉来贸易于此","四乡贸易者,咸辐辏于斯"等等。[1] 这里所说的"四乡"范围要大于小市的辐射地域,大致可以达到方圆十几二十里之内的范围。因此不仅附近乡民多以此为中心来镇贸易,即是周围其他小市范围内的乡民以及收购花、布的小行庄商人也多入镇收买。这些中等镇市在当时商品流通中的地位和所起的作用不仅具有原来小镇市的全部经济功能,而且还是范围有所扩大的地方小市场的流通中心以及国内大市场流通商品更高一层次的集散地。

中心镇的规模一般仅次于县城,有些也可能过于县城,一般每县只有三四个,四五个,分布也比较匀称,互相间距可在几十里以上。中心镇不仅具有小镇市,中等镇的全部流通功能以及它们所代表的交换关系和相应的覆盖地域,而且还联系着周围数个中等,十来个小镇市,是更为广阔范围内的商品交换和贸易中心。如奉贤县东新市,乾隆年间商务繁盛,"为东北名镇",意即为当时奉贤县东北隅的贸易交换中心。这类中心镇的辐射面大致上可以覆盖一个县

---

[1]　参见(清)乾隆《奉贤县志》卷2《市镇》。

四、五分之一的疆界,达到方圆三四十里的范围。如嘉定县南翔镇为嘉定县首镇,"附近三十里内乡民均不惮远道,抱布争售",其"布经市,必在日中,往返远者三、四十里,必穷日之力也"。[1] 中心镇不仅店铺众多,门类齐全,而且集市贸易也较中小镇市发达。这类镇交易商品种类繁多,乡民们在需求或供给不能从中小镇市中得到满足时,就只能改道赴此。以嘉道年间嘉定县中心镇真如为例,是时镇之"附近六、七里外虽有市廛,仅具雏形。故豆饼业销售之远达二、三十里之外。交易尤以花、布为大宗,即邻近各镇之乡人咸抱布争售,并易其日常所需者而返"。[2] 又如清中叶嘉定县的布经团交易,只有嘉定县城及少数大镇才有,故乡民买卖只能远道至此交易。另外,当时各中小镇市花、布行庄收购的棉、布大多也由行庄商人最后集中到这些中心镇的行商、布商手中。嘉庆年间,嘉定县布商萃于南翔,周围广福、石冈、戬浜等镇所收布匹亦最后集中于此,故南翔有"市易甲于诸镇"之称。[3] 同县真如镇在嘉道年间每年收购的布匹竟可达 100 万匹,其中除了本镇布庄直接收购之外,相当一部分即是由周围中小镇市行庄收购后再度集中其地。可见这些中心镇不仅是较中小镇市范围更广的地方市场的中心,而且也是国内棉布市场集散地和初级市场中的最高层次。一般来说,大量的棉布产品集中到此后,即可直接贩运外区。

府县城一般来说是一县范围内的商品流通中心,其中最具规模者还多少成为整个地区商品流通的中心。明代时取得这一中心地位是松江府城,清代康熙、乾隆年间以后则被迅速崛起的上海县城所代替。府县城作为一县范围商品流通中心的有利条件是它们驻扎有政府行政机构,城区居民较多,消费水平高,购买力强,对商贾有较大的吸引力,因此一般多成为一县商业最为繁华之地。当然这种现象并非绝对,如清中叶浦东设有南汇、川沙两县,但当时浦东最繁庶的商品流通中心既不是川沙县城,也不是南汇县城,而是周浦镇。又如金山县,县城位于前明时金山卫城,但一县繁华之地却是巨镇朱泾。

综上所述,明清上海地区的城、镇、市按其规模和联系地域以及所体现的

---

[1] 民国《宝山县续志》卷1《市镇》;(清)光绪《嘉定县志》卷8《风俗》。

[2] 民国《真如志》卷3《实业志·商业》。

[3] 参见(清)嘉庆《石冈广福合志》卷1《风俗》;(清)光绪《嘉定县志》卷8《风土志》。

流通关系的不同,大致上可以分成小市、中等镇、中心镇、县城四类。它们在流通中的地位和作用一般来说具有一种单向的包容关系,即中等镇的流通内容和覆盖地域包含并超过小市,而中心镇的流通内容和覆盖地域又包含和超过中等镇,依次类推。所有这些大小各级、各类镇市在商品流通中所起的作用总和则最终形成并决定了上海地区城镇在当时商品流通中的功能和地位。

（二）城镇的商品生产功能

城镇的商品生产功能是指城镇市作为手工业生产的集中场所而发挥的经济职能。在西欧中世纪晚期,城镇的手工业生产性质十分明显,城市中一般还有严密的手工业行会制度。而明清时代中国江南地区的大量新兴镇市中,以商品生产为主要经济职能的并不多见,这在当时上海地区的镇市中更是如此。

如前所述,上海地区的镇市明末时已达100多个,近代前夕更是超过300个,但是据现存文献资料所载,这些数量巨大的镇市中,稍有手工业生产基础的仅有朱泾、吕巷、朱家角、下沙、七宝、金泽、枫泾、南翔、黄渡、章练塘、青村等少数市镇。

朱泾镇的手工业生产主要是铁铺锻作和各种铜、铁小器制作,主要产品有铁纺锭、台阁铁柱、各种铜铁小件,包括农具以及其他各种日用傢什等等。《朱泾志》载,"铁锭朱泾最良,时有朱泾锭子吕巷车之谚",又说"台阁铁柱独数朱泾。粗笨不耐观,细巧则易折,全在煅炼时不刚不柔,火候恰好。他处胜会,必邀朱泾工匠为之"。

朱家角自明末以来即为青浦巨镇,《珠里小志》记载:"士农之外,惟工自食其力。古称三百六十行,又称一百二十行。珠里工之业可数者,攻金之工四,银匠、铜匠、铁匠、锡匠。攻木之工三,造屋宇者谓之大木作,雕刻为什物谓之小木作,只棺椁为之作铺。竹之工二,结篱、箍桶。圬者谓之水作,髹者谓之漆作,制衣服曰裁缝,又曰成衣。"又称:"百工皆谓之手艺,又曰生活,又曰行业,设肆曰作场,称之为司务。帮人曰伙计,首领曰作头。"[1]

下沙镇位于浦东,早在明中时即以刺绣和木器生产著名。明正德《金山

---

[1]　（清）嘉庆《珠里小志》卷3《风俗》。

卫志》中已有"镇多巧工,拨罗绒、纹绣及木梳、交椅之类皆精致,他郡不及"的记载,至清代仍然延续不绝。

吕巷、七宝、金泽、黄渡等镇的主要手工业都是生产铁锭、纺车、布机等纺织机具。至清前期,聚居于镇市的小手工业者已有一定数量。如金泽镇有"摇车埭",俗谓金泽锭子谢家车者,多聚于此。七宝镇有"纺车街",长约300余步,居此街中者"多制纺车售卖"等等。

青村镇位于滨海之地,素有鱼盐之利,手工业主要是渔网编结。镇中"结网之利,内河则有缯网、打网,为利尚微。外洋则有希网、长网、拖网。男女无田可种者,皆习此业,且为利数倍于田。每见家有四壁,则数十人聚焉。自朝至暮,拮据不休,彼此谈笑,以消永日。勤俭者,铢积寸累,以结网而至千金数百者,比比皆然也"。[1]

枫泾、南翔等镇的手工作坊主要是染踹坊,清前期在数不少,这在第三章中已有论述。

除了上述史料记载较为清楚的市镇,其他镇市,特别是一些规模较大的镇市,为城乡居民日常生产、生活服务的各类个体、作坊手工业也一定不同程度存在。如嘉定钱门塘镇"道咸间质库、衣庄、油坊等类多有之"。只是现存文献对这些镇市手工业经营的记载实在太少。

镇市的手工业生产除了数量有限的作坊外,为数甚多的还是城镇居民以棉纺织为主的家庭手工生产。这方面内容第三章中已多有论及,这里仅举有代表性的朱泾、南翔等镇作些补充。据《朱泾志》卷8《列女传》载,镇有陈氏、程氏、汪氏、周氏、夏氏等人居于镇中,或者"纺绩以自给",或者"日夜纺绩以奉父"。再如南翔镇也有张氏、瞿氏、江氏、印氏、陈氏、毛氏等,或"赁屋而居,蚤夜织作",或者"丝织为生""供养舅姑""苦志纺织以度守节"等等。[2]

和镇市相比,县级城市的商品生产功能则更突出一些。一般来说,县城特别是一些较大的县城,如明代的华亭县城,以及清代的嘉定县城、上海县城等等,都比普通镇市集中了数量更多的小手工业生产者和小作坊,其中的城厢居民也有更多的人从事小手工业。以华亭县城(即松江府城)为例,明后期有记

---

[1] (明)曾羽王:《乙酉笔记》。
[2] (清)嘉庆《南翔镇志》卷12《杂志》。

载说，"松江东南大郡也，城小而民稠，凡仓庾囷箱之所积，鱼盐舰舶之所集，缟纻金锡竹木蔬果处焉。而贩齿革羽毛，冶凫鲍韫之工，居肆以办民器，皆栉比于谷阳门外"。[1] 可见当时的西门外繁华之地不乏手工业作坊。此外，城东及城内亦同样有各式小手工业作坊，它们包括油坊、鞋肆、木作、铁铺、铜锡作坊等等。再如上海县城，清代时城内外亦有不少手工业小商品生产。如驰名的"顾绣"多城中男工为之，已是专门的小商品生产；其他木作、铁作、铜锡作也是城内外多有之。如位于小南门口的濮万顺铁铺，城南青龙桥的葛氏船厂，斜桥的胥盛齐铜作，城西的彭全泰炉坊，城中的王大隆铁铺，浦东陆家渡顾明海船厂等等。其中仅铜锡作坊嘉庆五年时全城至少已有 13 家之多。[2]

综观以上所述，明清时期上海地区城镇的商品生产功能大致有以下几个特点：

第一，城镇的小手工业生产的主要形式是个体劳动和小作坊，直到近代前夕，还没有足够的材料证明当时城镇中已出现有以分工协作为基础的工场手工业。如以前举数量已较多的上海县城铜锡作为例，它们大部分仍然是不满 10 人的小作坊，在生产上多数操作是一人到底。在铜器制作中，虽有半成品炉坊与成品作坊的分工，但它们只是作坊之间的分工协作，尚未发展成有明显内部分工的手工工场。此外，在不少镇市中，有相当部分的个体手工业生产如铁作、纺锭制作还没有完全从农业中分离出来，"尚是半工半农，仅在农闲时为本地农民锻造及修理各种农具、刀具，农忙时则下田"[3]。所有这些都充分说明，虽然由于人口聚居集中的原因，城镇一般来说总是集中了数量较多的以小作坊为主体的小手工业生产，但是直到近代前夕它们基本上还是停留在传统的发展水平上，还难以对城镇市的变化发展产生革命性的影响。

第二，城镇小手工业的生产品，除了染踹坊等少数行业尚是为国内大市场流通商品进行加工外，其余基本上都是为本地小市场的生产、生活消费服务。如油坊的榨油，铁作铺的日用器具、农具制作等等都是如此。产品流通

　　[1]　（明）陈子龙：《陈忠裕公全集》卷 27《松江西郭闻门台记》。
　　[2]　参见（明）崇祯《松江府志》卷 47《灾异》；（明）范濂：《云间据目抄》卷 5《纪风俗》；（明）李绍文：《云间杂识》卷 3；（清）褚华：《沪城备考》卷 6；上海市工商行政管理局等编：《上海民族机器工业》上册，中华书局 1966 年版，第 3—37 页。
　　[3]　上海市工商行政管理局等编：《上海民族机器工业》上册，中华书局 1966 年版，第 5,20 页。

范围的狭小和消费阶层的恒定决定了这些小商品生产的供给弹性甚小,同时亦决定了在市场尚未显著扩大的条件下它们还缺乏进一步发展的广阔前景。

第三,明清上海地区的镇市中,有一些如下沙、朱泾、枫泾、七宝、金泽等等都已形成了具有一定地方特色的小手工业生产,并且产品市场也规模不等地超越了郡邑范围,但是从这些镇市的总体来看,它们主要的经济功能仍然是商业流通。这不仅表现在如枫泾等镇比较发达的染踹业本质上还只是为商品流通、集散加工产品而不是生产产品,而且还表现在那些染踹业发达、集中的城镇,往往同时更是棉布收购、集散以及其他商品流转的中心,它们的染踹作坊手工业说到底还是为商品棉布的集散贩运服务。

第四,综合以上各点可以清楚地看出,明清上海地区城镇市的经济活动中,有关商品流通的内容远远胜过手工业活动的内容,这说明当时城镇的经济功能中占首要地位的是商品流通功能,其次才是商品生产功能。在当时的历史条件下,完全以手工业生产为主体的镇市可以说还几乎没有。当时星罗棋布的各级大小镇市主要不是手工业商品生产的中心,而是各级市场的存在场所和集散地,是商品的流转中心。城镇最重要的经济功能尚不在于向市场提供商品,而在于为市场收购、输送、流转商品。如嘉定县乾隆年间有"布商盛于南翔,花商盛于罗店,至新泾镇凉鞋,安亭、黄渡诸镇蓝靛,亦为商贩所集"[1]之说,但这些手工业产品并不是皆产自这些镇,而只是集散于这些镇。由此我们可以进一步看到,城镇的商品流通功能高于商品生产功能的最根本原因乃在于当时农村家庭手工业的广泛存在,不仅是手工棉纺织,即使是其他一些较大宗的手工行业,如草编、竹器业等也多分散于农村家庭生产,如清中叶嘉定县有篾竹村、箩行村,村中乡民多以竹器编制为家庭手工业,但其贩卖销售则多集中于附近镇市。[2] 当时大量镇市的兴起和发展主要就是顺应了这种以农村为主要基地的小商品生产进入流通的需要。这正如马克思在《资本论》中所指出的那样:"商业依赖于城市的发展,而城市的发展也要以商业为条件,这是不言而喻的。但工业的发展在多大程度上与此齐头

---

[1] (清)乾隆《嘉定县志》卷12《风俗》。
[2] (清)嘉庆《石冈广福合志》卷4《土产》;(清)光绪《嘉定县志》卷8《土产》。

并进,在这里,却完全取决于另外一些情况"。[1]　明清上海地区广大城镇中手工业生产不够发展的"另外一些情况"正是农村家庭手工业的大发展。在这里我们可以再一次看到城镇手工业的发展与农村家庭手工业成反比规律的例证。

(三)　城镇人口及其结构分析

明清上海地区的城镇不仅只是地方上工商业活动的中心,而且还是各阶层居民的集中聚居之地,因此要全面了解当时城镇在社会经济中的功能和作用,必须进一步分析城镇的人口集聚功能及其特点。

1.　明清上海地区人口发展的一般趋势

据现存资料,上海地区最早的人口记载是唐末宋初,其时上海仅为华亭一县辖地,册载有5.4万余户,11.3万余口。宋元时代,由于北方人口大量南徙以及人口自然增长,上海地区人口增长很快。元至元中,当时的华亭、嘉定、崇明3县人口已超过20万户,较之唐代几乎增长了8倍。元末至正年间,上海地区的户口大约又较前增长了30%,达到26.8万户,若以每户平均5口相计可达134.4万余口。它们构成了明清上海地区人口发展变化的基础和起点。

明代上海地区的人口,据册籍所载有一个十分令人奇怪的变化。明初洪武二十四年,当时上海地区的华亭、嘉定、上海、崇明4县共有35万余户,总计人口162.5万。但是自此以后,无论是户数还是人口数都呈下降趋势,其中在册人口数的减少尤为明显。正统七年时尚有125.3万口,较洪武时已减少23%,而到弘治十五年更减至97.49万口,只及洪武二十四年的60%。同时期史籍所载的户数减少虽慢于人口数的下降,但减少的趋势也十分明显。弘治十五年户数为32万,只及洪武年间的91%。在这以后直到明后期万历年间,史籍所载的户口数就更令人疑惑。万历年间上海地区的在册户数达39.1万余,较之洪武二十四年增长了11.7%,应该说还比较合乎逻辑,可是同时期的在册人口数却仍然急剧减少,其中华亭、上海、青浦三县只有人口48.4万,只及洪武时华亭、上海两县的44%,按此相计,每户平均只有两人多一点,这

---

[1]　马克思:《资本论》第3卷,人民出版社1975年版,第371页。

显然有悖情理。

在以往的研究中,曾有不少学者力图用各种理由,例如赋役压迫、人口逃窜等等,来解释以上人口锐减的原因,但实际上又往往捉襟见肘,难以自圆其说。按我们前面对明清上海地区社会经济各个方面的分析来看,有明一代上海地区的社会经济总的来说是在不断高涨,仅以镇市为例,明末就较明初增长约两倍之多。与其相适应,我们认为有明一代上海地区的人口也应当有所增长或者至少是保持明初的水平,而无论如何不应表现为锐减的趋势。对于史籍所载明后期的户、口数,我们认为其户数还比较合乎逻辑,比较真实,而口数则已经是大为走样,极不可靠。以上海县为例,据当时方志所载,万历年间全县仅有人口 19.2 万,而据同时期到过上海的西方传教士估计,当时仅县城城厢居民即有 4 万户之多,全县从事手工棉纺织的人口不下 20 万,仅这一项已超过志载全县人口。再说是时据同一志所载,上海县户数竟有 11.3 万,与前述人口数相除,每户仅为 1.7 人,这无论如何也难以令人置信。明清时期江南地区每户的平均人数,即使保守一些的估计,也应该在 5 人左右,若以当时册载户数 39 万相计,明末上海地区的人口数大致在 195.7 万左右,约较明初增长了 20%。

清前期上海地区的人口发展较明代更为明朗。明末清初,上海地区一度遭兵火骚扰,嘉定屠城,松江焚掠,至顺治中叶,全地区的人口大约较明万历年间减少了 21%,总户数减至 30.8 万余户。从康熙年间起,随着社会逐渐安定以及经济的恢复、高涨,人口亦逐渐增长。特别是到乾隆以后,社会承平日久,政府又实行"摊丁入地",人口几乎直线上升。迨至近代前夕的嘉庆末年,上海地区所在 10 县 1 厅人口数已高达 418.2 万,若以全境面积 6000 平方公里相计,每平方公里已有人口近 700 人。其人口数量之多,密度之高,当居江南前列。

综上所述,从明初至近代前夕近 500 年间,上海地区的人口明显地呈现出增长之势。清中叶嘉道年间与明洪武时相比,人口大约增长了 1.6 倍。弄清了这一人口发展的基本趋势和水平之后,我们就可以进一步来分析同时期城镇人口的变化趋势及其特点。

2. 城镇人口的数量估计及其发展趋势

在现存上海地区的文献资料中,关于当时城镇人口的记载极其零星、稀缺。因此我们的估计只能采取以前述所论城镇数为基础,再大致估出各级城镇的大小规模分类以及平均人口数的方法,最后粗线条地勾画出城镇人口的大致数量及其发展趋势。

在前文分析中,笔者曾把明清上海地区的城镇区分为府县城、中心镇、中等镇和小市四大类。但是,以各级城镇的人口相论,同为县城,如华亭、上海县城,明末清初人口都在 10 万以上,而如南汇、奉贤等县城,清初分县时不过四五百户,人口不满 1 万。再如同为中心镇,嘉定的江湾、南翔,清乾隆年间,人口多达万家,而浦东首镇周浦人口大约只及其五分之一,如此等等。这说明在我们对城镇人口的分析估算中,必须对各级各类城镇区别对待,作更进一步的分类。

明清几百年中,上海地区的城镇不仅数量上变化极大,而且如前所述,即是同一镇市或县城,规模也在不断变化。因此对城镇人口的数量估算必须确定一个基期,这个基期我们定其为清代乾道年间。为了使我们的分析估算更具史料依据,我们先把从史料中搜集到的有关各镇市户口的一些直接记载列表如下。见表7-8、表7-9、表7-10。

表7-8　清乾隆年间南汇县部分城镇户数估计

城镇	南汇县城	周浦镇	新场镇	一团镇	下沙镇	二团镇	四团镇	行头镇	八团镇
户数	1000	2000	1000	1000	200	200	100	20—30	500
城镇	六灶镇	横沔镇	三墩镇	沈庄镇	泰日桥镇	张江栅	北蔡	瓦屑墩	百曲村
户数	200—300	200	200—300	200	200	100	100	100	100
城镇	杜家行	拨赐庄	施家行	鲁家汇	秦家行	盛家桥	闸港	陈家行	
户数	200	20—30	20—30	20—30	100—200	20—30	20—30	20—30	

资料来源:(清)雍正《南汇县志》卷2《邑镇》;(清)乾隆《南汇县志》卷1,《邑镇》。

表7-9　清乾隆年间奉贤县部分镇市户数估计

镇　市	阮巷	胡家桥	孙家桥	法华桥	西新市	新塘
户　数	200	30—40	70—80	100	100	50
镇　市	益村坝	沈行	蔡家桥	盛家桥	金汇桥	三官塘
户　数	50	20	50	20	50	20

资料来源:(清)乾隆《奉贤县志》卷2《市镇》。

表7-10　清乾道年间上海、嘉定县部分城镇户、口估计

城　镇	上海县城	诸翟镇	南翔镇	江湾镇	钱门塘镇	盘龙镇	外冈镇
户　口	120000 口	700 户	10000 户	10000 户	100 户	200 户	1000 户

资料来源:《中国近代对外贸易史资料》第1册,第556页以及各镇地方志。

据上表所列以及其他资料记载,我们大体上可以把乾道年间上海地区的城镇市按人口多寡区分为如下级次:

一级县府城,户在2万—3万,当时仅有上海县城以及松江府城2处,总共人口约25万。

二级县城,如嘉定、青浦这些历史比较悠久的县城,大致为1万户,5万口上下,总共人口约10万。

三级县城,包括崇明县城以及清初分建的宝山、南汇、奉贤、金山和川沙县城,每城人户大致上为1000户,总共约5000户,2.5万口。

上述三类府县城人户合计大约共为7.5万户,37.5万口。

一级中心镇,人口可以高达万户,几与二级县城媲美,如表7-10所列嘉定县南翔、江湾两镇即达此规模,除此之外还有金山县朱泾镇。以此3镇计,当可有居民3万户。

二级中心镇,人口大约在一两千户左右,大部分为千户上下,也有略少些的,估计当时全上海地区此类镇大约有18个,合计人户1.8万户。[1]

三级中心镇,户数约在三至五百之间,如表7-8所列南汇县八团镇等,估计各县共有23个,合计人户9200户。

四级中等镇,居民约为一两百户,在表7-8、表7-9的统计中,它们所占数量不少,估计全地区共有96个,合计人户约1.44万。

五级小镇,居民仅在三五十户左右,它们在各县的镇市中占有相当数量,特别是清前期一些新兴小镇市很多属于这一类,它们的数量大致上有95个,合计人户3800户。

六级小市,它们在所有镇市中规模最小,人数最少,大部分成市时间较短,但分布却较为广泛,如表9所列奉贤县三官塘、沈行、盛家桥等都属此列,其居

---

[1]　关于镇市之分类详情,可参见本书附录6。

民一般只有 10—20 户,故有些记载称这类小市"形同村落",在当时上海地区内,这类镇市大约有 59 个,合计人户约为 1180 户。

综上所述,根据清乾道年间上海地区的镇市分类以及每类镇市居民的平均数量和镇市数量,当时镇市居民总数大致上可以估算,如表 7-11 所示。

表 7-11　清乾道年间上海地区镇市居民估算

镇市类别		一级	二级	三级	四级	五级	六级	总计
平均居民(户)		10000	1000	400	150	40	20	—
镇市数	个	3	18	23	96	95	59	294
	(%)	1	6	8	32.7	32.3	20	100
合　计	户	30000	18000	9200	14400	3800	1180	76580
	(%)	39	23	12	19	5	2	100

说明:崇明县镇市因史料记载实在缺乏,故只能酌情全部估为中等水平的四级中等镇,其余各县镇市皆据方志所载具体情况,一一予以分级归类。各镇市的大致概况可参见附录6。

从表 7-11 之估算可以看出,当时镇市中虽然居民在 200 户以下的中小镇市占有镇市总数的 85%,但其聚居的居民数量仅仅只及全部镇市居民数的 26%,而一、二级中心大镇数量虽然只占镇市总数的 7%,但它们聚居的居民却占到总数的 62%。由此可见,明清时期上海地区镇市的人口聚居功能主要表现为少量的大、中镇市集聚了绝大部分的镇市人口,而星罗棋布的中小镇市虽然数量甚多,但以其聚居人口的功能而言并不过于普通村落。

与前述城市人口相加,近代前夕上海地区在籍城镇居民,包括各县城以及大小镇市,大致上已经可以达到 151580 户,若以每户平均 5 口相计,约为 756100 余口,大体上占到当时在册人口总数的 18%。这也就是说,近代前夕上海地区的在册人口中,大约已有近 20% 的人口是居住于各大小县城以及广泛分布的各级各类镇市之中。[1]

---

[1] 李伯重以 19 世纪的华亭—娄县地区为例,认为,19 世纪时,华亭县及娄县的"市镇人口合计约 7 万人;以每户 4.5 口计,约 15.1 万户。城镇合计,则有居民约 22 万人,4.9 万户;城市化水平近于 40%"。并且进一步认为,"19 世纪初期华娄地区的人口总数以及城市化水平,显然都大大高于 20 世纪中期"(李伯重:《19 世纪初期华亭——娄县地区的城市化水平》,《中国经济史研究》2008 年第 2 期)。

然而，以上所估并不就等于近代前夕上海地区的全部常年城居人口。这首先是因为，由于商业贸易的兴盛，在当时的大小城镇中都数量不等地存在一大批不入当地户籍的外来商贾。早在明后期，仅上海一县就有"游贾无虑数十万人"之称，即使这一记载有所夸大，但大量客商的存在终是事实，这从我们前面章节中有关商人和商人资本的论述中已经可以看出大概。虽然由于史料缺乏，我们现在还难以对当时城居的外地商贾数量作出较为精确的估计，但有一点至少可以肯定，加进这部分人口，近代前夕上海地区大小镇市中的常住人口至少可以达到 100 万以上，这一估计应该说还是比较能够接近实际的。

3. 城镇人口的特点及其结构

按现代经济学的一般理解，城镇人口一般都应表现为游离于农业生产之外的非农业人口，但是近代前夕上海地区的城镇人口却不能简单地等同于非农业人口，其中至少还有一部分人仍然与土地及农业生产有着程度不等的联系。

首先，即使一些较大县城或中心镇中的居民，仍不乏从事农业生产者。他们有的在城廓之内以艺圃为生，有的则在近城镇之地种稻植棉。如南汇县城雍正年间"城中惟四街，上下岸民居稠密，其外皆田亩居多"。[1] 同时期嘉定县也同样有"嘉定农末相资，市镇非一"[2]的记载。又如金山张堰镇，明后期户口千计，规模形胜非其他镇可比，然而其间居民亦有"男耕妇织"；南汇县大团镇，清前期镇之"灶民归农者众"等等。[3] 正因为当时城镇居民中亦有不少人仍从事农业生产而同土地有紧密的联系，实际上还不完全是从农村中分离出来的城镇非农业人口，故当时一些地方志中还多有"自成市镇，士习诗书，农勤耕织，百工商贾，各务本业"[4]的记载。

其次，在一些规模不大的中小镇市中，其居住居民更多有从事农业生产者。如《奉贤县志》记载，潘店镇"居民多务本力穑者"；西新市，居民百余家，大半农、贾；游桥汛市"其民治农业，勤纺织"等等。由此可见，虽然至近代前

---

[1]　（清）雍正《南汇县志》卷 2《邑镇》。
[2]　（清）康熙《嘉定县志》卷 1《市镇》。
[3]　民国《重辑张堰志》卷 9《艺文》；（清）乾隆《南汇县志》卷 1《邑镇》。
[4]　（清）道光《七宝镇志》卷 1《风俗》；（清）乾隆《真如里志》卷 1《风俗》。

夕,上海地区众多的大小城镇中已聚集了上百万的人口,但他们之中仍有一部分还未最后从农业中完全分离出来。各级城镇虽然就其经济功能而言已是范围不等的各级工商业中心,但它们的常住居民并不象中世纪西方城市那样基本上都从事非农业性的工商业经济活动。特别是一些较小的镇市更是如此。

农业人口之外,城镇居民中另一部分是小手工业者和贫民阶层。这部分居民一般已和土地没有联系,他们有的依靠打短工、从事脚夫业,或者以其他纺织、刺绣、裁缝、制袜、编屦等等为生,其中极其穷困潦倒者则为乞丐游食之民。在一些较大的繁华城镇中,这部分居民亦占不小比例。其中不少人家是男子无固定职业,而妇女则日以纺织供养全家。这在现存史料记载中屡见不鲜。如青浦县城,万历年间市民里妇无生计"日织此一布易斗米备晨炊,户以为常。布一日不售,则子、妇有枵腹坐足下"。[1] 故时称城镇贫民无固定职业的"游手之徒有资妇女养生者"。[2]《云间杂识》记载明代时"朱泾镇张姓,贫甚,月余不得饮酒,大觉流涎,其友闻之,赠以一尊。张遽欲启饮,妇止之曰:姑少待旦日,鬻棉纱于市,得少肉佐酒,何如? 夫喜诺,遂置酒壁间。夜半大风,壁倒,酒化为乌有矣"。而在城居贫民的孤女寡妻中,更是多有藉纺织以自给者。此外,在某些镇市的手工业人口中,还有一部分是外来的专门工匠,如枫泾镇清初时多布局,所设染坊、踹坊,工匠皆为江宁等地外来人口。

城镇居民中的无业游民是城镇居民中生活最无保障的极贫阶层。他们既无土地,又无固定职业,不少人只能以行乞或者其他不正当生业为生。明后期,郑思斋为上海知县,曾令县城"四门总甲,开丐姓名,翼日解县,共八十人。丐云:欲为盗则畏法,欲改业则无资,人愿得银二钱,俱为卖菜傭矣"。[3]

城镇人口的职业构成中还有一部分是工商业人口。他们不仅包括一部分入籍的土著居民,而且还有大量的寄寓外地商贾。本地居民从事工商业,一般除了开设一些数量不多的店铺外,主要是小商小贩以及在商肆店铺行号中充当伙计之类。以青浦县朱家角镇为例,朱家角镇所在的青浦县五十保三区十一图以及一区二十五图,嘉庆年间共有在籍成年男女人口4716

[1] (明)屠隆《由拳集》卷16。

[2] (清)乾隆《上海县志》卷1《风俗》。

[3] (明)李绍文:《云间杂识》卷6。

人,其中店伙 267 名,占成年人口总数的 5.7% ,雇工 99 人,占成年人口总数的 2.1% 弱。[1] 估计当时的上海县城、松江府城等大城市中,从事工商业的城镇居民比例还会更高一些。

外地商贾按照当时封建政府的户籍管理制度,一般只是寄寓人口,并不归入本地有司户籍。如外冈镇"因地产花布,远商云集,居斯镇者未必皆土著"。但是他们足迹所及遍于当时大小城镇,人数之多足以构成当时城镇工商业人口的一个重要部分。如华亭县泗泾镇,明代嘉靖年间还只是一个兴起不久的中等镇,有记载说:"范文正公有十五世孙曰启晔,字景辉,少学书,以孤贫弗克,竟自苏来贾华亭之泗泾。于是时,泗之贾人以百数。"[2] 泗泾一镇如此,其他大镇、大城常年云集之外帮商贾人口更可想而知。难怪明人陆楫在嘉万年间要说,仅以上海一县言之,"游贾之仰给于邑中者,无虑数十万人"。在记载当时各大小城镇的史料中,每每多有"商贾辏集","商贾侨寓"的说法。时至近代前夕,像上海县城这样的工商业中心,常年寄寓的各地商贾人口至少在万数以上。

最后,当时的城镇居民中还有为数不少的缙绅富室、城居地主。他们一般集中在府县城和一些较大的中心镇。大约在明代正德、嘉靖以前,地方上缙绅大族还未热衷城居,当时"乡大夫多有居城外者,如南郊两张尚书,东郊孙尚书,西郊顾尚书有司郎于所居建坊",等等。[3] 至嘉靖以后,一方面由于追求城市的奢靡享乐,另一方面也由于当时倭寇频频骚扰,居于城外不如城内安全。缙绅大族、富豪地主纷纷迁入城市居住。如上海县城在筑城之前"编户六百余里,殷实之家率多在市",而倭乱一起,更是"滨海大家久已搬入城中,凡居海上者皆其佃户家人"。[4] 从此之后,各府县城迅速成为缙绅士夫的聚居中心,而且由此逐渐形成了一个城居地主阶层。如青浦县城万历年间重建时,"城中数百家,皆华(亭)、上(海)贵宦大家"。[5] 延至崇祯年间,虽然倭乱早平,但缙绅、地主城居之风有增无减,并且成为城镇人口中的一个重要组

---

[1] (清)嘉庆《珠里小志》卷2《户口》。
[2] (明)徐阶:《世经堂集》卷16《北黉范君暨配顾孺人墓志铭》。
[3] (明)崇祯《松江府志》卷7《风俗》。
[4] (清)同治《上海县志》卷2《城市》;(明)徐阶:《世经堂集》卷23。
[5] (明)屠隆:《由拳集》卷15。

成部分和城镇工商业消费的一个重要方面。崇祯《松江府志》称:"今缙绅必城居,故宦宅第转展相售,居必巧营曲房栏台,砌点缀花石,几榻书画竞事华侈。"现今上海、松江、嘉定等旧城内遗留的豫园、半淞园、留园、露香园、秋霞圃等等园林或遗址名称,都是当时显宦缙绅城居的最好例证。

松江府城、上海县城等较大城市外,一些稍具规模的镇市中亦不乏聚居的地主、缙绅。他们往往身居城镇,既在农村拥有大片土地,又在城镇从事高利贷等工商业活动。例如清初华亭县南桥镇邹连成,祖、父几代都是富甲一方且又藏镪无数的大地主,但皆居于镇中,并且经营高利贷放。其他如嘉定广福镇,明末时"盖千室之聚,多富人大家";上海县莘庄镇也是"民居数千指,多诗书弦诵之家";奉贤县青村镇明末时,每遇试期,应童子试者达五六十人之多,绅衿日盛而称海洪文墨之区。[1]

综上所述可见,尽管近代前夕上海地区的众多城镇,主要已是工商业经济活动的中心,但是其中聚居人口的构成却并不尽是工商业者。其中不仅有为数不少的农业生产者,而且还有一定数量的城居地主缙绅。工商业人口中,外地商贾占有很大比重,本地土著居民从事工商业者多集中于小手工业者、小商贩以及店铺伙计等等。它们共同构成了不同于西方中世纪工商业城市的东方城镇人口结构的最大特点。

第三节　城镇发展原因的历史考察

(一)　经济因素在城镇发展中的重要作用

如前所述,明清上海地区的镇市已是工商业经济活动,特别是商业贸易的中心,在促成镇市发展的因素中,经济因素无疑起着首要的作用。

明代之前上海地区的县城包括镇市总共不过30余个。明清时期大量新兴镇市不断涌现,这些镇市的前身一般多为乡民聚居村落,其中特别是宋元之

---

[1]　参见(清)嘉庆《石冈广福合志》卷4《杂类考》;(清)董含:《三冈识略》卷9《补遗》;(明)崇祯《松江府志》卷3《镇市》。

际大量北方人口南徙聚族而居的较大聚落。如嘉定县马陆镇的前身马陆邨，即是南宋丞相陆秀夫长子陆南大率族自盐城避难于此，与马氏共处其地，以后子孙繁衍，遂名其地为马陆邨。又如南汇县分建后的新兴市镇中，施家行的前身为"施氏居第相望"，叶家行的前身为"叶宗行故里，子孙聚族居此"，曹家行"为曹族聚居成村"，等等。[1]

这类聚居村落在明清时期有相当一部分演进为有店铺行庄、集市贸易的大小镇市，社会经济发展促成的商品交换和流通的扩大起了决定性的作用。在以前各章的叙述分析中，我们已经指出，明清时期上海地区农村的种植业中几乎已有半数是以棉花为主体的经济作物；农村经济构成中除了农业生产外，以手工棉纺织为主要内容的小商品生产性质的农村家庭手工业已占有重要地位。农村经济中商品性生产成份的增长势必要求商品流通、交换场所的增加和扩大，势必使原有镇市的数量相形见绌，大量的新兴镇市终因交换经济成份发展的需要而不断地从昔日村落的基础上破土而出。这类例子在现存的方志记载中俯首可拾，本章第一节已多有枚举，此处仅再举上海县法华镇一例，据《法华镇志》所载："法华因寺得名，南襟蒲汇，北带吴淞，夙称文物名声之地。宋高宗南渡后，颇有达者家于此焉。有明之世，渐成市廛，懋迁有无，化居者日众"，而"至镇市则由于商贾辐辏"。可以说，在我们所统计明清时期200多个新兴镇市中，促使它们由普通的聚居村落逐步演进为具有工商业活动性质的镇市，几乎无一例外都首先是由于经济发展的需要和经济因素的刺激。

不仅镇市如此，即是明清时期新建的县城，它们的选址、创建以及发展同样与经济发展及经济因素有密切联系。当然县城的肇建与普通镇市不同，它们一般都是由政府以行政手段指定设立，这就容易使人误以为似乎县城的设立主要是政治、行政因素起首要作用。事实上，所谓新兴县城即新县的分设首先是社会经济发展的产物。比如明后朝青浦县的设立以及清初娄县、宝山、奉贤、金山、南汇诸县的分设，其主要原因都是因为经济发展而使钱粮增加、人口增多，"繁剧难治"。说到底都是社会经济发展的结果。其次，新县城设立的选址一般都是利用了原有镇市的发展，大多设立在已有一定工商业发展基础，

---

[1]（清）嘉庆《马陆志》；（清）雍正《南汇县志》卷2《邑镇》。

比较繁华的大镇之中。如青浦县城设于原唐行镇,奉贤县城设于原青村镇,南汇县城设于原南汇所城,川沙县城设在原八团镇等等,这些地方原来已是当地重要的工商业经济中心。县城的设立只是利用了这些原有市镇,并且促进了这些镇市的更大发展。在这里,经济的发展以及经济因素不能不说仍然是新兴县城设立的重要因素。

明清上海地区城镇发展的首要因素是经济因素还可以从城镇增加数量、人口增长速度以及商品流通、市场贸易额三者关系中得到佐证。据我们前节的分析,明清时期上海地区的人口大致增长了 1.6 倍,如果没有其他因素的刺激,社会经济只是按原有水平增长,作为商品流通、交换主要场所的各级镇市也应只是以相应的水平增长。但实际上,上海地区同时期城镇的增长速率大大高于上述同时期人口增长的速率,近 500 年间几乎增加 7 倍以上。这充分表明,虽然人口繁衍毫无疑问能对当时的镇市发展产生重要影响,但是它们并不能成为明清上海地区城镇兴盛发展的主要原因,促成城镇兴盛发展最主要的还在于商品生产的发展和流通市场的扩大这些经济因素。明清上海地区的市场贸易额,明初时以当时税额计,大致为白银 100 万两,至明末及清中叶,仅以粮、棉、布等大宗商品的交易额就可高达 635 万两和 2095 万两,分别为明初的 6.3 倍和 20.9 倍。综合以上三项的增长,其速率可以排比为:市场贸易额增长>城镇增长>人口增长。这一点,不仅可以充分说明明清上海地区城镇发展的主要因素是由于市场扩大和商品流通增加,而且亦可以进一步证明,明清上海地区社会经济的开发,主要不在于由于人口增加而引起的传统自给性生产的简单扩大,而是在于自给性经济日益向小商品经济的转化,在于商品经济的日益增长和发展。

(二) 自然条件与地理位置在城镇发展中的作用

经济因素是城镇发展的主要动因只是从最一般的意义上而言。具体地说,当时众多的村落哪些得以演进为市镇,哪些又始终只能停留在自然村落阶段,它们各自所处的自然条件以及地理位置所起的作用至关重要。

城、镇、市一般说来都是地区内商品交换和流通的中心,城镇的这一基本职能决定了城镇与四周乡村以及其他镇市之间必须有便捷、经济的交通往来。在近代交通尚未出现的前近代社会,上海地区主要的交通工具是"舟楫之利"。因此,对每个城镇来说是否傍河临浦,或者地处水路冲要就成了它们兴衰存亡的重要原因。

纵观当时数以百计的城镇,几乎无一例外都有大小不等的通航河流经过,有些镇市甚至是数条水路环绕其间。诸如:

七宝镇,左为横沥,前临蒲汇塘,后有寺池浜,干河支河约有10余条;

外冈镇,南通吴淞江,北抵刘河,西达吴塘、顾浦,河港委曲;

安亭镇,吴淞江环其前,娄江绕其后,而所资灌溉舟楫之便者则有瓦浦、顾浦诸小泾;

朱泾镇,中贯市河,东通黄浦,西达秀州塘、湖泖,南有漩子泾抵海盐、平湖,北有小泖港至苏州、嘉兴。

钱门塘市,南临郭泽塘,东跨顾浦,西接徐公浦,等等。[1]

正因为当时镇市几乎都与水路航运有不解之缘,因此它们中有很多是以河浦、塘泾而名。如泗泾镇,"因泗泾塘故名";徐泾镇"起于明季,因水得名"。其他如周浦镇、赵屯镇、三林塘镇、白鹤江市、金泽镇等等无不皆是如此。市镇依河浦而立,必然以水道之通塞而兴废。其典型例子莫如我们在之前的论述中多次提及的青龙镇和乌泥泾镇。青龙镇自唐宋以来即为东南重镇,以后由于"沙长水湮,遂为斥卤"。明后期一度曾设治青浦县城,但未久即废而改设唐行镇。其原因无非是"唐行镇道里适均,水陆交会","改设唐行就水利也"。[2] 而乌泥泾的衰落也正在于"泾水淤涸,寥落亦非旧矣"。又如前述之朱泾镇,明代时"户口殷繁,闾阎充实,虽都会之盛,无以加兹",而清初一度"市井日萧条,民生日凋瘵",究其原因无非是"镇当泖浦之交,蓄泄紫洄,所关非浅","而水利实关乎盛衰"。[3] 其他如奉贤县阮巷镇,清初市井栉比,颇称巨镇,后因"诸河游塞,舟楫不通,人咸以为病焉"。上海县七宝镇,明代时十余条干河、支河一例深通,为邑之巨镇,而入清以来"蒲汇大塘犹且通塞无常,而一切支河、小港间桥梁虽存,尽为平陆,不特科第乏人,即居民亦不免萧条矣"。[4] 与此相反,倘

---

[1] 参见各地方志有关记载。
[2] (明)崇祯《松江府志》卷2《沿革》;(清)乾隆《青浦县志》卷34《名宦》。
[3] (清)嘉庆《朱泾志》卷3《水利志》。
[4] (清)乾隆《奉贤县志》卷2《市镇》;(清)道光《七宝镇志》卷1《形胜》。

若水道畅通,镇市往往能日益兴盛。康熙年间,上海县杜家行市即因周浦塘、闸港淤浅后作为浦东水路孔道,日渐繁庶。而雍正年间周浦塘开浚后,傍浦之南汇六灶镇则"居民渐饶成市,东西约四里,居民约三、四百家"。[1] 此正如嘉庆《松江府志》所说:"至各邑市镇,商旅往来,舟楫所聚,多因水道变迁矣。"

水路航运这一自然条件外,地理位置是否居于冲要,也是市镇能否兴起发展的重要因素。一般来说,凡是地处水陆交会之冲的村落,其或早或晚终会演进成具有一定规模的镇市。典型的例子是青浦双塔镇,由于地处商人往来苏松适中之地而最终成镇;南汇县闸港镇也是地处"黄浦自西而东折北处,郡邑舟楫往来孔道,浦中风逆难行,或待潮信,船多泊此,遂成市肆"。[2] 其他如七宝镇、黄渡镇、广富林镇、石冈市、外冈镇、真如镇、朱泾镇、塘桥镇、法华镇等等,无一不是或地处"要津孔道",或是位"水陆冲要"而成商贾必由之地,镇市日以繁兴。

普通镇市的兴盛发展离不开水路航运的自然条件和地处冲要的地理位置,规模较镇市更大的府城、县城则更与两者密不可分,前述上海县城的发展最能证明这点。上海县城地处江浦交会之处,东濒黄浦江,北临洋泾浜、吴淞江,城内外市河较大的有东西走向的薛浜、方浜、肇家浜,南北走向的寺浜等等。其中肇家浜东抵东门城外自黄浦入流,西经西关直达蒲汇塘与松江府城相连;寺浜则流经城濠可直达吴淞江。这些市河不仅是城中居民日常生活汲饮洗濯之处,也是城内"舟楫之利"所在。为了保证这些水道畅通,维系整个县城正常的经济生活,自明至清,每隔一段时间,地方政府即要组织人力、物力疏浚河道,以保证"郡城之舟直泊县门""城内市河通舟楫"。[3]

综上可知,明清上海地区城镇的兴起发展,除了最一般的经济原因外,还具体地取决于水路航运和冲要的地理位置。凡是既具舟楫之利,又为四方交会的聚落所在是镇市兴起的最理想所在。综观明清时期上海地区几百处镇市,可以说至少是具备了其中的一项,这可能不仅只是明清上海地区镇市发展

---

[1] (清)康熙《上海县志》卷1《疆域》;(清)雍正《新建南汇县志》卷2《邑镇》。

[2] (明)崇祯《松江府志》卷3《镇市》;(清)雍正《分建南汇县志》卷2《邑镇》。

[3] 参见(明)崇祯《松江府志》卷17《水利中》,卷11《役法上》;(清)嘉庆《松江府志》卷10、11《水利》。

的特有现象,恐怕也是整个江南地区镇市发展的一般规律。

(三) 政治、军事因素对城镇形成和发展的影响

经济因素以及自然地理条件对城镇形成发展有重大影响只是上海地区城镇发展的一个方面,它并不排斥经济之外的政治、军事因素在城镇发展中的作用,只是这种作用的方式有其自身的特点和范围。

由于军事原因促成镇市发展的典型例子莫如明初沿海地区的卫所城堡设置。如前节所述,当时设立的卫所城,其中有的是利用了原有市镇旧址,有的则是以行政手段新设置而成。但无论何者,军事、行政人员的集中和增加都会刺激社会需求增长,从而也促进商业贸易的发展和镇市的兴盛。明初设立的这批卫所城堡时隔不久即在作为军事戍所之外,同时也成为沿海重要的商业镇市和渔、盐业生产、流转中心。在这里,军事戍所这一非经济原因明显地成为促进这些镇市兴起发展的重要契机。

政治因素对镇市兴起、发展的影响比较集中地反映在新县分立对镇市发展的促进上。如前所述,新县的设立说到底与经济发展有密切关系,但就县治设立本身而言,毕竟属于政治行政措施。它除了能人为加快县治所在地的发展外,往往还能在新县所属辖范围内有效地促进新兴市镇的发展。如青浦县辖境在未独立建县前,相对还是"芜区瘠土","庐舍寥落",市镇甚少。而到嘉靖万历年间建县之后,新兴市镇不断涌现,至明末已有朱家角等22处市镇,增长速度雄居当时诸县之首。再如清雍正年间,浦东地区分建南汇、奉贤两县之后,一方面大大促成了原有镇市发展,另一方面也由此带动了一批新兴市镇的出现。如奉贤县青村港镇"自分邑后,舟楫往来如织,百货聚焉。廛阓之盛,遂冠东乡诸诸"。又如南汇县城所在之旧南汇所城,雍正分县之初,"城郭倾圯,阛阓萧条,居民寥落,井里荒榛",但自"分县以后,将有日盛之势云"。雍正中叶,南汇建县后不久,全县共有镇市 28 处,而到乾隆年间,除原有镇市大部分规摸都扩大了一倍以上之外,还另外增加了 10 处新兴镇市,其增长速率在当时各县中屈指可数。[1]

---

[1] 参见(清)雍正《分建南汇县志》卷2《邑镇》;(清)乾隆《南汇县新志》卷1《邑镇》。

　　政治因素对镇市发展的影响还表现在诸如巡检司、盐司、税务、河泊所等行政机构设立对镇市繁兴的促进上。首先，上述种种行政机构在某些镇市的设立，本身已表明这些镇市一般已有一定的发展规模，而这些行政机构的设立又使得这些镇市集中了一批非生产性的吏员以及为他们服务的其他人员和行业，这无疑又会扩大市镇的消费需求，增加市场供应。另外，由于这类行政机构的设立，有些商业贸易自然而然地会被限定或吸引到这些镇市中进行。所有这些都会自觉不自觉地促进这些市镇的发展。明清上海地区的镇市中，凡是设有以上这些行政机构的镇市，一般都是比较繁庶的中心大镇，其原因也正在于此。

（四）社会突发性因素对城镇盛衰的制约

　　以上所述大体上都是在城镇发展中起促进作用的方面，然而明清上海地区的城镇发展中也有遏制和破坏的因素，这就是以战乱为主要内容的社会突发性因素，其中尤以明代嘉靖年间的倭乱以及明末清初清兵南下的屠城影响最烈。

　　以日本武士、海商、浪人在中国沿海地区武装走私和劫掠的"倭寇"骚扰早在明初时已经存在。明洪武年间，倭寇曾"侵掠苏州、崇明，杀掠居民，劫夺货财"。[1] 但一直到嘉靖之前，一方面由于明政府对海防的高度戒备，另一方面也由于中日"朝贡贸易"的存在，倭寇还未酿成沿海大患。嘉靖年间，日本正值战国时代，众多的诸侯国争相与明朝通商，由于受朝贡贸易制度限制，嘉靖二年（1523 年）在浙江宁波发生了日本贡使内讧、火并的"争贡事件"，以及倭人对宁波沿海诸郡的劫掠。明政府认为倭患起于市舶，随即停止了沿海口岸正式的市舶贸易。此后，倭人伙同中国沿海海盗商人，对东南沿海地区大肆侵扰掳掠，终于酿成了嘉靖朝著名的"倭乱"。

　　上海地区遭受倭乱严重骚扰起自嘉靖三十二年（1553 年）。该年三月，倭酋汪直"勾诸倭大举入寇，连舰数百，蔽海而至"。[2] 四月，倭人与官军大战于浦东十九保，结果官军大败，死伤甚众，倭人遂沿浦长驱直入上海县治。当

---

[1]　（清）谷应泰：《明史纪事本末》卷 55《沿海倭乱》。
[2]　《明史》卷 322《日本传》。

时上海县治尚未城垣护卫,知县俞显科弃城遁走,倭兵入县大肆抢掠烧杀而归。当年五六月间,倭人又沿吴淞口及浦东周浦塘两路夹攻,3次掳掠上海县治。据史料所载,每次入侵不是"市民溃,恣其掠取","海上漕艘俱焚","民、兵死者过半,邑里为墟";就是"焚县治,杀掠吏民甚惨"。与此同时,倭人势力几乎已控制了整个浦东地区,周浦、拨赐庄等著名镇市皆遭劫掠无遗。[1]

上海县治在数遭劫掠之后,以数月时间筑起了城墙。倭人见再掠上海县城已有困难,遂占据浦东川沙洼和华亭柘林镇为据点,转而大肆攻掠嘉定县城以及黄浦上游的松江府城和沿途镇市。嘉靖三十三年四月,倭人分两路,一路500人由东向西经上海县由陆路直逼松江府城东门,久攻不下即纵火城外,大火3昼夜不息。另一路800人走水路从小横潦泾直奔府城西门,昔日工商业繁华之地的西门外秀野桥至小仓桥一带遭倭劫掠,"庐舍焚殆尽而泖东西各镇,惨不可胜记"。嘉定县城屡遭倭寇围攻,城虽未陷,但城外尽遭劫掠。嘉定县境内的一些大镇如江湾、月浦、外冈、南翔诸镇尽遭焚毁劫掠,居民逃散,市几无存。

面对倭人的猖狂劫掠,地方官员束手无策,"有司但知婴城固守,莫能驱逐",于是倭人越发恣肆,浦东、浦南近海之地富户大家皆逃窜入城。倭人盘踞近海之地以为巢穴,其中最著名的即是前述川沙洼(八团镇)和柘林镇,倭酋徐海、徐东等在那里筑起深沟高墙,集结数万党羽,四出抄掠,几乎控制了整个广阔的沿海地区。[2] 嘉靖三十五年,倭又驾船劫掠松江府城西门,"烟火七昼夜不绝,视癸丑四月(即嘉靖三十二年倭掠上海县城)尤惨"。2个月后,倭又再次由浙而来,"驾千艘东下,由朱泾泊吕巷,四出如张堰、松隐等镇,焚劫一空"。[3] 一直到嘉靖三十八年,由于某些能将干吏在人民配合下组织了几次成功的战役,才驱使倭人撤离上海地区向苏、浙南北两翼而去。而整个东南沿海的倭乱大致上一直到嘉靖四十三年,才在抗倭名将戚继光、俞大猷等人的奋力合击下才得以最后消除。

综上,明嘉靖的倭乱虽然时间并不长久,但是它们对于当时上海地区城镇的破坏甚烈,影响极大。

---

[1] (明)张鼐:《吴淞甲乙倭变志》。
[2] 民国《重辑张堰志》卷9《艺文》。
[3] (明)张鼐:《吴淞甲乙倭变志》。

首先,由于倭寇骚扰以掠取财物为宗旨,因此人口、财富集中,工商业繁庶的城市、集镇自然成为倭寇抢掠的首要目标。倭乱时,西至青浦,东到上海,北至嘉定,南抵金山,上海地区许多城镇都遭到不同程度的破坏。表7-12即为史料记载中部分较为清楚的事例。

表7-12　明嘉靖年间上海地区部分镇市遭倭乱事例

城镇名称	破 坏 情 形	资料来源
江湾镇	遭倭之乱,荡然尽毁	《江湾里志》
青浦镇	倭奴纵炸,巍房煨烬,廛舍延烧,居人徙殆尽	《江东志》
月浦镇	衰于倭变,遭倭变,衰败甚矣	《月浦志》
南翔镇	倭寇迭至,乡村多被火,屋宇多焚	《南翔镇志》
外冈镇	岛夷入寇,逃亡几尽	《外冈志》
三林塘镇	迨遭倭乱,三林凋敝	《西林杂记》
大蒸镇	明时遭倭,市遂衰落	《蒸里志略》
金泽镇	遭倭乱,居民皆逃匿	《金泽小志》
朱泾镇	倭自小横泾来,民死者六百余人	《朱泾志》
盘龙镇	倭寇窜至,室庐被毁,市遂无存	《盘龙镇志》
乌泥泾镇	嘉靖间,倭寇焚掠无遗	《松江府志》
柘林镇	倭据为巢,白刃横道,屋庐烧荡,民不堪命	《吴淞甲乙倭变志》

在整个倭乱期间,上海地区的城镇究竟遭到多大的破坏和受到多大损失史无明载,亦无法估计。但据明人归有光在《昆山县倭寇始末》中称,嘉靖三十二年倭在昆山"分掠村镇,杀人万计","烧房屋二万余间","各乡村落,凡三百五十里境内;房屋十去八九,男妇十失四五"。上海地区较昆山更处沿海,境内之柘林又为倭久居之巢穴,其所受的破坏和损失无疑更为惨重。[1]

其次,倭乱对城镇的破坏在很大程度上遏制了城镇的繁荣。这集中体现在遭劫城镇除了一部分在万历、崇祯年间渐次恢复外,有相当一部分直到清代

---

[1]　(明)张鼐:《吴淞甲乙倭变志》称:"倭巢松地最久,其掠子女、玉帛,饱载而出洋。而浙兵伏飞舰海上,大抵犁其舟不得渡,遂还巢,示久居无去意,而松祸益惨。"

康熙年间才逐渐得以恢复元气。如嘉定外冈镇，成化、弘治年间已是"生齿日众"。倭乱时，居民逃亡几尽，直至万历年间才"居民渐复，镇亦繁庶"。再如松江府城东西二门商贾辐辏之地频遭倭掠，"倭贼回禄之后，宦室富民或以次更新，或以次修复，遂成都会"。[1] 其他如江湾镇，嘉靖间毁于倭寇，市肆荡然，直到清初才稍复生聚，恢廓成镇。盘龙镇更是遭倭乱，"市遂无存"，直到清康熙年间才聚集招徕，重新成镇。而还有一些镇市在倭乱衰落之后，或者一蹶不振，或者虽有恢复但规模总不如以前。如青浦镇，"成弘时亦一都之会也。自倭奴纵炸，巍房煨烬，廛舍延烧……居人窜徙殆尽"，加之浜港渐淤，市舶不通，终于衰落无存。[2] 其他如大蒸、月浦、三林塘等镇自倭乱衰败后，至清虽有恢复，但市面兴旺总不如前明。

倭乱之外，明清更代之际，清军南下对上海地区的征战也给城镇造成很大的破坏，其中最显著的是松江府城和嘉定县城等。

松江屠城发生在清顺治二年。当时清军由巡抚土国宝、提督李成栋率领，水陆并进。前明兵部侍郎乡绅沈犹龙率军民起义守城，执不肯降。八月初三，清兵强攻城陷，大肆烧杀掳掠，松江府城顿成瓦砾火海。时人记载，"清兵自秀野桥起火，直烧至东门外；南门起火，直烧至府前谯楼，俱为灰烬。北门四周俱烧尽，存者只有十分之一二"，"府前至西跨塘桥约十里许，大街房屋俱毁，所留者不过十余家也。民房俱为兵所占，城内城外闭户，无一人在室者"，"所谓云间锦绣顷刻化为瓦砾之区"。[3]

其他如金山卫城以及南汇、青村、川沙堡等城镇也都遭到清军不同程度的屠戮抢掠。如李成栋九月间发兵，从川沙"南门外开刀杀起，不分男女老幼，直杀至南汇而定。东西约二十里，南北约四十里，可怜数万生灵，俱遭惨戮"。而青村镇自清军占领后"兵丁践踏屋宇，折毁千万户"。大体上当时上海地区各县城、卫所城均遭不同程度破坏。时人称之为"大清兵破松，在城者悉遭屠戮"。[4]

---

[1] （明）范濂：《云间据目抄》卷3《纪土木》。
[2] （清）佚名：《江东志》卷1《市镇》。
[3] （明）曾羽王：《乙酉笔记》；（清）姚廷遴：《历年记》。
[4] （明）曾羽王：《乙酉笔记》；（清）姚廷遴：《历年记》。

　　总而言之,无论是倭乱还是清军南下,作为社会突发性因素它们都在很短的时间内突然对城镇造成了巨大损害,使得积人民群众数十百年辛勤劳作的繁华城镇毁于兵火一旦,它们对城镇发展的遏制作用昭然若揭。

　　以上我们分析了影响明清上海地区城镇发展的各种因素。为了分析方便,我们把这些因素分而析之并略论主次,但是在城镇兴废存亡的实际历史过程中,所有这些因素都并不是孤立地存在和起作用,它们总是互相糅合、互相影响、互为因果。只是具体于某一时期,某一城镇,可能某一因素的作用暂时强些,某些因素的作用相对弱些,但即便如此,随着时间、条件的变化,这些因素的作用强弱也会互相转化。正是这些众多因素的交互作用,才最终促成着明清数百年上海地区城镇的不断成长发展。

第八章

财富的分配及其社会各阶层
经济生活的变动

前述诸章笔者分析了前近代上海地区社会经济生活中生产、流通两个环节,在本章中将分析当时经济生活中的分配和消费。社会各阶层的经济分配大凡首先取决于他们在社会生产方式中所处的地位。在传统生产关系尚占统治地位的明清时代,土地占有关系及其变化对社会财富的分配具有首要意义。

第一节　土地占有关系的变化及其
对财富分配的影响

传统社会的土地占有关系一般来说可以分成 3 种类型。其一是国家所有的国有土地,俗称官田地;其二是各类地主占有的土地;其三是农民小生产的自有土地。在这每一种类的土地占有关系中,依照土地占有者的身份以及土地的来源、作用之不同,又可以分成若干类别。如同样的地主占有就包括绅衿地主的土地占有以及庶民地主的土地占有等等。明清上海地区以上各种类型的土地占有关系都不同程度地存在,并且依社会政治、经济条件的变迁而呈现不同的变化趋势。土地占有关系的变动对社会财富分配具有直接的影响。

（一）　土地占有关系的变化趋势

1. 明代的土地关系及其变化

明初上海地区土地占有中最突出的问题是"官田"。一般来说,官田即国家所有之土地,这本无难解之处。但是,明初上海地区的官田并非如此简单。早在南宋时,丞相贾似道以官诰、度牒为本置买一批民间田土作为官产,形成了江南最早的官田;宋元之际,封建政府屡次籍没犯法官吏私产及前朝遗产,官田数量急剧增多;明朝肇始,朱元璋又籍没大批往日反对派的田产,加上前朝所遗留,上海地区官田的数量急剧上升至江南之首,数量极为庞大。见表8-1。

表8-1 明前期上海地区在册官、民田土

地区	官田地		民田地		合 计	
	亩数	%	亩数	%	亩数	%
嘉定县	1244724	78.00	351066	22.00	1595790	100
崇明县	224800	25.39	660500	74.31	885300	100
华亭、上海县	3248834	81.54	735692	18.46	3984526	100
总 计	4718358	72.98	1747258	27.02	6465616	100

资料来源:(明)正德《姑苏志》;(明)正德《松江府志》;(明)嘉靖《练川图记》。

上述大量官田在收归国有前大多为官僚地主所有,当它们被政府没收为官田之后,从理论上讲土地的民间私人所有已经转变为国家所有,封建政府业已成为当时上海地区最大的土地所有者。但另一方面,通过籍没而产生的民田向官田的转化,一般并不改变土地的使用权和使用方式。国家对众多官田并非另有别用,而仍然只能是将其出租给广大佃户耕种。[1] 封建国家亦无另立专门管理机构,而只是提高这些官田的赋额使之接近私租,以显示和获得土地所有者的经济权益。因此,在实际生活中只要官田的佃种者履行纳赋义务,他们就不仅在事实上拥有土地的使用权,甚而也拥有对土地的处分权。承佃者"各自认为己业,实与民田无异"。[2] 他们有时干脆可以用转让租佃关系的方式来实现田土的售卖。所谓"其更佃实同鬻田,第契券则书承佃而已"。[3] 大量官田的存在,表面上看似乎数百万亩田地高度集中于封建国家

[1] (明)正德《松江府志》卷3《水下》:"浙西官田数多,俱系贫难佃户种纳"。
[2] (明)顾起元:《客座赘语》卷2《条鞭始末》。
[3] (明)万历《应天府志》卷19《田赋》。

一个所有者所有，但其实际的经济意义却是造就了一个甚为广泛的、名义上不享有土地所有权，实质上却拥有土地处分权的特殊的自耕农阶层。大量官田的存在，实际上不是地权的高度集中，而恰恰正是地权的分散。

封建官府对于官田的所有权实际上难以真正实现，但是他们对于官田赋税必须远高于民田这一点却始终坚持不放。明初时，民田税则通常是每亩征收秋粮 5 升，而官田的征收额大多在 1—5 斗。这在洪武年间赋粮"别无远运"时还勉强可支，[1]但自明成祖迁都北京之后，江南税粮均需运至北京通州等地仓口交纳，一石正供田赋往往需要三石之费。这使得官田耕种者的赋税负担显著加重。大约从宣德年间起，官田佃户因贫困破产、鬻田卖地的事例时有发生，享有赋税、差徭拖欠、优免特权的地方绅衿乘机广为兼并。由此开始了明中叶起的绅衿地主大土地占有的进程。官田由于只是在名义上为国家朝廷所有，贫困的官田佃种者在出售时为了便于脱手，往往弄虚作假，将官田假称民田，而将官田重赋仍留自己名下，乘机兼并的地方绅衿也由此装聋作哑，大肆收进。因此到明中叶后"有田无（税）粮，有（税）粮无田"以及"田居富室，粮坐下户"的反常现象甚为普遍。昔日由小农佃种，国家所有的"官田"也就渐渐地以"民田"的名义转移到了绅衿地主名下。整个上海地区的土地占有也就进入了绅衿地主大土地占有迅速膨胀的阶段。

绅衿地主大土地占有兴起于明弘治年间。《松江府志》记载，"成弘以前，士大夫尚未积聚，如周比野父子，曹定菴兄弟，夏给事性中，夏方伯寅，许金宪璘，致仕家居无异诸生时。张庄懿公官至大司马，故庐数椽，田不百亩"。[2]弘治以后，一方面数十年来人文宣朗，名士辈出，绅衿阶层人数增加很快，另一方面随着官田赋役日趋沉重，日益增多的绅衿阶层纷纷借助本身的优免特权进行身份性土地占有。

绅衿地主占有土地的第一种方式是"购买"。购买的对象主要是"指官为民"的五升粮田。[3] 史载，官田税粮"在昔时民得意为轻重。如某田若干，应

---

[1] 况钟宣德七年《再请夏税折布奏》称："洪武年间，人民布种官田，别无远运，年岁成熟，止匀纳粮。"参见（明）况钟：《况太守集》卷9。

[2] （清）康熙《松江府志》卷53《遗事》。

[3] 当时的普通民田正供田赋一般是每亩五升，故真正的民田又称"五升粮田"。

粮若干,及欲售人,每乘急而要之曰:非五升者不置! 其人迫于售,即书契以付,迨田尽而粮存"。[1] 典型的例子莫如嘉隆年间大学士徐阶,其居乡里广置五升粮田据称达24万亩之多。[2] 本来土地转让乃是义务、权利的一体转让,但在上述地产交易中,绅衿地主得到了全部权利却只承担极小部分义务,而出卖者虽然已失去土地,但仍然还要承担土地赋税。他们中的一部分人最后难免要走上破产、逃逃之路。但如若仅此而已,那么至少在买卖形式上两者还是自愿平等的。但实际上,绅衿置田买地很少有不凭借特权巧取豪夺的。万历年间华亭人李绍文在《云间杂识》中说,松江富豪置产讨便宜特甚,"乘人急用,故意推辞,又不容他人交易,用愈急则价愈减,米、布、色银随意抬算而又九八折银,三年还足",实在比豪取强夺好不了多少。

绅衿地主土地占有的第二种办法是接受"投献"。明代时封建国家的赋役压迫不仅表现在沉重的官田重赋上,而且更突出地表现在繁苛不堪的差徭佥派上。差徭佥派一般按田产丁粮摊派,田产税粮越多,佥役就越重。但是大小绅衿占有田产再多因有优免之例却可不应差徭,大小差徭皆不可避免地落在平民地主和广大自耕农身上。为了保全身家,他们不惜将己产投献绅衿名下,以求庇护。这种不花分文、唾手可得的土地占有在新上升的绅衿阶层中表现得特别明显。

明代的优免办法规定,不同官职、身份的乡绅、士大夫均可按例享有一定田粮的差徭优免,因此即使身无寸土的贫儒,一旦两榜题名便立可成为地主。其原因"皆因乡之富民苦于承役,见新科势力可庇,不惜重资投献。又鬻田者交止半价,鬻身者反输己财"。[3] 这种投献现象明代时不只是发生在江南,即使如北方河南汝宁等地也有"一荐乡书,则奴仆十百辈皆带田产而来,止听差遣,不费衣食"[4]的怪现象。通过投献而膨胀起来的绅衿地主当然不仅仅只是新科功名,凡是有特殊身份优免权的乡绅、士子、生员,甚至是胥吏之辈,大多程度不同地接受平民阶层各种形式的土地投献。而平民之所以投献土

---

[1]　(清)金惟鳌:《盘龙镇志·田赋》。
[2]　参见(明)李绍文:《云间杂识》卷3。
[3]　(明)李绍文:《云间杂识》卷5、卷8。
[4]　(明)王士性:《广志绎》卷3《江北四省》。

地，或是因为"负欠官粮税租"无法完纳，或者是因为"该轮里胥均徭"无力承乏。此外，也有"或与人争占田地"相持不下，或是兄弟子姪分产不当而将田产投献势要之家。当然，大部分的投献者还是只有小额田地的自耕农，他们为了免除差徭金派以保住生存的权利，往往不惜连田产带自身一起投献而成为依附权贵的佃仆。这些投献田产一入绅衿名下即为势要私产，"粮里不敢问其居，业主不能收其租税，争者吞声，莫敢谁何"。即使投献者后人、族人意欲取还旧产，仍得"献银赎产"，形同置买无异。[1]

绅衿地主扩大自身土地占有的第三种手法是接受平民阶层的各种田土"诡寄"。诡寄与投献稍有不同。投献是投献者将土地所有权自愿无偿转让，投献之后的土地完全属于绅衿地主所有；诡寄则是诡寄者出于逃避赋税、规避差徭等等原由，将属于自身的田土暂时寄于有优免特权的绅衿地主名下，它们至少在形式和名义上不含有土地所有权的转让。在一般情况下，通过诡寄，平民地主或自耕农可求得绅衿荫庇，免除或减轻重差、重徭之累，而绅衿则可以由此接受诡寄者的进纳，并且通过包纳诡寄田地的税粮而获益。[2] 徐阶曾言，"松（江）之花分、诡寄，大抵起于规避重差"。[3] 明人范濂也说："诡寄之妨赋有二：其一自贫儒偶蹑科第，辄以县大夫干请书册，包揽亲戚、门生、故旧之田实其中。如本名者仅二百亩，浮至二千，该白银三百两，则令管数者，日督寄户完纳。及有司比较，结数二百七十两已足九分，便置不比。是秀才一得出身，即享用无白银田二百亩矣。积以十计，则每县无白银田去二千矣。况十不足尽之手。又况所寄愈多，所侵愈甚乎。其二，自乡宦年久官尊，则三族之田，悉入书册。"[4] 不仅新科、官绅接受诡寄，即便如绅衿中地位最低下的县府廪生等也能接受诡寄。如明末上海县生员曾羽王即在其名下收受"零星佃户"之诡寄，并派有管账人专理其事。[5] 诡寄虽然从表面上看并不存在受寄者直接占有所寄田土的所有权，但如上举资料所载，一个收受诡寄田土2000亩的

---

[1] （明）李绍文：《云间杂识》卷4；《菰中随笔》卷2。

[2] 通常情况下，诡寄户向绅衿纳足诡寄田地应纳税粮，而绅衿在向地方政府交纳时，则可以通过少纳、拖欠等手法，侵吞相当部分税粮。

[3] （明）徐阶：《世经堂集》卷24《复周三泉邑侯》。

[4] （明）范濂：《云间据目抄》卷4《纪赋役》。

[5] （明）曾羽王：《乙酉笔记》。

绅衿即使纳足诡寄田土的九成田赋,即可吞吃200亩土地的赋额,而实际上明代绅衿完纳田赋能达八成已是上上大吉了。因此一个接受2000亩诡寄土地的绅衿,凭借自身特殊的经济地位,即使不对诡寄原主进行勒索和敲诈,单凭少缴税粮的特权,就至少可以侵蚀400亩土地约120石的税粮,如果加上拖欠,获得的收入则还要多。所以即使在此之前这些绅衿身无分文,但通过接受诡寄,很快就可以成为拥有数百亩地租收入的地主。而且绅衿地主往往还可以利用接受诡寄时粮田赋额登记过户之机,蒙混侵夺。隆庆年间应天巡抚海瑞曾叙说上海地区绅衿夺民田产的情形:"华亭乡宦田宅之多,奴仆之众,小民詈怨而恨,两京十三省无有也。臣于十二月内巡历松江,告乡官夺产者几万人。"[1]隆庆元年,朝廷查出苏松常镇四府的投献、诡寄田地多达199万亩。而华亭一县在万历时查出的"诡名寄匿田"已达60余万亩,几占全部在册田土的三分之一。[2]

通过购买、接受投献、诡寄以及其他各种巧取豪夺,至嘉靖年间,上海地区的绅衿地主大土地占有已经大大膨胀起来并进入巅峰状态。这种凭借特殊经济地位上升起来的身份地主大土地占有不仅表现为单个的绅衿地主成员可以凭借特权占有上万亩甚至几十万亩土地,[3]而且还表现在整个绅衿阶层占有的土地在全部土地占有中具有绝对优势。此正如明末崇祯年间巡按御史路振飞巡视松江府后所言:"江南缙绅蔚起,优免者众,应役之田,十仅五六。再加隔邑官户占籍优免,应役者十仅四、五。"[4]这就是说,明后期绅衿地主直接占有的土地大体上已经可以达到总田土数量的50%—60%,若加上诡寄等间接食利的土地则有可能达到更高的60%—70%。

与绅衿地主的大土地占有相反,明后期上海地区的平民地主以及自耕农的土地占有始终处于萎缩不前的状态。平民地主系指既无功名官位又无生员身份但占有一定数量土地、出租营生的普通民间地主,按其占地多少可分成大地主和中小地主。自耕农的土地占有一般数量较少,所占地位也不甚重要。

---

[1]　(明)海瑞:《海忠介集》卷1《被论自陈不职疏》。

[2]　《古今图书集成·食货典·赋役部汇考·明四》;(清)乾隆《华亭县志》卷9《名宦》。

[3]　参见(明)吴履震:《五茸志逸》卷3;(清)王应奎:《柳南随笔》卷2。

[4]　参见(清)陆世仪:《复社纪略》卷2。

大约在明初及其以后的一段时期内,上海地区平民地主的土地占有还有相当地位,并且其数量也不算少。其中占地数千甚至上万亩的也绝非绝无仅有。如当时的一些重差、重役,按例要田产千亩以上的富户方能承充。洪武初,朱元璋对江南苏松等地豪强地主采取一系列严厉政策措施,如没田入官、迁徙江北等等,但打击的对象主要是前朝的官僚地主和支持张士诚等敌对集团的富豪,对于一般的平民地主还是较为宽容的。如早在至正二十六年兴师讨伐张士诚时,朱元璋即宣布"凡尔百姓,果能安业不动,即我良民。旧有田产房舍,仍前为主,依额纳粮,以供军需,余无科取,使汝等永保乡里以全家室"。[1] 因此,明初时占地千亩、万亩的平民地主还有一定数量。洪武三年,朱元璋从户部处得知苏州一郡 554 户大地主就占有岁输入 15 万石税粮的田地。[2] 至于中小地主的数量一定还要更多些。但是由于明代的赋役征发,特别是差徭的佥派,从明初起就明文实行绅衿优免,地方上各种徭役承充都得由以平民地主为主的应役阶层负担,这就不可避免地使平民地主的土地占有很快就蒙上了可怕的阴影。洪武十三年,户部核实天下土田,"两浙富民(即平民地主)畏避赋役,往往以田产诡托亲邻、佃仆"[3] 已见此端倪。而从明中叶起,随着绅衿地主的土地占有越来越强大,以及赋役的不断繁苛沉重,不仅原有的平民地主如果未能跻身绅衿行列,一承重役即有破家亡身之险而多遭中落,而且也使得本来有可能通过各种途径成为地主的平民亦畏惧蓄田,即使偶尔有之,也往往很快因赋役所累。故明中叶有人说:"近年以来,田多者为上户,即佥为粮长,应当一二年,家业鲜有不为之废坠者。由是人惩其累,皆不肯置田。"[4]明末清初松江人董含在《三冈识略》中举有一个生动的例子:松江府城东二十里红桥地方有名王斗儒者,一日掘地偶获白银数百锭,大喜过望,"乃拓所居为大厦,广置南亩,结婚贵族,趋利者踵相接。于是忘其本来,不复以篓人子矣。未几,县官编役,斗儒田多役重,五六年间,产遂破。追呼迫切,父子俱死囹圄"。明后期的上海地区,民间甚至流传有这样的歌谣:莫买

[1] 支伟成:《吴王张士诚载记》卷 2。
[2] (清)嘉庆《吴门补乘》卷 1《户口补》;《明洪武实录》卷 49。
[3] (明)沈文:《圣君初政记》,载《说郛》续编一,卷 5。
[4] (明)俞弁《山樵野语》卷 8。

田,莫买地,买田买地增家计,西陌东阡恣兼并,不知户役随田至,大男小女日夜忙,带锁担枷了官事。莫买田,莫买地,生前将为子孙谋,身后反为子孙累。[1] 在沉重差徭的压迫之下,明代上海地区平民地主的土地占有每况愈下,不仅平民地主总的数量不断减少,而且占地较多的平民地主更为罕见。以至到明后期,一些原应由巨富大户承充的某些重差、重役只能由几家中小地主共同应承。"凡承重役,无不破家,应役卖产,仍归官籍。于是大户不足役及中户,中户不及役及朋户,穴居野处,无不役之。"[2] 一般的平民地主,家有田一顷或数十亩,"亲戚辄远避,恐累及也"。[3]

平民地主的土地占有在明代呈中落之势,自耕农的小土地占有更不堪言。如前所述,明初时由于上海地区官田的众多,一大批官田佃户实际上已成为一种特殊身份的小自耕农。再加上自有民田的小自耕农,应该说明初时自耕农的小土地占有还是较为广泛的。小自耕农占有土地多在十数亩左右,除了自身参加农业生产外,农忙时也会请些帮工。他们一般家底较佃农殷实,农具、肥料都略胜一筹,劳动生产率和产量一般都较高。[4] 但在当时赋役制度下,凡是平民身份的有田产者皆要按户产承役。如上海县明末时,凡有田产二三十亩者就要承充排年、分催、总甲、塘长等役。不仅要催征一区、一图税粮,还得承值往来官员铺陈所需,供办修理城郭、公廨,疏浚官塘水利的杂泛差徭。这些差徭不仅常常使得应役小农耗尽钱粮家私,而且往往还迫使他们无法照应农活,最后只得或者连人带产投献绅衿,或者举家逋逃。到明后期的嘉靖、万历、崇祯年间,上海地区自耕农的小土地占有几乎已陷入绝境,佃农已占绝对优势。明人陈继儒在其《赈荒诸议》中有一段话极能说明问题:"查得华亭田一百九十五万亩,若田主各自接救佃户,种田一亩者付米二升,种田十亩者付米二斗,共计米三万九千(石)……平时借作工本米,凶年借作性命米。工本米至冬月补偿,性命米至半月补偿,各立券为准,不还者告官究追。"[5] 这里的 195 万亩是华亭全县耕田数,陈氏在计算佃户借纳田主米数时按此 195

[1] (明)陈继儒:《太平清活》卷上。

[2] (清)陆世仪:《复社纪略》卷2。

[3] (清)嘉庆《淞南志》卷5《杂记》。

[4] (明)天启《海盐县图经》卷4《方域篇》。

[5] (明)崇祯《松江府志》卷13《荒政》。

万亩相计,可想而知当时的耕种农民已经几乎都是佃农,自耕小农在沉重的赋役压迫下已存者寥寥。

2. 清前期的土地占有关系及其变化

入清之后上海地区的土地占有关系较之明代又发生了新的变化,其中最重要的是官民田土差别的完全消失以及身份地主土地占有的没落。

明代官民田土的差别表面看来似乎是土地所有关系的差别,但事实上始终只是赋役负担的差异。明宣德年间江南巡抚周忱实行赋役改革,一度想以加耗均平来缩小这种差别,但未能完全奏效。隆庆年间江南各府先后实行"田不分官民,均为一则"的均平官民田土科则的改革。上海地区的松江府也"暂设专官,丈田均粮",由同知郑元韶负责,将田地"尽数清丈,悉去官民召佃之名,分作上、中、下三乡定额;田有字圩号数,册有鱼鳞归户"。[1] 此时官民田土的差别和对立除了地方赋役征收的名目上还保留有"定垦官民田地山池涂荡"的字样外,已不再留有什么痕迹了。进入清代后即使连这一点仅有的痕迹也已消失无遗。以官田为主要内容的封建国家土地占有终于完全消亡,民间的地主土地所有制终于从形式到实质上都完全占据了统治地位。它们不仅促使了土地的普遍商品化买卖,而且还为身份地主土地占有的衰亡和崩溃提供了条件。

前面已经说过,绅衿地主大土地占有的膨胀有两个基本条件,即绅衿本身的赋役优免特权以及民间沉重的差徭负担。明末清初这两个基本条件都发生了变化,它们最终酿成腐朽的身份地主土地占有的衰败。

明代时绅衿拖欠赋税甚为普遍,实际上已经成为一种特权。税粮"完至八分者便称良户,完六、七分者亦为不甚顽梗也"。[2] 顺治十八年,在江宁巡抚朱国治的主持下,江南苏松常镇四府发生了追征绅衿历年拖欠钱粮的奏销案。"章下所司,部议不同大僚,不分多寡,在籍绅衿,按名黜革,现在缙绅,概行降调。于是乡绅张玉治等二千一百七十一名,生员史顺哲等一万一千三百四十六名,俱在降革之列"。[3] 奏销一案兴师动众,所追索拖欠银两虽然不

---

[1] (明)崇祯《松江府志》卷8《田赋》

[2] 参见(清)叶梦珠:《阅世编》卷6《赋税》。

[3] 参见(清)叶梦珠:《阅世编》卷6《赋税》。

过区区白银 4 万—5 万两,但其对旧明以来绅衿地主赋税拖欠特权的冲击与否定不啻使绅衿地主心惊胆战,不寒而栗。同时,奏销案也用事实宣告了有明一代绅衿地主赖欠税粮特权的不复存在,并使其中不少人由此破家。[1]

清前期,官绅、生员虽然名义上还享有差徭优免,但这种优免已受到很大限制。"凡乡绅、举、贡、生员得优免一身,曰优免人丁",[2]所享受的优免权利已限制为只是免征为数不多的"丁银"而已。它们与明代时绅衿的差徭优免特权已不可同日而语。

同时,从清初起地方上的差徭改革越来越深入。顺治以后历来扰民最甚的"布解""北运"等重役改为官解;收催、收兑等役也纷纷改由胥吏承当,并将由此折纳的差役银两负担均摊于田亩征纳。实际上是把明代时只由少数平民地主负担的重差、重役,改为不分绅、民,凡有田产者一体承担。康熙初,在巡抚御史韩世琦主持下又实行了以革除里役,均平负担为内容的"均田均役"改革,很大程度上解除了平民地主以及贫弱农民因佥派差徭而破家亡身的威胁。所有这些都使土地"诡寄""投献"失却了滋养的土壤。此正如清人叶梦珠所言:"昔年抗顽、赔累、飞洒、诡避诸恶为之一清,而民间始不以恒产为祸。"[3]

随着赋役优免特权的削弱、丧失以及赋税改革的深入,清前期上海地区绅衿地主以特权占有和扩充土地的现象已远不如前明。绅衿地主以身份特权为特征的大土地占有在土地占有中已不占主流,代之而起的是平民地主的土地占有和小自耕农土地占有的发展。清前期,上海地区拥有田数百亩以及数十亩的中小地主数量很多,人们纷纷置田购地,田价竟较明末涨起一半。此外,当时民间的"里中小户,有田三亩、五亩"的自耕农及佃农兼自耕农数量也不少。而当均田均役法施行之后,平民与绅衿的赋役负担基本扒平,昔日的累民差徭也基本摊入田亩征发,这些都大大刺激了平民地主土地占有的扩充,出现了一些"乘机广收,遂有一户而田连数万亩;次则三、四、五万至一、二万者"的大地主。[4]　不过数量更多的还是中小地主及自耕农,上海县"大户(有田)或

---

[1]　(明)曾羽王:《乙酉笔记》载:"新场北储鼎芳,数万之家,田数千亩,以钱粮监比受累,陆方中拥田三千,父子远遁,日食不周,如此者甚众。"

[2]　(清)嘉庆《松江府志》卷 28《田赋志》。

[3]　(清)叶梦珠:《阅世编》卷 6《徭役》。

[4]　(清)叶梦珠:《阅世编》卷 1《田产》。

几千亩、几百亩，至中户、小户或几拾亩、几亩不等"。[1] 其中，占田百亩左右已是较为富有的了。到清中叶嘉道年间，平民地主中虽然也有占地千亩的大地主，但数量已不多。如浦东朱氏，"家资甚富，田数千亩"，已是"浦左首屈一指"者。[2] 大多数的平民地主占有的土地多在100亩以下。《淞南志》称"往时风气厚实，地多大户，田园广饶，蓄积久远，往往传至累世而不衰。今则大户绝少，纵有富者不再传，而破败随之"。据稍后一些资料记载，上海地区"置田百亩已称富室，一乡有此数富户已称大镇"；"上海人置田过五十亩者，辄被举为保正，虽隐寄不能避也。故凡富户购田，均不敢过五十亩"。[3] 可见土地占有总的发展趋势是地权越来越趋于分散。

近代前夕，上海地区农村中，占有少量土地的小自耕农或者自耕农兼佃农或雇农仍有一定数量。乾隆《奉贤县志》载，"宋旦，字旭初，珩从孙也。自幼丧父，遗产十余亩，仅供饘粥"就是一例。又如《履园丛话》载："吾乡有蔡翁者，板村人，家甚贫，为人佣工，家中仅种田一、二亩，以此为食。"即是小自耕农兼雇农的典型例子。不过，由于中小地主的广泛存在，农民中的佃农还是占绝大多数。"吴中之民，有田者什一，为人佃作者十九"，[4] 即是真实写照。

综上所述，明清上海地区土地占有关系的变化可以归结如下：明代初年在官田占绝对优势的情况下，小自耕农的土地占有具有相当地位。明中叶后，随着赋役的加重和绅衿特权的膨胀，绅衿地主的大土地占有开始占主导地位。终明一代，平民地主的土地占有虽然始终存在，但在令人生畏的赋役压迫下，始终是如履薄冰，朝不保夕，而自耕农的生存更是苟延残喘。入清后，随着社会经济条件的变化，依靠身份特权而大肆扩张的绅衿地主土地占有渐告衰落，代之而起的是以中小地主为主要内容的平民地主占有开始占主导地位，同时各种形式的小自耕农的土地占有也为自己争得了一席之地。土地占有关系的这一变化趋势不仅反映了土地制度本身的演化和进步，同时对于社会财富的分配也具有直接的影响。

---

[1] （清）康熙《松郡娄县均编要略》。
[2] （清）程趾祥：《此中人语》卷2《浦东柴米星》。
[3] （清）徐珂：《清稗类钞·度支类·田法》。
[4] （明）顾炎武：《抵中随笔》卷2。

（二）土地占有关系的变化对财富分配的影响

传统社会的财富虽然主要来自农民、手工业者的生产劳动,但是由于生产者往往并不是生产条件的占有者或完全占有者,他们在财富即产品的分配中往往只能得到其中的一部分甚至只是一小部分。在农业生产财富的分配中,起决定作用的主要是土地占有关系。

明清上海地区的某些时期中,小自耕农占有一定的比重。这些小自耕农一般来说不仅是实际的生产劳动者,即土地等生产资料的使用者,而且也是土地这一主要生产资料的所有者。如果把他们的生产品价值划分为 c+v+m 的话,作为生产者他们应该得到 v,作为所有者则应该得到 c+m。生产资料即生产条件的所有者和使用者的紧密结合,使得农产品财富的分配实际上只是在生产单位内部,即生产者中间进行,它们实际上不需要任何分割即完全属于小自耕农及其家庭所有。从理论上而言,这样的一种土地占有所决定的财富分配方式在当时的条件下,当然是最有利于生产者,同时也最有利于社会生产和社会经济发展的。它可以使生产者有更多的剩余产品用于积累,扩大生产规模和提高生产的资本集约化。由于小自耕农的产品分配不存在与他人分润,因此一般来说他们的生产劳动条件也较其他农民来得优越,劳动生产率和收益相应也较高。仅从土地占有关系这一点而言,小自耕农的分配状况还是较有利于再生产的维持与扩大,其劳动的收入除了补偿生产成本以及维持本身及其家庭成员的再生产以外,从理论上看还应该有剩余或积累的部分。再说,由于一般的自耕农家庭除了从事农业生产以外,大多还有以手工棉纺织为主要内容的家庭手工业收入,因此其家庭经济的分配收入还可以更高一些。

自耕农的小土地占有之外,明清上海地区的主要土地占有形式是地主土地占有。其中普通平民地主土地占有在财富分配上的反映主要是对土地产品的地租分割。

明清上海地区的地租一般实行定额租制。租额因土地肥瘠以及所处位置不同而轻重不等。西部淀泖地区的上等熟田,每亩产米在 3 石以上的,租额可达 1.5—1.6 石,中等水平的也在 1 石左右;东部地区由于地力较差,收获量也较低,租额多在 0.8 石左右,其中濒海下田最低的仅为 0.5—0.6 石而已。但不论何等田地,也不论其租额高低如何,一般说来,地主凭借土地所有权所获得的地租收入通常多为土地大秋收获量的50%左右,平均租额大致上为每亩纳米一石左右。[1] 这一地租率水平自明至清基本上没有大的变化。广大佃农辛勤耕耘一年,除去种子、肥料、农具折旧等成本开支,其实际收入远不能达到收获量的一半。在这种情况下,佃农要在有限的土地上增加农业收入,只有提高土地利用率,增加复种指数。从明中叶起,上海地区农业生产中春熟作物已甚为普遍即是其直接结果。春熟作物除了一部分绿肥外,主要是油菜和豆麦,它们或者可以直接充作口粮,或者能增加经济收入,而地主一般不对春熟作物另征地租,这必然会促进佃农扩大春熟作物生产的积极性。在明中后叶直至清中叶,一年二熟或者两年三熟的复种制在上海地区已经广为流行。它们既提高了土地资源的利用效率,加深了农业经营的集约程度,同时也为佃农在保证地主地租分割的同时,为自身取得更多一些的经济收入。在一年两熟的复种制下,以地租率为中心的农产品分配除去成本开支,大体上土地所有者与农业生产者各得一半。当时地租的租额计算一般多据农产品实物量,故植棉之地又有"花租"之称。但在实际征收中,货币地租已很常见。当时的货币地租主要有两种形式:一种是以实物定租额,实际交租时按时价折成货币;另一种则是直接以货币定租额,地主往往可以利用折价的办法,谷廉收钱,谷贵收米,从中又平添几分进账。

以上所说还只是最普通的平民地主土地占有,如果考察绅衿地主的大土地占有,它们的产品分配形式还要更为复杂一些。

如前所说,绅衿地主的土地占有除了一般的土地买卖外,还有大量的投献和诡寄,其中的投献实质上是在超经济条件下对地权的无偿占有,在很多情况下它们往往伴随着土地耕种者的人身投献。这些投献有一部分是自耕农将自己的土地无价奉上,绅衿接受投献后即可分享原应由投献者自身所得的"地租"收入。另外也有一些是佃农投献,其结果是原有"业主不能收其租",[2]绅衿地主实际上是把原来的平民地主的地租收入归到了自己名下。通过接受投献,绅衿地主不仅攫夺了土地的实际地租收益,而且由于土地耕种者沦为佃

---

[1] (清)光绪《娄县志》卷2《建置志》列有松江府育婴堂、同善堂分布于全府7县各处田地4000多亩的额租细数,大致都在0.9—1.1石之间。

[2] (明)顾炎武:《菰中随笔》卷2下。

仆产生的对绅衿人户的强烈人身依附,还使绅衿地主能占有比普通地租以外更多的经济收益,它们往往在很大程度上超越了土地产品而延及农家手工业、副业的生产品或者劳务。典型的例子如史料记载中的崇明佃户,其多称佃仆,每年除了按时纳租之外,还要按例送上鸡鸭鱼肉等农副产品。[1] 显而易见,绅衿地主对佃农的剩余占有较之于平民地主更为厉害。

绅衿地主占有土地中的"诡寄"部分原来大多为中小平民地主的田产。它们即使在诡寄之后地籍登记转移到了绅衿名下,但土地所有权按理说仍在原业主。但是,绅衿既成为田地的挂名业主,必然要求分享地租收入,因此在"诡寄"制下,平民地主除了向绅衿支付足够的赋税额以供绅衿代纳赋税之外,往往还必须把地租收入的一部分分润于接受诡寄的绅衿地主。这就产生了农产品分配中地租的二次分割,形成地租分配中的一种特殊形式。在这种特殊形式下,绅衿地主凭借他们的身分和特权,不仅可以侵吞一部分赋税额,而且还能从本应由平民地主所得的地租收入中再次分得一杯羹。由此可见,对于绅衿地主来说,他们从农产品分配中得到的地租收入一般总是大大超过其实际占有的土地应得到的普通地租收入。从这里也可以看出,绅衿地主的土地占有较平民地主制更为贪婪,更为腐朽,同时也更为落后。

综上所述,农业生产作为当时社会生产的主要形式,农产品分配作为社会财富分配的主要方面,它们首先是在生产条件的占有和使用者之间进行。但是社会财富在分配以后还有形式更为复杂的再分配,在当时条件下,这种再分配主要是通过封建赋役的途径进行。

第二节　赋役制度的演变及其社会财富的再分配

(一)　赋役制度的演变及其趋势

1. 明代的田赋征收及其变化

赋役是封建大一统国家政权赖以生存的经济基础,也是封建社会财富再分

---

[1]　(清)康熙《崇明县志》卷6《风俗志》。

配的主要途径。明代建立之后,历朝政府逐步建立起一套以"田产"为对象的田赋征收以及以"户丁"为对象的差徭敛派两部分组成的完整的赋役征敛制度。

明初上海地区的田赋,由于官田的大量存在以及官田赋额超过民田很多倍,因此征收数额极为巨大。见表8-2。

表8-2　洪武二十四年上海地区田赋数额

单位:石

县　份	夏　税	秋　粮	合　计	县　份	夏　税	秋　粮	合　计
华亭县	94311	736926	831237	嘉定县	7390	461751	469141
上海县	71467	573520	644987	总　计	173168	1772197	1945365

说明:崇明县数字因缺乏记载故无法统计在内。

资料来源:(明)正德《松江府志》卷7《田赋》;(明)万历《嘉定县志》卷5《田赋考》。

表8-2所列只是封建国家规定的田赋正供部分,而按照当时的赋税征收制度,各地田赋除少部分存留本地外,其余都必须运送到指定仓口交纳,方算真正"完粮"。其间的贮存、保管、运输等项所费,都得由纳赋者额外支付的"耗米"开销。洪武时,上海地区赋粮起解主要只运至南京等地,用于支付运费等项开支的耗米附征还不是十分繁重,地方上苟延残喘尚能苦力支撑。明成祖迁都北京以后,起运税粮除少量交纳南京外,其余均需运至北方淮安、临清、通州等仓口交纳。其"远运数多,该用船只、车脚等项费用浩大",再加上征纳粮长、胥吏的中饱,交纳临清仓的税粮"每运一石,耗用至四石"。即使是最近的南京仓,每石也需耗费0.6石左右的附加开支。如果仅以附加耗米为正供额的一倍相计,上海人民实际负担的田赋每年要高达400万石,这一天文数字显然是上海地区人民所根本承受不了的。

因此,从永乐十三年至永乐十九年的7年中,松江一府历年所欠税粮已不下数百万石;之后,从永乐二十年至宣德二年又继续增加拖欠额数百万石。宣德五年,松江府解交南京仓口税粮,原定为439273石,而实际上只缴纳66710石,只及原定数额的1/7。[1] 故而,民间称之为"徒有重税之名,殊无重税之实"。然而尽管如此,在宣德以前,明政府宁愿在人民通欠数额十分巨大而无

---

[1]　(明)顾清:《周文襄公年谱》上卷。

法追缴时才临时采取一些减低税额或蠲免积欠的措施,而始终不肯明令减税。宣德五年九月,工部侍郎周忱受命巡抚江南,总督税粮,在其就任此职的22年中,他与各地地方官一起,对明初的赋税制度进行了一系列改革,很大程度上减轻和均平了上海地区人民的税赋负担。

首先,在当时松江知府王源,苏州知府况钟的力陈下,朝廷终于在宣德五年、七年两次允准苏州府减免税粮72万石,松江府减免税粮30万石。其中松江府的30万石减免额中,有2.7万余石古额官田税额,因为户部极力反对,未能全部减免成。松江府最后实际减免税粮额为28万石。

其次是对重粮官田正式实行折征银两、布匹。松江府折纳税粮共达482687石,其中折银征收274687石,每4石折银1两,共计折色银68671.7两;折布征收208000石,共折纳三梭细布33000匹,阔白粗布142000匹。嘉定县折布190000匹,合税粮19万石。[1] 上述税粮折征不仅折价较低,而且还能免除或减轻纳赋者原来征收、解送本色税粮时在正额之外的种种勒索、耗费。它们一般都划给"重赋官田、极贫下户"缴纳。

再次是实行均征加耗,即平米法。前面说过,明初的田赋正供完纳分别解送南北各仓口,为了应付收征、解送中的费用以及经手人员的中饱,正供之外还有地方自定的耗米之征。这种耗米数量很大,"每正粮一石征平米二石而犹不足","粮长率以一征三,除正供及车船傤费外,余羡尽私入其家,吏胥分润"。[2] 这类耗米一般仅由平民负担,绅衿"大户及巾靴游谈之士,例不纳粮,纳无赠耗"。[3] 周忱实行均征加耗,不分大户小民,一律将各自负担的夏税秋粮并其他如"丝棉、户口食盐、马草、义役、军需颜料"等项应负粮额,按统一规定的比例加征耗米。耗米"视岁凶丰,会计多寡或减或加",多者每石加耗0.7—0.8石,少则0.5—0.6石。这即是所谓的"论粮加耗",所征米粮因有"正、耗并举而默祛偏累之弊"之意,故又称"平米"。[4] 所加征耗米除了支付税粮解交费用外"有余则入济农仓,以备水旱赈贷及农乏食与夫官府织造、供应军需之类,均徭、里甲、

---

[1]　参见(明)范濂:《云间据目抄》卷4《纪赋役》;(明)崇祯《松江府志》卷30《宦绩》。

[2]　(明)况钟:《况太守集》卷2《列传》;(明)正德《松江府志》卷7《田赋》。

[3]　(明)顾炎武:《天下郡国利病书·常镇》,影印本,第9册,第16页。

[4]　参见(明)正德《华亭县志》卷4《田赋》;(明)嘉靖《上海县志》卷2《贡赋》。

杂派等费。运夫遭风被盗,修岸导河不等口粮俱取给焉。其时粮虽加于民,余利亦归于民,自耗米之外更无扰民色目也"。[1] 这些话语虽有溢美之嫌,但经周忱改革,上海地区赋税负担在宣德、正统年间得到一定程度的缓解终是事实。

周忱的赋税改革虽然成就不小,但因它还无力涉及当时重赋的核心,即官民田土税则的畸轻畸重,因此这种补苴性质的赋税改良在暂时缓和一下矛盾之后,至成化以后随着"余米"的收归国库,"济农仓"制度的破坏等等,已是"法在人亡,弊蠹百出"。此外,由于均征加耗把耗米及折征作为调整赋税负担的主要手段,田土科则更为繁杂,它不仅助长豪强、吏胥舞弊作奸,而且也使人民的逋欠、逃亡越来越严重。大约在景泰、天顺年间,当时的江南巡抚陈泰、李秉已看到此,并试图推行更为彻底的"论田加耗"以均平官民田土税则负担。但论田加耗会加重占有大量轻则民田的身份地主的负担,结果并未能真正实行。以后百余年间,论粮加耗与论田加耗之争始终未息,但每次斗争的结果总是有利于绅衿地主的论粮加耗占有上风。

嘉靖十六年江南巡抚欧阳铎经过缜密筹划,在江南苏州等地推行旨在调整官民田土科则负担轻重的"征一法",规定无论何种田地,均将各项应征税粮统一规定计算标准,然后按照田亩均分,统一征收。如嘉定县每亩应征正、耗平米 0.28 石,加上每亩 0.02 石的包赔虚粮,每亩应征额 0.3 石。松江府的华亭、上海两县由于身份地主的极力反对,仅仅只将以前部分田土的折征银、布改为所有田土"一例均摊",敷衍搪塞。整个上海地区大体上仍是"有腴田而粮轻者,有瘠田而粮重者,吏禄为奸,民禄为利。甚有田无寸土而粮存本名累及子孙者。赔赈逃亡之苦不可胜言"。[2] 其中尤是华亭县西北境的青龙江、大盈浦一带,"田多荒芜,税多逋额","甚至数十里绝烟火"。[3]

隆庆二年,当时的江南巡抚林润奏准"暂设专官,丈田均粮"。翌年,松江府同知郑元韶尽数清丈华亭、上海两县土地,悉去旧日官民召佃之名,按田土肥瘠分作上中下三乡按田加耗,正、耗并征。华亭县每亩正粮 0.245 石,上乡加耗米 0.12 石,中乡加耗米 0.075 石,下乡 0.03 石;上海县亩科正粮 0.205 石,加耗为

---

[1] (清)蒋伊:《苏郡田赋仪》,《皇朝经世文编》卷 32《户政七》。

[2] (明)李绍文:《云间杂识》卷 3。

[3] (明)杨枢:《淞故述》。

上乡 0.09 石,下乡 0.03 石。按田加耗、均平科则的实施对昔日只纳民田轻赋的绅衿地主不啻是一次巨大冲击,在一定程度上均平了税粮负担,并使"田有字圩号段,册有鱼鳞归户",[1]民甚便之。终明一代它们始终相袭而行。

　　明后期上海地区赋税变化的另一重要内容是税粮折征使实际的田赋负担得到一定程度的缓解,这在嘉定县表现最为突出。

　　嘉定地濒长江口,县境大部分皆在冈身以东,明初起植棉发展极快,境内居民食米多赖外邑供应。明中叶前田赋实征米粮,纳赋者只能籴米以充,受市场米价波动影响甚为烦苦。邑人侯尧封称,"吾郡赋甲天下,吾邑属郡之东徼,地独瘠而不宜稻,而县官岁征漕粟数万石有羡,与他邑埒。民间无所得粟则转籴旁郡邑以自给,旁郡邑遂乘时牟利,物涌腾枭,而又重以灌输之难"。[2] 虽然宣德年间嘉定县秋粮已折布 19 万匹,而且所征阔白棉布有名无实,从未足数交纳,但余下 10 万多石税粮仍得征米。成化弘治以后,由于征输艰难,地方上甚至出现废县之议。迨至嘉万年间已到了"狼狈不可收拾"的地步。万历十一年,乡民瞿仁等人上请改折银两,暂准一年。"自后一年一请,又后三年一请,民困渐苏,流亡渐复。然每至三年,必待题请,民心皇皇,迄无成命"。万历二十一年,耆老徐行等人再请永折,终获朝廷允准,并篆入赋役全书,永著为例。其中正米共 100075.635 石,每石加耗 0.4 石,折银 0.7 两,合银 70052.944 两;改兑淮安仓正米 6417.063 石,加耗 0.2 石,折银 0.6 两,该银 3850.02 两,每石米实际只折合白银 0.5 两。[3]

　　嘉定县的漕米折银表面上看似乎只是因县不产米,征银更为易办,但其背后隐藏的却是企图通过改折减轻税粮负担的再分配之争。实行改折以后,不仅折价甚低,更重要的是还可由此免除和减轻与漕兑相联系的漕军勒索以及其他各种相应的徭役负担,地方上由此得到的好处是十分明显的。在嘉定全县实现税粮永折白银的同时,上海县二十八、二十九、三十保,以及青浦县三十四、三十五保,也因稻少棉多而相继允准改折。改折的结果,封建政府的实得税额不仅没有减少反而更有保障,但对地方纳赋者来说确确实实是从中得到

---

[1] （明）崇祯《松江府志》卷 8《田赋》。

[2] （清）康熙《紫堤村小志》卷 1《田赋》。

[3] （清）乾隆《嘉定县志》卷 3《赋役上》;（清）乾隆《宝山县志》卷 5《田赋志》。

了减缓赋税负担的好处。

有明一代上海地区的田赋征派屡经改革渐趋均平、合理。但终明之世始终还有两大问题存在。

一是各种加派的屡屡增加。隆庆初年的丈田均粮，在按上中下三乡编定科则的同时，对以后可能的加派已作了安排："凡有不时钱粮加派，俱照前周文襄公所行旧例，无分上中下三乡，一概论粮加耗。"[1] 隆庆以后，这种加派确实也一增再增，除有名的明末"三饷"加派外，"额外又有均徭、练兵、开河、织造、贴役，加耗种种不经，难以枚举。即如上乡三斗六升五合起科之田，计有五斗之供矣"。[2] 压在人民身上的税赋负担依然格外沉重。以嘉定县为例，崇祯末年除"原编十五万之外，二十余年来三饷之叠加又五万余斛；官布丝绢复入考成，原编、加编又四万矣"。此外，漕米折银也从原来的 0.7 两增至 0.95 两，仅此一项即徒增银 27265 两。[3]

二是税粮拖欠仍十分严重。按明代优免规定，绅衿地主只有免役特权而无免赋规制。如嘉靖三十七年就曾重申，天下正赋"不分官员、举监生员、吏户人等，一例均派"。[4] 但事实上，绅衿凭借权势，视拖欠为儿戏。嘉靖时有人亲见收兑粮长上绅衿家收粮，十不给五六，且多为陈谷旧米。[5] 他们不仅自身拖欠，而且还帮助隐匿诡寄的亲戚门人。所谓"乡宦年久，官尊一族，田俱收官甲，复有亲戚门下狎客之田，动辄拖赖"。[6] 绅衿地主的税粮拖欠一方面极大地加重了粮役承担者的负担，另一方面也使田赋的十足征收根本不可能实现。清人叶梦珠说得很清楚："终明之世，官以八分为考成，民间完至八分者便称良户，完六七分者亦为不甚顽梗也"，"三吴财赋最重，故明三百年来从不能完之"。[7] 由此可见，终明一代虽然上海地区的重赋不仅名目上一直存在，而且历朝的能臣干吏为实现征收，先后采取了不少措施，地方上的平

---

[1] （明）崇祯《松江府志》卷8《田赋》。

[2] （明）范濂：《云间据目钞》卷4《纪赋役》。

[3] （清）嘉庆《南翔镇志》卷12《逸事》；（清）乾隆《宝山县志》卷5《田赋志》。

[4] （明）崇祯《松江府志》卷8《田赋》。

[5] （明）李绍文：《云间杂识》卷4。

[6] （清）光绪《南汇县志》卷20《风俗志》。

[7] （清）叶梦珠：《阅世编》卷6《赋税》。

民百姓也为之付出深重的代价,但是由于以绅衿地主为主体的拖欠,朝廷的重赋征收自始至终一直未能得到完全的实现。

2. 明代的徭役佥派及其变化

田赋征纳之外,徭役佥派更是赋役的重要内容。与全国其他地区一样,明初上海地区的徭役分成里甲正役和均徭杂役两类。前者和当时的里甲制相结合,包括里长、老人、粮长、塘长诸役,里长主一里之事,老人参议民间利害及政治得失,粮长督一区赋税,塘长修理田围、疏决河道;均徭杂役名目繁多,"各照所分上中下三等人户点差",[1]包括各类解户、斗级、库子、皂隶、馆夫、弓兵等几十种名目。表8-3即为松江府明初徭役佥派、承充情况。

表8-3 明初松江府徭役名目及承充人数

役目	应役人数	充役条件及职责	役目	应役人数	充役条件及职责
里长	14350	主一里之事,里中丁粮多者10户为长,岁轮1435人为现役,余为排年	递运所水夫	504	—
			递运所防夫	24	—
老人	1435	选高年有行止者充当	各巡检司弓兵	750	—
粮长	209	选丁、粮相应有行止者充当	各盐场工脚	35	—
塘长	209	修理田围,疏决河道	各税务巡拦	254	—
解户	210	主解运两京军需、颜料等物	各铺司兵	211	—
各仓斗级	65	—	钟夫	2	—
各仓库子	62	—	渡夫	44	—
各学斋夫	28	—	纤夫	312	—
各学膳夫	8	—	民快	70	—
门子	26	—	应捕	70	—
皂隶	142	—	山东凤阳等处马夫	1364	夫分正、副,正者住坐养马,副者轮年集价
禁子	46	—			
递运所馆夫	4	—	合计	20434	

资料来源:(明)正德《松江府志》卷7《徭役》。

---

[1] (明)万历《明会典》卷20《赋役》。

在当时的情况下,徭役金派的一般原则是"验民之丁粮多寡,产业厚薄,以均其力"。[1] 实际上只要是编户齐民,不论是否有无田产都要或多或少应承,其负担面较田赋更为广泛。其金派徭役的使用方向首先是税粮征收、解送,如粮长等役;其次是地方公务承办,如里长、老人;再次是各级衙门的差遣,如门子、皂隶;最后是地方准军事人员值役,如弓兵、民快等等。

明初上海地区虽然役目众多,但承役人员的实际负担似乎还不是太过沉重。以粮长为例,永乐后税粮得输至北方诸仓,"其在本区图催办人户则有零星鸾远之烦苦,官豪掳宦则有上门守候刁蹬之烦苦",[2] 乍一看来似乎负担不轻。但在当时,一方面粮长解缴上仓直接解与部司,胥吏、官军勒索还不大;另一方面,收粮之时虽然绅衿时有拖欠而且例不纳耗,但普通平民小户,粮长却可对其任意加耗,而且每每"家自征收,斛斗无制,取羡由己"。[3] 因此明初的赋役负担中扰民较甚的还是重额田赋,徭役繁苛还不十分突出。

大约从明中叶起,上海地区的徭役负担逐渐出现"松江之赋重矣,而役法厉民为尤甚"[4]的局面。

明代从开国之初绅衿阶层即享有徭役优免。洪武十年,明太祖即明令规定:"食禄之家与庶民贵贱有等,趋事执役以奉上者庶民之事也。若贤人君子,既贵其家而复役其身,则君子野人无所分别,非劝士待贤之道。自今百司现任官员之家有田土者,输租之外,悉免其徭役,著为令。"两年以后又进一步补充规定,"自今内外官致仕还乡者,复其家终身无所与"。[5] 这就是说,一家之中只要有一人为官,即可全家终身免役,而且没有数量限制。而在实际执行中,优免特权并不仅仅到此为止,故官子孙以及尚未入仕的举、贡、监、生员等人,也都程度不同地享有徭役优免特权。[6] 徭役优免特权的存在,一方面从一开始即把地方上一部分最有钱财、田产的阶层排斥出了徭役负担者之列;

---

[1] 《明洪武实录》卷163。

[2] (明)崇祯《松江府志》卷11《役法》。

[3] (明)正德《松江府志》卷24《宦蹟》。

[4] (清)乾隆《娄县志》卷1《民赋志》。

[5] 《明洪武实录》卷111、128。

[6] 参见《续文献通考》卷17《职役考》;(明)吴履震:《五茸志逸》卷1;《古今图书集成·食货典》卷147。

另一方面它又会进一步助长免役特权阶层的膨胀,使徭役的负担面更为缩小。由此可见,即使没有役目及承役费用的增加,单是免役阶层的扩大和免役田土的增长,地方上应役阶层的徭役负担也不可避免地会日趋加重。

宣德、正统年间周忱的赋役改革对上海地区的徭役负担变化产生了很大的影响。

首先,周忱将原来每年运送南京支付两京官员禄米的几十万石税粮改在本地水次仓交纳。另外他还与当时负责漕运的陈瑄一起,将历来民运漕米至北方交仓改为在淮安、瓜州兑与漕军,名曰"交兑法"。每石另加耗米若干。成化十年,松江知府樊莹又改"交兑"为"改兑"。规定漕米一律"改令官军各赴彼水次(仓)交兑",而地方上也因此而增设"收兑粮长"一役,负责将漕米兑与官军,而留存的税粮运送役目仍还剩下"白粮北运"和"南运南解"。

其次,随着周忱实行秋粮折布的改革,为解交折色布,地方上又多出了"布解"一役。弘治中叶以前,布解例由北运白粮搭载,以后也曾一度由布行商人代办,解至京师,"户、工两部委官同科道官验收运送内府,粮长、解户不与内臣见面,故军校不得胁勒,内臣不得多取"。[1] 但弘治以后,部官避嫌,解户解布须直接送内府,内臣、军校勒索横生,解布一役遂成明后期令人望而生畏之重役。

再次,由于周忱在赋税改革中以多征耗米办起了济农仓,除了支拨赈灾救荒,抵补运粮损耗外,地方上一部分差徭亦从加耗余米中支拨,[2]这一方面确实在一定程度上减缓了贫穷小民的差徭负担,但另一方面也开了嘉靖以后差徭折银之先河。总而言之,周忱的改革既使旧有的徭役负担确实较前有所减缓,但另一方面也产生了新的役目,到明后期,随着身份地主势力的强大以及吏治的腐败,它们终于成为当时的累民首害。

明后期的徭役大致可分为里役、粮役和杂役 3 种。其中的杂役除一部分"解役"外,原编于均徭力差下的许多役目在嘉万年间推行条鞭法时已"一概征

---

[1]　(明)霍韬:《霍文敏公集》卷3《谨天戒疏》。
[2]　嘉靖人何塘在《均徭私议》中说:"宣德年间,周文襄巡抚南畿,患民间起运税粮之不足也,乃令税粮正数之外,多加耗米以足之。除办纳税粮外,有余剩者,谓之余米。复恐民间议加耗之多怨已也,乃令民间户丁之差徭,料物之科派皆取诸余米。"(陈子龙:《明经世文编》卷 144,中华书局 1962 年影印本,第二册,第 1441—1444 页)

银,官府顾募"。[1] 而原编于里甲的里长、粮长等役虽名义上已革,实际上仍有经催、总催等新的役目代替。至于粮役仍是用于本、折各色税粮的征解,包括收银、收兑、北运、南运、布解等,是当时费财力最多的一类差徭。所有差徭按其负担轻重又分成上上役、大役和中役、小役。下表即为明后期松江府的徭役负担情况。

表8-4 明后期松江府徭役一览

役等		役名	年充役人数	充役条件	承役内容及负担	备注
小役	里役	经催	1308	田二三十亩以上充之	催一图人户本、折米	即原"里长"
		总催	189	每年点本区丁力尤胜经催一人充之	总催一区人户本、折银米	即原"粮长"
		该年	1308	凡充经催者先一年为之	承应起夫、浚河、运泥等差使	
		总甲	1308	凡充该年者先一年为之	初督地方治安,后承值各项供办	
		塘长	189	凡充总催者后第四年为之	督率开河水利等役	明初即有
上上役	粮役	布解	8	田余二千亩者,但亦及中户	解布至京师,每匹赔银四、五钱	
		白粮北运	56	田千亩内外编此	领运上供白粮至京师,有费至千金者	又称"白粮解户"
上等役		收兑粮长	141	田二三百亩之家充之	每名兑漕米千余石于漕军,有费至五六百金	简称"收兑"
中等役		收银总催	176	田一二百亩或三、四百亩之家充之	收纳折色银两交库,有费至百金者	又称"柜收"
		南运	7	田三百亩之家充之	领运南京光禄寺等米,赔费较少	万历后与布解相搭

[1] （明）李绍文:《云间杂识》卷4。

役等	役名		年充役人数	充役条件	承役内容及负担	备注
中下等役	解户	风汛解户	7	中下人户	领银买米春办,待沿海出汛支与军兵	
		南京蜜糖解户	1		赴南京光禄寺交纳	
		凤阳麦折解产	3		赴凤阳驿交纳	
		南京惜薪司解户	2		运柴脚银赴南京光禄寺交纳	
		南京各部柴薪解户	1		赴南京各部交纳	
		南京五城弓兵解户	1		赴南京五城兵马司交纳	
		南京直堂解户	1		赴南京各衙门交纳	
		南京国子监膳夫解户	1		赴南京国子监交纳	
		两浙运司船盐解户	1		赴浙江运司交纳	
		织造府解户	1		赴杭州织造府交纳	
		军器库子	2		造军器看守	
		斗给	1		—	
		水乡荡价解户	1		—	
		南解	2		—	
上等役	杂役	二六轻赍解头	不详	中下人户	解银至淮安府总督漕院	
		盐粮解头	不详		领两浙盐运司荡价赴杭州盐司交纳	
		南京公侯解头	不详		赴南京交纳	
		徐州米折解头	2		赴徐州永福仓交纳	
		扬州米折解头	2		赴扬州府交纳	

役等	役名		年充役人数	充役条件	承役内容及负担	备注
上等役	杂役	山东昌平等驿解头	1	中下人户	赴山东兖州府昌平驿交纳	此以下十役，华亭县由顾正义所捐义役田内量扣租米一千二百石给官转解得免，上海、青浦两县照编
		凤阳大店驿解头	1		领银赴凤阳宿州大店驿交纳	
		河间瀛海驿解头	不详		领银赴河间府瀛海驿交纳	
		滁州滁阳驿解头			领银赴滁阳驿交纳	
		南京农桑丝绢解头			赴南京交纳	
合计			4721			

资料来源：(明)崇祯《松江府志》卷11、12《役法》；(清)乾隆《娄县志》卷7《民赋志》；《阅世编》卷6《徭役》。

从表8-4可见，当时地方上最重之差役当数布解、北运两项。布解"领库银买粗细青蓝素布，雇船起运，至京交卸"；北运领漕米，春办上白粳糯米，雇船起运，至京交与光禄寺供用诸仓。它们在正银、正米之外按例都还有"贴解银、有雇船水脚银，有起驳车脚银，有春办折耗米，有夫船工食米"[1]等等，按理说不应繁苦。但实际上无论北运还是布解，在乡则有价银拖发、胥吏掯勒，漕军争兑之苦；在途则有船户需索、漕船压阻、关津索税之害；到京缴纳则有驳船车运之耗，官吏书手、库夫厨役、土仪磕头之需，候批领单之苦，甚至经年守冻候支。如此种种，需索万般，名义上虽有贴银、贴米，但实际上常常是"或有十不得六七者，或有千请求给仅许对支者"，[2]"各科之运船未出江口而使费已耗其大半矣"。[3] 所以民间一闻此役，如赴死地。"家有千金之产，当一年

---

[1] (清)叶梦珠：《阅世编》卷6《徭役》。
[2] (明)崇祯《松江府志》卷11《役法》。
[3] (清)嘉庆《松江府志》卷24《田赋志》。

即有乞丐者矣,家有壮丁十余,一年即有绝户者矣"。[1]

其次作为中、上等役的收兑、总催等也甚为繁重。收兑负责收纳民户漕米兑与漕军。收纳之时,顽户拖欠;收后贮仓、修葺、雇夫有费;临至兑军又有旗军揸勒,赠耗横索。在万历以前,虽称中役,但已每费至百金,到以后更有"费及五、六百金,以至破家者"。收银总催例亦5年一编,每役收银重则4000两,轻至100—200两,其"在柜收纳金花(银),有倾销滴补之苦;收时有雇募书算、食用、盘缠之苦;有比簿号串、印串之苦;有衙门人衙火耗常例之苦;解收有所耗、等候之苦。每收银一千两,往年费银五十余两,今渐有至百余金者矣"。[2]

再次是10年一编称为小役的经催、总甲等役,所金人户多是仅有田产几十亩者。经催虽只是一图之役,但"沿乡催办则有跋涉之苦,入城比限则有盘缠之苦,完不如数又有血杖之苦,田地抛荒又有□□之苦,人户逃亡有代赔之苦。若遇水旱凶年,钱粮无出,举一图之困苦,独萃于一人,破身亡家,卖妻鬻子,累月穷年,未能脱累"。总甲原先仅在地方上"讥察逃盗斗争之事,以报府县",但到后来不仅地方上遇有寇盗杀掠拖累总甲,即如官员巡历,公私所费皆责其供办,往往也是"破产荡家,莫可告诉"。[3]

从上所述可以看出,明后期上海地区的徭役负担并没有因为条鞭法的推行,"均徭、里甲与两税为一"而得到根本缓解,反而只有变本加厉更为繁苛。其主要原因在于,繁重的本、折税粮依赖民收、民解从根本上决定了里役、粮役的不可废除;腐败的吏治和其背后的传统政治体制又决定了各方揸勒敲诈的不可避免;而庞大的免役阶层存在,更加重了平民百姓的徭役负担。即以当时优免特权最少的生员阶层而论,"大县至有生员千人以上者比比也。且如一县之地有十万顷,而生员之地五万,则是民以五万而当十万之差矣。生员之地有九万顷,则是民以一万而当十万之差矣"。[4] 华亭县万历年间仅绅衿所收避役诡寄之田就多达34万余亩,占全县额田三分之一多;同时期上海县也有花分、诡寄田40余万亩,几占全县额田之半。加上绅衿的自有之田地,其规避

[1] (明)崇祯《松江府志》卷11《役法》。
[2] (明)崇祯《松江府志》卷12《役法》。
[3] (明)崇祯《松江府志》卷11《役法》;(清)乾隆《娄县志》卷7《民赋志》。
[4] (明)顾炎武:《亭林文集》卷1,《生员论》。

差徭的田土数量殊为惊人。它们使得本已沉重的徭役负担更加集中在为数不多的民田、民户身上，致使"当役者有民无官，此役之所以重而益重也，贴役者有增无减，此赋之所以繁而益繁也"。因此，当嘉靖万历年间的上海地区，能独力承办重差的平民大户越来越难觅，"县中一遇编差，上户不足点及中户，中户不足点及朋户"，[1]从而更加剧了承役人户亡家破产的危险。所有这一切终于使得江南巡抚徐民式在万历年间不得不再次推行均役改革。

徐民式均役改革的内容有三：一为清理花分、诡寄之田；二为确定绅衿优免则例：进士户田 2400 亩，举人户田 1300 亩，生员户田 170 亩；三为绅衿大户除限额免役田外，超出部分"尽数照田编役"。[2]

万历三十九年均役推行，很快即收到成效。华亭、上海两县清理出的花分、诡寄田地达近百万亩，绅衿地主的额外之田由此也破天荒地实行编役。时人李绍文称"吾松缙绅旧无承役者，抚台徐公检吾菇任，令苏松两府缙绅除优免外一体充役"。万历四十年，仅华亭一县即有 20 多名乡绅充任总催一役。[3]

均役以后，役目的分派实行按田地多寡定役之重轻。上海县规定"上差者以千五百亩当之，中差者以七百亩当之，下差者以二百余亩当之，彼此品搭。不及者以上中下田亩之数朋当之，数十亩以下无与焉"。[4] 均役的推广实行，一定程度上限制了绅衿的优免特权，并且迫使他们不得不也承担起一部分差徭，这确实在某种程度上减轻了往日负担过重的平民地主以及自耕小农的徭役负担。

不过，均役的实行正如我们前面分析明末均粮时所说的一样，它充其量只不过是把沉重的差徭分摊得较以前稍为平均一些，它们并没能减轻多少差徭负担的总量。这一状况只是在入清以后才渐渐有所变化。

3. 清前期的赋役演变

入清之后，上海地区的赋役征发发生了较大的变化。

---

[1] （清）嘉庆《松江府志》卷 27《役法》。
[2] （清）嘉庆《松江府志》卷 27《役法》。
[3] （明）李绍文：《云间杂识》卷 2、卷 4。
[4] （明）崇祯《松江府志》卷 12《役法》。

顺治二年清军平定江南后，为显示新朝恩典，"土田规则悉用前明之旧，以万历中赋额起征。仍诏蠲本年税粮十分之七，兵饷十分之四，其明末无艺之征尽永除之"。[1] 翌年，巡抚土国宝又实行一项重大改革，将明后期累民最甚的北运、布解、收催三役由民收、民运改为吏收、官解。"官布则县发库银，买之于牙行而委员起运。白粮则县派役收诸各柜而亲董其成。得邀谕旨，虚费革而重役息"。[2] 顺治十五年，又废除明季的"收兑之役"、"仿布解、北运、收催之例，亦令官收官兑，军民不得相见。计漕一百石四耗而外，议加给米五石、银一十两，其余陋规，尽行禁革"。[3]

清初顺治年间的赋税临时蠲免以及改革措施从表面上看似乎是新兴统治者对人民的一种让步，但实质上却是明中叶以后上海地区赋役改革、变化的必然之势。它们在短时期和一定程度上缓解了地方上的赋役负担，但从长远看，赋役的繁重以及征派的困难依然存在，并且极大地困扰着王朝的统治者。其结果是在顺治末和康熙初终于发生了清代上海地区赋役史上的两件著名事件——"奏销案"以及"均田均役"。

如前所述，清统治者平定江南之初在税粮征收上的让步主要是临时蠲免和免除明末三饷加派。其中蠲免一项由于事实上明代几百年来税粮从未十分完征，蠲免无非只是把根本收不到的税粮以恩免的形式勾销。而永除三饷加派，松江一府不过二三万两，而且在不久以后的顺治四年清统治者又以"九厘地亩银"的名目重新开征。[4] 因此清初上海地区的实际的赋税负担并不轻，仅松江一府每年应科平米就达121万石，此外还有徭里银等近8万两。

清初上海地区的新旧绅衿仍沿旧习，例以税粮拖欠为常。人称"吴下钱粮，累年拖欠，习为故常。惟乡绅所欠尤多，县官莫可如何"。[5] 顺治八年至顺治十四年，仅嘉定一县就共计拖欠税粮高达130多万石，至顺治十七年，全

　　[1]（清）乾隆《华亭县志》卷5《田赋》。

　　[2]（清）叶梦珠：《阅世编》卷6《徭役》。

　　[3]（清）叶梦珠：《阅世编》卷6《徭役》。

　　[4]（清）嘉庆《安亭志》卷3《田赋》。

　　[5] 参见（清）曾羽王《乙酉笔记》；（清）咸丰《黄渡镇志》卷6《人物》记载："国初沿明旧例，进士户田二千四百亩，举人户田一千三百亩，编立宾号。生员户田一百七十亩，编立归号。有司例不征比，由是因循不完者多。"

县拖欠赋银在 100 两以上的就有 170 余人。同时期上海县 2000 多名绅衿，完足钱粮者仅有寥寥 28 人。[1] 肆无忌惮的拖欠既严重影响政府的财政收入，同时也危及新生政权的政治权威。顺治十七年冬，在新任江南巡抚朱国治主持下，终于发生了以追缴绅衿拖欠钱粮为主要内容的"奏销案"。

顺治十六年，清政府已定有条例："凡绅衿欠（税粮）八九分者，革去名色，枷两个月，责四十板，仍追未官钱粮；即至三四分以下，亦责二十板，革去名色，但免枷号。"但江南绅衿仍视其如同儿戏，并未认真理会。

顺治十七年冬，朱国治从积欠最为严重的嘉定县开刀，令苏松兵备道拘拿积欠数额较大的乡绅生员"数十余人，锁之尊经阁中，远近大骇"。

次年正月，正遇顺治帝驾崩，康熙登极，四大臣当国，仍严令奏销钱粮。巡抚朱国治乃下令上年钱粮俱应正月完清，"一时人情皇急，惧祸者即于正月内完清，而未完者止十分之八"。于是朱国治奏准朝廷，凡绅衿于二月以后输纳上年拖欠者，在官者或降调，或罢黜回籍，在乡之进士、举人、贡监生员皆革去功名、生员籍。苏、松、常、镇四府及溧阳一县共降革乡绅 2171 名，生员 11346 名，其中松江一府"约二千有余"，上海县"只留完足钱粮秀才二十八名"，嘉定偌大一县，县学仅存生员 3 名，其钱粮凡欠及分厘者皆在所难免。

奏销一案，起初时追缴四府一县上年欠银仅 5 万余两，以后实际完银已达 49105 两。但在初次奏销之后，又进一步追缴以往十年的新旧欠额，其对绅衿地主打击的意义已经远远超过了税粮追缴本身。它使那些往时皆以拖欠税粮习以为常的绅衿地主不仅被革去官职、功名，失却往日特权，而且为了免却税粮追缴中的牢狱灾祸，不少人还不得不"以田自送于人，复以银找足其费，即求每亩五分，亦不可得"。"田一亩止求价七钱，无有买者。旷野之屋，折卖砖瓦，毫不值钱文，于是揭债营债者不一而足"。如上海县新场镇绅衿储鼎芳有田千亩，"以钱粮监比受累"。同县陆方中，"拥田三千，父子远循，日食不周，如此者甚众"。[2] 而奏销的结果是，顺治十八年分的税粮征收不仅丝毫未欠，分厘完足，而且整个缴纳的过程是争先恐后，收征应接不暇。

---

[1]（清）咸丰《黄渡镇志》卷 6《人物》；（清）姚廷遴：《历年纪》。

[2] 参见（清）叶梦珠：《阅世编》卷 6《徭役》；（清）姚廷遴：《历年记》；（清）曾羽王：《乙酉笔记》；（清）咸丰《黄渡镇志》卷 6《人物》。

如果说奏销一案是以税粮追比的方式褫夺了绅衿昔日的税粮拖欠特权，那么随之而来的"均田均役"则进一步限制了绅衿地主的徭役优免特权。

均田均役之议起于康熙元年。是时旧明北运、布解、收兑之极重之役虽已革除，但是里役之类的里催、总甲、塘长等役依然存在，而且由于旧有大役的裁废还新出现了无数杂派差役。"剿洳寇则派水手，调客兵则备马草、马豆、马糟、草刀，造战舡则有水夫、钻夫、买树"，此外"沿浦造桥梁、造梅桩、造铁练、筑寨台；沿海修城堡、修烟墩、斥堠分拨；沿海养马则造马船、造渡口石坡，种种不可胜举"。[1] 这些里役、杂役的编审，虽然朝廷规定绅衿"止免本身丁徭"，若按田粮派役，绅衿、庶民应一体应承，但实际上"进士、举、贡、生员各立的名曰官户、儒户，凡杂项差徭量行豁免"。甚至一些平民大地主也或连结绅衿，冒名诡寄、花分，或贿赂经手胥吏避重就轻。于是沉重的赋役负担，加上胥吏、官吏的娄索，又再次落到中小人户身上。"前工未竟，后工继起；初派方完，续派踵至。粮役之家虎差时常盈室，酒浆供顿，突烟不绝"。至康熙初已重新有"比户弃业逃遁，民皆重足而立"之势。[2]

康熙元年，巡抚都御史韩世琦在江南始行均田均役法，嘉兴、湖州等郡率先行之。苏松两地由于豪强势力强大，"檄催再四，而有司瞻狥不行"。直到康熙六年，娄县知县李复兴在韩世琦支持下，始在娄县推行。均田均役的中心内容是按田编图，按户纳粮；减裁役目，照田均役。其具体内容共分以下 6 个方面：[3]

一曰均图。全县田地不拘原丈均分为若干图，每图均编田 2804 亩。无论绅衿、平民并照田编甲，田必入图，图无亏田。

二曰并田。若所有田地坐落各地，皆照均定新图归于图内各甲，编立一处完粮。其田不足图甲者，许令自择亲朋田亩归并成甲。人人收己田，自完己税。革除原有里催、排年。

三曰均役。照田编图甲，钱粮各自输纳。即再有差役，各自照田均派承应。

［1］（清）叶梦珠：《阅世编》卷 6《徭役》。

［2］（清）叶梦珠：《阅世编》卷 6《徭役》。

［3］（清）乾隆《娄县志》卷 7《民赋》。

四曰销图。编图之日,注明新编某图,再取户领号一册以与号册为经纬,便于日后销图。

五曰征输。业户征输由柜书编定串单,业户照串额将条银自封投柜,截串完纳。尚有存留不截之串,立时差催。

六曰分户。编图后,有售卖田地者,验明文契将现业姓名于甲内另行分出,仍令新业主照额完粮。

均田、均役法在徭役制度上有三项重大的改革:

首先,它推行了由业户自行纳粮以及将部分役目承担的公务下放民间自理,裁汰了以往扰民甚厉的里催、总甲等役,不能不说是减轻了民间的差役负担。

其次,它将绅衿、民户一体以田编图,按田均役、应差,这就打破了明代以来编役纳赋,绅衿、平民贵贱有别,不得混一而征的旧规。绅衿地主的免役特权仅限于自身的丁徭银,而他们占有的土地则再也不具有免役的特权,与平民土地同样须编役当差。

再次,均田均役的推行加快了户、丁金役向按田编差的转化。它不仅使赋役负担更趋合理,而且促使着标志封建社会人身依附关系的差徭制度的趋于中落。

继娄县均田均役之后,苏松各县即渐相效行。尽管绅衿极力反对,但毕竟大势所趋。它终于使困扰人民多年的差徭基本上改为由田产金派,从而一定程度上实现了"役均由于田均,田均则并无役矣"。此正如叶梦珠所言,"均编之法非屈缙绅而同编户,实踪编户而同缙绅"。[1] 它对于清前期绅衿地主阶层的没落起了重大作用。

奏销案及均田均役的推行一定程度上均平了地方赋役负担,促进了中小地主和自耕农土地占有的发展。但是如同以前历次改革一样,它们的中心内容主要只是均平负担而并未触及减轻重赋。奏销案后不久,重赋难完,税粮积欠终又重新发生。康熙元年至八年,苏松两府重新积逋钱粮 200 余万石,地方官吏多次请求减轻赋额,但都遭到朝廷拒绝。[2]

---

[1] (清)叶梦珠:《阅世编》卷 6《徭役》。

[2] (清)嘉庆《松江府志》卷 20《田赋志》记载,康熙四年,巡抚都御史韩世琦请减苏松田赋;康熙十年,巡抚冯祐请酌议减除苏松重额浮粮;康熙十一年,巡抚御史孟雄飞奏请减免浮粮以除永累;十三年,慕天颜又请酌减苏松浮粮;二十一年,江苏巡抚慕天颜再请酌减苏松浮粮,但均遭朝廷驳回。

雍正三年,管理户部事务满人怡亲王再次奏请,朝廷总算勉强允准减免苏州府正额银 30 万两,松江府 15 万两,永著为例。此后,乾隆二年,即位不久的乾隆帝又下令江南苏松等府州所征白粮从 22 万石减为 10 万石,其余 12 万石"改征漕粮,其经费银米均照漕例征收",结果苏松两府再次得减浮粮 20 万。具体办法是当年折银"每正银一两减九分六厘,自(雍正)三年为始,每一两减一钱三分三厘"。[1] 经过两次减赋,上海地区的赋额负担明显有所减轻。见表 8-5。

表 8-5　清前期松江府年征钱、粮数额

额征名目	雍正二年		雍正十三年		乾隆七年		乾隆六十年		嘉庆十五年	
	数额	指数	数额	指数	数额	指数	数额	指数	数额	指数
岁征银(两)	833530	100	529572	63.5	446547	53.6	458548	55	447020	53.6
岁征米(石)	418580	100	443296	105.9	437705	104.6	430464	102.8	427717	102.2

说明:岁征银两包括条折、兵饷、徭里、人丁、匠班、随漕经费等所有征银项目;岁征米包括正耗漕白各项。

资料来源:(清)嘉庆《松江府志》卷 20《田赋志》。

由此可见,从雍正年间开始,松江府的岁征银额减少极快,乾嘉年间几乎只及雍正初的一半。虽然同时期岁征本色米数额稍有增加,但与减少的银额相比显然微不足道。

在赋额减缓的同时,清前期上海地区赋役征发中一项较大的变化是"丁银"征收。清代丁银源自明后期实行条鞭法后设立的徭里银和里甲银,它们"俱于税粮外照丁、田均派"。清初徭里银改为按人丁征收,除绅衿本人为优免人丁外,成丁男子不论有无产业均得派征,但一般数额极微,每丁仅为0.01—0.02 两,松江府全年征收总额不过 4484 两。[2]

[1]　(清)嘉庆《松江府志》卷 20《田赋志》。
[2]　(清)嘉庆《松江府志》卷 28《田赋志》载:"国朝人丁五年一编审,凡乡绅、举贡生员得优免一身,曰优免人丁。康熙中改追优免人丁,征银解部充饷。余曰当差人丁,每丁科徭里银,各县轻重有差。"康熙年间,上海县每丁征银 0.017482 两,青浦县每丁征银 0.02166 两;雍正初,南汇县每丁征银0.0179 两。见(清)乾隆《上海县志》卷 4《田赋》;(清)雍正《分建南汇县志》卷 7《赋役志》。

康熙五十六年，朝廷敕令自后滋生人丁永不加赋；雍正五年，江南总督范时绎等题请，自翌年起，丁银随田赋正供一体金派，即所谓摊丁入田；至雍正七年，匠班、渔课银亦"统归田亩征收"。摊丁入田的推行虽然从数量上看对赋役负担者的影响甚微，但其从按丁金派向按田摊派的转化，却标志了中国传统社会徭役制度的瓦解和中落。

到清中叶嘉道年间，上海地区征收的税额中已经不仅只是最初的田赋正供，而且还包括了昔日派之于差徭的徭里银、匠班银以及门摊课钞银等等，它们一般都由"条银"和"漕米"两部分构成。在嘉定、上海以及青浦已实行漕米永折的地区单征上下两忙条银，所征数额按上中下三乡分则派定。如华亭县七保四区寒圩，地处下乡，每亩征收条银 0.097 两，后加征 0.005 两为 0.102 两，此外另征漕米 0.122 石等。[1] 其中，条银夏秋两季分两次征收，称为上忙、下忙，漕粮则于冬末征收，通常情况下"纳赋每亩连耗米、兑费、地丁，至重总不及二斗"。[2]

均田均役的推行以及摊丁入田的实行虽然在一定时期和一定程度上减轻或消除了某些差役负担，但是并没有从根本上消除差徭。均田均役之后不久，为应付地方上各种临时公务以及兴修水利等为主要内容的杂派差役又渐渐地蔓延，只是这些差役一般来说已不象前明及清初那些累民重役那样会危及应役者的身家性命。

清前期近 200 年中，尽管赋、役都有不同程度的减缓，但直至近代前夕，上海地区的逋赋依然存在。有记载说，"至嘉道间，每岁官吏下乡亲催桁杨鞭挞，所在骚然"。[3] 嘉庆二十二年前，江苏地方民欠钱粮高达白银 469.2 万余两，米麦豆等项 160.6 万余石；而从嘉庆二十三年到道光十年，统共熟田未完银 153126 两，米谷 2166 石，因灾递缓银 4849235 两，米豆麦谷 1395309 石，[4]其中当有上海地区所积欠。这表明，即使均役、减赋以后的上海以至整个江南地区，人民的赋役负担仍然不轻，而清王朝实际上仍然是难以十足地实

［1］（清）杨学渊《寒圩小志·田赋》。
［2］（清）毛应观：《宰娄随笔》。
［3］（清）咸丰《黄渡镇志》卷6《杂类下》。
［4］ 中山大学历史系中国近代现代史教研组、研究室编：《林则徐集·奏稿》上册，中华书局1965年版，第259—260页。

现其预想的再分配数额。

综上所述,明清上海地区的赋役发展变化可以简要归纳如下:

首先,上海及其所在的江南地区从明初起即成为全国赋役负担最为沉重之地,但从明至清历经多次改革、减免,这一沉重的负担似乎渐有减轻之势,至少在载入册籍的正供赋额上是表现如此。

其次,作为较田赋征收更为累民的徭役金派明中后期盛极一时,对社会再生产及人民生活带来了莫大痛苦。但物极必反,自嘉隆年间实行"条编法",征纳徭里银及均粮均役起,徭役制度渐趋中落。清前期"北运""布解"等粮役的废革,均田均役的推行以及摊丁入田的实行,最终将大部分徭役转化而成田赋,并把剩下的部分又限制在较为均平的小范围之内,它们无疑具有一定的进步意义。

再次,明清上海地区赋役变化发展的历史,同时也是赋役优免特权阶层——绅衿地主阶级从鼎盛走向没落的历史。上海所在的苏松地区的重赋重役自明代以来即是人们热衷的话题,这一重赋重役除额派本身之外,实同绅衿的优免特权有密切关系。在赋额少有变化的情况下,只要减少、限制绅衿的优免范围和数量就能减轻应赋、承役者的实际负担。明清几百年间上海地区的赋役改革及其随之而来的各种纷争,其根本内容无非一个是减额,一个是均平负担。减额体现的是封建政府与人民大众在社会财富再分配中的经济利益关系,均平赋役体现的则是绅衿地主与平民阶层的经济利益关系,以下我们就将对其进行详析。

（二）赋役制度与社会财富再分配

1. 再分配的基本模式和基本矛盾

封建社会的赋役征派是封建国家政权为维持其自身存在对人民的财物和劳役的掠取,它们在本质上所体现的是社会财富再分配的经济关系。

如前节所述,明清上海地区的农村经济中,社会总产品首先在地主和农民以及农民和商人之间进行分配。随后,封建国家又以凌驾于社会之上的力量以赋税征收和徭役金充的形式对地主、农民、商人等等的地租收入、劳动收入、利润收入等进行强制性的再分配。其基本的分配和再分配模式如图8-1所示。

-------------- 生产 -------------- 分配 -------------- 再分配 --------------------------

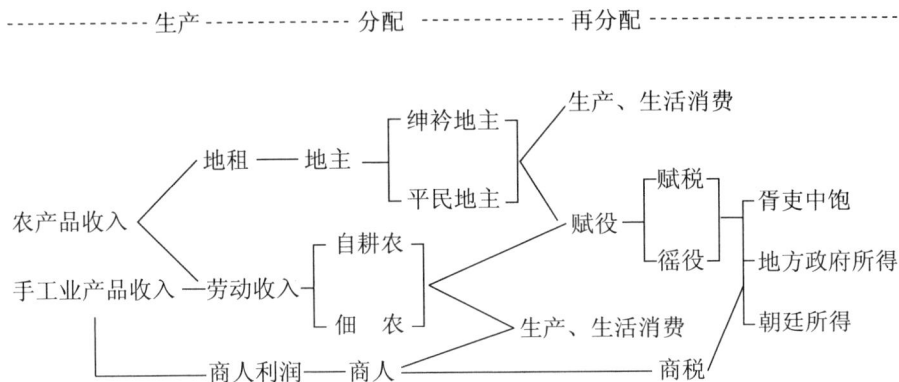

图 8-1　明清上海地区社会财富的分配与再分配模式

从图 8-1 可以看出,在社会财富的分配环节,分配的对立双方是农民与地主,农民与商人,其矛盾和斗争的核心是地租率和商人资本的利润率。而在社会财富的再分配环节,矛盾的对立双方首先是国家政权与人民大众,其次则是享有赋役优免特权的绅衿阶层与平民百姓。国家政权与人民大众的矛盾,绅衿特权阶层与平民的矛盾构成了明清上海地区社会财富再分配中的两大主要矛盾,围绕此展开的斗争也就成为同时期赋役征发与财富再分配中的主要内容。

国家政权与人民大众的矛盾和斗争的焦点是对赋役数额,即再分配中各自分割量的确定和认可。由于再分配是对已经生产出来的社会年总产品的分割,因此在总量已定的前提下,一方的多取必然导致另一方的少得,其互相之间的经济利害关系十分明显。明初之时,国家政权凭藉名义上掌握的大量官田以及江南地区历已形成的较他地更为富庶的历史前提,把赋额数目确立在一个对封建财政极为有利的高水平上;但是对于负担赋役的人民大众来说,过高的赋额以及为完纳这些赋额不可避免的更为沉重的差役以及其他支出,不仅已经严重侵害了他们的经济利益,而且还深深地危及他们自身的生存。因此自明初起即不断有人疏请减赋,但国家政权从其自身的经济利益出发,决不允许再分配比例有何不利于自身的更动。这种过于沉重,超过社会生产能力负荷程度的再分配模式逼使赋役负担者所能采取的唯一可行而又切实有效的消极反抗办法,就是逋欠与逃亡,它们最终使得封建政府徒"有重赋之名,而无重税之实",并未能如愿以偿地实现他们自身期望的分割量。

　　明代时,中央政府唯一的明令减赋只有宣德七年一次,松江府得以减额税粮300000石。此后,周忱改革时征收来支付地方上各项支出的耗米又被归入正供,赋额实际上又恢复到了原有的水平。由此可见,由于赋额的确定直接关系到再分配各方各自的经济利益,具有赋额确定权、同时又凌驾于社会之上的明王朝不到万不得已时,是决不会轻易放弃那怕只是名义上的征取。

　　由于国家政权在一般情况下决不会自行减少赋役再分配中的分割量,因此对广大纳赋者以及地方官员来说,如果他们想要减轻实际的赋役负担,就只能采取迂回、曲折的办法,这在明代时表现最为突出。当时简陋的财政制度规定了无论实物税还是货币税,其收解都得由纳赋者自行承担,而这些环节本身的费用以及经办人员的额外婪索往往要超过正额数倍。因此对纳赋者来说,如果无法降低法定税额,若能减少纳税中的附带费用或者采用附带费用较少的缴纳方式,同样能为自己在再分配中多保留一些份额。明代时,一方面国家的法定税额丝毫不能减少,另一方面有关改变赋税缴纳方式、地点以及实行折征的议论和改革特别之多,其原因正在于此。这些改良措施从根本上看并不损害国家政权,特别是中央政府的实际经济利益,但却能在相当程度上缓和国家政权与人民大众在财富再分配中的尖锐矛盾冲突。

　　与赋税数额的确定表现为国家政权与人民大众的矛盾不同,赋役再分配中绅衿地主与平民百姓的矛盾和斗争主要围绕赋税分割量确定以后如何负担这一焦点进行。当时的赋役征发,对整个地区的人们来说,最关心的自然是本地区赋役负担的总量;但对地区内部具体的某一社会阶层来说,更关心的恐怕还是与其经济利益直接相关的具体负担量。在赋役分割总额已定的情况下,某一阶层居民的负担过轻必然会导致另一阶层居民负担的加重。同样,某一些人的少负担或不负担,必然导致另一些人的多负担或重负担。前述明代绅衿地主利用国家给予的优免特权,千方百计把赋役负担转嫁于平民百姓,由此激起的矛盾和斗争几百年绵延不断,所反映的正是这种情况。清前期随着奏销案以及均田均役等的推行,赋役负担逐渐趋于均平合理,有明以来赋役再分配中绅衿与平民的尖锐矛盾对立才得以基本消失。

2. 社会财富再分配的量的考察

　　通过赋役这一环节的财富再分配,封建国家及其所依附的官员、胥吏每年都要瓜分掉相当一部分的社会总产品。表8-6即以明后期松江府为例考察一下封建赋役的再分配量。

表8-6　明万历崇祯年间松江府赋役数额

名　目		充役人数	每役负担(银)	合计所费
赋	本色米	—	—	444783 石
	总计米	—	—	444783 石
	折色银	—	—	388134 两
	另编银	—	—	65170 两
	徭里银	—	—	50303 两
	其他征项银	—	—	3051 两
	小计(银)			506658 两
役	布　解	8	2000 两	16000 两
	北　运	56	1000 两	56000 两
	收兑粮长	141	500 两	70500 两
	收银总催	176	100 两	17600 两
	南　运	7	100 两	700 两
	解户杂役	12	100 两	1200 两
	中下解役	25	50 两	1250 两
	里　役	4302	50 两	215100 两
	小计(银)			378350 两
总计(银)				885008 两

说明：(1)另编银包括练兵银、贴役银、兵饷银、辽饷银等项。(2)徭里银为均徭银和里甲银两项之称。(3)其他征项有门摊、渔课、匠班、城租等项。(4)解户杂役包括二六轻贵、解头等上等役十项。(5)中下解役包括凤汛解户等十四项役目。(6)里役包括经催、该年、总甲各1308名，总催、塘长各189名。

资料来源：(明)崇祯《松江府志》；(明)李绍文：《云间杂识》；(明)范濂：《云间据目钞》；(清)叶梦珠：《阅世编》；(清)乾隆《娄县志》等。

从表8-6可见，明后期松江府的赋役数额大体上包括本色米40多万石以及折色、徭役白银近90万两，如果把所征之米或银以每石米值银0.8两相计，总共可达白银1240834两或米1551043石之巨，这实在是一个极为惊人的数目。不过有明一代赋役征发中的银、米征收一向都不能足额,"完至八分者便称良户,完六、七分者亦为不甚顽梗"。若田赋征收以 70% 相计,包括银、米在内,每年实征额折银约为 603738 两余,加上充役费银,每年的赋役实耗应为982088 两左右。这也就是说,明后期仅松江一府每年通过国家赋役征收被分割的社会总产品价值量大约可以达到 100 万两白银的水平。明代时,松江府大体上有耕地 400 万亩左右,以稻棉所植各半相计,年产稻米大致 400 万石,合银 320 万两,年产籽棉 1200 万斤,合银 204 万两,加上其他农产品,农业生产总值大致上为 600 万两左右,而国家赋役征发的再分配大致要分割走其中的 1/6。可见,所谓"苏松重赋甲天下",绝非虚言。

清前期,封建政府曾两次实行减赋并相继革除不少重差、重役,使赋役负担无论在名义上或实际上都有所减轻。而同时期随着社会生产的发展,农业生产总值也应该有所增长,因此若以同时期赋额实际负担减轻 10%,农业生产总值增长 10% 相计,封建赋役的再分配量已从明后期占农业土地产品总值的 16% 下降到 13.6% 左右。这一变化既反映了传统社会晚期国家政权在赋役征发上的某些变通,同时亦并不影响国家在赋役再分配中的实际所得。

明清上海地区的赋役再分配中,地方上的实际负担表现为一个巨大的数额,但是这一实际数额并不尽为朝廷所得,此犹如下列公式所列:

$$N = W - t + f + l \qquad\qquad S = N - f - l = W - t - f - l$$

其中, N=实际承担数额, $\quad S$=国家实收数额,

$\qquad\quad W$=法定赋额, $\qquad\quad t$=拖欠,

$\qquad\quad f$=收兑、运输费用, $\quad l$=各项陋规、需索。

明代时,耗于 f 和 l 的部分主要是赋税征收中的一部分贴役银和徭里银,以及各项大小差徭所费。它们虽然也都来自纳税、充役人,并体现为对他们所得财富的一种再分配,但它们除了一部分耗于收兑、运输真正的成本开支外,绝大部分都落入了与赋役征发各个环节有关的官员、军士、胥吏、内臣之手,国家政权实际上难以对此有所分润。国家政权,包括地方、中央政府在内,所得的再分配数额大体上只能是地方实纳额 N 减去 f 和 l 两部分以后的余额,明代时松江府大约为 60 余万两,占地方实际负担额的 61% 左右,而为各级经手人员吞噬的几可占 30% 以上。清前期的减赋以及均役,实际减去的主要是 t、 f、l 部分，它们虽然对减轻 N 总量大有裨益，但对于国家实收额 S 来说却不仅是妨碍甚微，而且从某种意义上来说还是促进了 S 的实现。

从上所述可以看出，赋役征发的再分配不仅包含了人民大众与国家政权的经济利益关系，同时也包含了人民大众同国家政权具体化身的各级官员、吏胥等人的经济利害关系。通过赋役再分配，劳动人民辛勤创造的社会财富在流入国家财政金库的同时也汩汩注入当时社会上一大批寄生阶层的私囊。社会财富的分配与再分配直接影响着社会各阶层的经济生活以及社会再生产的积累和增长。

第三节　社会各阶层经济生活的变动趋势

明清时期的上海地区存在地主、农民、商人、市民、奴仆等各个社会阶层。在社会经济的变化以及财富分配与再分配的影响下，他们的经济生活也呈现出变动的趋势。

（一）地主阶级经济生活的变动

明清上海地区的地主阶级可分为绅衿地主和平民地主两大阶层。明代时，在政治、经济各方面皆享有众多特权的绅衿地主在总体数量上也甚为可观。明末人顾炎武曾说，"今之大县，至有生员千人以上者比比也"。上海一县，明末清初，除乡贤奉祠生及告老衣巾生而外，列于岁科红案的廪、增、附生共约 650 余名，以松江 1 府 5 县计之，大概 3000 有余，加上嘉定、崇明两县，仅生员已不下 4000，再加上乡绅当可达到 5000 左右，约占当时人口总数的 1/300。[1]这些绅衿阶层，凭借特权占有大量土地，并且接受诡寄投献，豪曲乡里，从事高利贷等工商活动，每年拥有大量的租、息收入。在赋役再分配上，他们又拖欠赋税，优免徭役，使得他们的分配收入始终只有较少部分转化成赋役

---

[1]　清顺治年间奏销案共革乡绅 2171 名，生员 11346 名，前者占后者的 19.1%。见（清）叶梦珠：《阅世编》卷 2《学校》，卷 6《赋税》。另外，（明）何良俊：《四友斋丛说》中亦称，嘉靖时"华亭乡宦今已十倍于前矣，使府县诸公日有送迎之劳。"

支出。因此有明一代,无论以群体抑或个体而言,绅衿地主都是社会上最有财势,生活最为豪侈的阶层。嘉靖年间绅衿气势鼎盛之际,松江一府在两京任官坐大轿者即有10人之多。他们一旦致仕还乡,即"美宫室、广田地、蓄金银、豢妻妾、宠嬖幸、多僮仆、受投靠、负税粮、诘官府、穷宴馈",[1]极尽挥霍消费之能事。

明代时绅衿地主的挥霍性消费首先表现在园林第宅的营造上。明后期,绅衿起造园宅风气极盛,而且越来越崇华丽。所谓"居必巧营曲房栏楯,台砌点缀花石、几榻、书画,竞事华侈","士宦富民竞为兴作,故朱门华屋,峻宇雕墙,下逮桥梁、禅观、牌坊之属,悉甲他郡"。[2]上海现存的著名园林"豫园""秋霞圃"以及已经废弃的"露香园"等等,都是当时官绅营造的私人第宅。他们为追求园宅豪侈往往不惜工本。如缙绅朱文石为购买一座名为青锦屏的假山石,花去白米百担,移置花园后,还特意建造青锦亭相映成趣。[3]

居第之外,绅衿地主的日常生活也极尽奢华。"缙绅之家,或宴官长,一席之间,水陆珍馐多至数十品","一席之盛,至数十人治庖","又有吹手小唱,烟火结彩,铺毡一席,费至数十金"。[4]居室摆设上,绅衿地主更以豪奢为尚,凡置家具"纨袴豪奢又以椐木不足贵,凡床厨几桌必用花梨木、瘿木、乌木、相思木及黄杨、紫檀,极其贵重,动费万钱,亦俗之一靡也"。[5]每逢进出拜客,绅衿更是前呼后拥,大轿肩舆,奴仆跟随,极讲排场。明人李绍文称:"吾松士大夫朋友喜多带仆从。每出,布轿后如林,赴席亦然。"[6]当时乡居的两榜乡绅,出入必乘大轿,有门下皂隶跟随,轿夫、伞夫俱着红衣、红毡笠,一如现任官体统;乙榜未仕者,则乘肩舆,贡、监、生员新贵拜客亦然。如遇雨天暑日还必有随从为之张盖。一些大绅衿地主往往还养有私家的戏子优伶,随时寻欢作乐,荒淫无度。

上述可见,明代的绅衿地主虽然是地方上的最富有阶层,但他们的财富相

[1]　(明)吴履震:《五茸志逸》卷1。

[2]　(明)崇祯《松江府志》卷7《风俗》;(明)范濂:《云间据目钞》卷3《纪土木》。

[3]　(明)李绍文:《云间杂识》卷1。

[4]　(清)叶梦珠:《阅世编》卷9《宴会》;(明)李绍文:《云间杂识》卷4。

[5]　(明)范濂:《云间据目钞》卷5《纪风俗》。

[6]　(明)李绍文:《云间杂识》卷5。

当大的部分都消耗于奢侈的挥霍之中。正因如此，对具体的绅衿地主个体而言，他们既能在短时间内很快地富倾一城，但也极易豪侈过度而迅速中落。故当时有人说，绅衿之家"门闾高大，世俗所夸，然或再过而为墟，或数传而易姓"。[1] 但对于整个绅衿地主阶层来说，其个体的倏起倏落并不妨碍其在总体上的延续，并且始终不失为社会上最富奢的阶层。

清代前期，随着赋役特权的限制和消失，绅衿地主土地占有渐趋衰落。经济地位的下降导致了绅衿地主经济生活的变化。最明显者莫过其豪侈挥霍程度已远不如前明之盛。明朝时官宦乡居，营造园林第宅极为宏敞，入清后官绅乡居虽营第宅；但已绝无明代"豫园""秋霞圃"这等规模。绅衿外出之排场也大大简于前明，"缙绅、举、贡，概用肩舆，士子暑不张盖，雨则自擎"。[2] 此外，绅衿蓄养家僮、奴仆、戏子等等也都有所收敛。所有这些都反映了绅衿地主的中落以及随之而来的经济生活水准的下降。

地主阶级中的平民地主阶层虽然也占有土地并以地租收入为生，但由于他们缺乏政治、经济上的种种特权，虽然在分配环节可以享受土地收入，但在赋役再分配环节往往又成为封建赋役金充的对象之一，被扭曲的畸形的再分配关系严重时甚至会攫走他们大部分甚至全部的分配收入。

受再分配关系的制约，平民地主的经济消费虽然同绅衿地主一样主要来自地租收入，但他们无疑要较绅衿逊色得多。一般来说，被绅衿阶层"产无赋、身无徭、田无粮、厘无捐"的种种特权所诱，平民地主在必要的日常所费之外，总是首先把钱财投于培养后代读书入仕上。所谓"一衿之荣，胜百城之富"，故"若有子，必令读书"，[3] 即使为进庠学花费数十百两白银也在所不惜。平民地主钱财开销的另一大宗去处是为求得庇匿而向绅衿的贡纳。《云间杂识》说得很清楚："乡之富民苦于承役，见新科势力可庇，不惜重赀投献，又鬻田者交止半价，鬻身者反输己财，承继他人子女、婚嫁俱得重赀"。除此之外，平民地主即使造有好些的园宅或者稍积资财，若被绅衿看上，往往难逃厄运。明人李绍文曾记，"吾郡缙绅某，舟行值风，泊一富室之门。其兄恭宦

---

[1] （清）光绪《罗店镇志》卷3《第宅》。
[2] （清）叶梦珠《阅世编》卷4《士风》。
[3] （清）憎讷居士：《思闻录》卷11《严舟子》。

名,欲延之饮。弟曰:此引虎入室也。兄不然之,留饮楼中。后宦造宅,思得富室之楼,兄不允,乃中以危法。不胜愤恨,且悔不听弟言,遂自缢楼下,楼随拆去"。[1]

以上可见,平民地主虽然也是依靠地租为生,但是他们的政治、经济地位却决定了他们的生活消费不仅不能如绅衿地主那样豪侈,而且在绅衿及官府的压迫下还时常有中落、破产之虞。特别是明代时,平民地主在社会上几乎毫无威势可言。清前期,随着绅衿土地占有的衰落,平民地主获得了较明代时更为顺畅的发展条件,并且也出现了"家资甚富,田数千亩","平房数百间"[2]的大地主。但总的说来,仅凭自然的财富积累要发展成拥地千万亩的大地主,在经济发展、人口稠密的上海地区毕竟不是一件易事,故是时平民地主大多还是占地数十、上百亩的"中人之产"。他们的经济生活自然不能同前明绅衿豪侈同日而语,大体上只能维持在一个中等之上的水平。

综上所述,明清时期上海地区地主阶级经济生活的变动主要体现在明代时以绅衿地主为主体,收入的绝大部分多用于挥霍性生活消费,而平民地主除了维持一般的日常开销外,大部分钱财多耗于培养后人读书入仕及结交权贵,贿纳胥吏,很少有用于积累和扩大再生产方面。入清后,绅衿地主的奢侈消费有所抑制,而平民地主虽然较明代有较大发展,但大多仍为中小地主,其个体的消费水平仍远不逮前明绅衿。无论明代抑或清代,地主阶级始终是当时社会经济生活中重要的消费阶层。

（二）农民小生产者的经济地位与经济生活

农民小生产者是明清上海地区社会生产的主力军,他们人数众多,依各自生产条件占有的不同可以区分为自耕农、佃农和雇农,并且具有各不相同的经济地位与经济生活。

自耕农属于农民小生产者的上层,他们依靠自身占有的生产条件从事农业生产,产品基本上归自身支配,没有地租分割之虞,一般来说应该具有较高的生产积极性和维持、扩大再生产的能力。但是,正由于自耕农是生产条件的

---

[1]　(明)李绍文:《云间杂识》卷2。
[2]　(清)程趾祥:《此中人语》卷2《浦东柴米星》。

所有者,他们不可避免地成为国家赋役再分配的主要承担阶层之一。赋役再分配的分割往往可以取走他们年产品价值的很大一部分,从而使他们自身的再生产陷入艰难的境地。因此,在考虑进赋役再分配的因素之后,自耕农的经济地位及其经济生活似乎也并不太妙。为了免除和应付可怕的赋役负担,他们往往或者投献绅衿,从而丧失独立的经济地位;或者将有限的年产品收入中的相当部分用于贿赂、贡纳等等。因此一般说来自耕农自身的生活消费是十分节俭的。在可能的条件下,有多余的钱财他们会千方百计积贮起来以购置田产,但当沉重的赋役压迫使得他们的期待和希望破灭时,他们则会将此用于其他的方面,他们的经济地位一般来说是摇摆不定的。

农民小生产者中的佃农情况比较复杂。有些佃农在租田耕种之外,常常自己也拥有少量土地,具有自耕农兼佃农的性质。而有些佃农由于种种原因,佃种土地的丰度、地理位置都较好,佃田数量也较多,除了自身耕种外,农忙时往往还请有雇工,他们的经济状况大体上可以接近或达到自耕农的水平。也有一部分佃农在佃入土地之后,由于各种原因,随将土地又转租于人,收取租米。如乾隆年间宝山县农民钱佛助有佃田 2 亩,先给外甥尹云耕种,后又转佃于同村孟岳承种,"言明收割时,除业主额租外,余米各半均分";奉贤县佃农钟式南承种倪广思田,乾隆 30 年因田多人少无力耕种,拨出 5.1 石租米田转与邻居祝南明承种,等等。[1]

一般来说,佃农租佃的土地大多既零星又分散。如嘉靖年间华亭县东新市宋氏宗祠有族田 313 亩,分佃于 42 户,每户平均佃田仅 7 亩有零。明代时,佃种官宦势家土地的佃户还与绅衿地主有较强的人身依附关系。当时有人称,"盖松之俗,大家有田而不能耕,必以属佃户;佃户欲耕而不足于食,必以仰大家,其情之势不啻主仆之相资,父兄子弟以相养。故大家于佃户虽或不能不虐而不敢甚虐者,惧莫为之耕也;佃户于大家虽不能无负而无敢尽负者,惧莫为之贷也"[2]。这里不仅反映了在土地租佃关系中地主和佃农的互相依存关系,而且反映了在传统社会的分配制度下,一般的佃农大多无法依赖经地租分割后的农产品及其价值来完全维持自身的再生产,而只能年复一年寅吃

---

[1] 中国第一历史档案馆等编:《清代地租剥削形态》,中华书局 1982 年版,第 692、136 页。

[2] (明)徐阶:《世经堂集》卷 22。

卯粮地在青黄不接之时,向地主或其他方面借贷以维持自身经济。"农人每当青黄不接之时,有射利者乘其急而贷以米,谓之放黄米。俟收新谷,按月计利清偿,至有数石之谷不足偿一石之米者"。[1] 这表明,明清时期上海地区的佃农,他们的农业生产收入即使全部用于基本的生活消费也仅能维持几个月到半年的时间,其余的部分只能依靠家庭手工业以及告贷度生,这些又决定了广大佃农的消费水平和消费结构必定是低下而又简陋。

农民小生产的另一个阶层是雇农。中国的雇农出现很早,但直到传统社会晚期的明清时期,农业生产中比较完整的雇工经营仍不普遍也不典型。其原因主要是在高地租率下,雇工经营并不具有比土地出租更高的经济收益。[2] 明清上海地区的雇农有长工、短工、忙工之分,"若无产者,赴逐雇倩,抑心弹心,计岁而受值曰长工,计时而受值曰短工,计日而受值曰忙工"。[3] 使用雇工的不仅有地主、自耕农,也有一些比较富有的佃农。但不论何者,雇工一般多为辅助性经营,其中尤以季节性的短工、忙工居多。所谓"四月望至七月望日,谓之忙月,富家倩傭耕作,或长工、或短工";"五月中乃蒔秧,有专门家,农家延之来,款待极丰,每食必八簋"。[4] 这些雇工除了一部分确是赤贫一身,完全靠佣工度日者,也有不少是贫苦佃农在耕种之余以佣工帮贴家计。方志记载,"佃人之田以耕而还其租者曰租户,又少隙则去捕鱼虾、采薪、挻埴、佣作,担荷不肯少休"。[5] 乾隆年间,一般的短雇工人日工资大约为制钱40文,合米2升左右,照这样的工资水平,雇农阶层即使始终有活可干,至多也只能勉强糊口。他们是整个农民阶级中经济地位最为低下者。

以上所述无论自耕农、佃农、雇农的经济生活,都仅限于农业生产收入方面。正如我们早在第三章已经指出的,明清上海地区的农村家庭经济并非单纯的农业经济,以手工棉纺织为主要内容的家庭手工业在农家经济中已占有重要地位。此如《石冈广福合志》所载,乡间"计口受田不及一亩,即竭终岁之

---

[1] (清)光绪《金山县志》卷17《风俗》。
[2] (清)钱咏:《履园丛话》卷7有一段记载极能说明问题:"大凡种田者,必需亲自力作,方能有济。若雇工种田,不如不种,即主人明察,指使得宜,亦不可也。"
[3] (明)嘉靖《吴江县志》卷13《风俗》。
[4] (清)康熙《嘉兴府志》卷12《风俗》;(清)张春华:《沪城岁时衢歌》。
[5] (明)嘉靖《吴江县志》卷13《风俗》。

耕,不足供二三月费。故居常敝衣藿食,朝夕拮据;寒暑不辍,纱、布为务,勉措夏税秋粮"。所谓"积锱铢以完课,易升斗以疗饥"。因此,无论是自耕农、佃农、还是雇农的农家经济生活,几乎无一不由农业生产和家庭手工业生产两部分共同组成和支撑。他们的生活消费以及再生产的维持不仅取决于本身的农业经济,而且很大程度上还依赖其家庭手工业生产。如遇岁歉灾年,更是"民间惟庄布可为旦夕需",其地位之重要犹如明末人徐光启所说,上海地区农家"三百年而尚存视息者,全赖此一机一杼而已⋯⋯以上供赋税,下给俯仰,若求诸田亩之收,则必不可办"。[1]

另外,值得指出的是,在当时的农家经济生活中,无论是自耕农还是佃农,只要是稍微能糊口者,大多会竭尽全力省出钱财来供子孙后代读书。明人黄省曾云:"家无担石者,入仕二三年,即成巨富,由是莫不以士为贾,而求入学庠者肯捐百金图之,以大利在后也。"[2]这说明,由于绅衿特权的存在,明清上海地区平民中的各个阶层,只要有可能都想跻身绅衿行列。这种状况一方面保证了绅衿阶级有着充分的本阶级之外的精英分子源源不断的补充,另一方面也决定了社会上相当一部分财富被耗用于培养士子文人之中,它们对于农家经济的生产和再生产、对于社会经济发展中的消费和积累都有着直接的影响。

（三） 商人阶层的社会经济地位变迁

明清时期上海地区商品货币关系的发展以及商人在组织流通、活跃市场中的巨大作用,已开始影响着社会上的崇商风气和经商观念的形成,并且也导致商人阶级本身经济地位和经济生活的变化,这一变化对上海地区的社会经济开发有着很大的影响。

上海地区的崇商观念早在明以前已有一定市场。南宋咸淳年间上海为镇之时,已有"俗近商贾,学校未兴"之称。[3] 明初,朱元璋对包括商贾在内的江南富户一度厉行遏制。松江莔溪何某以"货殖他郡"而家素饶,被官府以

---

[1] （明）徐光启:《农政全书》卷35《木棉》。

[2] （明）黄省曾:《吴风录》。

[3] （清）褚华:《沪城备考》卷2《唐时措》。

"亚名欺隐"之罪没产。[1]　加之当时一系列鼓励自然经济的政策措施,商品流通和崇商观念均受到很大遏制。正德《松江府志》称之为"习俗奢靡见于旧志,大率指宋元时。入国朝来一变而为俭朴"。成化以后,随着商品交换的扩大,社会风尚急转直下,正德时已有"止成化来渐侈靡,近岁益甚,然其殷盛非前日比矣"之称。人说"吾松正德辛巳以来,日新月异,自俭入奢";[2]"今观之吴下,号为繁盛,四郊无旷土,其俗多奢少俭,有海陆之饶,商贾并辏。精饮馔,鲜衣服、丽栋宇;婚丧嫁娶,下至燕集,务以华缛相高;女工织作,雕缕涂漆,必殚精巧"。[3]　而推动这一社会消费水平和消费结构急剧变化的,除了地方上日益兴起的最有财势的绅衿阶层外,便是权子母,通有无的商人阶级。嘉靖时郑开阳就曾说过,苏松地方"其书冠鲜服,画船箫鼓,遨游于山水间者,类皆商贾之徒,胥吏之属及浮浪子弟、倡优仆隶"。[4]

商人阶级的奢侈消费和财富的增长必然导致社会各阶层对财富的追逐以及对商人和经商观念看法的变化。这一变化,首先表现在社会上经商人员的不断增多。即是那些富有田产的绅衿阶层也常常或遣奴仆贩布,或设牙行,或贷钱与人经营等等,丝毫不甘居后;而社会上那些家道中落的贫弱书生、市民更多以经商为致富门路。

其次,对商人及经商观念看法的变化还表现在包括绅衿在内的社会各阶层为了逐利已可以不顾身份、体面而去巴结、交好富商巨贾。如万历年间上海县缙绅赵升之与王又玄为巴结山西布商,竟不顾秦晋之好而大打出手,被人讥之为"即有贤士大夫亦不免习俗所移"。[5]　至清前期,富商巨贾更是多被乡人敬为上宾,士夫亦甘心与其结交婚姻。清人董含说:"曩者士大夫以清望为重,乡里富人羞与为伍,有攀附者必峻绝也。今人崇尚财货,见有拥厚赀者反屈体降志,或订忘形之交,或结婚姻之雅,而窥其处心积虑,不过利我财耳。"[6]另一方面,商人阶级为巩固和提高自己的社会、经济地位,往往又想

---

[1]　(元)王逢:《悟溪集》卷5。

[2]　(明)崇祯《松江府志》卷6《物产》。

[3]　(明)嘉靖《吴江县志》卷13《风俗》。

[4]　(明)郑若曾:《郑开阳杂著》卷11《苏松浮赋》。

[5]　(清)曹家驹:《说梦》二《上海之风气》。

[6]　(清)董含:《三冈识略》卷10《三吴风俗十六则》。

方设法通过捐纳等途径来为自己或子女捐得职衔，以跻绅商行列。如道光年间上海的船牙商人"承管行户，多系举人、生监并有官职身家殷实之人"，其他如浙宁、闽广等寓沪大客商也大多捐有职衔。官绅、士大夫与商人阶级的融通从一个侧面反映了商居四民之末的传统观念正在逐渐淡化。

商人的收入来源主要是商业利润和借贷利息。商人如果不是另有田产，他们一般并不承担以田产为主要征纳对象的赋役征发，但是作为官府管辖下的商民，他们却要承担国家政权的商税以及各种"和买""当行"之类的需索。

明代时征之于商人的商税主要有沿商路要津所设的钞关、抽分所征收的通过税，以及征于城乡店铺的门摊课钞税等。一般来说，除了某些特别时期外，征收额度还不是十分苛重。特别是地方上所征的门摊税更为有限，松江府一年征收额也不过 800 余两。而且隆庆万历以后虽然税目犹存，但实际上已多并入徭里银等中一体征收。

清前期，商税征收仍分为由各路榷关征收的通过税和其他地方税两类。地方税中的牙税、典税、契尾税等等数额都十分有限，即使江海关关税也并不十分沉重。由此看来，商人在封建国家的财富再分配中，负担的正额商税并不沉重，真正对商人经济生活影响较大的到还是地方政府及所属胥吏以"和买""当行"等等为名的各种需索。

和买、当行又称"轮值当官"，即是官府需用物料之时，按例向商铺摊派。而经手胥吏往往又会借此机会或者以一派十，或者借用不还；或者仅给半价，或者分文无着。清初时，地方政府虽多次下令禁革，但弊窦犹存。如当时寓居松江府城的徽州木竹商人程泉等痛诉：徽商远途而来，"苦于当官，屡奉修葺察院及各衙门，经承希图射利，指修金票，任意取货。上以为公，下实私弊"。[1] 通过这些途径，商人的财富所得就有一部分流入了国家的财库，一部分则流入了各级官员、胥吏的私囊，而余下的部分则构成商人经济生活的来源。

商人的收入首先要满足自身的生活消费。这种生活消费依商人资本经济实力的不同而多有差异。其中的大商人其生活豪侈虽不能同扬州盐商"娶

---

[1] 《松江府为禁修葺官府横取赊买竹木油麻材料告示碑》，上海博物馆图书资料室编：《上海碑刻资料选辑》，上海人民出版社 1980 年版，第 105 页。

妾、宿妓、争讼则挥金如土"相提并论,但也是"迩来民间商贾以至胥役舆台缎衣貂帽,俨然贵介","书冠鲜服,画船箫鼓,遨游于山水间"。如成化年间松江富商杨玉山在南京嫖妓张小三,花费以千万计。[1]

生活消费之外,商人收入的使用方向大体包括置买房产、地产,捐买职衔,鼓励后人读书入仕,修桥铺路从事义举,以及扩大商人资本经营规模等等。

商人置买田产在明清时代是甚为普遍之事,虽然田租收入远不及商业利润丰厚,而且还时有赋役负担的威胁,但只要有条件,大部分商贾总是极愿将多余收入投向土地,这种例子在史书中多不胜举。如上海诸生唐子渊,"父以贾起家,积赀雄一方,田亩十余万"。[2] 嘉定县徽商张哲森父子,皆营盐业,入籍嘉定,"所遗田产皆美"。[3] 只是明清上海地区大商贾多系客籍,其中不少人在营利数年之后又将资财送回家乡置产,加上有明一代,平民投资田产并无良好的外部环境,故商人利润收入转化为田产的途径并不十分顺畅。[4]

商人收入耗于社会救济以及各种义举、善济,明清时也极为普遍。按照中国古代传统的义利观,商人生财取富似为非义之举,而对此的弥补应是将聚敛之财散于社会,以博名声和良心安慰。所以当时有些商贾对自己是"性俭啬,甘草根如饴也",而一旦"于义所在则倾囊挥霍,无所惜尝"[5]。

最后,商人利润收入在消费之后也有一部分重新积聚为商人资本,用来扩大商人资本的经营规模,这在中小商贾向大商贾的发展过程中最为明显。商业利润的积聚以及重新投入流通,无论从单个资本的运营还是从社会总资本的角度观察,都具有增加和扩大社会资本存量的意义,关于这点,我们将在下章积累和增长中详加论之。

（四）社会其他阶层经济地位及其经济生活的变化

明清上海地区除地主、农民、商人之外,还存在两个重要的社会阶层,这

---

[1] （明）李绍文:《云间杂识》卷6。

[2] （明）李延昰:《南吴旧话录》卷14《闲逸》。

[3] （清）康熙《嘉定县志》卷3《潜德》。

[4] 《寒圩小志》记载,"王诚所,才情干练,弃举子业,专货殖。二十年中家盈百万,富甲一郡,遂点粮长,人皆畏蒽"。

[5] （清）嘉庆《淞南志》卷18《人物》。

就是市民阶层和奴仆阶层。他们的社会经济生活在当时也具有不可忽视的地位。

1. 市民阶层的经济地位和经济生活

市民阶层一般来说是指居住于城镇,同土地联系较少或者已经没有联系的社会下层居民。他们包括小商贩、小手工业者、雇工、脚夫,以及衙役差人、无业游民等等。这些人有的还占有某些简陋的生产条件;有的则一无所有,完全依靠出卖劳动力为生;有的则依附于封建官府或地方恶势力以分一杯羹,彼此之间的经济生活差异甚大。

市民阶层中的小商贩、小手工业者以及雇工、脚夫等人都是自食其力的劳动者,在商人、高利贷者以及地方势力的压迫下,生活穷困。一般来说,其劳动所得仅仅只够糊口,素有"人无担石之储"之称。尽管史料记载中也有一些市民小生产者能稍积资财,如雍正年间盘龙镇人陈国载"与妻陶氏佣工、纺线,积赀独力改建徐亭桥";寒圩镇胡子生卖浆起家,"置田产三百余,起房三进",等等。但那毕竟只是凤毛麟角,对大多数以劳动为生的小市民来说,每日几十文铜钱的收入确实仅够糊口之资。如果某一天交上好运,多有一些收入,他们在习惯上也往往是多用来改善生活而不是用于积蓄。但如果一天不能出卖自己的产品或者劳务,一天就会陷入衣食无继的境地。时人描写他们的生活境遇是奔劳终日,稍事温饱,明日又得别为生计,"故一日不可有病,不可有饥,不可有兵,有则无自存之策"。[1]

市民中的衙役、胥吏阶层大量兴起于明中叶徭役改革之后。在此之前,地方政府除钦命官员外,下属差役、胥吏皆金应役人承当,衙役、胥吏尚未职业化。明代正德、嘉靖以后,上述职役纷纷从"力差"改为"银差",由地方政府雇募应承,在政治、军事中心的大小城镇之中逐渐开始形成一个职业化的以依附封建地方政权、军事机构为生的市民阶层。随着社会经济的发展,上海地区县治增加,公务繁增,机构叠加,城镇中的这部分胥役阶层有日益增加之势。特别是清初实行粮赋官收官兑以及均田均役之后,相当一部分明代时原金民承充的差徭改为官府遣吏支应,更加壮大了衙役、胥吏的队伍。

---

[1] (明)王士性:《广志绎》卷4《江南诸省》。

胥役阶层受雇于地方政府,按理说其经济收入只能来源于政府机构支拨的"工食银"。这种工食银无论明代还是清代都甚为菲薄,一般每月只合白米数斗或白银数钱。若是仅仅依靠这些工食银收入,胥吏的经济生活一定比前述的市民小生产者强不了多少。而事实上,市民中的胥吏阶层的经济生活在某些方面简直可以同缙绅、富商相埒。如前述"书冠鲜服、画船箫鼓,遨游于山水间,类皆商贾之徒,胥吏之属",以及"其服制貂帽缎服,律例非绅士不得僭逾,迩来民间商贾以至胥役舆台缎衣貂帽,俨然贵介"即是明证。究其原因,其挥霍无度的经济来源无非是借承办赋役、收取商税、包揽公事等机会向社会各阶层的勒索、敲诈。他们借助官府淫威,通过再分配渠道把社会总产品中本来并不属于他们的一部分社会财富巧取豪夺过来,在对这些掠取财富的支配上,往往就是不计代价如赌徒般的挥霍无度。他们的经济消费对城镇的饮食、服饰、博弈、青楼、酒店等行业的繁兴具有一定的刺激作用。

市民阶层中的最后一部分人是社会地位最为低下的无业游民、乞丐、地棍等等。这些人不仅丧失了任何可以维持生存的生产资料,而且也基本上失去了出卖自身劳动力的条件。为了维持生存,他们往往可以不顾一切,敲诈、争讼、殴斗、剽掠、行乞,什么都干,不少人由此而堕落为社会恶势力的帮凶和鹰犬。如明时嘉定外冈镇"无赖游手,不治生产。十百为伍,推其桀黠者为盟主,而众群然附之。横行都市,戏击伤人,折肢体,莫喘息,白昼剽掠无忌"。[1] 而一旦不义之财稍稍到手,则饮酒、赌博,出入青楼,肆意享用。"城市无赖,率尚赌博,夜聚晓散,在在成伙,酿成奸盗。食肆之盛,珍错必备,侑以歌舞","往往家无斗储而被服必期华鲜,饮食靡甘淡泊"。[2] 这些人本身既是传统社会制度的受害者,但往往又反过来危害社会。他们的经济来源较之前述的胥吏更带有赤裸裸的掠夺性和破坏性,其经济生活也更加带有流氓无产者跌宕起落的色彩。其今天可以是华衣鲜服、一掷千金,明天却可能已是破衣烂衫、萎缩街巷。他们是市民中经济地位和经济生活最不稳定的阶层,可憎、可鄙而又可怜,实在是当时的社会经济生活中最为黯然失色的一笔。

---

［1］（明）崇祯《外冈志》卷1《俗蠹》。

［2］（明）顾炎武:《天下郡国利病书·苏松》;（清）钱思元:《吴门补乘》卷1《风俗补》。

2. 奴仆阶层的经济地位及其变化

奴仆为奴隶社会遗风。上海地区的奴仆阶层元代时一度有所发展。元人陶宗仪曾说，"今蒙古、色目人之臧获，男曰奴，女曰婢，总曰驱口"。[1] 入明后，明太祖曾下令改故元驱口人丁从良，社会上的奴婢数量大大减少。时至明中叶，特别是嘉靖、万历年间，随着绅衿地主的兴起，上海地区的奴仆数量也与日俱增。奴仆大多数依附于绅衿地主，明后期上海地区奴仆之多，以至有"缙绅多收奴仆，世隶之，邑几无王民之称"。如嘉靖时大缙绅徐阶、潘允端等都有奴仆数百上千人。其中既有价买、世传用于侍奉主子的世仆，也有大量源于投献的佃仆。而一些较为富有的平民地主以及商贾往往也数量不等的蓄有奴仆。[2] 不过与绅衿地主不同，他们所蓄养的奴仆一般主要只是用以服侍生活起居等等。

奴仆中的世仆无独立的人格，对主人有极强的人身依附关系。他们一般不从事生产劳动，而只是侍奉主人生活起居，供主人玩乐，充当婢女、家佣、小厮、优伶、家丁等等。世仆的来源主要是买进和世传。"富贵之家呼奴唤婢，谓之下人。更有自幼买进凭立中契。女则谓丫头，有绝臧、活臧之分。活者养至十八、九岁，听其父母备价赎去；绝者或由主家择配或作妾，滋生弊端，已不忍言。男者谓鼻头，甚有年长自立而契券不销，不得捐职纳粟，其子孙不得与考者"。[3] 其卖身为奴者，不仅有贫穷无以为生的破产农民、小手工业者，而且还有家道式微的官宦后裔。如明代松江名士何良俊六世孙何安"无赖以肩挑为业，久而不能自给，复鬻身为奴"。[4] 故当时有人哀叹："缙绅之后鬻身为奴乃吾松（江府）第一恶俗"。[5] 明代时奴婢身价甚为低贱，鬻女多至白银10—20两，鬻男不过2—3两，贫人自鬻，夫妇不过白银5—6两。[6] 奴婢身

————————

[1] （元）陶宗仪：《南村辍耕录》卷17《奴婢》。

[2] （清）光绪《宝山县志》卷14记载，明末"罗店有徽商蒋姓者，富而横。一日风鉴者来售术，蒋令相之。言前事如神，问后境默然。固问之，则曰：恐死无棺木耳。蒋怒其侮，比仆痛殴之，术者跟跄逃"。

[3] （清）光绪《罗店镇志》卷1《风俗》。

[4] （清）董含：《三冈识略》卷8《发掘祖墓》。

[5] （明）李绍文：《云间杂识》卷4。

[6] （明）李绍文：《云间杂识》卷6。

价的贱薄也导致了蓄奴、养奴风气的盛行。鬻身后的奴仆，主仆名分极严，往往改名易姓，衣食婚配悉仰家主，累世服役，子孙后代亦不得脱籍，不得就学、事宦，主人可以随时将其转售于人，故又称之为"世仆"。

世仆依赖主人生存，无独立财产和独立的经济地位可言，其衣食用度一并由主人供给。一般来说，世仆中的下层如仆役、使女等人，生活境遇较差。而世仆中的管家、优伶、家丁以及随身僮仆、丫头等人所受待遇则要好些。其中特别是那些为主人经管钱粮租米、经纪事务的家人往往可以借机中饱私囊，从而积聚起归自身所有的私蓄、私产。它们所体现的正是世仆阶层经济生活的特殊性。

奴仆中的另一部分是主要来源于投献的佃仆阶层。关于明代的土地投献，我们在前面已有论述，伴随这种土地投献的往往是田产所有者的"随身投献"。宣德年间的江南巡抚周忱称此是"豪势富贵之家，或以私债准折人丁男，或以威力强夺人子媳，或全家佣作，或分房托居。赐之姓而目为义男者有之，更其名而命为仆隶者有之。凡此之人，既得为其役属，不复更其粮差，甘心倚附，莫敢谁何"。[1] 佃仆在投献之后，田产、人身名义上都归受献者所有，但实际耕种仍由佃仆自主进行。由于投献成为佃仆后虽"岁有进奉"，但却可以由此逃避可怕的封建差徭，因此明后期上海地区投身为奴者数量甚多。"一邑一乡之地，挂名童仆者什有二三"，以至"缙绅多收投靠而世隶之，邑几无王民矣"。[2] 这类投身佃仆虽然名为奴仆，但实际上仍保留着自己相对独立的经济地位和经济生活。他们对受献的绅衿地主的人身依附关系远不如正式鬻身为世仆者那样强烈。如果佃仆一旦感到不需要依赖绅衿的庇护之时，他们大多可以比较容易地脱离受献者。比如《嘉定县志》所说："主仆名分极严，贫窘鬻身者衣食婚配悉仰给家主，累世服役。若倚势投庇，不久飏去耳。"[3]

总之，奴仆的社会经济地位及其经济生活具有复杂的双重性。

---

　　[1] （明）周忱：《与行在户部诸公书》，《明经世文编》卷22，中华书局1962年影印本，第1册，第176页。

　　[2] （清）顾公燮：《消夏闲记摘抄》卷上《明季缙绅田园之盛》；（清）康熙《上海县志》卷12《祥异》。

　　[3] （清）乾隆《嘉定县志》卷12《风俗》。

一方面,奴仆丧失了人身自由,成为绅衿地主等人奴役的对象,特别是其中的世仆往往会遭受非人的折磨以至置于死地。《云间志略》记载,明代华亭县有一富豪,残暴无比,"棰楚臧获无完肤,每至殒命。逃则诬以为盗,广赂诸役,必勾摄付之,冤杀者无算。总豪前后所讼奴四十余,俱问大辟"。《三冈识略》也记载,松江一宦家子,杖杀一婢女。另外两婢女惧而自缢。明代时,缙绅豪曲乡里,如果一旦闹出人命,往往就会逼令家奴"以身代死",[1] 如此等等。

但另一方面,奴仆中为虎作伥之辈往往也仗主子威势,横暴市井乡镇,屡为民害。"邑宦家奴多倚势恣纵,横行市井,人多畏势不敢言"。其中不仅有"豪奴悍仆"之称的世仆,"倚势横行,里党不能安居",而且也有以身投献的"市井小民","乡里粮户",他们狐假虎威,百端扰害乡里,人皆为之痛恨。[2]

尽管奴仆依仗主子权势,有时表面上看来也是八面威风,但他们毕竟是受人役使之"人奴",特别是其中的世仆,子孙累世不得脱籍,即使偶有富厚者得以重金赎身,也仅仅只能"名赎而终不得与等肩"。[3] 因此明代时缙绅大家代有起落,而家奴世仆却累世相袭,前主败落,往往只能改投新主,永远不得翻身。这种腐朽没落的世袭奴仆制度,以及低贱的社会地位和种种非人礼遇,终于在明末清初之际导致了大规模的"奴变"事件。

所谓"奴变"是明清之际奴仆反抗绅衿压迫,为争取自己及其后代人身自由的社会解放运动。早在明后期万历年间,上海地区的奴仆不堪凌辱而杀主之事已时有发生。万历七年五月,松江官绅董幼海因经常杖死家奴,被奴妾、轿夫、婢女等家奴"入室共戕"。[4] 以后,崇祯十四年,松江竹竿汇也发生富室余仁甫被家奴手刃之事。不过这些还都只是一家一户奴仆偶然所为,尚未形成事变。

上海地区大规模的奴变起于崇祯十七年五月至七月,嘉定、上海、华亭诸

---

[1] (明)李绍文:《云间杂识》卷3 记载,"上海钱氏苍头名晟者,其主格杀邻人成狱,晟以身代死"。

[2] 参见(明)顾炎武:《菰中随笔》卷2;(清)顾公燮:《消夏闲记摘抄》卷上《明季缙绅田园之盛》。

[3] 参见(明)佚名:《研堂见闻杂记》。

[4] (明)李绍文:《云间杂识》卷1。

县奴仆几乎同时发难。是年四月,李自成破京城,崇祯帝自缢煤山。次月,宏光在南京称帝,下诏海内有"与民更始"之句。一时间上海地区纷纷传闻"与民更始"意即凡是昔日奴仆可以尽行更易身份,不再侍奉故主。这对数百年来一直被视为人下人的奴仆之辈不啻为一纸大赦令。他们不顾传闻之真伪,纷纷"由海上至闵行、周浦、行头、下沙、一团,以及华亭诸镇,千百成群,沿家索契。奴杀其主者,不一而足"。[1] 其最早起事者为嘉定县青衿华氏家奴,五月间聚合万人"突起劫杀,各缚其主而数之"。至六月间,浦东巨富瞿氏家奴聚党千人,手刃家主7人,令主献出卖身之契。"仆坐堂上,饮啗自若,主跪堂下,搏颡呼号",主仆名分尽情颠倒。

此外,钱门塘镇姚氏家奴,南翔镇李氏家奴,诸翟镇沈氏家奴等,纷纷千百成群,发难抗主索契。[2] 及至七月间,川沙乔氏世仆顾六为首的起事,把明末的奴变推向了最高潮。据姚廷遴《历年记》记载:"川沙乔氏之世仆顾六,年将六十,赤贫无赖,创为乱首,假索契为名,惟是上海靠人者甚多,一呼百应,统领千人。不论乡村城市,士夫富室,凡有家人,立刻要还文契。或有平日待家人刻薄者,则必要杀要打,名曰报冤。稍有避而不还契者,千人围拥,烧杀立至。即徐元扈家(即徐光启)系属相府,尚遭荼毒。更有威逼其主,要请酒算工钱者,坐家主之上呼号呼表者,稍不如愿,即打骂凌辱,成群逐队,无法无天。"

当时,虽然大明江山大势已尽,但地方政府对付手无寸铁的倡乱奴仆却还是淫威有余,毫不留情。他们星夜调集水陆营将,大举镇压,倡事者顾六等人皆或被斩、或被监。绅衿辈借助官势,饬令"索契家奴,仍将文书送还,或家法治者,或官法惩者",奴变之乱才得以渐渐平息。[3] 但时至翌年,因浦东新场镇绅衿创设"怀忠社"鄙弃奴仆,又再次激发起大规模奴变。

顺治二年清兵南下,宏光帝被擒。消息传来,上海新场镇举人朱襄孙伙同诸生方用悔等人创设"怀忠社",以示不忘故明,远近人士闻者多附。但朱氏

---

[1] (清)曾羽王:《乙酉笔记》。

[2] 参见(清)乾隆《宝山县志》卷1《风俗》:(清)咸丰《黄渡镇志》卷10《杂类》;民国《钱门塘乡志》卷12《琐闻》。

[3] 参见(清)康熙《松江府志》卷54《遗事》;(清)嘉庆《石冈广福合志》卷4《轶事》;(清)嘉庆《淞南志》卷8《杂识》。

之流,国难当头仍迂腐之极,"独严主仆名分,奴裔不许入社",[1]遂激起奴仆义愤。叶氏世仆康均甫为首聚党而起,杀朱氏弟兄子侄全家,并火焚其宅院。随后各地世仆纷纷响应,杀主索券,大有燎原烈火之势,规模不亚于甲申之变。娄东无名氏事后记载为:"乙酉乱,奴中有黠者,倡为索契之说,以鼎革故,奴例何得如初。一呼千应,各至主门,立逼身契。主人捧纸待,稍后时,即举火焚屋,间有缚主人者。虽最相得、最受恩,此时各易面孔为虎狼,老拳恶声相加。凡小奚细婢,在主人所者,立牵出不得缓半刻。有大家不食并灶事者,不得不自举火。自城及镇及各村,而东村尤甚。鸣锣聚众,每日有数千人,鼓噪而行,群夫至家,主人落魄,杀烧焚掠,反掌间耳"。[2]

倡乱之奴仆有着明确的诉求以及斗争目标,这就是要改变自身及其后代的社会经济地位,争取自身及后代的人身解放。华亭县城王氏世仆俞伯祥提出,今后富家大室之奴仆,最多"但许一代相统,不得及子孙"[3]就集中地表达了他们的这一愿望。但是,奴仆们争取自身解放的良好愿望并未能随更朝换代而有多少实现,清兵戡定江南后,不仅仍令沿旧明之习,明定主仆名分,子孙世隶,而且对乙酉年倡事之奴仆厉行镇压。至时,明清之际轰动一时的江南"奴变"终算宣告完结。

奴变事件虽然告于平息,但它有力地冲击了有明数百年腐朽的奴仆制度,对以后绅衿地主势力以及奴仆制度的衰落起了重要的作用。以至于当时的一些起事者甚至认为是"谓功在千秋",应当勒石纪事。它对奴仆制度的沉重打击,使得绅衿们事后"回忆情状,毛发悚然"。[4] 此后的清前期,上海地区绅衿大家蓄养奴仆的规模、数量都较前明有很大收敛。不仅投献佃仆已经绝迹,而且世仆、僮奴、婢女、家丁也不如前明之盛。而且一般来说,奴仆之境遇也不如前明之如此酷虐。它们反映了奴仆这一社会现象不可避免的没落之势。

---

[1] (清)光绪《南汇县志》卷20《遗事》。
[2] (明)佚名:《研堂见闻杂记》。
[3] (明)佚名:《研堂见闻杂记》。
[4] (清)康熙《上海县志》卷12《祥异》。

第九章

明清上海地区社会经济发展特点
及其在全国的地位和作用

前述诸章,笔者依次分析了明清上海地区社会经济中生产、流通、分配、消费的各个方面。本章将从总体上分析明清上海地区社会经济发展的特点及其在全国的地位和作用。

第一节　增长与局限:上海地区社会经济发展特点

明清上海地区社会经济发展的特点如果要给以最简洁明了的概括,盖可以称之为"增长与局限"。所谓"增长"即明清几百年间,上海地区的社会经济,无论自然资源的开发利用,工农业产品的产出,商业贸易的扩大,以及生产、流通方式的变化等等,都绝非停滞不前,而是明显地表现出成长的趋势;但另一方面,在社会经济成长的同时,作为其载体的社会形态却还仍然是传统的专制社会,全部的经济成长受各种因素的制约和束缚,只能表现为极为缓慢的传统式成长而在传统社会的母体中步履艰难地蹒跚行进,直到近代前夕,仍未能使社会生产方式及社会形态发生质的变化,这就是"局限"的涵义所在。

(一) 明清上海地区社会经济增长的内容和特点

现代经济学理论中的经济增长一般是指一个国家或地区在一定时期内实际的货物和劳务产出的增长,或者是指一定时期内人均实际产出的增加。由于现代经济理论考察研究的都是近现代社会经济,它们理论中的"产出"一般用的都是可以量化并且具有极大可比性的国内生产总值,或国民收入的总量和人均量。在我们所考察的前近代的上海地区,其社会经济是否存在"增长"? 如果存在,又如何表现,并是否能加以量化? 笔者以为,经济增长既然是社会经济成长的量的表现,它就不仅存在于近现代社会,同样也存在于前近代社会。诚然,近代前后,人类社会的经济增长无论是具体内容还是增长速率都有极大不同。前者的增长主要只是以手工劳动为基础的传统增长,而后者则是融化了近现代科学技术的飞跃增长,两者不可同日而语。但尽管如此,前近代社会经济的传统增长毕竟还是近现代经济增长的历史出发点,对此进行一番探究还是其有意义的。

探讨近代以前社会经济增长有一个明显的困难,这就是在前近代社会中并没有类似现代经济的"国内生产总值"或者"国民收入"这样的经济统计概念。不过,经济简陋的前近代社会,主要的生产部门是农业、手工业,可以通过估算耕地、产量等的增加来测算农业产出的增长;通过主要手工业部门产量的变化来估算手工业产出的增长。此外,还可以通过估测市场贸易额以及镇市数量的消长来综合估计社会经济的增长。

首先看农业生产的增长。如果把农产品数量的增长作为农业生产增长的主要指标,那么很明显,耕地面积的增减以及单位面积产量和复种指数的变动是构成农产品产出量增加的 3 个主要变量。即

$$S = L \cdot P \cdot F$$

其中,S=农产品产出量,L=耕地面积,P=单位面积产量,F=复种指数。

通过对 L、P、F 三个变量变动情况的分析,我们不仅可以得知 S 的增长,而且还可以确定 S 增长中 L、P、F 各自所起的作用。

在第二章中,为了估算明后期以及清中叶的棉、稻产量,我们曾经估算了同时期上海地区的耕地数额,其中明后期为 6168207 亩,清中叶增至 7002294 亩,增长率为 113.5%。但是对于明初至明末的耕地升降变动还未作考察。下面我们就以疆域相对稳定的松江府为例,再度考察一下明初至清中叶 L 的变动。见表 9-1。

表 9-1 松江府在册定垦田地山池涂荡统计

年　代	数额(亩)	指数	年　代	数额(亩)	指数
洪武二十四年	4760501	100	宣德七年	4688849	98.5

年　代	数额(亩)	指数	年　代	数额(亩)	指数
弘治十五年	4716980	99.1	顺治二年	4252266	89.3
正德六年	4720400	99.2	乾隆七年	4227315	88.8
万历二年	4372681	91.9	乾隆六十年	4026600	84.6
天启二年	4234304	88.9	嘉庆十五年	4010371	84.2

说明:乾隆六十年与嘉庆十五年为折实田亩数。据乾隆七年所载,折实田数与定垦数之比大约为95.9:100,以此率计算,该两年定垦田地数应为4198749亩和4181826亩,指数分别为88.2和87.8。

资料来源:(明)正德《松江府志》,(明)崇祯《松江府志》,(清)康熙《松江府志》,(清)嘉庆《松江府志》。

如果仅据表9-1所列,显而易见的结论是,从明初至清中叶,松江府耕地面积的绝对数额似乎减少了13%之多,四五百年间 L 表现为负增长。其中,跌落最快的明万历、天启年间,几乎比明初减少了一成多。但是,正如在第二章中已经指出的,在册额田仅是为征发赋役编制的田册,它并不能真正代表实际的耕地数。明初松江府在册额田高达470万顷,另据万历《明会典》更高达550余万顷,其中不仅有山池涂荡等非耕种面积,而且还有为数不少的荒坍地以及实际上并无着落的虚额。如天顺六年,松江全府积荒田地达47万余亩。正德六年,在册额田虽为470万余亩,但有征官民田土包括山池涂荡仅为3984500亩,另外则是合县包赔的荒、坍田地422780亩,毫无着落的浮额田地313097亩。如果除去荒废浮额及山池涂荡,真正的耕地数额可能只在370万亩左右。隆庆二年,金事郑元韶尽数清丈全府田土,分上中下三乡定额,"田有字圩号数,册有鱼鳞归户",全府在册额田遽然降至430万亩左右,折合耕地约为400万亩上下,较明前期大致增长9.7%。

清前期松江府的在册田土如前所载仍保持在明末420万亩左右的水平上。但至清中叶的实际耕地面积较明代已有较大增长。首先在清前期人口增加的压力下,大量昔日的湖汊荡田、沟浜苇岸都被渐次开垦成田地。其次,沿海的苇荡滩涂以及以前的盐场草荡垦殖也不断加快。清前期百余年间,浦东川沙、南汇一带的海岸新积海涂一望数十里。雍正年间,松江府在册田土之外另载的芦洲面积就有86617亩,南汇一县还另有盐荡433340亩。由此观之,至近代前夕的嘉道年间，松江府的实际耕地面积就决不应仅仅只是册籍所载的 420 万亩，而还应该加上历年陆续垦殖成耕地而又在田土册籍上少有反映的数额，这样大致上就可以达到 440 万亩左右，较明末大约又增长了 9.6%。按这样的估计，从明初至清中叶，以松江府为例的上海地区耕地面积的增长率约为 120.2%。

再看单位面积产量 P 的变化。棉花亩产明中叶之前少有记载，正德年间上海县下田亩产籽棉约 50—60 斤，考虑进自然灾害等因素，常年亩产估计为 60 斤还较切合实际。清前期，上海地区植棉从品种改良、农艺、肥料施用等方面均无显著变化，但经过几百年经营，农田的抵御旱涝灾害能力应有提高，下等瘠田的肥力也应稍有长进，这些都应该使棉花的单位面积产量稍有增长，至清中叶平均亩产大约在 65 斤，较明中叶增长了 108.3%。

粮食亩产以水稻为例。明代时，通常的说法是西部地区亩产米 2 石左右，东部地区亩产米 1.5 石左右，以东西部各自的稻田面积加权平均，亩产大致为 1.86 石。清前期西乡稻作区，越冬作物中绿肥面积有明显增长，即使在东部地区，河泥、饼肥等肥料施用量也更为普遍，因此虽然同时期水稻生产在品种改良、农艺技术等方面少有显著进步，但平均的粮食单产量还是在缓慢上升。西部亩产大致上可达 2.2 石，东部可达 1.7 石，加权平均的亩产则可上升到 2 石左右，较明代大致上增长了 105.4%。这样，以棉、稻两者亩产的增长各加权平均 50% 相计，单位面积产量 P 的增长率大致上就是 106.9%。

最后是复种指数 F。据本书第二章的估计，明后期农业生产中的复种指数大约在 1.2—1.3 之间，至清中叶有可能已达 1.5 左右，其增长率大致为 125%。

至此，可以大致上得出明清上海地区农业生产的增长率 S，即 L·P·F，为 158.4%。其中由于耕地面积 L 扩大引起的农产品产出量的增长约为 20.2%，由单位面积产量 P 增加导致的增长为 5.4%，由复种指数增长促成的为 25%。如果考虑进同时期其他经济作物的增长等因素，至近代前夕上海地区的农业生产至少较明中期增长了 60%。

农业生产外，促成经济增长的另一个重要方面是手工业生产的增长。明清上海地区的手工业生产中比重最大的主要是手工棉纺织生产，现在即以第三章所估计的明清上海地区棉布产量为例，来测算同时期手工业生产的增长水平。在第三章中通过不同的估测方式,认为明后期上海地区的棉布年产量大致在3000万—3500万匹左右,清中叶嘉道年间则可达4500万—5000万匹上下。照此计算,以棉布产量为例的手工业生产的增长率,清中叶为明后期的146.2%。这一增长速度只是稍稍低于农业生产的增长,如果考虑进由于人口压力而引起的其他手工业生产的发展,其增长率或许还要高些。它们表明手工业生产的增长在整个社会经济中已具有日益重要的作用。

农业、手工业是传统社会中国民经济的两个主要生产部门,但是农业、手工业的增长并不一定能反映整个社会经济的增长。因为在当时的社会经济运行中,还有诸如商业贸易、航运、码头搬运以及各类店铺、饮食服务行业的经济活动,它们的产品或劳务产出同样是社会经济增长的重要内容。由于历史资料匮乏,现在当然难以对上述各经济部门的增长直接作出估算。不过,在前面的第四、七两章中,笔者曾对明清上海地区主要商品的市场贸易额以及同时期城镇发展的速率作过较为详细的考察,它们应当说同上述各经济部门的增长具有内在的正相关联系。下面即以此为据,从一个侧面来考察社会经济的增长水平。见表9-2。

表9-2　明清上海地区主要商品国内大市场贸易额变化增长

项目	棉　布			棉　花			粮　食			总　计	
时期	数量（万匹）	单价（银两）	贸易金额（银千两）	数量（百斤）	单价（银两）	贸易金额（银千两）	数量（万石）	单价（银两）	贸易金额（银千两）	贸易金额（银千两）	指数
明后期	2500	0.2	5000	300000	1.7	510	100	0.7	700	6210	100.0
清中叶	3500	0.2	7000	700000	1.7	1190	1300	0.7	9100	17290	278.4

说明:(1)为扣除价格变动影响,商品单价均以明后期不变价格计算。(2)清中叶粮食贸易额中包括稻米、豆麦杂粮等项以及转口贸易部分。

资料来源:参见本书第四章各节所论。

由上表可见,上海地区国内大市场贸易中的粮、棉、布3项主要商品的贸易额,明后期大致为620万两左右,清中叶则急剧增加到1700万两以上。如果以此为例,则表明近代前夕的嘉道年间,上海地区包括转口贸易在内的国内大市场贸易额至少比明后期增长了 1.78 倍,如果考虑进其他贸易项目的增加,增长率至少可达 200% 以上。如果同明初以商税估算的贸易额相比几可增长 20 倍。其增长速率远远超过同时期农业、手工业的增长速度,充分显示了商业贸易在当时上海地区社会经济开发中的重要地位和作用。

明清上海地区的城镇增长在第七章中已多有论述。明以前,上海地区约有城镇共 37 处,明中叶为 72 处,至明末已增至 115 处,近代前夕的嘉道年间更猛增至 304 处,为明初原有数的 8 倍多,为明中叶的 442.2%。由此可见,明清上海地区的城镇增长也远在同时期农业、手工业的增长之上,它们亦成为当时上海地区社会经济增长的又一显著特点。

以上依次分析了明清上海地区经济发展中农业、手工业、国内大市场贸易以及城镇各自的增长率,如果以此为基本依据,并对它们各自在经济增长中的比重和影响进行一个大致的简单算术加权平均,就有可能编制出一个同时期经济增长的综合指数,从而粗线条地、近似勾画出明清时期上海地区的经济增长速度。见表9-3。

表9-3　清中叶上海地区经济增长指数估计

明中后期＝100

门 类	权数	指 数	门 类	权数	指 数
农业生产	40	160.0	城镇数量	10	422.2
手工业生产	35	146.2	综合增长指数	100	202.4
国内市场贸易	15	300.0			

说明:表中权数分配理由:农业生产产值大体略过手工业。以当时农村人口在总人口中比例相估,两者约占国民生产总值75%左右,故各分配权数40与35。商业贸易与城镇增长同时反映了运输等产业部门和其他劳务产出的增加,但贸易增长影响更大,故各分配权数15和10。

以上所估虽不能说十分精确,但它至少为我们研究当时的社会经济增长提供了一个大致的近似数量概念。这一数量概念表明,明清上海地区的社会经济不仅在农业、手工业、商业贸易诸方面都有不同程度增长,而且社会经济的总增长指数大体上也能达到 200% 的水平。它说明,即使在前近代的传统社会中,社会经济从长远趋势上看也是一直保持着一种向上发展的势头,到近代前夕,这一发展势头已把当时的社会经济推到了历史发展的最高点。

　　明清上海地区的社会经济尽管饶有增长,但是这种增长毕竟是以传统的手工劳动为基础的传统经济增长,它们不可避免地具有传统的时代特征,这种特征特别明显地表现在两个方面。

　　首先,虽然在当时的社会经济中,农业、手工业仍占有最大比重(在增长指数的加权平均中其权数最大),但在整个社会经济总增长中,传统的农业、手工业增长最为缓慢,其各自的增长率仅仅分别为60%和46.2%,合在一起大致上也只对102.4%的总增长率起了56.9%的作用。导致经济增长指数超过农业、手工业生产增长率的主要原因,是市场贸易额和市镇的增长以及社会经济中商品经济成分的扩大。这表明,明清上海地区社会经济的成长不仅仅只是表现为工农业生产的一般性增长,而且更主要地表现为流通的扩大,劳务产出的增加等商品货币关系的发展。这些恐怕不仅仅只是当时上海地区社会经济发展的特征,同时也是封建社会晚期沿海经济先进地区发展的一般规律。它们表明,人类社会发展到传统社会末期,支持经济增长的主要因素已经不是自然经济的简单的裂变和扩大,而是具有强大生命力和酝酿着巨大内在冲动的商品经济的扩大和发展。

　　其次,明清上海地区社会经济虽然恒有增长,但这一增长的速度是极为缓慢的。如果把上述102.4%的增长率经历的年代从明中后期的嘉靖元年(1522年)算到近代前夕的道光二十年(1840年),那么在漫长的318年中,社会经济的平均年增长率仅仅只有2.2‰,这实在是一个微乎其微的不足称道之数,说明当时的这种传统增长充其量也只是一种缓慢爬行的龟式增长。如果我们联系同时期人口的增长,经济增长的缓慢和局限则可以看得更为清楚。

　　据对现存史料估计,上海地区的人口从明代嘉万年间至近代前夕大致上增长了146.8%,年平均增长为2.8‰,明显高于同时期的经济增长率。这说明,如果按人口平均占有的社会产品和劳务产出计算,从明中后叶至近代前夕上海地区的社会经济很可能是呈现一种负增长趋势。即社会经济的实际增长很难跟上,或者说只能极为勉强地跟上人口的增长。在人口增长率长久持续地平行或高于经济增长率的情况下,社会经济内部必然孕育着一种潜在的危机,社会的赤贫阶层、无业游民等等不安定因素都有蔓延、扩张的趋势,它们不仅不可避免地给缓慢、有限的社会经济增长笼罩上一层浓郁的阴影,而且一旦稍有风吹草动和社会变乱,这种潜在的危机就会迸发出来,使社会经济陷入混乱之中。

（二）经济增长中的制约因素

前近代社会的经济增长之所以是缓慢、有限的传统增长,其主要原因在于当时的社会中存在一系列制约经济增长的因素,它们包括人口、自然资源、资本形成、技术诸因素,以及制度因素和传统习惯势力等等。

1. 人口因素在经济增长中的作用

人是社会经济活动的主体,人口数量的变化无论从长期或短期看,对社会经济增长都具有双重作用。

首先,人口作为生产要素中的人力资源,是生产赖以进行和不断延续的最基本条件。在科学技术并不发展的前近代社会,经济增长主要是外延型的增长,在这种增长中,生产技术变化不大,实现增长主要靠基本生产单位的分裂、增殖,以及土地资源和人力资源投入的扩大。前述上海地区农业增长的主要因素是耕地的扩大,在农业劳动生产率不变的情况下,耕地的扩大即意味着农业劳动力的增加;如若劳动集约程度提高,同样的土地需要更多的劳动人手,为了保持农业生产的增长,农业劳动力的增长还必须快于耕地数量的增长。因此,从长期的发展趋势看,人口数量的增加本身即是经济增长的要素,并且是具有外延扩大特征的经济增长的必不可少条件。

从短期观察,人口增长会迅速地对社会上每一个基本生产单位带来经济上的压力。这种压力一方面固然暂时表现为生产单位人均产出量和人均占有消费量的减少;但另一方面它又能够成为推进社会生产在当时社会经济技术条件许可范围内不断向深度、广度发展的有效动力。它会迫使社会基本生产单位尽量降低人口生产的平均成本,提高非成年人口的自我赡养水平,[1]并且努力开拓传统农业生产之外的其他产业等等,所有这些都能在不同程度上加速社会经济的开发。

人口增长是社会经济增长的重要因素,并且本身即不失为经济增长的具

---

[1]　明人王士性在《广志绎》卷4《江南诸省》中称:"男女自五岁以上无无活计者,即缙绅家亦然。"

体表现,仅仅只是问题的一个方面。在一定的社会生产技术条件下,相对于一定的经济增长水平,过度的人口增长往往又会成为遏制经济增长的因素。

从短期分析,人口增长一般总是首先表现为无劳动能力或少劳动能力的社会赡养人口,主要是非成年人口的增加。无论是从社会宏观的角度还是从个别的社会基本生产单位考察,社会赡养人口的增加无疑都会加重社会总产品中的消费支出,减少储蓄、积累的比例。这些增长了的社会赡养人口在若干年后,如果有机会在其他物质性的生产要素同时扩大的条件下实现充分就业(包括从事农业耕种、手工业生产、以及其他流通及劳务性就业)那么他们就有可能增加社会产品的产出量,成为实现增长的要素。但是如果没有等量的其他生产要素投入的配合,他们要么成为继续依赖他人或社会赡养的无业人口(如游民、无赖、乞食者等等),要么就只能依靠原有就业人员分与一部生产要素,从而降低劳动生产率,在社会上形成一大批隐蔽的隐性失业人口。这种现象特别明显地表现在农民家庭中:农村人口的不断繁衍使农业劳动力不断增加,而在农业之外的其他经济部门又无法吸收这些增殖劳力的社会经济条件下,他们只有互分父兄辈或他人的土地耕作,从而使人均土地使用量和占有量不断下降。这样,从长期的发展趋势分析,人口的过度增长,一方面会阻碍农业劳动生产率的提高,遏制单位社会生产品中活劳动、物化劳动的降低趋势,从而使缓慢的经济增长缺乏劳动生产率不断持续提高的可靠基础,另一方面,人口超速增长的另一个明显后果即是我们前面已指出过的社会产品人均占有量的逐渐下降。由于人口因素的影响,即使作为国内社会经济较为发展的上海地区,其社会经济从产出绝对数额看似乎正变得越来越繁华富庶,可是从人均产出量观察,整个社会似乎又正趋于贫困。这一矛盾现象所反映的实质是在传统社会晚期的历史条件下,长期承平的社会环境极有可能使人口增长快于经济增长,社会经济虽然日益感受到,并无可奈何地承受着人口超速增长的压力,但它自身却无能力使增长加速,而只能步履蹒跚地缓慢行进,其中最主要的原因是在当时的历史条件下,促成经济高速增长的技术进步、资本形成以及制度环境等等因素都还不甚具备或者说完全不具备。

2. 经济增长中的技术进步和自然资源的开发利用

经济增长中的技术进步具有多种含义,它可以包括传统产业部门新技术、新工具、新工艺的推广运用,也可以是由于新发明、新技术的出现引起各种新兴产业部门的产生等等。虽然伴随技术进步直接的用于社会生产，一般同时都有新资本投资的增加，但是成因更为复杂的技术进步本身始终不失为促成经济增长的因素之一。

明清上海地区主要的产业部门不外乎以种植业为主的农业和以手工棉纺织为主的手工业。这些生产部门虽然都有不同的技术构成，但正如前几章所述，这些技术构成绝大部分在明清数百年间少有大的变动和改进，这也就是说，明清上海地区的经济增长中，技术进步因素的影响是极其微弱的。

以农业生产而言，在农具的使用上，无论是牛耕的犁、耙、耖，还是铁镈、风车、水车等大小农具，它们的基本形状、性能、功效以及使用范围，从明初至清中叶几乎没有变动，这在大量的地方志记载中有极为明显的反映。[1] 在对农业生产影响极大的水利排灌技术上，早在宋元时代，河道整修、沟渠疏浚以及圩田修筑等水利技术已日臻成熟、完善；明清时期上海地区的河道疏浚、圩田修筑等方面虽然屡兴不衰，但以技术水平而论，较之前代并无大的进步，基本上只是因袭、继承了前代成果。其他诸如农艺、施肥、品种改良等等，如我们在以前章节中所述，本质上也无大的改进和变化。如明代时水稻生产的当家品种，清中叶仍在继续沿用。

手工业生产方面，以最具典型意义的手工棉纺织为例。如第三章所述，作为主要生产工具的纺车和织机几百年来少有根本改进。见之于史籍的三维纺车虽然在明代已经出现，但据清前期的记载以及近人的考察，实际操作甚为困难，运用并不普遍，因此还远不足以引起棉纺织业领域中的工具革命。至于用于织布工序的窄幅投梭木织机，更是几乎几百年间无有改进。其他如棉布后整理加工的染踹业，虽然加工品种名目繁多，但从技术渊源以及染造工艺考察，基本上还没有超过至少在唐代时已较为成熟的缬染法。手工棉纺织是如此，其他诸如锻冶、匠作等等众多的手工业生产，基本上都还停留在简陋的生产工具和简单的工艺流程生产阶段，主要依靠手工匠的劳动熟练程度和个人工艺操作技能进行生产。

从上所述可以看出，在当时的工农业生产以及经济增长中，技术进步的作

---

[1] 如(明)正德《松江府志》中关于农具的记载，直至清末还多为后志抄袭，即是明证。

用不甚明显。虽然我们现在还无法以统计资料来说明技术进步因素对经济增长的作用程度,但至少有一点可以明确肯定,在传统社会中,当技术进步发展到一定程度后,即会表现为较长时期的停滞不前,因此到前近代社会,微弱的经济增长不是主要依赖技术进步的内涵型增长,而是主要依靠投入更多劳动力和其他物质性要素的外延型增长,即在生产技术水平基本不变条件下的粗放型增长。

技术进步要素作用的微弱直接影响到自然资源的开发利用。上海地区地处江南水乡和滨海地带,既无森林,又无矿藏,可供利用的自然资源主要就是土地资源,它们包括耕垦成熟的田地和数量不断增加,具有耕种潜力的各项滩、涂、荡等等。由于技术进步因素的限制,在当时生产技术条件下,对自然资源的开发利用主要只是简单地表现为荒地、涂荡新涨土地的种植性耕垦。而在对土地资源开发利用的深度上均无进一步的明显表见。其中较为值得称道的只是在农作物的栽培中,已较多地顾及不同地带的不同土壤、气候、灌溉等条件而配以不同栽培作物,以求因地制宜,提高土地资源的利用效率。其明显的例子就是前述东棉西稻作物结构布局以及靛蓝等作物栽培带的形成。由此可见,由于生产技术的限制,在当时的历史条件下,无论是技术进步以及由技术进步决定的对自然资源的开发利用,总的来说还都处于较低的发展水平,它们还难以成为社会经济增长的主要因素。

3. 经济增长中的积累和资本形成[1]

社会储蓄、积累水平以及资本形成速率是影响经济增长的重要因素。在资本技术构成以及资本系数已定的情况下,经济增长率甚至可以简略地表现为资本增量与资本系数的商。明清上海地区的经济增长如前所述,技术进步因素作用微弱,自然资源的开发利用亦无质的进步,经济增长只能是依靠人力追加和其他物质性要素配合的外延型增长。当时人口增长迅速,人力追加自然不成问题,而与之配合的物质性要素的投入实质上即是社会总产品中的积累以及资本形成,它们所占的比重以及形成速率可以成为影响经济增长的决定性因素。

---

[1]　此处所指"资本形成"系借用现代经济学分析中的术语,意指社会生产扩大时,投入的物质性生产要素的价值表现。

（1）社会各阶层储蓄能力和水平的考察

资本形成或者积累的来源只能是社会总产品中用于当年生活消费之后的储蓄部分。因此要考察积累或资本形成，首先必须对当时社会各阶层的储蓄能力及其储蓄水平先期进行分析。

先看占当时人口大多数的农民阶层。农民有雇农、佃农、自耕农之分，其经济境况颇不一致。但一般而言，除了为数不多的富佃农以及一部分被称为中人之家的自耕农之外，绝大部分雇农、佃农、以及一部分境遇较差的自耕农在沉重的租赋压迫下，能维持温饱已属不易，如无特殊情况，他们没有丝毫积贮可言。明宣德年间江南巡抚周忱称"苏松常三府所属田地虽饶，农民甚苦。观其春耕夏耘，修筑圩岸、疏浚河道、车水救苗之际，类皆乏食。又其秋粮起运远仓，中途或有遭风失盗以致纳欠，未免借贷于豪之家以偿官赋，所贷之债，倍剥以酬，以致秋获子粒，全为债之所攘，未及输税而馋粮已空"。[1] 这种情况直到清中叶依然如故。嘉庆年间的史料表明，上海县乡民"木棉未登场已有下壅之费，益以终年食用，非贷于人即典质衣物。一有收获，待用者已日不暇给，济得眼前，后来无继矣"；"下农种木棉三、五亩，官租之外，偿债不足辛苦，经年依旧敝衣败絮耳"。[2] 可见，对大部分农民来说，为了维持起码的生活消费以及简单再生产，他们不仅要花去全年的农业、手工业劳动收入，而且往往还得有赖高利贷、典铺之类旧式信用的通融，寅吃卯粮，方能勉强度日。对他们来说，储蓄简直是可望而不可及的事。当然，在上述这类农民中亦非绝对没有有能力储蓄起资财者。如清代有蔡翁者，家甚穷，为人佣工，家中仅种田一二亩，后在田中植松，松下时出鲜菌，"每朝持一二筐入市上卖，得数百文，如是者十余年，积赀千金"。[3] 不过这类例子并不多见，况且说到底还不是经营一般的农业生产而致富的。

农民阶级中有中产之家之称的"富佃"和上层自耕农一般都有比较充足的耕地、农具和劳动力，正常年景下，不仅生活较过得去，而且再生产的条件也好一些。如遇风调雨顺之年，吃用之外或许还尚能有所积蓄。不过这种积蓄

---

［1］（明）顾清：《周文襄公年谱》卷上《奏设苏松常三府济农仓》。

［2］（清）张春华：《沪城岁时衢歌》。

［3］（清）钱咏：《履园丛话》卷5《乡贤》。

不仅大致上数量有限,而且也十分脆弱。此犹如当时地方志所称:"虽男勤耕,女勤织,鲜有积聚。故素封之家,遇歉收则贫。"[1]

再看城镇小手工业者及小商小贩和其他雇佣劳动者阶层。一般情况下,这些城镇居民的生产、劳务收入基本上都用于生活消费,即使有些劳动者表面上看来收入高一些,如按低标准的生活费用支出似乎能有所积蓄,但实际上这些劳作者往往由于劳动强度过高或其他原因,为了再生产自身的体力和精力,或餐以酒肉,而对储蓄却无意顾及。明人王士性曾称当时江南的城镇居民"人无担石之储,然亦不以储蓄为意。即舆夫仆隶奔劳终日,夜则归市酤酒,夫妇团醉而后已,明日又别为计。故一日不可有病,不可有饥,不可有兵,有则无自存之策"。[2] 至清中叶,城镇居民中"往往家无斗储而被服必期华鲜,饮食靡甘淡泊"的现象更为普遍,每逢灾荒仅能靠赈济度日。[3] 当然,在上述各类职业的市民阶层中,偶有积蓄者也并非绝无仅有,这在当时方志中也有记载,如雍正年间青浦县陈家宅陈国载,与妻陶氏佣工、纺线,颇积资财。但是总的来说,诸如此类稍有积蓄者毕竟只是市民中的少数。

当时社会中能有较多积蓄的主要是地主、商人和官绅。地主以食租为生,其中的中小平民地主家产有限,消费之外有余之财也较有限,特别是其中的一些小地主,有时甚至也只是仅供赡日而已。[4] 但其中的一些大地主,特别是如明后期盛极一时的绅衿地主,所积赀财往往累千成万。《淞南志》载,"往时风气厚实,地多大户,田园广饶,蓄积久远,往往传至累世而不衰"。明清时日益兴起的商人阶级积蓄的资财也不亚于地主。明人宋应星曾对明末扬州商人资财有个大致估评:"商之有本者,大抵属秦、晋与徽郡三方之人。万历盛时,资本在广陵者不啻三千万两,每年子息可生九百万。只以百万输帑,而以三百万充无妄费,公私具足,波及僧、道、丐、佣、桥梁、楼宇,尚余五百万,各商肥家润身,使之不尽而用之不竭。"[5]上海地区的商人资本虽然不如扬州商人雄

[1] （清）嘉庆《无锡金匮县志》卷31《风俗》。

[2] （明）王士性:《广志绎》卷4《江南诸省》。

[3] 参见（清）嘉庆《吴门补乘》卷1《风俗补》;（清）王有光:《吴下谚联》卷4《施粥》。

[4] （清）乾隆《奉贤县志》卷6《孝友》:"宋旦,字旭初,珩从孙也。自幼丧父,遗产十余亩,仅供饔粥。"

[5] （明）宋应星:《野论·盐政议》。

厚，但每年进出上千万两的市场贸易额，由此带来的商业利润必不在少数，除去商人的挥霍消费，必有相当数量能成为储蓄部分。如外冈镇徽人王某"少客镇中营布业，寻为永昌典夥，积数十金。归，娶妻生子，复为典中总管，岁多赢余"。[1] 伙计如此，店东所积资财自然更为可观。最后，在资财积蓄中占有重要地位的还有在乡官绅，这些依靠仕途起家的"父母官"，在任时极搜刮之能事，卸任回乡往往已腰缠万贯。如明季松江乡宦聂慎行、单国祚致仕回乡"俱挟厚赀归"，聂氏声称其所敛钱财足以"置田万亩，积赀万金"。明人何良俊称这些居家乡绅"曾作外官，囊橐殷实，虽不费力，然此是百姓膏血"。[2]

综上所述可见，明清上海地区的劳动阶层基本不具储蓄能力，他们的生产劳动收入大体仅能维持温饱，其中即使有些能有储蓄，也只是个别、少量的现象。而且在经济增长低于人口增长，人均国民收入缓慢下降的情况下，即使要想维持原有消费水平，也只有减少储蓄、降低积累，增加社会消费基金，这必然会导致社会储蓄率的下降。在地主、商人、官绅阶层中，储蓄虽然较为普遍、经常，但是这些储蓄如何影响经济增长，它们是否能最终形成积累，这还需要进一步分析储蓄的流向。

（2）储蓄流向的考察

明清上海地区的社会总产品中总有相当一部分作为直接消费以外的年储蓄游离出来，但这些储蓄并不是最终都能作为社会积累基金，追加于社会生产总过程，使社会的生产、流通资本存量增加。

据现存文献记载分析，社会年储蓄额中有相当一部分在积蓄到一定数量之后投入了土地购买，这不仅有官绅、地主、商人，也有通过艰难途径偶尔积攒起微薄资财的小农和普通市民。如"唐子渊，名默，别号竹窗，上海诸生也。父以贾起家，积赀雄一乡，田亩十余万"；"明季聂双丸，慎行，壬戌以铨曹；单匡庐，国祚，乙丑以榷关，俱挟厚赀归。两家争市田宅，一时田价为之腾贵"；又如前举卖鲜菌之蔡翁"十余年积赀千金，以之买田得屋，近且为小富翁，有田数百亩"，等等。[3]

---

[1] （清）乾隆《续外冈志》卷4《物产》。
[2] （清）曹家驹：《说梦》；（明）何良俊：《四友斋丛说》卷34《正俗》。
[3] 参见（明）李延昰：《南吴旧话录》卷14《闲逸》；（清）曹家驹：《说梦》；（清）钱咏：《履园丛话》卷5《乡贤》。

　　此外,更多的史料表明,明清上海地区的土地易主、地权转移买卖极为频繁。乾隆年间,华亭一县的房田产买卖交纳的契税额为 626 两,以当时通行的 3% 的税率计,交易额可达 20871 两,若以同时期每亩田价通扯 5 两相计,相当于 4000 多亩土地的交易。如果加上不交契税的"活卖"及逃税者,估计上海地区每年的土地买卖额至少可达上十万亩,价值白银几十万两。[1]

　　一般来说,当时土地买卖中的卖主出售土地大多是难以为生或家道中落,故典卖田地所得钱财十有八九是用于生活性消费。如明代时曾富极乡里的乡绅顾少参的曾孙顾威明,"席先人余业,有田四万八千亩。而性豪侈,喜博,又酷好梨园,集远近轻薄子弟……不四、五年,所有田取次卖去"。[2] 又成化年间松江富商杨玉山在南京嫖妓经年累月,"所赠遗已千万计,二十余年,杨田产一空"。由此可见,以购买土地为内容的储蓄流向从微观上考察似乎增加了购买者占有的生产资料,不论其是自己使用还是转让使用权,生产规模似乎都有所扩大,储蓄似乎也由此转化成了积累和追加投资;但如果从整个社会的宏观角度观察,土地购买只是一种地权的转让,它本身并不能增加新的土地,社会上一部分人用储蓄购进土地,同时即意味着另一部分人失去土地,如果土地出售者在取得购买者支付的储蓄后又将它们用于生活消费,那末这一储蓄在绕了一个大圈后最终又重新成为社会消费基金,社会的积累和投资并没有因此而增加分毫。所以说,大量储蓄流向土地买卖从实质上看并不意味着社会财富的积累和资本形成,而只是表明在地权转移掩盖下大量社会财富在短期储蓄沉淀之后又重新作为消费基金而消耗掉。

　　储蓄再度转化为非积累性的消费基金还不仅限于土地购买,对当时既拥有大量货币财富而又具有浓厚封建宗法观念的商人阶级来说,他们储蓄中的相当一部分还随时可能通过赈灾、捐助地方公益事业以及为自身及子孙纳粟捐官等等而重新汇入消费洪流,这些我们在前文已多有论述。另外,明清上海

---

　　[1]　乾隆十一年,同在江南的震泽县田房产交易额高达 153643 两,折合成交亩数可达 3 万多亩;同时期吴江县交易额也有 7163 两,成交亩数当在 1 万亩以上。上海地区"田房授受,大率抵押典赙者多,立契绝卖者少,是以常年税收有限"。如果考虑进以上因素,并参考震泽、吴江两县,每年土地买卖在 10 万亩左右还是可能的。参见(清)乾隆《吴江县志》卷 7《杂税》;(清)乾隆《震泽县志》卷 11《杂税》;(清)光绪《华亭县志》卷 8《杂税》。

　　[2]　(清)王应奎:《柳南随笔》卷 2《剃须偿米》。

地区一些富有的官宦、地主在田产之外往往也积贮有大量的货币财富,但它们大多在传至子孙后不长的时间内即为之挥霍殆尽而最终难成积累。明代顾振海承父、伯家业"不下数万金",但其"山肴海错,日费万钱。交游中有不给,辄赠数十金无难色。间有称贷而子母绝响者亦不较。每一至郡城,百货鳞集,舟次诸贾,与食客、苍头内外交通,谀不容口,俱偿上值,征妓侑觞,日易三四,各饱所欲而去,不二十年,室如悬磬"。[1]

通过以上各种途径,社会财富年储蓄额中的相当一部分又重新转化成消费基金,这势必极大遏制了资本的积累和形成。

储蓄转化成积累并形成资本,表现在农业生产中主要有如农具的添置、役牛的增加以及对荒滩涂地开垦的投资等等。

明清上海地区,农家对耕牛极为珍重。普通农人"市一耕牛,率十余金,一家之产半在于是",因此若不是稍有积蓄者,非"罄秋成之余"或"揭重利之债"不能置办。耕牛的添置和数量的增加不仅意味着农业生产资料存量的增长,而且还能节省耕地劳力,争取耕作季节,对提高农业生产能力,促进生产增长都有重要意义。

荒滩涂地的开垦多发生在沿海、江浦地区以及崇明等地。以崇明滩涂开垦为例,开垦之初,地无出产,开垦者不仅要自给衣食,而且还要备办农具、种子等"工本食米"。如果没有丝毫积蓄者当然难以问津。[2] 这些用于耕垦的储蓄(不论是自有的还是借贷,其性质都一样)真正是转化成了生产性的投资,它使耕地增加,农业生产能力扩大,直接促进了农业经济的增长。但必须指出的是,当时的农业生产,包括滩涂的垦辟在内,基本的生产单位还是农户家庭,基本的生产方式还是零星分散的小农生产。因此农业生产中储蓄的转化为投资,农业再生产规模的扩大,以及生产资本的形成等等,当然大多只是一家一户农民自己的事。他们自身的储蓄能力以及较低的农业边际产出率又决定他们不可能以借贷的形式来实现追加投资,而荒滩涂地的垦辟又受自然资源的制约,这一切都决定了农业生产中储蓄转化为积累以及资本形成必然极为微弱、缓慢,结果只能使农业经济以迟缓的速率艰涩地增长。

---

[1] (明)李绍文:《云间人物志》卷4《顾仲韩》。
[2] (明)居隆:《由拳集》卷15《奉徐少师》:"贫民开垦荒田,必资工本,有田而无工本将焉。"

手工业生产中储蓄转化为积累和投资的前景似乎较农业稍为广阔。它们包括农民以及城镇家庭添置手工棉纺织具、扩大生产能力,城乡小手工业者兴办作坊等等。随着城镇、人口的数量增加以及经济的发展,城镇手工业者的数量也会不断有所增加,它们必然促进手工业生产资料相应增加,而这一生产资料增加正是储蓄转化为投资的具体表现。

最后,社会储蓄转化为积累和形成资本,比重较大的恐怕还是形成追加的商人资本及流向航运业。以沙船贩运为例,如前所述,清中叶打造一艘像样海船需要白银 7000—8000 两,而一些大沙船主拥有的沙船可达数 10 艘,仅此一项的固定资本即可达几十万两。它们无疑是由储蓄逐步转化而来。储蓄转化成商人资本形式多样,既有商人将所得利润的一部分积累到一定数量后再直接追加成新资本;也有地主、官宦以至普通市民将储蓄贷于他人经营而间接转化成追加商人资本。前者如明时晋商王某,早年"佐长君化居吴越间,为布贾,已稍赢则又转而鬻贩江淮间";后者如清乾嘉时法华镇人陆云龙,"家贫,贾于豫,贷某金,比归,某已殁,权子母还其家"[1]。从当时的史料记载来看,在储蓄转化为积累和资本形成中,一般来说流向农业、手工业生产部门的积累和投资不如流向航运以及商业贩运、高利贷、典铺质库经营等方面来得多。它们直接影响到当时的经济增长中商业贸易的增长明显地高于农业、手工业的增长。

综上所述,明清上海地区的社会储蓄及资本形成中,以土地购买为主要形式,相当一部分储蓄在转了一个大圈后又再度成为消费基金而无法最终转化为积累。在此之外的储蓄虽然能形成积累和资本,但它们的投向仍然主要集中于流通领域。这种带有浓厚前资本社会色彩的储蓄、投资流向必然遏制了社会生产的增长。另外,对资本形成的考察如果变换一下视角,我们还可以发现,除了资本的供给外,当时社会生产、流通领域对资本的有效需求也是问题的一个重要方面。

（3）社会经济各部门对投资的有效需求

经济增长理论认为,资本形成不充分是经济增长的约束条件,而影响资本

---

[1]　（明）温纯:《温恭毅公文集》卷 11 ;（清）嘉庆《上海县志》卷 14《独行》。

形成的主要因素不仅在于储蓄供给,而且还在于社会各部门对投资的有效需求。明清上海地区的经济部门若是按它们各自的生产方式,大致上皆可以区分为具有资本主义萌芽形态的新兴生产方式,以及传统的个体生产方式。在当时的社会经济条件下,无论何种生产方式都存在对投资的有效需求不足。

明清上海地区具有资本主义生产关系萌芽的生产方式主要是染踹业、暑袜业以及航运业等少数产业。染踹业和暑袜业的资本有机构成甚低,其生产能力受棉纺织生产水平及国内市场需求的限制,在前者没有很大增长的情况下不可能有持续扩大,这就决定了这两个虽已具有新生产方式萌芽,理应不断形成新的资本的行业,对资本的有效需求甚为欠缺。另外,在手工业生产中如果出现新型的具有资本主义萌芽性质的作坊、手工工场本来会刺激这些部门的投资有效需求,但明清上海地区最大的手工业生产部门——手工棉纺织业中,由于规模效益和价值规律的作用,无论是在城镇还是乡村,都还无法发展起能与家庭手工业相匹敌或者取而代之的作坊、工场或者包买主式的经营,这就必然造成这个最大的手工生产行业对资本有效需求的不足。

航运业中资本的有效需求似乎要好些。以海运业为例,其主要的固定资产投资是价值较大的海船。以嘉道年间沙船运输鼎盛时期的3500艘相计,若每艘值银3000两,资本额即可达1000万两以上,这实在是一个不小的数目。其对资本的有效需求明显地要高于其他行业。不过航运业主要是执行商品流通中输送物流的职能,在它的运输能力和资本积聚规模达到与商品流通的需要基本均衡之后,对投资的有效需求就会受到遏制。道光年间海运漕粮时一度出现的船运能力过剩即说明了这一点。

传统的个体的生产方式广泛地存在于农业、手工业各个领域,它们对于投资的有效需求更为有限。以农业生产而言,其中的地主经济,土地一般都出租给佃农耕种,雇工经营极为罕见,[1]因此对地主阶级来说,他们除了购买土地以外,基本上不存在对农业投资的有效需求。地主经济中的佃农以及自耕农

---

[1] 其之所以如此,根本原因在于对土地所有者来说,出租土地较雇工自营既保险,收益又高。明人陈堥在考察了两种经营后断言,雇工自营"俗所谓'条对条'全无赢息。落得许多早起宴眠,费心劳力",而出租土地却能"安然享安逸之利,岂不甚美"。陈恒力:《补农书研究》,中华书局1958年版,第240—241页。

阶层是农业生产的直接经营者。从理论上说，为了增加产量，扩大生产能力，他们应该具有对农业投资的有效需求。但实际上除了用于新耕地的垦辟和改良的投资外，过剩的农业劳动人口、停滞不前的农业生产技术，都会使对农业的投资接近临界质量，并使追加投资的边际生产率和边际收益呈现下降趋势。在这种情况下，由于对农业生产的投资不能使收益有相应递增，它们必然造成农业生产中的投资有效需求不足。其结果，一方面是农业生产由于本身性质不能形成新的投资需求，另一方面由于投资不足，农业生产又只能日复一日、年复一年地在原有技术水平和生产规模的基础上有限地分裂、增殖，缓慢地行进。

手工业生产中占统治地位的传统生产方式是以家庭为单位的个体小手工业生产。他们虽然大多自身拥有必要的生产资料和生产场地，但一般来说其价值十分有限，当他们日复一日从事再生产时，基本上不形成对投资的有效需求。当商品和劳务市场逐渐扩大时，小生产的数量可能会有增加，新的生产单位会随之出现，这时无疑会形成一定数量的投资需求，但囿于小生产单位本身生产规模的狭小以及低技术构成，它们也不可能在总体上具备对投资的足够规模的有效需求。

与生产领域的情况相比较，明清上海地区的流通领域对投资的有效需求似乎更明显些。它们具体地表现在当时随市场贸易的发展，商人资本具有迅速增殖的趋势。由于商人资本的边际产出率一般较高，除了原有商人不断地将积蓄的利润作为追加投资扩大经营外，地主、官宦等其他阶层也多有投资于流通、借贷、典当等行业。这些都说明，由于商业贸易的发展和商人资本利润的丰厚，流通领域存在着较高的资本有效需求，这对于当时资本形成中的流通领域高于生产领域，以及经济增长中商业贸易增长甚于农业、手工业增长具有直接的作用。

4. 制度因素以及传统势力、观念对经济增长的抑制

（1）制度因素对经济增长的影响

所谓制度因素是指国家政权的体制、典章以及政策、法令，以及各级政权机构及其属员对社会经济活动的作用和影响。制度因素对经济增长的抑制首先表现为国家政权，包括各级地方政府通过征发赋役的形式掠走社会总产品中的相当一部分剩余产品，它们削弱了社会生产者的储蓄、积累能力，影响资本形成和经济增长。这在前章已多有论述，这里不再赘述。其次，制度因素对经济增长的抑制还表现在当时的封建制度不仅不能提供一个追求财富增殖，鼓励投资增长以及经济成长的外部环境，反而采用各种有形无形的方式把社会经济纳入适应统治王朝需要并能加以控制的轨道。这同西方社会中世纪晚期封建统治者积极扶持、鼓励商人发展经济形成了鲜明对照。它们集中表现在国家政权某些特定的经济政策上，明清时一度严行的禁海政策即是最好的例证。

明代时，封建政府严行禁海，致使沿海贸易只能以走私形式秘密进行。海船欲往东洋贸易只能先佯装驶往南洋再折返东驶，极大地阻碍了中国商品向海外市场的拓展以及海上贸易商人资本的积聚。清前期的海禁虽然只在康熙二十三年之前严行，但它对上海地区已造成"海禁严切，四民失利"的严重后果。康熙二十四年后，东南沿海虽有四海关之设并与外洋通商，但实际上西方商船一般只能在广州一口贸易，上海与西洋各国通商只能借道闽广转口，这势必极大地阻碍着上海地区的外贸发展，同时也在一定程度上延缓了上海港的建设进程。清前期，广州出口商品的大宗，丝、茶叶、土布等产品的产地一般都离上海较近或者本身就在上海地区，由于国家贸易政策的人为干预，这些出口商品只能舍近就远，翻越崇山峻岭，从内地水陆兼运至广州出口，从而大大增加了运输、交易成本。我们有理由认为，如果当时的上海能得到国家更为开通、开明的商业贸易政策的保护和鼓励，凭借当时上海的手工业生产水平以及优越的港口条件，完全可以占有更为广阔的国外市场，并发展起海运、造船等产业，促进和带动社会经济的增长和发展。

封建国家对经济增长压抑的另一具体表现是国家税收制度。明清时期，封建政府在各商路要津都设有税司榷关，对来往商船征收船料、货税。明代万历、崇祯年间，封建政府为应付财政危机，一度加重税收，对商业贸易的顺畅发展影响极大。明人谢肇淛称其为，"国家于临安、浒墅、淮安、临清、芦沟、崇文门各设有榷关曹郎，而各省之税课司经过者，必抽取焉。至于近来，内使四出，税益加重，爪牙广布，商旅疾首蹙额，几於断绝矣"。[1] 以上海地区而言，万

---

[1] （明）谢肇淛：《五杂俎》卷15《事部三》。

历以前上海棉布贩运国内各地,过芜湖等税关皆享免税之遇,崇祯三年因军费激增,始对贩布征税。自此以后,贩布商贾每经税关则有"漕舰欺凌,各关留难","布税乃稍稍加额,各商仓皇,几至罢市",直接导致了明末上海棉布市场的萧条。

贩商之外的店铺商人,虽然承担封建国家规定的门摊课钞等正税数额并不大,但他们所负担的地方政府各种物料、银钱、差徭的摊派却其为困苦。陈继儒称之为"坐贾也,居货、居停与受廛等诸杂徭冗役亦与齐民等。议门摊则派银,议乡勇则派丁,议增城堞、浚水利则派工食"。[1] 这些苛征索派对商铺的正常营业不啻是极大威胁。

传统制度因素对经济增长的抑制还更多地体现在国家军政机构人员对社会财富的豪取掠夺上。明清王朝为了实现统治都供养了一大批官吏,但是国家政权明文给予各级官员的法定俸禄一般并不丰厚。清前期一个七品知县的年俸仅为白银45两,总督、巡抚等封疆大吏也不过150—180两。所谓"三年清知府,十万雪花银",主要来自对民间百姓的搜刮。如康熙年间新任提督驻守松江,带来千余家丁,每日支用白米、柴炭、油烛、鱼、肉、鸡、鹅、牛、羊、果品之类,件件皆要商贩贱卖,"且当场取货,后日领价,百姓受累之极","需用绸缎、骚帽、布匹等项,动辄要准百,铺行难堪"。[2] 故当时上海地方有民谣云:秀野原来不入城,凤凰飞不到华亭,明星出在东关外,月到云间便不明。说的皆是"故吏兹夫者往往不能廉洁"。如清初郡守李正华"小有才,矫廉饰诈。下车之日,行李萧然,及其归也,方舟不能载",[3] 由此可见一斑。朝廷命官既然放肆搜刮,手下公役、胥吏更是依仗权势,婪索不已。康熙《嘉定县志》记载,"乡民入城廓愚如豕鹿,一逢公役,颜色俱战。况公役什五为群,一哄易集,每见乡民,或因比较欠行杖钱及承牌门面钱,未到者目见其入城,输粮守伺四门,即行搜索,否则候过县前街巷,群拥掌殴,毁衣裂帽"。诸如此类,现存史料中俯拾可见。它们表明,无论是朝廷封疆大吏,抑或不入流之吏书、胥役,依恃超经济权力进行搜刮、勒索已是社会经济生活中司空见惯之事。在这种

---

[1]　(明)陈继儒:《陈眉公先生全集》卷59《布税议》。
[2]　(清)姚廷遴:《历年记》。
[3]　(清)董含:《三冈识略》卷3《谣谶》。

超经济强制力量处处可见,时时发生的制度环境中,社会经济的增长和发展难以具备一种良好的外部环境,不仅新生的生产关系得不到应有的鼓励和保护,[1]即是传统经济中的商业贸易等经济活动也难逃随时可能降临的厄运。传统制度因素对经济增长的压抑由此昭然若揭。

（2）传统习惯势力及其传统观念对经济增长的影响

明清上海地区的经济增长中,社会上传统的习惯势力以及传统观念亦起着不可低估的消极作用。传统的封建习惯势力首先来自国家政权力量以外地方上的各种超经济力量。它们包括地方上豪强缙绅、地痞流氓、棍徒游民的豪取强夺；私牙行霸的欺行霸市、肆意勒索；脚头、伏头、埠头等等的结伙拉帮、强分地段、硬拉商客,横索雇值等等。其中如私牙行霸、脚头、棍徒等辈的横行霸道前面有关章节已多有论述,这里只是再略谈一下他们的劣迹对社会经济生活的影响。

雍正年间,周浦镇举人高廷亮在上知县《严禁恶俗五条》中曾称,该镇地痞流棍伺乡民携柴米等物入市,以代卖为名,搬抢争夺,以多为少,以贵为贱,以致"商民惧惴慄远避,市价腾湧,贫民蒿目",[2]严重阻碍了商业贸易的正常进行。其他如嘉定、宝山、华亭、上海等县,此类以地方豪强为倚靠的无赖之徒的肆意骚扰,都无不使"乡愚、孤客畏之如虎"。其最甚如太仓州双凤镇,四周道路皆为行霸所截,薪米告匮,至粪田之具不达。再如集散蒲鞋著称的茜泾镇,"乡民夫妇穷日夜捆织,惧为白赖攫,欲达蒲鞋场,有伏地蛇行者"。[3]可见地方恶势力对商品流通正常进行的扰害有多大。当然,在以上的超经济掠夺中,那些棍徒、恶少充其量只不过是地方恶势力的出头橼子,其背后的倚靠则是祸害更为凶恶的地方上的豪强恶霸。以当时的行商营贾为例,非得以钱财交结此辈后方可行。明人李卓吾说："商贾挟重赀,冒风涛之险,受辱关吏,忍垢市场,必交结公卿始可收利"。[4]

---

[1] 马克思认为："资本在它的萌芽时期,由于刚刚出世,不能单纯依靠经济关系的力量,还要依靠国家政权的帮助,才能确保自己榨取足够的剩余劳动的权利。"《资本论》第1卷,人民出版社1975年版,第300页。

[2] （清）雍正《分建南汇县志》卷15《风俗》。

[3] （清）乾隆《嘉定县志》卷12《风俗》；（明）崇祯《太仓州志》卷5《流习》。

[4] （明）李绍文：《皇明世说新语》卷7《轻诋》。

与制度因素及其传统习惯势力对经济增长的抑制大多有形地表现出来不一样,传统观念对当时社会经济生活中商品经济因素的消极影响更多的则是潜移默化的无形表见,其巨大的历史惰性及渗透能力即使本身从事商品经济活动的商贾皆在所难免。

传统观念对经济发展的消极影响最主要表现在社会上崇拜自给自足的农业自然经济模式,反对代表经济增长主流的工商活动上。明末清初大思想家顾炎武素以进步闻世,但他在《菇中随笔》中有一句话却十分发人深省,其曰:天下如何太平,只使种田人不买米就得太平。无独有偶,明人张乐在《见闻杂记》中也记载有个名叫张复之的人任官时,"如民有买菜于市者,公怒之,曰:何不自种而食,惰若此,笞而遣之"。很明显,如果把这种观念视为行事准则,那么最理想的社会自然应是万民皆务农,万农皆种粮,哪里还谈得上工商业的增长、发展。清前期,"农为天下之务","虽不使为工者尽归于农,然可免为农者相率而趋于工矣"[1]的阻碍社会分工发展,工商人口增殖的观念仍占统治地位。不少士大夫习惯于指责农民经营经济作物是"以水稻收薄,故为他种以图利,实则伤稼,他种占田多则米出益少"。[2] 他们根本不认识在国内各地经济联系日益加强的条件下,经济作物种植的扩大正是农业区域分工和生产力发展及其经济增长的明显标志。

此外,如前所述,当时的商贾不少受有儒家思想的熏陶、影响,不把商业利润用于扩大经营,而乐善好施、博求名声,以示清高,这种身为资本人格化身,却不具有或较少具有资本的冲动、积累欲望的现象,正是中国传统文化影响下儒贾的基本特点。概而言之,在当时的历史条件下,这些占有正统统治地位的传统思想意识和观念不能不在很大程度上窒息着人们的创造力,束缚着人们的思想和行动,直接、间接地,有形、无形地对经济增长产生各种形式的遏制和消极影响。

综合本节所述,明清时期上海地区的社会经济在其内在规律的作用下,无论农业、手工业还是商业贸易都表现为增长的趋势。在整个经济增长中,起主导作用的不是传统自给性农业经济的扩大,而是以小商品生产和国内大市场商品流通为主要内容的商品经济成分的扩大,其集中表现是市场贸易额的增

---

[1] 《清世宗实录》卷 57。
[2] (清)黄印:《锡金识小录》卷 1《备参上·田土之利》。

长和城镇数量及规模的扩充。然而另一方面,当时的经济增长又是在新生产关系萌芽极为微弱,传统上层建筑极为强大的传统社会母体中进行,它不仅面临影响经济增长的诸项经济因素,如人口增长、自然资源开发、技术进步滞缓以及储蓄、积累、资本形成等等的制约,而且还受到更为强有力的传统制度因素和传统势力、观念的限制和束缚。所有这一切必然使得当时的社会经济一方面出于本能的冲动和发展的惯性,有一股不断向上的增长势头,另一方面它又不得不受到来自内部、外部的种种相反力量的摩擦、碰撞和抵抗,而使增长具有极大的局限性,自始至终只得步履蹒跚、艰难而又缓慢地行进,以至直到西方列强用大炮轰开古老中国大门的前夕,还无力使中国社会的政治、经济结构发生根本性的变化。

(三) 支柱产业对社会经济增长的推动

在明清上海地区社会经济增长中,手工棉纺织以及沙船运输是极具重要意义的支柱产业。这在以前诸章的论述中已经可以得到充分的证明。这两大支柱产业的形成和发展,首先是因为其充分体现了区域的资源禀赋,并具有相当的经济规模;其次是它们已经形成和带动了相应的上下游产业,并形成了相应的产业链;再次是在当时的社会经济中已具有经济增长极的地位和作用,并且最终在很大程度上推动了上海地区经济的增长。

1. 支柱产业对资源禀赋的充分实现

明清时期上海地区的棉花种植推广,其最重要的经济意义在于实现了基于自然禀赋的东棉西稻的地区分工。由于自然地理条件局限,上海东部滨海沿浦高亢斥卤之地植稻艰难,棉花未传入推广前多种菽麦,产量低且价值不如稻米,从而形成东乡农民收益不如西乡,东部不如西部富裕的地域差异。棉花的传入适合东部地区的自然地理条件,既较戽水日艰的水稻栽种省工省时,又比低产、低价的菽麦多有收益,所谓"其利视稻麦为溥"。棉花种植不仅为上海的手工棉纺织就地提供了廉价的原料供应,而且使得东部地区的土地资源禀赋得以充分实现。

手工棉纺织的发展,最重要的一条是将农村、市镇所存在的相对的、隐形剩余人口和剩余劳动时间得以重新利用,某种意义上就是实现了传统经济条件下的某种充分就业,而且这种充分就业又是在离土不离乡、生产和生活结合、自给性生产与商品性生产结合的条件下实现的。这种特定时空条件下的农村、市镇劳动人手的充分就业,使得劳动力禀赋得到了充分实现。

上海的资源禀赋之一是其特有的地理和口岸位置,尽管这一地理口岸条件的最终形成经历了一个与周边口岸此起彼伏、漫长的历史时期。沙船运输最终的集聚上海,不仅标志着上海口岸在江南地区一枝独秀的最终形成,而且进一步促进了上海口岸地位的繁荣和不可撼动地位,使得上海口岸的资源禀赋,在传统社会经济条件下得到了充分的实现,由此决定了上海必然会在中国的经济成长中具有其他任何地方所不可比拟和替代的作用。

2. 上下游产业以及产业链的形成

支柱产业对区域经济发展的推动还表现在其对上下游产业链的形成作用上。明清时期的上海社会经济中,从棉花种植开始,到棉花的卖出和买进;再到家庭的手工棉纺织,到棉布的出售和买卖,再到棉布的染踹行业;以及由此相关的各类商人资本的加入,市镇的兴起,沙船运输,钱庄对沙船贸易的资金融通,揽载牙行、保税牙行的出现和参与等等,由此而形成的上下游产业以及相应的产业链分工极为明确、合理。[1] 其中两大支柱产业之间,本身就存在极为密切和不可分割的联系。所谓"沙船之集上海,实缘布市"[2]说的就正是这样的一种产业关联。再以当时的上海钱庄为例,沙船商人"买卖豆麦花布,皆凭银票往来,或到期转换,或划收银钱"。[3] 凭借钱庄的资金融通,沙

---

[1] 在沙船运输业的产业链中,数以千艘,每艘造价大号白银盈万、中号亦费银数千的沙船制造应该也是一项十分可观的产业。但是在现存的史料以及海内外学者的研究著述中,除了对明代官设船厂,如清江船厂、龙江船厂有所论述外,对于民间沙船的制造论及甚少。《上海沙船》的作者曾经简略提及,"上海的沙船多数在闽、浙等木材产地建造,少数在本地建造。一般由船主鸠工庀材,雇工造船,造后遣散。"(辛元欧:《上海沙船》,上海书店 2004 年版,第 86 页)在现存的资料中,仅在《上海葛氏家谱》中见过生于雍正七年、卒于嘉庆十六年的上海县籍沙船商人葛元祥,在县城外自设船厂建造沙船,名为"葛家厂",行驶关山东,日臻富裕的记载。除此之外,很难觅见有关沙船建造的资料。笔者推测,当时的沙船建造,很可能不是采用产业化的专业造船工厂制造的办法,而是由沙船业主自行采购木料、自行雇佣工匠,择地临时构建造船场地自行建造的办法。《上海王氏家谱》曾记载,道光十二年八月,王文瑞自出资本,建造船号名张原发沙船一艘,工料银共计9388 两(《上海王氏家谱》卷三)。

[2] 《上海县新建黄婆专祠碑》,上海博物馆图书资料室编:《上海碑刻资料选辑》,上海人民出版社 1980 年版,第 45 页。

[3] 《上海县规定拾取庄号往来银票者即行送还听凭照议酬谢毋许争多论少告示碑》,上海博物馆图书资料室编:《上海碑刻资料选辑》,上海人民出版社 1980 年版,第 130 页。

船商人可以在上海购进土布等物贩运北方销售,回程时又运回北方的油饼豆麦,在上海销售后再还请钱庄借款。沙船商人、钱庄商人由此而双双获利。

总而言之,以手工棉纺织以及沙船运输业为中心,两大支柱产业几乎连接起了当时社会中所有的经济产业和环节,这种农业—手工业—贸易—运输—金融上下游产业链的互动和形成,正是推动和奠定明清上海区域经济发展最重要的动力和基石。

3. 支柱产业的经济增长极作用

支柱产业作为经济增长极的首要含义是其具有以前社会经济中所没有的内容。其次,作为经济增长极,其对区域的经济总量以及经济增长,一定具有较大的贡献率。

在棉花种植以及手工棉纺织尚未兴起之前,上海地区农业以水稻、豆麦为主要产业,由于耕地的适应性问题,全部土地的利用效率并不是很高。同时由于没有手工棉纺织,农村家庭的非农产业也只能局限在一般自给有余的副业范畴之中,形不成广泛的市场化非农产业就业机会。

棉花种植的推广以及手工棉纺织的兴起,彻底改变了这种状况。年产值在白银千万两以上的棉花以及棉布生产,不仅使两者成为农业、手工业生产中最重要的支柱产业,而且还成为地区经济总量快速上升的最重要的增长极。这一点,可以从明清上海地区赋税负担中得到印证。早在明中叶,上海地区的农家已经是"俗务纺织,清晨抱布入市,易花、米而归,来旦复抱布出。田家收获,输官偿租外,未卒岁而室已空,其衣食全赖此出"。如前所述,明后期,上海所在的松江府赋役负担总额,总共可达白银124万两或米155万石之巨,即使扣除拖欠等因素,实际赋役负担也在约白银100万两的水平。明代时,松江府大体上有耕地400亩左右,以稻棉所植各半相计,年产稻米大致400万石,合银320万两,年产籽棉1200万斤,合银204万两,加上其他农产品,农业生产总值大致上为600万两左右,而封建赋役的再分配即要分割其中的六分之一。如果没有以农村家庭手工棉纺织为主体的非农产业的存在,社会再生产的延续和发展是很难想象的。

对沙船运输业而言,也是同样的道理。有明一代,上海北有刘河镇,曾称"天下第一码头";南有乍浦、宁波,其中宁波历为朝贡贸易所在,港外双屿岛又是民间走私贸易的聚集之所。因此,明代的上海虽然不能说绝无对外贸易以及海船航行而至,但是作为一个港口,不仅不及宋元之盛,而且其地位也远不如两翼的刘河镇、宁波等港。清康熙年间,上海港虽然已经设有江海大关,但由于沙船业尚未兴盛,港口规模及整个城市的商业贸易都还依然十分有限。但当嘉庆、道光年间沙船鼎盛时期,经历了小杭州、小苏州、小广东之称的上海,已经不只是长江的门户,而且已是当时江南以至东亚最重要的商业贸易中心之一。上海城内,市面繁盛、街巷纵横,两旁店肆比比皆是,陈列的不仅有国内各地的土特产及日用百货,而且还有来自西方的呢绒、羽纱等等。城垣之外,从东门直抵南码头、周家渡数里之内,江岸尽为码头、仓栈所占。近浦之地街巷店肆行号林立,较城内有过之而无不及。时人称之为"民生日盛,生计日繁,金山银穴,区区草县,名震天下"[1]。支柱产业对于上海地区经济发展的增长极作用由此可见。

第二节　上海地区社会经济开发
在全国的地位和作用

（一）经济中心的移动及其规律

在上述讨论的基础上,我们最后再来看明清上海地区社会经济开发在全国的地位和作用。首先我们有必要先考察一下明清上海地区社会经济开发中一个极为重要的现象,即经济中心的移动及其规律。

所谓经济中心,顾名思义无非是一定的经济区域内经济最为发展,最具向心凝聚力的中心点。在我们的研究中,上海地区是一个数千平方公里相对独立的经济区域,由于经济发展的不平衡规律以及城乡分布规律所决定,区域的经济中心不仅存在,而且由于差异和不平衡的作用,先进和落后,中心和非中心又会在一定条件下替代、置换而形成经济中心的移动。明清上海地区的经济中心是上海地区社会经济的枢纽,是经济辐射网络的聚焦点,在当时的条件

---

[1]　(清)曹晟:《觉梦录》。

下,能满足于此的当然只有经济相对繁荣,商业贸易集中的城镇,它们往往又同政治、文化中心不谋而合。

明以前,上海地区东部虽然已初步开发,并在至元年间建有上海县,其县治所在的上海镇也早已成为"华亭东南一雄镇",而且海上贸易的重心也一度从青龙镇东移上海镇。但是总的来说,开发更早的西部地区无论是农业生产,还是商业贸易都在东部之上,特别是西南隅的古华亭县城,即以后的松江府城,更是一府的政治、文化、经济荟萃之所。至元年间,松江府城在城务的商税收入几为上海务的4倍多即是明证。很明显,在这一时期中,府治所在的松江府城暨华亭县城无疑是上海地区的经济中心。

入明之后,上海地区的社会经济较之前代发生了不少变化,但终明一代可以认为上海地区的经济中心仍是西部的松江府城,仅仅在明末才表现出一些东移的倾向。

首先,明代上海地区农业资源的开发利用中、西部地区仍然位居榜首。以土地的肥沃程度以及产出率而言,直至明后期大体上还是"西北皆膏腴列为上,西南为中,东南为上中,东北为下"。[1] 故西部的华亭县与东部的上海县以及万历后新建的青浦县相比,"钱粮土地,华(亭)为最,上(海)次之,青(浦)又次之。即有公事,则华任十之五,上任十之三,青任十之二,百有余年,莫之易矣"。[2]

其次,作为府治、县治所在的松江府城,不仅官员胥吏、缙绅士夫荟萃,其消费和购买能力远在其他城镇市之上,而且其他的手工业、市民人口也最为集中,店铺街肆、百工作坊、集市贸易、行号商贾亦最为繁盛。明中叶时,以松江府城为中心,方圆一二十里之内聚居的常住人口有20万之多,几占当时华亭县人口的一半以上。特别是当时松江府城的西门一带,实为当时上海地区最繁盛的工商业汇聚之处。而同时期的上海县城,虽不乏店铺廛肆、商贾行号,但规模远不如府城之盛。大小东门外的码头仓栈、字号店肆还未隆盛,黄浦之滨只是在近南门入府通衢之处还有一些市面。如当时贮运漕粮的水次仓即在小南门外薛浦口,漕船、货船大多由此出发或溯浦江,或经蒲汇塘汇于府城而

---

[1] (明)范濂:《云间据目抄》卷4《纪赋役》。
[2] (清)叶梦珠:《阅世编》卷3《建设》。

入运河,下秀州塘,上泖浦等等。此正如前引《法华乡志》所述:"上海一隅,本海疆瓯脱之地。有元之时,国家备海寇,始立县治于浦滨,斥卤方升,规模粗具。自明至让清之初,均无所表见。时市肆盛于南城,城之北,荒烟蔓草,青冢白杨,其农户烟村多散处于西、南二境。"

再次,明代时上海地区一些著名大镇很多也集中在以松江府城为中心的西部地区。典型的如朱泾镇,弘治时已有"居民数千家,商贾辐辏"。东部地区虽然也有下沙、新场等大镇,但无论其本身的规模以及辐射覆盖地域都还不如西部诸镇。再说从前述第七章对市镇增长的分析中还可以看到,直至明后期上海地区的城镇分布尚明显的是西密于东。

明代时上海地区的经济重心尚在西部地区,其经济中心尚是松江府城,但与其相对,暂时还未能后来居上的以上海县城为中心的东部地区却蕴藏着日后大发展的某些必要条件。其中,最重要的即是上海县城有着远较松江府城更为有利发展商业贸易的自然地理环境。这一点明代时早已有人察觉。他们认为上海县除了具有华亭县同样的农业生产以外,还有"鱼盐萑苇之利,乘潮汐上下浦射,贵贱贸易,驶疾数十里,如反覆掌。又多能客,贩湖襄、燕赵、齐鲁之区,不数年可致钜产。服食侈靡,华亭殆不及焉"。[1] 但是,有明一代上海地区商业贸易中海运贸易始终未得其畅,以运河为主要水路的内河航运,其主要集散地尚在松江府城,这些都极大地阻碍着上海县城优势的发挥,制约了整个东部地区的经济发展,同时也使上海县城还不能在经济地位上超过松江府城而执整个地区之牛耳。不过到明末时,以上海县城为中心的东部地区与西部的差距已进一步缩小,崇祯年间华亭名士陈继儒已不得不承认,"海上滨东南以比于吴之错壤,虽若孤臣客卿而礼乐衣冠及土毛耕织之利,实与华亭比肩而称兄弟者……今之海上非昔之海上也"。[2]

上海地区经济中心由西向东移动,后起的上海县城取昔日之松江府城而代之,并成为新的经济中心肇始于清初年间。

清康熙二十四年海禁开通,商业贸易中海运既经济又便利,其重要性迅速居于河运之上;傍浦临海的上海县城作为江南海关关署所在地也初具港口规

---

[1]　(明)弘治《上海县志·后序》。
[2]　(明)陈继儒:《陈眉公先生全集》卷12《修上海县志序》。

模;昔日西南隅如金山、漴阙等海口的商贾也因上海县城地理位置优越而"移居沪上",这些都促进了上海地区商业贸易中心由西向东的移动。上海县城傍浦的大小东门外近廓之处,逐渐开辟成热闹繁华的新兴工商区,临浦之处亦尽辟为码头仓栈。乾隆中叶以后,上海港又成为南北海船汇聚之所,南北商贾交易买卖之处。黄浦江上沙船林立,岸傍竟日喧闹,县城外东门、南门一带尽为行号店肆、会馆公所,城内除街巷店铺外,城中心豫园内已建有十多处商人会馆公所,上海县城已完完全全成为当时上海地区的经济中心所在。

同时期的松江府城,清初大兵南下,府城惨遭劫掠焚烧,前明繁华之街肆一度遍地瓦砾,荡然无存。此后,城内外街肆虽有恢复,但如前明这般经济中心的地位已不复存在。其最明显的例子莫如前述棉布加工、集散中心地位的丧失。明代时,松江府城及其附近的枫泾、朱泾等镇即是最大的棉布加工、集散中心,其收购辐射的地域几及整个上海地区。时人称"前明布号、染坊皆在松江、枫泾、朱泾从业"。但自清初起,松江府城昔日的布商字号一路北上迁到苏州,另一路则东进来到上海县城。乾隆年间,松江府城"昔日开张青蓝布号数十家,通商裕课,后有迁移他郡地方,今仅止数号"。[1] 另外,有清一代松江城虽然一直是府治及华亭、娄县县治所在,但雍正以后,向驻太仓、苏州,比府衙更高一级的地方军政机关,苏松太兵备道衙门即一直移驻上海县城,可见即使作为政治中心,松江府城亦已在上海县城之下。最后,再以最能体现经济中心地位的商业贸易而言,至近代前夕上海县城内外已建有商人会馆公所27处,成为整个上海地区名副其实的商贾汇聚交易之所,而松江府城鸦片战争前似乎还未见有商人会馆公所建立。仅此一端足以证明,虽然在行政隶属上,直至近代前夕上海县城仍然只是松江府城所属的一个邑治,但在经济地位上它却已远远超过府城而成为当时上海地区的经济中心所在。嘉道年间上海人曹晟在其所著《觉梦录》中称当时的上海县城"不更出于松城之上乎! 自海禁既开,民生日盛,生计日繁,金山银穴,区区草县,名震天下",还是比较合乎实际情况的。

总而言之,上海县城最终形成为上海地区的经济中心是近代以前本国、本

---

[1] 《松江府为禁苏郡布商冒立字号招牌告示碑》,上海博物馆图书资料室编:《上海碑刻资料选辑》,上海人民出版社1980年版,第86页。

地区经济开发的自然结果,是在没有任何外部世界力量干涉下的自然历史过程。在下面的分析中,我们还可以进一步看到,近代以前的上海县城不仅仅只是上海地区的经济中心,而且在江南地区以至全国都还具有更重要的地位和发挥着更重要的作用。

（二）明代上海地区在全国的地位和作用

1. 明代上海地区植棉业及手工棉纺织业的地位

明代上海地区社会经济开发的重要内容之一是植棉业以及手工棉纺织业的兴起和发展,它们在当时的国内具有重要的地位和作用。

明代时,江南地区的农业生产在前代的基础上,农作物的区域性分工趋势渐加明朗。至迟在明中叶,大体上已形成粮作区、蚕桑区以及棉作区的基本分布格局。其中,粮作区主要是太湖流域北侧的无锡、常州以及上海地区西部的淀泖等地;蚕桑区主要是太湖南侧的湖州、嘉兴地区;而以上海地区为主的古冈身外侧地带则形成了主要的植棉区。明中叶弘治之前,这一植棉区基本上还只局限在上海地区之内,北翼仅有常熟等沿海亢地稍有种植,南翼也仅仅只是嘉善、余姚略有种植,数量都较有限,大部分仅为农家自用而已。正德嘉靖以后,植棉区域开始向北拓展,历来"地宜菽麦"的太仓州地面也在近古冈身一带种植棉花,而常熟县近海之处的西北部农人也已是岁计仰赖棉花。[1] 但即使如此,直至明末,江南的植棉带基本上仍然是以上海地区为中心,北不逾常熟,西不过太湖,南止于嘉、宁。其中,除了太仓以及常熟一部分外,时属苏州、松江两府的崇明、嘉定、上海三县始终是江南最主要的植棉区域,无论是棉田数量、棉产量都雄踞江南之首。庞大的棉产量不仅充分满足本地区手工棉纺织的需要,而且还源源不断地供应江南邻近的其他地区之需。其在江南地区植棉业中的首要地位及其对江南地区农作物区域形成所起的重要作用不言自明。

明代棉花种植在全国已较为普遍,有学者检索方志,当时全国已有1/4—1/3的县有棉花出产,但他们的发展水平极不均衡,除少数区域外,绝大部分

---

[1]　参见(明)弘治《太仓州志》卷1《山川》;(明)崇祯《太仓州志》卷1《冈》;(明)嘉靖《常熟县志》卷4《物产志》。

地方是农户为应自身所需的少量种植。棉产较丰，并有商品性输出的仅为山东东昌等府，河南开封、南阳等地，而且除河南南阳外，大部分记载还多在明后期嘉万年间。这说明这些地方植棉的传入和发展一般来讲不会早于上海地区，而且这些地方的棉花进入国内市场并不是由于本地手工棉纺织消化不了所产原棉，而恰恰是因为这些地方的手工棉纺织本身不发展，而且以棉花的输出数量以及行销距离而言，也都无法与上海地区匹敌。

相比植棉，明代上海地区的手工棉纺织无论是生产技术、产品质量、市场价格以及产品数量等方面，更是在国内独占鳌头，首屈一指。以生产技术而言，上海地区不仅至迟在明后期已出现了三锭纺车这一先进纺具，而且即以广泛使用的单锭纺车而论，由于劳动者技能和熟练程度较高，其劳动生产率也高于国内其他地区。当时国内纺纱一般最多是"四日而得一斤"，每天大约4两左右，有些地方还更低一些，"一妇每日纺棉三两，月可得布二匹"。[1] 而在上海地区，一般的农村妇女每天纺纱大致上可以达到4—5两，从整棉、纺纱到织成布匹大约7天可成一匹。

以产品质量论之，明代时上海地区所产棉布被称为松江布，享誉海内外。其他产地的棉布，质量优劣与否，均与松江布相比较而论。如河北省肃宁，明后期产布较盛，其上品虽称细密，但也仅能"与松之中品埒矣"；河南鄢陵"木棉纺织，极细者颇亚于松"；湖广常德虽有棉布，但质地粗疏，"价十铢，不及江南梭布之一"，等等。而上海地区所产的上等棉布如三梭布、紫花布等不仅有被用于皇帝内衣料的，而且在国内市场享有极高声望，直至终明之世国内还未曾有任何一个地方所产的棉布能超越其上。

其他如产品数量、市场价格以及销地广阔方面，我们在第三、四章中已多有论述。当时国内除上海地区外，稍具规模的棉布产地，江南仅有上海地区南北延伸的常熟以及太仓州、昆山县和嘉兴府的一部分地区。如常熟地方"高乡皆种棉花，工纺织，为布贸之，以资生业"，而"至于货布，用之邑者有限，而捆载舟输行贾于齐鲁之境常什六"。至于其他地方，除北直隶明后期肃宁等县产布较盛外，基本上还无较具规模的棉布生产区域。而上海棉布的足迹已

---

[1] （明）王象晋：《群芳谱·棉谱小序》；（明）钟化民：《赈豫纪略·救荒图说》。

北至九边,南到闽广,西抵川黔,行销甚广,其生产地位的重要性由此可见一斑。

明代上海地区手工棉纺织生产的地位不仅表现在产品的数量、质量以及广阔的市场上,而且还表现在棉纺织生产技术的输出、推广上。[1] 其近者如第二章所述,江南棉业皆源自上海乌泥泾,"三百里内外悉习其事"。其远者如万历《镇江府志》记载,镇江本无棉纺织,"成化丙午,郡守博兴熊佑移文吴淞关,请松人男妇精纺织者来润教民纺织。今土人有传其艺者,所织之布,亦颇纤细"。李绍文《云间人物志》亦载,华亭人陈约庵,举成化庚子乡荐,初任陕州学正,后擢荆州府倅,"荆民不善耕艺,公募松人往,教之耕织"。其他如两淮、河北等地手工棉纺织的兴起,都同上海地区的技术输出有直接联系。即连前述肃宁县棉纺织之所以兴盛,据说也是上海士大夫在该地任官时推广教习的结果。可以说,明代棉布生产在全国范围的推广,上海地区实在是扮演了一个十分重要的角色。直至明末,它仍旧在全国的植棉、纺织业中起着举足轻重的作用。

2. 明代上海地区在国内商品经济发展中的地位和作用

明代是近古中国社会商品经济发生显著变化的时代。商品经济发展的直接结果之一是在国内不同地区形成了一些较前朝更为繁华的工商业都会,它们不同程度地成为全国以及区域范围内社会经济的中心。如明万历年间有人称:"今之所谓都会者,则大之而为两京、江浙闽广诸省,次之而为苏、松、淮、扬诸府,临清、济宁诸州,仪真、芜湖诸县,瓜州、景德诸镇。"[2] 由此看来,上海地区的松江府城不仅已是当时地区的经济中心,而且已排名国内二等都会之列。

明代时国内社会经济最为发展和富庶的地区当推江南。以松江府城为中心的上海地区虽然已成为当时国内最主要的棉、布生产基地,但松江府城在国内的地位和作用暂时还不如南翼的杭州和北翼的苏州。"江南名郡,苏、杭并称"的说法有明一代广为称颂。特别是苏州,自先秦周敬王六年筑城以来,唐

---

[1]　海外有研究者认为,除闽广及新疆、秦晋外,内地棉业的推广都是上海地区传播的结果。参见赵冈等:《中国棉业史》,台北联经出版事业公司1983年版。

[2]　(明)万历《歙志》卷10《货殖传》。

代时享有运河舟楫之利，城已南北 12 里，东西 9 里，周 34 里余，郡廓 300 余巷；宋代时已有"风物雄丽，为东南之冠"之称。入明后，苏州作为江南的经济中心久盛不衰，洪武时已称"吴中自昔号繁盛，四郊无旷土"。至明后期更是"凡南北舟车，外洋商贩，莫不毕集于此。居民稠密，街弄逼隘，客人一到，行人几不能掉臂。其各省大贾，自为居停，亦曰会馆，极壮丽之观"。[1] 相比之下，上海地区的松江府城自然逊色得多，其元末由张士诚据吴时所筑府城，城周不过 9 里 273 步，其西门外虽然也有"水道陆衢，廛市殷阗"之称，但与苏州阊门外相比，似乎还略逊一筹。这一点连当时的文人士子也直认不讳，弘治《上海县志》称："今天下名郡称苏，松之属邑才二：曰华亭、曰上海。"嘉靖时上海名士何良俊也认为，元代时浙西诸郡皆为战场，而松江稍僻，"峰泖之间以及海上皆可避兵，故四方名流汇萃"，但入明后，特别是嘉靖间遭倭乱后"萧索之甚，较之苏州，盖十不逮一矣"。[2]

明代时，上海地区以及作为其经济中心的松江府城在国内商品流通以及社会经济发展中的地位和作用尚居于苏州之下还表现在，明代时苏州的习俗风尚，消费倾向等不仅强烈地影响着国内其他地区，而且也在很大程度上左右着上海地区。明人王士性说："姑苏人聪慧好古，亦善仿古法为之。书画之临摹，鼎彝之冶泽，能令真赝不辨。又善操海内上下进退之权，苏人以为雅者，则四方随而雅之，俗者则随而俗之……海内僻远皆效尤之。"[3] 毗邻苏州的松江地方虽然自明中叶后也是"日新月异，自俭入奢"，但终明之世还只能是步苏州之后尘，"松江近日有一谚语，盖指年来风俗之薄，大率起于苏州，波及松江，二郡接壤，习气近也"，即是最好的说明。而当时的上海县城虽然也已渐趋繁盛，但所获得的称誉也还只不过是"小苏州"而已。

3. 明代上海地区对封建国家的财政贡献

前文已对明清上海地区的封建赋役作了系统考察，从中可见上海地区沉重的贡赋差徭在当时大一统帝国的财政收入中占有极为重要的地位。我们所研究的上海地区，明代时属于松江府和苏州府的一部分，正是这当时闻名全国

---

[1] （清）纳兰常安：《宦游笔记》卷 18。

[2] （明）何良俊：《四友斋丛说》卷 16《史十二》。

[3] （明）王士性：《广志绎》卷 2《两都》。

的苏松地区所负担的赋税是全国最高的。明人丘浚在其所著《大学衍义补》中说得很清楚：

> 韩愈谓赋出天下，而江南居十九。以今观之，浙东、西又据江南十九，而苏、松、常、嘉、湖五府又居两浙十九也。考洪武中，天下夏税秋粮以石计者，总二千九百四十三万余，而浙江布政司二百七十五万二千余，苏州府二百八十万九千余，松江府一百二十万九千余，常州府五十三万二千余。是此一藩三府之地，其田租比天下为重，其粮额比天下为多。今国家都燕，岁漕江南米四百余万石以实京师。而此五府者，几居江西、湖广、南直隶之半。臣窃以苏州一府计之，以准其余。苏州一府七县，其垦田九万六千五百六顷，居天下八百四十九万六千余顷四数之中；而出二百八十万九千石税粮，于天下二千九百四十余万石岁额之内。其科征之重，民力之竭，可知也已。

明代时上海地区对国家的税粮贡赋不仅绝对数额庞大，更主要的是无论按在册额田或者在册人口的平均贡纳数都远远高于全国其他地区或全国平均水平。见表9-4。

表9-4　明洪武二十六年全国各地区税粮负担比较

地　区	税粮（石）	田地（亩）	亩均税粮（石）	人　口	人均税粮（石）
苏州府	2810490	9850671	0.2853	2355030	1.193
松江府	1219896	5132290＊＊	0.2377	1219937	0.990
南直隶府州＊	3204434	111944491	0.0286	7180871	0.446
北直隶府州	1170520	58249951	0.0201	1926595	0.607
十三布政使司	21037010	665584965	0.0316	47863279	0.439
合　计	29442350	850762368	0.0346	60545712	0.486

说明：＊苏州、松江两府本属南直隶，为便于比较，此处南直隶数字未包括苏松两府。
＊＊此处松江府田额数与前述所引方志记载数不合，为求此表口径一致，故未作调整。

资料来源：梁方仲：《中国历代户口、田地、田赋统计》，上海人民出版社1980年版，第203—204、346—347页。

从上表可以看出，明代时上海按人口平均计算的对朝廷的税粮贡献要比国内其他地区或全国平均水平高出1—1.5倍，而按在册田地计算的每亩平均税粮贡献竟然要高于国内其他地区近10倍。它表明当时的上海地区在国家的财政收入中占有特殊重要的地位。

上海地区由于税粮贡献巨大，因此其中除了少部分留存本地供应地方官员和驻军俸饷外，绝大部分都以实物或折色的形式远道运输至南京或者北方各地，充作京师百官、公侯的禄米，军官士兵的饷粮以及内廷的食米等等。所有这些对于维持传统国家机器的正常运转都是必不可少的。嘉靖年间大学士徐阶曾经断言："华亭之财力诎矣。苟不加恤，后数年必困。国家之忧将于在是耳。予亦尝妄谓：今西北之食仰给东南，东南困则变生乎其间，而西北不可得食，然后大乱。故国家之忧必始于东南，成于西北。"[1]

此外，上海地区明代时由于税粮负担极为沉重，宣德年间江南巡抚周忱实行赋役改革时，全面推行田赋折收银两或布匹的办法，对有明一代直至以后国家赋税以实物征收向货币征收的转变起了重要的作用。

中国历史上的田赋折收货币虽说早就出现。明代洪武、永乐两朝也已有折银征赋之事。但这些征银或折银办法一般实行都不普遍，也不长久。而宣德年间上海地区的赋税折银不仅有一套行之有效的固定折例和实施办法，而且还得到中央政府的许可，成为永久性的制度而延续下来。在上海地区的影响下，浙江、江西、湖广、福建、广东、广西等地，不久也相继将赋税征收的实物逐渐改收银两，总数达100余万两。以后更进一步概行天下，除漕粮仍征实物外，其他税粮折银征收，以为永例。由此可见，明代上海及其江南地区因赋税过重而全面实施的赋税折银，不仅使国家和皇帝内库从此开始能在财政收入中获得稳定、大宗的现银收入，而且还成为明代货币赋税制度建立的开端。它们对国家财政赋税的贡献无疑是十分重要的。

（三）清前期上海地区在全国的地位和作用

在第二、三两章中，笔者已经详论了清前期上海地区植棉以及手工棉纺织

---

[1] （明）徐阶：《世经堂集》卷14《华亭县题名记》。

业的状况。它们表明,清前期上海地区的棉、纺织业虽然在生产技术以及劳动生产率等方面较之明代并无显著长进,但从总的从业人数、生产规模以及产量上都呈现增长趋势,不过以其在全国的地位而论,由于国内其他棉、布产区的日益崛起反而有下落之势。

　　清前期国内其他棉、布产区的崛起和发展首先表现在江南植棉及棉纺织地带的扩大。以上海地区南翼而论,康熙、乾隆年间不仅毗邻的浙江海盐、乍浦、余姚一带沿海高亢之地植棉甚广,[1]而且钱塘江流域的杭州府棉产也愈益兴盛。杭州府康熙时据载棉布还仅是"出海宁长安、硖石及仁和、笕桥为多";而到乾隆时已发展到"数十年来遍莳棉花,其获颇稔"。[2]上海地区的北翼以及西侧,植棉业和手工棉纺织也较前代更为发展。太仓州以及镇洋县、常熟县、昭文县以及更近长江的江阴县,棉花都成为超过水稻的大宗经济作物。上述植棉区外,著名的如无锡、金匮,市镇间布庄连比,"女红最勤纺织,上者重厚细密,次于标布,衣被之利极广"。无锡县城每年集散大量棉布,已有"布码头"之称。其他如传统蚕桑区的苏州、嘉兴、湖州等地,小商品生产性质的家庭手工棉纺织生产也有扩大之势。如苏州元和县唯亭镇东多有布庄,"各处商贩及阊门字号、店庄皆坐庄收买";嘉兴新丰镇亦有布商开庄收卖棉布;而湖州乌程县的南浔镇,乡民更是多用从上海等地采买的棉花,纺纱织布后销至徽南等地。

　　江南以外,国内沿海其他地区如江北之通州、海门、如皋一带,清前期无论棉业、手工棉纺织业都日臻发展。其所产棉、布不仅满足本地所需,而且还有相当部分行销国内市场。所产棉花供应江南常熟、无锡外,还远销闽广等地;而棉布则主要销往山东、关外等地。

　　其他地方如湖广、河南,清前期棉业、纺织业也饶有长进。湖广主要棉纺织产区汉阳、孝感、咸宁、巴陵等处所产棉布亦多有外销,其中咸宁大布还贩至广州,甚至可与松江梭布齐名。明时上海棉布主要销售地的山陕地区,相当一

---

　　[1]　(清)道光《乍浦备志》卷9《土产》:"自乍城东三里之牛桥镇而东稍北直抵江南金山卫界,其间田荡之种棉花者十几三四,约足供数万户纺织之资,纺织所出布匹约可衣被百万人。"(清)光绪《余姚县志》卷6《物产》:"案乾隆时……姚邑北乡沿海百四十余里,皆植木棉。每至秋收,贾集如云,东通闽粤,西达吴楚,其息岁以百万计。邑民资是以生者十之六七。"
　　[2]　(清)康熙《杭州府志》卷6《物产》;(清)乾隆《杭州府志》卷53《物产》。

部分市场亦为湖广、河南所占。所谓"绸帛资于江浙，花、布来自楚豫"即是明证。

再如河北，明代时一直是上海棉布的主要销地。但自前述肃宁等地棉纺织兴起后，"织布埒松之中品"，清前期植棉、纺织都有扩大之势。乾隆时，保定、正定、冀、赵、深、定诸郡邑所出布匹已经是大多精好。

除了以上这些较为集中的棉、布产区外，其他如江西、四川、云贵、山陕、两淮、关外等地，零星的自给性植棉以及棉纺织也在不断增加。有人曾作过粗略的估计，认为清前期国内能有长距离运销的产布区至少已有十路，无疑较明代已大为扩充。[1] 这些新兴产布区的出现和发展，再加上其他零星自给性的生产的增加，都必然造成国内市场对上海棉布依赖的减弱，使得上海棉布国内销售市场的扩大受到很大程度的遏制，它不仅直接关系到上海地区本身棉纺织的发展，同时也影响着上海地区棉纺织业在全国的地位和作用。此正如《上海县志》所称："今关陕诸郡艺吉贝者所在皆是，故常摅度以后此松之布无所泄。"

当然，清前期上海地区棉业、纺织业地位的变化，只是说它再也难以如同明代那样成为国内唯一的主要棉纺织产区。若以手工棉纺织的产出数量、质量以及在国内棉布市场中的影响，仍然是屈指可数。直到近代前夕，棉花它处虽有，"然土地之宜，种植之勤，纺织之精，运售之广，吾邑（上海县）独甲于天下"之类的记载仍广见于史籍。上海地区棉业、纺织业在全国的地位和作用仍然是国内其他地区无法替代的。

与棉纺织地位的变化不同，清前期上海地区不仅城乡一体的商业贸易持续增长，在繁华富庶的江南以及全国都占有重要地位，而且上海县城作为长江三角洲以至全国的重要商业贸易集散地和转口港，地位日益突出，在国内的商业贸易中正发挥着日益巨大的作用。虽然当时的上海县城以其本身规制而言也许暂时还不及毗邻的苏州、杭州，甚至宁波等传统城市，但它所孕育的巨大潜力却预示着终有一天它会成为中国首屈一指的工商业中心。

清前期上海地区城乡一体商业贸易的发展并且在全国以及江南的领先地

---

[1] 吴承明：《论清代前期我国国内市场》，《历史研究》1983 年第 1 期。

位,首先从当时上海地区与江南其他地方镇市数量的比较中可见一斑。如第七章所述,清前期的上海地区,除了东、西两地最主要的经济中心上海县城及其松江府城之外,还有嘉定、宝山、青浦、南汇、川沙、奉贤、金山、崇明等 8 座县城。除此之外,当时 10 县、1 厅 6000 余平方公里的辖境中还星罗棋布般地分布着数百个大小市镇。雍正年间至少已达 194 个,平均每县近 20 个;至清中叶嘉道年间,县城以外的镇市已多达 295 个,平均每县可分摊 26.8 个。其中,如周浦、朱泾、南翔、江湾等巨镇,规模远过内地小邑城。和上海地区相比,时称江南最为繁庶的苏州府,乾隆年间所辖 9 县仅有市镇 93 个,平均每县仅为 10 个多一些。曾与苏州齐名,历史上曾为帝都所在的杭州府,康熙年间所辖钱塘等 8 县仅有镇市 44 处,其中于潜一县居然尚无镇市记载。其他如棉业甚发达的太仓州,嘉庆年间也仅有镇市 12 个。清前期江南地区属县辖境大多相差不大,上海地区所辖 10 县、1 厅,除崇明之外,县境可能还更为狭促。因此,从上所述可以看出,清前期上海地区的镇市分布即使在当时人口最为稠密,经济开发最为充分,市镇数量最多的江南地区也是密度最高而堪称第一。它从一个侧面反映了上海地区商业贸易的发展以及广大农民日益卷入商品市场的深、广程度。

清前期上海地区商品经济的发展以及在江南和国内的地位还可以从当时牙行、典铺的数量比较上得到一些说明。如第五章所述,清乾隆年间上海地区华亭等 10 县估计已有牙行 3000 余户,平均每县 329.7 户。其中最多的上海县高达 515 户。同时期,华亭、上海等 8 县有典铺 195 处,平均每县有 24 户。当时的江南地区,牙行、典铺多于上海的仅有苏州一地。乾隆年间,苏州府长洲等 9 县共有牙行 4509 户,典铺 489 处,平均每县有牙行 501 户,典铺 54 处。这说明在当时的国内商业贸易以及市场消费中,苏州的地位似乎还在上海地区之上。而苏州之外的江南其他府州,从事商业贸易以及典质借贷的牙行、典铺数量似乎都还不如上海地区。如社会经济不算落后的嘉善县,嘉庆年间仅有牙行 150 户,典铺 12 处;余姚县乾隆年间牙行虽多也仅 179 户,典铺仅有 13 处。而江南以外国内其他地区,此类牙行、典铺数量更少。如山东沿海,清前期并不算闭塞,而其濒海之海阳、栖霞等县,有的通县当铺不足 10 家,甚而仅为寥寥两三家。通过以上的数量比较,我们更可以从一个侧面看出上海地区当时的经济发展水平以及在国内商品经济发展中所处的地位。

　　清前期上海地区商业贸易发展及其在国内的地位还突出地表现在上海县城作为国内贸易港口和商业都会的地位升迁上。清前期的上海县城自康熙中叶开禁通海,设立江海关以来,沿海贸易日臻发达。乾隆以后随着北翼刘河镇日渐淤塞,南北洋海船鳞次栉比,舳舻尾衔;各路商贾云集,终成江南第一大港。当时的上海县城虽然聚集的城市人口,以及城垣的规制、城郭的面积都还不如江南的苏州城、杭州城和宁波城,而同东南沿海直接与西方商人贸易的广州相比,似乎更是相形见绌。以当时东南沿海所设江、浙、闽、粤四海关而言,无论是最初所定各关正额,还是以后追加的盈余数目,以及历年实际所收关税税额,上海的江海大关似乎一直处于四关之尾闾。但实际上,当时清廷对各地海关并无划定统一税则。粤、闽海关关税最重,无名陋规勒索甚巨,浙海关居其次,而江海关税则最轻。因此若以当时四海关各自关税额互比,并不能完全说明它们各自在国内贸易中的真正地位。而如第六章所述,从大量的中外史料记载来看,近代前夕的上海县城,已南连闽广以至东南亚各国,北接关外、津沽、山东、两淮,背靠广阔的江南、华中、华南腹地,不仅已是江南地区最重要的贸易海口,而且业已成为整个长江流域广大腹地的门户,南北洋沿海贸易以及沿海、腹地贸易的唯一枢纽和汇聚中心。尽管由于历史条件以及制度环境的制约,上海的国外贸易还无法与广州匹敌,本身的城市消费市场可能还不及苏州。但由于上海优越的地理位置以及本身社会经济的开发,我们完全有理由认为,如果没有西方列强的入侵,凭借国内自身的社会经济条件,上海同样有可能成为中国最大的海港城市和工商业经济中心。西方资本主义的入侵只是利用了上海已有的发展并且加速了这一进程,使上海的社会经济日益从传统的开发走向近代化的开放。

一、上海地区示意图

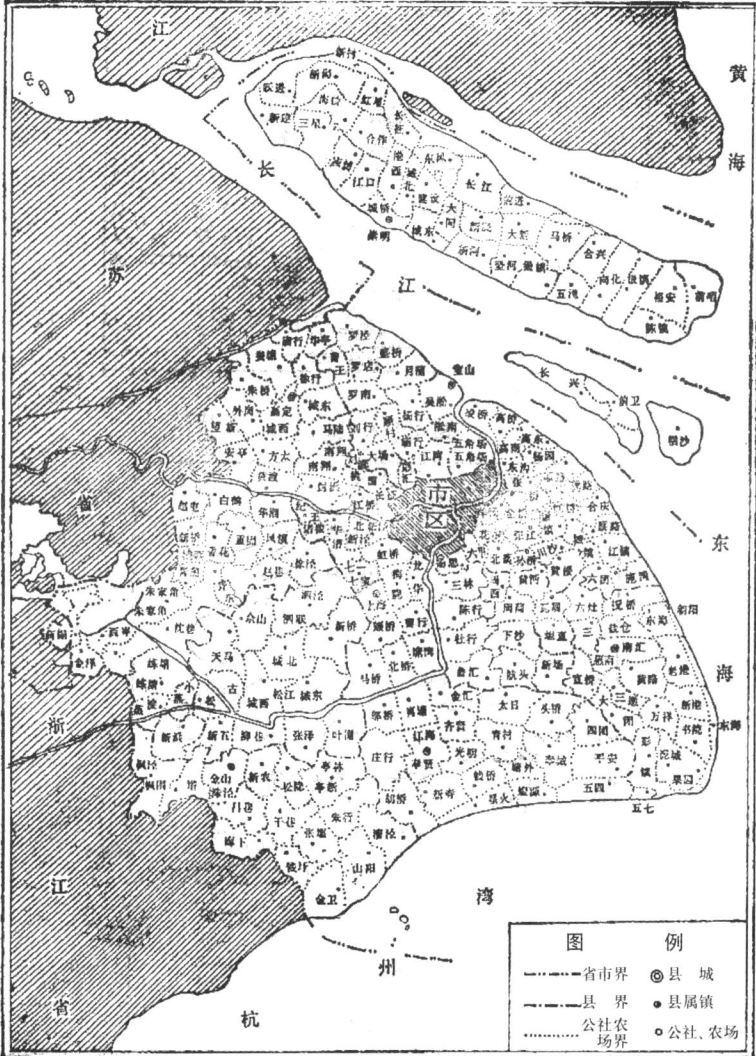

图　例	
－··－··－ 省市界	◎ 县　城
－·－·－ 县　界	● 县属镇
········· 公社农场界	○ 公社、农场

二、上海地区古海塘分布示意图

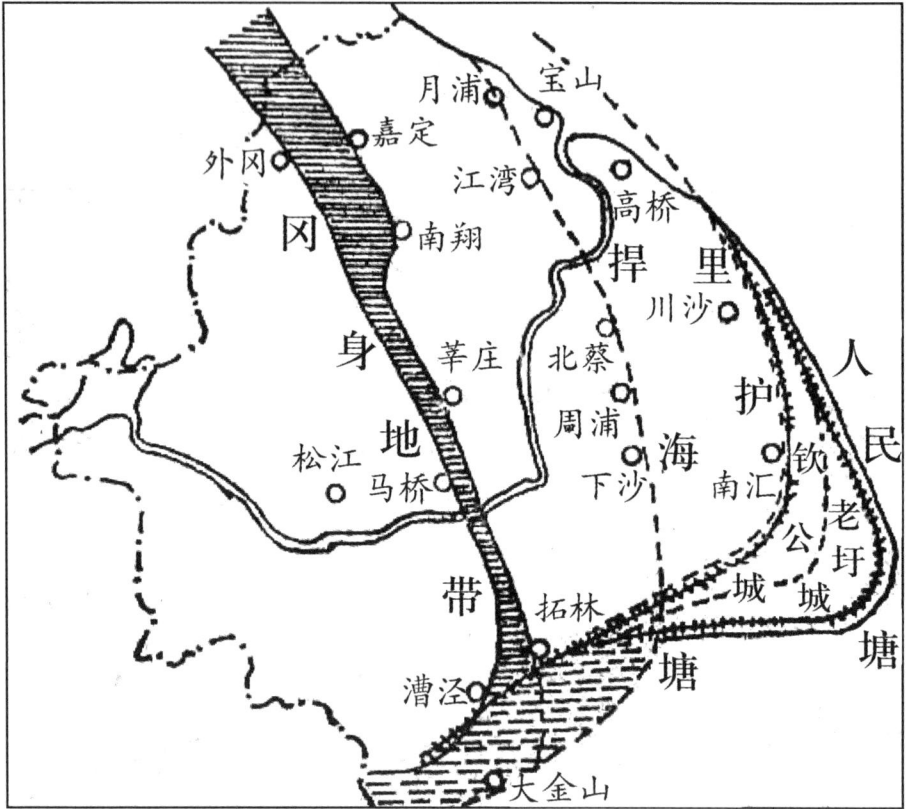

三、上海地区地形分区图

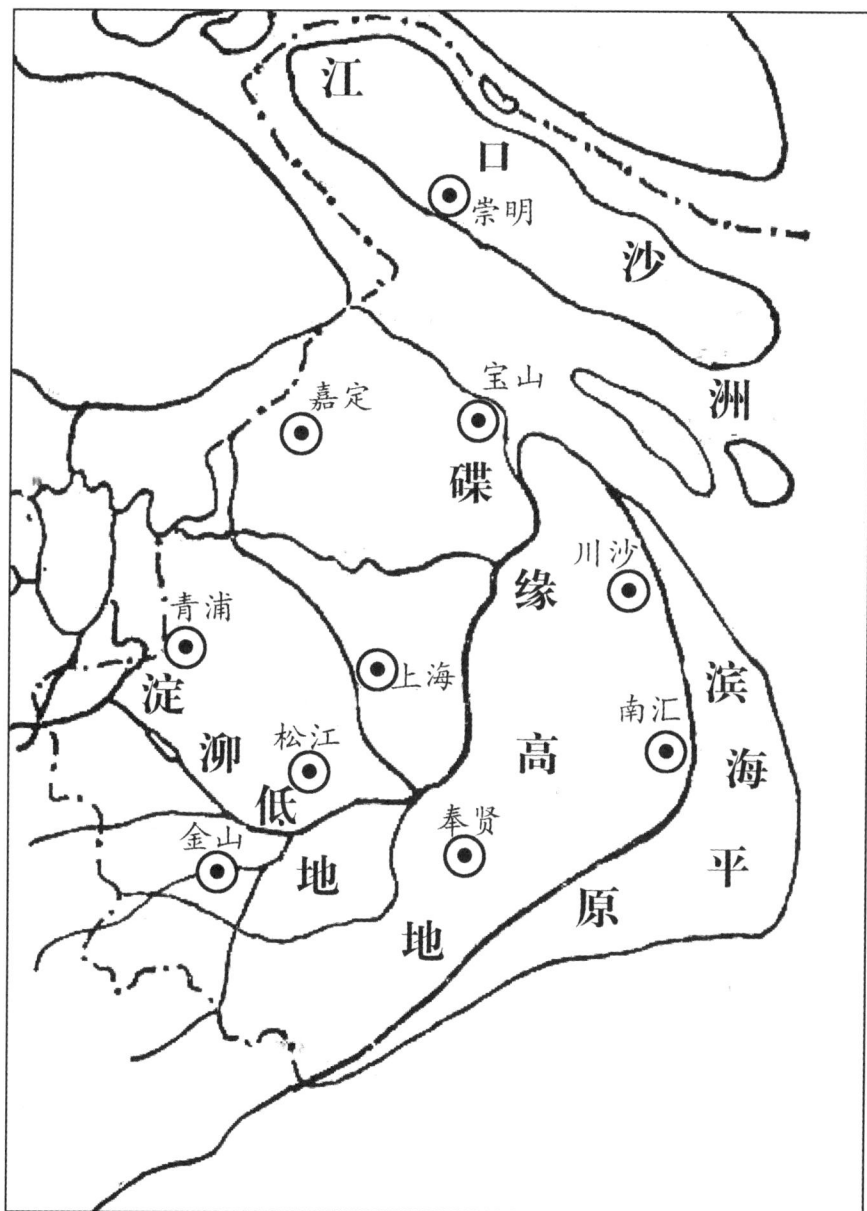

单位：亩

年代	华亭县①	嘉定县	上海县	青浦县	崇明县	金山县	娄县	南汇县	宝山县	奉贤县	川沙厅
元至元间	2433188		2139073②		75736						
明洪武二十四年	2554296	1595790	2206204		724600						
永乐十年	2550471	1556839	2110809								
宣德年间	2550990	1594349	2137829								
正统七年	2551681	1596204③	2147456		757420						
成化八年	2558400	1605241④	2154778								
弘治十五年	2560722	1463055	2156257	615360	832444⑤	35280⑥					
万历三十二年	2195239⑦		1562081	811661	1332217		860187				
清顺治年间	1955522	1287215	1485082	811661	1100481						
康熙末年		1274682		811661	1105230						
雍正四年	549734	645463	774966	737320⑧		372098⑨	459353	707754	629219	524865⑩	
乾隆七年	543924	645345⑪	770181	820593	1790803	375970	478019	707340	575639	531185	
乾隆六十年	520459	645154⑫	750355	701786	1690084	371485	457765	701080	569813	523667	
嘉庆十五年	535771	645076	689451	701968		370786	450127	653384	567528	523713	105083
道光十年	534977	645076	684972					657017⑬			

资料来源：上海地区各时期地方志有关记载。①②为至正十五年数字；③为正统十四年数；④为成化二十三年数；⑤⑥为正德五年数，包括当时分出后来又并入青浦的福泉县；⑦为万历二年数；⑧为雍正十三年数；⑨⑩为雍正十三年数字；⑪为乾隆十五年数；⑫为乾隆十六年数字；⑬为道光元年数字。

五、唐末至清上海地区分县在册人口统计

年代	华亭县 户	华亭县 口	嘉定县 户	嘉定县 口	上海县 户	上海县 口	青浦县 户	青浦县 口	崇明县 户	崇明县 口	金山县 户	金山县 口
唐末宋初	54941	1113143										
宋元丰年间	97753	212417		338552								
元至元中	120000		69425						12789			
至元二十七年	163936	888051	95795	373755	6400①							
至正中	97786				72502				2786			
明洪武二十四年	122810	561863	98999	443813	114326	532803			14320	86842		
永乐十年	113845	447069	100118	390940	100924	378428						
宣德七年	109891	396931	93808	330760	100358	330498						
正统七年	100500	437863	96446	385374	100984	319970			14746	87665		
成化末	117730	395168	99255	309375	92789	261145					9784	14968
弘治十五年	111214	322386	91372	310952	93023	260821			15917②	70385	9378③	10436
嘉靖元年			92028	294643	94109	253013			9900④	30847	11336⑤	11048
万历年间	127147		91990	270187	113985⑥	192967	37071			23723		
清顺治中	49916		73616		81961		31525		27100			
康熙末			81336		86725				89300			
雍正五年		293542	44718		46784						24520	
乾隆中		302529⑧			48209			546239	92010	642743		
嘉庆十八年			106567	436466		528442						391124⑬

年代	娄县 户	娄县 口	南汇县 户	南汇县 口	宝山县 户	宝山县 口	奉贤县 户	奉贤县 口	川沙厅 户	川沙厅 口	总计 户	总计 口
唐末末初												
宋元丰年间												
元至元中												
至元二十七年												
至正中												
明洪武二十四年											350455	1625321
永乐十年												
宣德七年												
正统七年											322460	1253240⑭
成化末												
弘治十五年												
嘉靖元年												
万历年间												
清顺治中	44406											
康熙末	29113⑦				31934							
雍正五年			45474		36618							
乾隆中		248871	90684	448338	74738	256861	29855		20865	99964		
嘉庆十八年		263920⑫	416497		85241⑨	277929		261898⑪		114595⑩		418382⑮

资料来源：上海地区各时期地方志。①为大德六年数字；②为正德五年数字；③为弘治十八年数字；④为嘉靖四年数；⑤为正德十年数字；⑥为隆庆六年数字；⑦为康熙二十二年数字；⑧为嘉庆二十一年数字；⑨为乾隆六十年数字；⑩为道光十五年数字；⑪为同治二年数字；⑫为嘉庆十五年数字；⑬包括成化末全山卫人口；⑭青浦县崇明县为乾隆中叶数。

六、明清上海地区城镇统计

序号	级类	名称	地理位置	兴起年代	市况盛衰	备注
1	一级城	松江府城	今松江县城旧址	唐	宋时城周160丈，明重筑周9里173步。明前期市肆行坊渐向四廓扩展，明末有增无已，西门尤盛。入清后盛势稍减	同为华亭县城，清后又为娄县城
2	五级市	青龙镇*	上海县城西七十里	唐	唐宋时海舶辐辏，人号小杭州。明初鞠为茂草。乾隆后仅存集市	又名龙江镇，通惠镇
3	一级城	上海县城	今上海市南市区人民路、中华路以内	宋	嘉靖中筑城，周9里。明万历，四方辐辏，有小苏州之称，城、郊户4万。清康乾后南北海船汇聚，有小广东之称	
4	四级镇	吴会镇	上海县城西南七十二里	宋	宋有酒库	本称吴汇
5	三级镇	下沙镇	上海县城东南六十里	宋	明中叶起多巧工，精刺绣、木梳、交椅之类。清雍正、乾隆时，东西2里，南北半里，居民二、三百家	镇近海故名下沙，又名鹤沙
6	二级城	嘉定县城	今嘉定县城旧址	宋末	明代城周2266丈。清前期四门外交易尤盛	南宋嘉定12年后依练祁市原址筑为嘉定县城
7	三级城	崇明县城	崇明岛	唐宋	至元14年始筑土城，不久坍海北迁。至明末历五迁	

序号	级类	名称	地理位置	兴起年代	市况盛衰	备注
8	一级镇	江湾镇	嘉定县城东南六十里	南宋	明中叶东西三里，南北一里。嘉靖倭乱，市肆荡然。清初复苏，大小商铺三百余家。乾隆时东西五里，南北一里	因松江屈曲入虬江得名
9	四级镇	钱门塘市	嘉定县城西北二十二里	南宋	南宋时人居稠密，商贾贸易为大镇。明代人口减少。清乾隆末居民百户。道光时质库、衣庄、油坊多有之	
10	一级镇	南翔镇	嘉定县城南二十四里	宋元	明中叶起多徽商侨寓，雄甲诸镇。万历时东西五里，南北三里	因寺得名
11	二级镇	黄渡镇	嘉定县城西南三十六里	宋元	元时民盛商贾集，惟有北街。明始营北街，商业颇盛。万历时南北二里	
12	二级镇	大场镇	嘉定县城东南四十八里	宋	万历时东西三里。山陕、徽商云集，市面极盛	
13	二级镇	黄姚镇*	月浦东北六里	宋	宋设黄姚买纳场，明代坍海废落	
14	二级镇	乌泥泾镇*	上海县城西南二十六里	宋元	宋时人民炽盛于他镇。明中叶已衰。乾隆时寥落非故，至嘉庆无存。	又名宾贤里
15	四级镇	大蒸镇	五十三保五图	宋元	宋元时人烟稠密。明遭倭衰。乾嘉时有店铺二十余家	
16	四级镇	小蒸镇	青浦县城西南三十六里	宋元	明清时铺户毗接，商贩交通为邑望。道光间河淤、市衰	一名贞溪

序号	级类	名称	地理位置	兴起年代	市况盛衰	备注
17	四级镇	厂头*	真如西北八里	宋元	明后衰落无载	
18	二级镇	周浦镇	上海县城东南三十六里	宋元	雍正时居民千家。雍正后市肆益盛,为通邑巨镇。乾隆时街道绵亘四、五里	一名杜浦
19	二级镇	安亭镇	嘉定县城西南二十四里	宋元	明清以产药斑布闻,万历时南北二里	因亭得名
20	二级镇	张泾堰镇	华亭县城南五十里	宋元	明初多商贾,嘉靖时户口千计,货物辐辏	一名张溪,府城至金山孔道
21	四级镇	盘龙镇	上海县城西北五十里	宋元	万历时民物繁阜,清设税务。道光时烟火不及二百家	地濒松江盘龙汇,故名
22	三级镇	金泽镇	青浦县城西三十六里	宋元	万历时,镇当浙直之交,市盛。乾隆时户口云屯,帆樯林集	地接泖湖,获泽如金,故名。古称白苎里
23	三级镇	亭林镇	华亭县城东南三十六里	宋元	元置金山巡检司及亭林务。	梁顾野王故居
24	二级镇	南桥镇	距奉贤县城三十四里	宋元	清中叶街长亘三里,多缝户,为奉贤首镇	又名南梁
25	四级镇	柘林镇	华亭县城东南七十里	宋元	明中叶海人辐辏,商贩竹木必经之地	
26	二级镇	七宝镇	青浦县东北五十里	宋元	明中叶商贾必由之地,万历后商贾丛集。清中叶为邑之巨镇	镇以寺名
27	四级镇	北桥镇	上海县城西南四十八里	宋元	元置北桥务,后迁新场,始中落。明后渐盛	以古鸣鹤桥得名

序号	级类	名称	地理位置	兴起年代	市况盛衰	备注
28	六级市	拨赐庄	浦东十九保	元	元时为巨镇，雍正乾隆年间东西半里，居民数十家	元世祖拨赐百花公主之庄
29	二级镇	枫泾镇	地当松江浙西之交	元至正间	元明户口、市廛皆盛。康熙商贾丛集，至嘉庆仍繁庶。多布局、染踹坊	又名枫溪、白牛市
30	一级镇	朱泾镇	松江府城西三十里	元	明弘治年居民数千家。明末商贾辐辏，多布庄，号称小临清。清中叶为金山首镇	一名珠溪
31	二级镇	新场镇	距下沙九里	元初	明中叶起贾贩尤盛。雍正时居民五、六百家。乾隆时商贾辏集，南北街长四、五里，东西二里许	又名南下沙、石笋里
32	二级镇	唐行镇	上海县城西一百二十里	元	元初唐氏贩竹木成大市。明初设新泾税课局。嘉靖居民数百家	又名横溪，万历元年起为青浦县城
33	二级镇	罗店镇	嘉定县城东十八里	元至元年间	万历时东西三里，南北二里。徽商凑集，贸易之盛，几埒南翔	因里人罗升开创，故名
34	二级镇	真如市	嘉定县城东南五十里	元延祐年间	明后期称镇，东西二里，南北一里。乾嘉时极盛	以寺得名
35	三级城	小官镇	张泾堰南十二里		洪武筑城周十二里。明中叶海船辐辏，人雄于赀，清初商贾移集上海县城	洪武十九年设金山卫城于此，又名小官衙镇、篠官镇，后为金山县城

序号	级类	名称	地理位置	兴起年代	市况盛衰	备注
36	四级镇	凤凰山镇	青浦县城东南二十四里	元	吴元年建税课局,正统初革,十一年复置	又称凤山镇
37	二级镇	广福市	嘉定县城东南二十四里	元	嘉靖中三百户,万历称镇,东西一里,有千室之聚	
38	三级城	吴淞所城	高桥镇东北	洪武		嘉靖初坍海,嘉靖16年于西南一里筑新城。清初为宝山县城
39	四级镇	三林塘镇	上海县东南十八里	明初	弘治时商贾鳞集,遭倭凋敝。清初始盛,所产棉布独胜他处	大姓林聚,故名
40	三级城	青村千户所城	松江府城东南八十里	明初	洪武十九年筑,城周五里	又名青林、青村镇,雍正分县后为奉贤县城
41	五级镇	漴阙镇	漕泾东	明初	明时商贾咸集,为海船辐辏之所,顺治后衰	明末起坍海严重
42	五级镇	青浦镇*	高桥镇东北二里许	明初	成弘时居民稠密,商贾亦繁,嘉靖后废于倭	以青浦港名
43	三级镇	娄塘桥市	嘉定县城北十二里	永乐	明后期称镇,四面方广各二里。康熙后以斜纹布闻名	里人王浚创,因水而名,亦称娄塘镇
44	三级城	南汇所城	三团	明初	洪武年筑城周五里。清时城周八里。雍正时居民四、五百家,有日盛之势	雍正分县后为南汇县城

序号	级类	名称	地理位置	兴起年代	市况盛衰	备注
45	四级镇	葛隆镇	嘉定县城西北二十里	成化	万历时南北一里	又名吴公市，县令吴哲所创
46	四级镇	瓦浦市*	嘉定县城西北二十苗	明前期		万历时已无载
47	四级镇	纪王镇	嘉定县城西南四十里	明前期	万历时方广一里。康熙多市肆，户口日盛	因庙而名
48	三级城	八团镇	上海县城东五十四里	明前期	弘治时盐贾辐辏，明末为濒海巨镇。雍正时方圆一里，居民四、五百家	嘉靖中筑为川沙堡。清嘉庆中设川沙抚民厅
49	五级镇	杜村市	青浦县城北十八里	明前期		
50	五级镇	鹤坡市*	二十保	明前期		乾隆年废
51	二级镇	诸翟市	上海县城西四十一里	明前期	康熙时居民七百户，乾隆称镇，东西一里，嘉庆商贾骈集，市廛日扩	又名紫堤村，诸地上
52	五级镇	东沟市	上海县城东北二十二里	明前期	万历时数廛	以东沟浦而名
53	五级镇	崧泽市	青浦县城东十里	明初	正德时为东南小镇，后市肆日辟，商贩交通。乾隆后渐零落	
54	四级镇	杨林市	青浦县城东北三十六里	明前期		
55	四级镇	北蔡市	二十保	明前期	明后期称镇，居民数百家。雍正时数十家，乾隆后数百家	有大姓蔡者聚，故名

序号	级类	名称	地理位置	兴起年代	市况盛衰	备注
56	三级镇	闵行市	上海县城西南七十里	明前期	正德十四、五年大水,灾乡多从此贸易米粮。乾隆称镇	一名敏行市
57	四级镇	高行市	上海县城东北三十里	明前期	清中叶称镇,市廛列,商贾星驰	一名高家行市,又称高行镇
58	四级镇	赵屯镇	青浦县城西北十里	明前期		又名汉城里
59	四级镇	泰日桥市	青浦县城南八里	明前期	清中叶市面盛	
60	四级镇	白鹤江市	青浦县城北二十里	明前期	乾隆称镇	一名新市
61	三级镇	吕巷市	傍朱泾镇	明前期	乾隆称镇	一名璜溪
62	三级镇	杨巷市	傍朱泾镇	明前期		
63	五级镇	沙冈镇	华亭县城东北四十里	明前期		府城至上海必由之地
64	四级镇	萧塘镇	距奉贤县城四十里	明前期	正德时称繁富	萧姓居,故名
65	四级镇	陶宅镇	距青村镇十八里	明初	明有巡检司、税课局	以陶姓聚,得名
66	三级镇	叶谢镇		明前期	明末居民稠密,商贾辐辏	以叶、谢两姓名
67	五级市	兴塔市		明前期		以兴塔院名
68	三级镇	泗泾市	青浦城东三十六里	明前期	嘉靖时贾人以百计,万历称镇	亦名会波村、泗滨
69	四级镇	北钱市	四十一保	明前期	乾隆称镇	
70	三级镇	广富林市	青浦县城南三十二里	明前期	正德时居民日繁。乾隆称镇,居民稠密	入郡孔道

序号	级类	名称	地理位置	兴起年代	市况盛衰	备注
71	四级镇	漕泾镇		明前期	正德时海民贸易多以渔盐	雍正间曾移华亭县丞于此
72	四级镇	马陆邨	嘉定县城南十二里	嘉靖万历	清中叶东西不及一里	马、陆二姓居，故名
73	五级镇	封家浜市	嘉定县城西南三十里	嘉靖万历		
74	四级镇	新泾镇	嘉定县城东三里	嘉靖万历	万历后棉花、菅屦所集，贸易甚盛	因水而名
75	三级镇	月浦镇	嘉定县城东三十六里	嘉靖万历	明季为嘉定首镇，倭乱中落，万历东西一里。乾嘉复盛。东西一里半，北一里，南半里	因水而名
76	二级镇	外冈镇	嘉定县城西十二里	嘉靖万历	万历时称雄镇，东西一里	为水陆要冲
77	四级镇	杨家行镇	嘉定县城东南五十里	嘉靖万历	万历时东西三里	里人杨屋创，故名
78	四级镇	徐家行镇	嘉定县城东北五里	嘉靖万历	万历时南北一里	里人徐晃创，故名
79	五级镇	殷家行	嘉定县城东南七十里	嘉靖万历		
80	五级镇	奚家行*	高行市东	明后期		清中叶废
81	四级镇	高桥市	奉贤县城西三里	明前期	明中叶为渔民卖鱼之地，市独盛。乾隆时繁庶视昔有加	
82	四级镇	高桥镇	嘉定县城东南八十里	嘉靖	清前期沙船多由此贩土布往牛庄、营口	清浦镇废而兴高桥

序号	级类	名称	地理位置	兴起年代	市况盛衰	备注
83	五级镇	陆家行	嘉定县城西南十八里	万历		
84	五级镇	刘家行	嘉定县城东南二十四里	万历	乾隆称刘行镇,南北一里	
85	五级镇	吴家行	嘉定县城东北二十四里	万历		元末吴姓避兵居此,故名
86	五级镇	蒋家行	罗店镇东南	万历		
87	五级镇	赵家行	罗店镇东北	万历		
88	六级市	芝村	罗店镇东北二十三里	万历		
89	五级镇	戬浜桥市	嘉定县城东南五十里	明末	明素有市廛。清初遭毁,后盛,客商咸集	
90	六级市	黑桥村	嘉定县城东南五十里	万历		
91	二级镇	一团镇	距新场二十里	嘉靖万历	万历时多盐商,雍正时居民四、五百家,乾隆户口日增,商贾亦盛,为巨镇	一名大团镇
92	三级镇	龙华镇	上海县城西南十八里	万历		以龙华古刹著名
93	五级镇	陈家行市	南汇县城北三十四里	万历	乾隆称镇	
94	五级镇	王家行市	十七保	万历		
95	三级镇	莘庄镇	三十六保	嘉靖万历	崇祯时居民数千指	一名莘溪
96	四级镇	徐泾镇	青浦境内	明末		以水得名,一名槐树村
97	五级镇	方家窑镇	三十四保	万历	镇多砖灰窑	

序号	级类	名称	地理位置	兴起年代	市况盛衰	备注
98	二级镇	朱家角	青浦县城西十二里	嘉靖万历	万历时商贾辏聚,贸易花、布,为青浦巨镇。清中叶称两泾(枫泾、朱泾)不及朱家角	又名珠街、珠溪
99	五级镇	天兴庄市	青浦县城南十里	嘉靖万历	万历时小镇	
100	五级镇	刘夏镇	青浦县城东二十六里	嘉靖万历		
101	五级镇	双塔镇	四十二保	嘉靖万历	嘉万后商人往来苏松,至夕停榻。民多驾船,称双塔船	又名商榻
102	五级镇	王巷	距青浦县城四十五里	嘉靖万历		
103	四级镇	沈巷镇	青浦县城南十六里	嘉靖万历		一称沈庵
104	四级镇	北簳山镇	青浦县城东十八里	嘉靖万历		
105	五级镇	郏店镇	青浦县城东十八里	嘉靖万历		
106	—	召稼楼*	十九保	嘉靖万历	清中叶废落	
107	四级镇	重固镇	青浦县城东十五里	嘉靖万历		一名魍魉
108	五级镇	艾祁镇	青浦县城东二十七里	嘉靖万历		
109	六级市	杜家角市	青浦县城西南八里	嘉靖万历		
110	六级市	种德庄	五十三保	嘉靖万历		又名灵隐庄

序号	级类	名称	地理位置	兴起年代	市况盛衰	备注
111	五级镇	古塘桥镇	五十保	嘉靖万历		
112	五级镇	金家桥镇	青浦县城西北三十里	嘉靖万历		
113	五级镇	刘家角镇	青浦县城北三十里	嘉靖万历	乾隆时称刘家角市	
114	五级镇	杨扇镇	青浦县城西南三十六里	嘉靖万历		
115	三级镇	东新市	奉贤县境内	隆庆	隆庆年间去城远,艰于贸易,列肆集商。乾隆时为奉贤名镇	
116	三级镇	西仓城镇	松江府城西门外	明末	城周二里,居民鳞比,屹然一方之镇	
117	三级镇	松隐镇	金山县	明后期	明末以来,烟火日盛,人文蔚起	亦名松溪、郭汇
118	二级镇	干巷镇	金山县城西北二十里	明后期	嘉庆时金山四巨镇之一	干姓者聚,故名,一名干溪、干将里
119	二级镇	法华市	上海县城西十二里	清初	乾隆称镇,为冠盖之冲	以法华寺名
120	四级镇	马桥市	上海县城西南五十四里	清初	乾隆称镇	
121	五级镇	颛桥市	上海县城西南四十四里	清初	乾隆称镇	
122	五级镇	杜家行	上海县城西南四十五里	清初	雍正时东西二里,止一街,居民一、二百家	
123	四级镇	行头市	上海县城东南六十里	清初	清代起多商贾牙行,乾隆称镇,东西街里许	又称航头

序号	级类	名称	地理位置	兴起年代	市况盛衰	备注
124	五级镇	引翔港市	上海县城东北二十里	清初		地近海口，警防重地
125	四级镇	祥泽镇	地近泗泾	清初	至嘉庆渐落	一名塘桥
126	四级镇	六灶镇	上海县城东南七十里	清初	周浦塘开浚后渐饶成市。雍正时居民三、四百家，东西四里，乾隆时二、三百家	
127	四级镇	张江栅市	上海县城东三十里	清初	雍正居民数十家，乾隆时居民百余家	一称张家栅
128	六级市	陆家行市	上海县城东二十四里	清初		
129	—	梅源市*	上海县城西北六十六里	清初	嘉庆时已无	明末王圻艺梅得名。人称小邓尉
130	四级镇	洋泾市	上海县城东十里	清初		
131	四级镇	漕河泾镇	上海县城西南二十四里	清初		
132	五级镇	朱家行市	上海县城西南二十四里	清初	乾隆称镇	
133	六级市	曹家行市	上海县城西南四十里	清初		曹氏聚居而名
134	五级镇	华泾市	上海县城西南二十七里	清初	嘉庆时市约二里	乌泥泾镇旧地
135	五级镇	虹桥市	上海县城西南二十四里	清初		
136	四级镇	沈庄市	周浦镇南六里	清初	雍正时南北一里，居民百许家。乾隆时居民二百	

序号	级类	名称	地理位置	兴起年代	市况盛衰	备注
137	四级镇	普济桥镇	崇明县城北关外二里	清初		
138	四级镇	中津桥镇	崇明县城北关外二里	清初		
139	四级镇	外津桥镇	崇明县城西关外二里	清初		
140	四级镇	杨家河镇	崇明县城东八里	清初		
141	四级镇	周家垛镇*	距崇明县城二十里	清初	乾隆时坍没入海	
142	四级镇	新河镇	崇明县城东三十里	清初		
143	四级镇	新镇	崇朗县城东四十里	清初		
144	四级镇	堡镇	崇明县城东五十五里	清初		
145	四级镇	施效村镇	距堡镇十里	清初		
146	四级镇	盛家朱行镇	距施效村镇十里	清初		
147	四级镇	盘龙镇	崇明县城东北二十五里	清初		
148	四级镇	沈家湾镇	崇明县城西北十二里	清初		
149	四级镇	平安镇	崇坝县城西四十里	清初		
150	四级镇	合洪镇*	崇明县城西五十里	清初	乾隆时坍没	

序号	级类	名称	地理位置	兴起年代	市况盛衰	备注
151	四级镇	王家港镇*	崇明县城西八十里	清初	乾隆时坍没	
152	三级镇	泰日桥镇	十九保、十五保交界处	清初	雍正时东西里许,居民百家,乾隆居民二百家。嘉庆为巨镇	又名坍石桥、坦石桥
153	四级镇	章练塘	泖西	清初	善酿酒,所产水车极善	
154	四级镇	方泰镇	嘉定县城西南十八里	康熙	乾隆时南北一里	镇以寺名
155	四级镇	庄家行	距奉贤县城四十八里	清初	乾隆时东西二里。乾嘉时四乡棉布悉贸易于此,居民繁稠	一名庄行镇,庄姓居,故名
156	四级镇	周神庙镇	崇明县城西三十里	雍正		一名貌庙镇
157	四级镇	五滧镇	崇明县城东七十里	雍正		有南五滧、北五滧
158	四级镇	七滧镇	崇明县城东八十里	雍正		
159	四级镇	海梢镇	崇明县城东北四十里	雍正		
160	四级镇	鳌阶镇	崇明县城东三十里	雍正		一名鳌家镇
161	四级镇	洪桥镇	崇明县城东三十里	雍正		一名虹桥镇
162	四级镇	范於隆镇	崇明县城东五十里	雍正		
163	四级镇	盘效镇	崇明县城西北十里	雍正		

序号	级类	名称	地理位置	兴起年代	市况盛衰	备注
164	四级镇	汤家镇	崇明县城北十八里	雍正		
165	四级镇	官河镇*	崇明县城西北扁担沙	雍正		乾隆后属通州
166	四级镇	河基港镇*	崇明县城西北扁担沙	雍正		乾隆后属通州
167	四级镇	施仲芳镇	崇明县	雍正		
168	四级镇	第二条竖河镇	崇明县	雍正		
169	四级镇	井亭镇	崇明县	雍正		
170	四级镇	板桥镇	崇明县	雍正		
171	四级镇	西三江口镇	崇明县	雍正		
172	四级镇	太平竖河镇	崇明县	雍正		
173	四级镇	兴隆镇	崇明县	雍正		
174	四级镇	川港镇	崇明县	雍正		
175	四级镇	大港镇	崇明县	雍正		
176	四级镇	南门港镇	崇明县	雍正		
177	四级镇	斜洪镇	崇明县	雍正		
178	四级镇	南新镇	崇明县	雍正		
179	四级镇	长安桥镇	崇明县	雍正		
180	四级镇	东三江口镇	崇明县	雍正		
181	四级镇	孙仲甫镇	崇明县	雍正		
182	四级镇	三沙镇	崇明县	雍正		
183	四级镇	谢家镇	崇明县	雍正		
184	四级镇	俞家埭镇	崇明县	雍正		
185	四级镇	二团镇	南汇县十九保	雍正	雍正时上塘店镇,下塘渔家,居民一、二百家	

序号	级类	名称	地理位置	兴起年代	市况盛衰	备注
186	三级镇	四团镇	距奉贤县城二十三里	雍正	乾隆时居民三、四百家，其街四出	
187	六级市	施家行	拨赐庄东南二里	雍正	雍正后商贾成市，居民数十家	施氏居，故名
188	五级镇	鲁家汇	南汇县十九保	雍正	雍正时东西半里，居民数十家	
189	五级镇	叶家行	南汇县城西南五十里	雍正		叶宗行所居，故名
190	六级市	曹家行	十九保	雍正		
191	五级镇	秦家行	南汇县十九保	雍正	外秦、里秦共二里许，各数十家	秦姓多居
192	六级市	徐家儇	南汇县十九保	雍正	居民数十家	
193	五级镇	北庄	坍石桥镇东	雍正	清时多有布客收布于此	因布庄名
194	六级市	盛家桥	奉、南两县交界处	雍正	雍正时商贾丛集，居民数十家。乾隆时居民二十余家	
195	四级镇	三灶镇	南汇县城西北十二里	雍正	雍正时周氏筑廛舍，集商贾	
196	四级镇	横沔市	南汇县城西北四十二里	雍正	乾隆时称镇，四周广里许，居民二百家	
197	四级镇	闸港镇	鲁家汇西十二里	雍正	雍正后商船多舶，市肆盛，居民数十家	郡邑舟楫往来孔道
198	四级镇	寒字圩镇	七保	乾隆	地虽一隅，人烟辏集，商贾往来，俨然一市会	
199	六级市	凝云里	东新市西	乾隆		
200	五级镇	栅桥镇	嘉定县南三十六里	乾隆		

序号	级类	名称	地理位置	兴起年代	市况盛衰	备注
201	六级市	唐家行	嘉定县东北十八里	乾隆		
202	六级市	望仙桥市	嘉定县西十八里	乾隆		
203	六级市	陈家行	嘉定县东南三十里	乾隆		因去镇远，村民渐聚成行
204	四级镇	西关市	宝山县城西	乾隆	乾隆时商货聚集	
205	五级镇	胡巷桥镇	宝山县城南六里	乾隆	进出海口商船、渔船由此挂号照验	
206	三级镇	青村港镇	距奉贤县城十里	乾隆	雍正时分县后，舟楫往来如织，百货聚，市廛盛，冠东乡诸镇	一名青溪
207	五级镇	辰山镇	青浦县城南十八里	乾隆		
208	五级镇	章堰镇	青浦县城北二十里	乾隆		
209	五级镇	杜家观音堂镇	青浦县城东北四十五里	乾隆		
210	六级市	韩家坞市	朱泾镇西北	乾隆		
211	五级镇	北仓市	金山县城北门外三里	乾隆	市有浦东盐场大使署	
212	五级镇	西仓市	金山县城西门外三里	乾隆	市有横浦盐场大使署	
213	六级市	旧港市	金山县城北门外十二里	乾隆		
214	六级市	南陆市	吕巷镇东南	乾隆		元代陆居仁居此，故名

序号	级类	名称	地理位置	兴起年代	市况盛衰	备注
215	六级市	姚家廊市	吕巷镇东南	乾隆		姚氏世居，故名
216	六级市	二龙庙市	六保	乾隆		
217	五级镇	十家庙镇	三十六保	乾隆		
218	五级镇	新桥镇	三十六保	乾隆		
219	五级镇	车墩镇	三十七保	乾隆		
220	五级镇	后冈镇	七保	乾隆		
221	五级镇	山洋镇	九保	乾隆		
222	五级镇	蒋庄镇	十一保	乾隆		
223	五级镇	六店湾镇	三保	乾隆		
224	五级镇	石湖塘镇	四十一保	乾隆		
225	五级镇	五舍镇	四十一保	乾隆		
226	五级镇	张庄镇	四十一保	乾隆		
227	五级镇	横山镇	横云山下	乾隆		
228	四级镇	天马山镇	四十三保	乾隆		
229	五级镇	连林庙镇	四十三保	乾隆		
230	五级镇	昆山镇	四十三保	乾隆		
231	三级镇	阮巷	奉贤县城西南六十里	乾隆	乾隆时街道盘旋，市井栉比，居民二百家，颇称巨镇	
232	五级镇	胡家桥	距奉贤县城五十四里	乾隆	乾隆时居民三、四十家	
233	五级镇	孙家桥	与胡家桥遥接	乾隆	乾隆时东西绵亘，居民七、八十家	
234	四级镇	法华桥	距奉贤县城四十八里	乾隆	乾隆时居民百余家	
235	四级镇	西新市	法华桥东十二保	乾隆	乾隆时居民百余家	

序号	级类	名称	地理位置	兴起年代	市况盛衰	备注
236	六级市	陈行桥	十二保	乾隆		陈氏聚族，故名
237	六级市	潘店	十二保	乾隆	镇之居民多务本力穑	一名潘垫
238	六级市	游桥汛	十三保	乾隆	民治农业，勤纺织，逐利为上	一名牛头桥
239	五级镇	邬家桥	在沙冈西	乾隆	乾隆时街止一道，商舶集，货物集，贸易颇盛	
240	六级市	盛家库	庄行镇东	乾隆		前明盛金事故居
241	六级市	李匠桥	庄行镇东	乾隆		李姓木匠世居，故名
242	六级市	梁家行	萧塘镇南	乾隆	乾隆时少廛肆	
243	六级市	程何浜		乾隆	乾隆时街止数步	
244	六级市	何家库	程何浜南	乾隆		
245	四级镇	恬度里	横泾东里许	乾隆	清中叶有质库、布庄、四乡贸易者聚	
246	六级市	曹家市	十二保	乾隆		曹千里子孙聚此，故名有南、北、中三村
247	五级镇	韩村	十三保恬度里东	乾隆	设有营汛	
248	五级镇	新塘	十四保	乾隆	乾隆时居民五十余家	
249	六级市	杨王	十四保	乾隆		杨、王两姓聚故名
250	六级市	道院	十四保	乾隆		
251	六级市	三官堂	西新市东南	乾隆	乾隆时居民二十余家	
252	六级市	朱店	和尚塘西	乾隆		

序号	级类	名称	地理位置	兴起年代	市况盛衰	备注
253	六级市	张宅港	朱店南	乾隆		
254	五级镇	益村坝	十四保	乾隆	乾隆时木棉盛时商舶纷集，居民五十家	
255	六级市	沈行	益村坝东	乾隆	乾隆时居民二十家，耕织外间亦逐利	
256	六级市	屠家湾	沈行东	乾隆	乾隆时有数廛	
257	六级市	陈家桥	高桥镇西	乾隆		
258	四级镇	南坨	青村港南	乾隆		
259	五级镇	刘家行	十五保	乾隆	地产棉胜他处，远方商人多舣舟采买	
260	五级镇	虹桥	奉贤县城东北六十四里	乾隆	居民庐井参错	
261	六级市	湾周	泰日桥镇北	乾隆		
262	五级镇	蔡家桥	十五保	乾隆	乾隆时大而质库，小而米铺花行，入市厌可所求，居民五十余家	
263	五级镇	唐家行	十五保	乾隆	市有力田者，有服贾者，有为士者	以唐氏居故名，分南、北、中三行
264	六级市	屠家桥	唐家行南	乾隆	时有商贾寄迹者	屠氏世居而名
265	五级镇	金汇桥	金汇塘东十五保	乾隆	乾隆时多列肆估价者，居民五十余家，街止一道	
266	六级市	戚家行	十五保	乾隆		传戚继光曾居此
267	六级市	盛家桥	宝山县城西北二十二里	乾隆	乾隆时居民以去镇稍远，聚集贸易，居民二十余家	

序号	级类	名称	地理位置	兴起年代	市况盛衰	备注
268	五级镇	胡家庄	宝山县城西南二十一里	乾隆	居民因去镇稍远,建房立业,渐成大庄	在杨行、大场两镇之中
269	三级镇	塘桥镇	上海县城东南五里	乾隆	出斜纹布,较他处独胜	南汇、川沙往来要道
270	五级镇	瓦屑墩镇	南汇县城西北三十六里	乾隆	乾隆时居民百余家	一名雪村,傲雪村
271	六级市	百曲村	南汇县城西北五十里	乾隆	乾隆时居民百余家	
272	六级市	方家村	南汇县十九保	乾隆		
273	五级镇	龙王庙镇	川沙县二十保	乾隆		川沙至上海县通衢
274	五级镇	新兴镇	南汇县城西北七十二里	乾隆		一名杨家镇
275	五级镇	王家港镇	二十保	乾隆		
276	五级镇	倪鲍家宅	依老护塘	乾隆	乾隆间有店肆布庄三十余	
277	五级镇	金家行镇	二十一保	乾隆		
278	六级市	储家典	竹桥镇西北五里	乾隆	清乾隆间储东发建廛招商	
279	五级镇	范行	范家浜前二十一保	乾隆	乾隆时东西半里	行前即旧范家浜
280	六级市	柴场湾	属沿海场地	乾隆		
281	四级镇	三墩镇	在一团镇北	乾隆	乾隆时居民二、三百家	
282	四级镇	二灶镇	属沿海场地	乾隆		
283	六级市	王家桥	属沿海场地	乾隆		
284	四级镇	竹桥镇	依老护塘	乾隆	乾嘉店肆、布庄三十余处	
285	三级镇	张泽镇	十保	乾隆	嘉庆时市廛稠密	
286	六级市	分水墩	距奉贤县城九里	乾隆		系瞿氏大宅

序号	级类	名称	地理位置	兴起年代	市况盛衰	备注
287	五级镇	九团	川沙二十保	乾隆		
288	四级镇	佘山镇	青浦县城南二十里	清中叶		
289	五级镇	石冈市	跨冈身南北	嘉庆	市布商辏集	水陆要冲
290	六级市	梅家弄市	上海县城西南二十二里	嘉庆		
291	六级市	长桥市	上海县城西南二十四里	嘉庆		
292	六级市	塘湾市	上海县城西南四十里	嘉庆		以俞塘之湾故名
293	六级市	荷巷桥市	上海县城西南八十里	嘉庆		
294	六级市	杨师桥市	上海县城东南十四里	嘉庆		
295	五级镇	老闸市	上海县城北三里	嘉庆		
296	五级镇	新闸市	上海县城北五里	嘉庆		
297	五级镇	北新泾市	上海县城西南二十一里	嘉庆		
298	五级镇	华漕市	上海县城西三十里	嘉庆		
299	五级镇	杠栅桥市	上海县城西北二十二里	嘉庆		
300	五级镇	曹家路镇	在内护塘二十二保	嘉庆		

序号	级类	名称	地理位置	兴起年代	市况盛衰	备注
301	五级镇	顾家路镇	在内护塘二十二保	嘉庆		
302	五级镇	顾村	刘行镇东南四里	嘉道间	嘉道间布庄十三家,花行三、四家	
303	六级市	陈家湾	距奉贤县城二十四里	道光初		
304	六级市	二桥	距奉贤县城九里	道光		
305	六级市	柴场	距奉贤县城十五里	道光		
306	六级市	彭浦	跨彭越浦	道光	市面狭小,道光十三年由大场、江湾、真如分出	俗称庙头
307	六级市	车门市	在内护塘	道光		
308	五级镇	小湾镇	在内护塘	道光		
309	五级镇	大湾镇	在内护塘	道光		
310	五级镇	龚家路镇	在内护塘	道光		
311	五级镇	南徐家路镇	在内护塘	道光		
312	五级镇	蔡家路镇	在内护塘	道光		
313	五级镇	北徐家路镇	在内护塘	道光		
314	五级镇	四灶港镇	川沙十七保	道光		
315	六级市	艾行	川沙十七保	道光		
316	六级市	蔡家街	川沙十七保	道光		
317	六级市	坝市	在内护塘	道光		

　　说明:此表据上海地区现存100余种地方志以及其他有关记载统计而成。表中所列共317个城、镇、市,其中:明代废落4个、清代废落7个(实际废落8个,其中1个于明代已废,至清中叶又成市集的青龙镇相抵,故算为7个);划出2个(均见有＊者)。至近代前夕,共存大小城、镇、市304个。表中所估城、镇、市级类,系为清中叶情况,估评依据系综合各文献有关记载大致确定。可参见本书第七章有关论述。

七、鸦片战争前上海县城会馆公所一览

	名称	别名	地址	设置年代	设置人员	备注
1	关山东公所		上海县城西	顺治年间	关东、山东两帮商人	
2	商船会馆		马家厂	康熙五十四年	沙船众商公建	
3	鹾业公所			雍正前		
4	徽宁会馆	思恭堂	斜桥南	乾隆十九年	徽州、宁国两府人公建	
5	泉漳会馆		咸瓜街	乾隆二十二年	泉州同安，漳州龙溪，海澄商人建	
6	潮州会馆	万世丰	洋行街	乾隆二十四年	潮州府海阳、澄海、饶平三县人公建	
7	青兰布业公所	湖心亭	邑庙湖心亭	乾隆三十二年	青兰布商公建	
8	鲜肉业公所	香雪堂	邑庙豫园	乾隆三十六年	沪帮商人所建	
9	药业公所	药王庙和义堂	药局街	嘉庆初年	各药业集款公建	
10	钱业公所		邑庙内园	乾隆四十一年前	钱业商人建	入公所钱庄称入园钱庄
11	浙绍公所		穿心街	乾隆年间	浙绍钱业、炭业、豆业商绅公建	
12	京货帽业公所	飞丹阁	邑庙豫园	乾隆年间		
13	桂圆公所			乾隆年间	福建桂圆黑枣业商人	
14	四明公所		二十五保四图	嘉庆二年	宁波帮人创建	旧址在今人民路
15	建汀会馆		城南翠微庵西南	嘉庆初	闽省建宁、汀州两府人公建	
16	北货行公所	南阜公墅	凝和路	嘉庆十四年		

	名称	别名	地址	设置年代	设置人员	备注
17	成衣公所	轩辕殿	豫园东硝皮弄	嘉庆二十二年		
18	浙宁会馆	天后行宫	荷花池头	嘉庆二十四年	贸易关外、山东等处宁波商人创建	
19	饼豆业公所	萃秀堂	豫园	嘉庆年间		
20	花糖洋货业公所	点春堂	豫园点春堂	道光初年	闽省汀、泉、漳三府花糖洋货业商人建	
21	揭普丰会馆			道光初	揭阳、普宁、丰顺三邑商人自潮州会馆析出	
22	祝其公所		里郎桥西	道光二年	海州青口镇商人与船商公建	
23	水木业公所	鲁班殿		道光三年	诸工匠捐建	
24	潮惠会馆	潮惠公所	大关南	道光十九年	粤东潮阳、惠来两邑人公建	
25	花业公所	古云堂	梅家弄	道光年间		
26	布业公所	得月楼	豫园	道光年间	布业商人	
27	江西会馆	豫章会馆		道光二十一年	江西帮创建	

资料来源:民国七年修《上海县续志》卷三《建置下·会馆公所》;《上海研究资料续集》144—146 页;《上海碑刻资料选辑》。

参 考 文 献

一、正史、政书、实录、奏摺

(汉)司马迁撰:《史记》,中华书局1959年点校本。

(汉)班固撰:《汉书》,中华书局1962年点校本。

(唐)房玄龄等撰:《晋书》中华书局1974年点校本。

(梁)沈约撰:《宋书》,中华书局1974年点校本。

(元)脱脱等撰:《宋史》,中华书局1977年点校本。

(明)宋濂撰:《元史》,中华书局1976年点校本。

(清)张廷玉撰:《明史》,中华书局1974年点校本。

(清)徐松:《宋会要辑稿》全八册,中华书局1957年影印本。

(明)申时行,《明会典》,万有文库本,商务印书馆1936年版。

(明)陈仁锡撰:《皇明世法录》,明崇祯八年刻本。

(清)龙文彬:《明会要》,中华书局1956年版。

(清)夏燮:《明通鉴》,中华书局1959年版。

(清)谷应泰:《明史纪事本末》,中华书局1977年版。

(明)朱元璋撰:《御制大诰续编》,上海古籍出版社1995年影印本。

(明)高攀:《大明律集解附例》,光绪三十四年(1908)重刻本。

(清)崐冈、李鸿章等修:《钦定大清会典事例》,清光绪二十五年石印本。

(清)陈梦雷辑:《古今图书集成·职方典》,上海中华书局1934年影印本。

(清)陈梦雷辑:《古今图书集成·食货典》,上海中华书局1934年影印本。

(清)张廷玉等撰:《续文献通考》,万有文库本,商务印书馆1936年版。

(清)张廷玉等撰:《清朝文献通考》,万有文库本,商务印书馆1936年版。

(清)刘锦藻撰:《清朝续文献通考》,万有文库本,商务印书馆1936年版。

《明实录》,台北中央研究院历史语言研究所 1962 年影印本。

《清实录》,中华书局 1986 年影印本。

台北故宫博物院编辑委员会编辑:《宫中档康熙朝奏折》,台北故宫博物院 1982 年影印本。

台北故宫博物院编辑委员会编辑:《宫中档雍正朝奏折》,台北故宫博物院 1982 年影印本。

台北故宫博物院编辑委员会编辑:《宫中档乾隆朝奏折》,台北故宫博物院 1982 年影印本。

齐思和等整理:《筹办夷务始末(道光朝)》,中华书局 1964 年版。

蒋廷黻等辑:《筹办夷务始末补遗(道光朝)》,北京大学出版社 1988 年版。

二、地方志

(宋)杨潜撰:《云间志》,宋绍熙四年(1193)修,清嘉庆十九年(1814)华亭沈氏古倪园刻本。

(元)单庆修、徐硕纂:《嘉禾志》,元至元二十五年(1288)修,海昌陈氏双清草堂清咸丰七年(1857)刻本。

(明)何三畏纂修:《云间志略》,明天启四年(1624)刻本。

(明)陈威等修、顾清纂:《松江府志》,明正德七年(1512)刻本。

(明)方岳贡修、陈继儒纂:《松江府志》,明崇祯四年(1631)刻本。

(清)郭廷弼修、周建鼎等纂:《松江府志》,清康熙二年(1663)刻本。

(清)宋如林等修、莫晋等纂:《松江府志》,清嘉庆二十四年(1819)府学明伦堂刻本。

(清)博润修、姚光发等纂:《松江府续志》,清光绪十年(1884)刻本。

(明)聂豹修、沈锡纂:《华亭县志》,明正德十六年(1521)刻本。

(清)冯鼎高修、王显曾等纂:《华亭县志》,清乾隆五十六年(1791)仪松堂刻本。

(清)杨开第修、姚光发等纂:《华亭县志》,清光绪五年(1879)刻本。

(清)谢廷薰修、陆锡熊等纂:《娄县志》,清乾隆五十三年(1788)刻本。

(清)汪坤厚等修、张云望等纂:《娄县续志》,清光绪五年(1879)刻本。

(明)郭经修、唐锦纂:《上海县志》,上海中华书局 1940 年据明弘治十七年(1504)刻本影印。

(明)郑洛书修、高企纂:《上海县志》,上海传真社 1932 年据明嘉靖三年(1524)刻本影印。

(明)颜洪范修、张之象等纂:《上海县志》,清顺治十六年据明万历十六年(1588)刻本重印。

（清）史彩修、叶映榴等纂：《上海县志》，清康熙二十二年（1683）刻本。

（清）李文耀修、谈起行等纂：《上海县志》，清乾隆十五年（1750）刻本。

（清）范廷杰修、皇甫枢等纂：《上海县志》，清乾隆四十九年（1784）刻本。

（清）王大同等修、李松林等纂：《上海县志》，清嘉庆十九年（1814）刻本。

（清）应宝时等修、俞樾等纂：《上海县志》，清同治十一年（1872）上海南园志局重校印本。

（清）秦荣光撰：《同治上海县志札记》，清光绪二十八年（1902）铅印本。

吴馨等修、姚文枏等纂：《上海县续志》，1918年上海南园志局刻本。

吴馨等修、姚文枏等纂：《民国上海县志》，1936年铅印本。

李维清编：《上海乡土志》，上海著易堂光绪三十三年（1907）铅印本。

杨逸编：《上海市自治志》不分卷，1915年铅印本。

胡翰祥编：《上海小志》十卷，1930年上海传经堂书店铅印本。

（明）陈渊修、都穆纂：《练川图记》，明正德四年（1509）修，暨城周永芝1928年油印本。

（明）韩浚修、张应武纂：《嘉定县志》，明万历三十三年（1605）刻本。

（清）赵昕修、苏渊纂：《嘉定县志》，清康熙十二年（1673）刻本。

（清）闻在上修、许自俊纂：《嘉定县续志》，清康熙二十三年（1684）刻本。

（清）程国栋纂修：《嘉定县志》，清乾隆七年（1742）刻本。

（清）程其珏修、杨震福纂：《嘉定县志》，清光绪七年（1881）刻本。

黄世祚修、陈传德等纂：《嘉定县续志》，1930年铅印本。

（清）赵酉等修、章钥等纂：《宝山县志》，清乾隆十一年（1746）刻本。

（清）梁蒲贵等修、朱延射等纂：《宝山县志》，清光绪八年（1882）学海书院刻本。

张允高等修、钱淦等纂：《宝山县续志》，1921年铅印本。

（清）何士祁修、姚椿纂：《川沙抚民厅志》，清道光十七年（1837）刻本。

（清）陈方瀛等修、俞樾等纂：《川沙厅志》，清光绪五年（1879）刻本。

方鸿铠等修、黄炎培等纂：《川沙县志》，1937年国光书局铅印本。

（清）钦琏修、顾成天等纂：《分建南汇县志》，清雍正十二年（1734）刻本。

（清）胡志熊修、吴省钦等纂：《南汇县新志》，清乾隆五十八年（1793）刻本。

（清）金福曾等修、张文虎等纂：《南汇县志》，清光绪五年（1879）刻本。

严伟修、秦锡田等纂：《南汇县续志》，1929年铅印本。

（清）李治灏等修、王应奎等纂：《奉贤县志》，清乾隆二十三年（1758）刻本。

（清）韩佩金等修、张文虎等纂：《奉贤县志》，清光绪四年（1778）刻本。

（明）张奎修、夏有文纂：《金山卫志》，明正德十二年（1517）修，上海传真社1932年据明正德十二年刻本影印。

（清）常琬修、焦以敬纂：《金山县志》，清乾隆十八年（1753）刻本。

（清）龚宝琦等修、黄厚本纂：《金山县志》，清光绪四年（1878）刻本。

（明）卓钿修、王圻纂：《青浦县志》，明万历二十五年（1597）刻本。

（清）魏球修、诸嗣郢等纂：《青浦县志》，清康熙九年（1670）刻本。

（清）杨卓修、王昶等纂：《青浦县志》，清乾隆五十三年（1788）刻本。

（清）陈其元等修、熊其英等纂：《青浦县志》，清光绪五年（1879）刻本。

张仁静修、钱崇威等纂，于定增修、金詠榴增纂：《青浦县续志》，1917年修，1934年增修刻本。

（明）陈文修、黄章纂：《崇明县志》，明正德九年（1514）刻本。

（明）张世臣修、陈宇俊纂：《崇明县志》，明万历三十二年（1604）刻本。

（清）朱衣点修、黄国彝纂：《崇明县志》，清康熙二十三年（1684）刻本。

（清）张文英修、沈龙翔等纂：《崇明县志》，清雍正五年（1727）刻本。

（清）赵廷健等修、韩彦曾等纂：《崇明县志》，清乾隆二十五年（1760）刻本。

（清）林达泉等修、李联琇等纂：《崇明县志》，清光绪七年（1881）刻本。

王清穆修、曹炳麟等纂：《崇明县志》，1924年修，上海图书馆藏稿本。

咎元恺编：《崇明乡土志略》，1924年石印本。

（清）王钟编：《法华镇志》，嘉庆十八年编光绪末年增补，上海图书馆藏金凤祥抄本。

（清）王钟编、胡人凤续编：《法华乡志》1922年铅印本。

（清）何文源等纂：《塘湾乡九十一图里志》，上海市文物保管委员会1962年铅印本。

（清）汪永安撰：《紫堤村小志》，清康熙十七年（1678）修，上海市文物保管委员会1962年铅印本。

（清）汪永安修、侯承庆续撰、沈葵增补：《紫堤村志》，清咸丰六年（1856）增修，上海市文物保管委员会1961年铅印本。

（清）顾传金辑：《蒲谿小志》，清道光间修，上海市文物保管委员会1961年铅印本。

（清）顾传金纂：《七宝镇小志》，上海图书馆藏抄本。

（清）张承先撰、程攸熙增订：《南翔镇志》，清乾隆四十七年（1782）修，嘉庆十二年（1807）寻乐草堂增订刻本。

（清）章树福纂：《黄渡镇志》，清咸丰三年（1853）章氏寿研堂刻本。

（清）章圭璪纂：《黄渡续志》，清宣统三年（1911）修，1923年章氏勤生堂铅印本。

（清）王初桐撰：《方泰志》，清嘉庆十二年（1807）修，1915年铅印本。

（清）陈曦撰：《娄塘志》，清乾隆三十七年（1772）修，1936年铅印本。

（清）封导源编：《马陆志》，清嘉庆二十年（1815）编，1948年铅印本。

（清）萧渔会等编：《石冈广福合志》，清嘉庆十二年（1805）刻本。

（明）殷聘尹编：《外冈志》，明崇祯四年（1631）修，上海市文物保管委员会 1961 年铅印本。

（清）钱肇然编：《续外冈志》，清乾隆五十七年（1792）修，上海市文物保管委员会 1961 年铅印本。

（清）陆立编：《真如里志》，上海市文物保管委员会 1962 年据传抄清乾隆三十七年（1722）刻本铅印。

（清）陈树德等辑：《安亭志》，清嘉庆十三年（1808）刻本。

（清）王树荣修、潘履祥纂：《罗店镇志》，清光绪十五年（1889）铅印本。

（清）张人镜等辑：《月浦志》，上海市文物保管委员会 1962 年据清光绪十四年（1888）手稿本铅印。

（清）秦立辑：《淞南志》，清嘉庆十八年（1813）刻本。

（清）佚名纂修：《江东志》，叙事至清光绪年间，上海图书馆藏抄本。

（清）杨学渊编：《寒圩志》，清嘉庆年间修咸丰元年（1851）后增修，上海市文物保管委员会 1962 年据稿本铅印。

（清）许光墉等纂：《重辑枫泾小志》，清光绪十七年（1891）铅印本。

（清）许光墉等纂、程兼善重纂：《续修枫泾小志》，清宣统三年（1911）铅印本。

（清）朱栋撰：《干巷志》，清嘉庆六年（1801）柘湖丁氏种松山房刻本。。

（清）朱栋撰：《朱泾志》，清嘉庆七年（1802）修，1916 年铅印本。

（清）金惟整辑：《盘龙镇志》，清光绪元年（1875）修，上海市文物保管委员会 1961 年据稿本铅印。

（清）高如圭纂、万以增续纂：《章练小志》，清光绪十六年（1890）纂，1918 年续纂，铅印本。

（清）叶世熊纂：《蒸里志略》，清宣统二年（1910）铅印本。

（清）周凤池纂、蔡自申续纂：《金泽小志》，清乾隆间纂，道光十一年（1831）续纂，上海市文物保管委员会 1962 年据抄本铅印。

（清）陈元模辑、陈云煌续、陈至言再续：《淞南志十六卷淞南续志一卷二续淞南志二卷》，清康熙六十一年（1722）辑，乾隆十四年（1749）续辑，嘉庆十八年（1814）再续，木活字本。

（清）周郁滨撰：《珠里小志》，上海古籍出版社 2000 年标点本。

吕舜祥等编：《嘉定璜东志》，1948 年云庐油印本。

童世高编：《钱门塘乡志》，1921 年油印本。

洪复章辑：《真如里志》，1918 年后辑，上海图书馆藏稿本。

王德乾纂:《真如志》,1959 年传抄 1935 年稿本,上海图书馆藏。

钱淦等编:《江湾里志》,1924 年铅印本。

陈应康等纂:《月浦里志》,1934 年南京国华印书馆铅印本。

赵同福修、杨逢时纂:《盛桥里志》,叙事至 1919 年,上海图书馆藏稿本。

储学洙纂:《二区旧五团乡志》,1936 年铅印本。

张端木:《西林杂记》,上海市文物保管委员会 1963 年刊印。

姚裕廉修、范炳垣纂:《重辑张堰志》,1920 年金山姚氏松韵堂铅印本。。

沈颂平纂:《陈行乡土志》,1921 年石印本。

唐宝淦编、葛冲续编:《西岑乡土志》,清光绪三十三年(1907)编,1918 年续编,上海图书馆藏抄本。

(东汉)袁康等辑录:《越绝书》,上海古籍出版社 1985 年点校本。

(唐)陆广微:《吴地记》江苏书局清同治十二年(1873)刻本。

(宋)朱长文撰:《吴郡图经续记》,宋元丰七年(1084)撰,清同治十二年(1873)江苏书局刻本。

(宋)范成大撰:《吴郡志》,宋绍熙三年(1192)撰,1913 年吴兴张氏据宋刻本影印。

(明)笪继良等撰:《铅书》,明万历四十六年修,北京图书馆藏本。

(明)张涛修、谢陛纂:《歙志》,明万历三十七年(1609)刻本。

(明)王宗沐纂修:《江西省大志》,明万历二十五年(1597)刻本。

(明)余文龙修、谢诏纂:《赣州府志》,明天启年间修,清顺治十七年(1660)刻本。

(明)费寀纂修:《铅山县志》,明嘉靖四年(1525)刻本。

(明)陈道修、黄仲昭纂:《八闽通志》,传抄明弘治四年(1491)刻本。

(明)汤相修、莫亢等纂:《龙岩县志》,明嘉靖三十七年(1558)刻本。

(清)金皋谢修、林麟焻纂:《兴化府莆田县志》,清康熙四十四年(1705)刻本。

(清)汪大经等修、廖必琦等纂:《兴化府莆田县志》,清乾隆年修,清光绪五年(1879)刻本。

(清)沈定钧修、吴联董等纂:《漳州府志》,清光绪四年(1878)刻本。

(清)方鼎等修、朱升元等纂:《晋江县志》,清乾隆三十年(1765)刻本。

(明)汪宗伊等修、王化一等纂:《应天府志》,明万历五年(1577)刻本。

(明)桑悦撰:《太仓州志》,明弘治十三年(1500)修,宣统元年(1909)太仓缪氏东仓书库刻本。

(明)钱肃乐修、张采纂:《太仓州志》,明崇祯十五年(1642)刻,清康熙十七年(1678)补刻本。

（清）鳌图等修、王昶等纂：《直隶太仓州志》，清嘉庆七年（1802）刻本。

（明）曹一麟修、徐师曾纂：《吴江县志》，明嘉靖四十年（1561）刻本。

（清）陈荑纕修、倪师孟等纂：《吴江县志》，清乾隆十二年（1747）刻本。

（明）杨子器修、桑瑜纂：《常熟县志》，明弘治十八年（1505）增补印本。

（明）冯汝弼修、邓韍纂：《常熟县志》，明嘉靖十八年（1539）刻本。

（清）雅尔哈善等修：《苏州府志》，清乾隆十三年（1748）刻本。

（清）许治修、顾诒禄等纂：《长洲县志》，清乾隆三十一年（1766）刻本。

（清）沈德潜纂修：《元和县志》，清乾隆五年（1740）刻本。

（清）许治修、顾诒禄纂：重修《元和县志》，清乾隆二十七年（1762）刻本。

（清）齐彦槐等修、秦瀛等纂：《无锡金匮县志》，清嘉庆十九年（1814）刻本。

（清）钱思元辑、钱士琦续辑：《吴门补乘》，清嘉庆八年（1803）辑，二十五年（1820）续辑，道光二年（1822）刻本。

（清）沈藻采辑：《元和唯亭志》，清道光二十九年（1849）沈氏礼耕堂刻本。

（清）陈和志修、倪师孟等纂：《震泽县志》，清乾隆十一年（1746）刻本。

（清）王诚修、周莘元纂：《赣榆县志》，清嘉庆元年（1796）刻本。

（清）王豫熙修、张謇纂：《赣榆县志》，清光绪十四年（1888）刻本.

（明）樊维城修、胡震亨纂：《海盐县图经》，明天启四年（1624）刻本。

（清）马如龙修、杨鼐纂：《杭州府志》，清康熙二十六年（1687）刻本。

（清）郑沄修、邵晋涵等纂：《杭州府志》，清乾隆四十九年（1784）刻本。

（清）吴永芳修、钱以垲等纂：《嘉兴府志》，清康熙六十年（1721）刻本。

（清）耿维祜等修、潘文辂纂：《石门县志》，清道光元年（1821）刻本。

（清）董世宁纂修：《乌青镇志》，清乾隆二十五年（1760）刻本。

（明）陆钺等纂修：《山东通志》，明嘉靖十二年（1533）刻本。

（明）朱泰等修、包大爟纂：《兖州府志》，明万历元年（1573）刻本。

（清）李希贤修、潘遇莘等纂：《沂州府志》，清乾隆二十五年（1760）刻本。

（清）袁中立修、毛贽等纂：《黄县志》，清乾隆二十一年（1756）刻本。

（清）尹继美等纂修：《黄县志》，同治年修，清光绪间刻本。

（清）阿桂等修、刘谨之等纂：《钦定盛京通志》，清乾隆四十九年（1784）刻本。

（清）包桂等纂修：《海阳县志》，清乾隆年修，清光绪六年（1880）刻本。

（清）李书吉等纂修：《澄海县志》，清嘉庆二十年（1815）刻本。

（清）朱奎扬修、吴廷华等纂：《天津县志》，清乾隆四年（1739）刻本。

（清）吴惠元修、蒋玉虹等纂：《续天津县志》，清同治九年（1870）刻本。

（清）王梦弼纂修：《镇海县志》，清乾隆十七年（1752）刻本。

(清)西清:《黑龙江外纪》,黑龙江人民出版社 1984 年版。

(清)金端表辑,《刘河镇纪略》,上海图书馆藏稿本。

(清)周凯等纂修:《厦门志》,清道光十九年(1839)玉屏书院刻本。

(清)阎登云修、周之祯纂:《同里志》,清嘉庆十七年(1812)刻本。

(清)纪磊等纂修:《震泽镇志》,清道光二十四年(1844)刻本。

(清)汪曰桢纂:《南浔镇志》,清咸丰九年(1859)修,同治二年(1863)刻本。

(清)蔡蒙等纂:《双林镇志》,1917 年上海商务印书馆铅印本。

(清)宋景关纂:《乍浦志》,清乾隆二十二年(1757)纂,五十七年(1792)续纂刻本。

(清)邹璟辑:《乍浦备志》,清道光八年(1828)邹氏镜古堂刻本。

(清)方溶纂修:《澉水新志》,清道光三十年(1850)修,1936 年铅印本。

(清)孙佩:《苏州织造局志》,江苏人民出版社 1959 年版。

三、文集、笔记

(宋)单锷:《吴中水利书》,上海鸿文书局清光绪十五年(1889)影印本。

(宋)高承:《事物纪原》,明正统九年(1444)刻本。

(元)陈椿:《熬波图》,上海通志社 1935 年线装版刊印。

(元)高德基:《平江纪事》,上海商务印书馆 1939 铅印本。

(元)王逢:《梧溪集》,清刻本。

(元)陶宗仪:《南村辍耕录》,中华书局 1959 年重印本。

(明)陈子龙辑:《明经世文编》,中华书局 1962 年影印本。

(明)况钟:《况太守集》,江苏人民出版社 1983 年校点本。

(明)汪道昆:《太函集》,明万历十九年(1591)刻本。

(明)陈继儒:《陈眉公先生全集》,明崇祯年刻本。

(明)陆深:《俨山文集》,明嘉靖(1522-1566)年间刻本。

(明)贝琼:《清江贝先生集》,四部丛刊集部,上海涵芬楼影印本。

(明)顾清:《东江家藏集》,顾正阳明嘉靖三十八年(1559)刻本。

(明)温纯:《温恭毅公文集》,清乾隆十五年(1750)刻本。

(明)归有光:《震川先生集》,常熟归氏清光绪六年(1880)刻本。

(明)霍韬:《霍文敏公全集》,石头书院清同治元年(1862)刻本。

(明)徐阶:《世经堂集》,齐鲁书社 1997 年影印本。

(明)徐阶:《少湖先生文集》,齐鲁书社 1997 年影印本。

(明)屠隆:《由拳集》,齐鲁书社 1997 年影印本。

(明)陈子龙:《陈忠裕公全集》,授经堂清嘉庆七年(1802)刻本。

（明）李维桢：《大泌山房集》，明万历三十九年（1611）刻本。

（明）吴伟业：《梅村家藏稿》，宣统三年武进董氏诵芬堂刻本。

（明）徐献忠辑：《吴兴掌故集》，明嘉靖六年（1527）辑，1914 年刘氏嘉业堂刻本。

（明）胡宗宪撰：《筹海图编》，台北商务印书馆 1986 年影印本。

（明）汪应轸：《青湖文集补编》，汪氏清光绪二年（1876）刻本。

（明）李腾芳：《李文庄公全集》，湘潭高塘李氏家祠清光绪二年（1876）刻本。

（明）顾清：《傍秋亭杂记》，涵芬楼秘籍本。

（明）李绍文：《皇明世说新语》，齐鲁书社 1997 年影印本。

（明）郑若曾：《郑开阳杂著》，清康熙三十二年（1693）刻本。

（明）陆楫：《兼葭堂杂著摘抄》，明万历十五年刻本。

（明）范濂：《云间据目抄》，清光绪中上海申报馆铅印本。

（明）何良俊：《四友斋丛说》，中华书局 1959 年标点本。

（明）李绍文：《云间人物志》，清乾隆十八年（1753）刻本。

（明）李绍文：《云间杂识》，上海瑞华印务局 1936 年版。

（明）陆容：《菽园杂记》，上海鸿文书局清光绪十五年（1889）印本。

（明）李昭祥撰、王亮功校点：《龙江船厂志》，江苏古籍出版社 1999 年版。

（明）潘允端：《玉华堂日记》，上海博物馆藏稿本。

（明）沈得符：《万历野获编》，中华书局 1959 年版。

（明）周仁俊等辑：《周文襄公年谱》，清光绪十五年（1889）刻本。

（明）陈龙正：《畿定全书》，北京出版社 1998 年影印本。

（明）姚士麟：《见只编》，丛书集成，商务印书馆 1936 年版。

（明）尹会一：《尹少宰奏议》，清光绪五年刻本。

（明）于慎行：《穀山笔塵》，中华书局 1984 年点校本。

（明）王世懋：《闽部疏》，上海大东书局 1935 年印本。

（明）周亮工《闽小纪》，上海古籍出版社 1995 年影印本。

（明）费信：《星槎胜览》，中华书局 1954 年校注本。

（明）叶权：《贤博编》，中华书局 1987 年点校本。

（明）陈继儒：《太平清活》，齐鲁书社 1997 年影印本。

（明）顾起元：《客座赘语》上海古籍出版社 1995 年影印本。

（明）李乐：《见闻杂记》，明万历二十六年（1598）刻本。

（明）张燮：《东西洋考》，清刻本。

（明）张萱：《西园闻见录》，哈佛燕京学社 1940 年铅印本。

（明）沈文：《圣君初政记》，明刻本。

（明）俞弁：《山樵野语》，上海商务印书馆 1924 年影印暨排印本。

（明）杨枢：《淞故述》，上海古籍出版社 1995 年影印本

（明）杨循吉：《庐阳客记》，齐鲁书社 1997 年影印本。

（明）吴履震：《五茸志逸》，上海图书馆藏抄本。

（明）王象晋辑：《二如亭群芳谱》，明崇祯刻本。

（明）钟化民：《赈豫纪略》，上海鸿文书局清光绪十五年（1889）影印本。

（明）邵建章：《咫闻录》，维宝堂明万历（1573–1620）刻本。

（明）佚名撰：《民抄董宦事实》，民国笔记小说大观本。

（明）张鼐：《吴淞甲乙倭变志》，上海通志社 1935 年辑刊，线装版。

（明）王士性：《广志绎》，中华书局 1981 年点校本。

（明）宋应星：《天工开物》，上海华通书局 1930 年印本。

（明）徐光启：《农政全书》，上海古籍出版社 2011 年版。

（明）黄汴：《一统路程图记》，明隆庆四年（1570）刻本。

（明）姚文灏辑、汪家伦校注：《浙西水利书校注》，农业出版社 1984 年版。

（明）张翰：《松窗梦语》，上海古籍出版社 1986 年点校本。

（明）郑晓：《今言》，中华书局 1984 年点校本。

（明）耿橘辑：《常熟县水利全书》，明万历年刻本。

（明）宋应星：《天工开物》，广东人民出版社 1976 年版。

（清）贺长龄辑：《皇朝经世文编》，光绪十三年上海点石斋刻本。

（清）蓝鼎元：《鹿洲初集》，台北商务印书馆 1986 年影印本。

（清）赵申乔：《赵恭毅公剩稿》，浙江书局清光绪十八年（1892）印本。

（清）唐甄：《潜书》，中江李氏清光绪九年（1883）刻本。

（清）张伯行：《正谊堂文集》，清乾隆三年（1738）刻本。

（清）琴川居士辑：《皇清奏议》，光绪年刻本。

（清）叶梦珠：《阅世编》，中华书局 2007 年点校本。

（清）齐学裘：《见闻续笔》，光绪二年天空海阔之局刻本。

（清）顾炎武：《天下郡国利病书》，四部丛刊三编史部，上海涵芬楼影印本。

（清）顾炎武：《日知录》，潘耒遂初堂清康熙三十四年（1695）刻本。

（清）顾炎武：《菰中随笔》，上海扫叶山房清光绪十一年（1885）刻本。

（清）董含，《三冈识略》，申报馆光绪年铅印本。

（清）柳树芬辑《分湖小识》，清道光二十七年（1847）柳氏胜谿堂刻本。

（清）吴其浚：《植物名实图考》，万有文库本，商务印书馆 1919 年铅印本。

（清）曹晟：《夷患备尝记》，上海滩与上海人丛书，上海古籍出版社 1989 年版。

（清）姚宏绪：《松风余韵》，齐鲁书社 2001 年影印本。

（清）黄叔璥：《台海使槎录》，清乾隆元年（1736）刻本。

（清）赵吉士：《寄园寄所寄》，文盛书局清宣统三年（1911）石印本。

（清）王韬：《瀛壖杂志》，清光绪元年（1875）刻本。

（清）陈金浩：《松江衢歌》，上海图书馆藏抄本。

（清）郑光祖：《一斑录》，青玉山房清道光二十五年（1845）刻本。

（清）张春华：《沪城岁时衢歌》，清道光二十年（1840）刻本。

（清）姜皋：《浦泖农咨》，上海图书馆 1963 年影印本。

（清）毛祥麟：《对山书屋墨余录》，湖州吴氏醉六堂清同治九年（1870）刻本。

（清）许惟枚：《瀛海掌录》，上海市文物保管委员会 1963 年铅印本。

（清）包世臣：《安吴四种》，清同治十一年（1872）刻本。

（清）王应奎：《柳南随笔》，清乾隆五年（1740）刻本。

（清）褚华：《木棉谱》，上海掌故丛书，上海通社 1936 年印行。

（清）褚华：《水蜜桃谱》上海古籍出版社 1995 年版

（清）褚华：《沪城备考》，上海申报馆清光绪四年（1878）铅印本。

（清）章有谟：《景船斋杂记》，上海申报馆清光绪年间铅印本。

（清）王沄：《漫游纪略》，上海申报馆清光绪年间铅印本。

（清）屈大均：《广东新语》，清康熙年间刻本。

（清）齐学裘：《见闻续笔》，天空海阔之居清光绪二年（1876）刻本。

（清）胡式钰：《窦存》，清道光二十一年（1841）刻本。

（清）柳树芬：《分湖小识》，柳氏胜谿草堂清道光二十七年（1847）刻本。

（清）曹家驹：《说梦》，上海图书馆藏抄本。

（清）刘玉书：《常谈》，光绪二十五年（1899）刻本。

（清）李元度辑：《国朝先正事略》，循陔草堂清同治五年（1866）刻本。

（清）章鸣鹤：《谷水旧闻》，上海图书馆藏抄本。

（清）郁永和：《海上纪略》，上海图书馆藏抄本。

（清）徐怀祖：《台湾随笔》，上海古籍出版社 1995 年影印本。

（清）毛应观：《宰娄随笔》，清刻本。

（清）刘献廷：《广阳杂记》，中华书局 1957 年标点本。

（清）王有光：《吴下谚联》，上海古籍出版社 1995 年影印本。

（清）钱咏：《履园丛话》，清道光十八年（1838）刻本。

（清）陈作霖：《凤麓小志》，清光绪二十五年（1899）刻本。

（清）梁廷枏：《粤海关志》，上海古籍出版社 1995 年影印本。

（清）钱思元：《吴门补乘》，清道光二年（1822）刻本。

（清）顾公燮：《消夏闲记摘抄》，上海商务印书馆1924年印本。

（清）段光清：《镜湖自撰年谱》，中华书局1960年版。

（清）许仲元：《三异笔谈》，清道光七年（1827）刻本。

（清）谢庭熏撰：《松郡娄县均役要略》，清同治五年（1866）重刻本。

（清）秦荣光：《上海县竹枝词》，光绪三十四年（1908）印本。

（清）杨光辅：《淞南乐府》，上海掌故丛书，上海通社1936年刊印。

（清）曹家驹：《华亭海塘纪略》，北京图书馆藏本。

（清）曹晟：《觉梦录》，上海滩与上海人丛书，上海古籍出版社1989年版。

（清）葛元熙：《沪游杂记》，上海滩与上海人丛书，上海古籍出版社1989年版。

（清）李延昰：《南吴旧话录》，上海古籍出版社1985年版。

（清）金元钰：《竹人录》，清嘉庆十二年（1807年）刻本。

（清）董含：《蓴乡赘笔》，上海光华编辑社民国年间石印本。

（清）纳兰常安：《宦游笔记》，清乾隆十一年（1746）刻本。

（清）娄东无名氏撰：《研堂见闻杂记》，商务印书馆民国铅印本。

（清）黄卬：《锡金识小录》，无锡文献丛刊第一辑，台北市无锡同乡会1972年印行。

（清）张履祥：《补农书》，杨园先生全集本。江苏书局同治十年（1871）刊印。

（清）曾羽王：《乙酉笔记》，上海人民出版社编：《清代日记汇抄》，上海人民出版社1982年版。

（清）姚廷遴：《历年记》，上海人民出版社编：《清代日记汇抄》，上海人民出版社1982年版。

（清）徐珂：《清稗类钞》，中华书局2010年版。

东轩主人辑：《述异记》，清康熙四十年（1703）刻本。

《上海豆业公所萃秀堂纪略》，1924年铅印本。

《上海同仁堂征信录》，清道光十一年（1831）本堂刻本。

曾纪芬：《崇德老人八十自订年谱》，衡山聂氏1932年铅印本。

胡祖德：《沪谚》，上海滩与上海人丛书，上海古籍出版社1989年版。

穆藕初：《藕初五十自述》，商务印书馆1926年版。

故宫博物院明清档案部编：《李煦奏折》，中华书局1976年版。

中山大学历史系中国近代现代史教研组、研究室编：《林则徐集·日记》，中华书局1962年版。

中山大学历史系中国近代现代史教研组、研究室编：《林则徐集·公牍》，中华书局1963年版。

中山大学历史系中国近代现代史教研组、研究室编:《林则徐集·奏稿》全三册,中华书局 1965 年版。

四、资料辑录

彭泽益编:《中国近代手工业史资料(1840-1949)》全四卷,三联书店 1957 年版。

李文治编:《中国近代农业史资料 1840-1911》第一辑,三联书店 1957 年版。

江苏省博物馆编:《江苏省明清以来碑刻资料选集》,三联书店 1959 年版。

中国人民银行上海分行编:《上海钱庄史料》,上海人民出版社 1960 年版。

姚贤镐编:《中国近代对外贸易史资料 1840-1895》全三册,中华书局 1962 年。

故宫博物院明清档案部编:《关于江宁织造曹家档案史料》,中华书局 1975 年版。

上海市工商行政管理局,上海市第一机电工业局机器工业史料组编:《上海民族机器工业》上、下册,中华书局 1979 年版。

梁方仲:《中国历代户口、田地、田赋统计》,上海人民出版社 1980 年版。

上海博物馆图书资料室编:《上海碑刻资料选辑》,上海人民出版社 1980 年版。

李华:《明清以来北京工商会馆碑刻选编》,文物出版社 1980 年版。

谢国桢:《明代社会经济史料选编》上中下,福建人民出版社 1980 年版。

苏州历史博物馆等编:《明清苏州工商业碑刻集》,江苏人民出版社 1981 年版。

上海人民出版社:《清代日记汇抄》,上海人民出版社 1982 年版。

中国第一历史档案馆,中国社会科学院历史研究所编:《清代地租剥削形态》,中华书局 1982 年版。

上海市文史馆、上海市人民政府参事室文史资料工作委员会编:《上海地方史资料》(一),上海社会科学院出版社 1982 年版。

上海市文史馆、上海市人民政府参事室文史资料工作委员会编:《上海地方史资料》(二),上海社会科学院出版社 1983 年版。

上海市文史馆、上海市人民政府参事室文史资料工作委员会编:《上海地方史资料》(三),上海社会科学院出版社 1984 年版。

上海通社编:《上海研究资料》,上海书店 1984 年版。

上海通社编:《上海研究资料续集》,上海书店 1984 年版。

黄苇等编:《近代上海地区方志经济史料选辑》,上海人民出版社 1984 年版。

张海鹏等编:《明清徽商资料选编》,黄山书社 1985 年版。

广东省社会科学院历史研究所中国古代史研究室等编:《明清佛山碑刻文献经济资料》,广东人民出版社 1987 年版。

洪焕春编:《明清苏州农村经济资料》,江苏古籍出版社 1988 年版。

彭泽益主编:《中国工商行会史料集》上下,中华书局 1995 年版。

彭泽益选编:《清代工商行业碑文集粹》,中州古籍出版社 1997 年版。

顾炳权编著:《上海历代竹枝词》,上海书店出版社 2001 年版。

五、专 著

马克思:《资本论》全 3 卷,人民出版社 1975 年版。

马克思、恩格斯:《马克思恩格斯选集》第 2 卷,人民出版社 1972 年版,

列宁:《俄国资本主义的发展》,《列宁全集》第 3 卷,人民出版社 1984 年版。

徐蔚南:《上海棉布》,中华书局 1937 年版。

屠诗聘主编:《上海市大观》,中国图书杂志公司 1948 年发行。

严中平:《中国棉纺织史稿》,科学出版社 1955 年版。

张维华:《明代海外贸易简论》,学习生活出版社 1955 年版。

傅衣凌:《明清时代商人及商人资本》,人民出版社 1956 年版。

傅衣凌:《明代江南市民经济试探》,上海人民出版社 1957 年版。

中国人民大学中国历史教研室编:《明清社会经济形态的研究》,上海人民出版社 1957
年版。

彭信威:《中国货币史》,上海人民出版社 1958 年版。

陈恒力:《补农书研究》,中华书局 1958 年版。

列岛编:《鸦片战争史论文专集》,三联书店 1958 年版。

孟森:《明清史论著集刊》上下,中华书局 1959 年版。

伍丹戈:《鸦片战争前中国社会经济的变化》,上海人民出版社 1959 年版。

张家驹:《黄道婆和上海棉纺织业》,上海人民出版社 1959 年版。

徐兆奎:《清代黑龙江流域的经济发展》,商务印书馆 1959 年版。

吕舜祥,《上海的沙船业》,1960 年稿本,上海嘉定县博物馆藏。

黄苇:《上海开埠初期对外贸易研究》,上海人民出版社 1961 年版。

程璐等编:《上海农业地理》,上海科技出版社 1979 年版。

吴贵芳:《古代上海述略》,上海教育出版社 1980 年版。

周宪文:《台湾经济史》,台湾开明书店 1980 年版。

孟森:《明清史讲义》,中华书局 1981 年版。

陈高华:《宋元时期的海外贸易》,天津人民出版社 1981 年版。

上海社会科学院《上海经济手册》编辑部编印:《上海经济手册》全 7 册,1981 年。

徐新吾:《鸦片战争前中国棉纺织手工业的商品生产与资本主义萌芽问题》,江苏人民
出版社 1981 年版。

南京大学历史系明清史研究室:《明清资本主义萌芽问题研究论文集》,上海人民出版社1981年版。

郭文韬:《中国的农作制和耕作法》,农业出版社1981年版。

李康华等:《中国对外贸易史简论》,对外贸易出版社1981年版。

伍丹戈:《明代土地制度和赋役制度的发展》,福建人民出版社1982年版。

吴贵芳:《上海风物志》,上海文化出版社1982年版。

傅衣凌:《明清社会经济史论文集》,人民出版社1982年版。

刘永成:《清代前期农业资本主义萌芽初探》,福建人民出版社1982年版。

戴裔煊:《明代嘉隆年间的倭寇海盗与中国资本主义的萌芽》,中国社会科学出版社1982年版。

韦庆远:《档房论史文编》,福建人民出版社1983年版。

南京大学历史系明清史研究室编:《中国资本主义萌芽问题论文集》,江苏人民出版社1983年版。

李文治等:《明清时代的农业资本主义萌芽》,中国社会科学出版社1983年版。

傅筑夫:《中国封建社会经济史》第3卷,人民出版社1984年版。

李长久、施鲁佳:《中美关系二百年》,新华出版社1984年版。

秦佩珩:《明清社会经济史论稿》,中州古籍出版社1984年版。

林举百:《近代南通土布史》,南京大学学报编辑部1984年刊印。

樊百川:《中国轮船航运业的兴起》,四川人民出版社1985年版。

谬启愉:《太湖塘浦圩田史研究》,农业出版社1985年版。

吴承明:《中国资本主义与国内市场》,中国社会科学出版社1985年版。

《江淮论坛》编辑部编:《徽商研究论文集》,安徽人民出版社1985年版。

刘石吉:《明清时代江南市镇研究》,中国社会科学出版社1987年版。

林仁川:《明末清初私人海上贸易》,华东师范大学出版社1987年版。

李龙潜:《明清经济史》,广东高等教育出版社1988年版。

傅衣凌:《明清社会经济变迁论》,人民出版社1989年版。

郑昌淦:《明清农村商品经济》,中国人民大学出版社1989年版。

樊树志:《明清江南市镇探微》,复旦大学出版社1990年版。

唐文基:《明代赋役制度史》,中国社会科学出版社1991年版。

蒋建平:《清代前期米谷贸易研究》,北京大学出版社1992年版。

傅衣凌:《明清封建土地所有制论纲》,上海人民出版社1992年版。

陈学文:《明清时期杭嘉湖市镇史研究》,群言出版社1993年版。

史志宏:《清代前期的小农经济》,中国社会科学出版社1994年版。

张渊等主编:《黄道婆研究》,上海社会科学院出版社 1994 年版。

张忠民:《前近代中国社会的商人资本与社会再生产》,上海社会科学院出版社 1996 年版。

吴仁安:《明清时期上海地区的著姓望族》,上海人民出版社 1997 年版。

栾成显:《明代黄册制度》,中国社会科学出版社 1998 年版。

范金明:《明清江南商业的发展》,南京大学出版社 1998 年版。

张海英:《明清江南商品流通与市场体系》,华东师范大学出版社 2002 年版。

郑学檬:《中国古代经济重心南移和唐宋江南经济研究》,岳麓书社 2003 年版。

辛元欧:《上海沙船》,上海书店出版社 2004 年版。

方行:《中国封建经济论稿》,商务印书馆 2004 年版。

倪玉平:《清代漕粮海运与社会变迁》,上海书店出版社 2005 年版。

杨正泰撰:《明代驿站考》,上海古籍出版社 2006 年版。

傅衣凌:《明清农村社会经济 明清社会经济变迁论》,中华书局 2007 年版。

李伯重:《中国的早期近代经济——1820 年代华亭—娄县地区 GDP 研究》,中华书局 2010 年版。

陈杰:《实证上海史——考古视野下的古代上海》,上海古籍出版社 2010 年版。

[日]加藤繁著、吴杰译:《中国经济史考证》第一卷,商务印书馆 1959 年版。

[日]西鸠定生著、冯佐哲等译:《中国经济史研究》,农业出版社 1984 年版。

[日]圆仁:《入唐求法巡礼行记》,上海古籍出版社 1986 年版。

[日]斯波义信著、方键等译:《宋代江南经济史研究》,江苏人民出版社 2001 年版。

[日]松浦章:《清代上海沙船航运业史研究》,关西大学出版部 2004 年版。

[日]松浦章:《清代帆船东亚航运与中国海商海盗研究》,上海辞书出版社 2009 年版。

[意]利玛窦等著、何高济等译:《利玛窦中国札记》上下册,中华书局 1983 年版。

[英]格林堡著、康成译:《鸦片战争前中英通商史》,商务印书馆 1961 年版。

[美]马士著、张汇文等译:《中华帝国对外关系史》全三卷,三联书店 1957 年版。

[美]马士著、区宗华译:《东印度公司对华贸易编年史》全三册,中山大学出版社 1991 年版。

[美]黄宗智:《长江三角洲小农家庭与乡村发展》,中华书局 2000 年版。

[美]施坚雅主编、叶光庭等译:《中华帝国晚期的城市》,中华书局 2000 年版。

[美]林达·约翰逊主编、成一农译:《帝国晚期的江南城市》,上海人民出版社 2005 年版。

Charles Gutzlaff, Journal of Three Voyages Along the Coast of China in 1831, 1832, &

1833；with notices of Siam，Corea，and the Loo-Choo Islands. London：Frederick Westley & A. H. Davis，1834.

H. B. Morse：The Chronicles of the East India Company Trading to China，1634～1834，Vol，1—4. Oxford，1926～1929.

Mattew Ricci，China in the Sixteenth Century：the Journals of Mattew Ricci，1583～1618，New York：S. J. Ramdom House，1953.

J. K. Fairbank，Trade and Diplomacy on the China Coast. Cambridge：Harvard University Press 1953.

Han--Sheng Chuan，Mid-Ching Rice Markets and Trade. Cambridge：Harvard University Press，1975.

六、论　文

郭孝先：《上海的钱庄》，《上海通志馆期刊》第一年第三期，1933 年。

徐蔚南：《上海商埠的开辟》，《上海通志馆期刊》第二年第一期，1934 年。

蒋慎吾：《上海县在元明时代》，《上海通志馆期刊》第二年第一期，1934 年。

蒋慎吾：《上海县在清时代》，《上海通志馆期刊》第二年第二期，1934 年。

吴静山：《吴淞江》，《上海通志馆期刊》第二年第四期，1934 年。

武堉幹：《唐宋时代上海在中国对外贸易上之地位观》，《中央大学社会科学丛刊》，1935 年。

田汝康：《十七世纪至十九世纪中叶中国帆船在东南亚洲航运和商业上的地位》，《历史研究》1956 年第 8 期。

吴海若：《中国资本主义生产的萌芽》，《经济研究》1956 年第 4 期。

刘重日等：《对"牙人""牙行"的初步探讨》，《文史哲》1957 年第 8 期。

史宏达：《试论宋元明三代棉纺织生产工具发展的历史过程》，《历史研究》1957 年第 4 期。

田汝康：《再论十七至十九世纪中叶中国帆船业的发展》，《历史研究》1957 年第 12 期。

张家驹：《黄道婆与上海棉纺织业》，《学术月刊》1958 年第 8 期。

立成：《上海港是怎样形成的》，《学术月刊》1961 年第 8 期。

杜黎：《关于鸦片战争前苏松地区棉布染踹业的生产关系》，《学术月刊》1962 年第 12 期。

杜黎：《明代松江府城在棉纺织业中的地位》，《文汇报》1962 年 9 月 21 日。

杜黎：《鸦片战争前苏松地区棉纺织生产中商品经济的发展》，《学术月刊》1963 年第 3 期。

彭泽益:《清代前期江南织造的研究》,《历史研究》1963 年第 4 期。

杜黎:《鸦片战争前上海航运业的发展》,《学术月刊》1964 年第 4 期。

田汝康:《十五至十八世纪中国海外贸易发展缓慢的原因》,《新建设》1964 年第 8、9 期合刊。

全汉升:《明清间美洲白银的输入中国》,《中国经济史论丛》第一册,新亚研究所 1972 年版。

刘永成:《论中国资本主义萌芽的历史前提》,《中国史研究》1979 年第 2 期。

周维衍:《上海设县年代辨证》,《复旦学报(社会科学版)》1980 年第 2 期。

谯枢铭:《青龙镇的盛衰与上海的兴起》,《社会科学》1980 年第 6 期。

陈家麟:《长江口南岸岸线的变迁》,《复旦学报(社会科学版)》1980 年增刊。

丛翰香:《试述明代植棉业和棉纺织业的发展》,《中国史研究》1981 年第 1 期。

江太新:《清初垦荒政策及地权分配情况的考察》,《历史研究》1982 年第 5 期。

郭松义:《清代国内的海运贸易》,载中国社会科学院历史研究所清史研究室编:《清史论丛》第 4 辑,中华书局 1982 年版。

贾攸:《明中叶上海制作的几种精巧工艺品》,《上海博物馆辑刊》1982 年。

顾诚:《清初的迁海》,《北京师范大学学报》,1983 年第 3 期。

吴承明:《我国手工棉纺织为什么长期停留在家庭手工业阶段》,《文史哲》1983 年第 1 期。

史学通、周谦:《元代的植棉与纺织及其历史地位》,《文史哲》1983 年第 1 期。

吴承明:《论清代前期我国国内市场》,《历史研究》1983 年第 1 期。

来新夏:《清代前期的商业》,《社会科学战线》1983 年第 4 期。

傅衣凌:《鸦片战争前后湖南洞庭湖流域商品生产的分析—读吴敏树<桦湖文集>中的经济史料》,《社会科学战线》1983 年第 4 期。

伍丹戈:《明代绅衿地主的发展》,《明史研究论丛》1983 年第二辑。

萧国亮:《清代上海沙船业资本主义萌芽的历史考察》,载南京大学历史系明清史研究室编:《中国资本主义萌芽问题论文集》,江苏人民出版社 1983 年版。

吕作燮:《试论明清时期会馆的性质和作用》,载《中国资本主义萌芽问题论文集》,江苏人民出版社 1983 年版。

杜黎:《鸦片战争前上海行会性质之嬗变》,载《中国资本主义萌芽问题论文集》,江苏人民出版社 1983 年版。

王家范:《明清江南市镇结构及历史价值初探》,《华东师范大学学报》1984 年第 1 期。

吴建雍:《清前期榷关及其管理制度》,《中国史研究》1984 年第 1 期。

王仁湘:《崧泽文化初论》,《考古学集刊》第 4 集,中国社会科学出版社 1984 年版。

黄宣佩：《关于良渚文化若干问题的认识》，《中国考古学会第一次年会论文集》。

黄启臣、邓开颂：《明清时期澳门对外贸易的兴衰》，《中国史研究》1984 年第 3 期。

萧国亮：《明清时期上海地区的农村家庭棉纺织生产》，《财经研究》1984 年第 3 期。

祝鹏：《上海市陆地的形成和历代海塘》，《上海社会科学院学术季刊》1985 年第 3 期。

彭泽益：《中国经济史研究中的计量问题》，《历史研究》1985 年第 3 期。

张芳：《耿橘和〈常熟县水利全书〉》，《中国农史》1985 年 3 期。

黄启臣：《清代前期海外贸易的发展》，《历史研究》1986 年第 4 期。

张忠民：《"南京棉"和"南京布"小考》，《历史教学》1986 年第 8 期。

张忠民：《鸦片战争前上海地区棉布的国内贸易》，《上海经济研究》1986 年第 1 期。

张忠民：《鸦片战争前上海地区棉布产量估计》，《上海经济研究》1987 年第 4 期。

张忠民：《清前期上海港发展演变新探》，《中国经济史研究》1987 年第 3 期。

张忠民：《清代前期的沿海贸易政策》，《经济问题探索》1988 年第 1 期。

周振鹤：《两宋时期上海市舶机构辨证》，载《上海研究论丛》第一辑，上海社会科学院出版社 1988 年版。

王守稼：《明清时期上海地区资本主义的萌芽及其历史命运》，《学术月刊》1988 年第 12 期。

李伯重：《明清江南地区造船业的发展》，《中国社会经济史研究》1989 年第 1 期。

张忠民：《前近代中国社会的土地买卖与社会再生产》，《中国经济史研究》1989 年第 2 期。

张忠民：《明清上海地区盐业生产论述》，《档案与历史》1989 年第 3 期。

张忠民：《1368—1840 年上海地区市场价格的变动趋势及其特点》，《上海社会科学院学术季刊》1989 年第 2 期。

张忠民：《上海开埠前的对外贸易》，《中国近代经济史研究资料》第 9 辑，上海社会科学院出版社 1989 年版。

张忠民：《明代上海地区城镇的增长、分布及其特点》，《史林》1990 年第 1 期。

廖心一：《明代松江府加耗法之争与身份地主的发展》，《明史研究论丛》1991 年第 1 期。

周振鹤：《上海政区沿革—纪念上海建城 700 周年》，《科学画报》1991 年第 1 期。

陈忠平：《刘河镇及其港口海运贸易的兴衰》，《南京师大学报（社会科学版）》1991 年第 3 期。

吴仁安：《明清上海地区城镇的勃兴及其盛衰存废变迁》，《中国经济史研究》1992 年第 3 期。

张忠民：《前近代中国社会的高利贷与社会再生产》，《中国经济史研究》1992 年第 3

期。

何泉达:《明代松江地区棉产研究》,《中国史研究》1993 年第 4 期。

张忠民:《从"小苏州"、"小广东"到"大上海"》,《上海研究论丛》第 9 辑,上海社会科学院出版社 1993 年版。

范金民:《江南重赋原因的探讨》,《中国农史》1995 年第 3 期。

邓亦兵:《清代前期沿海运输业的兴盛》,《中国社会经济史研究》1996 年第 3 期。

张忠民:《小生产大流通——中国社会再生产的基本模式》,《中国经济史研究》1996 年第 2 期。

张修桂:《上海地区成陆过程概述》,《复旦学报(社会科学版)》1997 年第 1 期。

侯杨方:《明清上海地区棉花及棉布产量估计》,《中国史研究》1997 年第 1 期。

许檀:《清代前期的沿海贸易与上海的崛起》,载天津社会科学院等主办:《城市史研究》第 15—16 辑,天津社会科学院出版社 1998 年版。

张忠民:《清代上海会馆公所及其在地方事务中的作用》,《史林》1999 年第 2 期。

吴松弟:《明清时期我国最大沿海贸易港的北移趋势与上海港的崛起》,《复旦学报(社会科学版)》2001 年第 6 期。

张海英:《明清江南地区与其他区域的经济交流及影响》,《社会科学》2003 年第 10 期。

张修桂:《崇明岛形成的历史过程》,《复旦学报(社会科学版)》2005 年第 3 期。

易惠莉:《从沙船业主到官绅和文化人—近代上海本邑绅商家族史衍变的个案研究》,《学术月刊》2005 年第 4 期。

饶玲一:《清代上海郁氏家族的变化及与地方之关系》,《史林》2005 年第 2 期。

张海英:《明清社会变迁与商人意识形态—以明清商书为中心》,载《复旦史学辑刊》第一辑,2005 年。

张忠民:《"小生产"、"大流通"——再论前近代中国社会再生产的基本模式》,方行主编:《中国社会经济史论丛 吴承明教授九十华诞纪念文集》,中国社会科学出版社 2006 年版。

张海英:《从明清商书看商业知识的传授》,《浙江学刊》2007 年第 2 期。

范金民:《清代前期刘家港的豆船字号——〈太仓州取缔海埠以安海商碑〉所见》,《史林》2007 年第 3 期。

王大学:《皇权、景观与雍正朝的江南海塘工程》,《史林》2007 年第 4 期。

李伯重:《19 世纪初华亭−娄县地区的城市化水平》,《中国经济史研究》2008 年第 2 期。

张忠民:《江南地区的"口岸"变迁:公元 750—1840 年》,《社会科学》2010 年第 12 期。

张忠民:《区域发展与经济支柱产业:以明清上海地区为例》,天津社会科学院、天津市社会科学联合会主办:《城市史研究》第 26 辑,天津社会科学院出版社 2010 年版。

范金民:《清代前期上海的航业船商》,《安徽史学》2011 年第 2 期。

陈蕴鸢、曹幸穗:《明代松江府布解考论》,《中国社会经济史研究》2011 年第 4 期。

陈波:《元代海运与滨海豪族》,载姚大力等主编:《清华元史》第一辑,商务印书馆 2011 年版。

许檀:《乾隆—道光年间的北洋贸易与上海的崛起》,《学术月刊》2011 年第 11 期。

刘锦:《上海本邑绅商沙船主朱氏家族研究》,《中国社会经济史研究》2012 年第 3 期。

周运中:《宋元之际上海的兴起》,《学术月刊》2012 年第 3 期。

张忠民:《鸦片战争前夕的上海口岸》,上海中国航海博物馆主办:《国家航海》第三辑,上海古籍出版社 2012 年版。

张忠民:《内外贸易与地区经济发展——略论明清时期上海的口岸功能》,海洋史丛书编辑委员会编:《港口城市与贸易网络》中央研究院人文社会科学研究中心 2012 年版。

范金民:《清代上海成为航运业中心之原因探讨》,《安徽史学》2013 年第 1 期。

张忠民:《从"小杭州"、"小苏州"、"小广东"到"大上海"》,上海中国航海博物馆主办:《国家航海》第四辑,上海古籍出版社 2013 年版。

初 版 后 记

　　本书的研究和写作缘起于 1982 年 9 月至 1985 年 7 月,作者在复旦大学经济系中国经济史专业研究生学习期间。在导师朱伯康、伍丹戈、李民立教授指导下,披阅史料数百种,写成硕士毕业论文《明清上海地区市场扩大和城镇发展的研究》。论文答辩中,承蒙上海社会科学院姜庆湘教授以及复旦大学宋海文、黄苇教授提出不少有益意见。进入丁日初研究员主持的上海社会科学院经济研究所中国经济史研究室工作后,作者得以有充裕的时间进一步收集资料,潜心研究。书稿完成后,幸蒙经济研究所马伯煌教授热情相荐,并为之作序。云南人民出版社程志方编审,吴垠、张立编辑鼎力相助,在吴垠编辑的辛勤编辑下方得以付梓刊行。值此之际,作者谨向帮助过本书写作及出版的诸位师长、同仁致以诚挚的谢意。

作者

1988 年 10 月于上海

图书在版编目（CIP）数据

上海：从开发走向开放／张忠民著. —修订本.
—上海：上海社会科学院出版社，2016
ISBN 978-7-5520-1420-4

Ⅰ．①上… Ⅱ．①张… Ⅲ．①上海市－地方史－
研究 Ⅳ．①K295.1

中国版本图书馆 CIP 数据核字（2016）第 124773 号

上海：从开发走向开放（1368—1842）（修订版）

著　　者：张忠民
责任编辑：周洁磊
封面设计：姚　毅
出版发行：上海社会科学院出版社

　　　　　上海顺昌路 622 号　邮编 200025

　　　　　电话总机 021-63315900　销售热线 021-53063735

　　　　　http：//www.sassp.org.cn　E-mail：sassp@sass.org.cn

印　　刷：上海新文印刷厂
开　　本：710×1000 毫米　1/16 开
印　　张：34
插　　页：1
字　　数：535 千字
版　　次：2016 年 8 月第 1 版　2016 年 8 月第 1 次印刷

ISBN 978-7-5520-1420-4/K · 351　　　　　定价：98.00 元